수가대 성 토마스 신학총서 01-2

A Companion to the Summa

성 토마스 아퀴나스의

# 신학대전 해설서 II

「신학대전」 제2부 제1편, 제1문제~제114문제

월터 패렐 지음

안소근 · 조규홍 옮김

수원가톨릭대학교 출판부

Summa Theologiae

# 성 토마스 신학총서

**기획위원** **곽진상, 유희석, 황치헌, 박찬호, 한민택, 김대우, 곽승룡, 윤주현, 안소근, 조규홍**

수가대 성 토마스 신학총서는 가톨릭 교회 역사상 가장 위대한 학자로서 가톨릭 신학을 대표하는 성 토마스의 신학을 한국 교회에 체계적으로 소개함으로써 한국 신학의 기초를 놓고자 하는 총서입니다. 이를 위해 본 총서는 성 토마스의 신학, 영성, 성경 주해서 시리즈를 비롯해 성 토마스 신학을 심도 있게 연구, 소개한 현대 신학자들의 주요 연구서들을 소개하고자 합니다.

수원가톨릭대학교 출판부

+ 아뇰로 가디(Agnolo Gaddi, 1350~1396)가 이탈리아 피렌체 산타 마리아 델라 노벨라 성당 제단화로 그린 마에스타. 현재 이탈리아 파르미

국립미술관에 소장되어 있다. 그림 아래의 오른쪽이 성 토마스 아퀴나스다.

+ 이탈리아 피렌체 신타마리아노벨라 성당 제단화

S·IOHES·BT·S·PETRVS·APPLS·

+ 성 토마스 아퀴나스. 이탈리아 바리 성 니콜라오 대성당 지하 경당 소재. 작자 미상.

# 「수가대 성 토마스 신학총서」를 발간하며

주지하다시피, 성 토마스 아퀴나스는 이천 년 교회 역사상 최고의 신학자로 평가 받는 분이다. 특히 그분의 신학은 전체적인 면에서 그 어느 신학자보다도 균형 감각을 갖추고 있으며 그 내용에 있어서도 정통 신앙 고백을 견지하고 있어, 역대 교황 성하께서는 신학생들과 사제들에게 성 토마스의 철학과 신학을 깊이 있게 연구하고 가르치도록 권고해 왔다. 한 마디로, 성 토마스는 가톨릭교회의 신학을 대표하는 최고의 석학이다.

신학의 역사를 보면, 교부시대에 큰 획을 그은 각 학파의 걸출한 인물들을 비롯해 수많은 교부들을 통해 신앙 고백의 내용들이 체계적인 성찰 과정을 거치게 되며, 이를 바탕으로 중세로 넘어와 신학은 한 단계 업그레이드된 체계화, 종합화에 이르게 된다. 여기에는 중세 신학의 정점에 있는 성 토마스의 공헌이 가장 컸다. 이후 수많은 신학 논쟁의 중심에는 거의 언제나 성 토마스의 사상이 자리하고 있으며, 그 해결책 역시 성 토마스를 통해 주어지고 있음을 보게 된다. 성 토마스의 방대한 신학 작품들은 시대마다 계속해서 신학 발전의 원동력이 되어 왔으며 이는 특히 그의 대표작이자 역사상 최고의 신학 작품 가운데 하나로 평가 받는「신학대전」에 대한 다양한 주해를 통해 뒷받침되었다.

성 토마스의 신학은 16세기로 들어와 살라망카 학파를 중심으로 새로운 전기를 맞이하며 트리엔트 공의회의 신학을 뒷받침해 주었으며 이후 17세기 제2스콜라 신학 시대를 주도한 중심축이 되었다. 그 후 19세기로 들어와 성 토마스의 신학은 계몽주의와 근대의 합리주의를 비롯해 무신론 등 신앙에 도전하는 많은 사조에 직면해서 네오토미즘을 통한 신학적 쇄신의 원천이 되었으며, 현대에 와서는 2차 바티칸 공의회에 영향을 미친 솔슈아 출신 신학자들의 사상적 원천이 되어 주었다. 이처럼 성 토마스의 신학은 13세기 이후 현대에 이르기까지 가톨릭 신학의 중심에서 수많은 신학자들과 영성가들에게 탁월한 빛을 전해주었으며 교회 교도권의 가르침을 탄탄히 뒷받침하는 탁월한 사상적 바탕이 되어왔다.

이처럼 성 토마스의 사상은 중세 이후로 현대에 이르기까지 가톨릭 교회의 교도권과 신학의 중심 기둥이 되어왔지만, 정작 한국 교회에는 거의 소개되지 못한 게 현실이다. 물론 여러 토미스트들의 노력으로 그분의 생애를 비롯해 철학에 대한 개괄적 입문서 또는 형이상학, 인식론 분야가 일부 꾸준히 소개되어 온 것은 사실이다. 그러나 정작 그분의 사상에 있어서 핵심이라고 할 수 있는 신학을 비롯해 성경 주석 시리즈 그리고 철학 분야 이외의 다양한 작품들에 대한 소개는 전무한 상태다. 성 토마스에게 철학은 신학적 메시지를 전하기 위해 필요한 해석학적 도구였음에도, 정작 한국 교회에는 이 해석학적 도구만 소개되었을 뿐, 성 토마스가 제시한 방대한 신학적 파노라마는 거의 소개되지 못한 것이다. 더욱 안타까운 것은 그분의 역작인 「신학대전」이 아직까지 한국어로 온전히 번역되지 못한 데 있다. 이는 아직까지도 한국 신학계가 가톨릭 신학을 떠받치는 가장 큰 기둥인 성 토마스의 사상을 갖고 있지 못하다는 것을 보여준다. 그나마 감사한 것은 정의채 몬시뇰께서 지난 1980년대부터 「신학대전」 번역을 주도해 오셨고, 재작년부터 한국 성 토마스 연구소의 이재룡 신부님께서 그 작업을 이어받아 2032년 조선 대목구 설정 200주년까지 완역을 목표로 혼신의 노력을 다하고 계시다.

한 마디로, 한국 신학계에서 성 토마스 신학 분야는 아직 미개척 분야로 불모지나 다름없다. 그리하여 수원가톨릭대학교 교수진은 지난 2016년 「수가대 성 토마스 신학총서」 시리즈를 창간하기로 결정하고, 이를 위한 준비를 차분히 진행해 왔다. 본 시리즈는 성 토마스의 사상 가운데 철학을 제외한 분야들, 즉 신학, 인간학, 그리스도론, 삼위일체론, 덕론, 영성, 성경 주석 시리즈 분야의 주요 원전 및 연구서들을 소개할 것이다. 철학 분야를 제외한 것은, 지금까지 한국에 소개된 거의 대부분의 성 토마스 관련 작품이 철학 분야에만 집중되어 있어서 상대적으로 충분하다고 판단했기 때문이다. 지금 한국 교회가 필요로 하는 것은 철학을 제외한 신학의 제 분야에 대한 성 토마스의 사상이다.

여기 이 총서 시리즈의 두 번째 작품으로 「신학대전 해설서」 제2권을 소개한다. 본디 이「신학대전 해설서」는 20세기 성 토마스 신학의 대중화를 이끈 미국의 도미니코 회원, 월터 패렐(Fr. Walter Farrell, O.P.) 신부의 역작으로,「신학대전」의 대중화에 크게 기여한 작품으로 평가 받는다. 이 책은 그가 1938년부터 5년간 총 4권으로 출판한 작품(*A Companion to the Summa*) 가운데 제2권에 해당된다. 제목이 말해주듯이, 이 작품은 토마스의 대표작인「신학대전」이 간직한 핵심적인 논증과 통찰을 일반인들이 이해하기 쉽게 현대어로 풀어쓴 책으로서 출간 당시 가장 성공적이었다는 평가를 받은 바 있다. 일반 대중이 알아듣기 쉬운 표현을 즐겨 쓴 점만 보더라도, 그의 관심사가 어디에 있는지 쉽게 짐작할 수 있다.「신학대전」을 조금이라도 읽거나 그 내용이 지닌 심오함과 난해함을 조금이라도 아는 사람이라면, 그가 얼마나 다채롭고 풍부한 현실감각을 발휘하여 토마스 신학의 정수(精髓)를 쉽게 해설하려고 애썼는지 바로 알 수 있다.

이 총서 시리즈가 한국 교회에 탄생하기까지 산파 역할을 해주신 총서 기획위원회 유희석 신부님, 황치헌 신부님, 박찬호 신부님, 한민택 신부님, 김대우 신부님, 곽승룡 신부님, 윤주현 신부님, 안소근 수녀님, 조규홍 교수님께 진심으로 감사드린다. 또한 이 책이 잘 출판될 수 있도록 수고해주신 전임 출판부장 박석천 신부님과 현 출판부장 김의태 신부님 그리고 출판부 여러분들께 감사드린다. 부디 이 시리즈를 통해 장차 한국 교회에 성 토마스라는 거대한 기둥이 세워짐으로써 한국 신학 발전을 위한 중요한 초석이 마련되길 진심으로 기원한다.「수가대 성 토마스 신학총서」를 삼위일체 하느님과 성모님 그리고 성 토마스께 맡겨드리며…

2019년 12월 27일 사도요한 축일에

수원가톨릭대학교

총장 곽진상 신부

# 들어가는 말

현대의 많은 책들과 마찬가지로 이 책은 일련의 강좌들로부터 비롯되었다. 그러나 이 책의 기원이 된 강좌들은 특이하게 야심찬 성격을 띠고 있었다. 그것은 가톨릭 사상 협회의 후원으로 뉴욕에서 열린 것으로서, 「신학대전」 전체를 매년 한 부분씩 문항별로 다루려고 한 것이었다.

작업이 진행되어 가면서, 그러한 야심을 위해서는 강의실의 벽을 넘어 훨씬 더 넓은 공간이 있어야 한다는 것이 명백해졌다. 실상 그러한 시도는 두 가지의 요구에 부응해야 하는 것으로 보였다. 그 첫째는, 자신이 살아가야 하는 세상 안에서 자신의 신앙을 합리적으로 옹호해야 할 보통의 가톨릭 신자들의 요구였다. 둘째는, 성 토마스 아퀴나스에 대해 충분히 들어 보았고 흥미를 갖게 되었으나, 가르쳐주는 사람의 안내 없이 직접 성 토마스를 읽을 수는 없다고 느끼는 이들의 요구였다. 그들 중 대부분의 사람들에게는, 교실에서 강좌를 들을 여가는 바랄 수 없었다.

이 책의 두 가지 목적은 바로 이것, 즉 보통의 가톨릭 신자들에게 자신의 신앙을 합리적으로 옹호할 수 있도록 해 주고, 전문적인 철학 내지 신학 지식을 갖고 있지 않은 평신도들에게 성 토마스를 읽을 수 있게 해 주는 것이다. 그러므로 이 책은 학자들만을 위한 책도 아니고 교과서도 아니다. 한 마디로 표현해야 한다면 이것은 성 토마스의 위대한 저술들을 읽기 위한 쉬운 안내서라고 부르는 것이 가장 적절할 것이다.

파리 여행 안내서는 파리의 거리에 갔을 때에 가장 잘 평가할 수 있듯이, 이 「신학대전」 안내서는 이 책의 각 장들을 성 토마스의 「신학대전」 제2부 제1편의

해당 문항과 비교해볼 때에 그 가치를 가장 잘 알아볼 수 있다. 아래에서는 각 장의 첫머리에 그 장에서 다루는 문항들을 제시하였다. 특별히 중요한 부분들은 「신학대전」 자체 안에 더 상세하고 아름답게 설명되어 있음을 보게 될 것이다. 성 토마스에게서 직접 더 많은 증거와 설명, 예들을 찾을 수 있을 것이고, 이 안내서는 다만 「신학대전」 자체의 아름다움의 그림자일 따름이다.

이 책은 성 토마스에 대한 또는 「신학대전」에 대한 또 하나의 책이 아니라 다만 「신학대전」을 대중적인 언어로 줄여놓은 것이지만, 때로 특히 어려운 문항들에 있어서는 단순한 요약을 넘어선다. 「신학대전」이 너무 간략하여 토마스의 사상과 깊이 친숙하지 않은 이들에게 분명하지 않게 보이는 경우에, 성 토마스의 다른 저술의 병행 구절들을 자유롭게 사용하기도 했기 때문이다.

이 책을 쓰고자 한 동기가 된 계획을 제대로 실현하는 것이 불가능함은 명백하다. 그러나 성 토마스 자신이 '초보자들'을 각별히 사랑하여, 그러한 사람들을 위해 그의 가장 위대한 작품을 저술한 것이었다. 그러니 그는 분명 그가 사랑했던 초보자들을 위한 모든 노력들에 대하여 인내할 것이다. 그 역시 '진리'(Veritas)를 모토로 하는 수도회의 회원이었고 진리에 대한 불타는 사랑을 지녔으므로, 사람들을 그 자신이 진리에 대해 지녔던 그 큰 사랑에 직접 접하게 하고 또한 알베르투스가 그에게 했던 것과 마찬가지로 제일진리를 관조하는 데에서만 목적지에 이르게 될 낭만적인 추구를 시작하게 하기 위한 이 책의 부족한 부분들을 너그럽게 이해할 것이다. 수도회의 형제들에게, 그리고 토미즘 연구소(Thomistic Institute)의 구성원들에게, 이 작업이 가능하도록 인내하고 협력해준 데에 대하여 감사를 표하고 싶다.

**월터 패렐**

도미니코회 연구소(미국 워싱턴 D. C.)

# 차례

「수가대 성 토마스 신학총서」를 발간하며
들어가는 말

## 제1장 행복의 본질 (제2부 제1편, 제1문제~제5문제)

1. 인간 삶의 신비를 푸는 열쇠는 행복이다 …… 42
2. 행복은 삶의 목적을 이루는 데에 있다 …… 43
3. 행복에 관한 연구는 시작이 아니라 마지막, 곧 목적에서 시작해야 한다 …… 44
(1) 삶에는 목적이 있다 …… 44
1) 인간의 활동으로부터 고찰한 삶의 목적 …… 44
2) 근대 철학의 실패 …… 45
(2) 이 목적의 본성 …… 47
1) 인간에게만 고유하다 …… 47
2) 최종적이다 …… 48
① 각자에게는 오직 한 가지의 목적이 있다 …… 48
② 그 목적은 다른 모든 갈망의 원천이다 …… 48
③ 그것은 누구에게나 동일하다 …… 48
3) 그것은 모든 피조물들의 목적이지만, 방식은 서로 다르다 …… 49
① 모상에 참여함으로써 …… 49
② 본질적인 참여로 …… 49
4. 객관적 행복 : 우리를 행복하게 하는 것은 무엇인가 …… 50
(1) 가능하고 실제로 있었던 세 가지 오류 …… 50
1) 외적 선들 : 영예, 명성, 권력 …… 50
2) 육체적 선 : 육체 그 자체와 그 쾌락 …… 51
3) 인간의 영혼 …… 52
(2) 보편적 선을 소유하는 것이 행복이다 …… 53
5. 주관적 또는 형상적 행복 : 이 목적의 성취 …… 54
(1) 형상적 행복은 가능하다 : 인간의 기능들과 인간의 목적의 비교 …… 54
(2) 그것은 인간적 행위로 성취된다 …… 55
1) 하위의 행위들로 이루어지는 것이 아니다 …… 55
2) 인간의 최고 행위인 지성적 직관으로 이루어진다 …… 56
① 형상적 행복의 본질 …… 56
② 형상적 행복에 관한 두 가지 흔한 오류 …… 56
(3) 형상적 행복의 특성 …… 58
1) 한번 얻으면 결코 상실되지 않는다 …… 58
2) 본성적 능력만으로는 얻을 수 없다 …… 58
3) 이는 온전히 개인적으로 성취된다 …… 59

6. 행복의 완성 ······ 59
(1) 행복의 세 가지 필수 요소 : 관상, 이해, 기쁨 ······ 59
(2) 행복에서 육체의 역할 ······ 60
(3) 외부적 선의 역할 ······ 60
(4) 친구들의 역할 ······ 61

[결론]
1. 현재의 행복 또는 불완전한 행복의 열쇠. 지금 그리고 여기서, 어디서 어떻게 행복을 찾을 것인가 ······ 61
2. 행복의 척도인 활동과 과정 ······ 62
3. 수수께끼에 대한 응답 ······ 62
(1) 활동의 수수께끼 ······ 62
(2) 절망의 수수께끼 ······ 62
(3) 지루함의 수수께끼 ······ 63

## 제2장 행복의 수단 (제2부 제1편, 제6문제~제10문제)

1. 행복을 얻는 수단들은 단일하고 독특하다 ······ 67
(1) 단일하다 : 누구나 쉽게 얻을 수 있다 ······ 68
(2) 독특하다 : 인간에게만 고유하다 ······ 68
(3) 그 수단들은 인간적 행위들이다 ······ 69
2. 인간적 행위의 특징은 의도적으로 제어할 수 있다는 데에 있다 ······ 69
(1) 이로써 인간의 삶과 행위와 그 목적은 세상에서 특별한 것이 된다 ······ 69
(2) 인간적 행위의 본성에 대한 근대의 오류의 근본적 특성 ······ 70
(3) 의도적인 제어의 적들 ······ 71
1) 인간 자신 안으로부터 ······ 71
① 감각들로부터 ······ 72
② 지성으로부터 ······ 73
2) 외부로부터 ······ 74
3. 인간적 행위의 상황 ······ 74
(1) 상황의 종류와 그 수 : 누가, 무엇을, 어디서, 누구의 도움으로, 언제, 왜, 어떻게 ······ 76
(2) 중요성 ······ 76
1) 한 인간적 행위를 온전히 알기 위하여 : 인간적 행위 안에서 진리를 찾는 기자와 신학자 ······ 76
2) 한 사람의 행위에 대한 공적 또는 사적인 판단을 위하여 ······ 77
3) 개인이 행동을 선택하기 위하여 ······ 77
4) 그의 활동 자체를 위하여 ······ 77

4. 모든 인간적 행위의 개별적 조건들 ········· 78
(1) 왜 ········· 78
1) 갈망의 대상을 얻기 위하여 : 언제나 선 때문이고, 주로 목적이나 목표 때문이다 ········· 78
2) 배타적으로는 아니지만 주로 목표 때문이다. 다른 모든 갈망의 대상은 그 목표에 관련된다 ········· 78
(2) 누구의 도움으로 : 인간적 행위의 동기가 되는 힘들 ········· 79
1) 지성 편에서 ········· 79
2) 감각 편에서 ········· 79
3) 의지 자체의 편에서 ········· 80
4) 외부적 영향들 ········· 80
5) 하느님 편에서 ········· 80
(3) 어떻게 ········· 81
1) 본성적으로 ········· 82
2) 필연적으로 ········· 82
① 고유한 대상에 관련하여 ········· 82
② 감각적 욕구 때문에 ········· 83
③ 신적 영향 때문에 ········· 83
3) 자유롭게 ········· 84

[결론]
1. 행복의 수단들은 그것의 소유가 행복을 주는 그 대상에 완전히 부합된다 ········· 85
(1) 인간은 누구나 보편적으로 그것을 소유한다 ········· 85
(2) 이성의 시작에서부터 실제로 그것을 사용할 수 있다 ········· 85
(3) 엄밀히 개인적이다 ········· 86
(4) 완전히 독립적이다 ········· 86
(5) 전적으로 단순하다 ········· 86
2. 이들은 본성과 자연법의 단일성 및 효력과 완전한 조화를 이룬다 ········· 87
3. 이들만이 인간의 존엄성과 이성에 부합한다 ········· 87

제3장 행복의 도구 (제2부 제1편, 제11문제~제17문제)
1. 성공적인 삶들을 위한 도구들을 알아야 할 필요성 ········· 91
2. 이 도구들의 구성 요소들을 알아야 할 필요성 ········· 92
3. 인간적 행위를 고찰하는 두 가지 방식 ········· 92
(1) 경험적으로(과학적으로) ········· 92
1) 생리학적으로 ········· 92
2) 심리학적으로 ········· 93

3) 수학적으로 ………… 93
(2) 철학적으로 ………… 94
1) 그 자체로서 ………… 94
2) 그 윤리성에 관련하여 ………… 94
4. 인간 행위에 대한 제어의 이면 ………… 95
(1) 일반 원칙 : 인간 행동의 여러 형태들의 이유 ………… 95
(2) 세부적 내용 ………… 97
1) 목표 내지 목적과 관련하여 : 이해, 의지, 지향, 향유 ………… 97
2) 수단과 관련하여 ………… 99
① 지성 편에서 : 심사숙고, 판단, 명령 ………… 99
② 의지 편에서 : 동의, 선택, 실행 ………… 100
③ 두 가지 특성 : 이들은 인간에게만 고유하며, 모두 제어된다 ………… 100
5. 실천적 견해 ………… 103
(1) 인간적 행위의 탄생과 성숙을 향한 성장 ………… 103
(2) 일상 생활 안에서의 결정과 실행 ………… 104
(3) 인간 왕국의 통치 ………… 106

[결론]
1. 삶의 도구들을 만들고 사용하기 위해서는 섬세한 균형이 필요하다 ………… 107
(1) 의지만 있을 때의 맹목성 ………… 108
(2) 지성만 있을 때의 실천적인 빈약함 ………… 108
(3) 끝없는 단계들로 인한 절망 ………… 108
2. 그 균형이 서투른 삶과 숙련된 삶을 구별짓는다 ………… 109
3. 삶의 기술은 특히 명령의 행위에 있다 ………… 109
(1) 명령에 관여하는 것은 우리 삶의 기술에 관여한다 ………… 109
(2) 인간은 명령으로써 섭리의 작업에 참여한다 ………… 110
(3) 제어의 핵심인 명령이 없이는 법과 법치가 불가능하다 ………… 110

## 제4장 행복과 윤리 (제2부 제1편, 제18문제~제21문제)

1. 물리적 선악과 윤리적 선악의 비교 ………… 112
(1) 윤리의 근원 ………… 114
(2) 윤리의 정의 ………… 115
(3) 윤리의 법칙 ………… 115
1) 즉각적인 법칙 : 이성 ………… 115
2) 궁극적인 법칙 : 영원법 ………… 116
2. 윤리에 대한 근대의 공격의 원천 ………… 117

(1) 실제적인 것을 유형적인 것과 동일시함 …… 117
(2) 인간에게 개인적 목적이 있음을 부인함 …… 118
(3) 권위에 대한 공격 : 공격받은 권위의 단계들 …… 118
1) 신적 권위 …… 118
2) 교회 권위 …… 118
3) 사회 권위 …… 118
4) 가정 권위 …… 118
(4) 윤리에 대한 불합리하거나 비이성적인 결론 …… 119
3. 인간적 행위 전반의 윤리성 …… 120
(1) 윤리성의 원천 …… 120
1) 행위의 대상 …… 120
2) 행위의 목적 …… 121
3) 행위의 상황 …… 121
4) 그 자체로서 선하거나 악하거나 선하지도 악하지도 않은 행위들 …… 121
4. 개별적인 인간적 행위의 윤리성 …… 123
(1) 내재적 행위 : '선한 의지'의 의미 …… 123
1) 윤리적 선이 어디에 달려있는가 …… 124
① 대상 : 지향의 역할 …… 124
② 윤리성의 법칙 …… 125
2) 악한 의지의 유일한 규범 …… 125
3) 하느님의 의지에 부합함 …… 126
(2) 외재적 또는 명령된 행위 …… 127
1) 윤리의 이중 기준 …… 127
2) 이 기준들의 상호 작용 …… 127
3) 윤리적 의미 …… 128
① 외적인 행위 …… 128
② 행위의 결과 …… 128
5. 인간 활동의 선악의 결과 …… 129
(1) 죄와 덕 …… 129
(2) 칭찬과 비난 …… 129
(3) 상과 벌 …… 129

[결론]
1. 윤리의 위치 …… 130
(1) 자연 질서 안에서 …… 130
(2) 인간의 본성 안에서 …… 131
(3) 종교와 관련하여 …… 132

2. 윤리를 벗어날 수 없음 ······ 132
3. 윤리와 행복의 추구 ······ 133

## 제5장 행복과 정념 (제2부 제1편, 제22문제~제29문제)

1. 정념에 대한 견해와 사실 ······ 136
(1) 정념을 인간에게 합당치 않은 것으로 배척하는 견해 ······ 136
(2) 정념을 인간의 전부로 받드는 견해 ······ 136
(3) 정념을 인간의 일부로 받아들이는 견해 ······ 137
2. 정념을 사실로 보는 것이 온전한 설명이다 ······ 139
(1) 정념의 정의와 특성 ······ 139
1) 인식과 관련하여 ······ 139
2) 주체 ······ 140
3) 선과 악 ······ 141
(2) 정념의 구분 ······ 142
1) 반사작용으로부터 ······ 142
2) 느낌으로부터 ······ 142
3) 본능으로부터 ······ 143
4) 습성으로부터 ······ 143
3. 정념의 종류 ······ 144
(1) 일반적인 정념 : 욕정적 정념과 분노적 정념 ······ 144
(2) 특수한 정념 ······ 145
1) 사랑과 미움, 욕망과 회피, 즐거움과 슬픔 ······ 145
2) 희망과 절망, 대담함과 두려움, 분노 ······ 145
4. 정념들의 상호 작용 ······ 146
5. 정념에 관한 이론들 ······ 147
(1) 결과적 : 랑에, 제임스 ······ 147
(2) 동시적 : 맥도걸 ······ 147
(3) 불시적 : 캐넌 ······ 147
(4) 성적 : 프로이트 ······ 147
(5) 스콜라적 ······ 147
6. 기본적인 정념들 : 사랑과 미움 ······ 149
(1) 사랑 ······ 149
1) 이중적인 처리 방법 : 실험과 대조 ······ 149
2) 변이형 : 본성적, 감각적, 이성적 ······ 149
3) 구분 : 이기적 사랑과 호의적 사랑 ······ 150
4) 원인 : 선, 인식, 유사성 ······ 151

5) 결과 : 결합, 내재, 무아지경, 질투 ··· 154
6) 평가 ··· 156
① 가치 ··· 156
② 영향 ··· 156
(2) 미움 ··· 157
1) 대상과 원인 : 악과 사랑 ··· 157
2) 상대적 강도 ··· 157
3) 자신과 진리에 대한 미움 ··· 157

[결론]
1. 정념들의 균형 ··· 158
2. 정념과 인간 본성 ··· 159
3. 정념과 인간적 활동 ··· 159
4. 정념과 행복 ··· 160

## 제6장 행복과 정념 2. 욕망 (제2부 제1편, 제30문제~제39문제)

1. 주제의 적합성 ··· 162
(1) 20세기의 버릇없는 아이들에게 ··· 162
(2) 인간성 자체를 근거로 ··· 163
1) 인간의 삶에서 활동과 목표의 위치 ··· 163
2) 활동과 목표에 대하여 욕정적 정념의 위치 ··· 164
2. 욕망의 정념, 사욕편정 ··· 164
(1) 그 본질과 위치 ··· 164
(2) 본성적 욕망과 습득된 욕망 ··· 165
(3) 회피 ··· 167
3. 즐거움과 기쁨 ··· 167
(1) 즐거움과 기쁨의 본성과 구분 ··· 168
(2) 이들에 대한 평가 ··· 169
1) 그 자체로서 ··· 169
2) 즐거움의 단계 ··· 169
3) 즐거움들의 충돌 ··· 170
4. 즐거움과 기쁨의 원인들 ··· 172
(1) 작업 ··· 172
(2) 움직임 ··· 172
(3) 사랑 ··· 172
1) 결합 ··· 172

2) 다른 이들의 행위 …… 172
3) 다른 이들을 위한 행위 …… 173
(4) 유사성 …… 173
(5) 슬픔 …… 173
(6) 새로움 …… 173
5. 즐거움과 기쁨의 결과 …… 174
(1) 영혼의 확장 …… 175
(2) 욕망과 혐오 …… 175
(3) 이해의 민감함과 둔감함 …… 175
(4) 작업의 완전성 …… 175
6. 즐거움과 기쁨의 윤리성 …… 176
(1) 선한 즐거움과 악한 즐거움 …… 176
(2) 즐거움의 윤리적 가능성들 …… 176
7. 슬픔 …… 177
(1) 슬픔의 본성 : 정념과 이성적 슬픔의 구분 …… 177
(2) 슬픔의 단계 …… 177
8. 슬픔의 원인 …… 178
(1) 악 …… 178
(2) 욕망 …… 179
1) 선에 대한 욕망 …… 179
2) 일치와 사랑에 대한 욕망 …… 179
(3) 힘 …… 179
9. 슬픔의 결과, 본성의 손상 …… 180
(1) 맹목성 …… 180
(2) 우울 …… 180
(3) 약함 …… 180
(4) 신체적 상해 …… 180
10. 슬픔에 대한 치료책 …… 181
(1) 즐거움 …… 181
(2) 눈물 …… 181
(3) 친구들의 동반 …… 182
(4) 진리의 관조 …… 182
(5) 잠과 목욕 …… 182

[결론]
1. 욕정적 정념은 특히 현대적인 정념이다 …… 183
(1) 경제 이론과 탐욕 …… 183

(2) 광고, 과학적 발견, 오락과 즐거움 ········· 184
(3) 슬픔과 고통에 대한 대조적인 입장들 ········· 184
1) 혐오 ········· 184
2) 찬양 ········· 185
2. 욕정적 정념에 대한 현대의 강조의 영향 ········· 185
(1) 인간의 구성에 관하여 ········· 185
(2) 인간의 활동에 관하여 ········· 186
(3) 인간의 사고방식에 관하여 ········· 186
3. 슬픔의 인간과 기쁨의 철학 사이의 역설 ········· 186

## 제7장 행복과 정념 3. 희망과 두려움 (제2부 제1편, 제40문제~제48문제)

1. 욕정적 정념과 분노적 정념의 관계 ········· 192
(1) 목표의 차이 ········· 192
(2) 욕정적 정념을 강조한 결과 ········· 192
1) 명령하는 힘의 약화와 감소 ········· 192
2) 슬픔의 증가와 패배의 정념 ········· 193
2. 희망과 절망 ········· 193
(1) 본성 ········· 194
1) 인간에게서 ········· 194
2) 동물에게서 ········· 195
(2) 희망의 원인 : 경험 ········· 196
1) 냉소적인 노년의 역설 ········· 197
2) 희망찬 젊음의 역설 ········· 197
(3) 사랑과 작용에 대한 관계 ········· 198
3. 두려움 ········· 199
(1) 본성과 구분 ········· 199
(2) 두려움의 여섯 종류 : 게으름, 당황, 수치, 당혹, 경탄, 불안 ········· 199
(3) 두려움의 대상 ········· 200
(4) 두려움의 원인과 결과 ········· 201
1) 결함 ········· 201
2) 힘 ········· 203
4. 대담함 ········· 204
(1) 대담함의 본성 및 희망에 대한 관계 ········· 204
(2) 기원 ········· 205
(3) 이성적 대담함과 정념적 대담함의 대조 ········· 206

5. 분노 208
(1) 합성된 본성과 독특성 208
(2) 인간 안에서 분노의 우위 208
(3) 원인과 치료책 209
1) 탁월함 210
2) 경멸 210
3) 만족 210
(4) 영향 210
1) 즐거움 210
2) 신체적 변화 211
3) 이성에 미치는 영향 211
4) 말에 미치는 영향 211

[결론]
1. 욕망의 옹호자들 212
2. 20세기와 분노적 정념 212
(1) 승리의 정념 : 희망, 대담함, 분노 212
1) 욕정적 정념에 몰두한 결과 212
2) 현대의 희망, 대담함, 분노 212
(2) 패배의 정념 213
1) 두려움이 많아짐 213
2) 절망의 항복 214
3. 우주의 주인이거나 아니면 희생물인 인간 214

제8장 행복과 습성 (제2부 제1편, 제49문제~제54문제)
1. 행위의 인간과 습성의 인간 : 부당한 대조 218
(1) 동물적 '습성' 218
(2) 하느님 안에는 습성이 없음 218
2. 인간 본성 안에서 습성의 기초 219
(1) 인간 본성의 한계들 219
(2) 인간 본성의 무한한 가능성들 220
3. 습성의 본질적 개념 221
4. 인간 안에서 습성의 위치 223
(1) 인간의 신체적 측면 223
1) 몸 223
2) 감각 기능 223

(2) 인간의 영적 측면 …… 224
1) 영혼의 본질 …… 224
2) 지성 …… 225
3) 의지 …… 225
5. 습성의 원인 …… 227
(1) 본성과 습성의 씨앗들 …… 227
1) 지성적 습성 …… 227
2) 욕구적 습성 …… 227
(2) 반복된 행위들 …… 228
1) 하나의 행위로 습성이 형성되는 가능성 …… 228
2) 주입된 습성들 …… 229
3) 몇 가지 이론들 …… 229
① 신체적 …… 229
② 지성적 …… 230
6. 습성의 증가 …… 231
(1) 물리적 크기와 영적 크기 …… 231
(2) 증가 방법 : 행위의 강도 …… 232
7. 습성의 약화와 상실 …… 233
(1) 상실의 방법 : 행위의 부재 …… 233
(2) 침범할 수 없는 습성 …… 234
8. 습성의 구분 …… 234
(1) 종에 따라 : 목적, 질료, 원리에 의하여 …… 234
(2) 윤리적으로 : 본성에 대한 관계에 의하여 …… 234
(3) 습성들의 병립 가능성 …… 234

[결론]
1. 습성과 행복 …… 236
(1) 습성과 행위 …… 236
(2) 습성에 관한 물리적 이론들의 의미 …… 237
2. 습성과 행복의 관계에서 도출되는 결과들 …… 237
(1) 책임 …… 237
1) 부모의 책임 …… 237
2) 교육자의 책임 …… 238
3) 모범 …… 238
(2) 개인적 평가, 예측, 개선 …… 239
(3) 지성적, 윤리적, 신체적 습성들의 상대적 중요성 …… 239

## 제9장 행복과 덕 (제2부 제1편, 제55문제~제58문제)

1. 덕의 오명 : 근대의 몇 가지 개념들 …… 242
(1) 개혁자들의 시각 …… 242
(2) 기쁨과 인간성을 미워하는 사람을 위하여 …… 242
(3) 일상 세계에 대한 무지함의 결과 …… 243
(4) 신경증적 금지 …… 243
2. 오해의 두 가지 이유 …… 244
(1) 덕의 본성에 대한 무지 …… 244
(2) 인간의 본성에 대한 무지 …… 244
3. 덕의 본성 …… 245
(1) 행위적 습성 …… 245
(2) 좋은 습성 …… 246
(3) 덕의 정의 …… 246
4. 덕의 인간다움 …… 247
(1) 엄밀하게 인간적인 인지 능력에 대한 제한 : 완전한 덕과 불완전한 덕 …… 247
(2) 엄밀하게 인간적인 욕구 능력에 대한 제한 …… 249
(3) 덕의 충분한 구분 : 지성덕과 윤리덕 …… 250
5. 지성덕 …… 251
(1) 사변적 덕 : 이해, 학문, 지혜 …… 251
(2) 실천적 덕 : 기술과 실천적 지혜 …… 254
1) 구분 …… 254
2) 좋은 삶을 위한 실천적 지혜의 필요성 …… 255
3) 실천적 지혜의 부속물 …… 256
6. 윤리덕 일반 …… 257
(1) 지성덕과의 구분 …… 257
(2) 윤리덕과 지성덕의 상호 의존 …… 257
1) 지성덕 없는 윤리덕 …… 257
2) 윤리덕 없는 지성덕 …… 258

[결론]
1. 덕과 성공적 행위 …… 259
(1) 개별적 목적들과 관련하여 …… 259
(2) 인간 삶의 목표와 관련하여 …… 260
2. 윤리덕과 인간 삶의 충만함 …… 260
(1) 삶의 목표의 중요성에 비례한 윤리덕들의 중요성 …… 260
(2) 윤리덕의 갚음은 성공적인 삶의 갚음이다 …… 261

1) 직접적 : 충만한 삶 ······ 261
2) 궁극적 : 삶의 목표인 행복의 소유 ······ 261
3) 윤리덕을 부인하는 것은 인간의 인간다움을 부인하는 것 ······ 261
3. 인간과 윤리의 형성 ······ 261

## 제10장 행복을 향한 단계들 (제2부 제1편, 제59문제~제62문제)

1. 인간 본성의 재통합 ······ 264
(1) 자신 안에서 ······ 264
(2) 하느님을 향하여 ······ 265
2. 정념의 재통합 ······ 266
(1) 정념과 덕의 구분 ······ 267
(2) 정념의 원인이며 적인 윤리덕 ······ 268
(3) 덕의 재료인 정념 ······ 269
(4) 덕의 기쁨과 슬픔 ······ 270
3. 재통합의 요인들 : 좋은 습성들 ······ 271
(1) 다수의 윤리덕이 필요한 이유 ······ 271
(2) 개인적 덕과 사회적 덕 ······ 272
1) 사회적 덕 ······ 272
2) 개인적 덕 ······ 273
3) 아리스토텔레스가 열거한 덕들 : 용기, 절제, 온화, 아량, 명예에 대한 사랑, 포부, 온유함, 친애, 진실성, 재치, 정의 ······ 274
4. 주요 요인들 : 사추덕 ······ 274
(1) 네 가지로 제한됨 : 실천적 지혜, 정의, 용기, 절제 ······ 274
(2) 이들의 중요성 ······ 275
(3) 이들 서로간의 구분 ······ 275
(4) 윤리덕의 단계 ······ 275
1) 하느님의 덕 ······ 276
2) 인간적 차원의 덕들 ······ 276
3) 신적 차원으로 올라감 ······ 277
4) 신적 차원에 도달함 ······ 277
5. 인간 본성이 하느님께 재통합됨 ······ 278
(1) 대신덕들의 이름과 그 존재 : 믿음, 희망, 사랑 ······ 278
(2) 지성덕 및 윤리덕과의 구분 ······ 278
(3) 대신덕의 수와, 인간적 믿음 및 희망과의 대조 ······ 279
(4) 대신덕들의 탁월함의 단계 ······ 280

[결론]
1. 덕과 인간 삶의 재통합 …… 280
(1) 개인적 삶 …… 281
(2) 사회적 삶 …… 281
(3) 신적 삶 …… 282
2. 덕과 완전한 인간 생활 …… 282
3. 덕과 힘찬 인간 생활 …… 283
4. 덕과 성공적인 인간 생활 …… 283

## 제11장 행복의 습성 (제2부 제1편, 제63문제~제67문제)

1. 최종 산물을 고찰하는 두 가지 방법 …… 286
(1) 비서와 보조자들이 있는 바쁜 천재의 방법 …… 286
(2) 여유있는 장인의 방법 …… 286
1) 대팻밥을 모으고 사물들을 정리한다 …… 286
2) 그 일의 수고, 목표, 결과에 대해 기억하고 숙고한다 …… 287
2. 덕의 최종 산물은 최고의 두 번째 본성이다 …… 288
3. 두 번째 본성을 만드는 수고 …… 288
(1) 본성 편에서 …… 288
(2) 인간 편에서 …… 289
(3) 하느님 편에서 …… 291
4. 두 번째 본성의 목표 …… 292
(1) 궁극 목표 …… 292
(2) 중간 목표 : 미지근함과 덕의 중용 …… 293
1) 윤리덕들의 중용 …… 294
2) 지성덕들의 중용 …… 294
3) 대신덕들에는 중용이 없음 …… 295
5. 두 번째 본성의 결과 …… 296
(1) 부분들의 조화 …… 296
1) 윤리덕들의 연결 …… 296
2) 윤리덕과 대신덕의 연결 …… 296
3) 대신덕들의 연결 …… 298
(2) 덕 전체 구조의 균형 …… 300
1) 균등성 …… 300
2) 불균등성 …… 300
3) 비교 우위 …… 301
6. 최종 산물의 지속 가능성 …… 302

(1) 시간 안에서 ········· 302
(2) 영원 안에서 ········· 302
[결론]
1. 덕과 성취에 대한 긍지 ········· 303
2. 덕과 장인의 겸손 ········· 304
3. 덕과 감사 ········· 304
4. 최종 산물 : 최고의 두 번째 본성 ········· 305

## 제12장 행복의 속삭임 (제2부 제1편, 제68문제~제70문제)

1. 성령의 역사적인 방문 : 수태고지, 주님의 세례 그리고 오순절과 제자들 ······ 309
2. 성령에 대한 주님의 약속과 성령의 구원역사 ········· 310
3. 성령과 오늘날의 그리스도인들 : 교회와 가톨릭 신자 ········· 310
4. 하느님과 인간의 협력을 위한 직접적인 준비 – 은총 ········· 311
(1) 은총의 목적 ········· 311
(2) 구원을 위해 필요한 은총 ········· 313
(3) 은총의 본성 ········· 314
(4) 다양한 형태의 은총들 ········· 314
(5) 은총과 덕(德)의 관계 ········· 315
5. 하느님과 인간의 협력 – 그 열매와 기쁨 ········· 318
(1) 보편적인 의미의 협력 – 성령의 열매의 역할 ········· 319
1) 협력의 의미와 그 기쁨과의 구별 ········· 319
2) 협력의 범위 : 인간의 자기 자신, 동료인간 그리고 자기 아래에 있는 피조물들과 관계 속에서 ········· 321
(2) 특수한 의미의 협력 – 완전한 협력에 의한 기쁨 ········· 322
1) 진복팔단(眞福八端 혹은 산상수훈)의 기쁨 ········· 322
2) 협력의 이중적인 요소 – 진복팔단의 배정(인간의 공로)과 시작(보상) ··· 323
3) 의지적이고 활동적이며 관조적인 삶을 통하여 미리 맛보게 되는 기쁨 ··· 324
4) 미리 맛보는 기쁨으로서 보상과 궁극적인 보상으로서 영원한 행복 ······ 326
5) 행복의 축적 ········· 326

[결론] 행복의 속삭임 ········· 329
1. 놀랄 수밖에 없는 이유 ········· 329
(1) 하느님의 구원역사의 효과 ········· 329
(2) 완전한 변화 ········· 330
2. 그리스도인의 삶에 있어서의 역설(逆說) ········· 331
3. 평범한 신앙인과 행복의 속삭임 ········· 331

## 제13장 불행으로 이어지는 습성들 (제2부 제1편, 제71문제~제74문제)

1. 익숙하면서도 낯설게 여겨지는 죄의 얼굴 ······ 336
(1) 지나치게 낙관적인 세대 ······ 336
(2) 세상에서 삶을 즐기려는 세대 ······ 337
(3) 싸움에만 전념하는 세대 ······ 337
2. 죄와 인간 본성 ······ 338
(1) 인간성에 대한 모욕으로서 죄의 가능성에 대한 거부 ······ 338
(2) 인간의 속성으로서 죄의 가능성을 인정하려는 오류 ······ 338
(3) 인간성에 대한 배신을 목표로 삼는 죄 ······ 339
3. 친구로서의 덕과 적으로서의 죄 혹은 악습 ······ 340
(1) 서로 양립할 수 없는 관계 ······ 341
(2) 죄에 대한 아우구스티누스 교부의 정의(定義) ······ 342
4. 죄를 구별하는 특징들 ······ 342
(1) 죄의 우발적인 속성 ······ 342
(2) 죄의 동기 혹은 목적 : 하느님, 자아 그리고 이웃 ······ 343
(3) 죄에 대한 일반적인 식별 ······ 344
1) 중죄와 경죄 ······ 347
2) 작위(commission)의 죄와 부작위(omission)의 죄 ······ 347
3) 생각으로 저지르는 죄, 말로 저지르는 죄 그리고 행동으로 저지르는 죄 ··· 348
5. 죄의 무질서 ······ 349
(1) 카오스의 첫 단계 ······ 349
(2) 죄의 부조화 ······ 350
1) 죄의 본질적인 무게 ······ 350
2) 육신에 의한 죄와 영혼에 의한 죄(영적인 죄) ······ 352
3) 죄의 경중을 따지는 요소들 ······ 353
① 의지와 감각적 욕구 ······ 353
② 죄의 환경 및 조건 ······ 353
③ 손상(피해)의 정도 ······ 354
④ 인격적인 조건 ······ 355
⑤ 죄를 저지르는 자의 조건 ······ 355
6. 죄의 소굴 ······ 356

[결론] 현대사회의 죄의식 ······ 357
1. 죄와 현대사회 ······ 357
(1) 주님 때문에 죄를 미워하는 것과 세상 때문에 죄를 미워하는 것 ······ 357

(2) 현대사회의 기초들 …… 358
1) 죄에 대한 잘못된 개념 …… 358
2) "실수하는 것이 인간이다." …… 359
2. 죄와 우리의 삶 …… 360
(1) 개별적인 삶의 파멸 …… 360
(2) 사회적인 삶의 파멸 …… 360
(3) 축성된 삶의 파멸 …… 361
3. 죄와 행복 …… 362

## 제14장 불행의 원인들 (제2부 제1편, 제75문제~제78문제)

1. 현대인들의 불행을 초래한 두 가지 근거 …… 364
(1) 행복에 대한 무지 …… 367
(2) 불행에 대한 무지 …… 367
2. 불행에 대한 분석 – 죄 …… 368
3. 죄를 일으키는 원인들 …… 368
(1) 내적인 원인 …… 369
1) 가장 내밀하고 직접적인 원인 : 이성과 의지 …… 369
2) 가장 멀리 자리하는 원인 : 상상과 감각적 욕구 …… 372
3) 죄를 확정하는 유일한 조건 : 의지 …… 373
(2) 외적인 원인 …… 373
1) 감각적 욕구를 자극하는 요인들 …… 373
2) 상상 및 추리를 자극하는 요인들 …… 374
3) 죄가 죄를 낳는다 …… 375
4. 죄의 원인이자 변론을 제기하는 이성 …… 376
(1) 죄의 한 가지 원인으로서 무지 …… 376
(2) 하나의 죄로서 무지 …… 378
(3) 죄에 대한 변론으로서 무지 : 죄의 무게를 덜기 위한 시도 …… 379
1) 전적인 변론 …… 379
2) 부분적인 변론 …… 379
5. 죄의 원인이자 변론을 제기하는 감각 …… 381
(1) 죄의 한 가지 원인으로서 감각 …… 381
1) 의지와 감각적 욕구 – 직접적인 동인과 간접적인 동인 …… 381
2) 추리를 지배하는 감각적 욕구 …… 383
① 이성 및 의지를 방해하는 감각 …… 383
② 죄를 저지르는 자의 추리 …… 383
3) 죄의 첫 번째 원리 : 자기 사랑의 무질서(와해) …… 385

① 피조물에 대한 집착 ··· 385
② 눈과 육신 그리고 자존심에 기운 욕망 ··· 385
(2) 죄에 대해 변론을 제기하는 감정 ··· 386
6. 죄의 한 가지 원인으로서 의지, 변론이 허용되지 않는 경우 ··· 387
(1) 악행, 무지, 나약함에 의한 죄 ··· 387
1) 의지에 의한 죄 ··· 389
2) 습성에 따른 죄 ··· 390
(2) 정념에 의해 벌어지는 죄들의 비교 ··· 390

[결론] 불행의 원인과 선한 의지 ··· 391
1. 불행의 근본적인 원인 – 나쁜 의지 ··· 391
(1) 불행에서 건져내는 현대의 구제책 ··· 392
(2) 선한 의지의 규범 ··· 394
(3) 선한 의지를 위한 수단들 ··· 394
2. 선한 의지와 행복 ··· 395

## 제15장 밖에서 오는 불행 (제2부 제1편, 제79문제~제81문제)

1. 인간 영혼의 침범할 수 없는 성역(거룩한 장소) ··· 399
(1) 영혼 외부의 세력들과 죄 ··· 399
(2) 영혼 외부의 행위자들과 죄 ··· 400
2. 죄와 인간의 존엄성 ··· 401
(1) 인간성에 대한 공격 ··· 401
1) 자유에 대한 불신 ··· 401
2) 자유의 파괴 ··· 402
3) 진리에 대한 불신 ··· 402
(2) 인간성 옹호 ··· 403
3. 하느님과 신성불가침의 인간 영혼 ··· 404
(1) 우리의 죄 안에서 하느님의 적극적인 섭리 ··· 405
1) 행위로서의 죄, 그 긍정적인 측면과 부정적인 측면 ··· 405
2) 죄를 통해 드러나는 정의(正義)의 일면 ··· 407
3) 처벌 ··· 408
(2) 우리의 죄 안에서 하느님의 소극적인 섭리 : 불신과 완고한 마음 ··· 409
1) 선을 피해 악을 추구하는 것 ··· 409
2) 은총의 거부 ··· 410
4. 악마의 무기력 ··· 411
5. 악마의 능력 ··· 412

(1) 우리의 활동의 제한된 분야(영역) ········ 412
(2) 덕과 악습과 관련된 악마의 활동 ········ 413
(3) 악마의 실제 활동의 제한적인 특성 ········ 413
6. 원죄(原罪)와 신성불가침한 인간 영혼 ········ 414
(1) 원죄(原罪)와 그 의미 ········ 414
1) 대자연을 통한 이해 ········ 414
2) 교회 교도권을 통한 이해 ········ 415
(2) 유죄(遺罪)의 수수께끼와 이해의 어려움 : 자발성과 정의(正義)의 문제 ······ 416
(3) 신학적인 설명 ········ 417
1) 인간 영혼의 전이(transmission) ········ 417
2) 신체적 결합의 전이 ········ 418
3) 인간 본성의 전이(토마스 아퀴나스) ········ 419
7. 죄의 유전(遺傳)과 개인의 죄 ········ 421
(1) 원죄의 양도에 대한 엄격한 제한 ········ 421
(2) 모든 사람들에게 양도되는 죄의 보편성 ········ 423
(3) 전이의 기본적인 조건 : "세대를 통해 이어지는 행위 원칙" ········ 424

[결론] 원죄와 하느님과 인간의 존엄성 ········ 425
1. 하느님께 반항하는 현대 사조 ········ 425
2. 하느님의 완전하심을 증명하는 죄 ········ 426
(1) 고상함과 관대함 ········ 426
(2) 인간 영혼의 신성불가침한 성역에 대한 태도 ········ 428
(3) 좋은 능력과 자비로운 정의 ········ 428
3. 인간의 존엄성을 증명하는 죄 ········ 429

## 제16장 불행의 발전 (제2부 제1편, 제82문제~제85문제)

1. 개인의 죄, 본죄의 바탕 ········ 434
(1) 원죄 - 본성에 전이된 죄로서 행위의 원칙은 아니다 ········ 434
(2) 원죄 - 개인에게 유보된 죄다 ········ 435
2. 죄의 바탕으로서 원죄 ········ 437
(1) 원죄의 형상적인 의미 : "본래의 의로움"이 무너진 것 ········ 437
(2) 원죄의 질료적인 의미 : 욕망 ········ 438
3. 원죄의 동등성과 본죄의 비동등성 ········ 439
4. 죄의 발판 ········ 440
(1) 원죄가 깃든 영혼 ········ 440
(2) 영혼의 본질 및 의지와 죄의 관계 ········ 441

(3) 인간성 옹호 ············ 442
1) 나쁜 의지와 타락한 본성 ············ 442
2) 영혼의 저급한 능력들에 의한 오염 ············ 442
5. 죄에 의한 인간 본성의 훼손 - "신앙에 의한" 교의적인 가르침 ············ 444
(1) 본성의 원리들에 관하여 ············ 444
(2) 본래의 의로움 개념에 관하여 ············ 445
(3) 덕으로 나아가는 본성적인 경향 ············ 445
1) 그 경향은 비록 훼손될지언정 결코 전부 파괴되지 않는다 ············ 445
2) 그 경향은 본죄로 인해 무한정 방해 받는다 ············ 446
6. "본성의 훼손"을 뜻하는 사태들 : 무지함, 사악함, 나약함, 욕망 ············ 448
(1) 순수한 본성의 훼손 ············ 448
(2) 본래의 의로움 개념을 가진 본성의 훼손 ············ 449
7. 죄의 결과로서 죽음과 육체적인 손상 ············ 450
(1) 원죄에 의해 ············ 450
(2) 본죄에 의해 ············ 451
8. 인격적인 본죄의 뿌리와 시작 ············ 452
9. 죄의 유혹(꾐) - 중죄(重罪, capital sin) ············ 453
(1) 중죄의 의미 ············ 453
(2) 사죄(死罪)와의 구별 ············ 454
(3) 중죄의 분류와 대상 ············ 455

[결론] 죄와 인격 ············ 456
1. 원죄와 인격 ············ 456
(1) 인간 본성의 단일성 ············ 456
(2) 덕으로 기우는 본성적인 경향 ············ 457
(3) 주도적인 결정 ············ 458
2. 본죄와 인격 ············ 458
3. 밝혀진 죄의 의도 ············ 459
4. 인격적인 존재와 죄 그리고 행복 ············ 460

## 제17장 불행의 결과들 (제2부 제1편, 제86문제~제89문제)

1. 아름다움의 숭배 - 현대의 패러독스 ············ 464
2. 영혼의 아름다움 - 본성적인 빛과 신적인 빛의 광채 ············ 465
3. 죄의 즉각적이고 기초적인 결과 - 영혼의 추함 ············ 467
(1) 영혼을 오염시키는 원인으로서 죄 ············ 467
(2) 그 오염의 본질 : 어둠 ············ 469

(3) 오염된 상태의 지속기간 ··· 470
4. 죄로 인해 초래되는 결과 - 처벌(형벌) ··· 471
(1) 죄의 결과로서 마땅히 주어지는 처벌 ··· 471
1) 순리적인 결과로서 처벌 ··· 471
2) 질서의 회복을 위한 계기로서 처벌 ··· 472
3) 초본성적인 영원한 형벌 ··· 476
① '지옥불' 개념 ··· 476
② '지옥불'에 대한 합리적인 설명 ··· 477
③ '지옥불'의 직접적인 원인 ··· 478
(2) 처벌의 내용과 지속기간 ··· 478
(3) 마땅히 주어지는 처벌의 지속기간 ··· 479
(4) 처벌의 불가피성 ··· 480
1) 원죄 및 본죄에 따른 처벌의 불가피성 ··· 480
2) 대속(代贖) ··· 481
5. 중죄와 경죄에 대한 처벌과 직결된 인격적인 원인의 비교 ··· 482
(1) 같은 점과 다른 점 ··· 484
(2) 중죄를 위한 포석으로서 경죄 ··· 485
(3) 경죄가 중죄가 되거나 중죄가 경죄가 되는 가능성 ··· 486
6. 전도된 가치의 척도 ··· 488
(1) 중죄와 경죄에 대한 현대인들의 태도 ··· 488
(2) 경죄에 대한 부주의 ··· 488
1) 부주의의 기본적인 배경 ··· 488
2) 그 중대함 - 경죄의 결과 ··· 489
3) 타락한 인간의 특징적인 결점으로서 경죄 ··· 490

[결론] 아름다움과 현대사회 ··· 491
1. 아름다움에 대한 몇 가지 정의(定義) ··· 491
2. 아름다움에 대한 현대사회의 입장 ··· 492
3. 아름다움의 본향 ··· 493
4. 아름다움과 죄 ··· 494
5. 아름다움과 하느님 ··· 494

## 제18장 행복의 범위 (제2부 제1편, 제90문제~제94문제)

1. 법과 삶 ··· 499
(1) 활동과 그 방향성 ··· 499
(2) 활동의 목표와 그 목표로 향한 길 ··· 500

2. 법에 대한 혼란스러움의 근원 ······ 500
(1) 법에 대한 혼란스러움 ······ 500
(2) 인생을 전망하는 데 있어서의 혼란스러움 ······ 501
3. 법의 본질 ······ 502
(1) 이성이 내리는 명령 ······ 502
(2) 공동선(公同善)의 지향 ······ 504
(3) 권위에 기초한 법 ······ 506
(4) 공포된 법 ······ 507
4. 법의 일반적인 구분 ······ 507
(1) 영원법 ······ 507
(2) 자연법 ······ 508
(3) 인정법(人定法) ······ 511
(4) 신정법(神定法) ······ 512
5. 법의 효력 ······ 513
(1) 사람들을 선(善)으로 인도하는 효과 ······ 513
(2) 법이 수행하는 역할 : 훈계, 금지, 허용, 처벌 ······ 514
6. 영원법 ······ 515
(1) 영원법의 본성 ······ 515
(2) 영원법을 진리 및 법의 방식으로 알아보는 보편적인 태도 ······ 516
(3) 모든 법의 원천으로서 영원법 ······ 518
(4) 영원법이 주목하는 것들 ······ 519
7. 자연법 ······ 520
(1) 자연법의 본성 ······ 520
(2) 자연법의 교훈 ······ 521
(3) 덕의 원천 ······ 523
(4) 자연법의 보편성 ······ 524
(5) 자연법의 순수성과 유동성 ······ 526
(6) 자연법의 의무 ······ 527
(7) 종교와의 관계 ······ 529

[결론] 인간의 삶과 법 ······ 531
1. 삶과 법 ······ 531
(1) 삶과 도덕과 자연 ······ 531
(2) 도덕과 법 ······ 532
2. 법과 자유 ······ 534
3. 법과 행복 ······ 535

## 제19장 행복의 길잡이 (제2부 제1편, 제95문제~제108문제)


1. 실정법과 인간 ········ 539
(1) 완전성을 향한 인간의 특권 ········ 539
(2) 불충분한 인간의 요구 ········ 540
2. 실정법의 구분 ········ 541
3. 인간의 실정법 ········ 541
(1) 그 유용성 ········ 541
(2) 그 일반적인 특성 ········ 544
1) 자연법에서 파생된 이성적인 법 ········ 544
2) 종교 및 신정법과 조화를 이루는 법 ········ 544
3) 미풍양속 및 자연법과 조화를 이루는 법 ········ 545
4) 안녕 및 공동선에 기여하는 법 ········ 546
4. 인정법의 효력 ········ 547
(1) 특정적이지 않고 보편적이다 ········ 547
(2) 악행이든 선행이든 포괄적으로 적용되지는 않는다 ········ 548
(3) 양심의 가책 ········ 548
1) 정당한 법규들에 대해 ········ 548
2) 부당한 법규들, 곧 인간과 하느님의 선을 거스르는 법규들에 대해 ········ 549
(4) 법의 준수대상과 법조문 ········ 550
(5) 불변성 ········ 551
1) 법의 일관성과 관습 ········ 551
2) 관면 ········ 554
5. 구약성경이 전하는 하느님의 실정법 ········ 554
(1) 전반적인 성격 ········ 554
1) 그 목적과 기원 그리고 준수대상 ········ 555
2) 그 교훈 : 도덕적인 측면, 전례적인 측면 그리고 재판의 측면 ········ 556
3) 그 약속과 위협 ········ 556
(2) 특별한 성격 : 도덕적인 교훈과 자연법 ········ 557
6. 신약성경이 전하는 하느님의 실정법 ········ 560
(1) 신약의 의미 ········ 560
(2) 구약과의 비교 ········ 561
(3) 그 내용 ········ 561
1) 외적인 준수 ········ 561
2) 내적인 준수 ········ 562
3) 권고들 ········ 562

[결론] 하느님의 실정법 ········ 563
1. 법의 시작 ········ 563
2. 법의 과정 ········ 564
3. 법의 목적 ········ 565

## 제20장 행복의 크기 (제2부 제1편, 제109문제~제114문제)

1. 인생의 의미 ········ 568
(1) 인간 활동의 단초 - 원의와 행복 ········ 568
(2) 본성적인 것과 행복 ········ 569
(3) 초본성적인 것과 행복 ········ 570
2. 은총과 인생의 의미 ········ 571
3. 은총에 관하여 ········ 572
(1) 은총의 필요성 ········ 572
1) 은총 없는 삶 ········ 572
2) 은총 아래에서의 삶 ········ 576
(2) 은총의 본성 ········ 577
1) 초본성적인 성격 ········ 577
2) 영혼의 본질 안에 자리하는 은총 ········ 581
(3) 은총의 분류 ········ 582
1) 다른 이들의 구원을 위한 은총 ········ 582
2) 개인적인 성화를 위한 은총 ········ 583
① 타고난 은총 ········ 583
② "충분한 조력은총"(충족 은총)과 "효과적인 조력은총"(효능 은총) ········ 583
4. 은총의 동기 ········ 585
(1) 두 가지 측면 ········ 585
(2) 인간 편에서 ········ 586
5. 은총의 효과 ········ 589
(1) 의화(義化) ········ 589
1) 의화의 본래적인 의미 ········ 589
2) 하느님의 선물 ········ 590
3) 일상적인 탁월함 ········ 591
(2) 공로 ········ 591
1) 본성과 실존 ········ 591
2) 공로의 원리와 조건들 ········ 592
3) 공로의 목적 ········ 593

① 초본성적인 은총의 시작과는 무관함 ········ 593
② "마지막까지 지속되는 은총의 보유(final perseverance)" ········ 594

[결론] 은총과 인간 ········ 595
1. 은총과 자연세계 ········ 595
2. 은총과 인간의 행위 ········ 596
3. 은총과 인간의 행복 ········ 596

[부록] 은총에 관한 교회의 보충적인 가르침 ········ 599

제21장 현대의 윤리적인 견해에 대한 분석 ········ 606

성 토마스 아퀴나스의

# 신학대전 해설서 II

A Companion to the Summa

성 토마스 아퀴나스의

# 신학대전 해설서 II

## 제1장 행복의 본질 (제2부 제1편, 제1문제~제5문제)

1. 인간 삶의 신비를 푸는 열쇠는 행복이다
2. 행복은 삶의 목적을 이루는 데에 있다
3. 행복에 관한 연구는 시작이 아니라 마지막, 곧 목적에서 시작해야 한다
   (1) 삶에는 목적이 있다
      1) 인간의 활동으로부터 고찰한 삶의 목적
      2) 근대 철학의 실패
   (2) 이 목적의 본성
      1) 인간에게만 고유하다
      2) 최종적이다
         ① 각자에게는 오직 한 가지의 목적이 있다
         ② 그 목적은 다른 모든 갈망의 원천이다
         ③ 그것은 누구에게나 동일하다
      3) 그것은 모든 피조물들의 목적이지만, 방식은 서로 다르다
         ① 모상에 참여함으로써
         ② 본질적인 참여로
4. 객관적 행복 : 우리를 행복하게 하는 것은 무엇인가
   (1) 가능하고 실제로 있었던 세 가지 오류
      1) 외적 선들 : 영예, 명성, 권력
      2) 육체적 선 : 육체 그 자체와 그 쾌락
      3) 인간의 영혼
   (2) 보편적 선을 소유하는 것이 행복이다.
5. 주관적 또는 형상적 행복 : 이 목적의 성취
   (1) 형상적 행복은 가능하다 : 인간의 기능들과 인간의 목적의 비교
   (2) 그것은 인간적 행위로 성취된다
      1) 하위의 행위들로 이루어지는 것이 아니다
      2) 인간의 최고 행위인 지성적 직관으로 이루어진다
         ① 형상적 행복의 본질
         ② 형상적 행복에 관한 두 가지 흔한 오류
   (3) 형상적 행복의 특성
      1) 한번 얻으면 결코 상실되지 않는다
      2) 본성적 능력만으로는 얻을 수 없다
      3) 이는 온전히 개인적으로 성취된다
6. 행복의 완성
   (1) 행복의 세 가지 필수 요소 : 관상, 이해, 기쁨
   (2) 행복에서 육체의 역할
   (3) 외부적 선의 역할
   (4) 친구들의 역할

---

[결론]

1. 현재의 행복 또는 불완전한 행복의 열쇠. 지금 그리고 여기서, 어디서 어떻게 행복을 찾을 것인가
2. 행복의 척도인 활동과 과정
3. 수수께끼에 대한 응답
   (1) 활동의 수수께끼
   (2) 절망의 수수께끼
   (3) 지루함의 수수께끼

# 제1장 행복의 본질 (제2부 제1편, 제1문제~제5문제)

여기서도 우리는, 인간이 하느님에 대해 탐구하기 시작할 때에 느끼는 것과 같은 두려움에 휩싸이게 된다. 인간의 삶과 활동은 지극히 복잡하기에, 이것은 책 한 권의 한계를 넘어서는 과제로 보일 수 있기 때문이다. 그 활동의 범위는 바다에서 바다에까지, 한 극에서 다른 극까지, 태초로부터 무한한 미래까지 이르며, 인간이 인간이 아니라면 가서 닿기에 너무나 멀고 그 속으로 깊이 들어가기에는 더욱 멀 것이다. 그러나 그가 인간이기에, 인간의 본성이 개별 인간들을 하나로 결합시키는 것과 마찬가지로 그의 모든 활동을 하나로 묶는 단일성의 요소가 있게 된다. 겉에서 볼 때에는 불협화음을 내는 것처럼 보이는 합창단 전체의 의미를 드러내 주는 어떤 공통된 화음이 있는 것이다.

## 1. 인간 삶의 신비를 푸는 열쇠는 행복이다

그 일치와 조화의 화음은 인간의 갈망이다. 사람들을 갈라놓고, 나라들이 서로 맞서게 하고, 개인들과 종족들을 땅 위에서 절멸시킨 바로 그 힘이 또한 인간의 일치와 조화의 중심이 된다. 이 점에 대해서는 모든 이들이 동의한다. 모든 이들은 그들이 원하는 바를 원하는 것이다. 그리고 인간은 이러한 갈망 때문에 행동한다. 이렇게 그들이 원하는 바를 얻는 것이 행복의 기본 개념이다. 쾌락이나 즐거움이 아니라, 갈망의 대상을 소유하는 것이 행복이다. 그런 의미에서 모든 인간은 행복하기를 원한다. 행복은 인간의 삶과 그 활동의 신비를 푸는 열쇠이다.

## 2. 행복은 삶의 목적을 이루는 데에 있다

「신학대전」 제2권의 연구 대상은 인간의 행위로, 특히 그 절정인 행복을 탐구하게 된다. 이러한 과제 앞에서 소심해지는 우리에게 다행스럽게도, 이와 연관된 기본적인 개념들은 분명하다. 우리 가운데 적어도 대부분은, 인간적 행위가 무엇인지에 대해 이론적으로 동의할 것이다. 또한 분명 우리 모두는, 실천적으로 언제 한 사람이 인간적으로 행위하고 있는 것인지를 결정하는 데에서 동의할 것이다. 이론적으로, 어떤 행위가 인간적인 것은 인간이 그 행위를 제어하고 있을 때, 그 행위가 의도적으로, 즉 정확한 어떤 이유에서 특정한 목표를 이루기 위해 이루어진 것일 때이다. 때로 우리가 당황하여 "도대체 내가 왜 이것을 했을까?"라고 묻지만 그 질문에서 '왜'라는 질문에 대답을 찾지 못할 때, 우리는 우리가 잠이나 휴가를 필요로 하고 아니면 의사를 찾아가야 한다는 결론을 내리게 된다. 이 경우, 인간이 그 행위를 한 것이기는 하지만 그는 인간적으로 행위한 것이 아니기 때문이다. 실제에 있어서, 인간적 행위와 인간적이지 않은 행위 사이의 차이를 표현해 주는 여러 문장들이 있다. 시중드는 사람이 "죄송합니다. 그러려고 한 것은 아니었습니다."라고 해명한다면, 대단히 뜨거운 커피를 우리에게 쏟았다 하더라도 그 해명을 받아들여 주어야 한다. 혼잡한 지하철에서 발을 밟힌 사람은 "화가 나서 얼떨결에" 어떤 말을 한다고 한다. 우리는 분노할 때 "제정신이 아니다."라고 말한다. "탈혼, 정신없음, 잊어버림, 혼선, 신경과민, 공포"의 상태에서, 우리의 행위들은 인간적 행위들이 아니다.

## 3. 행복에 관한 연구는 시작이 아니라 마지막, 곧 목적에서 시작해야 한다

어떤 행위들이 인간적 행위라면 그것은 어떤 이유에서, 어떤 목적을 위하여, 어떤 목표로 이루어졌어야 한다. 행위는 갈망의 대상을 얻는 것과 관련되고, 그 갈망의 대상이 바로 특정한 행위의 목표 내지 목적이기 때문이다. 그러므로 행복에 관한 연구는 행위의 시작으로부터 시작할 수 없다. 그것이 끝 내지 목표와 너무나 긴밀히 결합되어 있기 때문이다. 인간의 머리가 거꾸로 되었다는 것이 아니라, 인간이 가지고 있는 머리가 그 끝에서부터 시작해야 한다는 것이다. 인간이 그의 삶을 끝에서부터 사는 것이 아니라, 그가 하느님으로부터 자신의 삶에 거리를 두고 그 삶을 바라보거나 삶의 앞날을 내다볼 수 있는 능력을 받았고, 그래서 삶의 의미와 그 유머를 알아볼 수가 있다는 것이다. 인간이 그렇게 앞을 내다보기 때문에, 그는 목표가 그 목표를 위한 행위에 풍미를 더하는 것 이상의 역할을 하고 있음을 깨닫게 될 것이다. 곧 보게 될 것처럼, 그것은 그 행위의 존재 이유를 설명하는 것도 넘어선다. 한 사람의 삶 전체의 의미, 그의 모든 활동의 본성, 그리고 그의 운명까지도 그 목표의 본성에 따라 결정되기 때문이다.

### (1) 삶에는 목적이 있다

#### 1) 인간의 활동으로부터 고찰한 삶의 목적

인간적 행위에 대해 지금까지 고찰한 바로부터, 인간의 삶이 어떤 목적 또는 목적들, 목표 또는 목표들을 가지고 있음을 알 수 있다. 어떤 행위가 인간적 행위가 되기 위한 요구 조건들을 충족시키기 위해서는 그것은 의도적으로 제어되어야 하고, 의도적인 의지로부터 나오는 것이어야 한다. 우리가 그 행위를 원했기 때문에 그 행위는 우리의 것이고 우리에게 그것에 대한 책임이 있다. 이것은 인간적이라고 여겨지는 모든 인간 행위에 보편적으로 적용된다. 그 활동은 인간

의지로부터 나와서 인간 의지의 대상을 향해 간다. 다른 말로 하면, 우리가 무엇을 행하는 것은 어떤 선 내지 목적 때문이다. 행위가 인간의 갈망의 도구인 의지로부터 나오고 의지는 오직 선을 대상으로 하기 때문이다.

2) 근대 철학의 실패

여기서 우리는 근대 철학의 한 가지 큰 결함을 보게 된다. 인간 행위가 목적을 지니고 있다는 - 목적성이라는 - 의문의 여지가 없는 사실 앞에서, 근대 철학은 모호한 사변 속으로 피신했다. 근대는 경험적 지식 이외의 모든 것을 경멸했고, 이에 근대 철학은 열심히 공중누각을 지었다. 근대의 윤리 이론들을 분류하려는 시도는 위험하다. 그 이론들은 개별 철학자들의 개인적 관점이나 배경과 깊이 연관되어 있어서, 거의 모두가 각자 자신의 체계를 가지고 있기 때문이다. 그러나 우리는 근대의 윤리 이론들을 대략 세 부류로 구분해볼 수 있다. (1) 그 첫째는 인간 활동의 목적성을 인간이 속한 사회라는 관점에서 설명하려는 것으로서, 윤리를 실정법으로, 여론의 한 형태로, 사회학으로 환원시킨다. (2) 둘째는 인간이 그 안에서 움직이는 세계의 기계적 또는 동물적인 필요라는 관점에서 이를 설명하려는 시도로서, 윤리를 수학, 생물학, 심리학으로 환원시킨다. (3) 셋째는 아리스토텔레스의 위대한 추론을 의미 없는 중얼거림으로 축소시켜버린 딜레마 앞에서 인간을 신이 되게 하며 공공연하게든 은밀하게든 주관주의적 관점에서 설명하려는 시도로서, 그 윤리를 개인주의적이고 감정적이거나 자율적인 것으로 묘사한다.

이 모든 것은 인간의 이름으로 이루어지는데, 인간은 매우 개별적이고 실천적인 존재이다. 그의 수고와 고통과 승리와 용기와 충실성과 실패들이 그에게 개인적으로는 객관적인 중요성을 갖지 못한다는 설명은 그를 화나게 할 뿐이다. 그의 모든 활동이 그저 만져볼 수 없고 아마도 매우 멀리 떨어져 있는 공동체의 완전성만을 위해서 있는 것이라면, 그것이 그저 거대한 기계의 끊임없는 소리이거나 동물의 저항할 수 없는 충동이고 그의 정신이 엮어내는 것일 뿐이라면, 인간에게는 두 가지 가능성만이 남게 될 것이다. 그는 그의 모든 노력과 활동을 멈추거나, 아니면 철학자들의 이론을 아이들 장난감과 함께 방으로 밀어놓고 자기 나름의 결정을 내리게 될 것이다. 인간은 바로 이 후자를 선택했다. 오늘날 우리의 대학들에서 철학이 위치와 영향력을 잃고 있다는 사실은, 윤리 이론 분야에 있어 철학자들이 실패했음을 입증해 준다. 부, 권력, 쾌락, 음식, 신체적 완전성, 학문적 탐구 등을 인생의 목표로 추구하는 것은 그림의 다른 측면, 즉 윤리 실천 분야에 있어 철학의 실패를 보여 준다.

다른 시대 사람들과 마찬가지로 현대인들도, 꾸며낸 이야기에 만족하고 있는 것은 아니다. 우리는, 인간 행복에 대한 진리를 알고자 한다면 인간의 행위를 우주 안에서 일어나는 다른 행위의 형태들과 혼동해서는 안 된다는 것을 안다. 선택한 목표를 위해 행위하는 것은 행복을 얻으려고 시도하는 것인데, 이는 오직 인간에게만 가능한 일이다. 다른 사물들, 다른 피조물들은 마치 궁수의 충동과 궁수의 목적에 따라 화살이 표적을 향해 쏘아지듯이 육체적 필요성이나 동물적 본능의 충동에 의하여 목표를 향해 나아가게 된다. 그러나 인간만은 스스로 어떤 목표를 향해 행위할 수 있다. 인간만이 자신의 행위를 제어할 수 있기 때문이다. 행위를 제어하는 데에는 자유의지가 필요하고 또한 사용되는 도구와 이루어져야 할 일, 즉 수단과 목적 사이의 연관을 파악할 수 있는 능력이 필요하다. 제멋대로 하는 애완용 개의 한가한 행복을 부러워하는 것은 에너지 낭비다. 개는 행복할 수 없다. 행복이 무엇인지를 알 수 없기 때문이다. 우리는 강아지가 슬리퍼를 물어뜯는다고 강아지를 때리며, 그 강아지가 때리는 것과 슬리퍼 사이의 연관을 기억하고 그 두 가지를 모두 피하기를 바란다. 그러나 개의 죄를 사해 준다는 생각은 결코 하지 않는다.

아리스토텔레스와 그의 뒤를 따른 성 토마스는 인간 행위의 목표를 실재의 질서와 연관지음으로써 인간의 활동을 탐구하기 위한 확고한 기반을 마련했다. 성 토마스는 하느님에 대해 다루면서 성공적으로 신성의 실재와 그 최고의 탁월성 모두를 입증하는데, 무엇보다도 그 신성이 존재와 사고의 제일원리들과 연결되어 있음을 보임으로써 이를 입증한다. 이제 여기서 그는 인간 삶의 의미를 탐구하기 시작하면서 그의 사고에 대하여 동일한 형이상학적인 기초를 놓으며 인간 활동의 목표와 실재의 제일원리 사이의 연관을 분명하게 지적한다.

## (2) 이 목적의 본성

### 1) 인간에게만 고유하다

인간적 행위는 인간적인 것이 되기 위해서는 어떤 목표를, 어떤 선을 지향해야 하므로, 인간 활동에는 그것을 최종적이고 궁극적으로 설명해 주는 목표가 있어야 한다. 어떤 움직임이 있다면 (우리가 본 해설서 시리즈의 제1권에서 하느님의 존재에 대해 증명하며 말한 바와 같이) 그 모든 움직임에는 어떤 최고의 시작이 있어야 했던 것과 마찬가지로, 모든 인간적 움직임들은 움직임이 있기 위해서는 어떤 목표가, 목적이 있어야 한다. 구체적으로 말해서, 내가 유럽으로 가는 배표를 구입하는 것은 그 배표를 소유하는 것 자체가 나의 삶의 목표이기 때문이거나 또는 유럽으로 가는 것과 같은 다른 어떤 목적을 위해서이다. 내가 무엇을 추구할 때 나는 그 자체 때문에 또는 다른 어떤 것을 위한 한 단계로서 그것을 원한다. 물론, 계단이 어딘가를 향한다는 것, 어떤 목적이 있다는 것을 믿지 않고서는 아무도 계단을 오르기 시작하지 않을 것이다. 결국 계단의 목적은 우리를 다른 어떤 곳으로 가게 하는 것이기 때문이다. 이와 같이, 어떤 인간도 아무 목적이 없는 일련의 행위들을 시작하지 않는다. 행위의 이유는 어딘가에 도달하기 위한 것, 우리가 갈망하는 어떤 대상을 얻기 위한 것이다. 이것은 하느님의 실존을 증명하기 위하여 사용된 첫째 논거이기도 하지만, 능동인의 질서에 대해서 말했던 것을 여기서는 목적인의 질서에 적용시킨 것이다. 그 타당성을 의문에 부치는 것은 행위를 요구하면서 동시에 행위를 불가능하게 만드는 것이 된다.

2) 최종적이다

**① 각자에게는 오직 한 가지의 목적이 있다**

최종적이고 궁극적인 최고의 목적 내지 목표는 필연적으로 하나이고 유일하다. 쉬운 말로 하면, 아무도 동시에 두 개의 최종 목적을 가지고 있을 수 없다. 아무도 동시에 두 방향으로 걸을 수 없는 것과 마찬가지다. 행위는 착륙지를 향한 장엄한 비행이고, 운동은 빠르든 느리든, 곡선이든 직선이든 오직 하나의 종착점을 갖는다. 갈망의 대상이 되는 모든 사물들의 유사성, 곧 선성은 그들이 공통된 기원과 공통된 최종 목적지를 갖는다는 확실한 단서이다.

**② 그 목적은 다른 모든 갈망의 원천이다**

이 최종적인 최고 목표는 거대한 발전소와 같아서, 거기에서부터 다른 모든 하위의 목표들을 향하여 전류가 흐른다. 그것은 갈망의 대상이 되는 사물들의 머리이며, 거기에서부터 하위 지체들의 아름다움과 매력이 흘러나온다. 이 하위의 목적들은 매개물이고 단계들이며, 최고 목적과 연결되어 있기 때문에 가치를 지닌다. 그 최고 목적에서 분리된다면 이들은 강둑에서 떨어진 다리가 쓸모없는 것과 마찬가지로 전혀 쓸모가 없게 된다.

**③ 그것은 누구에게나 동일하다**

지극히 실제적이고 지극히 객관적인 의미에서, 모든 인간 활동의 원천이 되는 최고의 궁극적 선은 누구에게나 동일하다. 모든 사람은 그들의 행위의 목적이 행복이라는 데에 동의하기 때문이다. 그 최고 목적이 인간의 행복을 충족시킨다. 실상 인간 활동의 목적들은 인간이 행복을 찾기 위해 쏟아 붓는 에너지만큼이나 여러 가지이며, 그 최종적인 최고선이 무엇인지를 정의하고자 노력하는 가운데 인간이 실수를 범하는 만큼이나 다양하다. 혀가 둔하고 두통이 있는 사람은 아침 식사의 맛을 잘 판단할 수 없다. 이와 마찬가지로, 의지가 비뚤어진 사람은 인간이 어디서 행복을 발견할 수 있는지를 잘 판단할 수 없다. 그러므로 행복의 본질을 찾는 연구에서 우리가 다음으로 다루어야 할 단계는 인간의 욕구 내지 의지의 건전함을 결정하는 것이고, 어떤 개별적인 대상이 인간에게 행복을 줄 수 있는지를 구체적으로 밝히는 것이다.

### 3) 그것은 모든 피조물들의 목적이지만, 방식은 서로 다르다

**① 모상에 참여함으로써**

**② 본질적인 참여로**

그러나 먼저 잠시, 우주를 그 희미한 시작으로부터 마지막 목표에까지 몰아간 그 거대한 힘은 인간의 경우에도 예외를 두지 않는다는 점을 지적해 둘 필요가 있다. 인간은 자연의 절정이고 세계의 지배자일 수도 있으나, 그래도 그는 자연 질서의 일부이고 동일한 자연 법칙들에 종속되어 있으며 동일한 최고 목적을 향하여 자연과 함께 움직이고 있다. 자연의 목적과 그 자연 안에 있는 모든 인간의 목적이 동일하다는 것은 참으로 옳다. 모든 움직임이 분명 유일한 원천에서 나오는 것과 같이 또한 그들은 유일한 최종 목적지를, 유일한 목표를 가지고 있어야 한다. 그런 의미에서 우리는 버드(Byrd) 제독의 비행기나 그의 개나 그 자신이나 모두 같은 목적지 곧 남극에 도달했지만 그들이 모두 같은 방식으로 도달한 것은 아니라고 말할 수 있다. 우리가 살고 있는 우주의 피조물들도 마찬가지다. 어떤 것들은 단순히 존재함으로써, 어떤 것들은 삶으로써, 어떤 것들은 살고 느낌으로써 최종적 선의 하나의 작은 표상에 도달한다. 인간과 천사는 인식과 사랑의 날개를 타고 그 최종적 선의 핵심에 도달한다.

## 4. 객관적 행복 : 우리를 행복하게 하는 것은 무엇인가

### (1) 가능하고 실제로 있었던 세 가지 오류

실수를 범할 수 있다는 것은 인간의 고유한 특징이다. 어떤 것을 소유하는 것이 우리에게 행복을 의미하는가를 찾으려는 시도에서, 그러한 특징은 남김없이 드러났다. 사람들은 행복을 찾는 도박에서 우주가 제공하는 모든 숫자들에 내기를 걸어 보았고, 그것은 언제나 틀린 것이었다. 실제로는 두 종류의 오류만이 있을 수 있다. 그 첫째는 어떤 외적이고 개별적인 선에 행복의 모든 기대를 거는 것이고, 다른 하나는 육체든 영혼이든 인간 자신의 본성 안에 있는 어떤 선에 행복의 기대를 거는 것이다.

#### 1) 외적 선들 : 영예, 명성, 권력

외적인 유혹들 가운데에서는 부가 첫째가는 역할을 해 왔지만, 부의 아름다움은 화장과 조명으로 만들어진 허상이었다. 인간의 최종 목적은 다른 무엇을 위해 존재할 수 없기 때문이다. 그것은 최종적이기 때문에 그 자체로서 갈망의 대상이 되며, 결코 무엇을 향한 한 단계가 되지 않고 언제나 그 단계들이 향해 가는 곳이 된다. 그런데 부는, 본성적인 것이든 (먹을 것과 마실 것 등) 아니면 인공적인 것이든 (재산 등) 언제나 단계들이고 언제나 다른 무엇을 위한 것이다. 전자는 생명을 유지하기 위한 것이고, 후자는 더 명백하게 본성적 선들을 얻기 위한 것이다.

다른 외적 선들인 영예, 명성, 권력은 비록 그것이 수백만의 사람들을 기만했다 하더라도 인간의 행복 추구에서 중요한 위치를 차지하지 않는다는 것이 쉽게 드러난다. 본성적이거나 인공적인 부는 인간이 그의 목적을 위하여 사용하는 도구들로서 종들과 같고, 그가 평생 갈망하는 것에 대한 최고의 대답이 아니다. 영예와 명성은 인간 자신 밖에 있으며 흔히는 그의 노력과 무관하다. 어떤 경우이든 이들은 인간 자신의 존재의 범위 안에 내재적으로 아무것도 가져다주지 않는다. 영예는 행복의 구성 요소라기보다는 탁월함의 증거이다. 명성(유명함 내지 영광)은 또 하나의 증거로서, 우리 안에 있는 것이 전혀 아니라 우리를 기리거나 칭송하는 이들 안에 있는 것이다. 이들은 덧없으며 우리가 잘 알고 있듯이 흔히는 오류에서 비롯된 것으로서 온갖 상황들에 달려 있는 것이기도 하고, 행복을 이루는 것이 아니라 오히려 행복을 전제한다. 이들은 인간의 삶의 이유가 되거나 그의 모든 노력의 최종 목표가 되지 않는다.

모든 사람이 자신의 삶을 바치는 최고선이 결함이 있다고 여겨질 수 있고 어떤 사람이 그것을 소유하고서도 어리석은 사람일 수 있다면, 또는 그것이 어떤 사람을 타락시킬 수 있다면, 우리는 권력의 옥좌 앞에서 주저 없이 권력이 우리에게 행복을 준다고 결정할 수 있을 것이다. 권력은 이 모든 것을 할 수 있다. 그러나 바로 그와 동일한 이유로, 그것은 인간의 행복 추구에 대한 최종적인 대답이 될 수 없다.

### 2) 육체적 선 : 육체 그 자체와 그 쾌락

인간의 행복이 그가 살고 있는 세상 안에서 찾을 수 있는 것이 아니므로, 논리적으로 그는 다른 유일한 장소 곧 그 자신 안을 바라보게 된다. 그러나 온 세상과 마찬가지로 육체도 도움이 되지 않는다. 육체의 보존, 그 건강, 아름다움, 감각적 예민함이나 풍부한 생장력은, 배의 보존이 선장의 진정한 목적이나 최종 목표가 아닌 것과 마찬가지로 인간 활동에 대한 설명이 되지 못한다. 선장의 일은 배가 항구에 들어가게 하는 것, 항해하는 것이다. 그 배에 관련된 다른 모든 것은 이 가장 중요한 목표를 위하여 기여한다. 이와 마찬가지로 육체의 일은 우리가 인간적이라고 일컫는 활동들을 가능하게 하는 것이고, 그 모든 다양하고 복잡한 작용들은 바로 그 주된 목표, 즉 지성과 의지에 재료를 마련해 주는 것이다. 육체는 지성과 의지를 위하여 기여한다.

### 3) 인간의 영혼

여기서 직접 인간 영혼에 대한 고찰로 건너간다면, 현대에 가장 흔한 행복에 관한 오류를 경멸하게 될 것이다. 그러나 인간의 오류는 경멸할 수 없다. 인간의 오류 뒤에는 마지막 순간까지 절망으로부터 승리를 끌어내는 믿을 수 없는 용기를 품을 수 있는 인간의 마음이 있기 때문이다. 한편 감각적 쾌락은 어떠한가? 인간이 여기에 몰두하여 이것을 완전한 행복으로 여기고, 그것의 부재가 그의 모든 날들에 추진력이 될 수 있을까? 우리 안에는 동물적인 부분이 많이 있기 때문에, 이러한 오류는 범하기 쉽고 치유하기 어렵다.

그러나 그것은 오류이다. 인간의 활동에는 구별되는 특징이 있고, 그 활동이 이루고자 하는 목표도 그와 마찬가지로 특징이 있다. 우리는 짐승과 같은 위치에 있어야 하는 것이 아니다. 사실상, 어린이는 지금 아이스크림을 먹고 있기 때문에 즐거워하는 것이 아니라 그가 먹을 아이스크림을 가지고 있기 때문에 즐거워한다. 다른 말로 하면, 쾌락과 즐거움은 그 자체가 원인이 되는 것이 아니라 어떤 선을, 어떤 목적을 소유하고 있다는 것에서 기인한다. 어떤 쾌락도 그것이 행복을 만들어주지는 않는다. 오히려 그것은 들러리가 신부의 뒤를 따르듯이 언제나 겸손하게 행복의 자취를 따라야 한다.

지금까지, 인간에게 행복을 가져다주는 대상을 찾으려는 우리의 시도는 사실들을 고찰하는 것에 머물렀다. 그것은 인간들의 실제 선택들을 토대로 설정된, 모든 인간적 행위에 의해 요구되는 최종적인 것 내지 궁극적인 것의 한 유형에 불과하다. 우리는 이론을 만들거나 설교를 하고 있는 것이 아니었고, 단순히 사실들을 비교하고 명백한 오류들을 배제하고 있었다. 이렇게 엄밀하게 사실들을 관찰한 결과, 우리는 인간의 영혼이라는 마지막 가능성에 이르게 된다. 이것이 거대한 실험의 마지막이며, 많은 이들은 그 마지막 단계로 나아가는 데에 주저하지 않는다. 그들은 그 대답이 옳은 대답, 그들이 찾았던 대답일 수밖에 없다고 생각하기 때문이다. 그러나 정직하게 사실을 대면한다면, 두려움 때문에 이 마지막 단계로 들어가지 못하게 된다. 갈망의 대상이 될 수 있는 사물들의 질서에서 영혼과 그 능력들이 인간의 최종 목적이라고 여긴다면, 이것 역시 오류이다.

인간의 영혼이 최종 목적이 될 수 있었다면 인간의 삶에는 큰 소동이 필요하지 않을 것이며 인간은 처음부터 행복할 것이다. 인간으로 하여금 자기 자신을 벗어나게 하는 인간 본성의 충동 자체가, 또한 내성적인 이들이 이루어놓은 오그라들고 왜곡된 결과가, 인간의 행복은 그 자신 안에 있지 않다는 것을 보여주는 표지가 된다. 인간은 그의 지식으로써 어떤 의미에서 모든 사물을 자신 안으로 가져갈 수 있다. 그는 모든 사물이 될 수 있고, 또한 모든 선을 갈망할 수 있다. 그러나 그가 모든 사물인 것은 아니다. 그는 하느님이 아니다. 인간도 다른 어떤 피조물도 모든 선이 될 수는 없으며, 인간의 갈망들을 충족시켜 줄 수 있는 것만이 그에게 행복을 가져다 줄 수 있다.

### (2) 보편적 선을 소유하는 것이 행복이다

행복 추구의 대상은 인간 밖에, 우주 안에 있지 않다. 그것은 인간 안에, 육체나 영혼 안에 있지도 않다. 그렇다고 해서 그 모두가 우주적 규모의 무서운 장난이라는 뜻은 아니다. 인간을 행복하게 하는 이 대상은 실제적이면서도 매우 객관적이며, 그러면서도 인간과 우주 위에 있다. 그것은 모든 선을 갈망하면서도 무엇으로도 충족되지 않는 인간의 수용력에 대한 대답이다. 그것은 아무것도 더 갈망할 것이 없게 하는 최종적인 선이다. 그것은 절대적으로 보편적인 선이며, 인간 밖에, 인간 위에 있고 우주 밖에, 우주 위에 있으며, 한계와 개별성을 지닌 모든 선 밖에, 그리고 그 위에 있다.

## 5. 주관적 또는 형상적 행복 : 이 목적의 성취

어린아이가 행복한 것은 사과가 그에게 행복을 가져다줄 것이기 때문이 아니라 그가 사과를 소유하고 있기 때문이다. 인간이 행복한 것은 보편적 선이 그에게 행복을 가져다줄 것이기 때문이 아니라 그가 그 보편적 선을 소유하고 있기 때문이다. 그 최종 목표가 단순히 존재하기 때문이 아니라 그것을 차지하는 데에서 행복의 추구가 끝난다. 그리고 이것은 우리가 최종적 선에 도달하고 그것을 소유하며 그것을 우리 안으로 가져오는 것, 그것을 우리의 것이 되게 하는 것을 의미한다. 엄밀하게 형상적인 의미에서, 행복 곧 우리의 인간적 행위들의 최종적인 성취는 실상 인간 안에 있다.

하바드의 캐벗(Cabot) 박사는[1] 인간에게 삶에서 가장 중요한 일이 성장하는 것이라고 주장한다. 이러한 진술 뒤에는 끝이 없는 진보, 발전, 끊임없는 변화, 진화에 대한 근대 철학자들의 주장이 깔려 있다. 이런 식으로 생각하게 되는 것은, 행위와 완전성 사이에 기이한 연관성이 있는 것처럼 보이기 때문이다. 내가 배움의 길에서 교육 체계가 나에게 줄 수 있는 모든 것을 받아들였다면, 분명 나는 초등학교 때보다 더 완전해졌을 것이다. 유명한 오페라 가수가 될 수 있는 잠재력을 지닌 사람의 목소리는, 자신의 잠재력을 실현한 오페라 가수의 목소리보다 훨씬 불완전할 것이다. 식물에게서나 인간에게서나, 하느님에게 있어서도, 완전성은 현실태의 정도에 정확히 비례하는 것이다.

### (1) 형상적 행복은 가능하다 : 인간의 기능들과 인간의 목적의 비교

따라서 인간의 완전한 행복인 이와 같은 인간의 최종적 완성은 그의 완결된

1) The Meaning of Right and Wrong, New York: The Macmillan Co., 1936, p. 112 이하.

행위, 완전히 실현된 행위에서 찾을 수 있다. 근대적인 표현으로 말한다면, 실체는 기능을 위하여 존재하는 것이므로 어떤 실체의 최종적인 완성은 그 기능이 가장 완전할 때에 이루어진다. 더 단순하게 말한다면, 삶의 목표는 인간 안에 있는 최선의 것이 실현되는 데에 있게 된다.

## (2) 그것은 인간적 행위로 성취된다

위에서 말한 진리는 너무나 명백해서, 쉬운 말로 하면 이성에 대한 모욕으로 보일 정도이다. 인간의 갈망이 오직 그에게 결핍된 것에 도달하고 그것을 얻음으로써 충족된다는 것은 누구나 다 알고 있다. 물론, 그에게 지금 결핍되어 있는 어떤 대상이 그의 갈망들을 충족시켜 줄 것이고 그에게 행복을 가져다 줄 것이므로, 그가 지금 해야 할 일은 그것을 찾고 얻는 것이다. 그 일은 우리가 사용할 수 있는 도구들인 인간적 행위들을 통하여 이루어진다.

### 1) 하위의 행위들로 이루어지는 것이 아니다

우리는 우리가 보편적 선을 추구한다는 것을 알고 있으므로, 인간에게만 특징적으로 속하지 않는 작용들, 즉 모든 동물들에게 공통되는 감각 작용들을 바로 배제할 수 있다. 감각 작용들의 목표는 보편적이 아닌 개별적인 것이기 때문이다. 그 행위는 특징적으로 인간적인 행위, 곧 지성의 행위이거나 의지의 행위여야 한다. 여기서도 배제의 과정은 단순하다. 나는 바람이 부는 방에서 내 의지의 행위로 모자를 원할 수 있다. 나는 나의 의지로 그 모자의 소유를 즐길 수 있다. 그러나 내가 모자를 갖기를 원한다면 나는 일어나서 모자를 잡아야 한다. 그러나 보편적 선은 내가 손을 뻗음으로써 또는 일꾼을 부름으로써 가질 수 있는 것이 아니므로, 그것을 소유하는 것은 내 지성의 행위로써만 가능하다. 그것은 가능한가? 물론이다. 지성은 모든 것을, 보편적인 것까지도 알 수 있으며 내가 추구하는 것은 보편적 선이기 때문이다.

그러나 대체물은 있을 수 없다는 것을 알아야 한다. 나의 의지는 내가 보편적 선을 소유할 때에만, 내가 그것을 앎으로써 내 안에 그것이 존재할 때에만 충족될 수 있을 것이다. 철학이나 과학이 제공하는 진리에 대한 고고한 고찰들로는 충분치 않다. 천사들의 아름다움에 대한 관조로도 부족하다. 전부 아니면 전무이다. 보편적이고 모든 것을 포괄하는 선을 소유하거나, 아니면 행복에 대한 추구에서 실패하는 것이다. 목표를 향하여 내가 한 걸음 더 나가게 해 주는 지성적인 완성으로도 충분치 않다. 더 이상의 단계가 없는 그런 것을 소유해야 하는 것이다.

2) 인간의 최고 행위인 지성적 직관으로 이루어진다

① **형상적 행복의 본질**

간단히 말하면, 나는 하느님을 뵈어야 한다. 처음부터 나는 깊은 것을 헤아리고 표면적인 것을 넘어서서 내적인 작용들 곧 사물들의 본질 자체를 알고자 하는 갈망을 느꼈다. 이미 본성 안에서 하느님의 흔적을 만나게 되고 그분의 실존을 알게 되었으니, 나의 본성은 하느님의 본질 자체를 볼 때까지 결코 만족할 수 없을 것이다.

아리스토텔레스는 행복을 추구하는 데에서 마지막 언덕까지 올라갔다. 거기서 그는 창조된 세계의 정상에 서 있는 인간을 보았다. 그리고 인간 본성의 절정은 지성이고 지성의 활동의 정점은 진리의 관상이었다. 그는 여기에 인간의 행복이 있다고 결론지었다. 그는 인간의 최고 기능의 최고 행위에, 그의 가장 위대한 잠재력의 완전한 실현에 인간의 행복이 있다고 보았다.

그러나 아리스토텔레스가 이 꼭대기에서 아래를 내려다 보았을 때, 이 모든 것은 허물어졌다. 그 땅의 인간들은 현실적인 인간들이었다. 그들 삶의 수고와 걱정과 근심은 너무나 현실적이었고, 고요한 관상의 여지는 거의 없었다. 아마도 그들의 일은 오늘날 우리의 일들만큼 바쁘지는 않았을 것이지만, 분명 그들의 삶은 쉽지 않았다. 더구나, 그 인간들 중 얼마나 많은 이들이 관상할 수 있는 능력을 가지고 있었는가? 그들 가운데 가장 뛰어난 이들이라 해도, 얼마나 오랫동안 관상을 계속할 수 있었을 것인가? 행복에 대한 추구는 결국 어디에 이르게 된 것인가? 아리스토텔레스는 모든 것에서 이렇게 느끼지 않을 수 없었다. 그는 사실에 대하여 용기와 열성을 품고 있었고, 그래서 사실들이 그에게 강요한 결론들을 끈질기게 고수했다. 그러나 그는 철학에게 가능했던 마지막 몇 걸음을 더 나아가지는 못했다. 그는 사실들에 의하여 요구되는 마지막 결론들을 분명하게 밝히지 못했고, 결론들을 희미한 채로 남겨두기를 선택했다.

**② 형상적 행복에 관한 두 가지 흔한 오류**

1. 소유될 수 없다
2. 소유되지 않는다면 행복을 주지 않는다

아리스토텔레스는 두 가지의 명백한 난점에 마주쳤고, 그 이후의 많은 사람들도 같은 어려움을 겪게 되었다. 인간이 하느님을 볼 수 없다는 것이 명백하게 보이고, 또한 하느님을 본다 하더라도 그 행위는 관상의 모든 행위들과 마찬가지로 짧은 시간 동안만 지속되며 인간에게 행복을 줄 수 없기 때문이었다. 이러한 이의에 대하여 성 토마스는 신앙의 그르침이 없는 대답을 갖고 있었다. 실제로 인간은 하느님을 뵐 수 있고, 하느님을 뵙는 것이 인간의 최고 행복이다.[2] 하느님의 본질인 보편적 선이 정신적인 어떤 개념으로 한정될 수 있는 것은 분명 아니며, 감각적인 사물들로부터 추상될 수 있는 것도 아니다. 그러나 우리의 지성은 그러한 식으로 작용한다. 지성은 본성적으로는, 현재는 그렇게 작용한다. 이

2) 베네딕토 12세의 교황령 "Benedictus Deus", H. Denzinger, Enchiridion Symbolorum (Freiburg, Germany: Herder & Co., ed.; 17, 1928), 530, n. 1000.

는 지성 자체 때문이 아니라 지성이 사용해야 하는 추론이라는 도구 때문이다. 인간은 가장 낮은 단계의 지성으로부터 높이 들어올려질 수 있고, 그 도구를 내던지고 표상이나 개념을 통해서가 아니라 하느님께서 당신 자신을 보실 때와 같이 그 최고도로 가지적인 본질이 인간 지성에 직접적으로 결합됨으로써 하느님을 파악할 수 있다.

이것은 초본성적이다. 그러나 인간이 보호 없이, 옷을 입지 않은 채로 태어나지만 손과 이성을 가지고 있어서 그 결핍을 보완할 수 있다는 사실이 인간의 자족성이나 본성의 효율성을 폄하하게 하지 않는 것과 마찬가지로, 이러한 사실도 인간의 자족성을 침해하지 않는다. 인간에게는 의지가 주어져 있고 이로써 오류 없이 그에게 주어지는 초본성적 도움에 협력할 수 있으며 자신이 갈망하는 행복을 찾을 수 있다. 하느님을 관상하는 것이 현세의 삶에서 충족되지 않음은 물론이다. 이성이 그러한 사실을 발견할 수 없다면, 신앙은 그것을 사방으로 전파할 것이다.[3)]

그러나 그러한 불충분함은 현세에서는 어두운 안경을 통해서 그리고 육체적 삶의 온갖 필요에 억눌린 상태에서 하느님을 뵙는다는 데에 기인한다. 아리스토텔레스는 그가 도달할 수 있는 데에서까지는 옳았다. 그러나 하느님께서 인간 활동의 목적에 있어 인간을 당신 자신의 완전한 모상으로 여기심은 생각하지 못했다.

### (3) 형상적 행복의 특성

1) 한번 얻으면 결코 상실되지 않는다
2) 본성적 능력만으로는 얻을 수 없다

3) 비엔 공의회, 베긴회원들의 단죄받은 명제들, 1, 4, 5. Denzinger, 891, 894, 895.

3) 이는 온전히 개인적으로 성취된다

이 최종적 목표는 초본성적이며, 본성적 능력들로 도달할 수 없음이 분명하다. 그러나 역설적으로, 그것은 엄밀하게 개인적으로 도달하는 것이다. 남자든 여자든 다른 어떤 피조물도, 하늘의 가장 높은 천사도 우리를 위해 그것을 얻어 줄 수 없다. 하느님도 우리에게 그것을 강요할 수 없으시다. 우리는 끊임없는 하느님의 도우심을 받으며 단계적으로, 우리 자신의 인간적 행위들로 그 목표에 접근한다. 우리가 하느님을 파악하는 최종적이고 영원한 행위는 우리 지성의 행위이며, 지금 여기서 우리가 생각하는 것을 다른 사람이 대신해 줄 수 없는 것과 마찬가지로 그것은 누가 우리를 위해서 해 줄 수 있는 것이 아니다. 그리고 우리의 모든 갈망을 충족시켜 주고 행복에 대한 추구를 끝맺게 하는 이 최고선은 한번 얻고 나면 우리의 손에서 빠져나갈 수 없다. 우리를 행복하게 하는 그 대상은 고갈되거나 날아가 버릴 수 없으며, 감소되거나 보편적 선이라는 본질을 잃어버릴 수 없다. 한편 우리 자신은 그것에 대해 싫증을 느낄 수 없으며, 아무것도 그것에서 멀어지도록 우리를 유혹할 수 없다. 그 최종 목표 안에 들어있지 않은 무엇을 지닌 것으로 보일 수 있는 것은 없다. 그렇지 않다면 그것은 궁극적이고 보편적인 선이 아닐 것이기 때문이다. 지금 우리가 어떤 것을 원할 때에는 그것이 선이기 때문에 원하는 것과 마찬가지로, 그 때에 우리는 모든 것을 그것이 신적인 선이기 때문에 원하게 될 것이다. 다른 사물들 안에 있는 모든 매력은 이 최종적인 목적으로부터 오는 것이다.

## 6. 행복의 완성

### (1) 행복의 세 가지 필수 요소 : 관상, 이해, 기쁨

요약하면 다음과 같다. 우리의 완전한 행복을 위해서는, 보편적으로 선한 대상이 요구되고 또한 우리가 그것을 얻는 것이 요구된다. 그 최종 목표를 얻는 데에는 우리를 복되게 하는 대상에 대한 지성적 관조가 포함된다. 단순히 훑어보는 것이 아니라 집요하게 파악해야 하며, 그 대상을 이해해야 한다. 그리고 마지막으로, 우리의 목표를 달성하고 모든 것을 충족시키는 선을 소유함으로써 우리의 의지와 욕구가 영원히 지속되는 기쁨(내지 휴식)을 누려야 한다.

우리의 최종적 행복에 관련될 수 있는 다른 모든 것은, 그것이 행복의 완성에 아무리 크게 기여한다 하더라도 이차적이고 상대적으로 덜 중요하다. 그것은 아마도, 완벽하게 차려입은 여인의 옷에 향수 한 방울을 뿌리는 것과 같이 섬세한 손길이기는 하지만 본질적으로는 아무 것도 증가시키지 않는 것이다.

## (2) 행복에서 육체의 역할

육체와 영혼의 결합은 인간의 행복의 완전성을 더해줄 것이다. 인간의 육체는 그 인간에게 속하고, 영혼은 그 육체와 결합하도록 만들어졌으며 육체가 없이는 매우 실제적인 의미에서 불완전하기 때문이다. 그러나 육체가 더해진다고 해서 영혼의 본질적인 기쁨과 영광이 증가되지는 않을 것이며 오히려 마치 마음이 가벼울 때 발걸음이 활기차게 되는 것과 마찬가지로 영혼으로부터 육체에게 기쁨과 영광이 나온다.

## (3) 외부적 선의 역할

이렇게 영혼으로부터 육체로 넘쳐흐르는 것은 육체로 하여금 본성적 완전성의 한계를 훨씬 넘어서게 한다. 흔히 육체는 현재의 상황을 지배한다. 오랫동안 기도를 하면 우리의 무릎이 저항을 하는 데에서 그 증거를 볼 수 있다. 그러나 위와 같은 상태에서는 육체가 완전히 영혼에 종속되어 영혼이 뜻하는 대로 하게 된다. 그러므로, 행복의 완성에 있어서는 외부적 선들이 차지하는 자리를 찾기가 어렵다고 생각된다. 현재에는 외부적 선들이 육체적 생명의 필요를 위하여 사용된다. 최고도의 관상을 하는 사람이라도 음식과 의복이 필요하다. 그러나 천상에서 옷이 필요할 것인지는 아직 논의의 여지가 있는 것으로 보인다.

### (4) 친구들의 역할

물론, 우리에게는 육체가 있어야 하는 것과 마찬가지로 친구들도 있어야 한다. 친구들은 또 다른 우리 자신들이다. 그들이 없다면 우리 자신에게서 무엇인가가 부족할 것이다. 우정의 주된 목적, 즉 다른 사람을 돕고 희생하고 그들에게 주기 위한 것이라는 목적이 더 이상 존재하지 않을 때에도 그러하다. 친구들의 아름다움, 승리, 행복이라는 섬세하고 무한히 소중한 기쁨은 천상의 궁전에 따뜻하고 인간적인 분위기를 더해 줄 것이다.

## [결론]

## 1. 현재의 행복 또는 불완전한 행복의 열쇠. 지금 그리고 여기서, 어디서 어떻게 행복을 찾을 것인가

현재 실제로 행복을 추구하고 있는 사람들에게 이 모든 것은 너무 멀고 불만족스럽게 보일 수 있다. 출발선에서 보면 경주의 도착점에 있는 테이프가 언제나 무한히 멀게 보이는 것과 마찬가지다. 우리는 지금 행복을 원한다. 오늘 우리는 행복을 위하여 무엇을 할 수 있는가? 현세의 삶에서 행복을 누릴 수 있는 가능성은 어떠한가?

## 2. 행복의 척도인 활동과 과정

현재의 행복에 대해 물을 수 있는 모든 질문들에 대한 대답은 우리가 이미 한 말들에 모두 들어 있다. 아마도 가장 중요한 사항 중의 하나는, 죽기 전에는 완전한 행복이 없다는 점일 것이다. 이것은 꼭 알아야 한다. 소유될 수 있는 모든 행복은 오직 그 최종 목표를 향하여 나아감으로써만 얻을 수 있다. 그 목표 때문에 다른 모든 선들도 갈망할 만한 것이 되고 우리 마음의 갈망을 채워줄 수 있는 힘을 갖게 되는 것이기 때문이다. 또한 행복은 천천히, 느리게, 조금씩, 많은 불완전함과 산만함과 중단 속에서 얻어진다. 현재의 행복의 정도는 우리가 삶의 최종 목적에 다가가는 정도에 정확히 비례한다. 우리가 불에서 느끼는 온기가 그 불에 가까이 가는 정도에 정확히 비례하는 것과 마찬가지다. 단순하게 말해서, 이 세상이 줄 수 있는 불완전한 행복이라 하더라도 그것은 하느님께 다가가는 것에 관련된다. 그분께 가까이 갈수록 우리는 이 불완전한 행복을 그만큼 더 누리게 된다. 그분으로부터 멀어질수록 우리는 더 적은 행복만을 바랄 수 있게 된다. 어린이 교리에서 하는 말들이 우리가 지금까지 한 모든 말들을 적절하게 요약해 준다. 인간은 하느님을 알고 사랑하도록 만들어졌다는 것이다. 삶의 목적은 하느님을 알고 사랑하는 것, 관조와 향유이다. 우리가 이 세상에서 누리는 행복은 하느님에 대한 또는 우리가 피조물이라고 부르는 신성의 반영들 가운데 하나에 대한 불완전한 앎과 사랑을 통해 얻어진다.

## 3. 수수께끼에 대한 응답

### (1) 활동의 수수께끼

### (2) 절망의 수수께끼

## (3) 지루함의 수수께끼

번잡한 뉴욕이 반드시 고요한 아일랜드의 작은 마을보다 진보한 것은 아니다. 인간은 활동으로부터 행복을 얻지만, 모든 활동에서 행복을 얻는 것은 아니며 어디론가 향해가는 활동, 올바른 곳으로 가는 활동에서 행복을 얻는다. 너무 바빠서 살 시간이 없는 경우가 있다. 머리에 지식이 가득해서 생각할 기회가 없을 수도 있고, 마음이 너무 복잡해서 사랑할 여유가 없을 수도 있다. 활동을 위한 활동, 바쁨을 위한 바쁨은 우리가 잊어버리도록 도움을 줄 수 있고 우리가 생각하지 못하게 할 수 있지만, 그것은 우리를 행복에 이르게 하지 않는다. 실상 진보는 그것이 하느님을 향한 진보일 때 행복의 척도가 된다. 그러나 시간이나 노동을 절약하는 기계나 건강, 부, 힘, 아름다움, 운동 능력, 사업 효율 등에서의 진보는 모두 인생의 최종 목적으로부터 멀어지는 것이 될 수도 있다. 그러한 진보가 도움이 될 경우도 있고, 때로는 진정한 진보를 용이하게 해 주기도 한다. 14년 또는 18년의 집중적인 교육을 받은 오늘날의 젊은이들이 그리스도와 3년 동안 함께 살았던 사도들보다 실제적으로는 더 진보하지 못했다는 것은 명백하다. 살아있는 동안에 완전한 행복을 붙잡으려는 높은 기대로 시작하는 사람은 절망하게 되어 있다. 불가능한 것에 도달하려 할 때 그 결과는 절망이 되기 마련이다. 삶의 목표를, 궁극적인 보편적 선을 부인하는 것에서 출발하는 현대인에게는 다른 가능성이 없으며 오직 생명을 질식시키거나 이성을 질식시킬 수밖에 없다. 전자는 절망이다. 그리고 후자는 우주의 사소한 개별적 요소들이 인간의 활동을, 인생의 목적을, 행복 추구에 대한 갈음을 남김없이 설명할 수 있는 듯이 주장하는 데에 지쳐버리는 결과를 가져온다. 이것이 지루함이다.

A Companion to the Summa

성 토마스 아퀴나스의

# 신학대전 해설서 II

## 제2장 행복의 수단 (제2부 제1편, 제6문제~제10문제)

1. 행복을 얻는 수단들은 단일하고 독특하다
   (1) 단일하다 : 누구나 쉽게 얻을 수 있다
   (2) 독특하다 : 인간에게만 고유하다
   (3) 그 수단들은 인간적 행위들이다
2. 인간적 행위의 특징은 의도적으로 제어할 수 있다는 데에 있다
   (1) 이로써 인간의 삶과 행위와 그 목적은 세상에서 특별한 것이 된다
   (2) 인간적 행위의 본성에 대한 근대의 오류의 근본적 특성
   (3) 의도적인 제어의 적들
      1) 인간 자신 안으로부터
         ① 감각들로부터
         ② 지성으로부터
      2) 외부로부터
3. 인간적 행위의 상황
   (1) 상황의 종류와 그 수 : 누가, 무엇을, 어디서, 누구의 도움으로, 언제, 왜, 어떻게
   (2) 중요성
      1) 한 인간적 행위를 온전히 알기 위하여 : 인간적 행위 안에서 진리를 찾는 기자와 신학자
      2) 한 사람의 행위에 대한 공적 또는 사적인 판단을 위하여
      3) 개인이 행동을 선택하기 위하여
      4) 그의 활동 자체를 위하여
4. 모든 인간적 행위의 개별적 조건들
   (1) 왜
      1) 갈망의 대상을 얻기 위하여 : 언제나 선 때문이고, 주로 목적이나 목표 때문이다
      2) 배타적으로는 아니지만 주로 목표 때문이다. 다른 모든 갈망의 대상은 그 목표에 관련된다
   (2) 누구의 도움으로 : 인간적 행위의 동기가 되는 힘들
      1) 지성 편에서
      2) 감각 편에서
      3) 의지 자체의 편에서
      4) 외부적 영향들
      5) 하느님 편에서
   (3) 어떻게
      1) 본성적으로
      2) 필연적으로
         ① 고유한 대상에 관련하여
         ② 감각적 욕구 때문에
         ③ 신적 영향 때문에
      3) 자유롭게

---

[결론]
1. 행복의 수단들은 그것의 소유가 행복을 주는 그 대상에 완전히 부합된다
   (1) 인간은 누구나 보편적으로 그것을 소유한다
   (2) 이성의 시작에서부터 실제로 그것을 사용할 수 있다
   (3) 엄밀히 개인적이다
   (4) 완전히 독립적이다
   (5) 전적으로 단순하다
2. 이들은 본성과 자연법의 단일성 및 효력과 완전한 조화를 이룬다
3. 이들만이 인간의 존엄성과 이성에 부합한다

## 제2장 행복의 수단 (제2부 제1편, 제6문제~제10문제)

이 장에서 우리가 다룰 문제는 철학이 신학적 도움을 필요로 하지 않는 부분에 속한다. 철학이 "추론을 통하여 궁극적 실재를 알고자 하는 시도"라는 어떤 근대 철학자의 상당히 정확한 정의를 받아들인다면, 우리는 우리가 다루는 질문이 바로 여기에 해당됨을 보게 된다.

매우 인간적인 두 장면이, 이 문제가 얼마나 인간의 마음을 깊이 사로잡고 있는가를 보여 준다. 어머니는 어린 아이를 쓰다듬으면서 그 아기의 미래를 생각한다. 이 아기는 무엇이 될까? 행복할까? 이러한 일반적인 질문 뒤에는 더 깊은 문제가 들어 있다. 이 작은 생명의 의미는 무엇이며, 무엇을 위한 것인가? 어디를 향해 가고 있고, 어떻게 행복을 발견하게 될 그 목표에 도달할 것인가? "궁극적 실재를 알고자 하는 시도!" 아버지의 임종 때에, 또는 그의 생명에 대해 경이롭게 여겼던 바로 그 어머니의 임종 때에 아들은 같은 질문들을 하게 된다. 이 사랑하는 사람들은 무엇이 될까? 그들의 삶의 의미는 무엇이었나? 여러 해 동안의 길고 용감한 여정은 그저 이것을 위한 것이었던가, 아니면 또 다른 목표가 있는 것인가? 이 질문들에 대해 그렇다고 대답할 수 있다 하더라도, 사랑하는 사람들이 서로에 대해 계속해서 던지게 되는 질문들이 있다. 그들은 그들의 삶을 헤쳐가기 위하여 적절한 수단들을 지니고 있었는가? 그들은 그들을 행복하게 해 줄 수단들을 알고 그것을 사용했는가? 그들은 그들을 영원한 집으로 돌아가게 할 길을 걸었던가? 베들레헴과 골고타, 탄생과 죽음이라는 두 장면은 인간이 삶의 궁극적 실재를 알아야 할 필요성에 직면하게 한다.

앞 장에서 우리는 오직 그것을 소유함으로써만 행복에 이를 수 있는 그 대상이 무엇인지를 찾으면서 이 궁극적 실재의 일부를 보았다. 우리는 그 목표, 최종 목적, 행복의 추구에 대한 최고의 대답이 무엇인지를 보았다. 이제 우리는 그 목표에 도달할 수 있는 수단이 무엇인지를 검토함으로써 궁극적 실재의, 인생의 궁극적 의미의 이에 못지않게 중요한 한 측면을 다룰 것이다.

## 1. 행복을 얻는 수단들은 단일하고 독특하다

그 대답은 결코 사변적인 것에 그치지 않는다. 행복의 수단들이 매우 부유한 사람들 또는 매우 가난한 사람들에게만 가능한 것이라면 인간의 삶은 우주적인 규모로 무자비하고 잔인하게 나쁜 장난을 당하는 것이 된다. 그 수단들은 매우 현명한 사람들 또는 매우 무지한 사람들만의 소유물일 수 없다. 큰 부자나 중환자, 권력가 또는 소심하고 나약한 사람만의 것일 수도 없다. 그것은 어떤 계층이나 집단, 민족만의 사유물일 수 없다. 만일 그렇다면 인간 활동의 역사 안에서 발견되는 본성적 완전성의 최고 절정이 거짓된 것이 될 것이기 때문이다.

그 수단들은 보편적이어야 하고, 인간을 그의 목표에 이르게 할 수 있는 힘을 지니고 있으면서도 복잡하지 않아 어린아이라도 능숙하게 그것을 다룰 수 있어야 한다. 인간의 삶에 의미가 있다면, 인간적 행위에 최종 목표가 있다면, 그 의미 내지 목표는 모든 인간에게 적합해야 한다. 성격이나 나이, 재능이 아니라 인간이라는 그 사실이 행복의 수단을 소유하기 위한 마땅한 자격이 된다.

## (1) 단일하다 : 누구나 쉽게 얻을 수 있다

앞 장에서 우리는 행복이 행복을 가져다주는 대상의 소유를, 모든 갈망의 바탕인 그 선을 차지하는 것을 의미하며 그 소유는 우리 자신의 행위의 결과라고 말했다. 더 구체적으로 우리는, 인간의 삶에 목표가 있고 그 목표는 최고의 보편적 선이며 개별 인간은 그의 행위로 그 보편적 선을 소유할 때, 그가 하느님을 관조함으로써 그 최종 목적에 직접 도달하게 될 때에 행복하게 된다고 말했다. 이것이, 그리고 이것만이 인간이 행복을 얻는 수단이다. 그리고 모든 인간은 이성을 사용할 수 있게 되는 때부터 이 수단을 쉽게 사용할 수 있다.

인간적 노력의 그릇된 목표들을 이러한 시각에서 검토해 본다면 흥미로울 것이다. 건강, 음식, 쾌락, 부, 명예 또는 권력이 우리 모두의 최종 목표라면 얼마나 큰 절망의 물결이 세상을 휩쓸 것인가?

## (2) 독특하다 : 인간에게만 고유하다

그러나 당분간은 목표에 대해서는 더 이상 다루지 않기로 하고, 인간 행복의 수단들을 더 자세히 살펴보자. 그 수단들은 보편적이라는 특성 외에도 독특함이라는 특성을 지니고 있다. 세상에 태어나는 모든 사람들은 천부적 권리로 이를 지니고 있지만, 세상의 다른 피조물들은 이를 소유할 수 없다. 이것은 인간이라는 혈통을 근거로만 권리를 주장할 수 있는 가문의 유산이고, 다른 찬탈자가 입을 수 없는, 창조의 으뜸인 인간만의 예복이다. 인간만이 인간적 행위를 할 수 있다.

### (3) 그 수단들은 인간적 행위들이다

인간은 눈먼 벌레보다도 심하게 벽돌담에 부딪힐 수 있고, 개처럼 울부짖을 수도 있으며, 사자처럼 해로울 수도 있고, 양처럼 어리석을 수도 있다. 실상 인간은 자신의 행위에 있어서 인간다움을 감추거나 벗어버리고 동물보다 더 동물적이 될 수도 있다. 그러나 그 역은 성립되지 않는다. 인간만이 숙고하고 자신의 행위를 제어함으로써 자신의 목표를 향해갈 수 있다. 인간 이하의 모든 것은 종과 같이 예속되어 있어서, 외부적인 힘의 지시와 부름에 응답한다. 인간만이 자신의 삶과 자신의 행위를 지배하는 주인이 된다.

## 2. 인간적 행위의 특징은 의도적으로 제어할 수 있다는 데에 있다

그러한 독특함의 비밀을 무엇인가? 갈퀴를 사용하는 것과 주둥이로 땅을 파는 것 사이의 놀라운 차이를 가져오는 인간적 행위의 내적 핵심은 무엇인가? 그것은 여러 가지 이름으로 부를 수 있을 것이다. 아마도 가장 간단한 것은 '제어'일 것이고, '자유의지'라고 말할 수도 있을 것이다. 이름이 무엇이든, 그것이 있음 또는 없음은 우리의 행위가 인간적인지 아닌지를 결정하는 요인이 된다. 이러한 제어가 맹목적인 분노에 의해 가해진 치명적 타격과 청부살인업자의 소리 없는 찌름을 서로 다른 것이 되게 한다.

### (1) 이로써 인간의 삶과 행위와 그 목적은 세상에서 특별한 것이 된다

이러한 의도적 제어의 근원이 되는 것은 인간만이 지닌 선택의 능력이다. 인간은 자신의 행위 너머를 볼 수 있기 때문에 그 행위를 제어할 수 있다. 그는 할 일과 지니고 있는 도구 사이의 연관을 알기 때문에 도구들을 고를 수 있다. 인간은 그의 마음속에 최고선의 표상을 지니고 있기 때문에 최고선 이외의 다른 모든 것들에서 결함들을 볼 수 있다. 인간은 어떤 것을 그 장점들 때문에 선택할 수도 있고 그 단점들 때문에 거부할 수도 있으며 경멸하며 물러나 앉아 완전한 완전성을 지니지 않은 그 모든 것들로 방해를 받기를 거절할 수도 있다. 그의 행동이 어떤 길로 가든 그 인간은 자기 제어라는 인간만의 기능을 사용한 것이다. 출생에서 죽음까지 이르는 여행은 인간이 따르도록 완전히 결정되어 있는 길을 따라가는 것이 아니다. 인간의 행위가 의지적이기 때문에 인간은 운전대 뒤에 앉아 행위를 완전히 제어한다.

그러한 제어를 제거한다면 어떤 사람의 행위에서 인간적인 성격을 제거하는 셈이 된다. 이러한 제어에 의해서 인간만이 승리할 수도 있고 실패할 수도 있다. 우주에서 인간만이 죄를 지을 수도 있고 성인이 될 수도 있으며, 실수할 수 도 있고 성공할 수도 있으며, 고귀하게 될 수 도 있고 천하게 될 수도 있는 역설적 능력을 지니고 있다. 인간만이 자신의 행위에 대해 책임을 질 수 있기 때문이다.

## (2) 인간적 행위의 본성에 대한 근대의 오류의 근본적 특성

그러한 책임을 진다는 것은 쉬운 일이 아니다. 아마도 무의식적으로 인간은 때때로 자신의 특전을 잊어버리고 이 어려움을 회피하려 하는데, 이 때에 그는 거기에서 회피할 수 없다는 것도 잊어버리는 것이다. 회피하려고 시도하는 한 방법은 술을 마시는 것이고, 다른 한 방법은 인간을 삶과 분리시켜 철학화하는 것이다. 인간의 행위가 다만 깊고 무의식적인 충동이 흘러나오는 것이라면(프로이트), 또는 저항할 수 없고 맹목적인 생의 약동의 물결일 따름이라면(베르그송) 인간은 아무 염려도 없고 아무 희망도 없을 것이다. 그의 활동은 개를 보고 고양이의 등이 굽어지는 것과 같이 외적 자극에 대한 동물적 반응 이상의 의미를 갖지 않을 것이며(와트슨), 그는 개의 삶을 살도록 작정하고 그것을 좋아해야 할 것이다. 인간의 지성이 마치 샴페인 잔의 마지막 거품처럼 자신을 파괴하지 않고서는 목표에 도달할 수 없는 길고도 설명할 수 없는 과정의 마지막 현상에 불과하다면(S. 알렉산더) 제어, 목표, 행복, 인간다움에 대해 관심을 갖는 것은 어리석은 일이다. 인간을 동물이나 기계, 과정으로 만들어버리는 것은 위로가 될 수도 있겠지만, 그것은 진리의 위로가 아니고 인간은 계속해서 인간이라는 사실을 직면하는 것이 아니다. 이러한 근대의 오류들은 많은 사람들이 생각했던 것보다 더 광범위한 영향을 미치는데, 이들이 파괴를 일으키는 것은 모든 인간적 행위의 특성인 의도적인 제어라는 요소를 공격한 데에서 나오는 결과이다.

이러한 의도적인 제어는 목적에 대한 수단의 관계를 인식하면서 스스로 움직여 가는 것의 결과이다. 다른 말로 하면, 이를 위해서는 모든 생물에 공통되는 운동의 내재적 원리 위에 목표에 대한 앎, 그리고 그 목적을 향한 발걸음이 요구된다. 운동의 내재적 원리와 모든 동물에 공통된 감각적 목적들에 대한 개별화되고 특정적인 앎 위에, 목적에 대한 그리고 그 목적과 수단들의 관계에 대한 보편적인 앎이 요구된다. 다른 말로 하면 그것은 자기 운동, 스스로 어디를 향해 가고 있고 왜 이러한 특정한 방식으로 가고 있는지를 아는 내부로부터의 움직임이다.

## (3) 의도적인 제어의 적들

### 1) 인간 자신 안으로부터

우리는 이러한 내부로부터의 움직임을, 이러한 의도적인 제어를 인간 영혼의 깊은 곳으로부터의 긴 여정으로 묘사할 수 있다. 이러한 시각에서 바라볼 때 우리는 다시 한 번 인간이 되는 것이, 우리의 인간다움을 고수하는 것이 쉽지 않음을 보게 된다. 우리 자신이라는 왕국 안에, 인간적으로 행동할 수 있는 우리만의 특전에 대한 온 우주의 끊임없는 질투가 쏠려 있다. 우리는 우리 자신의 주인들이지만, 우리에게 종속되어 있는 이들은 언제나 저항하려 한다. 우리 영혼의 깊은 곳으로부터의 여정은, 감각들의 동물적 삶이라는 무서운 적을 만나게 된다.

**① 감각들로부터**

1. 악에 접할 때

그 동물적 생명이 임박한 악에서 도망칠 때에나 매혹적인 선을 향해 달려갈 때, 그것은 언제나 우리의 행위를 제어하는 데에 심각한 위험을 가져온다. 더 자세히 살펴보게 되겠지만, 때로는 공포에 사로잡힌 군중이 불이 난 극장으로부터 빠져나오려고 흥분하여 싸우는 경우와 같이 그 제어가 완전히 파괴되는 지경에 이르기까지 한다. 이렇게 될 경우에는 더 이상 인간적 행위 또는 인간적 책임, 목표를 향한 인간적 과정에 대해 말할 수 없게 된다. 우리의 행위의 인간다움은, 그러한 제어가 간섭을 받는 바로 그만큼 파괴된다.

2. 선에 접할 때

우리의 행위에 대한 제어가 방해를 받는다기보다 오히려 그 자발성이 침해될 때, 악에 대한 두려움과 선에 대한 갈망은 서로 다른 방식으로 작용한다. 조종사가 비행기 날개 위의 얼음 때문에 비상 착륙을 해야 할 상황에 맞닥뜨리게 되었을 때에, 비행기에 싣고 있는 비싼 가솔린을 버린다면 분명 비행 거리가 짧아지고 아마도 재앙을 가져올 수도 있겠지만 그럼에도 불구하고 그는 그것을 버림으로써 비행기를 가볍게 하려 한다. 그가 가솔린을 잃기를 원하는 것은 아니지만, 그 상황 안에서는 그것을 버리고자 하는 적극적인 열망이 있게 되는 것이다. 두려움은 그에게 그 자체로는 하고 싶지 않은 어떤 것을, 기꺼이 하지는 않을 어떤 것을 하게 한다. 이 상황에서 그는 그 손실에 완전히 동의한 것이다. 그 조종사는 쓴 약을 두려워하면서도 기꺼이 그 약을 먹으려 하는 사람과 같다. 그가 약을 먹으려 하는 것은 약에 대한 견해를 바꾸었기 때문이 아니라 그 쓴 약이 그의 건강을 위해 필요하기 때문이다. 선의 매력은 우리의 자발성을 감소시키는 것이 아니라 직접적, 즉각적으로 그것을 증가시킨다. 연극에 대한 우리의 열정은 우리의 행위에 대한 제어를 심각하게 위협할 수도 있다. 그러나 결코 우리는 방학 후에 학교로 돌아가는 아이처럼 마치 순교하듯이 원하지 않는 걸음으로 매표소로 가지는 않는다.

**② 지성으로부터**

우리 안으로부터의 이 움직임을 거의 그 여정이 시작되기 전까지 거슬러 올라가 보면, 지성 자체 안에서도 그에 못지않게 무서운 원수를 만나게 된다. 그 원수의 이름은 무지이다. '무지'라는 단어는 특별한 혐오감을 주기 때문에, 우리는 자신에게 이 단어를 적용하는 것은 끊임없이 거부하게 된다. 불량배라고 불린다면 그것은 우리의 도덕성이 심각하게 문제되는 것이지만, '무지한 불량배'라는 것은 우리의 도덕성만이 아니라 우리의 인간다움마저 공격받는 것이다. 그 의미는 우리에게 있어야 할 무엇이, 인간의 특징인 행위의 제어에 직접 영향을 미치는 그 무엇이 결여되어 있다는 것이기 때문이다. '무지'는 '바보'나 '멍청이'보다 더 나쁘다. 후자들은 어쩔 수 없는 것인 반면 무지는 우리가 길 어디선가 우리가 지녀야 하고 지닐 수 있는 것을, 인간다움을 위해 필요한 것을, 인간다운 행위를 하기 위하여 필수적인 무엇을 놓쳤음을 의미하기 때문이다.

무지에 대한 이와 같은 거부감은 그 구체적인 결과들로부터 쉽게 이해할 수 있다. 개별적인 행위에 있어서 무지는 우리로 하여금 우리가 전혀 하려고 생각하지 않을 것들을 하게 만든다. 면도 크림을 칫솔에 아니면 이에 바르는 것과 같은 어리석은 일, 낯선 도시에서 신문팔이 소년에게 거스름을 덜 주는 것과 같은 쩨쩨한 일, 사슴을 쏜다고 생각하고는 사람을 죽이는 것과 같은 비극적인 일들을 말이다.

더욱 경멸스런 것은, 무지를 핑계로 어떤 것을 피해가기 위하여 우리가 기꺼이 무지를 묵인하고 심지어 보호하려 할 경우이다. 이것은 철저히 위선적인 무지로서 우리의 악행에, 그리고 선행에도 나쁜 냄새를 풍기게 하며, 선을 망쳐놓는 데에는 상당히 성공적이면서도 악은 손상시키지 않고 그대로 남겨 놓는다. 이러한 무지는 예를 들어 어떤 사람으로 하여금 청구서를 지불해야 할 날이라는 것을 깨닫지 않기 위해서 또는 고기를 먹을 수 없는 날이라는 것을 알지 않기 위해서 달력을 보지 않도록 한다. 그것은 애덕의 의무가 우리에게 지갑을 열도록 하지 않기 위해서 눈과 귀를 닫아버리는 것이다.

2) 외부로부터

세 번째 종류의 무지는 우리의 행위들에 크게 영향을 미치지 않는다. 우리가 무지하지 않다 하더라도 똑같은 행동을 할 것이기 때문이다. 결과는 같을 것이다. 그러나 그 결과가 나오게 되는 행위는 상당히 달라진다. 다른 말로 하면, 모든 무지가 그렇듯이 이러한 종류의 무지 때문에도 행위는 인간적인 것이 아니게 된다. 우리가 자부심을 주거나 가책을 갖게 하는 명목이 되는 것은 바로 그 인간다움이다. 이러한 무지로 인하여 휴가를 즐기던 악한이 곰을 쏘려고 하다가 그가 여러 달 동안 복수하려고 찾고 있던 경쟁자를 죽이게 될 수 있는데, 악한이라 하더라도 이러한 종류의 업적에 대해 자랑할 수는 없다.

## 3. 인간적 행위의 상황

운동의 내적 원리로부터 출발하는 먼 여정이라는 우리의 본 주제로 돌아가면, 우리는 누구나 인간이 스스로 제어할 수 있는 영역 밖에 있게 될 때에 느끼는 어려움을 이해할 수 있다. 우리 자신 안에서는 감각들과 지성으로부터 오는 어려움이 있었다. 우리 자신에게 속하지 않는 외부 세계에는 폭력이라는 적이 있다. 우리가 이 낯선 영역으로 진입하면, 인간적 행위의 특징이 되는 그 핵심은 영적인 성격이라는 마술옷에 의지하며 손상되지 않고 세상의 길들을 이리저리 돌아

다닌다.

그 사신들이나 하위의 부관들은 쉽게 붙잡히고 적군에게 끌려가며 사살될 수 있다. 그러나 지휘관들은 결코 사로잡힐 수 없다. 그들은 경계선 뒤에 있으며 안전할 만큼 충분히 물러나 있다. 그들은 물질 세계와 영의 세계 사이의 거리만큼 멀리 떨어져 있다. 강한 사람은 강제로 당신의 목구멍에 물이 흘러내리게 할 수 있겠지만, 당신이 물을 마시고 싶도록 만들 수는 없다. 당신의 손가락은 강제로 어떤 사람을 전기충격으로 죽이도록 버튼을 누르게 될 수 있지만, 당신은 죽이기를 원하도록 강요될 수 없다. 강제로 당신이 어떤 냄새를 맡거나 소리를 듣거나 무엇을 보거나 느끼게 할 수 있을 것이고, 강제로 뛰거나 걷거나 춤을 추게 될 수도 있다. 그러나 온 세상의 그 무엇도 당신이 무엇을 원하게 만들 수는 없다. 다른 행위들과 구별되는 인간적 행위의 내적 원리는 외적 힘에 의하여 침범될 수 없다. 강제력이 인간의 영혼과 그 기능들의 경우와 같이 영적인 것을 이길 수는 없기 때문이다.

지금까지 말한 모든 것은 우리의 인간적 행위의 핵심과 관련되어 있다. 그러나 이것으로 인간적 행위에 대해 모든 것을 말한 듯이 이로써 만족하는 것은 집이 네 벽과 지붕만으로 이루어지고 다른 모든 설비들, 곧 전기, 난방, 수도, 가구 등은 전혀 중요하지 않다고 여기는 셈이 될 것이다. 더 정확히 말하면 그것은 마치 주변 배경에서 분리되고 집의 외관 일부만을 보여주는 어떤 집의 사진을 보고 그 집에 대해 모든 것을 다 알고 있다고 생각하는 것과 마찬가지다. 실상 그 집이 위치해 있는 주변 환경은 중요하다. 집은 화물조차장 한가운데에 있을 수도 있고 사유지 정원에 자리하고 있을 수도 있으며, 불결한 셋방촌에 내려앉아 있을 수도 있고 마천루의 높은 벽들 사이에서 낮게 자리하고 있을 수도 있다.

## (1) 상황의 종류와 그 수 : 누가, 무엇을, 어디서, 누구의 도움으로, 언제, 왜, 어떻게

인간적 행위도 마찬가지다. 우리는 그 배경들을 알기 전에는 그 행위를 참으로 알 수 없다. 인간적 행위의 배경 내지 이웃은 신학적 용어로 '상황'으로 분류된다. 우리가 이 상황들을 모두 살펴보고 누가 그 일을 했고 어디서, 어떤 이유로 그것이 이루어졌는지, 언제 그리고 어떻게 되었으며 누구의 도움이 있었는지를 알고 나면 우리는 그 사건에 대하여 알아야 할 모든 것을 파악한 것이다. 우리는 그 주위를 돌아볼 뿐 아니라 가족 전체의 역사를 알고 상당히 정확하게 그 미래를 예견할 수 있게 된다.

어떤 행위의 의미를 완전히 파악하기 위해서는 이러한 시각들을 반드시 고려해야 한다. 어떤 사람이 개를 타고 기어간다면 그것은 대수로운 일이 아닐 것이고 그 개가 어떤 개인지도 중요하지 않을 것이다. 그러나 프랑스 대통령이 아돌프 히틀러가 사랑하던 사냥개를 탔다면 그것은 주요 뉴스가 되고 아마도 국제적인 사건이 될 것이다.

## (2) 중요성

### 1) 한 인간적 행위를 온전히 알기 위하여 : 인간적 행위 안에서 진리를 찾는 기자와 신학자

세상이 시작된 때부터 진리는 인식되었다. 우리 시대에는, 기자가 뉴스를 취재하는 것을 좋은 예로 들 수 있다. 신문들은 어떤 사건에 대한 설명이 불완전할 때 보도 가치가 떨어질 수 있다는 것을 안다. 그래서 모든 기자들의 "누가, 무엇을, 왜, 언제, 어디서"라는 질문은 바로 인간의 활동을 온전히 알기 위한 질문들이다. 실상 신학자는 보도 가치를 찾는 것이 아니라 진리를 찾고 있고, 모든 대답이 주어져 있어야 진리가 있을 수 있다.

2) 한 사람의 행위에 대한 공적 또는 사적인 판단을 위하여

앞에서 들었던 예에서처럼 어떤 사람이 사슴을 사냥하다가 다른 사람을 죽일 경우, 우리가 그 사람이 어떻게 그리고 왜 살해되었는지를 안다면 이야기는 완전히 달라진다. 고해신부가 문을 부서뜨렸다는 고해를 들을 때, 그 문이 어디 있었는지, 감실 문인지 감옥 문인지 아니면 불타는 극장의 문인지 여부는 큰 차이를 가져온다. 어떤 고해자가 무엇을 조금 마셨다고 할 때 그가 위스키를 마신 것인지 독을 마신 것인지, 그가 게으르게 하루 종일 누워 있었던 것이 주일인지 월요일인지 등은 사소한 것이 아니라 우리 자신이나 다른 사람의 행위에 대한 진실을 알기 위해서 필요한 요소들이다.

3) 개인이 행동을 선택하기 위하여

때로는 그러한 상황들을 살펴본다면 어떤 행동을 전혀 하지 않게 되거나 분명 우리의 행동을 바꾸게 될 경우도 있다. 공직에 입후보한 정직한 사람은, 그의 지지자들이 정치적으로 연루되어 있는 폭력배들 출신이라는 것을 알게 된다면 선거 운동을 계속할 것인지를 충분히 의심할 만하다. 부모는, 지금 아이를 때리는 것이 부모 자신의 분노 때문이라는 것을 깨닫게 되면 쳐든 손을 멈출 것이다. 실상 자신의 행위에 대하여 "왜?"라는 질문에 응답할 수 없는 사람은 당황하며 다른 사람이 자신의 어리석은 행동을 알아채지 않았는지 어깨너머로 살필 것이다. 그러한 일이 자주 일어난다면 그는 자신이 제정신인지를 의심하기 시작하고, 늘 그러하다면 그는 분명 제정신이 아니고 그 사람은 곧 감금될 것이다.

4) 그의 활동 자체를 위하여

이런저런 개별 행위에는 이 상황들 가운데 어떤 것이 결여되어 있을 수도 있다. 큰 집의 가구들을 작은 집에 다 넣을 수는 없다. 그러나 인간적이라고 주장

할 수 있는 모든 행위에서 발견하고 연구할 수 있는 세 가지 일반적인 조건들이 있다. 왜 그것이 이루어졌는가, 어떻게 이루어졌는가, 누구의 도움으로 이루어졌는가 하는 것이다.

## 4. 모든 인간적 행위의 개별적 조건들

### (1) 왜

1) 갈망의 대상을 얻기 위하여 : 언제나 선 때문이고, 주로 목적이나 목표 때문이다
2) 배타적으로는 아니지만 주로 목표 때문이다. 다른 모든 갈망의 대상은 그 목표에 관련된다

인간의 활동은 무엇으로 설명할 수 있는가? 인간적 행위는 왜 일어나는가? 인간은 왜 일하고 사랑하고 괴로워하는가? 이 질문에 대답하는 것이 앞 장의 문제였다. 간단히 말하면 그 대답은 갈망의 대상을 얻기 위하여, 갈망을 충족시키기 위해서였다. 더 단순하게 말하면 선을 얻기 위해서라고 말할 수 있다. 갈망은 결코 악을 추구하지 않기 때문이다. 인간적 행위는 선을 추구하고, 어떤 목표를 추구한다. 갈망의 대상이 되는 것은 그 자체로서 추구되거나 아니면 다른 어떤 것을 위한 한 단계로서 추구되기 때문이다. 인간은 일차적으로 그의 삶의 목적 내지 목표 때문에 행위한다. 그는 행복을 얻을 수 있기 위하여 행동한다. 갈망의 대상이 되는 다른 모든 것, 활동의 다른 모든 대상들은 오직 그것이 그 목표 내지 목적과 연관되기 때문에 그러한 대상이 된다.

### (2) 누구의 도움으로 : 인간적 행위의 동기가 되는 힘들

인간적 행위를 도와주는 것들은 어떤 식으로든 생명체의 운동의 본질인 내부로부터의 운동에, 인간 삶의 본질인 내부로부터의 의도적이고 제어된 운동에 기여하는 것들을 말한다. 본 시리즈의 제1권에서 우리는 의지와 인간의 욕구가 인간의 모든 운동의 원리이고 출발점임을 보았다. 이제 우리는 그 운동의 원리가 작용하도록 하는 것을, 인간 활동의 엔진을 돌아가게 할 수 있는 불꽃을 찾고자 한다.

1) 지성 편에서

한 인간 안에서 지성의 주된 작용은 움직이게 하는 것이 아니라 인식하는 것이다. 지성은 인식함으로써 의지의 움직임에 기여할 수 있다. 바로 이렇게 선을 인식하고 그것을 의지에 제시함으로써 지성은 의지의 움직임에 관여한다. 지성은 표적을 제시하고, 트랙에 테이프를 붙여 놓는다. 실제적인 움직임의 근저에는 의지가 있어야 한다.

2) 감각 편에서

지성은 의지에게 갈망의 대상이 될 수 있는 대상을 그러한 것으로서 제시한다. 감각은 훨씬 더 간접적으로 작용하지만 흔히는 훨씬 더 중요하고 비중있는 역할을 한다. 침대차의 승무원들은 아침에 승객에게 커피를 주기 전에는 승객에게 명랑한 인사를 던지는 실수를 하지 않는다. 그런 인사가 바람직한 것인지 여부가 그 사이에 바뀌는 것이 아니라 인간이 바뀌는 것이다. 축구 경기장에서는, 다른 때는 침착하고 책임감 있는 시민도 모자를 던지고 목이 쉬도록 소리를 지르며 전혀 모르는 사람의 등을 두드리는 것을 아무렇지도 않게 여긴다. 한 시간 후에 그의 집에서라면 그러한 행동은 전혀 호소력이 없을 것이다. 감각들의 상태는 대상에 어떤 색채를 입히고 그 매력을 감추거나 부각시키며, 의지로 하여금 다른 조건들에서는 수행되지 않았을 움직임을 하게 한다. 그것은 강제력으로 영향을 미치는 것이 아니라 간접적이고 교묘한 속임수를 쓴다. 열정, 편견, 두통, 까다로움 등은 한 사람의 삶 안에서 주된 동인들이 결코 아니면서도 상당한 역할을 하는 것이다.

3) 의지 자체의 편에서

외적 힘들의 영향은 마찬가지로 간접적이다. 어린 아이가 웃음을 짓는 것은 매우 매력적일 수 있지만, 그것이 케이크 한 조각을 더 주는 허락을 강제하지는 못한다. 달빛이나 앞이 보이지 않는 악천후의 경우에서 볼 수 있듯이 천체들은 우리 의지에 의한 활동들에 영향을 미친다. 그러나 손님이 없어 굶주릴지언정 별들을 보고 미래의 모든 사건들을 읽어내는 우스운 믿음을 가지고 있는 사람에게도, 어떤 물질적 사물이나 외부적 힘도 인간의 영혼이라는 성소에는 들어가지 못한다. 그것은 다른 세계이다. 영의 세계는 물질 세계의 어수룩한 밀고 당김이 뚫고 들어갈 수 없다. 지혜로운 사람은 별들을 지배하고 우주의 만물을 지배한다.

4) 외부적 영향들

의지가 종속되지 않을 수 없는 외부적 영향은 한 가지 뿐이다. 의지와 완전한 독립성 사이에는 오직 한 가지 장벽이 있는데, 이 장벽은 성채와도 같다. 그 장벽이 전혀 없다면 다른 모든 피조물에게서와 마찬가지로 의지에게도 큰 재앙이 될 것이고 한 순간에 사라지고 말 것이다. 그것은 인간의 의지가 되기를 바랄 수 있는 모든 것의 첫 번째 독립적 원천으로부터 단절됨을 의미할 것이기 때문이다.

5) 하느님 편에서

완전한 독립성이 있는 그 자리에는 하느님이 계시다. 하느님은 첫 번째 원동자이며 모든 완전성이 그분으로부터 흘러나온다. 의지는 이 첫 번째 원동자에게 온전히 종속되어 있다. 하느님은 인간의 의지를 움직일 수 있으시고 실제로도 움직이신다. 실상 적어도 의지의 첫 번째 움직임과 관련하여 이는 자명하다. 어떤 인간의 개별적인 의지는 어떤 순간에 활동을 시작한 것이고 이는 그 첫 번째 원동자로 소급함으로써만 설명될 수 있기 때문이다. 사과 파이가 사과들로 설명되지 않는 것과 마찬가지로, 활동은 비활동으로부터 설명되지 않는다.

의지의 자율성을 보장하기 위하여 하느님을 인간의 의지로부터 배제해야 하는 것은 아니다. 오직 하나의 제일 원인이 있다는 사실은 본성의 작용의 효과를 파괴하는 것이 아니라 오히려 확립한다. 오직 하나의 생명이신 존재가 있다는 사실은 모든 생명체의 생명이라는 본성을 파괴하는 것이 아니라 오히려 설명해준다. 마찬가지로, 오직 하나의 첫 번째 원동자가 있다는 사실은 스스로를 움직이는 인간 의지의 힘을 약화시키는 것이 아니라 오히려 확립하고 강화한다.

### (3) 어떻게

이렇게 해서 우리는 모든 인간적 행위의 마지막 일반적 조건에 도달하게 된다. 의지는 어떻게 움직이는가? 대륙간 여행을 하기 위해서는 차를 운전하는 방법을 아는 것으로 충분할 것이다. 그러나 그 내적인 작용에 대해 알기 위해서, 무엇이 그 차를 가게 만들고 어떤 것이 더 중요하며 무엇이 그 차를 멈추게 할 수 있는지를 아는 것은 정비소에서 멀리 떨어진 곳에서 갑자기 차가 고장나서 무엇인가를 해야 할 경우에 큰 도움이 된다. 인간이 삶을 살아가면서 성공하기 위해서는 자신의 행위가 목표를 향하여 나아가게 하는 것으로 충분할 것이다. 그러나 물질주의적인 이 시대라는 거친 지역으로 나아가고 인간적 행위의 힘에 도전하는 장애물들을 극복하기 위해서는, 그 여정을 성공적으로 마치기 위해서는 인간적 행위라는 장치가 어떻게 작동하는가를 아는 것이 필요하다.

1) 본성적으로

인간 의지의 모든 움직임이 절대적으로 인간의 통제 아래 있다고 진심으로 믿는 사람은, 심호흡이나 정신 집중으로 부러진 다리를 고칠 수 있다고 생각하는 사람만큼이나 부조리하게 낙관적이다. 사물에 대한 그의 설명은 베스트셀러의 겉장에 있는 선전 문구와 같다. 그는 인간을 신과 동급으로 밀어 올리려 하지만, 자연에도 천국에도 지옥에도 있을 곳이 없는 대책 없는 인간임을 드러낼 뿐이다. 사실이 명백하기 때문이다. 인간은 자연적 우주의 일부이며, 천체의 화음 속에서 불협음이 아니다. 자연을 다스리는 법칙들이 인간도 다스리며 그를 자연 전체의 목적을 향하여 움직이게 한다. 그런데 다른 생명체들에서, 움직임의 원천은 본성이다. 인간 역시 같은 원천으로 돌아가야 한다. 이것은 단순한 병행의 문제가 아니라 구체적인 사실의 문제다. 모든 지식의 기반은 우리가 본성적으로 알고 있는 원리들이지 우리가 스스로 알아내는 것이 아니다. 마찬가지로 인간 안에서 모든 운동의 기반, 모든 갈망의 원천은 우리 모두에게 본성적인 운동이다. 우리는 그 운동에 복종할 수밖에 없다. 다른 모든 갈망들은 우리가 무엇인가를 갈망할 수 있게 되면서 곧 나타나게 되는 본성적 갈망으로부터 나온다. 본성적 갈망의 이 대상들을 향하여 의지가 움직이는 것은 자유로운 것이 아니다. 구체적으로, 의지는 선을 갈망하지 않을 수 없고 본성적으로 악을 위하여 작용할 수 없다. 의지는 본성적으로 최종 목적을 갈망하며, 본성적으로 상명, 진리 인식 등 본성상 인간에게 속하는 모든 것들을 갈망한다.

2) 필연적으로

**① 고유한 대상에 관련하여**

의지는 왕좌에 앉아 갈망의 대상이 되는 개별 사물들이 지성의 작용으로 행렬을 하며 자신 앞에 제시되는 것을 바라본다. 의지는 실상 자신이 바라보는 모든 것의 군주이다. 그 사물들 가운데 어느 것도 의지를 그 왕좌에서 끌어내지 못한다. 어떤 매력과 아름다움도 흠이 없을 만큼 대단하지는 못하다. 지성의 경우,

지성은 자동적으로 그리고 저항할 수 없이 자신 앞에 분명하게 제시되는 진리를 알 수밖에 없다. 눈은 본성적으로, 필연적으로 그 앞에 제시된 색채를 보아야 한다. 모든 형태의 진리는 지성의 대상이고 색채는 눈의 대상이기 때문이다. 그러나 보편적이고 최고로 완전한 선에 미치지 못하는 것이라면 그 어떤 선도 인간의 의지가 필연적으로 행위하도록 하지 못한다. 그 최고이고 최종적인 선만이 인간의 갈망이라는 기능의 적절한 대상이기 때문이다.

**② 감각적 욕구 때문에**

어떤 사람이 저항할 수 없이 매력적으로 보이는 성격을 가지고 있을 수도 있다. 그러나 언제나 그에게서 마음에 들지 않는 것을 발견할 수 있는 사람이 있다. 실제로 그는 저항할 수 없이 매력적은 아니기 때문이다. 하느님 외에는 아무것도 저항할 수 없는 것이 되지 못한다. 감각과 정념과 인간의 하위 본성 전체가 제시하는 매력들은 필연적으로 그들이 인간의 삶에 대한 이성의 명령의 영향력을 가로막을 수 있는 그 정도에 의해서만 의지에 영향을 미친다. 알콜 중독자가 술 앞에서 무력한 것은 그가 술 앞에서 인간적이지 않기 때문이다. 그러나 하위의 본성이 우리의 주인이 되는 것이 아니라 우리에게 종속되어 있을 때 우리의 행위는 인간적 행위로 남는다.

**③ 신적 영향 때문에**

팔레스타인에서 행하신 그리스도의 기적들은 보는 이들에게 이중의 결과를 가져왔다. 그 하나는 우리가 지진이나 걷잡을 수 없는 불에서, 또는 거대한 기관차에 가까이 서 있을 때에 느끼는 것과 같은 큰 두려움이고, 또 하나는 놀라움이나 당황보다 강한 경탄이다. 이들은 언제나 신적인 것과 접하는 데에서 나오는 결과들이다. 신성이 창조된 세계의 경계에 접할 때에는 언제나 우리의 정신에 역설을 제기한다. 우리의 경험이 아무리 풍부하다 해도 그 경험들은 대개 인간적이고 이해할 수 있는 사물들에 관련되기 때문이다. 신적인 것이 인간적인 의지에 접할 때 우리에게 또 다른 신적 역설을 제기한다는 것은 놀라운 일이 아니다. 그 역설은, 인간의 의지가 하느님에 의해 움직여지면서도 자유롭게 움직인다는 경탄스럽고 놀라우며 완전히 당황스런 사실이다.

3) 자유롭게

우리는 이 놀라운 일에 대하여 조금은 파악할 수 있지만 내연기관처럼 그것을 분해할 수는 없다. 우리는 바람이 작은 버드나무를 거의 절반으로 휘어지게 하는 것을 보았고, 엠파이어 스테이트 빌딩을 몇 인치 흔들리게 하며 먼지를 날려 수천 마일을 옮겨놓는 것을 보았다. 이 모든 것은 바람에는 아무 변화도 일으키지 않는다. 그 효과에서 차이가 나는 것은 움직여지는 사물들의 본성이 서로 다르기 때문이다. 이와 마찬가지로 하느님이 우주를 그 목적을 향하여 움직이게 하실 때에도 나무와 고양이와 인간을 각각의 본성에 따라 서로 다른 방식으로 움직이게 하시며 어느 경우에도 강제로 하지 않으신다. 언제나 그 본성의 내재적인 원리들을 존중하고 완성시키시는 것이다. 그리고 인간은 보편적인 지식을 가질 수 있기 때문에 개별적인 선들을 선택하는 데에서 자유롭다는 것이 인간의 본성이다.

조각한 대리석을 천으로 덮어 그 예술적 아름다움을 감추려 하지 않듯이, 이 진리를 완화시키려고 하지 말 것이다. 오히려 우리는 진리가 강한 빛을 받게 하여 그 아름다움이 구석구석 드러나도록 할 것이다. 인간 의지에 대한 하느님의 영향은 인간의 자유를 존중할 뿐 아니라 그 자유의 원인이 된다. 그 하느님의 움직임이 없이는 인간은 그를 우주의 나머지와 구별해 주는 자유와 제어를 누릴 수 없을 것이다. 우리는 이 시리즈의 제1권에서 이 문제를 매우 깊이 다루었다. 이렇게 요약할 수 있을 것이다. 인간적 행위의 자유로움은 행위 그 자체만큼 실제적이며 모든 실재와 마찬가지로 모든 실재의 제일원인에게 소급되어야 한다. 다른 말로 하면 우리 자신에게 있는 원인들과 달리 하느님이 원인이시라는 것은 사물들의 표면이나 외적인 것에만 국한되지 않고 본성 그 자체의 내재적 원리들에까지 이른다. 그것은 실제로 이루어진 행위에만 이르는 것이 아니라 그 행위가 세상에 생겨나게 된 방식에까지, 곧 그것이 필연성에 의한 것인지 자유에 의한 것인지에도 관련된다. 그 두 가지는 모두 하느님이 움직이지 않으셨다면 존재할 수 없다.

[결론]

## 1. 행복의 수단들은 그것의 소유가 행복을 주는 그 대상에 완전히 부합된다

### (1) 인간은 누구나 보편적으로 그것을 소유한다
### (2) 이성의 시작에서부터 실제로 그것을 사용할 수 있다

인간의 삶에서 "궁극적 실재를 아는 것!" 이것은 모든 사람의 마음을 끌어당기며 모든 인간을 철학자가 되게 하는 문제이다. 이것이 성취된다면 그것은 우리에게 우리가 반쯤 파악했던 아름다움을 훨씬 더 많이 설명해주고 우리에게 떠올랐던 생각들을 표현해 주며 인간사 안에서 우리가 희미하게 느꼈던 힘과 의미를 설명해 주는 그림을 제시해 줄 것이다. 이 장은 그림의 다른 절반을 제시한다. 궁극적 실재에 대해 무엇인가를 보여주며, 이 장은 우리가 앞 장에서 아직 발견하지 못했던 독창적인 걸작품의 단편들을 완전하게 맞춰 준다. 앞에서는 그 목표를 말했고, 여기서는 그 단계들을 제시했다. 앞 장에서는 목적을, 여기서는 수단들을 말했다. 앞 장에서는 목적지를, 이 장에서는 우리를 거기에 도달하게 하는 길을 말했다.

### (3) 엄밀히 개인적이다
### (4) 완전히 독립적이다

앞서 말했듯이 그 목표는 나이, 능력, 힘, 재산, 건강, 또는 다른 어떤 것을 이유로도 예외를 두지 않고 모든 인간에게, 오직 인간이기만 하다면 누구에게나 열려 있다. 그것은 모든 사람들이 공유할 수 있으며 어떤 경우에도 그 광채, 완전성, 갈망을 충족시키는 그 아름다움을 전혀 잃지 않는다. 그것은 인간의 마음에 들어 있는 갈망들 가운데 가장 마지막이고 가장 큰 갈망을 충족시킬 수 있다. 그러나 그것은 집단의 행복이 아니라 개인적인 일이고 엄밀히 개인적인 일이며, 갈망의 대상이 될 수 있는 것들의 영역을 최고 위치에서 지배한다.

### (5) 전적으로 단순하다

그러나 이 장에서 보았던 목적의 수단들은 그 그림의 단편으로서 단순하지만 압도적인 아름다움을 지니고 있다. 인간적 행위들은 모든 인간이 지니는 보편적이면서 배타적인 특징이다. 이들은 모든 사람들이 이성을 사용하기 시작할 때부터 쉽게 다룰 수 있으며, 단순하여 어린아이도 정확하고 효과적으로 조작할 수 있다. 그렇지 않다면, 그리스도께서 지상에서 진심으로 맞아들이셨던 이들이 어떻게 충족될 수 있었겠는가?

갈망에 의하여 일으켜진 이러한 행위들은 사냥꾼인 인간에게 목숨이 붙어있는 한 맹렬하고 지칠 줄 모르게 그 목표를 추구한다. 어떤 장애물도 이 추구를 가로막을 수 없고, 어떤 힘도 그 효력을 감소시킬 수 없고, 시간이 아무리 짧거나 길더라도 그것은 마지막 성공을 위해서는 부족할 수도 지나칠 수도 없다. 행복을 추구하는 사냥꾼들은 각각 자기 나름의 방식으로 그 행복을 추구한다. 각자는 과거에 살았던 사람들이나 미래에 살 사람들과 다른 개인일 뿐 아니라 그가 사용하는 수단들(그의 행위들)도 그 자신의 것이며 그의 성격을 보여 준다. 모든 개별 행위는 주체의 시간과 장소와 태도의 특징들을 담고 있고 우주의 역사 안에서 고유한 것으로 따로 떨어져 있다.

## 2. 이들은 본성과 자연법의 단일성 및 효력과 완전한 조화를 이룬다

그러나 행복의 수단들은 우주 전체가 그 기원이며 목적을 향해 가는 과정의 한 부분이고 그 단편이다. 다른 모든 생명체들과 마찬가지로, 인간의 완전성은 그의 본성이 완전하게 발전되는 것이며 그 본성의 내재적 원리들로부터 나오는 그의 최고의 행위이다. 다른 모든 피조물과 마찬가지로, 개별적인 목표를 향한 수단들은 인간 각자에게 처음부터 주어져 있다. 인간은 실수로 낯선 우주에 떨어진 돌연변이가 아니다. 인간은 우주 전체가 아니고 우주 전체의 최종 목표가 아니지만, 그 모든 것의 우연적이고 대수롭지 않으며 예견치 못한 한 단계도 아니다. 인간은 물질적인 것의 절정이며 영적인 것의 가장 낮은 단계이며, 다른 모든 것들과 마찬가지로 하느님을 향하여 움직인다. 그러나 그가 찾는 하느님을 알고 사랑하는, 인간 자신의 방식으로 하느님을 향한다.

## 3. 이들만이 인간의 존엄성과 이성에 부합한다

체스터튼(Chesterton)은 인간이 악한 행위를 할 수 없다는 의혹을 품는 것을 모욕이라고 여겼는데, 어떤 방식으로는 그 말이 옳다. 성공할 수 있을 뿐 아니라 실패할 수도 있다는 것은 인간만의 유일한 특권이기 때문이다. 보편적인 진리를 향해 내뻗을 수 있는 정신에게, 보편적인 선을 갈망할 수 있는 의지에게는, 삶의 길이 선택의 여지없이, 변화의 여지없이 정해져 있다는 것은 그와 마찬가지로 모욕이 될 것이다. 지성이 있는 어른에게 누군가가 영화의 자막을 계속 읽어준다면 그것을 견딜 수 없을 것과 마찬가지로, 인간 본성의 본능 안에 그의 삶의 모든 발걸음들이 규정되어 있다면 인간은 그러한 통제 안에 사는 것을 견딜 수 없을 것이다. 인간은 삶을 미리 내다볼 수 있고, 한 편에 서서 그 매력적인 광경들을 바라볼 수 있다. 자신의 삶까지도 그렇게 구경할 수 있을 것이다. 그가 스스로 생각할 능력이 없는 로봇처럼 움직여갈 것이라고 기대하지 말라. 그에게, 인간으로서 그가 삶을 살아가리라고 예상되는 그 방식 이외의 다른 식으로 살기를 기대하지 말아야 한다. 그가 그의 인간성에 걸맞은, 그의 지성에 걸맞은 수단이 아닌 다른 어떤 수단들로 그의 길을 살아가기를 기대하지 말아야 한다. 그 이상의 것 또는 그 이하의 것을 주장하는 것은 하느님을, 인간을, 본성을, 실증적인 사실들을 올바로 존중하지 않는 것이다. 그것은 가상 세계로 들어가는 것이다. 실제 세계는 인간의 인간다움을 피할 수 있는 다른 길을 제시하지 않기 때문이다.

## 제3장 행복의 도구 (제2부 제1편, 제11문제~제17문제)

1. 성공적인 삶들을 위한 도구들을 알아야 할 필요성
2. 이 도구들의 구성 요소들을 알아야 할 필요성
3. 인간적 행위를 고찰하는 두 가지 방식
   (1) 경험적으로(과학적으로)
      1) 생리학적으로
      2) 심리학적으로
      3) 수학적으로
   (2) 철학적으로
      1) 그 자체로서
      2) 그 윤리성에 관련하여
4. 인간 행위에 대한 제어의 이면
   (1) 일반 원칙 : 인간 행동의 여러 형태들의 이유
   (2) 세부적 내용
      1) 목표 내지 목적과 관련하여 : 이해, 의지, 지향, 향유
      2) 수단과 관련하여
         ① 지성 편에서 : 심사숙고, 판단, 명령
         ② 의지 편에서 : 동의, 선택, 실행
         ③ 두 가지 특성 : 이들은 인간에게만 고유하며, 모두 제어된다
5. 실천적 견해
   (1) 인간적 행위의 탄생과 성숙을 향한 성장
   (2) 일상생활 안에서의 결정과 실행
   (3) 인간 왕국의 통치

---

[결론]

1. 삶의 도구들을 만들고 사용하기 위해서는 섬세한 균형이 필요하다
   (1) 의지만 있을 때의 맹목성
   (2) 지성만 있을 때의 실천적인 빈약함
   (3) 끝없는 단계들로 인한 절망
2. 그 균형이 서투른 삶과 숙련된 삶을 구별짓는다
3. 삶의 기술은 특히 명령의 행위에 있다
   (1) 명령에 관여하는 것은 우리 삶의 기술에 관여한다
   (2) 인간은 명령으로써 섭리의 작업에 참여한다
   (3) 제어의 핵심인 명령이 없이는 법과 법치가 불가능하다

# 제3장 행복의 도구 (제2부 제1편, 제11문제~제17문제)

사변적 진리를 찾는 데에 있어서는, 구체적이고 개별적이고 실제적인 사실에서 멀리 갈수록 그가 찾는 진리에 더 가까이 가게 된다. 그와 반대로, 실천적 진리를 찾는 것은 구체적인 세부 사항들을 파악하는 데에서 완성된다. 이론 화학자는 책상 앞에 앉아서 뾰족한 연필만 가지고 성공적이고 효과적으로 그의 작업을 할 수 있다. 그러나 실험 화학자에게는 실험을 위한 도구들을 어떻게 조립하고 심지어는 어떻게 그러한 도구들을 만들어내는지를 아는 기술이 있어야 한다. 그렇지 않다면 아무런 결과도 얻어내지 못할 것이다.

본서에서 우리의 작업은 분명하게 실천적이다. 실상 그것은 모든 인간의 문제이다. 우리가 할 일은 인간의 행복이라는 문제 전체를 검토하는 것이다. 우리가 거치는 모든 단계는 인간사의 일상생활의 세계로 내려가는 단계들이며, 우리는 각 장에서 소란스럽고 혼란스런 인간 활동 속에 더 가까이 다가갈 것이다.

지금까지 우리는 일반적으로 인간과 그의 행위들에 대해서 고찰해 왔다. 여기서 우리는 행복이 무엇이며 인간이 어떻게 그 행복을, 다른 말로 하면 인간의 삶과 행동의 의미를 찾는지를 보았다. 앞 장에서는 인간적 행위가 인간적이라는 문제를 다루었고 그 행위들이 지닌 삶을 성공하게 하는 신비로운 힘과 행복을 이루는 그 능력을 검토했다. 그 비밀은 '제어' 또는 '자유 의지'라는 말로 요약할 수 있었다. 우리는, 인간이 스스로 제어하는 그러한 행위를 통하여 행복을 얻는다는 것을 보았다. 또한 그러한 행위들만이 인간적인 것으로 받아들여지며, 그러한 통제에 영향을 미칠 수 있는 모든 것은 탐구의 대상이 될 가치가 있음을 보았다.

## 1. 성공적인 삶들을 위한 도구들을 알아야 할 필요성

이 장에서 우리는 모든 인간 생활의 제어실로 한 걸음 더 내려가 무엇이 그러한 제어를 하며 정확히 어떤 행위들이 어떻게 제어되는지를 살필 것이다. 인간은 자신의 활동을 통하여 삶에서 성공을 하거나 실패를 하게 되므로, 또한 바로 이러한 인간적 행위들이 인간의 행복을 위한 도구가 되어야 한다. 도구들을 효과적으로 사용하기 위해서는 도구들을 잘 알아야 한다. 이것은 야구 선수나 크리켓 선수가 자신의 배트만을 사용하려 하는 것과 같은 단순한 미신이 아니다. 내가 다른 사람의 펜을 사용한다는 사실이 내가 글을 못쓰는 이유 전체를 설명해 주지는 않지만 그 일부는 설명해 주듯이, 익숙하지 않은 기계로 일을 하느라고 애쓰는 속기사가 자신의 타자기로 했더라면 더 잘 할 수 있었다고 말하는 것은 변명이 아닐 수도 있다.

도구가 효과적이 되기 위해서는, 해야 할 일에 적절한 것만으로 충분하지는 않다. 그 도구들은 써 보고 재어 보고 달아 보아야 한다. 좋은 외과 의사가 되기 위한 첫째 조건들 가운데 하나가 좋은 기술자가 되는 것이라고 하는데, 이 말에는 진리가 들어 있다. 외과 의사는 도구들을 사용하는 다른 모든 사람들과 마찬가지로 그 도구들을 자기 자신의 일부가 되게 할 때, 자신의 손과 머리의 연장이 되게 할 때에 훌륭하게 되는 것이기 때문이다.

## 2. 이 도구들의 구성 요소들을 알아야 할 필요성

우리는 삶이라는 일에서 사용할 도구들에 친숙해야 한다. 그러나 기술자와 같은 지식으로는 충분치 않다. 우리는 그 도구들을 살 수 없고 그것들을 생각해내고 만들어내야 하므로, 그것이 어떻게 구성되는지를 알아야 한다. 소송 사건 적요서를 준비하는 변호사는 가능한 모든 각도에서 그 사건을 바라보아야 하고, 그 다음에 무엇을 그 적요서에 포함시키고 무엇을 포함시키지 않을 것인지를 주의깊게 살펴야 한다. 비듬을 없애 주지만 환자를 마비시키는 처방을 쓰는 의사는 처방을 크게 잘못한 것이다. 이와 마찬가지로, 삶이라는 일을 한 각도에서만 바라보고 그 도구들의 한 면만을 고려하거나 생산품의 성분들 가운데 하나에만 집중하는 사람은 삶이라는 일을 제대로 하지 못할 것이다.

## 3. 인간적 행위를 고찰하는 두 가지 방식

우리는 인간적 행위를 두 가지 시각에서 바라봄으로써 인간의 행동에 대한 가능한 모든 견해들을 포괄할 수 있다. 그 하나는 과학의 관점에서 "어떻게?"라는 질문에 대한 답을 찾는 것이고, 다른 하나는 철학의 관점에서 "왜?"라는 질문에 대한 답을 찾는 것이다.

### (1) 경험적으로(과학적으로)

#### 1) 생리학적으로

실상 과학은 인간적 행위들을 고찰할 수 있고, 이것은 상당히 적절하다. 인간은 살아있는 유기체이며, 동물이고, 그의 모든 행위들은 신체적 본성이라는 저수지에 작은 물결을 일으킨다. 생리학은 인간이 여러 행동들을 할 때에 그의 피,

신경, 근육, 뇌를 검사한 결과들을 적절하게 검토하고 연결시킬 수 있다. 실험생리학은 인간의 활동과 동물의 활동에서 공통된 요소들을 적절하게 비교할 수 있다. 그것은 신경과민의 신체적 기초를, 미움과 공포와 분노와 절망 등의 근원을 연구할 수 있다. 과학자들은 그들의 영역 안에서 측정하고 무게를 재며, 평균을 내고 통계와 비율 등을 계산한다. 이 모든 것은 인간을 아는 데에 헤아릴 수 없는 도움이 된다.

2) 심리학적으로

그러나 이 모든 것이 또는 그 일부가 인간적 행위를 남김없이 설명해 준다고 여기거나 그것이 가장 중요한 요소라고 여긴다면, 거기에서부터 비극이 시작된다. 인간적 행위에 관련해서는, 과학은 언제나 외부에 있으면서 안을 들여다보는 것이다. 과학으로부터 전체적인 설명을 기대하는 것은, 경기장 밖에서 응원소리를 들으며 생각에 잠겨 있는 소년에게서 축구 시합에 대한 설명을 기대하는 것과 마찬가지로 부당하다. 안으로 들어갈수록 설명은 더 정확해진다. 그러므로 인간의 행위에 대해 온전히 알기 위해서는 그 팀을 이끌고 있는 인간의 두뇌 속으로 들어가야 한다.

3) 수학적으로

이것은 과학자들의 실수가 아니라 근대 철학자들의 실수이다. 과학들이 각각 철학으로 세워졌는데, 이는 과학자들의 반대를 무릅쓰고 이루어진 일이었다. 예를 들어, 근래에 어떤 생리학 교수는 과학이 “왜?”라는 질문에 대한 답을 찾으며 궁극적 원인들을 추구하는 것이 아니라 “어떻게?”라는 질문에 대한 답을 찾으며 직접적인 원인들을 찾는다는 것을 분명하게 주장했다. 다른 말로 하면, 과학은 인간적 행위들을 검토함에 있어서 그것이 인간적이라는 점을 제외한 다른 모든 점들을 고찰한다. 그 마지막 질문은 철학자의 몫이다. 영적인 것을 현미경으로 관찰하거나 메스로 해부할 수 없는 한 이것은 철학자의 몫으로 남을 것이다.

### (2) 철학적으로

경험적이고 과학적인 관점의 연구는 안심하고 다른 이들에게 맡겨두고 필요에 따라 그들에게 문의하거나 아니면 묻지 않거나 할 수 있다. 성공적인 삶을 위한 열쇠는 바로 우리가 하는 행위들의 인간다움에, 그것들이 우리의 제어에 종속된다는 데에 있기 때문이다. 이러한 관점은 다른 누구에게 맡길 수 없고 우리 자신이 탐구해야 한다. 그 요소는 모든 순간마다 우리의 모든 행위에 깃들어 있어야 하고, 우리는 삶의 모든 순간에 이 일을 해야 한다. 원하든 원하지 않든 우리는 철학자가 되어야 한다.

#### 1) 그 자체로서

이 말에 놀랄 필요는 없다. 철학자가 된다는 것이 꼭 긴 머리카락, 추상적인 성향, 명랑한 대화를 가로막는 희미하고 먼 곳을 쳐다보는 눈길을 뜻하지는 않기 때문이다. 많은 농부들이 농업 학교는 보지도 못했으면서도 성공적으로 곡식을 길렀다. 하지만 그들은 학교에 간 것이다. 경험의 학교라는 어려운 학교를 다닌 것이다. 그리고 철학자인 모든 인간 역시 삶의 이른 시기에 같은 학교를 다녔다. 아래의 예들에서, 이 장에서 말할 것들이 난해하거나 완전히 낯선 가르침이 아님이 분명하게 드러날 것이다. 모든 스콜라 철학이 그렇듯이 이것은 상식이 조직된 것이다.

#### 2) 그 윤리성에 관련하여

윤리성이라는 지극히 중요한 철학적 관점은 우리에게 인간적 행위를 온전히 설명해 주는데, 여기에서 우리는 우리의 일상 생활 안에서 일어나는 제어하고 제어되는 행위들을 다른 모든 사항들로부터 분리시켜 오직 그것들 자체로서만 하나하나 마치 그들이 인간의 움직임의 위대한 중심으로부터 나오는 듯이 고찰할 수 있다. 이것이 이 장에서 할 일이다. 다음 장에서 우리는 이 행위들을 선과 악에 관련하여, 그 윤리성 또는 비윤리성에 관련하여 고찰함으로써 근대 세계를 뒤집어 놓은 문제를 깊이까지 들어가 볼 것이다.

## 4. 인간 행위에 대한 제어의 이면

인간 활동의 제어실을 들여다볼 때, 우리는 두 개의 큰 발전기를 볼 수 있다. 그것은 인간의 지성과 의지이다. 지성이 하는 일은 아는 것이고, 의지가 하는 일은 갈망하고 움직이고 향유하는 것이다. 의지 자체는 맹목적이다. 다른 모든 피조물들의 욕구와 마찬가지로 의지는 인식에 인도되고 인식을 따라가며 인식에 의하여 제한된다. 지성 그 자체는 스스로 또는 다른 어떤 것을 움직일 힘을 갖고 있지 않다. 그러나 이 둘이 결합됨으로써 우리는 인간의 고유한 행위를 할 수 있게 된다. 인식이 수반된 움직임, 제어되거나 숙고된 움직임을 통하여 행복을 얻게 된다. 움직임만으로 또는 인식만으로 삶에서 성공을 거두는 것이 아니라, 제어된 움직임을 통하여 이를 이루는 것이다.

바로 여기에서, 제어실을 들여다보기 시작하는 바로 이 시점에서 우리는 극복할 수 없는 장애물을 만난 것으로 보인다. 어떤 갈망의 대상이 있기 전에는 움직임을 기대할 수 없다. 그런데 인간에게서 모든 움직임의 원천이 되는 의지에 의해서가 아니고서는 인식을 향해서나 다른 무엇을 향해서나 움직임이 있을 수 없다는 것이다.

### (1) 일반 원칙 : 인간 행동의 여러 형태들의 이유

그 대답은 상당히 간단하다. 하지만 그 의미를 온전히 파악하기 위해서는, 영혼이 그렇듯이 이성이 인간적 행위들의 형상이라는 것을 기억해야 한다. 인간의 영혼이 그의 육체에게 생명을 갖게 하듯이, 이성은 그의 행위들이 인간적인 것이 되게 한다. 인간이 개별적인 것들 사이에서 선택할 수 있는 것은 그가 보편적인 것을 알 수 있기 때문이다. 인간은 도구들과 그가 하는 일 사이의 관계를 알기 때문에, 그가 왜 이러한 개별적 행위를 하는지를 알기 때문에 자신의 활동을 제어할 수 있다. 인간만이 그렇게 할 수 있다. 처음부터 이성이 그 길을 인도해야 한다. 이성이 인간의 행동이라는 동전에 도장을 찍기까지 그것은 그 나라의 동전이 아니다.

지성과 의지 사이의 작용은 끝없는 순환같이 보이지만, 그 순환은 그러한 작용의 시작을 찾아 본성에까지 이름으로써 그리고 다시 그 본성의 원천까지 거슬러 올라감으로써 끊어진다. 이성이 그 길을 이끌어야 하지만, 이성의 첫 움직임은 의지의 활동에 의해서가 아니라 본성으로부터 일어나는 충동으로 감도되는 것이다.

인간이 우주라는 학교의 모든 학생들 가운데 혼자 떨어져서 한 구석에 외톨이로 서 있게 된 것도 아니다. 그는 '무리'와 함께 있고 '동료들 가운데 하나'라는 확신을 갖고 있다. 시작을 가지고 있는 피조물은 누구도 자신의 성공담을 이야기하면서 소위 '자수성가한 사람'이라는 것을 자랑할 수 없기 때문이다. 인간은 자신에게 시작이 주어졌다는 것을 인정해야 하고, 가장 먼저 작용한 본성적 원리들의 강한 힘에까지 거슬러 올라가야 한다. 더 나아간다면, 시작을 지닌 모든 것은 바로 그것이 시작되었다는 사실로 인하여 시작이 없는 것에로, 본성의 하느님께로 거슬러 올라가야 한다. 이는 존재, 삶, 감각, 지식, 온갖 활동 등 모든 것에 해당되는 진리이고 따라서 물론 인간의 활동에도 적용되는 진리이다.

우리가 인간 활동의 시작에 대해 말할 때 우리는 그 목적 내지 목표에 대해 말하고 있는 것임을 것을 기억해야 한다. 인간의 행위가 시작되는 것은 그 목적 내지 목표로 인해서이기 때문이다. 아무 이유 없이 아침에 의치를 고치지는 않는다. 몇 가지 충분한 이유가 있기 때문에 그렇게 하는 것이다. 실상 그는 그가 행하는 모든 것에 대해 충분한 이유들을 가지고 있거나, 아니면 이유가 있다고 스스로를 설득해야 한다. 그렇지 않다면 그는 그 자신의 행위들이 인간적인 것인지 의심하지 않을 수 없게 될 것이다. 그리고 이것은 매우 난감한 의심이다. 다른 말로 하면 어떤 대상에 대한 갈망이 있기 때문에, 어떤 목표를 두고 있기 때문에 인간적 행위가 된다. 그리고 그 활동 전체는 그 갈망의 대상 내지 목적을 위하여 이루어진다.

## (2) 세부적 내용

### 1) 목표 내지 목적과 관련하여 : 이해, 의지, 지향, 향유

인간적 행위의 시작은 인간적 행위의 목적과 관련된다. 제어된 행위만이 인간적인데, 제어된 행위의 기원을 살피다 보면 우리는 순환하게 된다. 처음에는 지성과 의지의 행위들을 보게 되는데 이들은 목표 내지 목표와 관련되어 있다. 그리고 물론 지성의 첫 번째 행위는 인식과 관련된다. 그 첫 단계는 목적을 알거나 이해하는 것이다. 의지는 지성에 의해 제시된 이 목적을 고정시키며, 지향으로 그것을 더 북돋운다. 이렇게 목적을 원하게 되면 의지는 단순히 바라는 것만이 아니라 그것을 원하여 그것을 얻기 위해 필요한 일들을 시작한다. 마침내 갈망의 대상을 얻고 나면 의지는 그 목표의 소유를 향유한다.

병원을 견학하는 학생은 외과 의사들이 일하는 것을 보고 그들이 훌륭하다고 생각하며 외과 의사가 될 수 있기를 바란다. 그가 거기서 멈춘다면 그것으로 끝이다. 그러나 그가 더 나아가서 의사가 되기를 원하고 이것이 세상에서 가장 위대한 직업이라고 생각하며 그 전문가가 되겠다고 생각한다면, 그가 외과 의사의 기쁨을 함께 나누게 될 가능성이 생긴다.

이것은 우리의 수많은 '좋은 결심들'이 그렇게도 쉽게 허물어지고 마는지를 설명해 준다. 그들은 좋은 결심들이 전혀 아니고 다만 희망이고 공중누각이다. 그래서 그 결심들은 우리가 정말로 원하는 무엇과 충돌하게 될 때에 소리도 없이, 먼지를 일으키거나 혼란을 가져오지도 않고 허물어져 버린다. 너무나 나약하기 때문이다. 전에 나는 키가 190 cm 쯤 되고 몸무게가 110 kg 가까이 나가는 신부를 알았는데, 그는 언제나 경마의 기수가 되고자 하는 비밀스런 갈망을 품고 있었다. 우리 모두는 그렇게 은밀한 희망들을 갖고 있다. 은행원은 철도 기술자가 되기를 꿈꾸고 정치가는 소방수의 영웅적인 날들을 꿈꾼다. 대학 교수는 위대한 탐정이 되기를 원한다. 이것은 아무 해가 되지 않는 놀이이다. 그것은 꿈 내지 그저 품어보는 희망이지 실제적인 갈망이 아니라는 것을 우리가 알기 때문이다. 우리는 그것을 어리석은 놀이라고 여기고 우리 자신을 웃음거리로 삼는다. 그렇지 않다면 우리는 삶에 대하여 소심해지고 실제의 삶을 꿈의 세계와 혼동하게 될 것이다. 그것은 화를 자초하는 일이다. 그러나 실현되지 않은 우리의 결심들이 이들과 같은 종류의 꿈에 속한다는 것을 깨닫는 것은 충격적인 일로 다가온다.

인간적 행위들의 시작에는 언제나 위험이 없다. 지성에 의하여 본성적, 필연적으로 인식된 목표는 선이다. 의지가 필연적으로 원하는 것은 선이고 갈망의 대상이 될 만한 것이다. 그리고 그것은 의지가 원하는 것이고, 얻고자 움직이는 것이고, 그것만이 의지를 충족시켜 줄 것이다. 여기에는 자유 또는 제어의 문제는 없으며 엄격하고 본성적인 필연성만이 있다. 어떤 상황에서도 결코 인간은 선 또는 그에게 선이라고 보이는 것 이외의 다른 것을 원하거나 찾거나 추구하지 않을 것이다. 그들은 그렇게 하지 않을 수 없다. 그렇게 만들어져 있는 것이다.

인간 활동의 이와 같은 확고한 기초에서, 그 요소들은 제어를 필요로 하지 않는다. 그들은 인간이 삶을 살아가는 기술을 손상시키지 않으며 오히려 그것을 가능하게 한다. 자동차의 앞바퀴가 좌우로 돌 수 없다면 우리는 차의 방향을 제어할 수 없을 것이다. 자동차의 나머지 부분이 고장 났을 경우도 마찬가지일 것이다. 좌석은 운전자 아래에 움직임 없이 머물러 있어야 한다. 폴로 경기자는 자신의 조랑말을 제어할 수 있지만, 이것은 조랑말에 관련하여 그의 제어를 넘어서고 그에게서 독립적인 몇 가지 기본적인 사항들, 예를 들어 말의 다리들의 위치가 분명하다는 사실 등에 기인한다. 폴로 경기용 조랑말의 다리가 조립식 식탁같이 쉽게 허물어진다면 그 다리는 폴로 게임에서 도움이 되지 않을 것이다. 종속적인 것이 독립적인 것에 달려 있는 것과 마찬가지로, 변하는 것은 궁극적으로는 변하지 않는 것에 달려 있다.

2) 수단과 관련하여

목표를 향한 단계들을, 목적을 위하여 사용되는 수단들을 고찰하는 데에까지 내려갈 때에만 제어된 행동의 문제에 이르게 된다. 그리고 물론 인간의 책임, 성공, 실패의 문제도 여기에서 시작된다.

**① 지성 편에서 : 심사숙고, 판단, 명령**

인간 활동의 장치는 가솔린 엔진과 같은 것이 아니다. 우리는 본성 안에 그르침이 없는 자동 시동 장치를 지니고 있다. 일단 시작하고 나면 지성과 의지의 상호 작용이 이루어지는데 이것은 가스 엔진의 여러 기통들에서 계속해서 상호 작용이 일어나는 것과 같다. 하나의 기통 안에서 일어난 폭발은 다음 기통에서 폭발이 성공적으로 이루어지도록 길을 준비해 주고 필요한 압력을 더해 준다. 그래서 지성의 각 행위는 의지의 한 행위를 위하여 길을 준비해 주고, 그 의지의 행위는 다시 지성의 한 행위를 필요하게 만들며 거기에는 다시 의지의 한 행위가 뒤따른다. 우리 인간의 엔진이 매끄럽게 작동하고 있을 때에는 지성의 행위와 의지의 행위를 분리하기 어렵다. 이들이 빠르고 즉각적으로 번갈아 작동하기 때문이다. 그러나 하나의 기통이 점화되지 않으면 우리는 말을 더듬거나 기침을 하거나 엔진 전체가 마비되게 된다.

이렇게 지성과 의지가 짝을 지어 움직이는 것은 마치 대도시 우범 지역의 경찰들과 같다. 실상 이것은 안전하게 가기 위한 유일한 방법이다. 우리가 무엇인가를 이루려고 할 때, 맹목적으로 한다면 큰 실패를 겪지 않을 수 없고 단순히 생각하는 것만으로도 성공할 수 없다. 인간의 활동은 제어된 행위이기 때문에 지성과 힘 모두를 필요로 한다. 어느 정도의 힘이 있다면 같은 분량의 지휘가 있어서 그 힘을 이끌어야 한다. 인간의 활동에서 교통경찰 역할을 하는 이 지휘가 지성이고, 그 힘의 원천이 의지이다.

**② 의지 편에서 : 동의, 선택, 실행**

어린아이가 방금 집에서 받은 동전을 사용하는 정신적 과정을 따라가 보면, 목적을 위하여 수단을 제어하며 사용하는 과정을 정확하게 알아볼 수 있다. 이 어린아이는 그 돈이 소비되기 위하여 존재한다는 것을 안다. 그 목적은 분명하고 바랄만한 것이며 실제로 그는 그것을 바라고 의도한다. 문제는 그 돈의 사용을 완성하기 위하여 가장 좋은 수단이 무엇인가 하는 것이다. 그래서 그는 검토를 하고, 장난감과 초콜렛이 모두 적절하고 바랄만한 수단들이라는 것을 깨닫는다. 그는 그 둘이 모두 선하고 바랄만하다는 것에 동의한다. 그러나 어느 것을 선택할 것인가? 이를 위해서는 둘 사이에서 판단이 필요하고, 그 판단이 초콜렛으로 내려진다고 예를 들 수 있다. 그렇게 결정을 하고 나면 그는 초콜렛을 사기로 선택한 것이고 이제 그것을 살 준비가 된 것이다. 선택에서부터 실제적인 구입, 곧 그 선택의 실행은 지성의 명령 아래 이루어지고, 그 목적은 그것을 소유하는 것, 초콜렛을 손 안에 지니는 것이다.

**③ 두 가지 특성 : 이들은 인간에게만 고유하며, 모두 제어된다**

이 행위들 각각은 그 다음의 행위로 흘러들며 그 앞의 행위에 의존한다. 동의가 합당한 것은 그 앞에 있었던 심사숙고 때문이다. 선택이 맹목적이 아닌 것은 그 앞에 있었던 판단 때문이다. 그리고 명령이 효력을 갖는 것은 그 앞에 있었던 선택의 힘 때문이다. 축구 선수는 달리면서 복잡하게 몸을 이리저리 움직이지만, 그래도 언제나 두 발을 번갈아 땅에 디딘다. 이것은 결코 일정한 순서를 벗어나지 않는다. 인간적 행위 역시 이런저런 복잡한 조건들을 지니고 있지만, 언제나 그것은 지성의 행위에 의지의 행위가 뒤따르고 거기에 다시 지성의 행위가, 그리고 다시 의지의 행위가 계속 이어지는 것이며 그 일정한 순서는 결코 벗어나지 않는다.

이 행위들 모두는 우리의 제어를 받는다. 우리는 심사숙고를 하지 않을 수도 있고, 생각나는 대로 아무 것이나 행할 수도 있다. 우리는 그 심사숙고가 우리에게 제시한 것에 동의하지 않을 수도 있다. 우리는 우리가 동의하는 여러 선들 가운데 선택하지 않을 수도 있고, 우리에게 제시된 가치있는 것이 오직 하나뿐일 때라 하더라도 선택하기를 거부할 수 없는 것도 아니다. 우리는 하나를 취하거나 모든 것을 취할 수도 있고, 취하지 않을 수도 있다. 바로 그 제어가 이 행위들을 인간적인 것이 되게 한다. 우리는 운전석에 앉아 운전하고 있으나, 우주의 다른 모든 것들은 변경할 수 없는 필연성에 의해 움직여진다.

이 행위들 각각은 서로 종류가 다르다. 심사숙고는 여러 선한 것들을 열거하고, 판단은 하나를 지적한다. 동의는 의견이 제시한 선한 모든 것들에 대해 만족하고, 그 가운데 특정한 하나를 선택하지 않는다. 명령은 주말 파티의 골칫거리처럼 힘이 가득하고 끊임없이 "무언가를 하자!"고 활기차게 외치며 한가로운 순간들에 끼어든다.

인간의 모든 활동의 목적은 결국 무엇인가를 이루는 것, 행복에 도달하고 그것을 붙잡는 것이다. 명령의 행위가, 과거에 전쟁이 신사의 스포츠와 같았던 시대에 사령관들이 하던 역할과 매우 유사하다는 것은 놀라운 일이 아니다. 명령은 이리저리 선을 그으며 모든 움직임을 지시한다. 한 사람 안에서든 밖으로든 어떤 행위가 인간적으로 이루어질 때마다, 그것은 그 행위가 명령되었기 때문에 이루어진다. 그렇지 않다면 그것은 인간의 지배를 받지 않는 것이며 더 이상 인간적인 것이 아니고 제어된 것도 아니다.

명령은 인간 활동의 선을 넘나들며 모든 순간에 지시를 한다. 어떤 목적을 위한 수단들과 관계된 것은 아무것도 그 지배를 벗어나 있지 않다. 심사숙고, 판단, 선택, 이들 사이에 또는 그 뒤의 어딘가에 명령이 있다. 손과 발의 움직임만이 아니라 지성과 의지의 움직임도 그 명령을 받으며, 지성에 의하여 주어진 지시에 종속된다.

명령은 이렇게 중요한 위치를 차지하고 있기 때문에 우리는 명령의 행위를 더 자세히 살펴보아야 한다. 그것은 지성의 행위로서, 의지가 행하는 선택과 의지가 실행 또는 사용을 위하여 움직이는 것 사이에 들어 있으면서 지성의 행위와 의지의 행위 사이의 연속을 변함없이 그대로 유지시킨다. 그러나 명령은 효력을 갖고 있기 때문에, 단순히 지성의 행위이기만 한 것은 아님을 알 수 있다. 그것은 힘 내지 실제적인 운동의 기미를 보이는데 그것은 의지가 하는 일이다. 그러므로 명령에는 지성의 요소와 의지의 요소가 함께 있다. 실상, 인간 활동의 제어실의 그렇게 중요한 책임자가 모든 인간 활동의 두 가지 핵심적 요소인 제어와 운동을 결합시키고 있다는 것은 마땅하고 옳은 일이다.

아마도 이 두 요소의 위치 관계는, 그 명령이 실제적인 지시를 하는 움직임이라는 진술만으로 설명되는 것은 아니다. 그것은 단순한 운동이 아니라 지시되고 인도되며 의도된 운동이다. 그 운동은 의지로부터 온다. 그 지시와 또한 실행하는 잠재력을 지닌 눈, 손, 발 등으로 그 지시를 전달하는 것은 지성의 작용이다.

먼저 명령을 위한 공간이 있고, 우리는 최종적인 선택에 도달해야 한다. 그 선택을 넘어 실행의 영역으로 들어가는 것은, 이 실행을 향한 운동이 의지의 다른 모든 운동들과 마찬가지로 지시를 필요로 하고 지성적인 의도를 필요로 한다는 것을 의미한다. 의지에서부터 나오는 운동은 지성의 지시 아래 지성적인 통로를 따라 흐른다. 간단히 말하면 명령은 의지의 운동을 전제하는 지성의 행위이다.

쾰른 대성당을 방문하는 관광객이 그 문의 세부에 사로잡혀 그 안을 들여다보지 못하고 외부의 큰 선도 보지 못할 수도 있다. 그러나 그 성당에서부터 뻗은 길들을 따라 돌아가다 보면 그 전체를 바라보게 되고, 그렇게도 소중하게 보이던 세부들이 전체의 구도 안에서 자기 자리를 찾게 되며 외부의 장관에서 그것이 어떤 의미를 지니는 것이었는지도 나타나게 된다. 인간적 행위에 대한 연구에서도 마찬가지다. 우리는 그 세부들에 파묻혀서 전체의 아름다움과 그 의미를 놓치게 될 수도 있다.

## 5. 실천적 견해

### (1) 인간적 행위의 탄생과 성숙을 향한 성장

더 넓은 전망에서 보면 우리는 인간 활동의 큰 선들을 그대로 볼 수 있게 되는데, 그렇게 되면 그 제어의 근원을 모든 개인의 인간적 기원에 관한 단순한 말들로 정확하게 표현할 수 있음에 놀라게 된다. 인간 활동의 잉태와 탄생은 본성에 의해 마무리되며, 그 목적과 관련된 행위들인 이해, 원의, 지향 또는 의욕을 통하여 필연적으로, 틀림없이 좋은 결말에 이르게 된다. 아기는 이미 태어났고, 성숙을 향한 성장의 과정은 이미 시작되었다.

## (2) 일상 생활 안에서의 결정과 실행

물론 그 성장의 시작은 가정 생활의 날개 아래 보호된다. 이 시기는 심사숙고, 동의, 판단, 선택으로 감싸여 있다. 순진하고 근심걱정 없는, 수고를 들이지 않는 어린 시절은 심사숙고와 동의에 해당한다. 거친 청소년기와 그 강한 결단과 뚜렷한 판단, 그 시련과 투쟁과 큰 포부는 판단과 선택의 단계를 나타낼 것이다. 가정의 보호로부터 최종적으로 떠나 차가운 세상으로 나가고 집을 찾아 마지막 승리를 거두는 것은 명령에 의해서 이루어지는 실행과 향유의 단계이다.

또 다른 시각에서 인간 활동의 전체적인 구조를 보면, 그것을 우리가 마음을 먹고 우리의 의도를 실행하는 이중의 과정으로 볼 수 있다. 목표 내지 목적에 있어서는 어려움이 없다. 우리의 정신은 본성에 의하여 구성되어 있고, 목적을 또는 원의나 지향을 파악하는 것에 대해서는 염려할 것이 없다. 그러나 그 목적을 얻기 위한 수단에 대하여 결정하는 것은 또 다른 문제이다. 우리는 심사숙고를 통하여 수단을 물색해야 한다. 어떤 것을 하는 방법이 하나뿐이라면 물론 우리는 심사숙고를 할 필요가 없고, 중요하지 않은 사소한 일에 대해서도 마찬가지다. 망치로 못을 치는 데에는 복잡한 정신적 과정이 개입되지 않는다.

심사숙고는 필요하고 유익하다. 그리고 심사숙고는 자신이 모아 놓은 수단들이 갈망의 대상이 될 만하다는 것에 대하여 즉시 우리의 동의를 끌어들인다. 그러나 심사숙고나 동의가 곧 다음 단계로 이끌어지지 않는다면 이들은 고통스런 과정이 된다. 예를 들어, 많은 옷을 가진 여인이 자신의 모든 옷들이 아름답고 바람직하다는 동의를 넘어 결정을 내리지 못하고 남편도 더 기다리지 못한다면 그 여인은 정신적으로 고통을 겪을 것이다.

그녀가 그래도 파티에 가려 한다면, 그녀는 마음을 정해야 한다. 그녀는 어떤 옷이 이 경우에 가장 좋은지를 판단해야 하고 그것을 입기로 결정해야 한다. 이 결정 자체가 그녀에게 옷을 입혀주는 것은 아니고, 그녀가 제시간에 파티에 가도록 하는 것은 더욱 아니다. 이 결정은 수행되어야 하고, 명령되고 실행되어야 한다. 그렇지 않다면 그 의도는 이루어지지 않을 것이다. 마음만 먹었다고 해서 파티에 갈 수 있는 것은 아니다.

나는 이 모든 것이 단순한 이론이 아니라 누구나 친숙하게 알고 있는 사실들에 대한 진술임이 명백하다고 생각한다. 매일의 삶에서 우리는 이 각 단계들을 무수히 반복한다. 때로는 갑자기 그것이 얼어붙거나, 당황하여 마치 용암에 덮인 듯이 어떤 한 위치에서 그대로 굳어지는 일이 생기기도 한다. 지나치게 조심스러워서 끝없이 생각만 하고 가능한 수단들을 모으기를 끝내는 데에 결코 이르지 못하는 사람도 있다. 경험 없는 소설가는 소설을 쓸 준비가 되는 데에 이르기가 어렵고, 은밀하게 결혼한 부부는 아직도 집에 그 소식을 전할 좋은 방법을 찾고 있다. 어떤 사람은 인정하고 동의할 만한 선을 찾아내지 못한다. 쇼핑을 하면서 '구경만' 하여 점원을 지치게 만드는 여인의 경우가 그러하다. 진열장에 있는 온갖 종류의 사탕에 매혹되어, 자기가 가진 동전으로 살 수 있는 한 가지 사탕만을 선택하고 나머지 모두를 포기해야 하는 괴로운 결정을 내리지 못하는 아이도 그렇다. 소년들과 카드놀이를 하면서 즐겁게 지낼 것인가 아니면 집에서 저녁 시간을 보낼 것인가 선택해야 하는 문제에 당면한 사람도 그렇다. 언제나 이것 저것을 살피며 결정을 내리지 못하고 한없이 질질 끄는 사람도 있다. 이가 아파서 그 이를 뽑아야 한다는 것을 알면서도 그렇게 하기를 결정하지 못하기도 하고, 시댁을 방문해야 한다는 것을 알면서도 언제 방문해야 할지를 결정하지 못하는 경우도 있다.

실제로 어떤 일을 행하는 순간에 도달하면, 선택과 명령 사이의 차이가 우리 자신의 일상에서 분명하게 드러난다. 결정이나 선택이 어렵다고 해도 그것은 그 일을 실제로 하는 데에서의 난관들과 여러 가지 세부적인 문제들에 맞닥뜨리는 것에는 비교할 수 없다. 얼마나 자주 우리는 어느 날 책상을 정리하기로 선택해 놓고서는 그 선택을 포기했던가? 사람들 앞에서 한 아이가 얼마나 뛰어난지를 보여주기로 선택하는 것보다, 그 조숙한 아이에게 사람들 앞에서 피콜로를 불도록 만드는 것이 훨씬 더 어려운 일이다.

### (3) 인간 왕국의 통치

이 과정 전체는 인간이라는 왕국 또는 우주라는 그의 제국의 통치 과정과 어느 정도 유사하다. 그것은 인간의 삶과 그의 활동과 또한 우주와 그의 관계를 행복을 얻는다는 하나의 목적을 위하여 슬기롭게 제어하고 이끄는 것이다.

이 통치의 목적은 본성에 의하여 주어지며, 그 기초는 그 목적을 향한 우리의 본성적으로 필연적인 행위들인 이해, 원의, 지향에 의하여 마련된다. 통치에서의 숙고와 결정, 그 수단들을 고찰하고 그 통치에 의하여 승인될 하나의 수단을 선택하는 것은 심사숙고, 동의, 판단, 선택에 의하여 이루어지는 작용이다. 입법부는 명령의 행위에 온전히 집중한다. 그리고 집행부는 법률에 의해 정해진 명령을 충실히 따르면서 그 명령을 인간의 지성과 의지에 종속된 모든 것에 미치게 한다.

이러한 작용들은 다음과 같이 도식으로 나타낼 수 있다.

| 지성의 행위 | 의지의 행위 |
| --- | --- |
| 목적과 관련하여 | |
| 1. 단순한 이해 | 2. 단순한 원의 |
| 3. 목적을 제시하는 판단 | 4. 지향 |

목적의 향유, 즐김

수단과 관련하여

A. 지향

| | |
|---|---|
| 5. 심사숙고 | 6. 동의 |
| 7. 판단 | 8. 선택 |

B. 실행

| | |
|---|---|
| 9. 명령 또는 지시 | 10. 능동적인 사용 |

실행 기능들의 수동적 사용

지성과 의지 자체는 조금도 반란의 여지가 없이 절대적으로 종속되어 있다. 한편 식민지들은 부분적으로는 종속되어 있지만 완전히 종속되어 있는 것은 아니어서 그들 자신의 제한된 힘을 지니고 있다. 인간의 감각적 본성이 여기에 해당한다. 마지막으로는 연방의 자율적인 구성원들이 있는데, 이들은 예의상으로만 종속되어 있다고 말할 수 있다. 인간 본성의 식물적인 측면이 그러하다. 이것이 인간의 왕국이고, 그가 자신의 목적을 위하여 사용할 수 있고 실제로 사용하는 세계이다. 그가 이것을 사용하는 것은 그 왕국에 대한 그의 권력, 곧 명령할 수 있는 능력의 표현이다.

### [결론]

## 1. 삶의 도구들을 만들고 사용하기 위해서는 섬세한 균형이 필요하다

스콜라 신학자들은 인간이 우주의 다른 부분보다 우위에 있다는 것이 인간 안에 우주의 모든 요소들이 완전한 균형을 이루고 있다는 데에서 명백하게 드러난다고 말하곤 했다. 인간은 자기 자신 안에 작은 우주를 지니고 있다. 그 우주에서는 어느 한 구석도 전체의 아름다움을 망쳐놓지 않는다. 분명, 인간적 행위의 독특성과 그 효력은 본성의 굳건한 기반에서 출발하여 하느님을 뵙는 데에서 절정에 이르는 지성과 의지 사이의 균형에 있는 것이다.

### (1) 의지만 있을 때의 맹목성
### (2) 지성만 있을 때의 실천적인 빈약함

의지가 압도적인 역할을 하게 한다면 무자비하고 맹목적으로 권력을 휘두르는 결과를 가져올 것이고, 두려움이 지배하여 그 사람 자신과 또한 그와 접촉하게 되는 모든 사람에게 헤아릴 수 없는 피해를 가져올 것이다. 세상이 우리에게 인간이 동물일 뿐이라고 말할 때 세상은 우리를 이러한 비극적인 부분적 진실 앞에서 굴복하게 한다. 반면 의지를 완전히 종속시킨다면 꿈을 꿀 줄도 모르는 변변찮고 냉정하며 메마른 인간이 될 것이다. 이것 역시 비극적인 부분적 진실인데, 데카르트와 인간을 인간적이 아닌 천사적 존재가 되게 하려 했던 그의 추종자들이 지지했던 것이 이러한 표상이었다.

### (3) 끝없는 단계들로 인한 절망

본성은 인간 활동이 비롯되는 목적이고 또한 인간의 활동은 어김없이 그것을 향해 가는데, 인간에게 있어서 본성이라는 굳건한 기초를 부인한다면 인간은 절망과 죽음 외에는 다른 출구가 없는 끝없이 돌아가는 쳇바퀴 속에 있게 될 것이다. 이것 역시 부분적으로만 진실인데, 이러한 견해는 인간이 사회의 일부이고 사회적 발전의 일부일 뿐이며 어디에서 오는 것도 아니고 어디를 향해서 가는 것도 아니며 다만 사회의 바퀴들을 돌아가게 할 뿐이라고 주장하는 철학자들 사이에 오늘날 널리 퍼져 있다.

## 2. 그 균형이 서투른 삶과 숙련된 삶을 구별짓는다

이러한 부분적 진실들이 비극적이라 하더라도, 이들은 인간에게 지성과 의지 모두를 부인하는 완전한 오류와는 비교가 되지 않는다. 이것은 목적과 수단 모두를 부인하는 것이고 인간을 그저 기계로 만들어버리는 것이다. 이보다 더 아래로 내려갈 수는 없다. 바로 그 어둠이 인간과 그 활동에 대한 온전한 진리의 찬란한 빛과 힘과 위로를 드러내는 빛나는 안개 역할을 한다. 이로써 인간이 하느님의 모상이며 하느님께 돌아가고 있음이 드러나는 것이다. 우리가 인간의 이런저런 부분만을 취하고 나머지를 간과한다면 인간 자신에 대한 진리에 폭력을 가하는 것이 된다. 우리는 그 전체를 고려해야 하고, 제어실과 그 제어에 종속된 부분들 사이에 그리고 그 제어실 안의 요소들 사이에 섬세한 균형을 유지해야 한다. 그 균형이 본래 그대로의 인간과 오늘날 괴상하게 그려지는 인간 사이의 차이가 된다. 그 균형을 유지하는 것이 실패한 삶과 성공적인 삶 사이의 차이를 가져온다. 인간을 어느 한편에 치우치게 본다면, 너무 추켜올리거나 너무 낮추어 놓는다면, 그 엔진이 고장나게 한다면, 그 활동은 급상승하며 날다가 실패하여 순전히 지상에 속하는 것들 사이에 추락하게 될 것이다.

## 3. 삶의 기술은 특히 명령의 행위에 있다

### (1) 명령에 관여하는 것은 우리 삶의 기술에 관여한다

이 삶의 기술은 명령의 행위 안에 요약된다. 그 명령에 관여하는 것은 우리 자신의 삶의 기술에도 관여한다. 그 관여가 우리 내부로부터 오는 것이든지 외부로부터 오는 것이든지 마찬가지다. 명령하는 우리의 능력이 약해진다면 우리는 우리 삶의 방향을 다른 사람 또는 다른 무엇을 향해 돌리기 시작한 것이다. 정념의 저항, 지루함의 타성, 다른 사람의 매력, 아니면 다른 사람의 느낌에 대한 지나친 민감함 등이 우리로 하여금 명령을 하지 못하게 할 수 있다. 그것이 무엇이든, 그것은 삶을 성공적으로 사는 우리의 능력을 직접적으로 공격하고 있는 것이다. 그 명령에 기여하는 것은, 그것이 규율이든, 극기이든, 명령하는 능력을 활기차게 사용하는 것이든, 이들은 삶을 위한 우리의 능력을 길러 준다. 우리 자신이라는 왕국 밖에서는 그러한 우리의 명령이 완전히 무시될 수도 있지만, 그것은 큰 차이를 가져오지 않는다. 성공적인 삶을 위하여 중요한 것은 우리 자신의 왕국 안에서, 우리 자신 안에서 그 명령이 지배권을 갖는 것이다.

### (2) 인간은 명령으로써 섭리의 작업에 참여한다

우주의 다른 모든 피조물들은 그들을 각각의 목적으로 인도하는 본성적 성향들을 통하여 하느님의 섭리에 수동적으로 참여한다. 그들은 그 법칙에 종속되어 있을 뿐이다. 그러나 인간은 이를 넘어서서 섭리의 활동에 능동적으로 참여하며, 단순히 종속되어 있는 것이 아니라 그 자신에 대하여 일종의 입법자가 된다. 그는 섭리의 대상이 될 뿐 아니라 자신과 다른 이들을 위하여 능동적으로 섭리하는 역할을 한다. 하느님의 섭리에 이렇게 능동적으로 참여하는 것은 그의 명령의 행위를 통하여 즉각적으로 이루어진다.

### (3) 제어의 핵심인 명령이 없이는 법과 법치가 불가능하다

이것이 인간 안에 있는 왕국의 법이다. 이로써 법치가 세워지고 혼란, 야만, 무질서의 어지러움이 제거된다. 이것이 어떤 행위가 인간적인 것이 되게 하는 제어의 가장 깊은 비밀이고 이것이 제어의 핵심이다.

## 제4장 행복과 윤리 (제2부 제1편, 제18문제~제21문제)

1. 물리적 선악과 윤리적 선악의 비교
   (1) 윤리의 근원
   (2) 윤리의 정의
   (3) 윤리의 법칙
      1) 즉각적인 법칙 : 이성
      2) 궁극적인 법칙 : 영원법
2. 윤리에 대한 근대의 공격의 원천
   (1) 실제적인 것을 유형적인 것과 동일시함
   (2) 인간에게 개인적 목적이 있음을 부인함
   (3) 권위에 대한 공격 : 공격받은 권위의 단계들
      1) 신적 권위
      2) 교회 권위
      3) 사회 권위
      4) 가정 권위
   (4) 윤리에 대한 불합리하거나 비이성적인 결론
3. 인간적 행위 전반의 윤리성
   (1) 윤리성의 원천
      1) 행위의 대상
      2) 행위의 목적
      3) 행위의 상황
      4) 그 자체로서 선하거나 악하거나 선하지도 악하지도 않은 행위들
4. 개별적인 인간적 행위의 윤리성
   (1) 내재적 행위 : '선한 의지'의 의미
      1) 윤리적 선이 어디에 달려있는가
         ① 대상 : 지향의 역할
         ② 윤리성의 법칙
      2) 악한 의지의 유일한 규범
      3) 하느님의 의지에 부합함
   (2) 외재적 또는 명령된 행위
      1) 윤리의 이중 기준
      2) 이 기준들의 상호 작용
      3) 윤리적 의미
         ① 외적인 행위
         ② 행위의 결과
5. 인간 활동의 선악의 결과
   (1) 죄와 덕
   (2) 칭찬과 비난
   (3) 상과 벌

---

[결론]

1. 윤리의 위치
   (1) 자연 질서 안에서
   (2) 인간의 본성 안에서
   (3) 종교와 관련하여
2. 윤리를 벗어날 수 없음
3. 윤리와 행복의 추구

# 제4장 행복과 윤리 (제2부 제1편, 제18문제~제21문제)

일 뿐이라고 여겼던 곳에서 현실을 발견한다는 것은 인간 본성에게 언제나 당황스런 일이다. 어떤 사람이 홍수가 일어나는 꿈을 꾸다가 잠이 깨어 따뜻하고 편안한 침대에서 사치스럽게 몸을 뻗기를 바라지만 실제로는 지붕이 새고 몸이 완전히 젖어 있는 것을 발견한다면 그는 당황한다. 강도에 대한 꿈을 꾸다가 깨어서는 집이 털린 것을 볼 때에도 마찬가지다. 꿈 속에서 보는 만질 수 없고 중요하지 않은 것들을 잘 분류해 놓은 다음 우리는 그것이 그런 식으로만 머물러 있기를 바란다. 그것은 아마도 우리의 특이한 성격에 속하는 것이겠지만, 그것은 이 장의 주제를 매우 당황스런 것이 되게 한다.

## 1. 물리적 선악과 윤리적 선악의 비교

지난 몇 년 동안에 사람들은 물리적인 것과 윤리적인 것을 마치 실제적인 것과 실제적이지 않은 것을 비교하듯이 비교하곤 했다. 물리적인 것은 강하고 부인할 수 없고 신뢰할 수 있는, 자연적인 것의 질서이다. 반면 윤리적인 것은 주관적이거나 파악할 수 없는 것은 초본성적인 것이다.

이 둘을 있는 그대로 들여다보자. 물리적 선은 이해하기 어렵지 않다. 눈먼 고양이는 두 눈을 가진 고양이만큼의 물리적 선을 가지고 있지 못하다. 고양이가 가져야 할 어떤 것이, 우리가 고양이에게 합당하게 요구할 수 있는 것이 결핍되어 있기 때문이다. 그러므로 고양이 쇼의 결정적인 순간에 심판들은 다른 고양이들은 고양이가 지녀야 할 모든 것을 지니고 있다는 사실을 가지고 판단할 것이다. 그 고양이에게 날개가 없다는 것은 결정에 조금도 영향을 미치지 않는다. 고양이에게는 본래 날개가 없는 것이고, 날개가 없다는 것은 고양이에게 아무런 문제가 되지 않는다. 물리적 선에 대한 우리의 규범은 개별적인 본성의 요구들에 상응한다.

고양이의 본성을 고려하면서, 무엇이 고양이 또는 다른 어떤 것에게 그것이 지녀야 할 것을 주는지를 더 깊이 살펴보자. 고양이가 차에 치여 죽는다면, 고양이의 완전성 가운데 어떤 것을 지녔는가 하는 문제는 의미가 없게 된다. 인간에게서도 마찬가지로, 죽음은 인간 본성에 따라 지녀야 하는 완전성들을 잃게 만든다. 시신을 훌륭하게 처리해서 겉으로 보기에는 놀랄만큼 자연스럽게 만들 수도 있겠지만, 그것은 겉에서 보기에 그럴 뿐이다. 인간에게 그의 고유한 완전성들을 지니게 하는 원리인 그의 영혼은 이미 없다. 이와 같이 고양이의 형상 내지 영혼이 고양이의 물리적 선의 원천이 된다. 어떤 고양이가 그 형상이 그에게 부여할 수 있는 모든 완전성들을 지니고 있다면 그것은 완전한 고양이이다. 또한 그 형상으로 인하여 지녀야 할 완전성들 가운데 어떤 것이 결핍되어 있다면 그 고양이에게는 선이 부족하거나 악을 겪는 것이다. 자연의 질서 안에, 실재의 질서 안에 있는 모든 것이 그러하다. 본성적인 형상들 내지 본질에 대한 우리의 앎이 우리로 하여금 물리적 선과 악을 판단할 수 있게 해 준다.

이 모든 것을 행위들에 적용시킨다면, 정확한 병행을 볼 수 있다. 말이 무엇인가를 먹는 행위는, 우리가 그러한 행위를 기대할 수 있고 그것이 그 행위에 완전성을 주며 그것을 다른 모든 행위와 달라지게 하는 그 원리에 부합한다면 선한 것이다. 구체적으로, 먹는 행위는 그 동물에게 양분을 주어야 하는 것이므로 그 행위가 말에게 양분을 준다면 그 행위는 선한 것이다. 그런데 어떤 행위의 형상, 그 행위에 완전성을 부여하는 원리, 그 행위를 다른 모든 행위와 구별되게 하는 것은 그 행위의 목적이다. 어떤 움직임이 그 목표 내지 대상에 따라서 다른 모든 움직임들과 구별되는 것과 마찬가지이다. 따라서, 어떤 행위의 선성은 그 형상에 따라서 판단된다. 우리는 아직도 물리적인, 부인할 수 없이 본성적인 질서에 머물러 있다. 그리고 고양이나 산과 같은 어떤 유형의 사물의 물리적인 선과 악을 결정하는 그 기준으로 같은 물리적 질서에 속하는 한 행위의 물리적 선과 악을 결정한다.

### (1) 윤리의 근원

윤리적 질서로 들어가는 것은 인간적 행위의 질서로 들어가는 것을 의미한다. 인간적 행위의 선과 악에 대한 질문은 다름 아닌 인간적인 것으로서의 선과 악을 묻는 것이다. 모든 행위의 선악이 그것을 구체적인 무엇이 되게 하는 원리 내지 목적인 그 형상에 비추어 판단되듯이, 인간적 행위도 그 형상 내지 목적에 비추어 판단된다. 차이점이라면, 인간적 행위는 바로 그것이 인간적이기 때문에 제어된 행위이고 의도된 행위이며 이성의 인도에 따라 이루어진 행위라는 점이다. 그래서 인간적 행위의 목표는 그 합리적인 제어의 원리에 상응하는 목표가 된다.

다른 말로 하면, 인간적 행위는 다른 모든 행위와 마찬가지로 그리고 다른 모든 사물과 마찬가지로, 그것이 지녀야 할 모든 것을 지니고 있는지 아니면 그것에 속하는 어떤 것에 결핍되어 있는지에 따라서 선하거나 악한 것이 된다. 그 선성이 윤리적이라고 말하는 것은 곧 그 선성이 인간적이라고 말하는 것과 같다. 인간적 행위, 자유로운 행위 또는 윤리적 행위라고 말하는 것은 모두 같은 것이다. 어떤 사람이 불합리한 행동을 할 때마다 그는 비윤리적인 행동을 하는 것이다. 산길을 가면서 길을 따라가는 것이 아니라 의도적으로 벼랑으로 간다면 그 것은 윤리적으로 악한 행위이다. 민첩하게 차를 돌리는 것이 슬기로운 자동차 조작이었다 하더라도, 그 행위는 인간적 행위의 목적에, 이성이 의도한 목적에 부합하지 않기 때문이다.

실제의 질서와 윤리적 질서 사이에는 구별이 없다. 윤리적인 것들은 물리적인 것들과 마찬가지로 실제적이고, 사실상은 그보다도 더 실제적이다. 그것들은 각 사물들이 그 존재에 정확히 상응하는 진성과 선성을 지니게 하는 바로 그 사고와 존재의 형이상학적 기원에 뿌리를 두고 있다. 윤리성은 몽유병자가 유령처럼 통과하는 문이 아니라, 그 속으로 뛰어든다면 부딪혀서 잠이 깨게 만드는 단단한 장벽이다.

## (2) 윤리의 정의

윤리라는 것은 간단히 말해서 인간적 행위와 그 고유한 목적, 인간적 내지 윤리적 목적과의 관계이다. 축구 선수가 다른 선수를 받듯이 염소도 다른 염소를 받을 수 있다. 그러나 그 행위들은 서로 다르다. 전자는 인간적 행위이고 후자는 염소의 행위이기 때문이다. 전자는 목적이 있는 것이고 후자는 그렇지 않다. 전자에는 윤리적인 목적이 있고 후자에는 그렇지 않다.

## (3) 윤리의 법칙

### 1) 즉각적인 법칙 : 이성

윤리의 법칙을 결정하는 것은 우스울 만큼 쉬운 일이다. 고양이, 산, 말의 식사에서 선성을 규정하는 법칙은 그 각각의 형상이다. 형상은 그 전형이고 완전하게 하는 법칙이며, 그것을 다른 모든 것들로부터 구별되게 한다. 인간적 행위

내지 윤리적 행위의 경우도 이와 같은 규칙이 적용된다. 그것을 다른 모든 행위들과 달라지게 하는 것은 그 형상이다. 우리는 이미, 어떤 행위가 인간적인 것은 그것이 제어된 행위라는 점에서임을 보았다. 바로 이 점이 모자가 바람에 날아가는 것과 축구 경기 때에 그 모자가 내던져지는 것 사이의 차이점이 된다. 인간적 행위가 목적을 갖게 하고 그것이 인간적인 것이 되게 하는 것은 이성이다. 그래서, 인간적 행위의 선악을 결정하는 원리는 제어의 원리와 연관된다. 그 원리는 이성이 알고 의도한 목적이다. 따라서 이성이 윤리의 즉각적인 법칙이 된다.

2) 궁극적인 법칙 : 영원법

인간 이성은 마술봉으로 윤리성이 생겨나도록 만드는 마술사가 아니다. 그것은 기술자와 같은 기능으로서, 인식하고 명령하는 역할을 한다. 그것에게 창조주의 역할을 부여하고 마치 이성이 윤리성을 만들어내는 듯이 여기는 것은 사실에 모순되는 일이다. 오히려, 이성이 정확히 무엇이고 무엇을 하는지를 안다면 즉시 그 이성의 뒤에는 윤리의 제일원인이 있다는 것을 보게 된다. 이는 마치 폭풍 소리 뒤에 모든 물리적 사물들의 제일원인이 있는 것과 마찬가지다. 인간 이성의 이면에는 신적 이성이 있다. 인간 이성이 지닌 윤리 법칙을 헤아린다는 것은 윤리의 최고 법칙인 신적 이성을 헤아리는 것을 의미하는데, 그 신적 이성은 우리의 창조된 이성에 반영되어 있다.

차에 치인 고양이의 예로 돌아가면, 지금 여기에서 그 고양이의 물리적 선성을 측정하는 잣대는 그 고양이의 형상이지만 아무도 그 고양이의 형상인 고양이의 영혼이 고양이를 창조했다고 생각하는 실수를 범하지는 않는다. 그 이면에는 창조주의 정신 안에 영원히 존속하는 본질 내지 형상이 있다. 그 형상을 원형으로 하여, 그것을 본떠서 창조된 형상 내지 본질이 고양이의 완전성의 규범으로 세워진 것이다. 그러므로 모든 창조된 사물 뒤에는 그 사물의 설계자인 신적인 원형이 있고, 그것이 그 진리와 선성과 완전성의 궁극적인 척도가 된다. 모든 행위의 이면에는, 모든 인간적 행위의 이면에는 건축자이신 하느님의 정신 안에 있는 일련의 계획들이 있다. 행위는, 인간적 행위는 실제의 질서에 속하며 실제의 질서에 속하는 다른 모든 것과 동일한 설명을 요구하기 때문이다.

이렇게 윤리성은 변덕스런 것이 아니라 사물의 본질적 진리의 일부이다. 고양이의 본질을 당나귀의 본질로 만들 수 없는 것과 마찬가지로, 본질적으로 악한 행위를 선한 행위로 만드는 것은 불가능하다. 윤리성은 우리가 디디고 있는 땅과 마찬가지로 견고한 뿌리를, 침범할 수 없는 본성을 지니고 있다.

이 모든 것은 당황스럽다. 그것은 우리의 현대 세계를, 얼굴에 잼을 잔뜩 바르고서도 소리치며 잼을 먹지 않으려고 하는 어린 아이의 모양이 되게 하기 때문이다. 우리가 살고 있는 현대는 윤리를 공격하는데, 그것은 부인할 수 없는 근본적인 사실에 대한 공격이다. 정신병원에서와 같은 정신적인 훈련을 하지 않고서는, 우리가 그러한 사실들을 부인할 수 있다는 것조차 상상할 수 없을 것이다.

## 2. 윤리에 대한 근대의 공격의 원천

### (1) 실제적인 것을 유형적인 것과 동일시함

이러한 공격은 근본적인 것에 대한 공격이므로, 윤리에 대한 현대의 조롱은 근본적인 문제로 소급된다. 가장 이른 시기의 문제들 가운데 하나는 실제적인 것을 유형적 내지 감각적인 것과 동일시하는 것이었는데, 이것은 오늘날 과학의 발견이 발전하고 그에 따라 과학이 겸손해짐으로써 급속히 사라져가고 있다. 측량하고 측정할 수 있는, 실험실에서 다룰 수 있는 것만이 실제적인 것이라면, 물론 윤리는 실제적인 질서에 속하지 않게 될 것이다. 지금까지 아무도 어둠 속에서 윤리에 걸려 넘어지거나 알콜 속에 윤리를 보존한 적은 없다. 불행히도 그것은 충실, 우정, 사랑, 아름다움, 그리고 세상이 언제나 사소하지 않은 실재들이라고 주장해온 수많은 다른 것들도 포함하고 있다.

### (2) 인간에게 개인적 목적이 있음을 부인함

오늘날에는 이전보다 훨씬 더 많이 인간에게 개인적 목적이 있음을 부인한다. 이러한 거부는 여러 형태로 나타났는데, 이들은 인간 개인을 기계적, 생물학적 또는 사회학적 과정에 종속되어 있으면서 그 과정에서 단순히 한 공간을 채우고 있는 것으로 여겼다. 어떤 형태로든 그것은 인간다움을 배제함으로써 윤리의 필요성을 즉각적으로 배제한다. 인간적 행위의 고유한 특징은 제어이고 행위의 목표인데, 행위에 아무런 목표가 없다면 총을 똑바로 조준하려고 시간을 버리는 것은 어리석은 일이다. 인간적 행위와 윤리적 행위는 동일한 것이므로, 어떤 행위에서 인간성을 배제하는 것은 사실상 그 행위의 윤리성을 배제하는 것이 된다.

### (3) 권위에 대한 공격 : 공격받은 권위의 단계들

1) 신적 권위
2) 교회 권위
3) 사회 권위
4) 가정 권위

윤리에 대한 근대의 공격에서, 오래되었지만 아직도 강하게 지속되고 있는 논점 가운데 하나는 권위에 대한 공격이다. 실제에 있어서 그것은 윤리에 대한 공격이 되지 않는다. 오직 윤리가 무엇이고 어디에 있는 것인지에 대한 오해가 있기 때문에만 권위에 대한 공격이 윤리에 대한 공격이 될 수 있다. 앞서 보았던 바와 같이, 본질적인 윤리성은 권위에 달려 있는 것이 아니며 신적 권위에 달려 있는 것도 아니다. 윤리는 물리적 질서가 안정성을 갖게 되는 것과 같은 기초에 의존해 있다. 그런데, 인간이 윤리적인 것이 그렇게 명령되기 때문이라는 주장이 생겨났다. 인간이 폭군같은 부모에게 지시를 받는 어린아이와 같다는 것이다. 그렇다면, 그 부모의 권위가 줄어드는 것은 윤리의 지배가 약해지는 것으로 이해되었다. 이렇게 하여 점차 우리는 비틀거리며 권위의 사다리를 부인하게 되었다. 처음에는, 신적인 권위 그리고 신적인 권위를 주장했던 교회의 권위가 거부되었다. 그 다음에는 신적인 권위를 지니고 있지 않다고 인정했던 교회들의 권위가 거부되었다. 다음으로는 국가의 지배권이 부인되었다. 이제 남은 것은 두 걸음 뿐이었다. 부모의 권위 내지 가족 집단의 권위, 그리고 개인 자신의 완전히 주관적인 권위만이 남아 있었다. 그 한 단계 한 단계를 거칠 때마다, 어떤 사람들은 중간에 멈추어 섰다. 그래서 한편으로는 윤리가 자신에게, 사회적 인정이나 전통에, 국가의 법률에, 교회 권위의 명령에 달려 있다고 여기는 사람들을 볼 수 있을 것이고 다른 한편으로는 이 모든 것을 하나하나 거부하여 오직 그들의 변덕을 윤리의 이론으로 삼는 이들이 있게 되었다.

## (4) 윤리에 대한 불합리하거나 비이성적인 결론

근대 세계가 비윤리적이 되었다는 말은 아니다. 전혀 그렇지 않다. 흔히 이러한 다양한 윤리를 주장했던 사람들은 스스로 매우 높은 윤리적 기준에 따라 살았다. 그것이 의미하는 바는, 근대 세계가 비윤리적이 되었어야 한다는 것이다. 윤리가 실제적이 아니라고 주장하면서, 인간에게 개인적인 삶의 목적 내지 목표가 없다고 주장하면서, 또는 윤리는 다른 사람의 지시에 따라 움직여지는 것이라고 말하면서 윤리 이론을 제시하는 것은 부조리하고 불합리하다. 그것은 비판을 이겨낼 수 없을 것이며 사실에도 부합되지 않는다. 그러한 기초 위에 집을 지을 때, 아니면 기초 없이 집을 지을 때 이를 수 있는 합리적인 결론은 윤리를 부정하는 것이 될 것이다. 간단히 말해서, 우리는 얼굴에 잼을 바르고 있는 아이와 같은 처지가 된다. 우리가 아무리 소리 높여 그것을 부인한다 해도 우리 자신의 구성에서부터 우리는 윤리성을 지니고 있다. 우리의 공격은 허수아비에 대한 공격이 될 것이다. 승리의 환성을 지르기 위하여 적이 죽었는지를 더 가까이에서 확인해 본다면, 우리는 그가 밀짚으로 만들어져 있다는 것을 깨닫지 않을 수 없게 될 것이다.

# 3. 인간적 행위 전반의 윤리성

## (1) 윤리성의 원천

### 1) 행위의 대상

윤리성의 즉각적인 원천을 찾아내기 위해서는, 인간적 행위를 자세히 들여다보는 것으로 충분하다. 음식을 먹는 것과 같은 일상적인 행위를 예로 들어 보자. 그 행위를 분석해 보면 우리는 식사의 인간적 내지 윤리적인 선성을 구성하는 것이 무엇인지에 대해 정확히 알게 된다. 우리는 이 행위가, 그리고 모든 인간적 행위가 세 부분으로 되어 있으며 그 세 부분 각각으로부터 윤리성이 나올 수 있다는 것을 보게 될 것이다. 누가 음식을 먹든, 그 음식이 어떤 것이든, 누가 그 값을 지불하든 식사의 본성적 목적은 하루 동안 에너지 소비로 소모된 세포 조직을 복구시키는 것이다. 그 음식이 무엇을 위한 것인지, 이것이 이성이 알고 의도한 합리적인 목표이다. 이것은 개별적인 식사와는 상당히 무관하며, 식사라는 이름을 정당하게 주장할 수 있는 모든 식사들에 보편적으로 해당되는 것이다.

### 2) 행위의 목적

인간적 행위의 두 번째 부분은 주체의 의도 내지 지향이다. 어떤 사람은 전혀 배가 고프지 않은데도 단지 사교를 위해서 식사를 하는 것일 수도 있다. 아니면 그는 사형을 당하여 전기 의자로 가기 전에 한 번 더 식사를 하여 소화불량의 고통으로 다른 모든 것을 잊고자 하는 것일 수도 있다. 또는 배가 터지도록 부른데도 더 먹음으로써 새로운 방식의 자살을 시도하는 것일 수도 있다. 그 목적이 무엇이든, 그것은 식사 그 자체에 본성적, 본질적으로 속하는 것을 넘어선다.

### 3) 행위의 상황

인간적 행위의 세 번째 부분은 그 상황들로 이루어진다. 인간적인 선악 전체를 파악하기 위해서는 그 인간적 행위의 주변을 고려해야 하는 것이다. 예를 들어, 어떤 사람이 오페라에 가면서 점심을 들고 가서 막간에 그것을 먹을 수도 있고, 지나치게 열렬하게 저녁을 먹으러 갈 수도 있고, 밤중에 음식을 먹으면 밤새 잠을 이루지 못할 것임을 알면서도 먹을 수도 있다. 그밖에도 여러 가지 상황들이 있을 수 있다.

### 4) 그 자체로서 선하거나 악하거나 선하지도 악하지도 않은 행위들

어쨌든, 인간적 행위의 이 세 가지 요소를 고려함으로써 우리는 모든 가능한 경우들을 고려한 것이다. 인간적 행위에 개입하는 다른 요소는 더 이상 없다. 어떤 행위의 그 윤리성은, 그 인간적인 선악은 모두 이 세 원천에서 나오는 것이어야 한다. 이 가운데 첫 번째인 행위 그 자체의 대상은 본질적이고 필수적인 선 또는 악을 부여하며 그것은 언제나 그리고 어떤 상황에서나 그 행위에 결부되어 있다. 도둑질의 대상은 다른 사람에게 속하는 것을 부당하게 취하는 것이며, 이것이 도둑질을 선하거나 악한 다른 모든 인간적 행위들로부터 구별해 주고 또한 그것을 언제나 그리고 어떤 상황에서도 본질적으로 악한 행위가 되게 한다. 그 대상은 어떤 행위에 윤리적 본성을 부여하는 내재적 형상이다. 행위에 윤리적인 생명을 부여하는 이 형상을 그 행위에 인간다움을 부여하는 이성과 비교하는 것은, 어떤 집을 다른 모든 것들과 구별해 주는 그 집의 형상을 그 집을 지을 때 건축가가 지녔던 생각과 비교하는 것과 같다. 인간적 행위의 윤리적 본질을 구성하는 이 대상들, 이 내적인 형상들이 선하거나 악하거나 아니면 선하지도 악하지도 않은 것에 따라서, 그 행위들도 그렇게 된다. 더 구체적으로 말하면, 그 행위들의 대상이 이성에 의하여 설정된 목적 내지 목표를 향한다면 그 행위들은 선하다. 만일 그 행위들이 그 목표에 도달하는 데에서 멀어지거나 그것을 방해한다면, 그 행위들은 악하다. 그 행위들이 그 자체로서 이 두 가지 경우 중 어디에도 속하지 않는다면 그 행위들은 선하지도 악하지도 않다. 친절한 행위는 그 자체로 언제나 선하다. 불의한 행위는 그 자체로 언제나 악하다. 걷는 것은 그 자체로 선하지도 않고 악하지도 않다.

인간적 행위 그 자체의 이와 같은 본질적인 선악을 넘어서, 행위하는 사람의 목적 내지 지향에 의하여 윤리성이 더해지기도 한다. 어떤 가난한 사람을 범죄에 끌어들이기 위해서 그에게 5달러를 줄 수도 있다. 나는 나의 민주주의 원칙을 옹호하여 독재자를 죽일 수도 있고, 심장마비를 일으키기 위하여 걸을 수도 있다. 이 모든 경우들에는, 그 개별적인 행위들 자체의 본성적 목적과 무관하게 나의 직접적인 목적으로 인하여 윤리성이 첨가되어야 한다.

어떤 집이 살기 좋은지 여부에 주변 환경이 영향을 미치는 것과 마찬가지로, 또는 한 사람의 외모에 옷이 영향을 미치는 것과 마찬가지로, 상황도 행위의 윤리성에 영향을 미친다. 이들은 우연적이고, 장식이나 흠과 같다. 이들은 사회 지도자가 웅장하게 들어올 때의 향수 한 방울이나 잘못 디딘 발걸음과 같아서 매우 상이한 역할들을 할 수 있다. 이들은 어떤 행위를 더 좋거나 나쁜 것으로, 더 진지하거나 그렇지 않은 것으로 만들 수 있지만, 그 행위는 본질적으로는 바뀌지 않는다. 그렇지 않은 경우, 이들이 실제로 행위의 윤리적 성격을 바꾸어 놓는 경우 이들은 상황으로서의 이차적인 역할을 떠나 대상으로서의 주요한 역할을 하게 되는 것이다. 구타를 당한 사람이 주교라는 사실은 어떤 의미에서는 상황에 덧붙여진 것이고 우연적인 차이만을 가져온다고 말할 수 있다. 그러나 그 행위가 본질적으로 불의한 행위라는 것 외에, 종교적인 존경을 침해했다는 점은 이 행위가 완전히 새로운 성격을 갖게 한다.

## 4. 개별적인 인간적 행위의 윤리성

지금까지 말한 모든 것은 마치 차고 바닥에 자동차의 내부 부품들을 흩어놓고 자동차 주인에게 "이것이 당신을 뉴욕에서 로스앤젤레스까지 가게 하는 것이군요."라고 말하는 것과 같다. 그 주인은 아마도 "네, 당신이 그것을 다시 조립하지 않는다면 당신을 자동차를 고치는 데에서 경찰서로 가게 할 거예요."라고 대답할지도 모른다. 우리는 인간적 행위를 그 선악에 대한 검토와 별개로 고찰했다. 그러나 이제는 그것을 다시 조립하여 그것이 선이나 악을 향해 가는지를 보아야 할 것이다.

인간적 행위 내부의 부분들을 다시 조립하는 과정에서 우리는 앞 장에서 보았던 친구들을 다시 만나게 된다. 그 가운데에는, 실제의 외적인 행위에 선행하는 의지의 행위들이 있다. 여기에는 내적으로 우리가 뜻을 정하는 데에 개입하며 언제나 우리의 목표를 실행하는 것에 선행하는 지향, 동의, 선택이 속한다.

### (1) 내재적 행위 : '선한 의지'의 의미

이 모든 것은 의지로부터 직접적으로 나오며 손가락이 민첩하거나 발이 비틀거리는 것과 아무 관계 없이 만들어진다. 이들은 근본적으로는 의지에서 나오는 것이지만 명령의 힘으로 수행되는 외부적 행위들과는 달리 의지에 의해서 유도

된다. 윤리성의 스케마 안에서, 이들은 어디에 자리하는가?

이들은 매우 중요한 역할을 한다. 결국 선과 악은 직접적으로 의지의 문제다. 걷는 것은 발의 일이고 듣는 것은 귀의 일이며, 이해하는 것은 지성의 일이다. 그러나 선과 악에 관계하는 것은 오로지 의지의 임무이다. 선과 악의 구분은 의지의 행위들에 고유한 구분이다. 달리 말한다면, 활동의 목적 내지 목표는 의지의 고유한 대상이고 어떤 행위가 선하거나 악한 것은 그 목표 내지 목적과 그 행위의 관계에 의하여 결정된다.

### 1) 윤리적 선이 어디에 달려있는가

**① 대상 : 지향의 역할**

앞의 문장에서, 한 구절이 특별히 중요하다. 의지의 고유한 대상이 활동의 목적 내지 목표라는 것이다. 이 점이 중요한 이유는 이것이 우리의 지성적 욕구의 내재적 행위 또는 의도된 행위들의 윤리성 문제를 단순하게 해 주기 때문이다. 내가 자선을 행하는 것이 선한 것이었는지 악한 것이었는지 여부를 결정하기 위해서는 자선의 본성적 목적만이 아니라 그 자선을 행한 나의 의도까지 고려하는 것이 필요했다. 그러나 의지의 이러한 내재적 행위들의 경우 행위하는 사람의 목표와 행위 자체의 목표는 언제나 서로 일치한다. 의지의 고유한 대상은 바로 그 의도된 목적 내지 목표이다. 우리는 어떤 사람이 선한 지향을 가졌다고 믿는데, 이것은 옳다. 무슨 행위를 하든 지향이 그 행위를 정당화해준다는 의미에서가 아니라, 그것이 적어도 그 지향을 정당화해준다는 의미에서 그렇다. 내적 형상, 한 행위를 구체적인 무엇이 되게 하는 원리, 의지의 한 행위를 다른 모든 행위들로부터 구별짓는 그것은 동시에 그 내적 행위의 대상이며 주체가 지닌 목적이다. 이들은 서로 동일하다.

### ② 윤리성의 법칙

그러나 허세를 부리는 임금이 언제나 옳은 일이라는 식으로 우리가 우리의 의지를 관철한다는 것은 아니다. 의지는 잘못할 수도 있다. 실상 의지는 선의 원천인 동시에 악의 원천일 수도 있다. 의지는 독립적으로 윤리성을 만들어내는 것이 아니고, 건드리는 모든 것을 금이 되게 했던 마이더스 임금처럼 모든 것을 선하게 만드는 것이 아니다. 그 행위들의 선과 악은 다른 모든 인간적 행위들의 윤리성과 마찬가지로, 즉 무엇보다 먼저 이성의 법칙에 따라 판단되어야 한다.

의지의 내재적 행위들에 윤리성을 부여하는 내적 형상은 원형인 외적 형상과 대비하고 얼마나 거기에 부합되는지를 보아야 한다. 건축가의 생각과도 같은 그 외적 형상은 이런저런 행위에서 인간이 대상으로 하는 것에 대한 이성의 지식과 판단이다. 나는 내 이웃을 도우려고 하고 그 지향은 그 대상 또는 목적에 따라 윤리적으로 규정된다. 그러나 그 목적이 선하다는 것은 이성이 그것이 한 인간을 인간 삶의 목표로 이끌어 준다고 선언하는 법칙에 부합될 때이다. 반면 내가 내 이웃에게 해를 입히려고 할 때 그 윤리성은 내적 형상에 의하여 결정되며 그것이 악한 이유는 이성의 법칙을 따르지 않기 때문이다. 이성은 그런 행동이 인간을 인간 삶의 목표에서 멀어지도록 이끈다고 선언하기 때문이다.

## 2) 악한 의지의 유일한 규범

선한 의지를 지닌 사람이 악한 의지를 지닌 사람과 구별될 수 있는 유일한 기준은 윤리성의 법칙인 이성이다. 의지에게 선한 목적을 제시하는 이성은 그 의지를 선하게 또는 악하게 만들지 않는다. 그러나 의지가 그 이성에 부합하게 행동한다면 선한 것이고 그 법칙을 위반한다면 악한 것이 된다. 그것은 이성이 선한 것으로 제시한 목적을 거슬러 행위하는 것이거나 이성이 악한 것으로 제시한 목적을 이루려고 하는 것이므로 그 의지는 악하다.

### 3) 하느님의 의지에 부합함

이 개념을 잘 이해하면 우리의 의지를 하느님의 의지에 부합하게 하는 어려운 일에서 온갖 속임수를 배제시키게 된다. 하느님의 의도가 무엇인지에 대한 특별한 계시는 필요하지 않다. 하느님 섭리의 상세한 계획에 대한 청사진을 우리가 가지고 있어야 하는 것도 아니다. 이것이 하느님의 뜻인지 아닌지를 알아내기 위해 무릎을 꿇고 고민하며 여러 시간을 보내야 하는 것도 아니다. 우리는 그저 우리의 이성을 따르면 되는 것이다. 인간 이성은 윤리적 가치들을 스스로 만들어내지 않는다. 불변의 윤리적 본질은 인간의 산물이 아니라 하느님의 이해의 산물이고, 본성적으로 알려지며, 하느님 계획의 정확한 반영으로서, 영원의 복도를 걸어가는 수고를 하지 않고서도 누구나 쉽게 알 수 있는 것이다. 이런저런 개별 사물 안에서 하느님과 우리 자신은 깨닫지 못하는 채 충돌할 수 있다. 예를 들어, 우리가 어떤 사람의 건강을 위해 열심히 기도하는데 사실은 그 기도로 건강을 되찾은 것이 그가 지금 성공적으로 끝마칠 수 있었던 삶을 실패로 만들어 놓게 될 수도 있다. 하느님의 의지와의 차이는 단순히 질료적인 것이다. 형상에 있어서는, 우리의 목적들이 이성의 목적들이라면 그 목적들은 하느님의 목적들과 같다.

이 모든 것은 의지에 대해서 내재적인 행위와 의지의 명령을 받는 행위를 살펴보면 더 분명해진다. 이들은 명령에 따르는 행위가 나타날 때에 나란히 삶의 길을 함께 내려간다. 그리고 이들은 놀라운 결과를 일으킨다. 이전의 친구들은, 명령에 따른 행위의 동료를 보면 즉시 그 행위를 냉대할 수 있다. 어떤 경우에는 명령에 따른 행위가 유력자로부터 인사를 받기도 한다. 그 유력자는 그만을 알아보는 것이 아니고, 그에게는 낮은 사람을 향한 가벼운 인사만을 할 수도 있다.

## (2) 외재적 또는 명령된 행위

### 1) 윤리의 이중 기준

명령에 의한 행위는 그 자신의 대상 때문에 그리고 그 자신의 윤리적 본질 때문에 그 자체로 선하거나 악하다. 그 행위의 지향이 어떠하든 그 선함이나 악함은 바뀌지 않는다. 명령에 의한 행위가 그 자체로는 선하지도 악하지도 않다면 그것은 지향에 따라서, 의도한 목적에 따라서 선하거나 악하게 된다.

근래에 나는 렉싱턴로를 걷다가 59번가에 이르러 광고물 아래 몸을 굽히고 있는 샌드위치맨들을 만났다. 이들은 보통 그들 곁을 지나가는 사람들에게 무관심하다. 그들은 멀건 눈으로 뜨거운 커피 한 잔을 그리며 긴 밤이 지나가기를 바라고 있다. 그러나 그날 밤에는 18세쯤 된, 거의 이탈리아의 유산이라고 할 수 있는 성모상 같은 모습의 아름다운 이탈리아 아가씨가 눈에 띄었다. 그녀는 꼼짝도 하지 않고 시내 쪽을 향해 서 있었다. 그녀는 눈을 꼭 감고 있었고, 얼굴에는 말로 표현할 수 없는 수치심이 박혀 있었다. 눈물이 흘러내리지 않게 하려면 눈을 꼭 감을 수밖에 없었음을 보면서, 그녀의 크나큰 용기와 여러 시간 동안 수치심을 감당하게 만든 어쩔 수 없는 곤궁함을 알아볼 수 있었다. 그리고 초기 그리스도교의 동정 순교자들과 현대의 스페인에서 순교한 수녀들이 그 순교를 어떻게 감내해야 했었는지도 어렵지 않게 생각할 수 있었다.

### 2) 이 기준들의 상호 작용

자선을 베푸는 것은 그 대상과 윤리적 본질에 있어 선하다. 그 행위는 그 자체로 선하다. 그러나 어떤 사람이 가학적인 태도로 소녀에게 다가가 동전 하나를 주었다면 그 자선은 끔찍하게 악한 것이 될 수 있다. 한편, 훔치는 것은 악하다. 그러나 어떤 사람이 이 소녀를 보고 그가 천 달러를 얼마나 잘 사용할 수 있을 것인지를 생각하여 모퉁이의 백화점에 들어가 좋은 지향으로 어떻게든 천 달러를 훔쳤다 해도 그 행위는 악하다. 어떤 사람을 쳐다보거나 쳐다보지 않는 것은 윤리적으로 선하지도 악하지도 않은 행위이다. 그러나 소녀의 비참함을 즐기기 위하여 멈추어 서서 그녀를 쳐다본다면 그것은 악한 것이 된다. 불쌍한 마음에서 다른 사람의 눈물을 닦아주는 것은 선한 행위가 될 것이다.

### 3) 윤리적 의미

#### ① 외적인 행위

실상 이 모든 것은 세상이 그 행위를 보도록 하지 않고서도 윤리적으로 완전할 수 있다. 어떤 소녀를 괴롭히려는 나의 지향과 그녀에게 동전을 주려는 나의 결정은 바로 그 지점에서 멈출 수도 있으며, 윤리적으로 그 행위는 방금 묘사한 바로 그대로 이미 완전하다. 실제로 동전을 주는 것이 이미 범해진 죄에 무엇을 더 첨가하는가? 그러한 외적인 행위가 끼칠 수 있는 피해 외에 (도둑질의 경우와 마찬가지로) 외적인 죄들은 최소한 그 강도를 더하며 행위로 실행하고자 하는 의지를 확정시킨다. 어떤 행위를 실제로 하는 것 그 자체가 의지의 활동 전체를 더 긴 기간으로 연장시키며, 때로는 의지의 행위들의 수를 증가시키기도 한다. 소심한 도둑이 경쟁자들을 부끄럽게 하기 위하여 큰 돈을 훔치려 하고 희생자를 정했다고 하자. 그 후에 그가 마음이 약해져서 그 생각을 포기했다가 다음날 다시 용기를 내어 성공을 거두었다면, 그는 실제로 약탈을 한 것은 한 번이라 하더라도 도둑질의 죄는 두 번 지은 것이다.

#### ② 행위의 결과

잠시 뒤돌아보면 우리는 윤리의 원천은 인간적 행위의 대상, 행위하는 인간의 목적, 그 행위가 이루어진 배경, 그리고 행위의 외적인 실행임을 알 수 있다. 이들 모두는 각각의 역할을 하며, 그 성공과 실패는 엄격한 비판적 이성에 의하여 판단된다. 그러나 이것이 마지막 행위는 아니다. 외적인 행위의 결과가 마지막 인사를 하기 전에는 막을 내릴 수가 없는 것이다.

뉴욕 상공을 비행하는 조종사가 갑자기 비행기를 타고 가는 것이 지루해져서 바로 거기에서 비행을 멈추기로 결정할 수 있다. 그가 낙하산을 타고 뛰어내려 안전하게 착륙한다면, 비행기가 추락하여 사람들을 죽게 만들었다고 경찰이 그를 체포한다 해도 그는 화를 낼 권리가 없다. 다른 한편으로, 잔치 때에 농담을 해서 그 말을 듣던 사람이 의치를 삼켜 죽게 된다면 그 농담이 살인을 저지른 것은 아니다. 어떤 행위로부터 본성적, 필연적으로 또는 통상적으로 나오는 결과들은 그 행위와 긴밀하게 연결되어 있으며 불법적인 자녀들에 대해서 사람들이 자주 하듯이 그 관계를 부인할 수 없다. 그러나 평생 한 번 일어나는 결과 또는 아무도 예견할 수 없는 결과는 그 행위 자체의 선한 또는 악한 유산이라고 주장할 수 없다.

## 5. 인간 활동의 선악의 결과

### (1) 죄와 덕

### (2) 칭찬과 비난

### (3) 상과 벌

인간적 활동의 선함 또는 악함의 결과는 죄와 덕, 칭찬과 비난, 공로와 죄과이다. 우리 시대에는 '죄'라는 단어를 꺼리는데, 옳고 그른 것에 대한 그리고 법적 절차들에 대한 현대의 주장들, 우리의 발전된 사회와 공식적인 개혁자들에 대한 강조에 관련지어볼 때에 부조리하다고 하지 않을 수 없다. 어떤 인간적 행위는 그것이 불합리할 때, 그것이 이성의 법칙에 부합되지 않을 때에 인간적으로 그릇된 것이며 이성의 법칙에 부합된다면 옳은 것이다. 그리고 죄와 덕은 바로 이를 의미한다. 어떤 행위가 죄가 되는 것은 그것이 이성과 충돌하기 때문이고, 그것이 선하고 덕스러운 것은 이성의 법칙에 부합되기 때문이다. 그 실질적인 내용을 요구하면서 그 이름에 대해서는 꺼리는 것은 좀 유치한 일이다.

물론 우리는 죄에 대하여 비난을 받고 덕에 대해서는 칭찬을 듣는다. 이는 그릇된 것에 대해서는 비난을 받고 옳은 것에 대해서는 칭찬을 듣는 것과 같다. 이 행위들은 인간적 행위들이기 때문에 온전히 우리의 제어를 받은 행위들이다. 이들이 그릇된 것은 우리가 의도적으로 그렇게 방향을 잡았기 때문이고, 올바른 것은 우리가 그렇게 행위하기를 선택했기 때문이다. 후회를 하거나 만족을 할 수 있는 것은 인간 본성이 자신의 행위를 제어할 수 있기 때문이다. 공로와 죄과가 있을 수 있는 것은 성공과 실패의 여지가 있기 때문이고, 우리 자신과 세상과 또한 우리가 그분의 계획을 이루어가는 건축자이신 하느님께 대한 정의의 여지가 있기 때문이다.

## [결론]

# 1. 윤리의 위치

### (1) 자연 질서 안에서

이 시점에서 윤리의 문제에 대해 내릴 수 있는 한 가지 명백한 결론은 그것이 복합적인 문제라는 것이다. 물론 그렇다. 인간적 활동은 매우 복합적인 활동이기 때문이다. 그러나 윤리에 대해 이렇게 간략하게 훑어보는 데에서도 명백하게 드러나는 몇 가지 단순하고 근본적인 결론들이 있다.

그 첫째는 윤리성이 본성적 질서의 필수적인 한 부분이라는 점이다. 그것은 외재적이거나 낯설고 단순히 권위에 의해 부과되는 것이 아니라 직접적으로 그리고 필연적으로 자연 법칙으로부터 나오는 것이다. 자연 안의 다른 모든 것들과 마찬가지로 인간은 자연 법칙들의 지배를 받는다. 그리고 자연의 다른 모든 작용들의 경우와 마찬가지로 그 자연 법칙들은 인간의 본성을 침해하지 않는다. 또한 그 자연 법칙들이 화학 물질의 경우와 침팬지의 경우에 서로 다르게 이루어지는 것과 마찬가지로 인간의 경우도 그 본성의 차이에 따라 다른 방식으로 이루어진다. 자연 법칙은 다른 모든 것에 대해서는 물리적 필연성이라는 채찍을 사용하여 실수의 가능성이 없이 그것을 목적으로 몰고 간다. 그러나 인간적 행동은 물리적 필연성에 종속될 수 없으며 인간적인 것으로 남는다. 그것은 필연적으로 만들어질 수 없고 우리의 제어 하에 있기 때문이다. 자연 법칙에 의하여 인간적 활동이 지니게 되는 필연성은 윤리적 필연성으로서 선택을, 실패와 성공을 허용한다. 인간의 본성은 윤리적이며 본성의 목표를 향한 길에서 선택의 능력을 가지고 있기 때문이다.

### (2) 인간의 본성 안에서

우리 인간 본성은 윤리성에 종속될 뿐 아니라 그것을 요구한다. 그 본성이 윤리성 없이 존재할 수가 없기 때문이다. 지극히 사소한 인간적 행위라 하더라도, 그것이 인간적인 정도에 정확히 비례하여 그만큼 윤리성을 갖게 된다. 윤리성은 다름 아닌 인간 본성을 지배하는 법칙을 따르거나 위반하는 것이기 때문이다. 한 사람의 행위들이 그의 목표를 향할수록 그 행위들은 선한 것이 되고, 그 목표에서 멀어질수록 악한 것이 된다. 그리고 모든 인간적 행위는, 인간적인 것이기 때문에 그 목표를 향한 것이거나 거스르는 것일 수밖에 없다. 그 행위는 제어를 받으며, 올바른 방향이든 그릇된 방향이든 어딘가를 향해 간다. 어떤 사람의 행위들이 윤리성을 지니고 있지 않고 선하지도 악하지도 않다는 것을 보게 된다면, 우리는 그를 가두어두게 될 것이다. 그의 행위들이 인간적이지 않다는 것은 그가 온전치 못하다는 증거이기 때문이다. 그 행위들에는 자유가 없고 그는 자신이 행하는 것에 대하여 책임을 갖지 않는다. 인간적 행위, 자유로운 행위, 윤리적 행위는 모두 동일한 것이다.

### (3) 종교와 관련하여

윤리는 분명 종교의 부속물에 불과한 것은 아니다. 그것은 경건한 사람들에게만, 종교를 믿는 사람들에게만 유보되고 다른 이들에게는 금지된 것이 아니다. 그러나 윤리는 인간다움을 지닌 이들에게만 요구된다. 종교가 윤리를 만들어내는 것이 아니라 윤리 그 자체가 종교를 만든다. 종교는 인간의 행위들을 지배하는 자연 법칙의 명령들 가운데 하나이며 그 법칙의 뿌리 내지 기원은 아니기 때문이다.

## 2. 윤리를 벗어날 수 없음

윤리성을 벗어난다는 것은 인간다움을 벗어남을 의미한다. 윤리 질서를 내던지려는 시도는 인간 본성의 진정성을 부인하려는 시도이고 자유의 질서로부터 도망치려는 시도이다. 그러한 시도는, 할로윈 게임을 하는 어린아이처럼 인간 본성에 거짓된 얼굴을 뒤집어쓰게 하고 세상이 무서워하기를 바란다. 그러나 세상은 무서워하지 않고 즐거워한다. 생명이 없고 무감각한 피조물이 즐거워하고 웃을 수 있다면, 윤리를 반대하는 이 유식한 광대를 보고 즐거워하는 소리가 우주의 넓은 공간을 가득 채울 것이다. 윤리성에서 도망치는 것은 불가능하다. 본성으로부터 도망치는 것이 불가능하고 인간다움에서 도망치는 것이 불가능하기 때문이다. 한마디로, 있는 그대로의 사물들의 진리에서 도망치는 것은 불가능하다.

## 3. 윤리와 행복의 추구

이 장에서 우리가 말한 모든 것은 행복에 직접 연관된다. 행복의 본질이 삶의 목표를 소유하는 데에 있다고 했던 것을 기억해 보자. 우리는, 우리가 현세의 삶에서 누릴 수 있는 행복의 정도는 삶의 목표에 근접하는 데에 비례한다고 말했었다. 우리의 모든 인간적 행동들은 다름 아닌 그 목표를 위한 수단들이고, 행복을 찾는 도구들이다. 그렇다면 윤리는? 윤리는 인간이 삶에서 성공한 정도이다. 인간은 그의 목적에 도달하는 데에 비례하여 그만큼 행복하게 된다. 또한 인간은 그의 행위들이 그 목적을 향하게 하는 그만큼 윤리적으로 선하고, 그의 행위들이 그 목적에서 빗나가게 하는 그만큼 윤리적으로 악하다. 지금 여기서 우리의 윤리성은 행복의 은행에 우리가 가지고 있는 잔액과 같다. 그러한 의미에서 덕은 그 자체의 보상이다. 모든 덕스러운 행위는 최종적인 행복을 향한 한 걸음이고, 또한 모든 덕스러운 행위는 우리가 추구하는 그 행복의 한 몫을 차지하는 것이다. 우리는 행복에 대해 말하지 않고 윤리에 대해 말할 수 없다.

A Companion to the Summa

성 토마스 아퀴나스의

# 신학대전 해설서 Ⅱ

## 제5장 행복과 정념 (제2부 제1편, 제22문제~제29문제)

1. 정념에 대한 견해와 사실
   (1) 정념을 인간에게 합당치 않은 것으로 배척하는 견해
   (2) 정념을 인간의 전부로 받드는 견해
   (3) 정념을 인간의 일부로 받아들이는 견해
2. 정념을 사실로 보는 것이 온전한 설명이다
   (1) 정념의 정의와 특성
      1) 인식과 관련하여
      2) 주체
      3) 선과 악
   (2) 정념의 구분
      1) 반사작용으로부터
      2) 느낌으로부터
      3) 본능으로부터
      4) 습성으로부터
3. 정념의 종류
   (1) 일반적인 정념 : 욕정적 정념과 분노적 정념
   (2) 특수한 정념
      1) 사랑과 미움, 욕망과 회피, 즐거움과 슬픔
      2) 희망과 절망, 대담함과 두려움, 분노
4. 정념들의 상호 작용
5. 정념에 관한 이론들
   (1) 결과적 : 랑에, 제임스
   (2) 동시적 : 맥도걸
   (3) 불시적 : 캐넌
   (4) 성적 : 프로이트
   (5) 스콜라적
6. 기본적인 정념들 : 사랑과 미움
   (1) 사랑
      1) 이중적인 처리 방법 : 실험과 대조
      2) 변이형 : 본성적, 감각적, 이성적
      3) 구분 : 이기적 사랑과 호의적 사랑
      4) 원인 : 선, 인식, 유사성
      5) 결과 : 결합, 내재, 무아지경, 질투
      6) 평가
         ① 가치
         ② 영향
   (2) 미움
      1) 대상과 원인 : 악과 사랑
      2) 상대적 강도
      3) 자신과 진리에 대한 미움

---

[결론]
1. 정념들의 균형
2. 정념과 인간 본성
3. 정념과 인간적 활동
4. 정념과 행복

# 제5장 행복과 정념 (제2부 제1편, 제22문제~제29문제)

## 1. 정념에 대한 견해와 사실

### (1) 정념을 인간에게 합당치 않은 것으로 배척하는 견해

미국의 전통, 더 적절하게 말하면 앵글로-색슨 전통에서는 정념을 마치 사회적으로 성공한 가족이 가난한 친척을 바라보듯이 이해한다. 정념은 수치스러운 것, 언짢은 것, 공적인 자리에서는 부인하고 유감스럽게 생각하는 것이다. 정념보다는 오히려 엄격하게 삼가는 태도가 인간으로서 우리에게 훨씬 더 합당한 것으로 여겨진다. 그래서 우리는 마치 웃음이나 눈물을 애써 참는 어린아이들처럼 어리석게 엄숙한 모양을 하고, 무릎이 후들거리고 이가 떨리는데도 우리 자신과 세상에게 무섭지 않다는 것을 입증하려는 듯이 휘파람을 불고 다닌다. 그러나 이러한 청교도적 태도는 슬픔, 분노, 절망 같은 정념들에 대해서는 너그럽다. 또한 그러한 태도를 주장하는 사람들은 실제로 그들의 정신을 당황하게 하는 끈질긴 감정의 안개 속에 빠지게 된다.

### (2) 정념을 인간의 전부로 받드는 견해

반대쪽 극단으로서는 근래에 나타난 태도로서 정념을 인간이 지닌 최고의 것으로 여기는 견해가 있다. 이러한 견해에 따르면, 인간을 불안하게 하는 집안과 사회의 문제들, 심지어 신체적인 문제들은 모두 정념들을 온전히 작용하게 하지 않은 데에서 기인하는 것으로 이해된다. 온전히 인간이 되기 위해서는 유아기부터 정념이 모든 것을 지배해야 하고, 그렇지 않으면 그 사람은 신경질적이거나 나약하게 된다. 여기에서는, 그러한 과정을 따른다면 인간이 짐승이 되리라는 것은 중시하지 않는다. 이러한 태도를 주장하는 사람들의 마음 속에서, 인간은 실제로 또 하나의 동물일 뿐이기 때문이다.

이러한 두 극단의 충돌로 근대에는 의견들이 둘로 갈라졌는데, 그 둘은 모두 인간 본성에 관한 명백한 사실들에 치명적으로 상치된다. 아무리 오랜 시간 동안 거울 앞에서 표정을 변하지 않게 하려고 연습한다 해도, 아무도 자신이 사랑, 갈망, 두려움, 미움 등을 느끼지 않는다고 스스로에게 말할 수는 없다. 또한 정념들을 온전히 발휘하게 하는 용기를 아무리 큰 소리로 주장한다 해도 모든 사람은 그의 행위를 제어할 수 있을 때에만 그 행위들이 참으로 인간적인 것임을 알고 있다. 또한 모든 사람은 제어되지 않은 행위들에서 드러나는 그 인간답지 못하고 건전치 않은 모습들을 부끄러워하거나 최소한 그것에 당황한다. 어린이들은, 아버지에게 특별한 부탁을 하기에 가장 좋은 때가 바로 아버지가 화를 낸 직후라는 것을 매우 일찍 파악한다.

그 두 편 가운데 어느 편도 승리하지 못하며 양편 모두는 정복되고 마는데, 실제의 인간 삶은 이 두 가지 극단적인 의견 사이의 어느 지점에 있으며 그들 사이의 전쟁에 전혀 무관심하게 흘러간다.

### (3) 정념을 인간의 일부로 받아들이는 견해

인간이 있는 곳에서는 어디서나 정념을 볼 수 있을 것이다. 그리고 인간적 활동이 있는 곳에서는 어디서나 제어가, 인간 스스로 목적을 지향하는 것이 있을 것이다. 이 두 가지 명백하고 이론의 여지가 없는 사실들이 정념에 대하여 우리에게 들려준다. 그 이야기는 매우 오래된 것이고 헤아릴 수 없는 많은 방식으로 이야기된 것인데, 이를 가장 간단하게 말한다면 인간이 육체와 영혼을 지니고 있다는 것이다. 인간은 살아있는 육체를 가지고 있고 그 육체는 감각적 내지 동물적인 생명을 위하여 완전히 준비되어 있기에 정념은 그의 본성에서 필수적인 한 부분이다. 그러나 살아있는 육체가 곧 인간인 것이 아니라 인간은 이성적 존재로서 자신의 행위를 제어하기에, 정념이 인간의 전부가 될 수는 없다. 정념을 부인한다는 것은 인간이 아침식사를 필요로 한다는 것과 같은 명백한 사실들에도 불구하고 그의 동물적 생명을 부인하는 것이며, 반면 정념이 인간적 활동을 남김없이 설명해 준다고 여기는 것은 지성을 부인하는 것인데 그러한 부인이 아무리 비이성적이라 하더라도 그것은 지성 없이는 이루어질 수 없는 일이다.

아마도, 택시 운전사라 하더라도 최신형 자동차를 살펴보는 데에서는 새로움의 흥분을 느낄 수 있을 것이다. 언제나 어떤 새로운 장치가 있고, 더 나아진 부분이 있고 아니면 최소한 더 나아졌다고 주장하는 부분이 있고, 그것이 숙련된 운전기사라도 당황하게 만들 수가 있다. 인간이라는 기계의 부분들은 훨씬 더 표준화되어 있다. 실상 그 모델에서 어떤 변화가 있었다는 역사적 기록은 전혀 없다. 우리가 오랜 기간 동안 이 같은 기계를 사용하고 있다는 점을 생각한다면, 우리가 놀랄 수 없다는 것은 놀랄 일도 아니다. 정념의 본성에 대한 진술에는 놀라운 것이 없다. 그것은 처음부터 우리 자신의 일부였으며 우리의 얼굴이나 손과 마찬가지로 우리에게 친숙하다. 인간이 이에 대해 논쟁을 한다는 것이 오히려 놀랍다. 더구나 그것이 인간에게 있는 감각이나 동물적인 욕구와 같이 적절하게 묘사될 수 있는 것이라면 더욱 그렇다.

## 2. 정념을 사실로 보는 것이 온전한 설명이다

정념이라는 사실은 그 자체로 설명된다. 그것은 매우 단순하다. 흔히 '감정'이라는 말이 우리가 정념이라고 부르고 있는 것을 묘사하기 위하여 사용되고 '정념'이라는 말은 특정한 감정들에만 유보되는 경향이 있다. 그 말이 의도하는 의미만 분명하다면 그러한 용법에 대해 논쟁할 것은 없다. 그러나 이렇게 되면 지성적 욕구 내지 의지의 움직임을 나타내는 적절한 이름이 없게 된다. 따라서 그보다는 감정이라는 이름은 인간의 모든 욕구를 나타내는 데에 사용하고 정념은 감각적 욕구만을 가리키는 데에 사용하는 것이 더 좋다고 생각된다. 이 장과 다음 장에서는 정념이라는 단어를 그러한 의미로 사용할 것이다.

### (1) 정념의 정의와 특성

#### 1) 인식과 관련하여

엄밀한 의미에서 우리는 우리가 욕구에 대해서 알고 있는 것이, 즉 그것이 인식에 뒤따른다는 것이 정념에도 적용되리라고 예상할 수 있다. 듣는 것이 눈의 일이 아닌 것과 마찬가지로 인식은 정념의 일이 아니며, 눈이 들을 수 없는 것과 마찬가지로 정념은 인식을 할 수 없다. 정념은 인식을 위한 것이 아니다. 그러나 어떤 것이 인식되고 제시되지 않는다면 욕구는 결코 작동할 수 없다. 야구에 대해 들어본 일이 없는 사람은 야구 시합 티켓을 얻기 위해 시간을 낭비하지 않는다. 이것은 어떤 동물에게나 마찬가지로 적용된다. 개들이 개들을 위한 과자에 대한 욕구를 가지게 된 것은 최근의 일이다. 욕구의 모든 움직임들과 마찬가지로 정념은 갈망하는 역할을 지닌 기능으로부터 나오지 않을 수 없다. 보는 것이 시각 기관에 속하는 것과 마찬가지로 정념은 갈망의 기능에 속한다. 정념은 감각적 욕구의 움직임으로서, 그 위치는 즉시 감각적 갈망의 기관에서 찾을 수 있다. 즉 그것은 인간의 육체에 속한다. 혹시나 정념이 영혼의 구역 안에서 돌아

다닌다면 그것은 오직 우연에 의해서이고, 단순히 그 둘이 너무 긴밀히 연결되어 있어서 마치 위층에 울리는 메아리처럼 또는 풀리지 않는 수학 문제가 아이의 눈에서 눈물이 흐르게 하는 것처럼 한편에서 다른 편으로 쉽게 건너갈 수 있기 때문이다. 이런 식으로 그리스도의 영혼 안에 있던 슬픔은 그분의 육체로 뚫고 들어갔고 비오는 날의 우울함은 우리의 영혼을 뚫고 들어간다.

### 2) 주체

모든 감각 활동들과 마찬가지로 정념은 육체적 변화를 수반한다. 가장 넓은 의미에서 정념이라는 단어는 무엇인가를 받는 것, 어떤 행위를 당하거나 거기에 종속되는 것, 우리 자신 안에 어떤 행위를 받는 것을 의미한다. 이러한 넓은 의미에서 우리는 어떤 생각으로 괴로워할 수도 있고, 우리를 향한 물질적 대상들의 행동으로 인하여 어떤 생각에 사로잡힐 수도 있다. 그러나 생각들이나 인간의 영적인 부분에서 받게 되는 모든 것들은 육체적 변화라는 의미에서 고통을 수반하지 않는다. 우리의 영적인 측면이 변화되고 물질적 사물에 순응한다기보다는, 변화를 겪어야 하는 무엇인가가 우리 존재의 영적인 영역으로 들어오는 것이라고 할 수 있다. 그러나 인간의 민감한 부분의 경우는 그렇지 않다. 어떤 요리사가 그는 계속해서 음식 냄새를 맡고 있었기 때문에 전혀 먹을 필요가 없었다고 다짐했던 것이 기억난다. 그러나 분명 그는 육체적, 물리적 변화가 없는 이러한 섬세한 형태의 영양 섭취만을 계속하지는 않았다. 정념의 문제 전체는 감각적인 질서에 속하고, 감각적 접촉은 감각적 변화를 수반한다. 사람은 화가 나면 얼굴이 붉어지고, 두려우면 창백해지고, 갈망이 있을 때에는 심장 박동이 빨라지고, 미움을 느낄 때에는 근육이 긴장한다. 그 정념이 어떤 것이고 육체적 변화가 어느 정도이든지, 육체적 변화는 분명 있다. 표정없는 얼굴이나 오랜 훈련으로 이 변화들 가운데 많은 부분을 숨길 수도 있다. 그러나 거짓말탐지기는 정념이 작용할 때에 이러한 육체적 변화들을 통제할 수 없음을 보여 주는 증거들 가운데 하나가 된다.

### 3) 선과 악

이 모든 것으로부터, 아무리 청교도적으로 노력을 해도 정념 그 자체에 윤리성이라는 품위를 부여할 수 없음이 분명해진다. 아무리 많은 사례들을 들어도 거기에 인간적인 성격을 베풀어줄 수 없는 것과 마찬가지다. 앞 장에서 우리는 윤리적 행위와 인간적 행위가 정확히 동일한 것임을 보았다. 길거리의 문맹자라도 그가 어떤 행위를 참으로 인간적인 것으로 받아들이기 위해서는 제어와 지배를 요구한다. 윤리성은 행위의 제어와 뗄 수 없이 결합되어 있고, 정념은 제어에 종속된다. 그것은 제어될 수도 있고 제어를 벗어날 수도 있는데, 이에 따라서 인간적인 정념이 될 수도 있고 동물적인 정념이 될 수도 있다. 다른 말로 하면 그것은 윤리적일수도 있고 비윤리적일 수도 있으며 윤리적으로 중립적인 것이 될 수도 있다. 감각적 질서에 속하는 모든 것들과 마찬가지로 정념은 그 자체로서는 윤리적으로 선도 악도 아니다. 물리적으로 정념은 선하며 인간의 행복에서 필수적인 한 요소이다. 그러나 윤리적으로는 우리가 그것을 어떻게 만드는가에 달려 있다.

순전히 물질적인 측면에서 보면 우리는 언제나 그리고 불가피하게 정념을 만들어내는 것들 속에 있다. 어떤 지식들 -'감각, 지각, 표상, 개념'-, 욕구의 움직임 예를 들어 '어떤 외적 대상과 결합하려는 경향 또는 동의할 만하거나 그렇지 않은 것으로 지각될 수 있는 변화를 가져오는 적응의 경향', 그리고 자극을 '신경 에너지의 방출, 생리학적 영향'으로 인식하는 유기적이고 신체적인 변화가 그 예들이다. 본질적으로 정념은 그 가운데 두 번째인 감각적 욕구의 움직임에 있다. 그 첫 번째인 지식은, 색채가 시각을 위해 필수적이듯이 정념을 위한 필수적인 조건이 된다. 마지막의 신체적 변화는 균형을 잃으면 넘어지게 되듯이 정념에 뒤따르는 피할 수 없는 결과이다.

근대의 연구들은 정념들의 본성을 규정하는 데에 도움을 주었다. 정념을 추적하는 데에는 너무나 많은 경찰견 과학자들이 있어서, 사냥감을 쫓는 것이 아니라 다른 개를 쫓는다 해도 거의 비난을 받지 않았다. 물론 과학은 정념의 문제 전체를 탐구할 권리가 있다. 결국 이것은 감각적 질서의 문제이고 과학의 모든 장치들은 감각적 질서를 대상으로 하기 때문이다. 그리고 과학의 발견들은 대단히 상세하고 또한 헤아릴 수 없는 가치를 지녀 왔다. 바로 그들의 수와 가치가 크기 때문에, 질서의 요구가 면제되는 것이 아니라 더 질서에 주의를 기울일 것이 요구된다. 새로 법조계에 들어온 법률가의 책상보다는 너무 혼란스런 책상이 체계적인 조정을 할 수 있다는 더 설득력 있는 논거가 된다.

정념은 감각적 욕구의 움직임과 긴밀하게 결합되어 있고 흔히는 혼동되는데, 걸작이나 보석의 흠집이 한번 주목해서 보고 나면 분명히 눈에 띄듯이 이들 사이의 차이도 한번 지적하고 나면 분명해진다.

### (2) 정념의 구분

#### 1) 반사작용으로부터

행동주의 심리학에서 큰 부분을 차지하는 반사작용과 정념을 비교한다면, 그것은 개가 뼈다귀를 가는 것과 고기를 가는 기계의 소리가 다르듯이 서로 다르다. 반사작용은 의사가 눈에 안약을 넣으려고 할 때에 눈이 깜박거리는 것과 같은 예에서 볼 수 있다. 그것은 즉각적이고 기계적인 반응이며 완전히 무의식적이고, 사전 지식을 요구하지 않는다. 정념은 의식적이며 사전 지식이 반드시 있어야 한다.

#### 2) 느낌으로부터

느낌은 '유쾌하거나 불쾌한, 감각의 정서적인 상태'로서, 울려 퍼지는 목소리의 배음과도 같다. 이것은 정념 그 자체라기보다 정념의 근본적인 예비 조건이다. 미소를 얼굴에서 분리하여 보관해둘 수 없는 것과 마찬가지로 이러한 정서적인 상태는 감각에서 분리될 수 없다. 그리고 감각은 인식의 근원이다.

### 3) 본능으로부터

본능은 느낌과는 반대쪽 끝에 있다. 간단히 말해서 본능은 '생리학적, 심리학적 기초를 지닌 기능으로서, 보통 개체나 종의 선익을 위하여 작용하며 그 성격상 목적을 지닌 복잡한 행동의 유형'이다. 그것은 인지적, 욕구적, 운동적인 기능들을 포함한다. 정념과 마찬가지로 본능은 분명히 의식적이다. 그것은 기계적인 반사작용들이 아니다. 그 안에서 정념은 자신의 역할을 하지만, 정념을 본능과 동일시하는 것은 효모를 빵과 동일시하는 것과 같다.

### 4) 습성으로부터

반사작용, 느낌, 정념, 본능들은 모두 우리의 본성적인 부분들에 속한다. 이들은 힘들여 습득해야 하는 것이 아니다. 이 말이 참되다는 것을 확인하기 위해서는, 지식이나 돈의 분포와 반사작용, 정념, 본능의 분포의 차이를 보는 것으로 충분하다. 반면 습성은 우리의 활동의 산물이라는 점이 특징이다. 우리가 습성을 가지고 있는 것은 우리 자신이 그것을 만들었기 때문이다. 어떤 사람이 자신의 세계를 자랑하거나 부끄러워할 수 있는 것과 마찬가지로 우리는 습성을 자랑하거나 부끄러워할 수 있다. 그러나 우리가 우리의 본능, 정념, 반사작용을 자랑하거나 부끄러워한다면 우리는 아직까지 생각하기 위하여 여가를 사용하지 않은 것이다.

## 3. 정념의 종류

### (1) 일반적인 정념 : 욕정적 정념과 분노적 정념

영어가 철학적 설명을 위해서보다는 정치 문제들을 말하는 데에 더 적절하게 사용된다는 것은 사실이고 나는 그것을 설명하지 않겠다. 분명 그것은 영어의 어휘가 부족하기 때문은 아니다. 영어의 어휘는 워낙 많아서 그것을 거의 내버릴 수 있을 정도이다. 그러나 철학적 개념을 나타내기 위해 수천 개의 영어 단어 속에서 정확한 표현을 찾는 것은 문을 열기 위한 정확한 열쇠를 찾으리라는 헛된 희망으로 오래된 열쇠로 가득한 상자를 뒤지는 것과 같다. 그러므로 정념들을 분류하기에 적절한 단어들을 찾기가 어렵다는 것은 놀라운 일이 아니다. 우리는 직접 라틴어 단어를 취하여 정념들을 '욕정적(concupiscible)' 정념과 '분노적(irascible)' 정념이라고 말할 수도 있을 것이다. 그러면 일부 독자들은 겁을 먹고 이 책을 포기하게 될 것이다. 또는 근래에 사용되는 표현들로 '부드러운(mild)' 정념과 '격렬한(emergency)' 정념이라고 부르기로 할 수도 있을 것이다. 그러나 그렇게 한다면 우리는 예를 들어 사랑이나 용감함은 부드러운 정념이라고 말하게 될 것이다!

그 이름들을 무엇이라 부르든, 이 구분은 이 정념들 가운데 일부는 다른 어떤 것도 고려할 필요 없이 단순히 선과 악에 관련된다는 사실에 기초한다. 그러한 정념들이 욕정적 정념들이다. 다른 종류의 정념들은 선과 악의 개념에 어려움의 개념이 더해진다. 이들은 분노적 정념들이다.

구체적인 단어들로 표현해 보면 이는 우리의 감각적 욕구의 모든 활동들을 두 가지 표제로 요약할 수 있음을 의미한다. 감각적 욕구는 선을 잃거나 얻을 수 있으며, 어려움들에 맞서 투쟁할 수 있다. 이 두 단계는 우리 모두가 잘 알고 있는 것이다.

## (2) 특수한 정념

### 1) 사랑과 미움, 욕망과 회피, 즐거움과 슬픔

사랑과 미움에서 시작하여 정념들을 하나하나 자세히 다룰 수도 있겠지만, 우리는 그렇게 세부적으로 다루지 않고 대략적인 개관을 통하여 감각적 활동의 원동력이 되는 이들 각각의 정확한 위치를 파악하도록 할 것이다. 예를 들어 아침에 늦잠을 자는 것이 아주 좋고 선한 것으로 여겨졌던 사람을 예로 들어 보자. 그는 실제로 잠을 자고 있을 때에나, 잠자기를 기다릴 때에나, 또는 단순히 지난 밤의 잠을 기다릴 때에나 잠을 좋아한다. 마찬가지로 그는 언제 그리고 어떤 식으로 불면에 대해 생각하게 되든 그것을 싫어한다. 그가 주말에 시골에 있는 동생의 집에서 평온한 시간을 보내도록 초대받았다면 그는 오늘 지하철을 타고 집으로 돌아와 길고 편안한 잠을 고대할 것이다. 그러나 동생의 집에 가서는 가까이에 있는 고아원에 불이 나서 동생이 어린 고아들 25명을 집에 데리고 있다는 것을 알게 된다면, 그는 즉시 그의 잠을 방해하는 이들을 피하여 다음 기차를 타고 집으로 돌아가려 할 것이다. 그러나 그 기차가 강한 눈보라를 만나 그가 흡연실에서 잠을 못 이루면서 힘겨운 밤을 보냈다면, 그 다음 날 밤에 그는 아주 긴 밤잠으로 이 모든 것을 보충하고 만족스런 쾌락이나 즐거움을 찾을 것이다.

### 2) 희망과 절망, 대담함과 두려움, 분노

그날 밤에 집으로 돌아가는 기차가 없었다고 가정해 보자. 이때에는 분명 분노적 정념이 나오게 된다. 잠을 자기에는 여러 가지 어려움들이 나타난다. 그러나 그 집의 여인들은 그에게 이 아이들이 잘 교육을 받았고 일찍 잠이 들며 그가 그의 몫을 한다면, 즉 열 명의 아이들을 달래어 재운다면 모든 것이 잘 되리라고 말할 것이다. 그래서 그는 어려움을 극복하리라는 희망을 품고 아이들을 재우기 시작한다. 네 명까지 재우고 나면 그는 아이들이 밤마다 화재를 겪는 것은 아님을 깨닫는다. 처음으로 한 아이가 세 번째로 잠을 깨게 되면, 절망감이 스며든다. 이것이 계속되면 그는 잠이 들 수 없게 된다. 무엇인가를 해야 한다. 그렇게 자의식이 강한 사람은 드문 대담함을 가지고 모든 아이들을 침대에 눕히고 그들에게 노래를 불러 잠들게 하려고 애를 쓴다. 몇 분 후에 그는 상황이 절망적임을 깨닫고 두려움을 느끼게 된다. 그날 밤에는 잠을 잘 수 없으리라는 두려움을 갖는 것이다. 마지막에는 그는 화를 내며 소리를 지르고, 그 집의 여인들은 또 불이 났다고 생각하고 뛰어 들어와 그의 화를 돋운다. 그는 화를 내며 아이들을 돌아보며 그들에게 소리를 치고 조용히 시킨다. 이로써 즉시 편안한 분위기가 만들어지고 아이들은 다시 안전함을 느낄 것이며 곧 잠이 들 것이다. 불면이라는 악은 물리쳐진 것이다.

## 4. 정념들의 상호 작용

이 예를 더 자세히 살펴보면 정념들 사이의 관계를 곧 쉽게 볼 수 있다. 이 불쌍한 사람이 잠을 좋아하고 갈망하지 않았다면, 잠을 자는 즐거움을 추구하지 않았다면 그는 희망도, 절망도, 대담함도, 두려움도, 분노도 겪지 않았을 것이다. 야간에 운행하는 택시 운전기사는 밤중의 어느 시간에 시끄러워지더라도 신경을 쓰지 않는다. 욕정적 정념이 분노적 정념의 근원이 된다는 것은 언제나 사실이다. 실상 분노적 정념은 근본적으로 욕정적 정념들의 활동에서 연유한다. 완전히 무기력해진 사람은 분노적 정념들을 사용하지 않는다. 그는 아무것에도 관심이 없고, 아무것도 그에게 욕정적 정념들을 일으킬 수 없기 때문이다.

분명 정념들의 활동의 근원이 되는 것은 사랑과 그 반대인 미움이다. 그밖의 정념들 가운데에서 가장 중요한 것들을 지적하고자 한다면 희망, 두려움, 즐거움, 슬픔 등을 예로 들 수 있다. 이들의 공통점, 이들을 중요한 정념들이 되게 하는 것은 그 정념이 즐거운 것이든 괴로운 것이든 이들이 지닌 목적에 있다. 희망은 추구하는 정념들 가운데 마지막이다 (나는 사랑하고, 갈망하고, 희망한다). 두려움은 피하는 정념들 가운데 마지막이다 (나는 싫어하고, 회피하고, 두려워한다). 그리고 정념들의 활동들의 마지막에 오는 것은 기쁜 소유 또는 슬픈 상실이다. 모든 정념들 가운데 분노만이 거만하게 고립되어 있으며 그 반대되는 정념이 없다. 분노의 반대, 즉 실제로 현존하는 악에 온순하게 복종하는 것은 욕구의 활동을 수반하지 않고 오히려 그 활동을 거부하는 것이기 때문이다. 어쨌든, 우리 이야기의 주인공은 마침내 잠이 든다.

## 5. 정념에 관한 이론들

**(1) 결과적 : 랑에, 제임스**
**(2) 동시적 : 맥도걸**
**(3) 불시적 : 캐넌**
**(4) 성적 : 프로이트**
**(5) 스콜라적**

그 사람은 잠이 들기에 이르렀다. 그 집은 고요해졌고 우리는 다른 곳에서 자유롭게 우리의 관심사를 탐구할 수 있게 되었다. 그리고 침묵 속에서보다 더 쉽게 그것을 탐구할 수 있는 곳은 없다. 정념의 문제를 들여다보면서, 실험 심리학에서는 정념의 본성과 정념이 어디에 자리하는지에 대한 여러 가지 이론들이 제시되었다. 초기의 견해들 가운데 하나인 제임스(James)와 랑에(Lange)의 견해에서는 정념을 정념과 함께 나타나는 신체적 움직임과 동일시했다. 우리가 정념이라고 부르는 것은 유기적이고 생리학적인 변화의 결과이다. 여러 가지의 정념들은 그 정념을 느끼는 주체의 생리학적 변화들에 따라 서로 달라진다. 맥도걸(MaDougall)은 감정과 본능을 서로 긴밀히 결합시켰는데, 이것은 더 진리에 가까운 것이었다. 그러나 그는 이들을 지나치게 서로 결합시켰다. 그는 정념이 언제나 어떤 본능적 과정을 표시해주는 것이며 그 과정의 항구한 특성이라고 보았다. 이들은 언제나 함께 다니며, 하나의 감정은 하나의 본능과 짝지어진다. 감정은 본능적 행동의 변하지 않는 핵심이며, 본능은 인간 활동의 강한 추진력이다. 한편 캐넌(Canon)은 셰링턴(Sherrington)과 함께 실험적으로 제임스의 이론을 비판하며 여러 가지 감정들은 서로 다른 생리학적 특징들로 구별되지 않는다는 것을 증명하였다. 그는 정념들이 동물적 기관들이 어떤 자극이나 상황을 만나 무엇인가가 움직여짐으로써 강한 반응을 일으키는 데에서 비롯된다고 생각했다. 프로이트(Freud)는 그 모든 것을 단순화하여 누구나 말할 수 있는 낮은 차원으로 환원시켰으며, 모든 감정이 성의 충동에서 나오는 것이라고 보았다. 이 지배적인 본능의 충동, 곧 리비도(libido)는 근본적으로 종족 보존을 위한 기본적 욕구이며, 개별적인 정념이 아무리 순진하게 보인다 해도 그것은 그것을 지배하는 주인인 성과 연관되어 있다.

아마도 맥도걸의 설명만 제외하고, 이들 모두는 정념들을 순전히 생리학적으로만 해석하는 오류를 범한다. 그러나 스콜라 학자들은 정념이 동물체 전체의 현상으로서 정신적 활동과 생리학적 활동을 모두 포함하는 것이라고 주장했다. 그들은 우리가 이 장에서 제시한 바와 같이 정념을 설명했는데, 그것은 참으로 사실에 부합된다.

## 6. 기본적인 정념들 : 사랑과 미움

### (1) 사랑

#### 1) 이중적인 처리 방법 : 실험과 대조

예를 들어 사랑의 경우가 그러하다. 사랑에 대해서는 나름대로의 설명이 있다. 사랑을 경험적으로, 실험적으로 설명하려고 시도할 수도 있다. 이때에는 사랑의 모든 물리적 특성들을 실험 대상으로 삼는다. 아니면 더 철학적으로, 사랑의 정념을 보다 상위의 합리적 사랑의 감정과 대조시킬 수 있다. 이는 마치 보석상이 보석을 담은 상자의 어두운 장엄함으로 보석의 광채를 부각시키는 것과 같다.

이 마지막 방법은 모든 인간에게 두 종류의 사랑이 있음을 전제한다. 인간이 두 가지 욕구를 지니고 있으며 사랑은 그 욕구의 기본적인 움직임이라는 점을 기억한다면, 그 전제는 당연한 것이 전혀 아니다. 사실상, 그 둘 가운데 하나가 없으면 인간은 인간이 아니라 단순히 동물이거나 아니면 천사적이 될 것이다. 다행히도 인간은 계속 인간으로 남아 있다.

#### 2) 변이형 : 본성적, 감각적, 이성적

사실상, 사랑이라는 용어를 좀 더 확장시켜 보면 우리는 세 종류의 사랑을 구분할 수 있다. 사랑의 가장 본질적인 의미에서 - 유쾌하고 선하며 연관된 개별 본성에 적합한 것으로 알려진 대상에 대한 욕구의 첫 번째 응답 - 우리는 비에 대한 식물의 반응, 고기에 대한 개의 반응, 그리고 진리에 대한 인간의 반응을 구별할 수 있다. 그 첫 번째 것을 나머지 두 경우와 구별해 주는 차이는, 여기에서는 식물 그 자체의 인식을 따르는 것이 아니라 식물의 창조자의 인식을 따른다는 것이다. 식물이 비를 사랑한다는 것은 비가 식물에게 선한 것이며 식물이 그 선성에 응답한다는 의미에서이며, 그 식물은 비가 선한 것임을 알지 못한다. 그 식물은 단순히 본성의 맹목적 충동을 따른다. 그러나 동물이나 인간은 인식을 하며 그들의 개별적 지식에서부터 개별적인 욕구가 나온다.

물론 인간에게는 그 세 가지 모두가 나타난다. 인간에게는 공기에 대한 폐의 응답, 더운 날의 시원한 바람에 대한 감각적 욕구의 응답, 골고타의 너그러움에 대한 지성적 욕구 내지 의지의 응답이 모두 있다. 지금 우리에게 주로 관심의 대상이 되는 것은 그 마지막 두 가지이다.

3) 구분 : 이기적 사랑과 호의적 사랑

이 두 가지 사이의 대조를 분명하게 드러내기 위해서는, 우리 삶의 하루나 이틀을 돌아보는 것으로 충분하다. 어렵지 않게 우리는 이기적 사랑의 무수한 예들을 알아볼 수 있다. 여기서 '이기적'이라는 말은 경멸적인 의미로 사용된 것이 아니라 단순히 갈망하는 대상을 자신에게 동화시키려 하는 사랑, 대상을 자신 안으로 집어삼키려 하는 사랑을 가리킨다. 우리가 아침식사, 집, 의자, 책, 때로는 친구들을 사랑할 때의 사랑이 바로 이러한 것이다. 이것은 소유라는 개념으로 가장 잘 표현된다. 이 의자, 이 책상, 이 집은 나의 것이고 내가 그것을 소유하며 나의 일부이다. 친구를 갖는 것과 친구를 소유하는 것 사이의 차이가 여기에 있다. 이기적인 사랑은 사랑하는 사물 또는 사람이 사랑하는 사람에게 속하거나 그의 일부라는 것 외에 그것 자체의 실체적인 본성이나 인격성에는 관심이 없다. 동물적인 모든 사랑, 정념의 사랑은 모두 이러한 유형에 속한다.

이와 대조되는 호의적 사랑은 우정의 진정한 사랑과 하느님께 대한 우리의 사랑을 포함한다. 이 사랑은 비유적인 의미에서든 자구적인 의미에서든 사랑하는 대상을 집어먹으려고 하는 것이 아니라 그 대상의 개별성을 깊이 존중한다. 이 사랑은 사랑의 대상을 자신에게 동화시키거나 파괴하거나 소유하려 하지 않고,

그것을 또 하나의 자아로서 바라본다. 이것은 자아를 확장하는 것이 아니라 자아를 다수화하는 것이며, 의지의 결합을 통하여 사랑에 의해 요구되는 긴밀한 결합을 촉진시키는 것이다. 이 또 다른 자아가 내 노력의 대상이 되는 것은 바로 그가 또 하나의 자아이기 때문이다. 그가 갈망하는 것은 나의 갈망이고, 그를 침해하는 것은 나를 침해하며, 그의 행복을 방해하는 것은 나의 행복을 방해한다. 우리는 하나이기 때문이다.

선에 대한 우리의 의지의 응답인 이성적 사랑은 호의적인 것이 될 수도 있고 이기적인 것이 될 수도 있다. 어떤 사람이 매우 현명하기 때문에 그를 사랑한다고 할 때에 이것은 그의 지혜를 나의 것이 되게 하기 위한 것일 수도 있고, 어떤 사람이 덕스럽게 때문에 사랑한다고 할 때에 그것은 성덕에서 진보하기 위해서일 수도 있다. 이 가운데 어떤 것도 사랑이라는 정념의 산물일 수 없지만, 이들 모두는 이기적인 유형에 속한다.

어떤 사랑이 이성적인 것이든지 정념에 의한 것이든지, 그 아래에 깔려 있는 원인은 언제나 동일하며 기이하게도 매우 단순하고 철학자의 눈에는 매우 분명하게 보인다. 사랑의 감미로운 신비는 그 원인 때문에 신비로운 것이 아니라 인간의 마음이 그 사랑의 이름으로 무한한 행위를 할 수 있는 가능성들을 지니고 있기 때문에 신비로운 것이다. 사랑에는 오직 세 가지 원인들이 있으며, 그 원인들은 상호 배타적인 것이 아니라 오히려 서로를 북돋워주고 서로 안에 포함된다. 이들은 선, 지식, 유사성이다.

### 4) 원인 : 선, 인식, 유사성

인식은 모든 욕구의 움직임의 필수 조건인 것과 마찬가지로 또한 모든 사랑의 필수 조건이다. 젊은 남자가 꿈에 그리는 소녀는 창조물이 아니라 언젠가 그가 알게 된 현실들의 합성물이다. 개가 처음으로 개를 위한 과자에 다가가는 것은 사랑에서가 아니라 호기심에서이다. 사람들이 생각보다 상대방에 대해 알지 못할 때에는, 사랑보다는 논쟁할 거리가 더 많다. 선이라는 요소도 그에 못지않게 필수적이다. 선은 욕구의 움직임을 일으키는 유일한 대상이기 때문이다. 어떤 아이가 아무리 마르고 둔하게 보인다 해도 그에게 어디엔가 선이 있을 것이고 그렇지 않다면 그 어머니가 아이를 사랑할 수 없을 것이다. 사랑이 눈이 멀어 보지 못한다는 말보다는, 사랑이 한 사람을 깊이 꿰뚫어보는 눈을 가지고 있어서 흔히 다른 모든 사람들이 알아보지 못하는 귀한 보물을 찾아낸다는 것이 더 진실에 가깝다. 영혼을 악에 팔아버린 가장 타락한 인간이라 하더라도, 그가 그 악에 충실할 수 있는 것은 그가 그 악을 선하다고 보기 때문이다. 적어도 여기까지는 언제나 사실이다. 무엇이든, 누구든 우리의 사랑을 얻어내려면 선으로 보여야 한다. 그렇지 않다면 즉시 그 사랑을 잃게 될 것이다.

우리는, 아주 멋진 남자가 못생긴 여자에게 쉽게 빠지기도 하고 그 반대 경우도 있다는 것을 자주 본다. 아주 사나운 개가 아주 소심한 애완동물들과 함께 달리기도 하고, 끝없이 떠들어대는 사람들이 귀기울여 듣는 이들을 친구로 가지고 있는 경우도 있다. 우리는 그런 경우들에 대해 "양극은 통한다"고 말한다. 그러나 실제로 사랑의 영역에서 그들은 서로를 거부한다. 매력은 유사성이고, 그 유사성은 대충 훑어보아도 곧 드러난다.

앞에서 호의적 사랑 내지 우정의 사랑은 내가 사랑하는 사람을 또 하나의 자아로 본다고 말했다. 그 다른 자아가 우리와 동일한 자질과 탁월성들을 현실적으로 소유하고 있을 경우 자아의 확장 내지 재생은 쉽고 본성적이다. 여기서, 이것이 동일성의 문제가 아니라 유사성의 문제임을 기억해야 할 것이다. 사랑은 바로 그 일치점들에서 나온다. 우리가 지혜롭게 머리를 끄덕이며 '천생연분'이라고 말하거나 '완벽한 한 쌍'이라고 말할 때 우리는 이러한 논리를 따르고 있는 것이다. 그러나 우리는 그렇게 완벽하지 않은 쌍들에 대해 짜증을 내기도 하는데,

그 경우는 그렇게 분명하지 않다. 이런 경우에 우리는 주저없이 우리 자신과 본성에 모순을 저지르면서 양극은 통한다는 낡은 이론을 끌어댄다.

이러한 후자의 경우 진정한 해답은 우리가 보고 있는 것이 다른 종류의 유사성이라는 것이다. 여기에서 그들은 같은 자질을 현실적으로 소유하고 있는 것이 아니라, 한 사람은 그것을 현실적으로 소유하고 있고 다른 사람은 가능적으로 내지 희망적으로만 그것을 소유하고 있다. 정념적 사랑의 경우나 유용성 또는 쾌락을 목적으로 하는 우정의 사랑은 이러한 유형의 유사성에서 비롯된다. 듣기를 잘 하는 사람은 말을 잘하는 사람이 되기를 꿈꾸고 지극히 평범한 사람은 자신의 남성미로 여인들을 온통 매혹시키기를 꿈꾼다.

때로 그것은 다른 식으로 작용하고, 사랑을 불러일으키는 것이 아니라 질투와 미움을 일으킨다. 예를 들어 다른 사람의 탁월성이 우리 자신의 완전성에 기여하는 것이 아니라 그것을 방해한다고 여겨질 때에 그렇게 된다. 그래서 인생은 우리에게 다양한 체험을 하게 된다. 강한 사람들이 약한 사람들에게 있을 때, 어떤 경우 약한 사람들은 강한 사람들에게 끝없는 충성을 바친다. 하지만 어떤 경우 강한 약한 사람들은 강한 사람들을 방해하고 그들과 싸우고 심지어는 그들을 죽이는데, 그것은 이들이 그의 힘이 자신들의 진보를 가로막는다고 여기기 때문이다. 현명한 사람들이 어리석은 사람들에게 둘러싸여 있는 경우도 있고, 현명한 사람들이 서로 협력하여 더 큰 지혜를 추구하는 경우도 있으며, 또 어떤 경우에는 현명한 사람들끼리 죽도록 서로 싸우는 경우도 있다. 이는 서로가 지닌 지혜 때문이 아니라 각자가 지니지 않은 지혜 때문이다.

진지하게 숙고해 보면, 우리가 사랑하는 대상들은 우리가 무엇이며 우리 마음속에서 무엇이 되기를 원하고 있는지를 정확하게 비추어 주는 거울과 같다. 그러나 사랑의 결과의 영역으로 더 들어가 볼 필요가 있다.

### 5) 결과 : 결합, 내재, 무아지경, 질투

이 장에서 사랑의 결과들을 충분히 다룰 수는 없다. 실상, 하늘 아래서는 그 결과들을 적절하게 알고 평가할 수 없을 것이다. 그러나 그 효과들을 간략하게 살펴보는 것은 가능하다. 사랑의 첫 번째 명백한 결과는 결합이다. 사랑의 원인에는 유사성의 결합이 있고, 우리의 욕구가 사랑하는 선을 추구하는 데에서나 그 선을 또 하나의 자아로 설정하는 데에서는 애정의 결합이 있으며, 마지막으로 사랑의 유대로부터 그 결과로서의 결합이 이루어진다. 이 마지막 결합은 동화에 의해서 또는 또 다른 자아의 탄생에 의해서 이루어진다. 후자는 사랑하는 편이나 사랑받는 편이 파괴되지 않으면서 가능한 한 동일성에 근접하는 결합으로서, 그 최고의 표현은 영성체에서 나타난다.

그 결합이 어느 정도까지 가까울 수 있는지는 사랑의 두 번째 결과인 내재를 좀 더 살펴봄으로써 분명하게 드러날 수 있다. 내재라는 단어는 관련된 두 편을 서로의 거의 필수적인 부분이 되게 하는 사랑의 유대를 가리킨다. 글자 그대로 내재는 상대방 안에 있는, 그 안에 존재하는 것을 나타낸다. 아마도 그것은 과장되게 들릴 것이다. 그러나 사실을 살펴보자. 사랑하는 사람이나 사물은 우리의 정신 밖에 있지 않다. 우리의 정신은 집과 같아서, 사랑하는 사물이나 사람은 그 안에서 온전히 친숙하게 돌아다니며 모든 생각과 표상과 기억에 흔적을 남긴다. 그 사랑하는 사물이나 사람이 우리의 삶에서 떠나가고 나면 우리의 정신은 외롭고 황폐한, 무너져가는 집처럼 된다. 이러한 친밀함은, 애정의 경우에 더 작은 것이 아니라 오히려 더 크다. 사랑의 정념의 경우에는 사랑하는 사물 또는 사람이 현존함으로 인한 온전한 기쁨이 있거나 아니면 그 현존에 대한 초조하고 끈질기며 강력한 갈망이 있게 된다. 이성적 사랑은 더 평온하지만 그렇다고 그만큼 강렬하지 않은 것은 아니며, 친구를 우리 자신만큼이나 더 우리의 애정에 가까이 있게 한다. 우리가 그 친구에게 기원하는 모든 선은 우리의 또 다른 자아를 향하는 것이 된다.

사랑을 하는 사람 편에 사랑의 대상이 현존한다는 것, 이것은 결합의 한쪽일 뿐이다. 사랑하는 사람은 왜 그의 사랑의 대상에 대한 표면적 지식으로는 결코 만족하지 못하는 것일까? 서로 사랑하는 사람들이 끝없이 사소한 것들에 대해 이야기하는 것은 무엇 때문일까? 이 두 질문에 대한 답은 사랑을 하는 사람이 그의 사랑의 대상에 속하는 모든 것들을 생각하고 탐구하고 숙고하려는 욕구를 갖는다는 것으로 설명된다. 사랑은 맹목적이 아니다. 사랑은 언제나 조사를 해야 하고, 자신이 사랑하는 사람의 마음에 이르기까지 뚫고 들어가야 하기 때문이다. 아주 간단히 말해서, 사랑하는 사람의 정신은 사랑받는 사물 안에 내재하고 그 안에 파묻혀 있다.

더 정확히 말한다면, 애정에 있어서는 사랑하는 사람이 사랑받는 편의 안에 내재한다. 그래서 사랑의 정념은 단순한 소유로 만족하지 않고, 그 소유를 향유하는 것으로도 만족하지 않으며 더 나아가서 그 대상을 자신에게 완전히 동화시키기를, 그 대상의 가장 깊은 내면까지 뚫고 들어가기를 바란다. 그래서 고대의 철학자들은 사람은 그가 사랑하는 그것이라고 참되게 말할 수 있었다. 그 대상이 훨씬 낮은 것이고 인간에게 어울리지 않는 것이든, 아니면 그보다 무한히 높은 것이든, 그의 사랑이 있는 곳에서 그 사람이 무엇인지를 알 수 있다. 모든 것을 자신의 차원으로 들어 높이거나 끌어내리는 지성과 달리, 욕구는 사랑을 받는 사물을 향해 나가야 하기 때문이다. 그것이 우정의 사랑이라면, 사랑을 하는 사람의 애정은 사랑받는 사람에게 깊이 파고들기 때문에 그 친구를 위한 선은 곧 그 자신을 위한 선이 된다. 우리 친구들에게 일어난 불행은 우리에게도 불행이 된다. 현세의 삶에서 가능한 선에서, 우리는 둘이 아니라 하나가 된다.

사랑의 다른 모든 결과들은 이 두 가지 결과들에서 나온다. '무아지경'이라는 단어로 성 토마스는 여기서 '자신 밖으로 벗어나게 됨'을 의미하는데, 우리의 정신과 마음이 다른 것 안에 파묻혀 있을 때에 실상 우리는 우리 자신을 벗어나게 된다. 아마도, 보통의 직장에서 기꺼이 직원이 신혼여행을 떠나게 하는 것은 그 기간에 그를 사무실에 붙잡아 두는 것이 별 소용이 없음을 경험이 보여 주었기 때문이기도 할 것이다. 수학 문제에 몰두한 교수가 저녁 식사를 잊을 수 있다면, 강렬하게 사랑을 관조하는 데에 몰두한 사람에게 무엇을 바랄 수 있겠는가? 그러한 이유로 여인들은 사랑의 이름으로 허름한 오두막에서도 행복하게 살 수 있고, 또 그러한 이유로 남자들은 고되고 흥미 없는 일에 일생을 바칠 수도 있다. 그러한 이유로 자녀들은 자신들의 삶이 거의 다 지나갈 때까지 부모를 위해 헌신할 수 있고 사랑으로 이를 행하는 것을 기뻐할 수 있다. 이 사람들은 그들 자신을 위해 일하고 있는 것이다. 그들이 사랑하는 사람들의 행복에 도움이 되는 것은, 그것이 자신에게 지극한 고통과 아픔이 되더라도 또한 그들의 행복이 된다. 겟세마니 동산에서 그리스도께서 겪으신 것이 그 한 예이다.

물론, 우리의 친구들이 겪는 악은 우리에게도 악이며 그것은 강하게 느껴진다. 사랑의 정념의 경우, 우리가 갈망하는 선을 소유하는 데에 간섭하는 것은 우리의 즉각적인 반대를 받게 된다. 여기서 성 토마스는 그러한 의미로 '질투'라는 단어를 사용한다. 질투는 우리의 사랑을 거스르는 모든 것을 배제하는 강렬한 움직임이고, 그 강도는 우리의 사랑의 강도에 정확히 비례한다. 이것은 우리 삶에서 어떤 사물 또는 사람이 어떤 위치를 차지하고 있는지를 판단하기 위한 매우 가치있는 기준이 된다.

6) 평가

① 가치

② 영향

사랑이 해를 끼칠 수 있을까? 사랑은 위험한 것일까? 사랑만큼 강한 것은 모두 위험할 수 있지만, 위험한 것이 되지 말아야 한다. 사랑의 목적은 오직 우리에게 완전성을 부여하고 우리의 본성을 완성하는 것이다. 분명 우정의 사랑, 호의적이고 사심 없는 사랑은 그 안에 해악이 전혀 없으며 그것을 지닌 사람을 끊임없이 성장시켜 준다. 그러한 사랑은 희생이 충만함을 향한, 우리 본성의 완성을 향한 가장 완전한 길이라는 역설을 이룩한다. 그러나 이기적이고 자기중심적인 사랑은 치명적일 수 있다. 특히 그 사랑이 인간에게 합당치 않거나 위험한 것을 대상으로 할 때에 그렇다. 모든 사랑은, 사랑받는 대상이 위험한 것인 그만큼 위험하다. 하느님을 사랑하는 것과 죄를 사랑하는 것 사이의 지극한 차이는 여기에서 유래한다. 우리의 욕구는 언제나 그것이 사랑하는 대상의 수준을 찾는다. 사랑의 정념의 물질적 요소는, 다른 모든 정념의 물질적 요소와 마찬가지로, 지나칠 때에는 위험할 수 있다. 격분할 때에는 혈관이 파열될 수도 있고 뇌출혈로 죽을 수도 있다. 사랑에 빠질 때에도 입맛을 잃고 몸이 쇠약해질 수 있다. 모든 정념에는 신체적, 유기적인 변화들이 수반되며 이 변화들은 조직체의 파괴를 가져오는 데에까지 이를 수도 있다.

한 가지 덧붙인다면, 성 토마스가 간단하게 "사랑은 사랑하는 사람이 행하는 모든 것의 원인"이라고 표현한 것이 있다. 우리는 이를 보편화하여, 사랑이 모든 사람이 행하는 모든 것의 원인이라고 말할 수 있다. 이것은 끝없는 고찰거리가 된다. 이것을 생각하고 나서 인간 활동의 무서운 복잡성, 악마의 활동의 악함, 또는 하느님의 전능하신 활동을 바라본다면, 또는 우리 자신의 활동을 이 말에 비추어 본다면 우리는 또다시 우리의 마음이 무엇에 가장 많이 사로잡혀 있는지를 보여주는 정확한 지표를 지니게 된다.

### (2) 미움

1) 대상과 원인 : 악과 사랑
2) 상대적 강도
3) 자신과 진리에 대한 미움

인간이 자신의 보물이 어디에 있는지를 모른다고 말할 구실은 거의 없다. 우리의 질투, 우리가 사랑하는 대상, 우리의 활동, 심지어 우리의 미움도 우리의 사랑이 무엇을 중심으로 하는지를 보여 주는 지표들이다. 사랑이 없다면 미움도 있을 수 없기 때문이다. 미움이 없는 사람은 거의 사람도 아니다. 그는 사랑도 없는 사람이고 따라서 목표도 없는 사람이기 때문이다. 그는 자신이 하는 어떤 활동도 설명할 수 없는 사람이다. 극단적으로 관대한 사람은 이러한 묘사에 근접한다. 우리는 우리가 사랑하는 것에 직접적으로 반대되는 것들을 미워한다. 고양이를 좋아하는 여자가 흔히 개를 보기만 해도 싫어하는 것이 그 예이다. 흔히, 자신이 품고 있는 미움을 자세히 들여다볼 때에는 놀랍게도 그 미움을 불러일으킨 것이 그가 사랑하는 대상이었음을 알게 된다. 그 둘 가운데에는 사랑이 더 강하고, 사랑은 미움의 원인이 될 만큼이나 강하다. 그러나 물론 우리는 앵무새를 사랑하기보다는 더 쉽게 시금치를 싫어한다. 사람들은 흔히 미움에 대한 사랑의 강도에 관한 이 진리를 왜곡시켜 왔지만, 그러한 오류는 미움이 흔히 사랑보다 더 강하게 느껴진다는 사실에 근거한다. 사랑이 절정에 달할 때를 제외하고는 미움은 멈추지 않는다. 미움은 존재하는 한 언제나 강렬하고 태워버리는 정념이지만, 사랑은 갈망하는 대상을 소유하게 되면 평온한 기쁨을 누린다. 그렇다고 해서 사랑이 멈추는 것은 아니다.

## [결론]

### 1. 정념들의 균형

이 장의 주제는 더 자세히 다루어야 마땅한 것이지만, 너무 간략하게나마 요약해 보자. 인간이 음식과 음료에 대한 본성적 욕구를 지니고 있다는 것은 탐식이나 과음에 대한 충분한 변명이 되지 못한다. 마찬가지로, 정념이 본성적이라고 말한다고 해서 그것이 제어되지 않은 정념에 대한 충분한 변명이 되지도 못한다. 물론 그것은 본성적이지만, 그것이 무엇이든 그것은 수많은 본성적 정념들 가운데 하나일 뿐이다. 하나의 정념이 지나치도록 내버려두는 것은 다른 정념을 몰아내는 것으로, 이는 명백히 본성에 어긋난다. 동물들은 본능적으로 정념들의 균형을 이루며, 어떤 외재적이고 불가피한 물리적 원인에 의해서만 그 균형이 깨진다. 그러나 인간에게서 그 균형은 이성의 명령으로 이루어지며, 개인의 쾌락에 대한 욕망 때문에 균형이 무너질 수 있다. 하나의 정념이 그의 삶을 지배한다는 것은 인간의 본성에 맞지 않는다. 인간적 활동의 본질은 그 활동이 이성에 의해 제어된다는 데에 있기 때문이다. 인간에게서, 본성적으로 작용하는 정념은 이성의 제어 아래 작용하는 정념이다.

## 2. 정념과 인간 본성

어떤 정념이 부족하다는 것은 자랑거리가 아니다. 아무도 자신이 변덕스럽다는 것을 자랑하지는 않는데, 이 정념들 가운데 어떤 하나가 부족한 사람은 변덕스런 사람이다. 사실상, 그런 말을 한다면 거의 확실하게 그것은 상당히 의심스러운 것이다. 그것은 마치 한 사람이 친절하게 미소를 지으며 불쌍한 목소리로 "저는 뇌가 없어요."라고 말하는 것과 마찬가지일 것이다. 적어도 그것은 일반적인 경우가 아니다. 정념은 인간 본성의 필수적인 부분이다.

## 3. 정념과 인간적 활동

더 정확히 말해서 정념은 인간 안에서 움직이게 하는 힘의 원천의 필수적인 한 부분이 된다. 인간적 활동 이면의 모든 충동은 인간의 감각적 또는 지성적 욕구에서 나오며, 정념은 감각적 욕구의 본성적 움직임이다. 정념이 우리의 활동들에서 그러한 역할을 한다는 것은 놀라운 일이 아니다. 정념은 그 역할을 해야 한다. 우리의 두 가지 욕구는 서로 긴밀히 결합되어 있어서 불가피하게 서로에게 반응하기 때문이다. 정념은 이성의 제어 아래 있을 때에 인간적 활동에게 도움이 될 수 있고, 제어를 받지 않을 때에는 해로울 수 있다. 보통 우리의 본성적 장치는 불균형적으로 주어지지 않는다. 거기에는 보통 감각적인 것의 힘과 지성적 욕구의 힘 사이에 일정한 균형이 있다. 매우 강한 정념을 지닌 사람이라고 해서 지옥으로 가는 편도 티켓이 보장되는 것은 아니다. 다만 그것은 악을 향한 또는 선을 향한 매우 큰 가능성들을, 전심으로 사랑할 수 있는 가능성을 의미하는 것이다. 그러한 가능성들을 발전시키는 것은 우리가 우리의 사랑을 어떤 대상에 고정시키는가의 문제이다. 마리아 막달레나의 회개와 평생에 걸친 충실성은, 초본성적으로도 설명되지만 심리학적으로도 설명된다. 베드로를 사도들의 으뜸이며 그리스도의 후계자로 선택하신 것도 그렇다.

## 4. 정념과 행복

행복은 인간적 활동에 대한 보상이며 한 사람이 그의 목표를 향해 끊임없이 나아가는 것을 알아보는 척도이다. 정념은 인간적 활동을 만들어낼 수도 없고 인간의 행복을 만들어낼 수도 없다. 정념은 우리가 동물들과 공통으로 지닌 유산이다. 정념이 줄 수 있는 행복은 오직 동물적인 쾌락뿐이며 그것은 언제나 사람에게 쓴맛을 남긴다. 그러나 정념은 행복에 크게 기여할 수 있으며, 인간적 활동에 크게 기여할 수 있다. 또한 정념은 행복을 크게 거슬러 작용할 수도 있다. 인간적 행위의 본질인 제어를 거슬러 작용할 수 있기 때문이다. 그러나 강하든 약하든 정념은 인간을 행복으로 이끌거나 인간의 손 안에 있는 행복에서 멀어지게 한다.

## 제6장 행복과 정념 2. 욕망
### (제2부 제1편, 제30문제~제39문제)

1. 주제의 적합성
    (1) 20세기의 버릇없는 아이들에게
    (2) 인간성 자체를 근거로
        1) 인간의 삶에서 활동과 목표의 위치
        2) 활동과 목표에 대하여 욕정적 정념의 위치
2. 욕망의 정념. 사욕편정
    (1) 그 본질과 위치
    (2) 본성적 욕망과 습득된 욕망
    (3) 회피
3. 즐거움과 기쁨
    (1) 즐거움과 기쁨의 본성과 구분
    (2) 이들에 대한 평가 1) 그 자체로서 2) 즐거움의 단계 3) 즐거움들의 충돌
4. 즐거움과 기쁨의 원인들
    (1) 작업
    (2) 움직임
    (3) 사랑 1) 결합 2) 다른 이들의 행위 3) 다른 이들을 위한 행위
    (4) 유사성
    (5) 슬픔
    (6) 새로움
5. 즐거움과 기쁨의 결과
    (1) 영혼의 확장
    (2) 욕망과 혐오
    (3) 이해의 민감함과 둔감함
    (4) 작업의 완전성
6. 즐거움과 기쁨의 윤리성
    (1) 선한 즐거움과 악한 즐거움 (2) 즐거움의 윤리적 가능성들
7. 슬픔
    (1) 슬픔의 본성 : 정념과 이성적 슬픔의 구분 (2) 슬픔의 단계
8. 슬픔의 원인
    (1) 악
    (2) 욕망 1) 선에 대한 욕망 2) 일치와 사랑에 대한 욕망
    (3) 힘
9. 슬픔의 결과. 본성의 손상
    (1) 맹목성 (2) 우울 (3) 약함 (4) 신체적 상해
10. 슬픔에 대한 치료책
    (1) 즐거움 (2) 눈물 (3) 친구들의 동반 (4) 진리의 관조 (5) 잠과 목욕

---

[결론]
1. 욕정적 정념은 특히 현대적인 정념이다
    (1) 경제 이론과 탐욕
    (2) 광고, 과학적 발견, 오락과 즐거움
    (3) 슬픔과 고통에 대한 대조적인 입장들 1) 혐오 2) 찬양
2. 욕정적 정념에 대한 현대의 강조의 영향
    (1) 인간의 구성에 관하여
    (2) 인간의 활동에 관하여
    (3) 인간의 사고방식에 관하여
3. 슬픔의 인간과 기쁨의 철학 사이의 역설

# 제6장 행복과 정념 2. 욕망 (제2부 제1편, 제30문제~제39문제)

인간이 살아온 모든 시대에는 그 몫의 정념이 있었다. 인간은 인간이기 때문이다. 정념은 인간 본성의 필수적인 한 부분으로서, 인간이 있는 곳마다 반드시 나타난다. 그러나 모든 시대에 또는 모든 사람에게서 정념적인 행위가 완전히 동일하게 나타났더라면 역사는 매우 지루했을 것이다. 다행히도, 서로 다른 정념들에 대한 강조는 봄날의 빛과 어둠, 비와 햇빛 사이의 상호 작용처럼 변화가 많으며 그 결과는 흥미롭고 개별적이다. 한 가족에서 열세 번째 아이가 이전의 열두 아이들의 복제품이 아닌 것과 마찬가지로, 오랜 역사에도 불구하고 우리 시대는 이전 시대의 복제에 불과한 것이 아니다.

## 1. 주제의 적합성

### (1) 20세기의 버릇없는 아이들에게

이 장에서 우리는 욕정적 정념을 다룬다. 이들은 욕망과 회피, 즐거움과 기쁨, 슬픔과 고통으로서 어떤 시대에도 주목의 대상이 될 수 있는 주제이지만, 우리 시대에 더욱 주의를 기울이고 적용해야 할 필요가 있다. 우리는 버릇없이 길러진 아이들이다. 우리는 우리 자신의 선익을 위하여 너무 잘 돌보아졌다. 캐럴(Carrel) 박사는 이렇게 끊임없이 응석을 받아주는 것이 우리에게 큰 손해를 입혔음을 탄식해 왔다. 그 손해가 무엇이든, 적어도 사실들에는 의문의 여지가 없다. 우리가 필수품이라고 여기는 것들은 다른 시대에는 사치품이었다. 우리는 끊임없이 새로운 욕구들을, 새로운 필요들을 만들어내는 프로그램 속에 들어가 있다. 모든 시대에는 그 시대 나름의 즐거움들이 있었고, 우리 시대는 오락과 방종의 기회들이 범람하고 있다. 우리는 이제 겨우 시작하고 있다. 우리는 즐거움에 몰두하고 있고, 슬픔이나 고통을 혐오하는 즐거움에 대한 숭배나 그 반대 극단으로 고통을 신격화하는 극단으로 가고 있다. 최소한, 슬픔과 고통에 관한 우리의 시각들은 극단주의자들의 예리하고 눈길을 끄는 견해들이다.

## (2) 인간성 자체를 근거로

### 1) 인간의 삶에서 활동과 목표의 위치

욕정적 정념은 20세기의 산물들인 우리에게 매혹적인 관심의 대상이 된다. 모든 시대의 사람들과 함께 모든 인간의 목표를 향하여 또는 그것으로부터 멀어지며 걸어가고 있는 인간들인 우리에게, 이 정념들은 모든 정념들과 마찬가지로 우리의 매일의 삶에 끼어든다. 인간의 삶은 최종적인 목표를 향한 빠른 움직임이다. 삶은 그 목표를 고려할 때에만 의미를 갖는다. 삶의 성공과 실패, 행복과 불행은 그 목표를 얻었는지 잃었는지에 달려 있다. 그 얻음 또는 잃음을 결정하는 주사위는 인간적 행위, 곧 제어되고 최종 목표를 지향하는 행위이다. 욕정적 정념들은 모든 행위에 영향을 미치며, 발걸음을 빨라지게 하거나 쳐지고 무거워지게 한다. 정념들은 인간의 활동을 불러일으키는 모든 대상들이 어떤 색채를 지니게 한다. 정념들은 인간 안에 있는 동물적 욕구의 움직임에 불과하지만, 지성적 욕구나 의지와 긴밀하게 결합되어 끊임없이 다른 편에 영향을 미친다. 또한 욕구는 인간 안에서 모든 움직임의 원리가 되고 모든 사소한 활동들의 원리가 되며 또한 그 활동이 삶의 목표에 기여하게 하는 원리가 된다.

2) 활동과 목표에 대하여 욕정적 정념의 위치

이 모든 것은 매우 진지하게 들리고, 사실 그렇게 들려야 한다. 정념들에 대한 연구는 낯선 광경을 바라보는 관광객의 호기심을 만족시키기 위한 것이 아니라 전략가가 전투 장소를 자세히 살피는 것과 같다. 정념과 친숙해지는 것은 우리에게 지루해질 정도의 자신감을 갖게 하는데, 이것은 위험하다. 이는 자신있게 자신의 집에서 어두운 방을 지나가다가 그의 기억 속에서나 아니면 실제로 그 방 안에서 제자리를 조금 벗어나 있던 의자에 걸려 넘어지는 경우와 같다.

## 2. 욕망의 정념. 사욕편정

### (1) 그 본질과 위치

명백한 것은 대단히 중요하게 보이지 않지만 보통은 그것이 가장 중요한 것이다. 체스터튼(Chesterton)은 "인간이 입증하는 것이 중요한 것이 아니라, 그가 입증하기를 잊는 것이 중요한 것이다."라고 말했는데, 이 말에는 깊은 진리가 담겨 있다. 한 사람의 지적인 생활의 기둥이 되는 것은 그가 당연히 여기는 진리들이다. 그가 당연하게 여기는 것들이 실제로는 그의 행위들을 결정하는 것과 마찬가지다. 건축에서 강철 작업의 초보자는 거의 실패하지 않는다. 그는 아무것도 당연히 여기지 않기 때문이다. 우리가 정념과 친숙하다는 것, 우리가 우리 자신과 다른 이들에게서, 모든 인간적 접촉들에서 정념에 접하게 된다는 사실은 그것을 소홀히 할 이유가 되는 것이 아니라 오히려 할 수 있는 대로 그것에 대해 밝혀 보아야 할 이유가 된다.

예를 들어, 욕망과 같은 일반적인 정념이 우리 인간 본성 안에서 어디에 속하는가를 아는 것은 중요하다. 우리가 감각적 욕구라는 창고 안으로 들어가 본다면, 사랑과 즐거움 사이에 있는 선반에 이르기만 하면 바로 욕망에 손을 댈 수 있게 된다. 그것은 언제나 거기 있으며 움직이거나 어지럽혀지지 않는다. 외적이거나 내적인 어떤 동요도 그것을 다른 자리로 옮겨 놓지는 못한다. 그것은 우리의 감각적 욕구가 사랑하지만 현존하지 않는 어떤 선을 추구하는 것이다. 그 선의 소유는 우리에게 즐거움을 준다. 욕망에 대해 탐구하면서 우리는 우리가 무엇을 사랑하며 무엇이 우리에게 즐거움을 준다고 여기는지에 대해 분명한 증거를 보게 된다. 감각적 욕구에서 이러한 욕망의 정념에 상응하여, 지성적 욕구 내지 의지에는 욕망의 감정이 있다. 전자는 감각계의 매력을 중심으로 하며, 늘 정념이 거두어들이는 세금인 신체적 변화들을 수반한다. 후자는 동물계를 완전히 벗어나는 초감각적 기쁨을 중심으로 한다.

## (2) 본성적 욕망과 습득된 욕망

욕망을 증가시키려는 노력으로도, 어떤 선전으로도 영향을 미칠 수 없는 종류의 욕망들이 있다. 본성적 욕망은, 정념이라는 감각적 영역에서든 의지라는 영적 영역에서든 폐쇄된 범위 안에서 작용하며 아무리 오랫동안 수습기간을 거쳐도 이 단체의 회원 자격증을 얻을 수 없다. 수습생은 필요하지 않다. 이 단체의 회원들은 죽지 않기 때문이다. 그 이유는 개인적 본성들이 완전한 안전성을 지니고 있기 때문이다. 본성적 욕망들은 본성이 지녀야 하는 선들을 추구한다. 그리고 인간의 본성은 그가 인간인 한에서 언제나 그의 존재와 완전성을 위하여 동일한 것들을 필요로 한다. 이러한 의미로 제한되어 있고, 또 다른 의미로 이 본성적 욕망들은 충족될 수 없다. 우리는 한 순간에는 충분히 잤다든가 먹었다고 생각하지만, 그것이 그 순간만을 위해서임을 분명히 안다. 인간은 앉은 자리에서 겨울을 지낼 충분한 양식을 먹는 동물이 아니다. 또한 설령 그렇다 하더라도 음식에 대한 욕망은 봄에 새소리가 들리기 시작하면 다시 나타날 것이다. 이러한 본성적인 감각적 욕망들은 충족되는 바로 그 순간에 완전히 사라진다. 이것이 현존하지 않는 선에 대한 욕망과 소유된 선에 대한 즐거움을 뚜렷하게 구분해주는 선이 된다. 식사를 많이 한 직후에는 다른 어떤 때보다도 음식에 대한 욕망이 없게 된다.

광고업자의 능력은 습득된 욕망의 영역에서 입증된다. 여기에서 욕망의 한계는 사랑의 한계와 같이 유동적이며, 그 지평 전체는 인식에 의하여 열린다. 개가 밤에 커피를 마시고 스스로 그리고 다른 모든 사람들을 깨워놓게 될 수도 있다. 똑똑한 개는 어리석은 개보다 훨씬 많은 욕망들을 습득할 수 있다. 그는 더 많은 것들의 선성을 배울 수 있기 때문이다. 광고업이 개에게만 엄밀히 한정된다면, 세일즈맨의 접근을 받는 개별 개들은 광고하는 말들을 들을 이유가 있다. 그러나 인간에게는 이것이 동일하게 적용되지 않는다. 어떤 사람이 우리를 길모퉁이로 몰아가면서 진짜 다이아몬드를 50센트에 팔겠다고 한다면 그것은 좋은 말이 아니다. 아무리 둔한 사람이라도 무한한 욕망을 지닐 수 있다. 그가 인간이며 인간의 지성과 인간의 의지는 본성상 무한한 것을 추구하고 어떤 개별적 선으로도, 또는 많은 개별적 선들로도 결코 충족되지 않기 때문이다. 모든 인간은 보편적 선을 위하여, 보편적 진리를 위하여 만들어졌다.

인간은 한계 없는 풍요로움을 욕망할 수 있다. 그러나 무한한 부가 그의 욕망들을 충족시켜 주리라고 생각하는 것은 상당히 어리석은 일이다. 조이스 킬머(Joyce Kilmer)의 시 '동전들'은 인간이 그의 욕망을 개별적 선들에 집중시킴으로써 그의 본성을 왜곡시키는 것을 묘사한다. 그 시는 어린 소년이 오랫동안 간직해 온 동전들을 손에 들고 당황하여 슬프게 서 있는 모습을 그린다. 그가 동전을 소유함으로써 느꼈던 첫 기쁨이 사라졌기 때문이다. 갑자기 그는 동전들을 바닥에 떨어뜨리고 그 동전들이 흩어지는 것을 본다. 그러자 한 순간에 오래 전의 열성이 되살아나고 잃어버린 보물을 찾는 즐거움이 다시 생겨난다. 욕망은 욕망과 즐거움의 고유한 두 가지 임무를 하기 위하여 만들어졌다. 우리는 이미 소유한 그 사물들이 우리를 충족시켜 주지 않으리라는 것을 잘 배웠기 때문에, 우리의 즐거움은 사물들 자체가 아니라 그것들을 추구하는 데에 있게 된다. 이는 마치 우리가 책을 읽는 것이 이야기를 위해서가 아니라 페이지를 넘기기 위해서인 것과 같고 또는 경주가 결코 끝나지 않으리라는 희망으로 달리기를 하는 것과 같다. 물론 그러한 욕망은 평화를 누리지 못한다. 평화는 욕망의 끝이다.

### (3) 회피

강한 사람에게 매달리는 약한 사람과 같이 또는 현명한 사람에게 매달리는 어리석은 사람과 같이 욕망이라는 강력한 정념과 함께 아주 사소한 정념들이 있다. 앞 장에서 우리는 그것을 '회피'라고 불렀다. 아마도 욕구가 바람직하지 않은 것 또는 악으로부터 피해가는 것의 더 구체적인 이름은 혐오가 될 것이다. 이것은 두려움과 혼동하지 말아야 한다. 두려움은 결코 사소한 것이 아니기 때문이다. 회피의 목표는 악의 부재이고, 걱정거리가 되는 것들의 부재를 바라는 것이다. 그러나 이러한 회피를 일으키는 악은 크고 어렵고 임박한 악이 아니다. 그러한 경우는 두려움에 들어간다. 회피의 경우는 우리가 어떤 개별적인 악을 두려워하거나 그 악으로부터 어떤 위험에 처해 있는 것이 아니라, 단지 그것을 좋아하지 않는 것이다. 애완용 뱀을 쓰다듬는 것에 대한 상상, 또는 저녁 식탁에서 외과 의사가 열심히 수술에 대해 자세히 설명하는 것, 신문에 크게 보도된 살인사건의 사진 등은 모두 회피의 정념을, 심지어는 신체적인 변화까지도 일으킬 수 있다.

## 3. 즐거움과 기쁨

즐거움의 정념은 훨씬 더 중요한 정념이고 분명 다루기에 더 즐거운 주제이다. 즐거움을 다루는 것은 기쁨이 될 수 있다. 그러나 정념 그 자체는 결코 기쁨을 가져오지 않는다. 이 문장에서 우리는 감각적 또는 동물적인 욕구와 선을 소유하는 지성적 욕구의 행위 사이의 매우 중요한 구분을 볼 수 있다. 기쁨은 지성적 욕구의 움직임 내지 멈춤이며, 감각적 욕구에서의 즐거움에 해당한다. 적어도 우리는 그런 의미에서 이 용어들을 사용할 것이다. 이들은 모두 욕망의 감정들에서, 실상은 모든 감정들에서 마지막 위치를 차지한다. 다른 모든 것들의 활동은 이들을 향한 것이기 때문이다. 이것은 사랑의 대상이 되는 선을 소유하기 위한 것인 욕망, 희망, 대담함의 이유가 된다. 이들은 감정의 목적이 되며 또한 삶의 목적이 된다. 삶과 감정은 이 목적을 향하여 시작되기 때문이다. 모든 즐거움, 모든 기쁨은 투쟁이 지나감을 알려주는 종소리이다. 아마도 그러한 이유 때문에 즐거움과 기쁨 한가운데에서 우리는 그 상을 얻기 위하여 이만한 노력과 희생을 들일만한 가치가 있는 것이었는지를 묻게 되는 것일 것이다. 그리고 흔히는, 즐거움의 종소리는 괴롭게도 우리의 꿈을 깨고 거짓된 반짝이는 겉모습 아래 있는 형편없는 실제 모습을 알아보게 하는 것으로 보인다.

## (1) 즐거움과 기쁨의 본성과 구분

우리가 일상적으로 단어를 선택하는 데에서 때로는 심오한 진리가 표현된다는 것은 때로는 매우 놀랍다. 우리는 따뜻한 날이 우리에게 즐거움을 준다고 말하지만, 음식이 우리에게 기쁨의 원천이 된다고 말하는 것은 망설인다. 기쁨이라는 단어는 덜 명백하게 감각적인 것, 아니면 최고도의 것에 사용한다. 기쁨을 즐거움의 정념에 상응하는 지성적 감정으로 간주하는 것은 우리의 이러한 습성에 담긴 진리와 깊이 연관된다. 그 자체로 보아서, 추상적이고 영적인 기쁨들은 감각들이 줄 수 있는 어떤 것보다도 훨씬 크기 때문이다. 마지막으로 그들은 훨씬 더 큰 선들과, 그리고 우리와 그 선들의 결합과 연관된다. 그 선들은 우리 기쁨의 원천이며 훨씬 더 내밀하고 더 완전하며 더 지속적이다. 우정의 기쁨과 담배의 즐거움을 대조해 보면, 가치라는 관점에서 이 둘은 비교할 수도 없음이 분명히 드러난다. 결합에 있어서는, 담배는 분명 진정한 친구처럼 우리의 정신과 의지 속으로 뚫고 들어와 아무것도 변화시키거나 변질시킬 수 없는 영원히 지속되는 위치를 차지하지 못하고 우리가 정신과 마음으로 담배의 본질 속으로 들어가지도 못한다.

## (2) 이들에 대한 평가

### 1) 그 자체로서

그러나 우리의 관점에서 보면 감각적 즐거움들은 흔히 더 크게 보인다. 우리는 성덕의 향기에 길들여져 있기보다는 맑은 공기의 냄새에 훨씬 더 친숙하다. 뜨거운 커피는 우리가 그것을 마신 뒤에 하는 말들의 불완전성보다 훨씬 더 선명하다. 커피는 모든 감각적 사물들과 마찬가지로 신체적 변화를 일으키고, 우리에게 그것을 상기시킬 무엇인가를 남긴다. 감각적 즐거움들이 우위를 차지하는 더 강한 이유는 아마도 이들이 슬픔에 대한 직접적인 치료제인 반면 영적인 기쁨들은 그 기쁨을 잃을 때의 슬픔 외에는 그에 상응하는 슬픔이 없기 때문이기도 할 것이다. 동전을 잃어버린 어린아이의 슬픔은 아이스크림의 즐거움으로 효과적으로 치유될 수 있지만, 가난의 아름다움에 대한 지고한 설명은 그 아이를 감동시키지 못할 것이다. 영적 기쁨은 우리에게 감각적 슬픔들을 견디도록 도와주지만, 우리의 삶에서 그 슬픔들을 없애주지는 못한다.

### 2) 즐거움의 단계

감각적 즐거움들을 서로 비교해 보면, 존엄성에서 가장 위대하고 지식과 관련하여 가장 중요한 것은 시각이다. 시각은 영적인 것의 경계선에 가장 근접하며 다른 감각들보다 더 중요하게 지성을 돕는다. 우리가 앞을 보지 못하는 사람에 대해 연민을 느끼고 듣지 못하는 사람에 대해서는 불편함을 느끼는 것은 어느 정도 사실에 근거한다.

그러나 흔히 우리의 연민은 앞을 보지 못하는 사람의 무력함에, 곧 시각의 유용성이라는 관점에 근거한다. 실제로 그러한 관점에서는 시각은 촉각이나 그것이 주는 즐거움보다 훨씬 아래에 있다. 당당한 자세로 새벽에 동쪽을 바라보고 있는 말은 일출의 아름다움에 몰두한 것이 아니라 귀리를 기대하고 있다. 모든 동물들에게서 촉각은 본성의 보존과 더 긴밀히 결부되어 있고 그래서 다른 어떤 감각들보다 더 유용하다. 다른 모든 즐거움들은 촉각의 즐거움과 연관된다. 사슴을 보는 것은 사람에게보다 사자에게 더 큰 즐거움을 준다. 그러나 사자의 즐거움은 분명 심미가의 즐거움이 아니다.

### 3) 즐거움들의 충돌

감각적 즐거움들이 흔히 반대 방향을 향한다는 것은 어렵지 않게 관찰할 수 있다. 이들은 서로 다른 목표를 향하는 움직임들의 결과이다. 이들이 서로 대립되는 것은 목표들이 대립되는 데에 따른 결과이다. 예를 들어, 잠을 자는 것과 브래스밴드의 음악을 듣는 것, 또는 빗속에서 걷는 것 사이에는 뚜렷한 대립이 있다. 그러나 덕의 기쁨에서는 그러한 충돌이 없다. 어떤 덕도 다른 덕에 대립되지 않는다. 모든 덕은 같은 착륙지를, 같은 종점 내지 목표를, 즉 이성을 향한다. 어떤 행위가 덕스럽다면 그것은 적어도 이 한 가지 점에서, 곧 그것이 이성과 조화를 이루고 이성의 법칙을 따른다는 점에서는 다른 모든 덕스러운 행위들과 일치할 것이다.

덕의 기쁨은 아니지만, 인간은 이성을 거슬러 행위하고 그의 행위로 즐거움을 얻을 수도 있다. 그런 의미에서 모든 죄의 즐거움은 비본성적이고 비인간적이다. 그것은 인간 안에 있는 인간성의 법칙을, 이성의 법칙을 거스른다. 비본성적(비자연적)이라는 단어는 일상적인 용법에서는 이성을 거스르는 것보다는 더 기이한 것들에만 적용되지만, 분명 이러한 의미도 포함한다. 우리는 그 단어를 인간의 물리적, 윤리적 본성에 위배되는 것에 대해서만, 예를 들어 인육을 먹는 것이나 수간 등에 적용한다. 이와 같이 본성을 완전히 거스르는 것이 인간에게 즐거움을 가져올 수 있다 하더라도 그 즐거움은 완전히 비본성적인 즐거움이다. 이러한 사실은 실제적인 어려움을 제기한다. 즐거움은 정념이고, 그러한 한에서 우리 본성의 필수적인 부분이고 본성의 창조자께서 본성의 완전한 완성을 위해 규정하신 것이다. 그런데 여기서 그 즐거움은 인간에게 본성적인 모든 것을 명백하게 거스르고 있다.

이런 경우는, 이 경우들에는 개인적 본성 안에서 무엇인가가 변질되었다고 대답할 수밖에 없다. 궤양과 같은 변질이 있어서 본성의 뼈를 갉아먹고 그것이 균형을 잃게 만든 것이다. 그 부패는 질병이나 열 등으로 인한 육신의 변질일 수도 있다. 감기가 모든 음식을 마치 가죽과 같게 느낄 수 있게 할 수 있고 질병이 단 음식을 시다고 느끼게 하거나 뜨거운 음식을 차다고 느끼게 할 수 있는 것이 그런 경우이다. 신체적인 변질은 어떤 사람이 석탄 조각이나 먼지 덩어리를 씹게 만들 수도 있다. 아니면 영혼이 변질될 수도 있어서, 나쁜 습성이나 말과 모범에 의한 나쁜 교육을 통하여 본성적 성향이 악화되거나 망각되거나 변화될 수 있고 그러한 변질의 결과로 인육을 먹는 것과 같은 행위가 생겨날 수 있다.

이러한 비본성적인 즐거움의 원인들은 의미가 깊다. 그러한 즐거움들이 뿌리를 내릴 때에는 인간의 본성이 심하게 변질된 것이다. 이러한 변질은 어떤 경우 실제적인 부패에까지 이르기도 하는데, 거기에는 동시에 일종의 광채와 불건전한 아름다움이 수반된다. 그 광채는 '부패의 인광'이라고 적절하게 일컬어진다.

## 4. 즐거움과 기쁨의 원인들

### (1) 작업

우리는 어떻게 우리의 모든 활동의 본성적 목표인 본성적이고 건전한 즐거움을 얻을 수 있는가? 그 한 가지 길은 집배원이 길에서 따분하게 걷는 것이나 선원이 폭풍이는 바다에서 애쓰는 피곤한 날들을 처량하게 여길 것이 아니라 그들의 휴일을 살펴보는 것이다. 집배원은 산책을 하고 선원은 같은 개펄 위에서 보트를 젓는다. 그들은 자신의 기능들을 사용하는 데에서 참된 즐거움을 느낀다. 우리는 우리가 잘 하는 것을 즐긴다. 우리가 즐겨 하지 않는 것은 보통 우리의 기능들의 작용에서 겪게 되는 장애와 결부되어 있다.

### (2) 움직임

몹시 추운 밤에 집에 돌아올 때처럼 추운 곳에서 따뜻한 곳으로 옮겨가는 것은 즐거운 경험이다. 그러나 도시의 7월에는 그것이 유쾌하지 않다. 그런 의미에서 성 토마스는 움직임이 즐거움의 원인이라고 본다. 한 상태에서 다른 상태로 옮겨가는 것, 거기에는 물론 무지에서 앎으로의 움직임과 같은 것도 포함된다. 성 토마스가 무용수가 그의 예술을 행할 때의 즐거움을 부인하려는 것은 아니다. 그러나 그는 그러한 즐거움은 매우 서민적인 원인인 '노동'에서, 본성적 기능들을 수행하는 데에서 나오는 것이라고 주장한다.

### (3) 사랑

1) 결합
2) 다른 이들의 행위

3) 다른 이들을 위한 행위

사랑에서부터 흘러나오는 즐거움과 기쁨에는 많은 이유들이 있다. 사랑의 절정인 결합에서는 정념의 최고의 즐거움과 의지의 최고의 기쁨이 있다. 우리는 앞 장에서 이를 자세히 설명했지만, 여기서는 천상의 주된 기쁨이 되는 것은 바로 하느님에 대한 우리의 사랑과 우리에 대한 하느님의 사랑에서 솟아나오고 거기서 절정을 이루는 결합이라는 점을 지적해둘 필요가 있다. 친구들의 성공이나 승리는 우리에게 기쁨을 준다. 우리는 그들의 승리를 우리 자신의 것과 같이 여기기 때문이다. (우정을 포함하는) 호의적 사랑으로 자아가 많아지는 것은 또한 기쁨의 원천들이 많아지는 것이기도 하다. 우리는 단순한 인정의 행위에서도 상당한 즐거움을 얻을 수 있다. 예를 들어 사람들이 우리에게 우리가 훌륭하다고 말할 때에 그러하다. 이러한 행위들이 우리가 어떤 선을 얻게 되는 수단일 경우도 그러하다. 다른 이들을 위한 행위는 사랑으로부터 솟아나오는 기쁨의 원인이다. 그것이 사랑의 깊은 욕망에 응답하는 실제로 행동하는 사랑이고, 단순히 선을 바라는 것만이 아니라 실제적으로 다른 사람에게 선을 바라는 것이고 다른 사람을 위해 무엇인가가 행해지게 하는 것이고 우리 자신과 세상에게 우리의 사랑이 빈말이 아님을 입증하는 것이기 때문이다. 교부들 가운데 한 사람이 "사랑은 게으르지 않다."고 말했을 때 그는 이 진리를 아주 간결하게 표현한 것이다. 이것이, 자신을 비움으로써 기쁨이 충만해지고, 아무것도 갖지 않지만 모든 것을 소유한다는 그리스도교의 역설에 대한 설명이다. 이 역설은 성탄의 정신을 설명해주며 우리로 하여금 하느님께서 당신 자신을 인간에게 내어주시는 것을 바라보게 한다.

### (4) 유사성

### (5) 슬픔

### (6) 새로움

유사성은 사랑과 긴밀히 연결되어 있기에 즐거움과 기쁨에 크게 기여한다. 동시에 유사성은 우연적으로 미움과 슬픔의 원인이 될 수 있다. 서로에게 큰 기쁨이었던 쌍둥이가 같은 사람하고 결혼하려고 마음을 먹을 경우가 그 예가 된다. 실망한 소녀는 구석에 박혀서 깊은 우울함을 느낄 수도 있다. 그러나 이 경우를 과장할 것은 아니다. 슬픔 속에도 기쁨은 있기 때문이다. 슬픔은 오랜 환자들 사이에서 사람을 몰두하게 하는 주제가 된다. 과거의 슬픔에 대하여 그것이 과거의 일이라는 것을 강조하거나 아니면 어떤 불행을 피한 일을 강조하는 것은 어느 정도 즐거움의 원인이 된다. 최악의 경우를 알고 있다고 주장하는 사람들은 나쁜 소식을 들을 때에 슬픔만이 아니라 기쁨도 느낀다. 그 기쁨은 알려져야 할 것을 알고 있다는 데에서 오는 기쁨이다. 장난감 나라나 관광은 끊임없는 즐거움과 기쁨의 원인이 된다. 우리가 보게 되는 모든 것들의 새로움은 우리를 즐겁게 한다. 그것이 우리의 무지를 일깨우기 때문이 아니라, 우리에게 지식을 주거나 아니면 적어도 지식의 희망을 주기 때문이다.

## 5. 즐거움과 기쁨의 결과

### (1) 영혼의 확장

즐거움과 기쁨은 반드시 인간의 확장을 가져온다. 정념의 즐거움은 거의 자구적인 의미의 확장을 가져오는데, 이 확장은 이기적 사랑의 목적이다. 그 확장은, 좋은 식사로 즐거움을 느낄 때에 잘 드러난다. 영적인 질서에서도 이와 같다. 거기에서 선의 소유는 인간에게 완전성을 더해 주는 것이기 때문이다.

## (2) 욕망과 혐오

정념의 감각적 질서에서, 욕망이 충족될 때에 우리는 즐거움을 향유하고 충족된다. 실상, 그 이상을 더 가지게 되면 그것은 불쾌함과 혐오감을 불러일으킬 것이다. 아마도 나중에 다시 욕망이 일어날 수는 있겠지만, 지금은 아니다. 이러한 감각적 선들은 본성의 요구를 초과할 수 있고 심지어는 본성의 능력을 초과할 수도 있기 때문이다. 인간은 글자 그대로 술을 너무 마셔서 죽을 수도 있다. 그러나 영적 질서의 선들은 본성의 능력을 고갈시키는 것이 아니라 그것을 완성시킨다. 영적 선들에 대한 욕망은 결코 충족되지 않는다. 영적 선이 지나치게 많다고 해서 불쾌함이나 혐오감을 느끼게 되지도 않는다. 우리는 영적 선을 지나치게 많이 가질 수가 없기 때문이다. 그러나 때때로, 무릎이 약하거나 머리가 아프거나 배가 고픔으로 인해서 영적 선들이 기쁨이 아닌 귀찮음의 원천이 될 수는 있다.

## (3) 이해의 민감함과 둔감함
## (4) 작업의 완전성

즐거움의 정념과 기쁨의 정념이 인간의 정신 안에 가져오는 결과들 사이에서도 같은 대조가 생길 수 있다. 기쁨은 이성의 능력과 효율성을 증가시킨다. 이성의 작용들은 그 자체로 영적인 기쁨이며 영혼의 기쁨을 방해하지 않고 오히려 증가시키기 때문이다. 반면 감각적 즐거움은 그 즐거움의 크기와 강도에 정확히 비례하여 인간의 이성을 방해한다. 그것은 마치, 입에 음식이 가득할 때에 말을 할 수 없는 것과 마찬가지다. 적어도 그는 더 중요한 말들은 다른 때에 할 것이다. 감각적인 것의 분명함, 친숙함, 매력은 이성의 높은 목표들에 지나친 경쟁자가 된다. 바로 그 감각적 즐거움의 힘이 인간을 신체적 이완과 오락에 빠지게 한다. 불을 끄는 것이 소년의 눈을 멈추게 하듯이, 그것은 영혼을 멈추게 한다. 물론 즐거움과 기쁨의 마지막 결과로 우리의 작업은 개선된다. 우리 영혼만이 즐거움에 머무는 것이 아니라, 우리가 좋아하는 것을 우리는 더 열심히 행하고 더 적극적인 주의를 기울이며 악순환을 시작한다. 우리의 작업은 우리에게 더 큰 기쁨을 주고 우리의 기쁨은 작업에 대한 우리의 능력을 더 커지게 하는 것이다.

## 6. 즐거움과 기쁨의 윤리성

### (1) 선한 즐거움과 악한 즐거움

### (2) 즐거움의 윤리적 가능성들

본성적 즐거움과 비본성적 즐거움에 관하여 살펴본 것으로부터, 선한 즐거움과 악한 즐거움이 있다는 것이 명백하게 드러난다. 이 두 가지 사이의 차이는, 그것을 소유할 때에 특정한 즐거움이 일어나게 되는 그 대상에서 찾아볼 수 있다. 즐거움 그 자체는 다른 모든 정념과 마찬가지로 선하지도 악하지도 않다. 즐거움은 우리가 선행 또는 악행을 만드는 재료이며, 윤리적 선이나 윤리적 악은 그 재료 자체에서보다 우리가 그것을 어떻게 만드는지에 달려 있다. 그러나 즐거움에 대해 참인 것이 기쁨에 대해서도 반드시 참인 것은 아니다. 수학자가 원으로 사각형을 만들 수 없는 것과 마찬가지로, 성인들은 그의 덕의 기쁨을 악하게 사용할 수 없다.

## 7. 슬픔

### (1) 슬픔의 본성 : 정념과 이성적 슬픔의 구분

욕구가 거쳐 가는 과정은 인간의 삶이 거쳐가는 과정이다. 인간의 삶의 끝에는 천국과 지옥이 있다. 모든 인간 활동의 마지막에는 즐거움과 기쁨, 또는 슬픔이 있다. 이들은 모든 인간적 행위의 비행이 끝나야 하는 두 개의 착륙장이다. 아마도 우리 가운데 많은 이들은 우리가 슬픔의 공항에 내리는 기술을 지니고 있다고 생각하지만, 그것은 보통 과장이다. 우리 모두는 우리 자신에 대해 매우 자비롭고 조금만 도전을 받아도 우리 자신에게 진심으로 동정하곤 한다. 이러한 자기 연민은 흔히, 이 감정들에 대하여 우리가 하는 구별을 다른 모든 감정들에도 적용한다는 데에 근거한다. 어떤 슬픔은 정념이고, 불행이 실제로 집으로 들어올 때에 느끼는 감각적, 동물적 욕구의 슬픔이다. 또 어떤 슬픔은 같은 달갑지 않은 손님이 억지로 찾아올 때에 느끼는 지성적 욕구 내지 의지의 슬픔이다. 슬픔들을 열거할 때 우리는 그들 가운데 얼마나 소수만이 영혼의 영역에 들어가는지에 놀라게 될 것이다. 거의 모든 슬픔은 분명 즐거움의 정념을, 감각적 즐거움을 거스르는 것이다. 그러한 즐거움에는 언제나 이렇게 그것에 반대되는 것이 붙어 다닌다. 모든 감각적 즐거움은 언제나 무서운 쌍둥이가 있다. 그러나 영적 기쁨의 영역으로 들어가면, 거기에서는 죄의 악함에 대한 명백한 슬픔 외에는 기쁨에 반대되는 것을 찾기가 참으로 어렵다. 우리가 다시 감각적 본성으로 되돌아가 몸의 수고나 두통과 같이 관상을 방해하는 것을 지적하지 않는다면, 관상이나 지식에 반대되는 슬픔은 없기 때문이다.

### (2) 슬픔의 단계

슬픔이 있으려면 악이 현존해야 할 뿐 아니라 그 현존을 알아야 함을 기억한다면, 내적 슬픔들이 언제나 외적 슬픔들보다 훨씬 더 크다는 것을 쉽게 이해할 수 있다. 순교자들은 덕을 잃기보다는 고통을 당하고 생명을 잃기를 원했는데, 이는 매우 논리적이다. 외적인 고통은 우리 몸을 통하여 우리에게 영향을 미치며, 우리가 치과에 갈 때마다 느끼는 것과 같이 겪게 된다. 그것은 몸을 거스르기 때문에 욕구를 거스른다. 그러나 내적 슬픔은 직접적으로 욕구 자체에 대립된다. 우리는 우리의 의지가 욕망하는 더 큰 선을 위하여, 예를 들면 아픈 아기를 돌보기 위하여 또는 담석을 제거하기 위하여 그러한 외적 고통을 기쁘게 견딜 수 있고 흔히 그렇게 한다. 그러나 우리를 짓누르는 슬픔을 헤아릴 때에 우리는 슬픔의 대부분은 이 작은 슬픔들임을 알게 된다.

냉장고와 얼음이 각 가정에서 사용하는 단어가 된지 얼마 되지 않았던 때에, 어린아이가 얼음 조각 하나를 꺼내어 기어가면서 그 얼음을 빨아먹는 것을 본 적이 있다. 그 아이는 갑자기 힘껏 소리를 치기 시작했다. 그 손은 너무 차가와서 타는 것 같았지만 얼음은 손에 꼭 쥐고 있었다. 아마도 그 아이는, 얼음이 그 고통의 원인이라는 것을 몰랐다. 아니면 그것을 알고 있으면서도, 그 얼음을 붙잡고 있고 싶어 하는 동시에 그 고통에서 벗어나고 싶어 했던 것일 수도 있다. 어쨌든 그는 우리가 고통에 대해 갖는 흔한 관계를 생생하게 보여 주었다. 흔히 우리는 무엇이 그릇된 것인지를 알고 있으면서도 케이크를 먹고 싶어 하고 그것을 가지려고 한다. 또는, 흔히 우리는 고통의 원인을 분명하게 알지 못한다.

## 8. 슬픔의 원인

### (1) 악

그러나 그 자체로서 슬픔의 원인은 우스울 만큼 단순하다. 물론 그것은 악으로 소급되지만, 악 뒤에는 욕망이 있다. 감각적 욕망을 증가시키려는 우리의 끊임없는 노력이 동시에 슬픔의 원인들을 증가시킨다. 즐거움이 많아지면 불가피하게 그에 반대되는 것도 많아진다.

## (2) 욕망

1) 선에 대한 욕망

2) 일치와 사랑에 대한 욕망

방종의 시대는 불만과 실망과 슬픔의 시대가 되지 않을 수 없다. 그 시대는 감각적 측면을 강조하는데, 모든 즐거움에는 그에 반대되는 고통이 수반된다. 그 시대는 선을, 사랑을, 우리가 사랑하는 사물과 사람들의 온전성과 행복을 욕망하는데, 사랑이 미움의 근원이 되듯이 이것이 슬픔의 근원이 된다. 우리의 슬픔들은, 우리의 사랑과 미움이나 마찬가지로, 우리 마음에 가장 가까이 있는 것이 무엇인지를 보여 주는 헤아릴 수 없이 소중한 지표들이다.

## (3) 힘

단순히 악이 존재한다는 사실이 우리에게 슬픔을 일으키지는 않는다. 우리 자신과 악 사이에서 결합이 이루어져야 슬픔이 생긴다. 사랑과의 결합이 우리에게 선하고 우리에게 즐거움과 기쁨을 주는 것과 마찬가지다. 그러므로 슬픔의 적극적인 원인은 힘이다. 그 힘에는 저항할 수가 없으며 그래서 우리에게 이 악을 가할 수 있다. 안개 속으로 머리를 박으며 뛰어드는 것과 문에 머리를 박으며 뛰어드는 것 사이에는 큰 차이가 있다. 그 차이는, 문에는 우리의 감각에 악을 가할 수 있는 저항할 수 없는 힘이 있고 안개는 힘이 없다는 것이다. 우리의 명령의 힘이 약해진다는 것은 불가피하게 우리의 슬픔을 증가시킨다. 저항력이 떨어질 때에 우리는 적대적인 세력들에게 힘을 부여하고 있는 것이고, 이것이 방종에 이르게 되는 추론이다. 이것은 그 자체로서는 규율과 자제를 위한 강력한 논거이지만, 끊임없이 방종의 논거로 사용되었다.

## 9. 슬픔의 결과. 본성의 손상

### (1) 맹목성
### (2) 우울
### (3) 약함
### (4) 신체적 상해

슬픔을 바람이 빠지는 것이라고 생각한다면 상당히 정확하다. 즐거움과 기쁨은 우리를 부풀어 오르게 한다. 그러나 슬픔은 풍선을 바늘로 찌르고 그 풍선이 꺼지는 것을 바라본다. 바로 이것이 슬픔이 우리에게 하는 것이다. 사고로 남편을 잃은 젊은 부인은 멍한 채로 돌아다니고 생각을 할 수 없으며 먹고 싶지도 않고 자고 싶지도 않다. 발걸음은 무거워지고 피곤함을 느끼며, 그 슬픔의 시기에는 힘이 없어진다. 꼭 신경이 예민한 사람이어서가 아니며, 이러한 증상들은 히스테리의 징후들이 아니라 슬픔의 정상적인 결과들이다. 슬픔은 우리를 완전히 꺾어 놓는다. 극단적인 경우 슬픔은 우리의 이성을 마비시키고, 신체적 행위까지도 방해하며, 실제로 몸을 해치기도 한다. 더 나아가서 삶의 움직임을 그릇된 방향으로 향하게 하기도 한다. 삶의 목표를 추구하는 열성을 잃고, 삶은 패배가 되며 끊임없이 도피를 시도하고 선을 추구하는 것이 아니라 악으로부터 도망치게 된다.

한마디로 슬픔은 치료되어야 할 것이며, 가능한 한 빨리 치료되어야 한다. 오해해서는 안 된다. 모든 슬픔이 이러한 결과들을 완전하게 일으키는 것은 아니다. 그러나 모든 슬픔은 어느 정도 이러한 결과들을 가져온다. 실상 지나치지 않은 슬픔은 우리의 이성적 능력들을 감소시키기는 하지만 학습의 과정에 도움을 줄 수도 있다. 아이가 공부를 하도록 회초리를 사용하는 오랜 습성은 그의 정신적인 방황을 멈추게 하고 공부에 대한 지적 노력을 상당히 증가시킨다. 그는 그러한 지적 노력을 통하여 슬픔을 피하기를 바라기 때문이다.

## 10. 슬픔에 대한 치료책

### (1) 즐거움

슬픔의 뿌리를 뽑는 한 가지 방법은 그 슬픔의 원인이 되는 악을 제거하는 것이다. 그러나 그것이 언제나 가능하지는 않다. 슬픔을 치료하는 여러 가지 매우 실제적인 방법들이 있는데, 그 가운데 가장 분명한 것은 아마도 즐거움이다. 라디오는 환자의 슬픔을 감소시킨다. 좋은 영화는 우울함에 대한 최고의 치료책이다. 슬픔이 감각적인 것일 경우 우리는 신체적 즐거움을 통하여 쉽게 곧 그 슬픔을 물리칠 수 있다. 다른 말로 하면, 인간이라는 풍선에 바람이 빠질 때 바람을 조금 불어 넣으면 다시 기분을 되찾게 되는 것이다.

### (2) 눈물

'좋은 눈물'이 언제나 약함의 표지만은 아니다. 그것은 슬픔에 대한 치료책으로서 할 수 있는 감각적인 일이 될 수 있다. 눈물은 영화나 라디오와 같은 표제어 아래에 속하게 되는데, 이는 눈물이 즐거움의 원천이기 때문이다. 우리가 그 순간에 행할 태세가 완전하게 갖추어진 것을 행하는 것은 언제나 우리에게 즐거움이 된다. 상쾌한 날에는 산책을 하고 싶고, 아무것도 그보다 더 큰 즐거움을 주지 못할 수도 있다. 눈물의 경우도 마찬가지다. 어떤 사람이 울고 싶을 때에는, 많은 눈물을 흘리는 것은 위로가 될 뿐 아니라 즐거움이 되고 슬픔을 이기는 데에 큰 도움을 준다. 눈물에는 이보다 더 깊은 위안이 있다. 눈물은 슬픔을 흩어버리고 사방으로 흩날려 버린다. 슬픔을 우리 안에 억누르는 것이 아니라 우리 밖으로 흘러넘치게 하고, 그 즉시 슬픔의 무게가 줄어들고 그 힘이 크게 약해지는 것이다.

### (3) 친구들의 동반

### (4) 진리의 관조

친구들은 슬픔에 대하여 큰 도움이 된다. 우리가 사랑을 받고 있음을 아는 것이 기쁨이 될 뿐 아니라, 그들의 동정심은 우리가 홀로 우리의 슬픔을 지고 있는 것이 아님을 뚜렷하게 보여 주기 때문이다. 위로의 사다리를 한 걸음 더 올라가면, 정신 집중과 진리에 대한 관조는 슬픔에 맞서는 매우 강력한 요소가 된다. 그러나 그것은 우리가 진리를 사랑하는 정도에 비례해서만 그렇다. 진리에 대한 관조는 그 자체로서는 인간의 기쁨들 가운데 가장 큰 것이고 언젠가 천상의 핵심적인 기쁨이 될 것이다. 그러나 한 사람의 사랑이 감각적 세계에 집중되어 있고 그의 즐거움은 언제나 정념의 즐거움에 있었다면, 관조로부터 큰 위로를 기대할 수는 없다. 반면 성 토마스는 다리가 썩어서 불로 심하게 뜸을 떴으나 그는 어떤 문제에 집중해 있었기 때문에 그 고통을 느끼지 못했다고 한다. 또한 토마스 모어가 입술에 미소를 띠고 죽을 수 있었던 것과 같이 순교자들은 영원한 진리에 생각을 고정시키고 세상을 떠날 수 있었다.

### (5) 잠과 목욕

성 토마스가 우리의 사치스런 침대와 풍요로운 샤워실을 본다면 그는 분명 슬픔에 대한 우리의 염려에 대해 가만히 있지 못했을 것이다. 중세에 그가 지녔던 생각 속에서, 슬픔에 대한 즉각적이고 실천적인 치료책은 잠과 목욕이었다. 수상이 이전의 임금에게 "그대로 두고 주무십시오."라고 말했다면 그는 건전한 토마스적인 조언을 하고 있는 것이다. 슬픔이 우리를 바람이 빠지게 하고 우리를 내리누르고 실제로 우리의 힘을 다하게 하며 삶의 모든 움직임이 방향을 그르치게 하며 삶을 패배가 되게 한다고 말했었다. 잠과 목욕은 우리의 힘을 되찾게 해주고 우리 몸의 신체적 균형을 회복시켜 주어 우리의 상황을 더 분별있게 바라볼 수 있게 해 주는데, 삶에서 도망치려는 시도에 대한 단죄도 거기에 포함된다. 성 토마스는 이 마지막 치료책의 효과에 대해 한 가지 이유를 덧붙인다. 그는 이것에 뒤따라오는 즐거움으로 인하여 위로가 된다고 말하며, 전형적인 스콜라 학자의 방식으로 "quod patet"이라고 덧붙인다. "이것은 증명할 필요가 없다."

## [결론]

## 1. 욕정적 정념은 특히 현대적인 정념이다

욕정적 정념에 대한 토마스의 설명을 보고 이어서 우리 시대의 경향들을 보면, 우리는 의사가 의학책에서 증상들의 목록을 훑어보고 나서 마치 암기한 듯이 그 목록을 열거하는 환자의 말을 듣는 것처럼 느끼게 된다. 이것이 우리 시대에 적용된다는 것은 눈에 띄게 명백해서, 이 욕정적 정념들이 특별히 우리의 것이며 우리가 살고 있는 20세기에 그 역사의 전성기에 이르렀다는 결론을 내리지 않을 수 없을 정도이다.

### (1) 경제 이론과 탐욕

사실들을 보자. 우리의 경제 이론은 탐욕 내지 욕망의 정념의 끊임없는 증가를 요구한다. 인간이 생산하는 과도한 생산물을 생각하고 동시에 그 이익을 보장하기 위해서는 새로운 시장들을 찾아내야 하고 시장들을 만들어내야 한다. 사람들은 끊임없이 더 많은 것을, 새로운 것들을 필요로 하도록, 그들의 욕망을 언제나 증가시키도록 만들어진다.

## (2) 광고, 과학적 발견, 오락과 즐거움

그러한 목적을 위하여 미국의 재능은 광고 분야에서 뛰어난 성공을 거두었다. 심리학, 통계학, 현대의 기적적인 그림들, 막대한 부, 수사학적 장치들과 연극과 소설의 온갖 능력들이 이 거대한 기계로 쏟아 부어지고 거기에서 무수한 새로운 욕망들이 생겨나게 되는 것이다.

이러한 욕망들을 충족시키기 위하여 과학적 재능은 최고도로 압박을 받는다. 수고를 줄이고 시간을 절약하는 장치들은 필수품이 되었고, 그것을 소유하는 것은 그 자체가 즐거움일 뿐 아니라 사방에서 우리에게 부어지는 오락과 즐거움의 엄청난 기회들을 자유롭게 취할 수 있도록 우리를 해방시켜 준다. 우리는 라디오를 들으면서 또는 오락을 위한 온갖 잡지들의 제목을 읽으면서 멋진 저녁을 보냄으로써 즐거움을 추구하려고 하는 사람에게 20세기가 제공해 주는 수많은 가능성들 가운데 아주 작으면서도 엄청난 한 단편을 볼 수 있을 뿐이다.

## (3) 슬픔과 고통에 대한 대조적인 입장들

### 1) 혐오

이렇게 즐거움에 몰두할 때, 슬픔과 고통은 순전한 재앙으로 보이게 된다. 우리는 우리가 있는 기관 안에서 슬픔과 고통을 상대하려고 하기보다는 오히려 그것을 감추려고 한다. 신체적 슬픔, 질병과 가난은 모두 즐거움을 불가능하게 하거나 아니면 제한하는 것으로서, 즐거움에 몰두하는 이 시대에 슬픔과 고통보다 더 큰 재앙은 없다.

2) 찬양

아마도 그보다 더 나쁜 것은 전쟁을 찬란한 빛깔들로 색칠하는 군국주의적인 국가에서처럼 고통 그 자체가 곡해되고 즐거움에 속하는 것으로 고양되는 경우이다. 예를 들어 일본에서, 삶에서 최고의 기쁨은 전쟁터에서 죽는 것이다. 통치자들이 신성시되는 나라들에서, 물리적 충돌과 결투는 남자다움의 가장 확실한 증거이고 고통과 죽음은 경배의 최고 행위들로 여겨진다.

## 2. 욕정적 정념에 대한 현대의 강조의 영향

### (1) 인간의 구성에 관하여

이 모든 것은 현대인에게 깊은 영향을 미쳤다. 캐럴 박사는 20세기의 '혜택들'이 우리에게 미친 손해를 비관적으로 요약하는데, 그것은 그리 잘못된 것이 아니다. 이 장에서 보았던 것으로부터, 감각적 욕망과 즐거움에 그렇게 몰두하고 육체적 고통과 슬픔을 혐오하거나 찬양하는 것은 즐거움을 강조하는 정도에 정확히 비례하여 인간의 정신에 치명적인 영향을 미친다는 것이 명백하다. 그리고 그러한 몰두가 인간의 지성을 둔감하게 만든다면 그것은 또한 지성적 욕구나 의지도 둔감하게 만드는 것이다. 욕망과 즐거움이 많아지는 것은 또한 슬픔이 많아지는 것을 내포하고, 슬픔은 맹목성, 우울, 나약함 등의 파괴적 결과를 가져오며 심지어 우리의 육체적 힘을 약화시키고 삶의 방향을 완전히 돌려놓기도 한다. 이렇게 육체적 슬픔이 계속 커지면, 우리의 가장 큰 관심사가 되어야 할 영적 슬픔에 대해 무감각해지게 된다.

### (2) 인간의 활동에 관하여

그 결과로 현대인의 활동은 쉽게 영적인 목표를 향하게 되지 않는다. 그러나 바로 그 영적인 목표만이 인간의 본성을 완성시키는 것이다. 실상 현대인의 활동은 점점 더 목표를 잃어갈 것이다. 인조적인 슬픔이 증가한다는 것은 그와 대조적으로 우리의 저항력이, 우리가 행위를 명령하고 어떤 목적을 향하게 하는 힘이 약해짐을 의미하고 또한 우리의 드높은 최종 목적에 어울리지 않는 것들에 점점 더 완전히 종속됨을 의미하기 때문이다. 감각적인 것들에 대한 염려는 우리를 즉각적인 것에, 구체적인 것에, 소위 '실제적인' 것에 집중하게 하고 이는 보편적인 것, 절대적인 것, 지속되는 것 곧 우리 지성의 고유한 대상이며 인간 삶의 목표인 진리를 만나는 것을 방해하거나 심지어는 불가능하게 한다.

### (3) 인간의 사고방식에 관하여

우리 시대가 지성을 위협하는 철학과 인간 자신을 초월하지 못하는 종교적 사상들과 인간이 다른 동물들보다 나을 것이 없다고 여기는 신념과 인간이 다른 어떤 것 곧 국가나 정당이나 기계나 어떤 과정의 일부일 뿐이며 그 자체로서 중요하지 않다는 절망적인 생각을 특징으로 한다는 것은 놀라운 일이 아니다.

## 3. 슬픔의 인간과 기쁨의 철학 사이의 역설

우리가 세상 전체의 투쟁에서 잠시 거리를 둘 수 있다면 우리는 마음을 흔들어 놓는 이중의 역설을 보게 된다. 그것은 한편으로는 즐거움에 몰두하는 시대와 절망의 철학의 역설이고, 다른 한편으로는 당신을 따르는 이들에게 십자가의 길만을 남겨줄 수 있으신 슬픔의 인간과 기쁨의 철학의 역설이다. 이러한 이

중의 수수께끼의 해결책의 일부는 우리가 이 장에서 다루고 있는 내용과 앞 장에서 언급한 내용 안에 감추어져 있다. 정념은 인간의 필수적인 한 부분이며 따라서 물리적으로 선하다. 윤리적으로 정념은 우리가 그것이 삶의 목표를 향하게 하는지 아니면 그 목표에서 멀어지게 하는지에 따라 선하거나 악하게 된다. 이들이 우리의 제어를 완전히 벗어나면 이들은 우리의 행위들도 우리의 제어를 벗어나게 하여 그 행위들이 전혀 인간적인 것이 되지 않게 한다. 이들은 인간의 영적인 측면에 종속되어 있는 것이고 그 영적인 측면의 감정들에 비하면 의미가 적지만, 그래도 이들은 인간 본성의 일부이며 무시할 것이 아니다. 슬픔의 인간께서는 한 순간도 지복직관의 기쁨을 잃지 않으셨다. 온갖 질병을 고쳐 주시느라고 음식을 드실 시간도 없으셨던 분, 나환자를 만지기를 주저하지 않으셨던 분, 눈먼 이들을 다시 보게 하시고 귀가 먼 이들을 듣게 하시고 모든 일을 잘 하셨던 분은 슬픔의 정념을 무시하지 않으셨다. 그러나 그분은 우리의 기쁨이 완전해지게 하기 위하여 오셨기에, 더 엄청난 영적 기쁨을 위하여 그 엄청난 육체적 슬픔을 견디셔야 했다. 그분은 인간이 천사인 것처럼 여기지도 않으셨고, 인간이 그저 동물에 머무는 것을 참지도 않으셨다. 그분은 인간이 인간임을, 하느님의 모상으로 창조되어 인간의 최고 기쁨의 원천인 그 지고한 사랑의 합일을 목적으로 한다는 것을 역설하셨다.

A Companion to the Summa

성 토마스 아퀴나스의

# 신학대전 해설서 II

## 제7장 행복과 정념 3. 희망과 두려움
### (제2부 제1편, 제40문제~제48문제)

1. 욕정적 정념과 분노적 정념의 관계
   (1) 목표의 차이
   (2) 욕정적 정념을 강조한 결과
      1) 명령하는 힘의 약화와 감소
      2) 슬픔의 증가와 패배의 정념
2. 희망과 절망
   (1) 본성
      1) 인간에게서
      2) 동물에게서
   (2) 희망의 원인 : 경험
      1) 냉소적인 노년의 역설
      2) 희망찬 젊음의 역설
   (3) 사랑과 작용에 대한 관계
3. 두려움
   (1) 본성과 구분
   (2) 두려움의 여섯 종류 : 게으름, 당황, 수치, 당혹, 경탄, 불안
   (3) 두려움의 대상
   (4) 두려움의 원인과 결과
      1) 결함
      2) 힘
4. 대담함
   (1) 대담함의 본성 및 희망에 대한 관계
   (2) 기원
   (3) 이성적 대담함과 정념적 대담함의 대조
5. 분노
   (1) 합성된 본성과 독특성
   (2) 인간 안에서 분노의 우위
   (3) 원인과 치료책
      1) 탁월함
      2) 경멸
      3) 만족
   (4) 영향
      1) 즐거움
      2) 신체적 변화
      3) 이성에 미치는 영향
      4) 말에 미치는 영향

---

[결론]

1. 욕망의 옹호자들
2. 20세기와 분노적 정념
   (1) 승리의 정념 : 희망, 대담함, 분노
      1) 욕정적 정념에 몰두한 결과
      2) 현대의 희망, 대담함, 분노
   (2) 패배의 정념
      1) 두려움이 많아짐
      2) 절망의 항복
3. 우주의 주인이거나 아니면 희생물인 인간

# 제7장 행복과 정념 3. 희망과 두려움

(제2부 제1편, 제40문제~제48문제)

새해의 시작과 직접 연관된 어떤 낙관주의가 있다. 악필로 갈겨 쓴 작년의 마지막 페이지는 찢겨져 버려지고, 깨끗한 새 페이지가 우리의 즐거움을 기다린다. 우리는 거기에 우리가 원하는 것을, 가장 우리의 마음에 드는 방식으로 쓸 수 있다. 세상의 나머지 부분에게 그것은 멋진 일이다. 그것은 유쾌한 픽션으로, 가톨릭 신자가 고해소에서 그리스도의 발 아래 머무른 직후에 확고한 사실로 맛보게 되는 그런 기쁨을 가져다준다. 그러나 새해를 어려움 없이 지내기를 기대하는 것은, 가톨릭 신자가 고해성사를 잘 봄으로써 죄의 기회나 유혹에서 완전히 벗어나기를 기대하는 것보다도 더 어리석은 일이다.

물론 행복을 조각하는 일에는 어려움과 긴급한 상황들이 있을 것이다. 그리고 결국은 행복을 조각하는 일이 인간이 삶에서 하는 일이다. 이 행복은 매우 개인적인 것이고 그것을 조각하기 위해 사용하는 도구들이 매우 개인적인 인간적 행위들이므로, 여기에서 만나게 되는 어려움들도 매우 개인적인 어려움들이 될 것이다. 우리가 이 어려움들과 긴급한 상황들에 대처하도록 개인적인 수단들을 지니고 있다는 점은, 건축자이신 하느님 편에서 작은 부분에까지 아름답도록 완전한 주의를 기울이셨음을 보여 주는 또 하나의 증거이다.

이러한 비상 장비들이 벽에 먼지만 쌓여 있는 소화기처럼 그저 희미한 예비

조처라고 생각하는 것은 오해이다. 우리가 이 비상 장비들을 얼마나 자주 사용하는가 하는 사실은, 인간의 삶 전체가 편안한 빈둥거림을 허용치 않는 비상 상황이라는 엄숙한 진리를 보여 준다. 일상적인 인간의 하루 동안에, 온갖 감정들 전체는 어려움에 대처하는 강력한 활동을 위한 내적 원리의 역할을 하도록 되어 있다. 분노적 정념들, 곧 감각적 욕구에서의 희망과 절망, 대담함과 두려움, 분노, 그리고 지성적 욕구 내지 의지 안에서 이에 상응하는 감정들은 마치 전쟁을 치르는 군대의 정예 부대와 같다. 부대가 전진을 하든 후퇴를 하든, 그들은 전위에서든 후위에서든 전투가 가장 치열한 곳에 있다. 조용한 휴식 순간에도 그들은 군대의 안전을 보장하는 보초가 된다. 이러한 감정들이 모든 활동이 솟아 나오는 욕정적 정념을 옹호하고 방어하는 역할을 하기 때문이다.

앞의 장들에서 우리는 사랑과 미움, 욕망과 회피, 즐거움과 슬픔이라는 욕정적 정념들을 자세히 살펴보았다. 우리는 사랑이 기본적인 정념이고 모든 행위의 기초이며 다른 모든 감정적 활동이 나오는 원천임을 보았다. 또한 앞에서 우리는 다른 욕정적 정념들의 필요성, 정념들이 선할 수도 있고 악할 수도 있다는 점, 그리고 이 욕정적 정념들을 지나치게 강조하는 것이 우리 시대에 미치고 있는 실제적인 위협, 그 중에서도 습득된 내지 인조적인 감각적 욕망과 즐거움을 끊임없이 의도적으로 증가시키는 것의 위험성을 지적했다.

욕정적 정념과 분노적 정념 사이에는 직접적인 연결이 있다. 사랑은 너무나 기본적인 정념이어서 모든 희망과 절망, 대담함과 두려움, 모든 분노가 사랑이라는 사실과 그에 따른 욕망에서 비롯된다. 욕정적 정념이 없다면 분노적 정념도 필요하지 않을 것이다. 분노적 정념이 방어해야 할 것이 없을 것이기 때문이다. 모든 의욕을 잃은 사람은 분노도, 절망도 희망도 사용하지 않는다. 그는 활동에 대해 흥분하지 않고, 때로는 살아갈 이유도 없다는 것을 스스로 깨닫게 되는 것이다.

# 1. 욕정적 정념과 분노적 정념의 관계

## (1) 목표의 차이

슬픔과 즐거움을 제외한 모든 감정은 어떤 목표를 향하여 또는 그 목표로부터 급속하게 움직여가는 것으로 묘사할 수 있다. 결국 그것은 다름아닌 선을 추구하고 악을 피하고자 하는 우리 욕구의 활동이다. 그런데 이러한 묘사가 정확하다면, 욕정적 정념과 분노적 정념 사이에는 현저한 차이가 있다. 첫째로, 욕정적 정념은 짝을 지어 다니면서도 실제로는 서로 다른 목표들을 추구한다. 하나의 정념이 추구하는 목표는 선하고, 다른 정념이 추구하는 목표는 악하다. 분노적 정념들도 마찬가지로 짝이 있지만, 그들은 함께 다니지 않는다. 실상 그들 각각은 상대방을 엄밀하게 배제한다. 그들은 같은 비행장을 사용하는 두 비행기와 같다. 하나는 그 비행장을 향해 가고 다른 하나는 거기에서부터 떠나간다. 희망과 절망은 동일한 어려움을 바라본다. 희망은 그것을 향해 달려가고, 절망은 낙담하여 그 앞에서 항복한다. 성인에게서는 하느님에 대한 사랑이 커짐에 따라 죄에 대한 미움도 커진다. 그러나 하느님의 자비에 대한 희망이 커지면 악마의 악의에 대한 절망과 두려움은 줄어들어서 마치 우리가 이빠진 늙은 개가 짖는 것을 내버려두고 웃을 수 있는 것과 마찬가지로 악마의 수작을 (아르스의 요한 비안네처럼) 삶의 단조로움을 깨뜨려 주는 무익한 장난으로 여길 수 있게 되기에 이른다.

## (2) 욕정적 정념을 강조한 결과

### 1) 명령하는 힘의 약화와 감소

어려움 또는 응급 상황 앞에서는 두 가지 가능성이 있을 뿐이다. 첫째는 승리를 바라보며 투쟁하는 것이고, 둘째는 도망침으로써 또는 항복함으로써 패배를 인정하는 것이다. 그래서 어려움들을 다루는 정념들은 상당히 정확하게 분류될 수 있는데, 승리의 정념에는 희망, 대담함, 분노가 있고 패배의 정념에는 절망과 두려움이 있다. 이들이 서로 병립될 수 없다는 것은, 우리가 이들을 힘의 정념들과 약함의 정념들이라고 부른다면 더욱 명백해진다. 힘과 약함은 여기서는 마치 한 사람이 강한 위와 약한 머리를 가질 수 있는 것과 같이 서로 혼합되지 않는다. 인간을 약하게 하는 데에 기여하는 것은 그의 두려움과 절망에 기여하는 것과 그의 희망, 대담함, 분노에 대한 공격이다.

### 2) 슬픔의 증가와 패배의 정념

앞 장에서는 분노적 정념과 욕정적 정념 사이의 긴밀한 관계를 매우 일반적으로 언급하였다. 우리는, 감각적 즐거움과 감각적 욕망이 인간이 자신의 행위들을 명령할 수 있는 힘을 약화시키고 그가 욕구가 향해야 할 방향을 지시하는 주인이 아니라 점점 더 욕구에 의하여 움직여지는 노예가 되게 한다는 것을 보았다. 이러한 경향이 커질수록, 분노적 정념들에게는 기회가 줄어든다. 삶의 의욕을 완전히 잃고 약물 중독에 빠진 사람은 결국 이와 같은 처지에 있게 된다. 전자는 아무런 목표가 없기 때문에 자신의 활동을 명령하고 지휘할 이유가 없다. 후자는 그의 활동을 명령할 힘이 없다. 그에게는 오직 그의 명령에 복종하지 않으려 하는 욕망만이 있을 뿐이다. 욕정적 정념에 몰두한 결과로 감각적인 슬픔이 증가하는 것은 승리의 정념에 대한 직접적인 저항이고, 패배의 정념들을 받아들이는 것이다. 슬픔의 목적은 바로 희망에 치명타를 가하고 절망의 문이 활짝 열리도록 초대하는 것이다.

## 2. 희망과 절망

희망과 절망, 적어도 여기는 우리에게 친숙한 곳이다. 우리의 날들의 절반은,

그리고 우리의 생각들의 절반 이상은 희망으로 차 있다. 아무도 우리에게 그것에 대해 많은 말을 할 수는 없다. 우리는 정말로 희망이 무엇인지를 알고 있는가? 어머니는 소중한 아들이 언젠가 대통령이 되기를 희망하고, 우리는 언젠가 한 주간을 계속해서 잘 수 있기를 희망한다. 우리는 공상 속에서 우리의 친구들과 경쟁자들을 어지럽게 할 만큼 높은 희망의 탑을 쌓는다. 그러나 이 가운데 어느 것도 희망과는 연관이 없다. 그것은 순전히 욕망일 뿐이다. 희망과 욕망은 모두 미래의 선에 관련되고 그래서 현재의 선에 대한 기쁨과 즐거움과는 분명히 구분되지만, 희망은 크고 어려운 선에 관련된다. 굴 튀김에 타르타르 소스가 함께 있으리라는 것에 대해 진지한 희망을 품는 사람은 없다. 이것은 희망이라고 말하기에는 너무 사소한 것이다. 그리고 우리가 전혀 아무런 어려움도 겪지 않는 것은 공상 속에서이다.

## (1) 본성

1) 인간에게서

희망이 미래의 선의 선성에 관련된다는 점에서 희망은 악의 그림자로부터 도망치는 두려움과 분명히 구별된다. 또한 미래의 선을 얻을 수 있다는 가능성이 희망을 파괴적인 절망의 사막으로부터 구분해 준다. 다른 모든 정념들과 마찬가지로 희망과 절망은 움직임들이며 감각적 욕구에서부터 나온다. 희망은 어떤 선이 크고 어려운데도 그 선을 향해 급히 나아간다. 절망은 선이 매우 어렵기 때문에 그 선으로부터 도망하고 그 선이 도달할 수 없는 것으로 보이게 한다. 불가능성이라는 것은 사랑을 불러일으키는 선에 추한 가면을 씌워 놓는다. 그 무시무시한 가면은 우리로 하여금 도망이 추구에 반대되듯이 희망에 반대되는 비열한 항복으로 그 선을 잊게 만든다.

2) 동물에게서

아마도 당신은, 개가 도달할 수 없는 뼈에 대해 대해서 얼마나 평온한지를 본 적이 있을 것이다. 선로를 내려가며 사라지는 마지막 기차는 인간보다 훨씬 더 철학적이다. 실상 동물들은 일반적으로 불가능한 것에 대해서 인간보다 훨씬 더 스토아적이며 인간보다 쉽게 포기한다. 그러나 사실, 개들이 더 철학적으로 보이는 것은 단지 그들이 전혀 철학적일 수 없기 때문이다. 이 역설은 당황스런 어려움에 대한 대답이 된다. 희망이 미래에 관련된다는 사실은 동물 왕국에서 희망을 배제시키는 것으로 보인다. 물질적인 것의 무거운 발들은 시간과 공간이라는 쌍둥이 파수꾼을 앞지르지 못한다. 물질적 본성은 구체적인 것, 개별적인 것, 존재하는 것의 좁은 한계 안에 국한되어 있다. 하느님의 모상에 매우 가깝게 만들어진 영적인 본성만이 하느님처럼 시간과 공간을 벗어나고 미래를 들여다보며 미래를 넘어 영원의 현관까지 들여다본다. 그러나 동물들도 희망을 하고 희망은 오직 미래에만 연관된다.

성 토마스는 동물들에게 일종의 희망이 있다고 주장하지만, 그 희망은 동물의 지식이 아닌 하느님의 지식의 단계들을 따른다. 그것은 하느님께서 동물의 본성 안에 자리하게 하신 본능이다. 그것이 사자로 하여금 멀리 있지 않은 사슴을 뒤쫓게 하고 잡기에 너무 멀리 있는 먹이에 의해서는 움직이지 않게 한다. 그러나 이 예를, 그리고 어떤 동물의 희망을 더 자세히 살펴보면 미래성이라는 특징은 곧 사라진다. 그 희망은 현재의 한계 안에 있는 표적을, 즉각적으로 가능한 것을 목적으로 한다. 사자는 결코 광고가 보장하는 엄청난 가능성들을 얻기 위해서 통신 교육 과정을 할 생각은 하지 않을 것이다. 마치, 즉각적으로 가능한 것과 불가능한 것을 구별하는 본능적 판단이 현재에 대한, 즉각적인 것에 대한, 구체적인 것에 대한 동물의 전망의 한계가 되는 것과 같다.

## (2) 희망의 원인 : 경험

인간의 경우는 그렇지 않다. 인간의 희망은 하늘의 담을 넘는다. 그의 정신이 하느님을 알 수 있기 때문이다. 또한 인간의 절망은 지옥의 가장 낮은 바닥을 살필 수 있다. 그의 희망이 그렇게 높은 것을 바랄 수 있기 때문이다. 인간의 절망은 마음을 부서지게 하고 꺾어지게 하며 그의 존재의 뿌리를 뽑을 수가 있다. 인간은 미래를 멀리까지 들여다보고, 그의 희망이나 절망은 멀리까지를 준비할 수 있기 때문이다. 동물은 불가능한 것 앞에서 고요하게 철학적인 모습을 보인다. 동물이 철학의 문을 열어젖히고 참된 희망의 먼 전망을 보게 할 열쇠를 가지고 있지 않기 때문이다. 그 열쇠는 생각하는 능력, 보편적인 진리를 알 수 있고 눈에 보이지 않는 하느님을 볼 수 있는 능력이다.

노인에게서 희망을 발견할 때 놀라게 될 수 있는데, 그 놀람은 부당하다. "희망은 결코 죽지 않는다."는 구절의 너그러움이나 "살아있는 한 희망이 있다."는 라틴 금언의 냉혹한 우울함은 실상 실망한 이기심의 결과이다. 나이는 희망을 파괴하는 것이 아니다. 나이는 인내롭고 확고하게 이성적 희망을 건설한다. 나는 계단에서 떨어지면서 상처를 입지 않음으로써 잠재하고 있던 곡예 능력을 발견한 사람들이 많이 있다고 전제하는 것이 아니라, 그만큼이나 놀라운 이와 병행되는 발견들을 어렵지 않게 찾을 수 있다고 말하는 것이다. 훌륭한 사도로 변모하게 된 마태오의 놀라움은 그리스도께서 살아계신 동안 내내 그가 말을 할 수 없게 했다. 흔히 경험은 우리에게, 우리가 스스로 전혀 생각지 않았던 일들이 우리에게 일어날 수 있다는 것을 보여준다. 그것만이 아니다. 경험은 우리 안에 새로운 가능성들이 생겨나게 한다. 그가 하는 일이 구두를 닦는 것과 같이 아주 간단한 일이라 하더라도, 그는 경험을 통해서 성장한다. 경험을 통해서, 젊은 시절의 밝은 날에는 우리에게 가능하지 않았던 것들이 가능하게 된다. 젊은 의사나 법률가의 죽음이 공동체에게 손실인 것은 그가 장차 무엇이 될 수 있었는가 하는 것 때문이다. 반면 경험 많은 전문가의 죽음이 손실인 것은 그가 무엇이었는가 하는 것 때문이다. 성 토마스의 초기 작품과 후기의 더 원숙한 작품들을 비교해 보면, 학문 영역에서 이를 분명하게 볼 수 있다.

### 1) 냉소적인 노년의 역설

경험이 희망에 미치는 나쁜 영향은, 그것을 나쁘다고 말할 수 있다면, 거짓된 희망을 무너뜨리는 것이다. 우리는 사람이 나이를 먹어갈수록 그의 머리카락이 빠지리라는 것을 예상할 수 있는 것과 마찬가지로 그의 희망도 죽어가리라고 예상하는데, 그것은 스스로의 능력을 우습게 과대평가한 것이 많은 실망들을 가져오기 때문이다. 이렇게 실망을 하게 되는 이유는 우리가 추구하는 이상들이 덧없는 것이어서가 아니다. 오히려, 시간이 지나면서 우리 자신이 스스로 생각했던 것에 미치지 못함을 인정하게 되기 때문에 실망을 하는 것이다.

### 2) 희망찬 젊음의 역설

그러나 우리가 넘쳐흐르는 희망을 찾고자 한다면 우리는 노년으로 가야 하는 것이 아니다. 성 토마스는, 이 세상에서 가장 많은 희망을 품고 있는 이들은 젊은이들과 주정꾼들이라고 말한다. 나이가 부족함 또는 지나친 술은 이 세상을 실제보다 훨씬 더 분홍빛으로 칠해 놓기 쉽다. 그러나 이것은 불합리한 것은 아니다. 희망이란 미래와 연관되며 젊은이들에게는 과거는 적고 미래는 많기 때문이다. 희망은 젊은 시절의 어려움과 대담함과 함께 싸우며, 젊은이들은 용감하여 어려움을 피하는 것이 아니라 어려움을 찾고, 절망적인 경우에도 노력을 한다. 희망은 가능한 것들의 영역을 바라보고, 젊은이들은 아직 별로 거절을 당하지 않고 많은 장애에 맞부딪히지 않았기 때문에, 쉽게 가능성을 믿는다. 대범한 사람은 젊은이들의 대담함와 쉽게 어울린다. 그리고 장애가 사라지고 거부가 잊혀지게 하는 가장 빠른 길은 그들이 많은 술을 마시게 하는 것이다.

### (3) 사랑과 작용에 대한 관계

젊은이에게 희망이 많은 또 하나의 이유는 아마도 젊은이의 사랑이 깊고 빠르고 강하기 때문이기도 할 것이다. 결국은 사랑이 희망을 낳는 것이기 때문이다. 사랑의 손자는 희망의 집안에서 태어난 또 하나의 사랑일 수 있다. 그러나 그 집안을 시작하는 것은 언제나 사랑이어야 한다. 강한 희망으로 우리가 사랑하는 것을 향해 재촉받을 때, 우리는 우리가 희망하는 것을 얻도록 도와주는 사람을 사랑하게 되기 쉽다. 하느님께서 우리에게 부어 주시는 은총들은 우리에 대한 그분 사랑의 증거일 뿐 아니라, 희망이 실현됨을 체험함으로써 그분에 대한 우리의 사랑이 살아나게 하시는 하느님의 기술이기도 하다.

희망은 승리를 있는 그대로 거울처럼 반사해 주는 민첩한 감정이다. 희망은 어려움들을 상대하며, 어려움들은 그것을 엄습하는 갑작스런 공격을 당하지 않는다. 예를 들어, 빙판길을 걷는 것은 어렵고 그래서 우리는 매우 주의해야 한다. 우리의 걸음걸이에 대해 감상적인 생각을 할 틈도 없고, 무엇을 자세히 살펴볼 수도 없으며 대도시에서의 삶에 대해 철학을 할 수도 없다. 우리의 정신은 발걸음에 주의하는 데에 온전히 집중되어 있다. 우리의 의지는 기어가지 않고 인간답게 걸어가려는 데에만 쏠려 있다. 그리고 보통 우리는 그 일을 잘 해낸다. 희망이 모든 일들에 대해서 우리를 감도함으로써 행하는 일이 바로 이러한 것이다. 희망은 그 일에 주의를 집중하고 의지를 기울이며 일이 잘됨으로써 즐거움을 가져오게 한다. 희망은 우리가 일들에 집중함으로써 그 일에서 즐거움을 가져오게 하고 또한 그 즐거움이 집중을 증가시키는 또 하나의 선순환을 만들어낸다.

## 3. 두려움

### (1) 본성과 구분

두려움의 정념은 상당히 다른 모습을 보인다. 두려움은 패배의 정념이고, 어떤 점에서 슬픔보다 못하다. 그것은 현재의 악이 아니라 미래의 악에 연관되기 때문이다. 두려움은 절망을 낳는다. 두려움은 거의 저항할 수 없는 미래의 무서운 일을 들여다보고는 도망친다. 도망치는 것은 놀라운 일이 아니다. 두려움은 그 두려움이 살아있는 한 오직 악의 얼굴만을 보기 때문이다. 아마도 그 악은 본성 자체에 대립되는 것이거나 본성을 타락시키는 것, 존재하고자 하는 욕망에 반대되는 것일 수 있고, 아니면 우리가 사랑하고 욕망하기를 배웠던 어떤 선에 반대되는 것일 수도 있다. 그러나 그 두려움이 본성적인 것이든 습득된 것이든, 두려움은 악을 보고는 도망친다.

### (2) 두려움의 여섯 종류 : 게으름, 당황, 수치, 당혹, 경탄, 불안

두려움의 도피에 속하는 다양한 종류들을 보면 이해에 도움이 된다. 우리의 삶 안에 그것을 적용하면 그것은 우스꽝스럽거나 당황스런 것이 될 수도 있다. 두려움은 우리의 능력을 넘어서기 때문에 우리가 견딜 수 없는 미래의 악으로부터 도피하는 것이다. 이 점을 기억한다면, 우리가 도망치는 악이 직접 우리 자신의 행위에 연관되는지 아니면 외적인 사물들에 연관되는지를 쉽게 알아볼 수 있다. 우리의 행위에 연관된 분명한 악은 수고이다. 그리고 우리는 게으름으로 그 지나친 수고에서 도피한다. 게으른 사람이 두려움에 사로잡혀 있다는 것은 노골적인 말이지만 사실이다. 작가가 첫 줄을 쓰는 데에서 겪는 어려움은 그에게 게으름이 두려움으로 변화된다는 것을 확인해 준다. 우리의 행위에 영향을 미치는 또 하나의 악은 비천함 내지 비열함이다. 자신의 서원을 포기하게 하기 위해

들어오는 가족에게 가는 젊은 수녀의 붉은 얼굴과 당황스런 태도는 두려움이 악으로부터 도피하는 한 방법이다. 간음하다 잡혀 자신의 죄가 온 세상에 드러나고 그리스도의 발치에 던져진 여인의 고통스런 수치심은 또 하나의 두려움이다. 전자는 장차 일어날 행위의 비열함과 부적절함과 연관되고, 후자는 이미 일어난 부끄러운 행위가 드러나는 것에 연관된다. 이 구분은 라틴어로는 정확하게 진술되지만(crubescentia et verecundia) 영어로 표현하는 것은 불가능하다.

### (3) 두려움의 대상

우리 주위의 세상에서 두려움은 우리가 엄청난 것, 예견치 못한 것, 전례없는 것, 예상할 수 없는 것에 접하게 될 때에 우리 마음 속으로 들어온다. 그리고 이에 따라 우리의 두려움은 각각 경탄(놀람), 당혹, 불안의 형태를 취한다. 이들을 더 자세히 살펴보자. 엄밀하고 근본적인 의미에서 경탄은 알프스의 높은 산에서 바라본 일몰이나 바다의 폭풍, 진리의 관조, 십자가에서 이루어진 하느님의 죽음 등에 의하여 일어나는 감정을 말한다. 그 때의 두려움은 지금 판단하기를 피하고 스스로 그렇게 크고 새로운 것을 판단할 능력이 없다고 여기는 것이다. 그러나 후에는 정확한 판단을 내리기 위하여 탐구하게 될 것이다. 실상 경탄은 철학을 하기 위한 첫 번째 원리라고 일컬어진다. 그러나 당혹은 모든 철학적 탐구에 결정적인 장애가 된다. 그것은 현재의 판단과 미래의 탐구 모두로부터 도피하기 때문이다. 그것은 일어날 수 없지만 일어나는 일들 앞에서 정신이 마비됨을 가리킨다. 인도인들이 처음으로 총기에 접했을 때, 또는 사도들이 폭풍 이는 갈릴래아 호수의 물 위를 걸어오시는 그리스도를 보았을 때 느낀 것이 당혹이다. 실상, 경탄과 당혹이 자성에 미치는 영향은 게으름이 신체의 외적인 지체들에 미치는 영향과 같다. 그것은 어려움 앞에서 움직이지 않고 작용하기를 거부하는 것, 그 앞에서 일종의 마비를 겪는 것이다.

두려움의 가장 흔한 형태는 아마도 토마스가 agonia라고 불렀던, '불안'이라고 번역할 수 있는 것이다. 그것은 뜻하지 않은 것이고 예측할 수 없기 때문에 대비할 수 없는 악과 관련된다. 짐을 쌀 때에 잊어버린 것에 대한 희미한 걱정 때문에 휴가를 제대로 시작하지 못한다거나, 여인이 괴로워하며 손을 비틀게 하는 것이다. 그것은 "도대체 무엇을 해야 할 것인가?"라는 괴로운 질문에서 정확하게 표현된다. 이 감정 뒤에는 우리의 삶에서 일어나는 걱정들이 자리하고 있다. 우리는 걱정으로 많은 힘을 써버리지만, 아무리 걱정해도 일어날 수 있는 일들의 무한한 가능성을 다 생각하지는 못한다.

## (4) 두려움의 원인과 결과

### 1) 결함

무엇이 이러한 여러 유형의 두려움들을 불러일으키는가? 인간은 무엇 때문에 두려워하는가? 건강한 사람이 죽음을 크게 두려워하지 않는다는 것은 분명하다. 그에게는 죽음이 너무 멀리 떨어져 있기 때문이다. 총을 쏘는 분대 앞에서도 두려움의 여지는 없다. 그 악은 피할 수 있는 가능성이 없어서, 그는 이미 자신이 죽은 것으로 여긴다. 그렇다면, 미래의 악이 우리를 두렵게 하기 위해서는 두 가지 조건이 필요한 것이다. 즉, 그것은 가까이 있는 것이면서 피할 수 있는 어느 정도의 가능성이 있어야 한다.

우리는 갑자기 일어나는 것, 뜻밖에 발생하는 것을 더 두려워한다. 차 앞에서 갑자기 나타나는 과속방지턱은 거리를 두고 보았을 때보다 더 크게 보인다. 그것은 가까이에 있고, 우리의 눈은 그것을 볼 때에 접시만큼이나 커진다. 실상 어떤 악이 아주 가까이 있을 때에 우리는 그것을 물리치기 위해 준비할 기회를 갖지 못하게 되고, 그 공격이 갑작스럽게 때문에 우리가 찾아낼 수도 있을 대책들을 사용할 수 없게 된다. 아무런 대책이 없게 보이는 악의 경우도 마찬가지다.

그 악에 대책이 없기 때문에 우리는 필사적으로 거기에서 도망치려 한다. 전염병의 희생자들을 돌보기 위하여 죽음의 위험에 직면하려 하는 의사에게 영웅의 월계관을 주는 것은 마땅하다. 아무런 대책이 없는 지옥의 고통에 대해서 두려워하는 것은 더욱 합당하다.

그러나 기이하게도, 처음 보기에는 죄를 두려워할 이유가 없게 보인다. 결국 죄는 전적으로 우리의 능력 안에 있다. 아무도 우리에게 죄를 강요하지 않고, 죄를 짓도록 우리를 속이지도 않고, 우리가 실수로 죄에 떨어지지도 않는다. 그런데 두려움의 대상은 우리 힘으로 저항할 수 없는 것이다. 그렇다면 우리가 마땅히 두려워해야 할 것은 죄의 기회이다. 우리가 약하다는 것을 경험으로부터 알기 때문이다. 그러나 죄 자체를 두려워해야 하는 것은 아니다.

우리는 두려움 자체를 두려워할 수도 있고, 실제로도 그런 일이 흔하다. 두려움의 연쇄는 한 없이 계속될 수 있다. 우리는 두려움에 대한 두려움을 두려워할 수도 있다. 하나의 정념인 두려움은 온전히 우리의 제어 하에 있는 것이 아니다. 그것이 불러일으키는 두려움의 유령들은 우리 본성의 감각적인 측면 안에도 있어서, 우리의 지성과 의지에 온전히 순종하지 않는다. 실제적인 의미로 두려움의 정념은 우리의 영적 본성 밖에 있는 악이며 우리의 저항을 꺾을 수도 있는 악이다. 두려움을 이성으로 제어할 수 있고 인간이 두려움을 물리칠 수 있다는 것은 다른 모든 정념에 대해서 해당되는 것과 같은 의미로만 두려움에 대해서도 해당되는 말이다. 언제라도 두려움이 이성을 압도할 수 있다면, 그러한 정념의 공백 기간 중에 이루어진 행위들은 인간의 행위가 아니라 동물의 행위이다.

두려움은 매우 무서운 것일 수 있다. 그러나 우리에게 두려움을 준비시키는 것은 사랑이다. 우리가 어떤 것을 사랑하기 때문에 그 반대의 것이 악의 형태를 띠게 되는 것이고, 그래서 우리가 사랑하는 것들의 목록은 동시에 두려움이 우리 영혼에 침입할 수 있는 길들을 보여주는 표지이기도 하다. 때로는 매우 간접적으로 그 반대의 작용이 일어나 오히려 두려움이 우리에게 사랑을 준비시키기도 한다. 어떤 사람이 벌을 두려워하여 하느님의 계명을 지키기 시작한다면 그 다음에는 희망이 시작되고 희망을 통하여 사랑으로 인도되는 것이 그런 경우이다.

2) 힘

두려움의 훨씬 더 개인적인 이유는 우리 자신 안에 있다. 그것은 우리 자신의 약함이다. 힘이 부족하기 때문에 우리는 악의 침입을 몰아낼 수가 없다. 두려움은 단순히 패배의 정념일 뿐 아니라 약함의 고백이기도 하다. 두려움의 직접적이고 효과적인 원인은 우리에게 그 악을 가할 수 있는 힘과 능력이다. 우리 자신의 힘이 약화된다면 그것은 두려움의 증가를 거의 보장해 준다. 그 보장은 두 가지로 이루어진다. 한편으로는 우리가 악에 저항할 수 없는 무능력을 보장함으로써이고, 다른 한편으로는 우리의 적에게 힘과 능력을 부여함으로써이다. 그러나 힘으로 악을 가하는 것은 자랑할 일이라기보다는 부끄러워할 일이다. 우리가 다른 사람에게 해를 입히고 악을 가하기를 바랄 수 있는 것은 정의감이 심각하게 부족할 경우뿐이다. 그러한 해악은 정의의 이름으로, 악에 대한 갚음으로 가해질 수 있다. 두려움의 이름으로는 우리 자신이 해를 입지 않기 위해서 다른 사람에게 해를 입히는 경우가 있다. 이는 예민해진 개가 지나가는 아이를 공격하는 것과 같다. 그러나 단순히 우리가 힘을 가지고 있기 때문에 그러한 해를 가한다는 것은 인간의 사회적 본성에 위배된다.

두려움 특히 큰 두려움은 가볍게 다른 사람에게 부과되지 않아야 한다. 인간은 자기 자신 밖으로 나가 자신을 둘러싼 세상과 접촉하도록 만들어졌고, 우주의 주인이 되고 만물을 그의 생각 속으로 가져오며 그의 동료들과 끊임없이 소통하면서 그렇게 모은 보화들을 전파하도록 만들어졌으며, 마침내는 하느님을 향해 나아가 하느님과 접하도록 만들어졌다. 두려움은 이 모든 것을 뒤집어 놓으며 인간을 자기 자신 안으로 들어가게 한다. 무법천지인 마을에서 사는 사람이 자기 집의 안전과 평온함 속으로 숨어들듯이, 아니면 생기가 다 사라지듯이, 두려움의 영향 아래 있는 사람은 신체적으로까지도 움츠러들고 제한되며 자신 안으로 물러나게 된다. 두려움을 느낄 때 우리는 오그라든다. 발은 차가워지고 손은 얼어붙은 듯이 저려온다. 손가락은 떨리고 무릎은 후들거린다. 거북이가 껍질의 보호 아래 온전히 몸을 숨기듯이, 우리도 오그라들어 외적 지체들에 대한 제어를 잃는다.

두려움은 우리가 더 기꺼이 조언을 구하고 충고에 귀를 기울이게 하지만, 동시에 다른 모든 정념들과 마찬가지로 우리에게 악이 임박해 있지 않을 때보다 훨씬 훌륭하지 못한 조언을 하게 한다. 사랑에 빠진 사람이 모든 것을 분홍빛 안경을 통해서 본다면, 마찬가지로 두려움에 시달리는 사람은 모든 것을 우울함의 안개를 통해서 본다. 그리고 우리가 눈앞에 있는 진리를 볼 수 없다면 우리가 생각해내는 것들은 별 가치가 없게 된다. 물론 약간의 두려움은 좋은 것이 될 수도 있다. 그 두려움이 우리에게 주위를 둘러보게 하고 조언을 구하게 하기 때문이다. 그러나 두려움이 커져서 손과 발에 영향을 미치듯이 정신에도 영향을 미치게 되면 정신의 작용에 심각하게 간섭하게 되거나 심지어는 지성의 작용을 완전히 가로막게 된다.

## 4. 대담함

### (1) 대담함의 본성 및 희망에 대한 관계

악이 가까이 있다고 해서 우리가 필연적으로 두려움이라는 불쌍한 처지에 놓이게 되는 것은 아니다. 그 악은 때로는 우리 안에서 두려움과는 반대되는 정념인 대담함을 일깨우고, 그 대담함으로써 우리는 위험에서 급히 도망치는 것이 아니라 말하자면 그 위험을 정복하려고 뛰어들게 된다. 가까이 있는 위험에 대한 이러한 공격적인 태도는, 두려움에서 절망이 나오는 것과 마찬가지로 희망에서부터 본성적으로 흘러나온다. 절망에 빠지는 사람은 본질적으로 소심하고 기가 꺾인 사람이다. 두려움은 두려워하는 사람에 대한 승리이기 때문이다. 반면 대담함은 희망과 마찬가지로 승리를 생각하게 하고, 두려움에 가장 반대되고 두려움에서 가장 거리가 먼 정념이다.

## (2) 기원

그러므로, 희망을 증가시키고 두려움을 사라지게 하는 모든 것은 자동적으로 대담함을 불러일으킨다. 우리는 두 가지로 대담함을 불러일으킬 수 있는데, 직접적으로는 욕구의 움직임 자체에 작용함으로써이고 간접적으로는 감각적 욕구의 움직임에 수반되는 신체적 변화에 작용함으로써이다. 어떤 사람이 자신의 힘에 대해 알고 있는 지식, 그의 몸의 힘, 위험을 겪어낸 그의 체험, 그의 재산 정도, 그리고 이밖에도 그가 성공적으로 행위할 수 있는 가능성이 크다고 여기게 하는 이와 유사한 다른 고찰들은 희망을 직접적으로 증가시킨다. 희망은 다른 모든 정념들과 마찬가지로 인식의 단계들로부터 나오는 것이기 때문이다. 그러므로 자신의 편에 있는 사람들의 힘을 아는 것, 많은 친구들, 그리고 하느님의 도우심에 신뢰하는 것 등은 모두 희망의 흐름 속으로 흘러들고 그 희망을 강한 대담함이 되게 한다. 두려움은 정확히 이와 동일한 요소들로부터 직접적인 영향을 받는다. 자신에게 적이 없음을 아는 것, 또는 그가 아무도 해친 일이 없음을 아는 것은 모든 두려움을 물러나게 한다. 적이 많은 사람, 특히 자신이 범한 불의 때문에 적이 많을 수밖에 없는 사람은 당연히 두려움이 많게 된다.

간접적으로, 희망은 성 토마스가 마음을 뜨거워지게 한다고 부르는 것에 의해서 증가되고 두려움은 그것에 의해서 사라지게 된다. 우리는 두려움이 사람을 마비시키고 얼어붙게 하며 그의 생기를 사라지게 한다고 말했다. 반면 희망에는 신체적으로 넓은 마음과 생기가 수반된다. 그렇다면 심장을 뜨거워지게 하고 커지게 하는 모든 것, 피의 흐름을 빨라지게 하고 생기를 북돋우는 것, 두려움이 사람을 오그라들게 하고 마비시키는 것을 거슬러 작용하는 모든 것은 희망과 대담함을 불러일으킨다. 구체적으로, 다혈질적인 사람들은 본성적으로 더 대담하다. 술을 마시는 사람은 대담함이 솟아나는 원천을 가지고 있는 것이다. 술취한 사람이 대담한 것은 술 때문에 심장이 커지고 생기가 넘쳐서만이 아니라 그의 뇌에 안개가 끼고 자신의 힘에 대해 대단한 환상을 품게 되기 때문이기도 하지만 말이다. 이 두 번째 측면에서, 젊은이는 경험이 없기 때문에 두려움을 느끼지 않고 대담하게 된다. 그들은 자신의 약함을 알지 못하거나 위험이 있음을 알지 못하기 때문이다. 성 토마스는 아리스토텔레스와 당시의 과학 지식의 권위에 의지하여, 물리적으로 심장이 작은 사람은 물리적으로 심장이 큰 사람보다 더 대담하다고 주장한다. 심장이 작으면 심장이 클 때보다 더 쉽게, 더 빨리 뜨거워지기 때문이다.

어쨌든, 이 모든 것에서 나오는 결론은 성인들에게 있어 순교는 실제로 그렇게 놀라운 일이 아니라는 것이다. 그것은 하느님의 전능하심에 대한 그들의 지극히 높은 희망과 신뢰에서 필연적으로 나오는 결과이다. 아리스토텔레스 역시, 신과 친밀한 관계를 맺고 있는 사람들은 언제나 더 대담하다고 지적했다. 악마는 실제로는 나약하다.

### (3) 이성적 대담함과 정념적 대담함의 대조

이를 더 깊이 살펴보기 위해서는, 정념으로서의 대담함과 이성적 감정으로서의 대담함, 의지에서의 대담함을 대비해보는 것이 유익하다. 정념으로서의 대담함은 감각적 지식에 직접적으로 의존한다. 그것은 즉각적으로 일어나기 쉽고, 겪게 될 어려움들을 깨닫지 못한 채로 위험 속으로 뛰어들고 그 결과로 쉽게 곧 대담함을 잃는다. 그러나 이성적 감정으로서의 대담함은 이성적 인식의 단계들에서 나오고, 이성의 판단에 의존한다. 그것은 생각을 멈추게 하고 그래서 흔히 우리는 잘못된 판단을 한다. 예를 들어, 전쟁 히스테리가 있던 시대에는 전쟁이 선언되자마자 제복을 입지 않는 사람은 소심한 사람으로 여겨졌다. 또한, 청소년 범죄집단의 구성원들 사이에서는 싸움마다 뛰어들지 않는 소년은 반드시 겁쟁이로 여겨진다. 이 두 감정, 곧 감각적 감정과 이성적 감정에 대한 실제적인 평가는 그러한 상황의 시초에 내려지는 것이 아니라 마지막에 내려져야 한다. 마지막에 이르러 보면 의도적이고 이성적인 대담함은 천천히 시작되고 모든 어려움들을 고려하며 그 다음에 싸움에 뛰어드는 것임을 보게 된다. 그 대담함은 언제나 끝에 가서 가장 강하게 된다. 그 대담함은 어려움들을 보고 놀라거나 대담함을 잃지 않고, 오히려 어려움들을 예견한다. 실패한다고 해서 좌절하지도 않고, 오히려 실패들을 예상한다. 실상 이것이 진정 용감한 사람의 감정으로서, 위험을 온전히 인식하고 있으며 모든 어려움과 패배들을 알고 있으면서도 단호하게 가까이에 있는 악에 맞서 싸우러 가는 것이다. 이것이 보통의 가톨릭 신자가 죄에 맞서 싸울 때의 대담함이고, 성인들이 자신과 싸울 때의 대담함이며, 순교자들이 그리스도의 적과 맞서 싸울 때의 대담함이다. 그리스도께서 당신 사도들에게 세상이 그들을 어떻게 대할 것인지를 거듭 경고하셨을 때에 그들에게 요구하신 대담함이 바로 이런 대담함이다.

## 5. 분노

### (1) 합성된 본성과 독특성

이제 우리는 마지막, 아마도 가장 기이한 정념인 분노의 정념에 이르게 되었다. 그 기이함은 합성의 기이함 또는 잡종 개의 기이함이다. 분노는, 그 안에 모든 것을 조금씩 포함하고 있으면서도 매우 개별적이다. 다른 모든 분노적 정념들과 마찬가지로 분노의 뿌리는 사랑에 있지만, 다른 정념들과는 달리 여러 정념들이 직접 결합되어야 생겨난다. 분노가 일어나기에 앞서 사랑보다도 최소한 우리가 해를 입은 데에 대한 슬픔이 있어야 하고 복수의 희망이 있어야 한다. 다른 모든 정념들과 달리 분노는 악의 목표와 선의 목표라는 이중의 목표를 지닌다. 분노는 욕망하고 희망하고 향유했던 선을 옹호하려 하고 또한 공격적으로 입은 피해에 대해서 보상을 요구함으로써 그 악이 갚아지기를 바란다.

### (2) 인간 안에서 분노의 우위

모든 정념들 가운데에서 분노는 매우 특별하게 인간적인 정념이다. 우리는 특별하게 분노를 주장하고, 다른 피조물들보다 훨씬 더 분노를 이용한다. 매우 실제적인 의미에서 분노는 다른 어떤 정념들보다 훨씬 더 인간에게 본성적이다. 대상 편에서 보면 욕망의 정념 특히 음식과 성에 대한 정념이 분노보다 더 본성적이다. 그러나 주체의 편에서 보면, 다른 모든 동물들에게서는 욕망이 분노보다 더 본성적이지만 인간에게서는 욕망보다 분노가 더 그의 이성적 본성에 깊이 뿌리를 두고 있다. 분노는 이성과 아주 잘 어울린다. 실상 분노는 비교를 요구하고 입은 피해와 요구할 보상을 측정할 것을 요구하는데, 이것은 이성을 통해서만 적절하게 이루어질 수 있다. 욕망과 이성의 결합은 분노와 이성의 결합처럼 긴밀하지 않다. 동물들에게서 우리가 분노라고 부르는 것은 흔히는 두려움일 뿐이다.

### (3) 원인과 치료책

한걸음 더 나아가, 분노는 개별 인간의 신체적 구성의 관점에서 다른 정념들보다 훨씬 더 본성적이라고 말할 수 있다. 예를 들어, 쉽게 화를 내는 사람이 분노하는 것은 신체적으로 나약한 사람이 방종에 빠지는 것보다 더 본성적이다. 화를 잘 내는 사람에게서 분노가 일어나는 것이, 유약한 사람이 욕망에 사로잡히는 것보다 훨씬 빠르다. 우리가 깨닫지 못하고 정념에 사로잡혔다고 말할 때, 아무런 방어도 하기 전에 정념이 이성을 압도했다고 할 때, 그 말은 다른 어떤 정념들보다 분노에 대해 말하는 것으로 쉽게 이해된다. 보통 우리의 다른 정념들은 도둑이 침입할 때처럼 우리의 머리 위로 우리를 치지 않는다.

분노의 동기를 살펴보면 그것이 이성적 본성에 깊이 기초하고 있음이 드러난다. 누군가가 우리를 거슬러 무엇인가를 하지 않았다면, 또는 우리가 그렇다고 생각하지 않는다면 우리는 결코 분노하지 않는다. 다른 말로 하면, 분노의 근본적 원인은 다른 사람이 우리를 경멸한 것이다. 그리고 경멸은 우리에게 중대하게 다루어졌다는 위로조차 주지 않는 침해이다. 고통으로 시달리는 사람이 우리에게 욕하는 것을 자비롭게 용서하는 것은 너무 어려운 일은 아니다. 그가 정말로 우리를 욕하려고 한 것이 아니라 고통이 말을 하고 있는 것이기 때문이다. 프랑스 사람에게 말을 하고 있는 줄을 알지 못하고 프랑스 사람들을 웃음거리로 만드는 손님의 경우도 마찬가지다. 이러한 경멸은 무지에서 나온 것이며 인격적인 것이 아니다. 그러나 우리를 인격적으로 무시하는 사람은 쉽게 우리를 분노하게 만든다. 우리의 희망과 노력을 그렇게 경멸하는 사람은 소리없이, 무관심하게 또는 심지어 심각하게 그러나 끈질기게 우리가 이루고자 하는 것을 방해하며 우리의 강한 분노를 느끼게 될 것이다. 의도적인 모욕으로 우리를 최고로 경멸하는 사람은 가장 큰 분노의 원인이 된다.

1) 탁월함
2) 경멸
3) 만족

우리 편에서, 우리는 탁월함과 결함이라는 반대되는 특성들로 분노에 대응한다. 웅변가는 그의 힘에 대한 언급에 화를 내지 않겠지만 그의 웅변 능력에 대한 언급에는 화를 낼 수 있다. 오페라 가수는 그녀의 고음에 지휘자가 딱한 미소를 지을 때에 분노할 수 있다. 실제로 탁월한 것에 대해서 그러한 경멸이 부당한 것일수록 그것은 분노를 불러일으킨다. 어리석은 사람들이 지혜로운 사람들을 무시하거나 시골 사람의 농담이 귀족을 웃음거리로 삼았을 때에는 더욱 분노하게 된다. 그 경멸이 더욱 부당하기 때문이다. 다른 한편으로, 우리가 해를 입었을 때에 분노가 일어난다는 사실은 쉽게 해를 입는 사람들이 쉽게 분노하게 만든다. 그래서 환자들은 흔히 불평을 한다. 앞을 보지 못하는 사람은 그의 눈멀음에 대해 민감하고 가난한 사람은 그의 가난에 대해 민감하다. 같은 관점에서, 탁월함은 경멸이 입히는 해를 막아준다. 자신의 탁월함, 자신의 능력을 확신하는 사람, 자기 자신에 대해 조금도 의심하지 않는 사람은 경쟁자의 쑥덕거림이나 질투, 그의 활동에 크게 좌우되지 않는다. 보통은 자신의 탁월함이 보잘것없다고 여기는 소심하고 불안한 사람이 경쟁이나 사소한 말에도 분노한다. 그렇게 작은 바람도 쉽게 그를 횃대에서 떨어뜨릴 수 있기 때문이다.

## (4) 영향

1) 즐거움

분노에는 보상이 있다. 그 첫 결과들 가운데 하나는 즐거움이다. 분노가 이성의 한계를 넘어서지 않고 우리를 후회하게 만들지 않는다면 분노에는 기쁨이 있다. 분노는 입은 해에 대하여 일어나는 것이고 보복을 통해서 그 해로 인한 슬픔을 낫게 하려는 것이다. 분노의 즐거움은 분노에 비례하며 또한 얻어진 보상에 비례한다. 지금 여기서 우리가 실제로 보복을 한다면, 우리가 우리를 귀찮게 하는 파리를 죽이는 데에 성공한다면 그 즐거움은 완전하다. 우리가 아직 보복을 추구하고 있다면 우리는 희망을 통해 그 보복을 현존하게 함으로써 그것을 누리고 아니면 어린아이가 입 안에서 사탕을 굴리며 맛보듯이 우리의 정신 안에서 그것에 대해 되새김으로써 즐긴다. 그 즐거움은 우리의 꿈속에까지 들어와서 그 보복을 즐거운 역전으로 바라보게 하기도 한다.

2) 신체적 변화

그러나 다른 한편으로 분노는 우리를 크게 방해하는 정념이다. 분노의 움직임은 적을 잡아먹고 그에게 달려드는 것이며, 두려움과 절망의 움직임과는 반대되고 신체적으로도 그와는 반대되는 영향을 미친다. 피가 솟구치고, 근육이 긴장되고, 심장이 빨라진다. 이것은 복수를 위해서는 좋을 수 있지만 이성의 사용에는 아무런 도움이 되지 않는다. 이성을 사용하기 위해서는 어느 정도의 감각적 능력들이 필요한데, 분노가 가져오는 신체적인 장애들이 그러한 감각적 능력의 작용들을 방해하기 때문이다. 어떤 사람이 분노로 피부가 붉어지고 털이 곤두서고 목이 부어오르며 얼굴이 빨갛게 된다면 그에게 뇌졸중이 일어날 수 있으리라고 생각할 수는 있지만 그가 깊은 관상의 열매를 맺으리라고 예상할 수는 없다.

3) 이성에 미치는 영향

4) 말에 미치는 영향

분노의 또 한 가지 영향은, 보는 관점에 따라서 선한 것일 수도 있고 악한 것일 수도 있으며 그 분노가 매우 크지 않을 때에는 일정한 영향을 미치지 않는다. 그것은 말문이 막힌다는 것이다. 분노가 이성과 함께, 또는 이성을 방해하면서 큰 소리를 낼 때에는 그 분노는 아직 심하지 않은 것이다. 상태가 심해질수록 우리는 말하는 능력을 잃게 된다. 정말로 우리는 분노로 말을 잃게 된다. 분노로 인한 신체적 장애가 우리 몸의 외적인 지체들의 사용을 방해하여 혀가 제 기능을 못하게 되고, 또한 이성의 사용을 방해하여 혀가 움직인다 해도 할 말을 찾지 못하게 된다. 실상 분노로 인한 신체적 변화들은 보통 영혼의 활동들을 가장 강하게 드러내는 기관들인 눈, 얼굴, 혀에서 가장 분명하게 나타난다.

### [결론]

## 1. 탐욕의 옹호자들

감각적 욕구의 모든 활동들에는 두 가지 목표만이 가능하다. 그것은 슬픔과 즐거움이다. 물론 다른 모든 분노적 정념들은 이들을 지향한다. 희망이나 두려움, 대담함나 절망이나 분노는 인간에게 종착점이 아니라 최종적인 정념인 욕정적 정념 곧 슬픔과 즐거움을 위한 수단들이다. 그 다른 정념들은 욕정적 정념을 도와 재촉하거나 아니면 그 정념을 배반하는 것을 목적으로 하여 투쟁하거나 포기시키는 역할을 한다. 이러한 분노적 정념들은 위험이나 어려움에 대한 욕구의 응답이고, 승리나 패배의 응답이다.

## 2. 20세기와 분노적 정념

### (1) 승리의 정념 : 희망, 대담함, 분노

1) 욕정적 정념에 몰두한 결과

2) 현대의 희망, 대담함, 분노

분노적 정념들 가운데 어떤 부분이 20세기의 생활에서 작용하는가? 오늘날 이 정념들과 그에 상응하는 지성적 감정들의 높이와 깊이, 뜨거움과 차가움은 어떠한가? 앞 장에서 그 대답이 나왔었다. 그것을 이 장의 결론과 비교해 보자. 우리는 욕정적 정념들을 기르는 데에, 새로운 욕망과 새로운 필요들을 끊임없이 만들어내는 데에, 우리의 감각적 본성의 응석을 받아주는 데에, 감각적 즐거움에 몰두하고 있다. 이것은 승리의 분노적 정념들과 무슨 관계가 있는가? 분명 우리의 희망, 대담함, 분노는 높지 않고, 영에 합당하게 용감히 견디는 열렬한 감정들이 아닐 것이다. 감각적 매력들을 강조함으로써 영의 선들은 우리 삶의 희미한 구석으로 밀려나게 되기 때문이다. 희망, 대담함, 분노의 정념은 증가하고 지성적 감정은 점점 더 줄어들게 된다. 이는 그 정념이 우리의 동물적 본성을 매혹하는 무수한 사물들로 분산됨을 의미한다. 우리는 더 많은 희망을, 많은 사소한 희망들을, 일시적인 상황들에 좌우되는 희망들을 갖게 될 것이다. 우리의 대담함은 타오르자마자 꺼져버리는 급하고 정념적인 대담함이 될 것이고, 어려움에 쉽게 실망하고 좌절할 것이다. 우리의 분노는 점점 더 맹목적이고 짐승같고 비이성적인, 정의와는 별로 관계가 없는 것이 될 것이다. 그러나 우리의 희망들이 넓고 얕게 흩어질수록 그것들은 더 피상적이고 항구하지 못한 것이 될 것이며 우리의 분노도 점점 더 철저하지 않게 될 것이다.

## (2) 패배의 정념

### 1) 두려움이 많아짐

패배의 정념들은 어떠한가? 여기서 우리는 의지에서 그에 상응하는 감정들보다는 욕정적 정념에 더 전념한 결과를 거두게 된다. 우리는, 현대에 즐거움이 많아진 것이 자동적으로 슬픔의 가능성들을 많아지게 한다는 점을 말했었다. 그것은 감각적 슬픔의 최고 치료제인 의지의 기쁨을 점점 더 멀리 몰아낸다. 그 기쁨은 사랑의 희생과 순교자들의 죽음에서 필수적인 부분이다. 현대의 넓게 펼쳐진 즐거움들 위에 희망이 얕게 확산된 결과, 우리의 두려움의 대상들도 많아져서 그 두려움들을 물리칠 수가 없게 된다. 우리의 행위들을 명령하고 제어하는 힘도 계속 약해지고 감각적 사물들 속으로 빠져들어, 우리는 인간적 행위들의 제어실인 우리의 이성으로부터 멀어지게 된다. 슬픔의 가능성들이 늘어나게 되면, 두려움의 대상들이 사방에서 끊임없이 우리를 공격하고 지배력과 저항력이 계속 약화된다. 인간이라는 피조물에게, 패배의 정념들 외에 또 무엇이 남아 있는가? 우리는 점점 더 많은 두려움에 시달리고 있지 않은가? 잡지와 신문의 광고들을 보라. 어떤 정치권이나 정당의 전술을 연구해 보라. 온갖 선전들이 사용하는 방법을 보라. 삶의 자연적인 어려움들, 곧 결혼, 출산, 노동, 사고, 책임 등에 대한 현대의 태도를 보라.

2) 절망의 항복

실상 우리는 점점 더 많이 절망에 빠지고, 점점 더 비굴하게 항복하며 싸움을 포기하지 않는가? 이 질문을 시험하고 대답하기 위한 몇 가지 절망의 표지들이 있다. 인간은 인생의 싸움들로부터 여러 가지 방식으로 도망칠 수 있다. 정신의 작용을 말살시키기 위해 계산된 즐거움의 소용돌이 속으로 뛰어들 수도 있고, 정신이 인간의 궁극적 문제들을 향하지 못하도록 하기 위해서 활동에 몰입할 수도 있다. 이러한 문제들을 잊어버리기로 진지하게 결심을 할 수도 있고, 철학의 이름으로 그 문제들의 실존 자체를 공격할 수도 있다. 자신을 신격화함으로써 문제들을 해소할 수도 있고, 아니면 머리에 총을 쏨으로써 인간답게 살 대담함를 갖지 못한 채 인간인 척하기를 끝낼 수도 있다.

## 3. 우주의 주인이거나 아니면 희생물인 인간

실상 인간은 상당히 그와 다른 역할을 위한 본성을 갖추고 있다. 인간은 온갖 피조물들의 공격으로도 침범할 수 없는 내면의 성전을 가지고 있다. 기쁨과 희망과 사랑의 원천을 지니고 있고, 그것을 인간의 높은 목적들의 종으로서 올바로 사용함으로써 감각적 세계를 지배할 수 있고 지배해야 한다. 우리가 정념이라고 부르는 감각적 질서 안에서 인간적 활동이라는 군마는 지성의 제어로 고삐를 잘 당기면 강한 힘이 될 수 있고 그렇게 되어야 한다. 이 우주 안에서 인간에게는 편안한 중도는 없다. 인간은 우주의 꼭대기에 있거나 아니면 맨 밑바닥에 있어야 한다. 그는 우주의 주인, 자신의 정념과 자기 자신의 주인이 되거나 아니면 그 모든 것의 비참한 희생물이 된다. 개인 자신만이 그가 희생물이 될 것인지 주인이 될 것인지를 말할 수 있다.

A Companion to the Summa

성 토마스 아퀴나스의

# 신학대전 해설서 II

## 제8장 행복과 습성 (제2부 제1편, 제49문제~제54문제)

1. 행위의 인간과 습성의 인간 : 부당한 대조
   (1) 동물적 '습성'
   (2) 하느님 안에는 습성이 없음
2. 인간 본성 안에서 습성의 기초
   (1) 인간 본성의 한계들
   (2) 인간 본성의 무한한 가능성들
3. 습성의 본질적 개념
4. 인간 안에서 습성의 위치
   (1) 인간의 신체적 측면
      1) 몸
      2) 감각 기능
   (2) 인간의 영적 측면
      1) 영혼의 본질
      2) 지성
      3) 의지
5. 습성의 원인
   (1) 본성과 습성의 씨앗들
      1) 지성적 습성
      2) 욕구적 습성
   (2) 반복된 행위들
      1) 하나의 행위로 습성이 형성되는 가능성
      2) 주입된 습성들
      3) 몇 가지 이론들
         ① 신체적
         ② 지성적
6. 습성의 증가
   (1) 물리적 크기와 영적 크기
   (2) 증가 방법 : 행위의 강도
7. 습성의 약화와 상실
   (1) 상실의 방법 : 행위의 부재
   (2) 침범할 수 없는 습성
8. 습성의 구분
   (1) 종에 따라 : 목적, 질료, 원리에 의하여
   (2) 윤리적으로 : 본성에 대한 관계에 의하여
   (3) 습성들의 병립 가능성

---

[결론]

1. 습성과 행복
   (1) 습성과 행위
   (2) 습성에 관한 물리적 이론들의 의미
2. 습성과 행복의 관계에서 도출되는 결과들
   (1) 책임
      1) 부모의 책임
      2) 교육자의 책임
      3) 모범
   (2) 개인적 평가, 예측, 개선
   (3) 지성적, 윤리적, 신체적 습성들의 상대적 중요성

# 제8장 행복과 습성 (제2부 제1편, 제49문제~제54문제)

지금까지 이 권 전체에서 우리가 한 것은 다름 아닌 우리의 일상생활의 친숙하고 평범한 요소들에 대한 인식을 새롭게 하는 것이었다. 이 장의 주제 역시 이러한 진행 방식에서 예외는 아니다. 우리는 우리 각자의 왕국의 종들 가운데 보통 가장 미천하고 가장 평범하며 실망스런 종으로 여기는 것, 곧 우리의 습성을 다루려고 한다.

'습성'이라는 이름부터가 평범하고 단순한 그림들을 생각나게 한다. 편안하고 오래된 의자, 감미롭고 피곤한 듯한 미소, 살짝 곱슬거리는 머리 같은 모습들이 떠오른다. '습성'은 자주 쓰지 않기 때문에 잊어버린 우산이나 지우개, 성냥을 입에 물고 담배를 내버리는 사람들, 건성인 교수들, 걱정하는 어머니들, 산만한 여자 점원들을 상기시킨다.

## 1. 행위의 인간과 습성의 인간 : 부당한 대조

### (1) 동물적 '습성'

### (2) 하느님 안에는 습성이 없음

습성 주위에는 상투적인 분위기가 있다. 습성은 항상 똑같은 지루한 반복에 매여 있는 이들, 단조롭고 낭만적이지 않고 따분하고 평범한 삶에 속하는 것으로 보인다. 행동, 위험, 특별한 것, 비범한 것은 그와 반대되는 것으로 보인다. 우리는 천재적인 사람은 끝없는 일상의 반복을 떠나고 습성에서 벗어나 뜻밖의 특이한 행위로 세상을 놀라게 하는 사람이라고 생각한다. 습성은 우리를 천재의 부류에서 떼어놓고 오히려 천천히 걸어가며 되새김질하는 암소와, 일정한 시간에 일정한 구석에서 웅크리고 자는 강아지와 결합시킨다. 신성의 불꽃은 우리들에게서보다 천재에게서 훨씬 더 밝게 빛나는 듯이 보인다. 우리는 하느님이 습성의 희생물이 되신다는 것은 거의 생각할 수도 없다. 그것은 아마도 우리가 하느님이 안경을 잊어버리는 것을 생각할 수 없기 때문일 것이다.

이 장에서도 우리는 예외 없이 우리 삶에서 중요하지 않고 익숙하게 보이는 요소들을 다룰 것이다. 습성에 대한 우리의 개념은, 우리가 우리 삶에 가장 가까운 것들에 대해 범하는 놀라운 실수들에서 예외가 아니다. 우리는 습성의 본성에 대해서 참으로 놀라운 오류를 범한다. 하느님께 습성이 없다는 것은 엄정한 사실이다. 그러나 동물이 습성을 가질 수 없다는 것도 그만큼이나 사실이다. 반면 천재적인 인간은 바로 가장 온전하게 발전되고 가장 완전한 습성을 지닌 인간이다.

## 2. 인간 본성 안에서 습성의 기초

### (1) 인간 본성의 한계들

습성은 인간에게 특징적인 것이다. 하느님께는 습성이 없다. 그분의 무한하신 완전성이 습성을 배제하기 때문이다. 동물에게는 습성이 있을 수 없다. 동물이 완전성에서 성장하는 것은 완전히 정해져 있고 그 본성의 원리들에 의해 온전히 제한되기 때문이다. 그러나 인간은 습성 없이 지낼 수 없으며 인간의 능력들은 그가 습성들을 발전시키는 것에 비례하여 완전해진다. 우리는 인간 본성과 동물의 본성을, 오대호 가운데 한 호수와 마을의 작은 저수지와 같이 대조할 수 있다. 오대호 호수들이 식수원으로서 지니는 가능성은 거기에서 시작되는 파이프라인에 달려 있다. 저수지의 경우 파이프라인은 이미 있으며 조금만 조사해 보아도 그 가능성들은 즉시 알 수 있다. 다른 각도에서 본다면, 동물적 본성은 가장자리까지 가득찬 작은 잔이고 인간 본성은 그 안에 붓는 양에 따라 용적이 커지는 그릇과 같다. 그리고 하느님은 그분의 무한한 신적 본성에 아무 것도 더해질 수 없다. 이러한 첨가, 변화, 인간 본성이 자라게 하는 수용 능력이 습성들이다.

### (2) 인간 본성의 무한한 가능성들

습성들이 필요한 것은 인간 본성이 불완전하고 창조된 것이기 때문이다. 인간 본성은 지닐 수 있는 모든 완전성을 지니고 있는 것이 아니며, 아직 어떤 것이 더해질 수 있다. 그와 동시에, 습성들이 가능한 것은 인간 본성이 결정되지 않은 무한한 가능성들을 가지고 있기 때문이다. 구체적으로, 습성을 갖기 위해서는 세 가지 조건이 필요하다. 첫째로, 습성의 주체는 아직도 실현될 잠재력을 지니고 있어야 한다. 그래서 하느님께는 습성이 불가능하다. 둘째로, 그 잠재력은 마치 코가 냄새를 맡기 위한 것이듯이 특정한 하나의 대상을 위한 것이 아니어야 한다. 셋째로, 이 잠재력은 특정하게 결정된 방식이 아닌 여러 방식들로 실현될 수 있는 것이어야 한다. 이 마지막 두 가지 조건 때문에 동물들에게는 습성이 불가능하다.

## 3. 습성의 본질적 개념

그러므로, 한정은 습성의 필수 개념이다. 그것은 무한한 기능을 제한하는 것, 막대한 호수로부터 나오는 파이프라인이다. 우리의 정신과 의지는 보편적 진리와 보편적 선의 능력을 지니고 있다. 이들이 개별적 진리, 개별적 종류의 진리와 선에 대해 작용하기 위해서는 이들이 고정되고 한정되어야 한다. 우리의 행위들은 결정적으로 한정되어 있고 구체적이며 한정된 대상들을 향한다. 그러나 본성상 개별적 사물들과 무관하고 보편적인 것에 의해서만 작용하게 되는 정신이나 의지가 어째서 다른 행위가 아니라 이 행위를 선택하는가? 그 한정은 분명 우리의 기능들로부터 오는 것이 아니며, 그러한 기능들로부터 행위가 습성을 통하여 한정됨으로써 이루어진 행위이다.

습성의 작용은 바로 인간을 변화시키고 그의 무한한 능력들이 흐를 일정한 통로를 만들어 주는 것이다. 습성은 인간을 그의 본성 자체에 대해서 또는 그 본성의 목적인 작용들에 대해서 좋은 또는 좋지 않은 성품을 지니게 하는 한정이고 제한이다. 여기에서, 우리는 정념들에 붙어 있는 무차별적이고 윤리와 무관한 영역을 벗어난다는 것이 명백하다. 습성은 분명하게 본성의 목적과 관련이 있고, 우리는 인간적인 것들은 그것이 인간을 그의 목적으로 인도하는지 아니면 그 목적에서 멀어지게 하는지에 따라 선하거나 악하다고 주장해 왔다. 그러므로 습성들은 뚜렷한 윤리적 성격을 띤다. 이들은 윤리적으로 선하거나 윤리적으로 악하다. 이들은 인간이 그의 목적을 이루도록 돕거나 그 목적에서 멀어지게 한다. 이들은 인간 본성과 그의 작용의 완전성에 기여하거나 그의 작용을 본성으로부터 멀어지게 한다.

습성을 단순히 일시적인 성품과 혼동하는 것은 오류일 것이다. 습성은 본성상 영구적이고, 최소한 그 원인들에 있어서는 근절하기가 어렵다. 습성들은 실제로 힘들고 반복된 노력을 통해서 의식적으로, 의도적으로 능력들을 계발하여 그 능력들이 접붙여진 가지처럼 본성에 깊이 뿌리를 내리게 된 것이다. 이들은 우리에게 두 번째의 본성이 되며, 본성 그 자체의 작용과 마찬가지로. 작용하고 있는 습성들은 우리에게 쉽고 능숙하고 노련한 행위에 수반되는 기쁨을 준다. 사는 것, 숨쉬는 것, 걷는 것, 보는 것에는 기쁨이 있으며, 기술자의 노련한 작업과 예술가의 오래 집중한 노력, 가수의 울리는 선율, 사상가의 오류를 꿰뚫고 진리에 도달하는 예리함, 하느님을 향한 성인의 미친 듯이 용감한 사랑에도 그와 같은 기쁨이 있다.

이 습성들은 우리의 명령 하에 계발된 참으로 우리 자신의 것이다. 이들은 그 명령을 결코 벗어나지 않는다. 마치 습성이 우리를 배반하고 우리 삶의 명령을 벗어난 듯이 그것을 잊어버림과 결부시키는 것은 부당하다. 우리가 식탁에 국을 쏟고, 국그릇이 없다는 것을 눈치채지 못하는 것은 습성이 우리의 제어를 벗어나 있기 때문이 아니라 우리가 그 습성의 작용에 주의를 기울이지 않았기 때문이다. 습성이 시작될 때에는 우리의 빈틈없는 주의와 강한 의지가 필요하다. 습성이 강해질수록 지성적 노력은 덜 필요하게 되지만, 그래도 습성은 인간 삶의 참된 주인의 완전한 종이다. 습성의 임무는, 모든 완전한 종의 임무가 그렇듯이, 그 집의 일을 더 쉽고 더 빠르고 무난하고 즐겁게 완수되도록 하는 것이다.

우리가 직접적으로 작용을 위한 습성들과 본성 자체를 위한 것이고 간접적으로만 작용을 위한 것인 습성들 사이의 구별을 분명하게 기억한다면, 우리 자신 안에서 습성의 실제 위치를 찾는 것은 쉬운 일이다.

## 4. 인간 안에서 습성의 위치

### (1) 인간의 신체적 측면

1) 몸

습성 가운데 직접적으로 아름다움이나 건강 등 본성 자체의 완전성을 목표로 하는 습성들을 '존재적 습성'이라 한다. 이와 구별되는 '행위적 습성'은 실제로는 진정한 습성이라기보다는 습성적인 태도이다. 아름다움이나 건강은 결국 쉽게 잃어버릴 수 있다. 아름다움과 건강의 원천이 되는 원인들은 빠르고 쉽게 변하는 반면 진정한 습성은 견고하고 굳은 지속성을 지닌다. 존재적 습성은 인간의 육체 안에 자리할 수 있다. 그것은 인간의 육체가 자신의 형상인 영혼에 더 완전하게 부합하도록 할 수 있는 것이다. 그러나 행위적 습성은 일차적으로 영혼에 속한다. 영혼이 모든 인간적 활동의 원천이기 때문이다.

육체가 다른 모든 물질적 사물과 마찬가지로 마지막까지 본성에 의해 정해진 일방통행 길을 달려간다는 점을 기억하면 이 점은 더욱 분명해진다. 물질적 사물 안에서 습성은 늘 일정한 길을 가는 기차에 핸들이 필요없는 것과 마찬가지로 아무 필요가 없다. 더 이상의 한정은 필요하지 않고, 실상 가능하지도 않다. 육체의 각 부분이 영혼의 작용에서 행하는 역할은 이차적이고 협조적이며 준비적이고, 습성을 기르는 데에 있어서도 육체의 역할은 이차적이다. 그것은, 영혼 안에서 습성의 완전성이 없다면 아무런 의미도 지니지 못하는 이차적인 역할이다.

2) 감각 기능

이는 우리의 모든 감각 기능, 곧 우리의 청각, 시각, 후각, 기억과 그밖의 감각 기능들에도 해당된다. 실상 이것은 감각 생활 전체에 해당되는 것이다. 차 감정사, 피아노 조율사, 소매치기, 외과의사는 모두 그들의 감각 기능들에서 행위적 습성들을 개발한 것이다. 그들은 훈련되지 않은 사람은 할 수 없는 것을 한다. 오후 네 시에 저녁 신문을 물어오도록 훈련된 개도 마찬가지다. 그러나 이러한 감각의 계발은 오직 인간의 이성의 명령에 관련되어 있기 때문에만 습성이라고 말할 수 있다. 다른 말로 하면, 인간이 동물들을 홀로 남겨둔다면 동물들은 습성과 비슷한 것조차 발전시키는 일이 없게 될 것이다. 그리고 사람들이 그들의 촉각, 청각, 미각 등을  어떤 특정한 방향으로 돌리지 않는다면 소매치기, 외과의사, 피아노 조율사, 차 감정사 등은 존재하지 않을 것이다. 동물들과 감각 기능들은 본성의 본능에 의하여 엄밀하게 한정된 대로 작용한다. 그들은 스스로 더 나아갈 수 없고, 더 이상의 한정도 필요치 않다. 오직 인간의 창조적 시각이 새로운 목적을 설정하고 동물들과 감각 기관들을 이러한 목적을 위하여 훈련시킨다.

## (2) 인간의 영적 측면

### 1) 영혼의 본질

그렇다면, 우리의 습성들이 온전히 완성되는 것은 일차적으로 우리 본성의 영적인 측면에서 찾아야 할 것이다. 본성적인 존재적 습성, 즉 본성을 목적으로 하는 성품은 영혼 안에 소유될 수 없다. 영혼은 우리 본성의 활동 원리이고 모든 완전성과 활동의 원천이기 때문이다. 영혼은 품성의 대상이 되지 않고 그 자체가 품성을 갖는다. 성냥은 어두운 방을 밝히는 데에 큰 도움이 되지만, 전구가 켜져 있을 때에는 그 빛을 증가시키기 위하여 성냥을 갖다 대지는 않는다. 그러나 인간은 하느님과 같이 자신보다 상위에 있는 사물에 도달하려고 하기 때문에 영혼은 그 더 높은 초본성적 삶을 위한 품성을 갖출 수 있다. 영혼을 초본성적 삶을 위하여 완성시키고 준비시키는 존재적 습성이 성화은총이라 불리며 그 완전한 완성은 천상 영광의 빛이다.

### 2) 지성

영혼의 행위적 습성은 물론 영혼이 행하는 기능들에, 행위의 영적 원리들인 지성과 의지에 속한다. 여기서 습성은 가능할 뿐 아니라 반드시 필요하다. 지성은 정해진 길을 따라 달려가는 것이 아니고, 개념들로 가득한 여행 가방을 메고 삶의 여정을 시작하는 것도 아니다. 지성은 온갖 진리를 받아들일 수 있는 백지이다. 지성은 오직 진리 그 자체를 위하여 진리를 추구할 수 있고, 아니면 행위의 목적을 염두에 두고 진리를 추구할 수도 있다. 지성은 제일원리들에 따라 판단할 수 있고, 아니면 세상의 즉각적인 사물들로부터 판단할 수도 있다. 행위가 있기 위해서는 한정이 필수적이다. 그러한 한정이 습성이며 이들은 지성덕이라 불린다.

### 3) 의지

의지도 거의 마찬가지의 위치에 있다. 의지는 실제적인 것이든 외관상의 것이든 온갖 선을 원할 수 있다. 의지는 그 목적을 향해 움직일 수도 있고 목적에서 멀어질 수도 있다. 선할 수도 있고 악할 수도 있다. 의지는 인간 삶에서 매우 큰 발전소이지만, 그 송전선은 그 전력을 일정한 방향으로 향하게 해야 한다. 그리고 이 전선의 방향에 따라 그 막대한 전력의 결과가 정해진다. 발전소에서 나온 전기가 전기의자로 사람을 죽일 수도 있고 의사의 수술대에서 사람을 살릴 수도 있는 것과 마찬가지로, 의지에서 나오는 힘도 사람을 지옥으로 내던질 수도 있고 천국으로 들어 올릴 수도 있다. 의지 안에 있는 습성들은 윤리적 덕과 악습이다.

습성이 스콜라 학자들이 가능태와 현실태라고 불렀던 것들의 기묘한 중간 위치를 차지하고 있다는 점은 주목해야 한다. 기능, 지성 또는 의지와 비교하면 습성은 현실적이며, 기능을 그 행위의 궁극적인 완성에 한 걸음 근접시키는 완성 원리이다. 그러나 지성과 의지의 행위와 비교해 보면 습성은 그 자체로 완전하게 완성되는 것이며 그런 의미에서 가능적이다. 그래서 어떤 사람이 좋은 습성들을 가지고 있으면서 그 습성들을 한 번도 사용하지 않는다면 그것은 좋은 차들을 모아 놓고서도 한 번도 집 밖으로 나가지 않는 사람과 같다. 둘 중 어느 경우도, 멀리 가지 못한다. 그런 습성이나 차들은 모두 소용이 없다. 그 차이는, 습성을 지니고 있는 것은 그 습성들로부터 나오는 행위들에 대한 좋은 보장이 된다는 데에 있다.

그러므로 습성들은 매우 필요하다. 우리는 그 습성들을 계발해야 하고, 그렇게 하고자 한다. 어떻게 습성들을 계발할 것인가? 습성들은 어디에서 오는가? 아마도 이런 질문들을 더 정확히 나타내면, "습성들을 어떻게 할 것인가?" "우리가 본성에 대해 아무 말도 하지 않았는데, 본성은 무엇을 했는가?"라고 말할 수 있을 것이다. 이 질문들에 대한 대답은 우리를 위로해 주는 수많은 변명들을 반박한다. 우리는 '타고난' 음악가, '타고난' 일꾼, '천성적으로' 인내로운 사람, 지혜로운 사람, 겸손한 사람이라는 말들을 들어 왔다. 우리가 그렇게 말하는 것은 본성이 우리에게 그렇게 너그럽지 않았기 때문이다 우리는 게으르고, 화를 내고, 교만하다. 때로 본성이라는 것은 우리의 자존심을 위해서 큰 위로가 된다.

본성은 습성에 관여하지만, 습성을 본성의 노력과 동일시하는 것은 다 자란 식물을 그 씨앗과 동일시하는 것과 같다. 습성은 본성 안에 뿌리를 두고 있지만, 뿌리만을 거기에 두고 있는 것이다. 나머지 성장에 대해서는 설명이 필요하고, 우리 자신만이 그것을 설명할 수 있다.

## 5. 습성의 원인

### (1) 본성과 습성의 씨앗들

#### 1) 지성적 습성

지성적 측면에서는 본성과의 연관을 많이 알아볼 수 있다. 모든 인간에게 공통된 한 가지 습성이 있는데 그 습성은 실체적으로 본성에서 시작되며 우리는 그 습성으로써 제일원리들을 이해한다. 모든 인간은, 부분이 무엇이고 전체가 무엇인지를 알고 나면 전체가 부분보다 크다는 것을 인식한다. 더 간접적으로, 본성은 감각들을 완성하는 데에서 지성적 습성들의 기초를 마련한다. 우리는 이해의 작용을 위하여 감각 기관들을 필요로 하기 때문에, 예민하고 빈틈없는 감각 기관들은 지성적 습성을 위하여 분명 매우 좋은 출발점이다

#### 2) 욕구적 습성

의지편에 있어서, 본성에 의해 주어지는 출발점은 참으로 씨를 뿌리는 것과 같다. 우리의 본성적 경향들은 우리가 삶의 긴 여정을 시작하게 하는 가벼운 자극이다. 체질로부터도 우리는 일정한 방향으로 자극을 받는다. 그래서 어떤 사람은 신체적인 이유로 정념적이기보다는 온유하고, 다른 사람은 인내롭기보다는 정결하고, 이러한 차이들이 있게 된다.

이 모든 본성적 장치들은 흔히 '기질'이라 불린다. 그 단어는 수많은 죄들을 덮기 위하여 사용된다. 습성이 형성되고 나면, 완성된 산물은 보통 성격이라 불린다. 그리고 예술가적 기질이나 까다로운 기질, 성내는 기질을 가졌다는 것은 달갑지 않은 성격을 설명하기에 합당한 구실이 되지 못한다. 재렛(Jarrett) 신부는 언젠가, 극도로 거친 기질은 매우 섬세한 성격을 만드는 데에 실제로 큰 도움이 된다고 말했다. 그것은 우리에게, 올바른 습성을 기르기 위해서 열심히 진지하

게 노력해야 할 필요성을 일찍부터 깨닫게 하기 때문이다.

진지한 노력은 습성을 만들어 주는 확실한 원인이 된다. 하느님만이 손수건이 주머니 안으로 들어가듯이 우리 영혼 안에 습성을 넣어주실 수 있으시다. 습성을 얻기 위한 길은 하나뿐인데 그것은 우리 자신의 개인적인 행위들을 통해서이다. 결국 습성은 완성된 품성이고 잘 계발된 습성으로서, 우리의 행위들은 그 습성을 따라 쉽게, 빨리, 그리고 직접 그 대상에게로 미끄러져 들어간다. 우리의 행위들은 그 습성을 더 깊이, 더 부드럽게, 더 확실하게 지니게 된다. 골프 선수의 꾸준한 연습, 운동선수의 훈련, 가수의 음계는 모두 이를 설명하기 위하여 물리적 측면으로부터 취한 희미한 표상들이고, 우리가 우리 자신의 모든 행위들을 통해서 우리의 힘이 흘러가는 길을 결정한다는 것을 보여 준다.

앞서 습성은 실제로 첫 행위로 시작된다는 것, 적어도 그 행위를 통하여 표면이 건드려지고 습성이 약하게나마 시작된다는 중요한 지적을 했다. 더 중요한 것은, 모든 습성에는 과거가 깃들어 있고 미래를 위하여 큰 의미를 지니고 있다는 점이다. 습성은 과거 행위들의 정확한 역사이고, 현재의 민첩하고 쉽고 유쾌한 행위를 보장해 주며, 미래 행위들의 흐름을 예측할 수 있는 좋은 근거가 된다. 습성은 한 순간에 사라지지 않기 때문이다.

## (2) 반복된 행위들

### 1) 하나의 행위로 습성이 형성되는 가능성

또한 습성은 한 순간에 생겨나지도 않는다. 나쁜 습성은 흔히 하나의 행위로 생겨난다는 엄한 경고를 하곤 한다. 그러나 그렇게 될 수는 없다. 지성적 측면에서는, 진리가 분명하게 제시되어 지성이 즉시 그것을 파악하고 결코 그것을 버리지 않게 될 수 있다. 그 결과, 그 하나의 행위로 지성적 습성이 생겨날 수 있다. 그러나 지성적 질서 밖에서는 탄탄한 구조를 지닌 습성을 기르기 위해서는 시간과 노력이 필요하다. 그래서, 진리가 지성을 지배하듯이 욕구 측면에서 이성이 의지나 감각적 욕구를 지배할 수 없다는 것이 일상의 체험으로부터 분명히 드러난다. 우리의 이성은 우리에게, 이러저러한 개별적 상황들에서 이 하나의 행위가 매우 바람직한 것임을 보여줄 수 있다. 그러나 우리의 의지와 감각적 욕구가 여러 다양한 방식들로 수많은 바람직한 대상들을 추구할 수 있다는 점을 기억한다면, 어떤 것을 행하는 하나의 습성된 방식을 지배하는 것이 하나의 동작으로 이루어지는 것은 아님이 분명해진다. 한번 강한 약을 먹음으로써 건강이 회복될 수도 있듯이, 몸의 존재적 습성들은 하나의 행위에 의해서도 이루어질 수 있다. 그러나 이러한 습성들은 진정한 습성들과 같은 지속적인 자질들을 지니는 것이 아니라 다만 쉽게 방해받거나 도움을 받을 수 있는 여러 원인들에 의존하는 습성적인 품성이라고 할 것이다.

### 2) 주입된 습성들

이 모든 것은 순전히 본성적인 질서에 속한다. 초본성적 질서에는 우리의 행위들에 의하여 점진적으로 생겨난 것이 아닌 하느님에 의하여 한 순간에 일으켜진 습성들이 있다. 이것이 은총과 주입된 덕들이다. 이들은 본성의 능력을 초월하고 그 자체로 본성적 힘들의 결합을 넘어서는 성품들 내지 결정들이다. 이들은 본성적 질서의 영역을 완전히 벗어나 있기 때문에, 이들은 본성의 범위 안에 포함되지 않는 존재이신 하느님으로부터만 올 수 있다.

### 3) 몇 가지 이론들

#### ① 신체적

어떤 사람이 다른 사람을 번드르르하게 남을 속이는 사람이라고 여긴다면, 언제나 그의 목소리에서 불안정함을 느낄 수 있게 된다. 같은 이유로, 어떤 정치 후보자가 소견을 밝힐 때 그의 지지자들은 긍지로 부풀어 오르고 반대자들은 불쾌해하며 불만을 말하게 된다. 물론 이것은 일면적인 시각에서 나오는 결과이다. 진리를 발견하기 위해서는 다른 면도 보아야 한다. 근대 철학자들은 인간에 대한 일면적인 시각에 사로잡혀 있어서 이제는 그 한 측면, 곧 동물적 측면만이 존재한다고 믿기에 이르렀다. 인간의 모든 행위에서 그들은 기꺼이 콧바람소리나 으르렁거리는 소리, 꿀꿀거리는 소리나 힝힝대는 소리 같은 동물의 음색을 느낀다. 그와 같은 물질주의적인 견해를 주장하는 이들은 습성을 볼 때 그들이 보려고 하는 것만을, 순전히 물리적이고 기껏해야 동물적인 현상만을 본다. 어떤 이들에게 습성은 일련의 기계적 반사들일 뿐이다(행동주의). 다른 이들에게 습성은 자극과 반응만으로 설명되는 것은 아니고 유기체의 역사와 현재의 태도도 고려해야 하는 것으로 여겨지지만, 그것은 단지 신체적인 역사와 성품만을 포함한다(역동 심리학의 자극 – 유기체 – 반응). 또 다른 이들은 습성이 신체적 연합이 각인되는 데에서 기인한다고 주장한다(Thondike). 그러나 이들 모두에게는, 습성은 인간의 다른 것들과 마찬가지로 동물적 능력을 넘어서는 것으로 여겨질 수 없음이 명백하다고 생각되었다.

② 지성적

아마도 이러한 동물 숭배의 영향이 인간에게 정신적인 영혼이 있음을 고수했던 이들의 글들에도 들어오게 되었을 것이다. 마치 연결할 근육이 없고 지성과 의지의 작용에 연관된 부분들의 조정이 없기 때문에 우리가 기술하고 있는 것과 같은 습성들, 곧 실체적 형상이 몸을 한정하고 완성시키듯이 우연적 형상으로서 기능을 한정하고 완성시키는 습성의 자리는 실제로 없다는 듯이 말이다. 그들은 오히려 습성 대신에 연합을, 그러나 물론 정신적인 연합을 주장하려 하거나 아니면 솔직하게 적어도 의지에서는 습성이라는 것을 완전히 없애버리고 의지의 행위들을 한정하는 것 모두를 동기의 힘으로 환원시킨다. 불행히도 여기에서는 타협이 전혀 불가능하다. 사실이 그것을 허용하지 않을 뿐 아니라, 지성과 의지의 본성이 한정되어 있지 않다는 것 자체가 습성이라는 우연적 형상에 의한 한정을 요구하는 것이다.

## 6. 습성의 증가

### (1) 물리적 크기와 영적 크기

습성이 증가한다는 것을 이해하기 위해서는 습성이 형상이고 단순한 활동 원리라는 것을 견지하는 것이 중요하다. 습성이 단순한 형상이고 부분들이 없는 원리라면, 마치 물리적 사물을 증가시킬 때처럼, 뚱뚱한 사람을 서커스의 촌극을 위해 준비시킬 때처럼 양을 늘림으로써 증가시키는 것은 있을 수 없다. 영적인 사물들에 있어 크기는 무게로 측정되는 것이 아니라 완전성에 의해 측정된다. 어떤 천사가 다른 천사보다 더 크다는 것은 더 많은 존재를, 더 많은 탁월성을 소유하고 있기 때문이다. 또한 어떤 영혼이 초본성적으로 다른 영혼보다 더 크다는 것은 더 많은 애덕을 소유하고 있기 때문이다. 본성적 질서에서, 어떤 영혼이 다른 영혼보다 크다는 것은 그것이 더 많은 우연적 완전성을 가지고 있고 첨가된 습성의 형상들을 더 많이 가지고 있기 때문이다. 습성이 더 커지는 것은 그것이 더 많은 사물들로 확장되거나 아니면 주체 자체 안으로 더 깊이 뚫고 들어감으로써 어떤 식으로 그것이 더 완전해지기 때문이다.

이것은 복잡하게 들리지만, 실제로 습성의 확장은 건강이 몸의 더 많은 부분들로 확장되는 것이나 사랑이 사랑받을 만한 더 많은 대상들로 확산되는 것, 또는 하나의 원리에서 더 많은 결론들을 찾아내는 것과 같이 단순한 것이다. 강도에 있어 습성이 증가하는 것은 점점 더 깊이 스며듦으로써 이루어지는데, 예를 들어 결혼한 부부의 사랑이 더 깊어지고 견고해지고 시간이 지날수록 친밀함과 동반을 통하여 점점 더 부부들 자신의 일부가 되어가는 경우가 이에 해당된다.

습성은 마치 아침해의 열기가 아말피 해안의 바위 위에서 일광욕을 하며 졸고 있는 이탈리아 사람의 뼈 속으로 스며들듯이 우리 존재의 골수에 스며든다.

### (2) 증가 방법 : 행위의 강도

어느 식으로든, 참된 습성들은 오직 한 가지 매개물을 통하여 증가된다. 그 매개물은 우리 자신의 행위이다. 그러나 습성은 모든 행위에 의해서가 아니라 습성 자체보다 더 강하고 더 진지한 행위들에 의해서만 증가된다. 훌륭한 경쟁자와 골프나 테니스를 치는 것은 자신의 게임을 향상시키는데, 이것은 그 순간만이 아니라 그 후에도 그러하다. 독서를 추리소설을 읽는 것에 국한시키거나 대화를 잡담에 국한시키는 사상가는 하급에 머문다. 좋은 책들의 큰 장점 중에는 그 책들이 우리를 지적인 거인들과 함께하게 한다는 것이 있다. 습성보다 강렬하지 않은 게으르고 단정치 못한 행위는 습성에 도움이 되지 않고 오히려 실제적으로 해를 끼친다. 결국, 어떤 행위가 습성을 완전하게 하는 원인이 되려면 그 습성의 완전성을 넘어서는 무엇인가를 줄 수 있어야 한다. 그 행위는 그저 습성과 함께 가는 것이 아니라 그 습성을 더 깊이 스며들게 해야 한다. 행위 자체가 불완전하면서 습성에 완전성을 부여하기를 바랄 수는 없는 것이다.

행위는 그 직접적인 원리인 습성으로부터 나오는데, 그 습성을 증가시키기 위해서는 습성보다 더 커야 한다. 이것은 모순처럼 보인다. 그러나 습성이 이미 한 것을 잠시 생각해 보라. 습성은 그 행위를 더 본성적이고 더 쉽고 더 유쾌하게 만들었다. 그러므로, 우리의 다음 행위는 같은 노력으로도 즉시 더 나은 것이 될 것이다. 다른 말로 하면 행위는 첫 번째 행위에 있을 수밖에 없었던 부담을 많이 제거했고, 그 저항을 상당히 없앴으며, 초기에 서부에 정착했던 개척자들처럼 숲에 길을 내었다. 물론 그 후의 정착자들은 같은 길을 훨씬 쉽고 빠르게 여행할 수 있고, 그 길을 더욱 개선한다. 오솔길이 도로가 되고, 그 다음에는 차들이 어려움 없이 달릴 수 있는 길이 닦인다. 그 다음에는 4차선 고속도로가 되어 거의 그 길이 우리 대신 차를 운전할 정도에 이른다.

습성이 단순한 형상이고 완전하게 하는 원리라는 개념에서부터, 습성은 그와 반대되는 습성으로 인하여 변질될 수 있음을 쉽게 파악할 수 있다. 생명이 육체의 형상 곧 영혼의 결과이고 죽음은 그 형상이 떠난 결과이므로 우리의 육체가 살아있으면서 동시에 죽어있을 수 없는 것과 마찬가지로, 서로 반대되는 습성들은 함께 존재할 수 없다. 하나가 다른 하나를 파괴한다. 강의 수로는 강물을 동시에 서로 반대되는 방향으로 흘러가게 할 수 없다. 우리의 습성들은 우리 행위들의 통로이다. 그리고 이러한 서로 반대되는 습성들은 다른 모든 습성들과 마찬가지로 개별 행위에 의하여 형성된다.

## 7. 습성의 약화와 상실

### (1) 상실의 방법 : 행위의 부재

기존의 습성이 파괴되기 위해서는 반대되는 행위와 습성에까지 가는 것도 필요치 않다. 단순한 게으름이나 나태함도 습성을 약화시킨다. 습성을 전혀 사용하지 않는 것도 그 습성을 파괴시킨다. 이것은 특히 윤리적 습성 내지 의지의 습성들의 경우에 그러하다. 그 습성들은 외부적 행위들과 정념들을 조절하는 데에 관련된다. 그 행위와 정념들이 조절되지 않으면 이들은 멈추지 않기 때문에 아무 제한 없이 나오게 될 것이다. 단순하게 말하면, 좋은 행위들을 만들어내지 않는 사람은 나쁜 행위들을 만들어내고 있는 것이다. 그가 좋은 습성들을 사용하고 있지 않을 때 그는 좋은 습성들을 소홀히할 뿐만 아니라 나쁜 습성들을 기르고 있는 것이다. 인간적 행위는 윤리적으로 선하지도 악하지도 않을 수 없기 때문이다.

지성적인 영역에서, 단순히 습성을 사용하지 않는 것은 습성을 매우 약화시키며 때로는 완전히 소멸시킨다. 그러므로 계속해서 지성적으로 자기 자신보다 훨씬 하위의 사람들과 어울리는 사람은 급속하게 퇴보하게 된다. 몽상으로 시간을 보내는 사람은 자신의 사고력과 집중력을 감소시키게 되고, 잡동사니를 읽으며 시간을 보내는 사람은 점점 더 잡동사니 외에는 다른 것을 읽을 수 없게 된다.

### (2) 침범할 수 없는 습성

이렇게 습성을 상실시키는 영향이 결코 미칠 수 없는 몇 가지의 습성이 있다. 이들은 본성이 처음부터 거의 완성해 놓은 지성적 습성들로서, 사변적이거나 실천적인 제일원리의 습성들이다. 이 침범할 수 없는 습성들은 인간 사고의 지속성과 유효성, 그리고 윤리 법칙들의 절대적인 보편성의 기초가 된다. 예를 들어 모순 법칙이나 옳은 것과 그른 것의 구별과 그 필수적인 힘을 인간에게서 몰아낸다면 그것은 인간 본성 자체를 완전히 파괴하는 것이 될 것이다.

## 8. 습성의 구분

### (1) 종에 따라 : 목적, 질료, 원리에 의하여
### (2) 윤리적으로 : 본성에 대한 관계에 의하여
### (3) 습성들의 병립 가능성

우리는 매우 다양한 습성들을 가지고 있다. 그러나 그들을 구별하기는 비교적 쉽다. 그들은 결국 행위의 원리들이며 특정한 행위를 향한다. 습성들 자체가 특정한 한정들이기 때문이다. 혼동을 피하기 위하여 우리는 그 습성들이 지향하는 방향만을 따를 것이다. 다른 말로 하면, 기차의 서로 다른 목적지들을 알려줌으로써 우리가 기차역에서 번호를 혼동하지 않고 올바른 기차를 탈 수 있게 되듯이 습성들의 목적이 그 습성들을 구별해 주는 것이다. 그래서 정의의 습성은 절제의 습성과 쉽게 구별되고 이들은 모두 실천적 지혜의 습성과 다르다. 또한 일반적으로 말해서 우리는 습성들의 위치에 따라 그 부류들을 지성의 습성, 의지의 습성 등으로 구별할 수 있다. 그러나 하나의 기능이 여러 습성들을 가질 수 있음을 기억한다면, 그리고 그 습성들이 선한 것일 수도 있고 악한 것일 수도 있음을 기억한다면, 이것으로 습성들의 부류는 구별할 수 있지만 개별적인 습성들 자체를 구별하기에는 충분치 않음을 쉽게 알 수 있을 것이다. 습성이 다루는 질료의 경우도 이와 마찬가지다. 질료는 습성들의 부류를 서로 구별하게 해 주지만, 개별적인 구별을 알고자 한다면 그 습성들의 한정된 목적을 보아야 한다.

그리고 기차들이 서로 아주 비슷하게 보이고 같은 역에서 같은 방향으로 가는 것처럼 보여도 모두 개별적이듯이 습성들도 분명하게 개별적이다. 이 습성들은 서로 다른 장소로 간다. 서로 목적지가 다른 기차들을 연결해서 하나의 긴 기차를 만들 수는 없는 것과 마찬가지로, 습성들을 서로 연결해서 하나의 긴 습성을 만드는 것은 불가능하다. 그 각 부분이 중간역들에서 떨어져야 하는 것이라면 경우가 다르다. 그럴 때에는 최종 목적지가 기차에 단일성을 부여한다. 습성들의 경우도 이와 같다.

## [결론]

# 1. 습성과 행복

### (1) 습성과 행위

이 모든 것은 행복과 무슨 관계가 있는가? 이 책의 앞부분에서 행복을 조각하는 도구들은 우리의 인간적 행위라고 강조했음을 생각해 보라. 우리의 삶에서는 그 외의 다른 무엇으로 성공이나 실패를 이루는 것이 아니다. 그리고 습성의 임무 전체는 행위와, 인간적 행위와 연관된다.

이 장에서 우리는, 습성은 접붙여진 가지이며 그 결실들은 본성의 결실들과 매우 유사한 방식으로 맺어지고 그래서 습성을 두 번째의 본성이라고 부른다는 것을 보았다. 본성과 마찬가지로 습성은 우리의 행위들이 더 쉽게, 더 빨리, 더 유쾌하게 흐르도록 만들어 준다. 이 말의 이면을 살펴보자. 이 말은 이론의 여지가 없는 사실인데, 이것이 사실이라면 습성은 실제로 우리의 본성적 힘들을 증가시킨 것이다. 그것은 우리 행위의 저항을 상당히 제거하고, 훨씬 적은 노력이 필요하게 하며, 쉽고 즐겁게 행위를 유도하게 한 것이다. 의지가 언제나 그 행위들을 만들어내기 위하여, 손과 발 등에 명령하기 위하여 같은 노력을 기울여야 한다면 인간은 결코 발전하지 못할 것이다. 어제 기울인 노력의 흔적이 오늘 명백하게 나타나지 않는다면 인간은 한 번도 걸음마를 배우지 않은 아기처럼 평생 비틀거릴 것이다. 인간이 평생 비틀거리리라고 말하는 것은 낙관주의적인 표현이다. 실상 그렇게 된다면 인간은 삶의 초기에 무너져 내리고, 완전히 탈진하여 노력을 포기할 것이다.

습성은 활동을 위한 필수 조건이므로 모든 진보의 조건이다. 실상은 습성 자체가 진보이다. 천재적인 사람이 그렇게 특별한 공헌을 할 수 있는 것은 습성을 통하여 그의 본성적 능력들에 완전성이 더해졌고 그래서 그의 두 번째 본성으로 많은 힘들이 절약되었기 때문이다.

### (2) 습성에 관한 물리적 이론들의 의미

습성은 활동의 조건이고 모든 진보의 조건이다. 습성들로부터 우리의 행위들이 흘러나온다. 그렇다면, 우리가 습성의 가능성을 동물적인 수준에 제한한다면 어떻게 되겠는가? 그러면 우리의 행위들은 그 수준에 제한될 것이다. 그리고 우리의 행위들은 우리가 목표에 다가가는 단계들이므로, 우리의 목표 자체도 동물적인 목표가 되어야 할 것이다. 그렇다면 의지의 드높은 열망과 지성의 위대한 전망은 추락할 것이며 우리를 짐승의 수준에 제한시키는 물질적이고 감각적이고 측량할 수 있는 것의 감옥문이 닫히는 것이다. 그것이 이전에 인간이라고 알려져 있던 피조물의 종말이다. 이 모든 것은 과장이 아니다. 이것은 인간의 영적인 본성을 부인하고 습성에 관한 물리적 이론을 주장하는 이들의 일반적 견해이다.

## 2. 습성과 행복의 관계에서 도출되는 결과들

### (1) 책임

#### 1) 부모의 책임

젊은이들이 그들의 습성을 기르는 데에서 그들을 인도하는 이들의 지대한 책임은 지적할 필요도 없다. 이것은 그들의 목적지를 선택하고 기차에 태우며 기차표를 개찰하는 것이 아니겠는가? 이것이 아버지 또는 어머니의 역할이다. 그들의 부주의한 소홀함과 무지, 열성적 사랑과 지성적인 노력에 그 자녀의 삶의 실패와 성공이 달려 있는 것이다. 이 책임은 무시할 수 있는 것도 아니고 약하고 소심한 마음으로 할 수 있는 일도 아니다.

2) 교육자의 책임

이것은 가톨릭 청소년들을 교육하는 데에서 수녀들이 미국 교회에 대하여 하고 있는 중대한 공헌을 알아보게 해 준다. 하느님만이 이 원천에서부터 성공적인 삶을 시작한 이들의 수를 헤아릴 수 있으시다. 또한 이것은 우리에게 완전히 다른 모습을, 배후에서 절망이 느껴지는 모습을 들여다보게 해 준다. 그것은 물리적 이론가들과 자연주의적 심리학자들의 영향 하에 있는 미국 교육의 모습이다. 지난 몇 년 사이에 그러한 학교들이 주류를 이루면서 미국 학교들의 교육에 엄청난 영향을 미침으로써 인류에게 끼친 손해만큼 큰 손해가 역사상 또 있었는지 의심스럽다.

3) 모범

우리가 이 장에서 보았던 것은 모범의 중요성을 즉각적으로 분명하게 보여 준다. 다른 이들의 행위에 영향을 미치는 것은 그들의 습성에도 영향을 미치며 이렇게 해서 그들의 미래 행위들을 결정하는 데에까지 영향을 미친다. 영웅을 숭배하는 소년으로부터 그만큼이나 영웅을 숭배하는 어른에까지, 여러 세기의 경험을 통해 모범은 다른 이들의 행위에 강력한 영향을 미치는 것으로 입증되었다. 권위를 가진 사람, 계속해서 다른 이들의 눈앞에 있는 사람, 가톨릭 신자라는 것 때문에 대중들로부터 두드러지는 신자 등은 모두 원하든 원하지 않든 이 큰 책임을 갖는다.

### (2) 개인적 평가, 예측, 개선

습성들은 우리의 행위들에서 단일성의 요소가 된다. 습성들은 과거의 기록이고 현재의 힘이며 미래의 예측이다. 이들은 과거를 현재와 미래에 이어 주며, 우리에게 우리가 과거로 무엇을 했고 미래에 무엇을 기대할 수 있으며 그 예측에 특별히 주의를 기울이지 않으면 어떻게 될 것인지를 말해 준다. 다른 말로 하면, 현재 순간까지의 삶을 평가하기 위해서는 우리의 습성들을 보아야 한다. 우리가 개선을 원한다면 다시 우리는 우리의 습성들을 보아야 하지만, 언제나 우리의 모든 습성들 가운데 인간 삶의 성공과 실패에 가장 중요한 것은 바로 인간 삶의 목표와 관련된 습성들, 인간을 그의 목적으로 인도하거나 거기서 멀어지게 하는 습성들임을 알아야 한다.

### (3) 지성적, 윤리적, 신체적 습성들의 상대적 중요성

신체적 습성들은 육체를 개선할 수 있다. 지성적 습성들은 정신을 개선할 수 있다. 그러나 오직 윤리적 습성들만이 인간을 개선한다.

A Companion to the Summa

성 토마스 아퀴나스의

# 신학대전 해설서 Ⅱ

## 제9장 행복과 덕 (제2부 제1편, 제55문제~제58문제)

1. 덕의 오명: 근대의 몇 가지 개념들
   (1) 개혁자들의 시각
   (2) 기쁨과 인간성을 미워하는 사람을 위하여
   (3) 일상 세계에 대한 무지함의 결과
   (4) 신경증적 금지
2. 오해의 두 가지 이유
   (1) 덕의 본성에 대한 무지
   (2) 인간의 본성에 대한 무지
3. 덕의 본성
   (1) 행위적 습성
   (2) 좋은 습성
   (3) 덕의 정의
4. 덕의 인간다움
   (1) 엄밀하게 인간적인 인지 능력에 대한 제한 : 완전한 덕과 불완전한 덕
   (2) 엄밀하게 인간적인 욕구 능력에 대한 제한
   (3) 덕의 충분한 구분 : 지성덕과 윤리덕
5. 지성덕
   (1) 사변적 덕 : 이해, 학문, 지혜
   (2) 실천적 덕 : 기술과 실천적 지혜
      1) 구분
      2) 좋은 삶을 위한 실천적 지혜의 필요성
      3) 실천적 지혜의 부속물
6. 윤리덕 일반
   (1) 지성덕과의 구분
   (2) 윤리덕과 지성덕의 상호 의존
      1) 지성덕 없는 윤리덕
      2) 윤리덕 없는 지성덕

---

[결론]

1. 덕과 성공적 행위
   (1) 개별적 목적들과 관련하여
   (2) 인간 삶의 목표와 관련하여
2. 윤리덕과 인간 삶의 충만함
   (1) 삶의 목표의 중요성에 비례한 윤리덕들의 중요성
   (2) 윤리덕의 갚음은 성공적인 삶의 갚음이다
      1) 직접적 : 충만한 삶
      2) 궁극적 : 삶의 목표인 행복의 소유
      3) 윤리덕을 부인하는 것은 인간의 인간다움을 부인하는 것
3. 인간과 윤리의 형성

# 제9장 행복과 덕 (제2부 제1편, 제55문제~제58문제)

## 1. 덕의 오명 : 근대의 몇 가지 개념들

### (1) 개혁자들의 시각

이 장의 주제는 덕이다. 인간이 지닌 자질들 가운데 덕만큼 철저히 오해되고 비방을 받은 것도 없을 것이다. 근대에 덕에 대하여 다룬 방식은, 몇 년 전에 러시아 농부들이 현대의 트랙터를 신비롭고 이해할 수 없으며 아마도 위험한, 분명 매우 특별하고 의심스런 기계 장치라고 여겼던 것에 비길 수 있다. 우리가 덕에 대한 이와 같은 근대의 개념을 간략하게 요약하려고 시도한다면, 이 요약은 덕이 근대의 정신에게 이중의 의미를 내포한다는 진술로 충분할 것이다. 그 두 가지는 억압과 무지이다.

### (2) 기쁨과 인간성을 미워하는 사람을 위하여

만화가들이 금령들을 주창하는 사람들을 장례 집전자의 예복을 입은 모습으로 그려놓게 되는 것은 단순한 우연에 의해서는 아니다. 근래에 어떤 신문에서는 한 페이지 전체에 새해의 전야를 지내는 방식에 관한 두 가지 반대되는 의견들을 묘사한 일이 있었다. 한편에서는 시끄럽게 술을 마시며 지내는 유형을 나타냈는데, 여기에서는 그 후의 두통을 그 사람의 인간다움, 좋은 친구 관계와 정상성의 잣대로 삼았다. 다른 편은 점잖은 형으로, 내성적인 반성의 분위기를 새해를 지내는 적절한 방식으로 옹호한다. 이 두 저자의 그림은 모두 '덕'과 즐거운 인간다움을 대조적으로 표현한다. 첫 번째 그림의 저자는 아름다운 옷을 입고 멋진 미소를 짓는 매력적인 젊은 여인으로 그려져 있고, 다른 저자는 빅토리아 시대의 화려한 옷을 입고 전함과 같은 얼굴로 세상을 노려보고 있다.

### (3) 일상 세계에 대한 무지함의 결과

### (4) 신경증적 금지

이러한 관점은 매우 흔해서, 가톨릭 신자들에게도 영향을 미쳤다. 우리는 얼마나 자주 덕을 아주 단순하고 순진한 늙은 목자의 모습으로, 옷깃이나 조끼나 신발을 잘못 입곤 하는, 금처럼 착하고 마음은 넓지만 악마처럼 기괴한 사람의 모습으로 그리는가? 또는, 우리는 덕이 마치 초인간적인 온실의 배경에서 나오는 것인 듯이 그것을 수녀나 베일이나 수도원과 결부시키는가? 덕은 주의해야 할 것으로, 조금씩 그리고 개인의 기질을 고려하면서 취해야 할 것으로 여겨진다. 모든 수녀들은 신경질적이라는 말은 이상한 말이 아니다. 이러한 생각은 수녀들은 덕이 있고 덕은 우리 인간 본성을 충만하고 즐겁고 건강하게 표현하는 것에 대조되는 신경증적 억압이라는 것을 근거로 한다.

물론 이 모든 것은 순전히 허튼 말이다. 그러나 이것을 진지하게 받아들일 때에는 매우 치명적인 것이 될 수 있다. 허튼 말이 마녀들을 화형에 처하게 했고, 지금의 허튼 말들은 사람들에게 특히 우리 시대의 소년 소녀들에게 훨씬 더 치명적이다. 그것이 초래하는 고통은 한두 시간의 문제가 아니라 평생, 그리고 영원에 이르기까지도 희망없이 계속되는 것이기 때문이다.

## 2. 오해의 두 가지 이유

### (1) 덕의 본성에 대한 무지

모든 허튼소리들이 그렇듯이 덕에 대한 이러한 말들도 무지에서, 덕에 대한 무지와 인간다움에 대한 무지에서 기원한다. 덕이 일반적인 것을 넘어서는 것으로, 강요된 사육이나 운동선수의 지나친 훈련으로 여겨진다면 우리는 덕에 대해 많은 것을 배우게 되지 않을 것이다. 덕이 미친 사람의 웃음과 같이 건강하지 못한 것으로, 아니면 나쁜 아이의 순진한 눈처럼 위선적인 것으로 여겨진다면 우리는 덕에 대해 알려고 하지 않게 될 것이다. 그리고 사방에서 우리에게 덕은 붉은 플란넬이나 유황이나 당밀처럼, 아니면 밤공기가 위험하다는 믿음처럼 구시대의 것이고 미숙하며 과학적이지 않다고 말한다면 우리는 실제로 덕과 친밀해지는 것을 두려워하게 될 것이다. 우리는 시대에 뒤처지지 말아야 하기 때문이다.

### (2) 인간의 본성에 대한 무지

우리가 인간을 완전히 오해했다면, 덕을 이해하는 것은 시작도 할 수 없다. 인간을 기계처럼 아니면 순전한 동물처럼 묘사하면, 마치 톱니바퀴의 부딪힘이나 강아지의 낑낑거리는 소리에서 덕의 가능성을 배제하는 것과 같이 인간에게서도 덕의 가능성을 배제하게 된다. 우리는 본 시리즈의 제1권에서 인간의 본성을 샅샅이 살펴보았고, 인간이 동물이면서 또한 영이고 육체를 가지고 있으면서 또한 영혼을 가지고 있다는 것을 보았다. 인간에 대한 그러한 정확한 개념을 염두에 두고, 덕을 더 자세히 살펴보자.

## 3. 덕의 본성

### (1) 행위적 습성

처음 덕을 살펴볼 때, 놀라운 진리가 드러난다. 덕은 특별한 것이 아니고 신비로운 것도 전혀 아니며 오히려 평범한 것으로서, 덕이 없이는 우리가 일상적인 평범한 하루도 지나갈 수 없다는 것이다. 쉬운 말로 하면 덕은 단순히 어떤 종류의 습성을, 행위를 용이하게 하기 위한 좋은 습성을 가리키는 다른 이름일 따름이다.

앞 장에서 우리는 인간이 지닌 자질과 우주의 다른 피조물들이 지닌 자질 사이의 두드러진 차이점을 지적했다. 유황과 같은 화학 물질은 온전히 완성되기 위해서 교육이나 훈련을 필요로 하지 않는다. 그것은 처음부터 일정한 행위를 위하여 온전히 갖추고 있는 물리적 필연성의 엄격한 법칙을 따른다. 그 행위는 일정한 하나의 방식으로만 이루어질 수 있다. 동물들의 완전성의 경우도 이와 거의 동일하다. 그들은 앎을 가지고 있지만 그들의 길의 모든 발걸음을 결정하는 본능의 엄격한 법칙을 따르며, 그 법칙은 그들을 분명하게 표시되고 넘어설 수 없는 장벽들로 둘러쳐져 있는 좁은 길에 매여 있게 한다. 그러나 인간은 그의 지성과 의지로 하느님 이외의 아무 것에도 매여 있지 않게 되기 시작한다. 이 힘은 큰 홍수의 물과 같아서, 특정한 결과들을 만들어내기 위해서는 특정한 수로로 인도되어야 한다. 그 수로들이 인간의 습성들이다.

그렇다면, 생명이 없는 피조물과 동물인 피조물, 그리고 인간의 행위 사이에는 매우 큰 차이가 있게 된다. 처음 두 피조물의 행위는 처음부터 본성에 의하여 엄밀하게 결정된다. 그러나 인간의 행위는 인간이 계발시키는 습성들에 의해 한정되고 결정되어야 한다. 이렇게 깊이 스며들어 두 번째 본성이 되고 그의 행위에 즐거움과 용이함, 그리고 오직 본성과만 비교될 수 있는 민첩함을 갖게 하는 그 습성들이 바로 행위적 습성들이다. 이들은 그의 기능들을 완전하게 하고 그 기능들은 그의 행위들이 따를 길을 결정하고 그의 힘을 보존하며 언제나 더 큰 행위들을, 더 큰 완전성을 가능하게 한다.

### (2) 좋은 습성

이 습성들이 그의 활동을 그의 목표에서 멀어지게 한다면 그것은 나쁜 습성 내지 악습이다. 그 습성들이 그의 활동들을 그의 목표를 향해가게 한다면 그것은 좋은 습성 내지 덕이다. 다른 말로 하면, 우리는 어떤 사람이 아주 좋은 도둑이라고 말할 수 있고, 훔친 물건의 양과 질과 그의 도둑질 기술이 동료들보다 훨씬 뛰어나다고 말할 수 있지만 그것은 비유적인 말일 뿐이다. 우리는 그가 덕스러운 도둑이라고는 말할 수 없다. 앞에서 한 말은 그가 나름의 방식으로는 뛰어난 습성들을 지니고 있다는 뜻이지만, 그 방식은 악하고 결함이 있는 방식이다. 덕은 언제나 완전성을, 인간의 가능성들을 실현하는 것을, 그의 잠재력들을 온전히 실현하는 것을 내포한다. 덕은 좋은 습성들이다.

### (3) 덕의 정의

덕을 좋은 습성과 동일시하는 것은 덕을 억압으로, 금지로 여기는 근대의 개념을 즉시 무너뜨린다. 습성은 행위의 원리이고 활동의 원리이다. 그러므로 덕은 그 본성상 활동의 원리이다. 실상 덕은 선한 행위의 영역 전체를 포괄한다. 물론 덕의 이름으로 무엇을 행하는 매우 불쾌한 사람들도 있다. 그 사람들은 마르틴 루터의 본보기를 따라, 선하면서도 무섭다. 세리와 죄인들과 만나면 몸서리를 치는 거룩한 척하는 사람들이 있다. 또한 함께 험담을 하기를 거부하면 크게 화를 내는, 고칠 수 없이 험담을 하는 사람들도 있다. 그러나 이들 가운데 어느 것도 덕이 아니다. 실상 우리는 덕을 인간이 옳게 살게 되는 좋은 습성이라고 정의할 수 있다. 덕이 없이는 올바르게 살 수가 없고, 덕은 악하게 사용될 수가 없다. 그것이 인간적 덕이라면 그것은 우리 행위의 결과이다. 그것이 초본성적이거나 주입된 덕이라면 그것은 하느님의 은총로운 자애의 결과이다. 그러나 그 종류가 어떠하든 그것은 흔히 덕이라는 이름에 결부되는 악하고 나쁜 행위들의 원리가 될 수 없다.

우리는 덕을 미워할 수 있다. 애덕이 끊임없이 자신을 비난하기 때문에 험담이 애덕을 미워하는 것이 그 예이다. 우리는 어리석게 덕을 자랑하고 같은 덕을 소유하고 있다는 명백한 증거를 보이지 않는 다른 모든 사람들을 언짢아할 수도 있다. 그러나 덕이 악한 행위의 원인이 된다는 비난은 하나의 수로가 동시에 서로 다른 방향들로 물을 운반하기를 기대하는 것과 같다. 덕은 하나의 일정하게 결정된 목적지를 향한 송전선이다. 그 목적지는 인간의 본성과 완전한 조화를 이루고 있고, 그래서 덕은 선하다.

## 4. 덕의 인간다움

### (1) 엄밀하게 인간적인 인지 능력에 대한 제한 : 완전한 덕과 불완전한 덕

그렇다면 덕은 즐거운 인간성의 무자비한 원수가 아니다. 평온한 웃음이나 친절한 미소처럼, 또는 큰 웃음소리처럼 덕은 분명히 인간적이다. 다른 어떤 피조물도 아닌 오직 인간 본성을 가진 피조물만이 덕을 소유할 수 있고 덕을 지닐 수 있는 가능성을 갖고 있다. 그것은 특징적인 인간적 행위를 만드는 것과 관련되고, 인간에게 고유한 행위들이 그 목표를 향해 빠르고 유쾌하게 달려갈 수 있는 평탄한 길이다. 우리가 덕을 찾고 있다면 우리는 오직 인간을 바라보아야 하고 인간 자신 안에서 인간적 행위가 흘러나오는 두 개의 원리, 곧 지성과 의지를 보아야 한다.

이렇게 덕이 지성과 의지 두 곳에 자리한다는 것에서부터, 당황스런 어려움에 대답해주는 구별이 이루어진다. 한 사람이 지성적으로는 천재이면서 윤리적으로는 타락한 사람일 수 있다는 점은 자주 지적되어 왔다. 많은 교육을 받은 범죄자라는 것은 가능할 뿐만 아니라, 오히려 그의 교육이 그의 범죄 활동을 더 위험하고 더 철저하고 심지어 더 악하게 만든다. 소크라테스는 그럴 수 없다고 생각했지만, 사실이 그를 반박한다. 미국의 교육 체계는 소크라테스와 동일한 실수를 했고 지금까지도 사실이 옳을 수 있다는 것을 믿지 못한다. 결국 덕의 목적은 선한 행위를 이루는 것이고, 그렇다면 지성에서의 덕은 분명 선한 사람들을 만든다는 것이다.

실상 지성에서의 덕은 좋은 수학자, 과학자, 목수 등을 만든다. 그러나 목수가 도둑이 될 수 있다는 가능성은 생각할 수 있다. 또한 훌륭한 수학자인 버트란드 러셀(Bertrand Russell)은, 그의 윤리 원칙들 가운데 절반을 실제로 실천한다면 분명 그의 삶을 실패로 이끌었을 것이다. 다른 말로 하면, 이러한 지성덕들은 어떤 사람을 특정한 방향으로 인간을 선하게 한다. 이들은 불완전한 덕들이다. 설명은 이러하다. 어떤 덕들은 인간에게 선한 행위를 할 능력을 주지만, 그가 그 능력을 잘 사용하는 것을 보장해 주지는 않는다. 반면 다른 덕들은 어떤 사람에게 선한 행위를 할 능력을 주는 것과 함께 그 능력을 잘 사용할 것을 보장해 준다. 예를 들어, 문법적인 습성은 인간에게 말을 잘 할 수 있는 능력을 준다. 그러나 이러한 습성을 가지고도 악하게 말을 할 수 있고 십계명을 어길 수도 있다. 그러나 정의의 습성을 가진 사람은 정의롭게 행위할 능력을 가지고 있을 뿐 아니라 그 습성으로써 지금 여기서 의롭게 행위한다. 그는 어렵게, 그리고 의도적으로 정의의 습성에서 자신을 벗어나게 함으로써만 불의의 행위를 행한다. 다른 말로 하면, 정의의 습성은 인간을 이런저런 방향에서 선하게 하는 것이 아니라 단순히 선하게 한다. 이것이 윤리덕들이다.

윤리덕들이 인간의 욕구들 안에 자리한다는 점을 기억한다면 이는 더욱 분명히 드러난다. 여러 차례 언급한 바와 같이 인간의 욕구는 모든 움직임의 중심이고 원천이다. 그 고유한 대상은 인간의 목적 내지 목표이며, 인간의 행위가 선하거나 악하다고 판단되는 것은 그 인간의 목표에 관련해서이다. 우리는 지성에 관해서, 그것이 그르거나 옳다고 말할 수 있다. 그러나 선하거나 악하다는 것은 오직 의지에 대해서 말할 수 있을 뿐이다. 인간의 특정한 기능들만이 아니라 인간 전체를 선하게 만드는 이 완전한 덕들은 의지에 속한다. 이 덕들이 다른 어떤 기능에서 나타난다면 그것은 단지 그 기능이 의지에 의해서 움직여지는 한에서이다. 예를 들어 지성 안에 자리하는 신앙은 오직 지성이 의지의 명령에 따라 초본성적 진리들에 동의하기 때문에 인간 전체를 완전하게 만들 수 있다. 마찬가지로 지성덕의 하나인 실천적 지혜는 그것이 의지와 의지의 대상에게 질서를 부여하기 때문에 완전한 덕이다. 그러나 이 부분은 후에 좀 더 살펴보아야 할 것이다.

### (2) 엄밀하게 인간적인 욕구 능력에 대한 제한

지금으로는 인간의 지성과 욕구를 완전하게 하는 습성들인 지성덕과 윤리덕이라는 이 두 가지의 분류를 강조하는 것으로 충분하다. 윤리덕은 인간의 욕구 안에, 일차적으로 인간의 의지 안에 있는 좋은 습성들이다. 우리가 '일차적으로'라고 말하는 것은 용기의 덕과 절제의 덕은 인간의 감각적 욕구 안에 있으면서 그 분노적 정념과 욕정적 정념을 이성의 명에 따르도록 하기 때문이다. 그러나 이 덕들은 오직 인간의 감각적 능력들이 영적인 능력들에 참여할 수 있는 한에서만 덕들이 된다. 이들은 감각적 욕구들이 습성적으로 이성에 일치되는 것일 뿐이다. 이들이 감각적 욕구의 활동과 목표를 의지의 활동과 목표에 결합시키는 한에서 이들은 완전한 덕이 된다.

의지 자체는 습성에 의해 직접적으로 한정되어야 한다. 지성이 제시하는 그 자신의 선을 향하여 움직이기 위하여, 의지는 습성을 통하여 도움을 받을 필요가 없다. 의지는 그것을 위해 만들어졌고, 그러한 유형의 행위를 위하여 형성되었고, 그 노선을 따라 한정되었다. 그러나 자신의 영역 밖에 있는 선, 예를 들어 이웃의 선이나 자연 질서 밖에 있는 선 곧 신적인 선을 추구하기 위해서는 애덕이나 정의라고 불리는 습성과 정의와 연관된 덕들이 필요하다. 더 단순하게 말하면, 우리 자신에게만 속하는 선을 추구하기 위해서는 덕이 필요하지 않다. 그러나 초본성적이거나 이타적인 선들을 위해서는 습성이 있어야 한다. 그리고 순전히 이기적인 선들만을 추구하는 것으로는 인간을 계발하거나 완성할 수 없으며 인간을 파괴할 뿐이다. 그것은 인간을 인간적이고 신적인 모든 사회 생활에서 단절시키며 인간의 삶의 목표에 도달하는 것을 거의 불가능하게 한다. 그리고 행복의 본질은 그 목표에 도달하는 데에 있다.

### (3) 덕의 충분한 구분 : 지성덕과 윤리덕

그러므로 인간의 덕에는 그의 지성을 완성시키는 덕들과 그의 욕구를 완성시키는 덕들, 곧 지성덕과 윤리덕이 있다. 이것이 인간적 덕들 내지 좋은 습성들이 충분하고 완전한 분류이다. 인간적 행위가 나오는 원리가 더 없기 때문이다. 다른 말로 하면, 이들이 송전선이 연결되어야 하는 두 개의 큰 발전기이고 그 외에 다른 발전기는 없다. 다음 장들에서 윤리덕은 훨씬 더 자세히 다룰 것이고, 여기에서는 단지 정의, 절제, 용기라는 그 이름들만을 언급해 두고, 우리 시대가 그렇게도 사랑한다고 하는 지성덕들을 더 자세히 살펴 보자.

신학생이 자기 집을 방문하는 것을 본 일이 있다. 열심히 일하는 형제들이 그를 맞았다. 모두가 그와 뜨겁게 악수를 나누었고 모두가 즉시 그의 부드럽고 굳지 않은 손과 형제들의 거친 손 사이의 차이를 느꼈다. 즉시 선고가 내려졌다. "간단하지. 네가 집에 있었더라면 그런 손을 갖고 있지 못했을 거다." 그 신학생은 일을 했다는 증거로 내놓을 수 있도록 머리에도 굳은살이 박히기를 간절히 원했다는 것을 나는 알고 있다.

실상 그 대조는 인류의 시초에서부터 있어 왔다. 행위의 인간은 사고의 인간을 몽상가라고 조롱했다. 프랑스 혁명주의자들이 관상 수도회들을 게으르고 쓸모없는 것이라고 야유했던 것이 그런 경우이다. 한편 철학자들, 두뇌 노동자들은 세세대대로 삽을 내려놓으면 일이 끝나는 일용 노동자들을 부러워했다. 생각하는 것과 행동하는 것 가운데 어떤 것이 더 힘든 일인지는 여기서 중요하지 않다. 중요한 것은 이 둘 사이의 대조이다. 이것은, 지성의 활동들이 흐를 수 있는 통로를 분명하게 보여주고 따라서 지성 안에서 계발될 수 있는 습성들을 보여주기 때문이다.

## 5. 지성덕

### (1) 사변적 덕 : 이해, 학문, 지혜

무엇을 행하거나 만들기 위한 것이 아닌 지성적 활동들은 사변적 활동이며 이러한 활동들을 위하여 지성을 완성시키는 습성 및 덕들은 사변적 덕들이다. 사변적 덕에는 이해, 학문, 지혜가 있다.

오늘날 우리는 그 중간의 덕인 학문을 강조하고 다른 두 가지를 부인하거나 소홀히해 왔다. 이는 마치 여인이 젊음에 집착하면서 어린 시절을 잊고 노년을 부인하려고 하는 것과 유사하고, 그만큼이나 불가능하다. 이들은 서로 분리될 수 있고 연결되지 않은 습성들이 아니라 완전성의 단계들이다. 학문은 이해를 전제하고 요구하며, 지혜는 학문과 이해를 포함하기 때문이다.

이 덕들을 파악하기 위해서는 우리의 정신이 어떻게 작용하는지를 보면 된다. 처음에 우리는 제일원리들을 모으고, 거기에서부터 이런저런 방향의 결론들로 나아간다. 마침내 우리는 사물의 근원에, 궁극적 원인들에, 최종적인 설명에 이르게 된다. 제일원리들의 습성은 이해이다. 이해는 생각의 제일원리들의 습성으로서 그것은 모든 학문의 씨앗들을 포함하고 있고, 행위의 제일원리들의 습성으로서는(synderesis, 분별력) 모든 윤리성과 윤리적 덕들의 씨앗들을 포함하고 있다. 이것은 중요한가? 지극히 중요하다. 과학자가 동일성, 모순, 목적성, 충족이유율의 원리 없이 실험을 하는 것을 상상할 수 있는가? 자신의 오른손과 왼손을, 물과 황산을 구별하지 못하고, 설명되지 않은 이유를 찾지 않으면서 실험을 할 수 있는가? 그러나 근대 철학자들은 우리에게, 이것만이 학문을 얻기 위한 타당한 길이라고 엄숙하게 단언한다. "선은 행해야 하고 악은 피해야 한다."는 제일원리가 없는 윤리 생활은 불가능하다. 그 제일원리가 없이는 윤리의 기초가 전혀 없게 될 것이기 때문이다.

우리는 학문의 덕과는 상당히 친숙하다. 모든 지성덕들과 마찬가지로 학문의 덕은 진리와 연관되고 진리를 확고하게 고수하는 것과 관련된다. 그것이 추구하는 진리는 원리들로부터 추론될 수 있거나, 이해의 덕에 의하여 얻어진 원리들에 비추어본 사실들로부터 모을 수 있는 것들이다. 학문의 덕은 수학, 화학, 물리학의 지식 등 개별적인 노선들을 따라 작용한다. 우리는 그것을 거기에서 멈추게 했다. 그러나 그것은 철학과 신학의 상당 부분을 포함하고 또한 철학과 신학의 궁극적인 범위 안에 포함된다. 아주 간단히 말해서 이것은 증명을 통해 알려지는 진리를 다루는 덕이다.

학문의 덕을 앎이라고도 한다. 여기서 멈추어 현대 세계를 돌아보면, 우리는 매우 친숙함을 느낄 것이다. 현대 세계는 앎에서 멈추었기 때문이다. 앎만으로는 무질서하고 혼란스러울 수 있고, 불협화음이 신경을 거스르고 듣지도 못하게 하는 것과 마찬가지로 학문만으로는 사람의 삶을 파괴할 수 있다. 수천 가지 사실들을 알고 열두 가지 학문의 결론들을 아는 것은 인간을 기계 로봇이 될 수 있게 하거나 전문 학교에서 자리를 가질 수 있게 한다. 그러나 인간이 적절하게 살아갈 수 있게 하기 위해서는 그 이상이 필요하다. 교향악단의 악기들 사이에 많은 아이들을 흩어 놓으면 분명 그들은 어느 교향악단 못지않게 호흡을 낭비하고 땀을 흘리면서 큰 소음을 만들어낼 것이다. 그러나 음악을 만들기 위해서는 그 이상의 무엇이 필요하고, 그것이 바로 질서이다.

그것이 바로 지혜의 덕이 하는 일이다. 지혜는 학문처럼 즉각적인 진리로 만족하지 않고 궁극적 진리를, 궁극적인 설명을 원한다. 지혜는 어떤 다른 학문에서 취한 원리를 받아들이는 것으로 만족하지 않고, 가장 첫 번째와 가장 마지막 원리에까지 거슬러 올라간다. 이러한 유리한 위치에서, 그것은 진리들 서로의 관계, 지식들 서로의 관계를 바라보고 더욱이 모든 진리들, 모든 지식들이 최종적 진리, 최종 목표와 갖는 관계를 바라본다. 아마도, 우리가 이 지혜에 일반적인 이름들을 붙인다면 그것의 작용을 더 잘 이해할 수 있을 것이다. 그것이 신적 지혜일 때에는 신학이라 부르고, 인간적 지혜일 때에는 철학 또는 형이상학이라 불리는 것이다. 어떤 경우든 그것은 모든 인간의 삶을 위하여 필요한 최고의 사변적 덕이다. 그것은 인간 삶의 근본적 질문들, 즉 우주와 하느님이 왜, 어디에서부터, 어디에 존재하는가 하는 질문에 대한 대답을 제시해 준다. 이것이 교육의 주된 대상이 되어야 할 것이다. 그것의 뼈대는 신자 어린이에게 교리 수업 때에 가르쳐진다. 이것을 소유함으로써 학식이 없는 세탁부가 매우 지혜로워지고,

이것이 없음으로써 유식한 교수가 매우 어리석어진다. 그런데 이것은 미국의 교육 체제에서는 낯선 지성덕이다.

여기까지가 관상가, 사상가, 진리를 위해 진리를 찾는 사람들의 덕이다. 이들은 불완전한 덕이지만, 의지의 명령을 받으면 행복에 도움이 될 수 있고 실제로 천상 기쁨의 시작 내지 전조이다. 영원한 행복의 본질은 진리를 관조하는 지복직관이기 때문이다. 이제, 행위의 인간의 덕들, 지성적 활동의 실천적 통로들은 어떤 것이 있는가?

## (2) 실천적 덕 : 기술과 실천적 지혜

### 1) 구분

여기에서도 만드는 사람과 행하는 사람, 장인과 인간적 행위를 형성하는 사람 사이에 뚜렷한 구분이 있다. 우리 가운데 누구도 우리 자신의 인간적 행위들을 형성시키는 일, 그 행위들을 인간 삶의 목표를 향하여 이성이 정해 놓은 노선을 따라 나아가게 하는 일을 벗어날 수는 없다. 그러나 우리 가운데 많은 이들은 닭장을 만들듯이 쉽게 잡동사니 더미를 부술 수 있고, 어떤 이들에게는 망치가 원수와 같다. 인간적 행위의 방향과 관련된 실천적 덕은 실천적 지혜이고, 장인의 덕은 기술이다.

우리 시대는 중요하지 않은 것을 무엇보다도 강조하는 천재들이 있는 것 같다. 이 두 가지 실천적 덕만 지니고 있을 때 우리는 인간 삶의 본질적 요소를 간과하고 전혀 본질적이지 않은 것에 엄청난 힘과 재능을 쏟아부을 수 있다. 성 바오로는 실제로 재주가 있는 기술자였다. 그러나 나는 천국은 연장들을 다루는 데에 서투른 성인들로 가득하리라고 믿는다. 물건들을 만드는 우리의 뛰어난 능력, 우리의 창조적 재능과 기술적 완전성, 우리의 직업적 탁월함과 자질은 기술에 대해서도 불의를 행했다. 우리는 자유 기예와 미술은 건드리지 않았고 노동자의 삶에서 그것을 제거했으며 그 대신에 오직 대량 생산의 수단들에 박자를 맞추는 정확한 속도로 단조로운 작업을 하기를 요구했다.

기술은 분명 불완전한 덕이다. 그것은 인간의 욕구와 관련이 없다. 무신론자는 성인과 마찬가지로 좋은 바이올린을 만들 수 있다. 실상, 일부러 문을 잘못 다는 목수와 같이 의도적으로 자신의 기술의 법칙들을 위반하는 기술자는 더 잘할 줄을 모르는 미숙한 기술자와 마찬가지로 기술적인 면에서 죄를 짓는 것이다. 그러나 실천적 지혜의 경우는 이와 반대이다. 의도적으로 행위를 잘못된 방향으로 이끄는 사람은 죄책이 있지만, 그것이 잘못된 것인 줄 모르면서 그 방향으로 자신의 행동을 이끄는 사람은 죄책이 없다. 실천적 지혜는 합성된 덕으로서 절반은 지성적이고 절반은 윤리적이기 때문이다. 그것은 지성 안에 자리하지만, 그것이 다루는 대상은 분명 윤리적인 것인 인간적 행위이다. 실천적 지혜는 보고 듣고 생각하고 원하고 사랑하는 등의 행위들에 작용한다.

### 2) 좋은 삶을 위한 실천적 지혜의 필요성

실천적 지혜는 인간의 욕구와 지극히 긴밀한 관계에 있다. 앞서 본 바와 같이, 사변적 질서에서는 결론의 참됨은 그 결론이 도출되어 나오는 원리들의 참됨에 직접적으로 달려 있다. 실천적 질서에서, 실제에 있어 원리들은 행위의 목적들이다. 어떤 행위의 성격 전체를 결정짓는 것은 그 목적이고, 그 목적이 모든 행위의 존재 이유이다. 인간 삶의 운전자와도 같이 인간 행위를 어떤 방향으로 이끄는 실천적 지혜은, 올바른 목표와 목적을 전제한다. 다른 말로 하면, 실천적 지혜는 인간적 행위를 그 목표로 향하게 할 수 있기에 앞서 그 목적에 관한 인간의 욕구가 올바를 것을 전제한다.

좋은 삶이 좋은 작용과 같은 것이고 인간 삶에서의 성공은 인간적 행위들의 선함에 의해서, 다른 말로 하면 그 행위들이 인간 삶의 목표에 접근하는 정도에 의해서 측정된다는 것을 기억한다면, 인간의 삶 안에서 실천적 지혜가 얼마나 중요하며 실천적 지혜의 기초인 이 목표들을 제거함으로써 우리 시대가 얼마나 어처구니없는 일을 저지른 것인지를 쉽게 알아볼 수 있다. 좋은 작용이라는 것은 무엇을 행했는가의 문제에만 그치는 것이 아니라 어떻게 그것을 행했는가 하는 점과도 연관된다. 어떤 행위가 정념의 충동에서 나온 결과인지 아니면 이성의 의도적이고 제어된 명령의 결과인지는 큰 차이를 가져온다. 실천적 지혜가 하는 일은 바로 인간적 행위를 행복을 얻기 위한 동전이 되게 만드는 그 제어된 명령을 주는 것이다. 기술에서, 선함 또는 결함은 기술자의 자세의 문제가 아니라 그가 만들어낸 작품의 질의 문제이다. 그러나 실천적 지혜의 선함이나 결함은 그 사람 자신 안에 있는 선 또는 악의 문제이다. 실천적 지혜는 바로 그의 행위에 작용해야 하는 것이다.

### 3) 실천적 지혜의 부속물

다음 권에서 우리는 실천적 지혜의 덕을 자세히 다룰 것이다. 여기서는 실천적 지혜를 위해서는 심사숙고 곧 적절한 방법과 수단을 찾는 것이 어느 정도 완전할 것이 전제되고 또한 사용할 수 있는 최선의 수단들을 선택하는 판단의 완전성이 전제된다는 것을 지적해 두는 것으로 족하다. 물론 실천적 지혜는 어떤 목적을 향한 인간적 행위에 관한 것이기 때문에 오직 그 목적을 위한 수단들에만 관련된다.

## 6. 윤리덕 일반

### (1) 지성덕과의 구분

분명 온전하고 진실하고 성공적인 인간 삶을 위해서 이 다섯 가지 지성덕들로 충분한 것은 아니다. 이것으로 충분하다고 여겼던 소크라테스의 낙관적 입장은 - 미국은 같은 입장을 옹호한다 - 죄는 오직 무지에서 나오는 것이라는 생각에 기초하고 있다. 이 생각 뒤에 깔려있는 개념은, 모든 인간적 행위는 이성에 의하여 제어된 행위이므로 이성이 우리 삶을 다스리는 데에서 최고의 힘이며 그 힘은 종속자들이 복종하도록 하기 위하여 회초리 소리를 내는 것으로 충분하다는 것이다. 이것은 어느 정도는 맞는 말이지만 충분히 옳은 것은 아니다. 이성은 인간적 행위들의 최고 원리이고 첫 번째 원리이다. 특히 그것이 인간적 행위라는 점에서 그렇다. 그러나 이성의 명령은 절대적인 힘을 지니고 있지 않다. 영적인 면에 대해서는 그런 힘을 가지고 있지만, 우리 본성의 식물적 측면에 대해서는 지배할 수 없으며 본성의 동물적 부분에 대한 이성의 지배력은 절대 군주의 독재 권력이 아니다. 오히려 그것은 정치 권력과 같아서 언제라도 반란으로 전복될 수 있고 자주 저항을 받으며 진정한 순종을 얻는 일은 매우 드물다. 인간의 욕구는 좋은 습성을 필요로 한다. 그 습성을 통하여 욕구의 활동은 이성이 명하는 선을 따라 흐르게 된다. 윤리적 덕들은 필요하고, 지성이 욕구와 다르듯이 윤리덕은 지성덕과 다르다.

### (2) 윤리덕과 지성덕의 상호 의존

1) 지성덕 없는 윤리덕

이들은 서로 구별되지만, 서로 관계가 없는 것은 아니다. 실상 어느 정도의 지성덕 없이는 윤리덕을 갖는 것이 전혀 불가능하다. 적어도 두 가지, 이해와 실천적 지혜는 윤리덕을 위해서 절대적으로 필요하다. 윤리덕들의 작용은 인간의 욕구의 활동을 조절하고 이 활동들이 이성의 요구에 부합하게 하며 욕구의 활동들을 이성이 요구하는 방향으로 흐르도록 하는 통로 역할을 한다. 이들은 선택적인 습성으로서, 삶의 목표를 향하여 끊임없이 선택을 한다. 이들은 본성상 올바른 목적을 추구하며, 그 목적을 위하여 적절한 수단들을 선택하기 위하여 필요한 심사숙고과 판단과 명령을 추구한다. 심사숙고, 판단, 명령은 실천적 지혜가 하는 일이다. 참된 목표를 향하여 올바로 향하는 것은 윤리덕의 업적이다. 더 간단히 말하면, 실천적 지혜가 없이는 올바른 윤리적 행위를 이룰 수 없다. 그리고 실천적 지혜는 제일원리들로부터 나오는 지성덕으로서 이해의 덕 없이는, 곧 제일원리들의 습성이 없이는 불가능하다.

정신 안에 있는 모든 것을 살피며 멜빵과 허리띠를 동시에 매게 하는 지극한 조심이 실천적 지혜와 같은 것이라고 여긴다면 이는 심각한 오류다. 실천적 지혜는 소심함이나 우유부단함, 두려움과는 다르다. 그것은 지성을 사용하여 인간의 행위가 행복을 조각하는 도구들이 될 수 있도록 만드는 것이다. 실천적 지혜는 교육이나 학식과 동일시될 수도 없다. 학식이 없는 사람도, 일상의 거래를 하는 데에서는 전문 사기꾼에게 쉽게 속을 수 있다 하더라도 인생을 살아가는 데에 있어서는 매우 현명할 수 있다. 실천적 지혜는 어떤 하나의 계급이나 생활 신분에 국한된 것이 아니다. 그것이 모든 인간의 삶에 절대적으로 필요한 것이기 때문이다.

### 2) 윤리덕 없는 지성덕

그리고 이 실천적 지혜는 모든 지석덕들 가운데 유일하게 윤리덕 없이는 불가능한 덕이다. 실천적 지혜와 윤리덕 사이의 상호 의존은 완전하다. 실천적 지혜 없이는 윤리덕이 없고, 윤리덕이 없이는 실천적 지혜도 없다. 이해, 지식, 기술, 심지어 지혜까지도, 완전히 악한 사람도 지닐 수 있는 것이다. 그러나 실천적 지혜는 그렇지 않다. 모든 신학자가 성인인 것은 아니다. 위대한 신학자라도 그렇다.

실천적 지혜가 윤리덕들에 의존하는 것은 실천적 지혜가 실제로 인간 삶의 구체적인 기술과 밀접히 연관되기 때문이다. 실천적 지혜는 일반적 원리들, 일반적 결론들, 일반적 규칙들로 충족되지 않는다. 그것은 지금 여기서 개별 행위에 영향을 미치는 개별 원리들을 직접 다루어야 한다. 더 정확히 말하면, 실천적 지혜의 원리들이 행위의 목적이므로, 실천적 지혜는 지금 여기서 지향의 올바름을 절대적으로 요구하고, 지금 여기서 선한 개별적 목표를 추구할 것을 요구한다. 그리고 구체적인 것 안에서 이렇게 선한 목적을 추구하는 것은 윤리덕이 하는 일이다. 예를 들어, 정결한 사람은 행위와 몸짓과 말과 눈길에서 아주 작은 부정함의 자취를 즉각 직관적으로 감지하고, 애덕이 있는 사람은 고통받는 이웃의 영혼이 필요로 하는 사려깊은 행위, 말, 미소를 직관적으로 안다. 이렇게 해서 실천적 지혜는 목표를 향한 길을 찾아간다. 윤리덕이 없다면 실천적 지혜는 책을 잊어버린 통신 학교 조사관처럼 일반적인 계명들의 세계만을 헤매고 다닐 것이다.

## [결론]

## 1. 덕과 성공적 행위

### (1) 개별적 목적들과 관련하여

이 모든 것을 간략하게 요약해 보면, 현대 세계가 덕이 무지와 억압이라는 의미를 내포한다고 여기는 것은 큰 오해임이 명백하게 드러난다. 덕은 인간 본성을 억압하는 것과는 거리가 멀다. 덕은 지성적이든 윤리적이든 모든 인간적 행위를 위하여 절대적으로 필요한 원리이다. 모든 인간은 인간적 행위를 이루기 위하여 습성들이 있어야 한다. 그래서 그는 선한 습성이든 악한 습성이든 습성들을 기른다. 인간에게서 덕과 선한 습성들을 떼어버린다면 그는 스스로 그의 인간적 삶을 실패로 만드는 것이며 자신의 본성을 왜곡하고 그 성장을 가로막으며 삶의 균형을 잃게 만드는 것이다. 면도날이 연필을 깎기 위해서 만들어진 것이 아니듯이 인간 본성은 악을 추구하기 위해 만들어진 것이 아니기 때문이다. 그 본성을 나쁜 습성들로 채우고서 그것이 성공적인 인간 삶을 만들어내기를 바라는 것은 면도날에 흠집을 잔뜩 내어 놓고서 그것으로 면도가 잘 되기를 기대하는 것과 같다.

### (2) 인간 삶의 목표와 관련하여

덕들은 인간적 행위들이 인간 삶의 목표를 향하여 흐르는 통로이다. 이들은 습성들이고 선구자적 행위에 의하여 열린 오솔길이다. 그 선구자적 행위는 또 한번의 행위를 더 쉽고 더 완전하게 만든다. 덕들은 더 큰 노력을 위하여, 더 온전한 완전성과 계발을 위하여 필요한 엄청난 에너지를 절약할 수 있게 해 준다.

## 2. 윤리덕과 인간 삶의 충만함

### (1) 삶의 목표의 중요성에 비례한 윤리덕들의 중요성

지성덕들이 특정한 방식으로 인간을 완성하고 특정한 능력을 계발한다면, 인간 전체를 완전하게 하는 것은 윤리덕뿐이다. 삶의 목표에 도달하는 것이 인간의 삶의 이유라면, 지금 여기서 누리는 그의 행복이 그 목표에 근접한 정도에 따라, 그리고 그 목표에 도달함으로써 영원한 행복에 근접한 정도에 따라 헤아려진다면, 인간적으로 말해서 우리의 현세 생활에서 윤리덕들보다 더 중요한 것은 없을 것이다. 그 덕들은 삶의 목표를 효과적으로 다루고 그것에 근접하기 위한 것이다.

### (2) 윤리덕의 갚음은 성공적인 삶의 갚음이다

1) 직접적 : 충만한 삶

2) 궁극적 : 삶의 목표인 행복의 소유

따라서 덕의 직접적인 결과는 개혁자의 찌푸린 얼굴이나 신경증 환자의 광신적인 이기주의나 퇴직자의 어리석음이 아니다. 그 직접적인 결과는 인간의 인간적 능력이 온전히 완성되고 만개하는 것, 특출한 일들을 할 수 있는 능력을 발휘하는 것, 그리스도께서 세상에 전해주러 오신 풍요로운 삶을 점점 더 기쁘게 맛보는 것이다. 궁극적으로 덕의 갚음은 삶의 성공이고, 인간의 행복을 구성하는 삶의 목표에 도달하는 것이다. 행복은 우리가 인간적 행위라고 부르는 도구들, 곧 그 하나의 목표를 향해 제어되고 방향지어진 행위들로 이루어진다. 윤리덕들은 그러한 도구로 사용될 수 있는 유일한 인간적 행위들, 곧 선한 인간적 행위들의 직접적인 원천이다.

3) 윤리덕을 부인하는 것은 인간의 인간다움을 부인하는 것

## 3. 인간과 윤리의 형성

덕을 부인하는 것은 좋은 습성들을 부인하는 것이다. 그리고 이는 인간을 악한 습성들에 내맡기는 것을 의미하거나 아니면 인간에게 습성이 있음을 완전히

부인하는 것, 다시 말하면 인간을 기계나 동물의 차원에 두는 것을 의미한다. 그것은 인간적 행위들에서 인간다움을 제거하는 것 또는 그 행위들에서 인간다움의 성공적인 흔적을 제거하는 것이다. 덕이 하는 일은 인간을 형성하고 인간 본성을 끌어내리고 제한하고 축소시킬 수 있는 모든 영향들로부터 그 본성을 보호하는 것이기 때문이다. 덕은 온전하고 자유롭고 인간적인 삶을 가로막는 장벽들을 무너뜨리고 인간의 능력을 더 자유롭게 하여 궁극적으로는 하느님에게까지 오를 수 있게 한다. 한마디로, 덕은 인간을 더 윤리적이 되게 함으로써 그를 더 인간적이 되게 한다.

# 제10장 행복을 향한 단계들
## (제2부 제1편, 제59문제~제62문제)

1. 인간 본성의 재통합
   (1) 자신 안에서
   (2) 하느님을 향하여
2. 정념의 재통합
   (1) 정념과 덕의 구분
   (2) 정념의 원인이며 적인 윤리덕
   (3) 덕의 재료인 정념
   (4) 덕의 기쁨과 슬픔
3. 재통합의 요인들 : 좋은 습성들
   (1) 다수의 윤리덕이 필요한 이유
   (2) 개인적 덕과 사회적 덕
      1) 사회적 덕
      2) 개인적 덕
      3) 아리스토텔레스가 열거한 덕들 : 용기, 절제, 온화, 아량, 명예에 대한 사랑, 포부, 온유함, 친애, 진실성, 재치, 정의
4. 주요 요인들 : 사추덕
   (1) 네 가지로 제한됨 : 실천적 지혜, 정의, 용기, 절제
   (2) 이들의 중요성
   (3) 이들 서로간의 구분
   (4) 윤리덕의 단계
      1) 하느님의 덕
      2) 인간적 차원의 덕들
      3) 신적 차원으로 올라감
      4) 신적 차원에 도달함
5. 인간 본성이 하느님께 재통합됨
   (1) 대신덕들의 이름과 그 존재 : 믿음, 희망, 사랑
   (2) 지성덕 및 윤리덕과의 구분
   (3) 대신덕의 수와, 인간적 믿음 및 희망과의 대조
   (4) 대신덕들의 탁월함의 단계

---

[결론]

1 덕과 인간 삶의 재통합
   (1) 개인적 삶
   (2) 사회적 삶
   (3) 신적 삶
2. 덕과 완전한 인간 생활
3. 덕과 힘찬 인간 생활
4. 덕과 성공적인 인간 생활

# 제10장 행복을 향한 단계들 (제2부 제1편, 제59문제~제62문제)

## 1. 인간 본성의 재통합

현대의 자연주의적 교육은 인격의 통합에 대해 많은 말을 한다. 이러한 심리학자들과 교육철학자들에게, 인격의 통합은 교육적 노력이 지향해야 하는 목표이다. 여기서, 그 교육학자들이 가지고 있는 인격의 개념이나 통합의 개념이 얼마나 그릇된가를 지적하는 것은 중요하지 않다. 중요한 것은 그들이 인간이라는 피조물의 섬세한 균형을 얼마나 올바로 지적하고 있는가를 보는 것이다.

### (1) 자신 안에서

이 현대의 교육자들에게, 인간이 돌과 공통점이 있기는 하지만 돌은 아니라는 점을 깨닫게 하는 것은 당혹스럽다. 인간은 식물과 공통으로 생명을 가지고 있지만 식물은 아니다. 또한 인간은 짐승과 공통으로 느낌을 가지고 있지만, 모든 피조물들 가운데 인간만이 이 요소들 사이에 적절한 균형을 이루는 것을 필요로 한다. 그 설명은 명백하다. 인간이 균형을 필요로 하는 것은 균형을 잃을 수가 있기 때문이다. 인간만이 자유를 가지고 있다. 그 임무는 현대의 교육자들이 생각하는 것보다 훨씬 더 당황스럽다. 인간은 그의 연장된 실체와, 그의 생명과 느낌을 넘어 천사들과 공통으로 정신을 가지고 있으면서도 천사는 아니기 때문이다. 인간은 거의 무한성의 경계에까지 도달할 수 있는 지성과 의지를 가지고 있으나, 그 지성과 의지는 절대적인 힘을 가지고서 어떤 감정이 일어나고 그 감정들이 어디까지 미치고 행위들에서 어떤 역할을 할 것인지를 명령할 수는 없다.

오늘날 보이는 것과 같은 인간을 바라보면, 한 사람 전체가 인간으로서 매끄럽게 그 기능을 다하기 위해서는 인간의 부분들이 정확한 비례를 이루어야 하고 그의 힘들이 서로 잘 균형을 이루어야 한다는 것이 명백하다. 한마디로, 인간 인격의 매끄러운 작동의 균형을 깨뜨리는 것은 경주를 하는 사람이 그의 다리 힘줄을 당기는 것보다도 쉽다. 그리고 그 결과는 그보다도 더 파괴적이다.

## (2) 하느님을 향하여

한 걸음을 더 나아가 보면, 인간 내면의 부분들은 인간적 활동의 최고 지도자인 이성을 향하여 훌륭하게 조화를 이루어야 할 뿐 아니라, 인간 계발이 완전하게 완성되기 위해서 그 이상의 협조와 종속을 필요로 한다. 그것은 모든 활동의 최고 지도자이신 하느님을 향한 종속, 협조, 통합이다. 우리는 인간의 부분들이 조화로운 단일체를 이루게 하려고 하면서도 성공을 거두지 못하는 교육자에게 큰 안타까움을 느끼는데, 그는 그런 노력의 완성된 결과물이 어떤 것이어야 하는지를 전혀 알지 못하기 때문이다. 그가 시계를 고치려고 애썼던 어린아이처럼 뒤로 물러서서 자신이 내버려둔 부분들에 대해 당황하며, 그의 노력에서 나온 여러 가지의 이상한 결과들을 보며 머리를 긁적이는 것은 놀라운 일이 아니다. 그에게는 선사시대 괴물들의 뼈를 모아 맞추는 전문가와 같은 안전한 확신이 없다. 그 괴물들은 결코 다시 돌아와서 그 전문가에게 그가 해 놓은 것이 옳지 않다고 비난하지 않을 것이다. 그러나 인간은 언제나 현존하고, 자연주의 교육자들에게 그의 노력들이 쓰디쓴 실패임을 보여 준다.

아마도, 과거 어느 때에는 인간에게서 감각적 삶이 이성에 완전히 종속되어 있었고 이성은 하느님께 완전히 종속되어 있었으나 그 후에 그 종속을 잃어버렸다는 것을 잘 알고 있는 우리에게 이러한 통합의 필요성은 더 절실하게 느껴질 것이다. 우리는 전에 인간이 어떻게 통합되어 있었는지 알고 있기에, 우리는 어떻게 그것을 되찾을 수 있는지를 안다. 우리가 균형을 잃었다면, 최소한 우리는 우리가 그것을 잃었음을 알고 있으며 그 균형을 유지하기 위하여 필요한 것이 무엇인지도 알고 있다. 아주 간단히 말해서, 우리는 습성 내지 덕과 은총이라는 두 가지 매개체를 통하여 그 섬세한 균형을 얻고 유지할 수 있음을 알고 있기에 다시 일어날 수 있다.

## 2. 정념의 재통합

우리의 민주주의 전통은 불행히도 '종속'과 '복종'이라는 단어들에 대해 철저한 거부감을 갖게 만들었다. 정념을 이성에 종속시킨다는 개념은 우리에게 폭정과 같이 즐겁지 않고 공정치 않은 것으로, 성격 급한 교수가 버릇없는 학생을 위압적으로 억누르는 것처럼 느껴진다. 또한 이 개념은 인격 안에서 정념을, 감각적 욕구들의 움직임을 통합하려고 했던 어떤 사람들에게 타협없는 방식을 취하게 하는 근거가 되기도 했다.

어떤 사람들에게는, 정념이 인간 인격에 어울리지 않으며 덕스러운 사람은 정념을 인정하는 것을 부끄러워해야 한다는 것이 상당히 명백하게 여겨진다. 그래서 스토아학파와 청교도들은 정념을 우리의 실존에서 없애버림으로써 내지는 최소한 그것을 인간 왕국의 존경할만한 시민들에게 마땅한 사회적 예의에서 배제시킴으로써 그것을 통합시켰다. 그러나 또 다른 이들은 정념이 본성적이며 강한 힘을 가지고 있다는 것에 깊은 인상을 받아, 인격에서 인간다움을 없애버림으로써 인간 인격 안에 정념을 통합시키려 했다. 이 마지막 집단이 오늘날 우리에게 억압, 금지, 그리고 극기의 필요성에 대해 그런 끈질긴 이야기들을 하고 있는 것이다.

### (1) 정념과 덕의 구분

그러나 정념은 천민도 아니고 임금도 아니다. 윤리덕이 하는 일은 바로 정념을 제자리에 있게 하는 것이다. 물론 윤리덕들과 정념은 서로 다르지만, 그렇다고 해서 이들이 서로 원수가 되지는 않는다. 시끄럽고 분별없는 웃음은 많은 적들을 만들 수 있고 아니면 최소한 많은 사람을 언짢게 할 수 있지만, 그렇다고 해서 그 웃음이 자신의 근원인 성대와 죽도록 싸우려고 하지는 않을 것이다. 정념은 감각적 욕구의 움직임이고 덕은 그 움직임의 직접적인 원리라는 것은 사실이다. 그러나 그러한 사실은 이들이 서로를 억누르게 하기보다는 이들 서로를 긴밀하게 연결해 준다. 정념 그 자체는 윤리적으로 선할 수도 있고 악할 수도 있으나, 윤리덕은 언제나 윤리적으로 선하다. 그러나 이것은 윤리덕들의 그 활동을 희미하게 지적해줄 뿐이다.

현대인들이 하듯이, 마치 어떤 사람이 증기 엔진의 안전 밸브 위에 올라앉아 있듯이 윤리덕이 정념들을 누르고 올라앉아 있다고 생각하는 것은 그릇된 일이다. 어떤 경우에도 그것은 불편하고 위험한 위치가 될 것이다. 이러한 견해는, 덕 때문에 지니게 되는 무서운 압력 때문에 그 사람 자신 안에서 일어나는 온갖 것들을 상상할 수 있게 해 준다. 아마도 우리는 덕스러운 사람이 우리 눈앞에서 글자 그대로 폭발하는 것도 예상할 수 있을 것이다. 아니면, 위협받은 패배자 같은 처지에 있는 정념을 보고 즉시 진심으로 동정을 느끼게 될 수도 있다.

### (2) 정념의 원인이며 적인 윤리덕

실제로 윤리덕들은 정념을 만들어 낸다. 이렇게 생각해 보자. 정념은 감각적 욕구에서 시작되고, 그것이 인간적인 정념이라면 그 목표는 이성일 것이며, 이성에 의하여 규정된 규칙에 따라 이성에 의하여 정해진 길을 갈 것이다. 윤리덕들은 지도를 주머니에 넣고 이성으로부터 출발한다. 그 목표는 그것이 이성의 길을 따라 인도해야 하는 감각적 욕구이다. 덕이 거스르는 유일한 종류의 정념은 이성의 법칙을 무시하고 마치 겁먹은 말이 절벽으로 떨어지듯이 이성의 길을 벗어나는 비인간적이거나 짐승 같은 정념뿐이다. 윤리덕들은 다른 어떤 정념보다도 인간 인격의 섬세한 균형 전체를 파괴시키는 불합리하고 제멋대로이고 맹목적인 충동을 거슬러 작용한다.

정념은 위협받은 패배자가 아니고 적절한 분출구가 없이 부글거리는 증기 보일러도 아니다. 정념이 덕스러운 사람에게 어울리지 않는다는 오래된 개념은 이미 앞에서 자세히 다루었다. 이제 잠시 앵글로색슨 문명에서 중시하는 우스운 한 측면을 살펴보자. 이 점에 대해서 옛날에는, 덕스러운 사람의 삶에는 슬픔의 정념의 자리가 없다고 여겼다. 현대에는 슬픔은 남자의 남성성 때문에 남자에게는 합당치 않은 것으로 여긴다. 슬픔은, 적어도 슬픔의 표현은 여자들과 아이들의 것으로 여겨진다.

이러한 의견들에는 무엇인가가 들어 있다. 덕스러운 사람에게는 어떤 악도 일어날 수 없다고 말하는 것은 어리석은 일이다. 그는 그의 영원한 선에 있어서 불행을 겪을 수도 있고, 육체에서 고통을 겪거나 영혼에서 죄를 겪을 수도 있다. 지금 여기서 그가 최고의 건강과 행운을 누리고 있으며 어떤 죄가 그의 이름에 돌려지지 않는다 하더라도, 그가 후회할 수 있는 죄를 전혀 범하지 않았기는 매우 어렵다. 가능성이 지극히 적은 경우이기는 하지만, 그가 언제나 다른 사람의 죄에 대하여 소리 높여 유감을 말하고 있을 수도 있다. 그러나 인간 삶의 실패와 성공에서 본질적인 차이를 만드는 악, 곧 죄가 어떤 사람에게 일어날 수 없다고 말하는 것은 불합리하다. 죄는 그저 일어나는 것이 아니다. 의도적으로 선택되는 것이다.

남자들에게는 본성의 어떤 필수적인 부분이 빠져 있는 반면 여자들과 아이들은 완전한 인간이라고 주장하지 않는다면, 슬픔을 표현하지 않는 것이 남자다움을 보여주는 것이라고 주장하는 것은 상당히 어리석은 일이다. 그러나 그러한 슬픔의 표현이 다른 모든 정념들과 마찬가지로 인간의 제어 하에 있어야 하며 이성의 인도를 받아야 한다고 말하는 것은 어리석은 일이 아니다. 그렇지 않을 경우 그것은 그 해당 개인의 인간성 자체에 심각한 결함이 있는 것이다.

## (3) 덕의 재료인 정념

정념이 윤리덕의 재료임을 분명히 아는 것이 중요하듯이, 오직 정념만이 윤리덕의 재료는 아니라는 것, 또는 정념이 모든 윤리덕의 재료는 아니라는 것을 아는 것도 마찬가지로 중요하다. 윤리덕들은 황제인 이성이 식민지들인 감각적 욕구들에게로 파견한 총독들에 비길 수 있다. 그들은 그곳에 도착하여 오직 그 식민지들을 통치하기 위해서만, 즉 그들을 제국의 공동선에 도움이 되도록 이끌기 위해서만 황제의 권력에 참여한다. 그 공동선은 이성의 선이고, 이성의 규칙들을 따라 이성의 목적들을 향해 나아간다. 그러므로 그 이성의 선을 위하여 통치될 수 있는 모든 것은 윤리덕들에 종속되게 된다.

구체적으로, 인간이 통합된 인격에 이르기 위해서는 정념들 자체가 이성에 일치되어야 할 뿐 아니라 외적인 행위들도 인간다움의 기준인 이성에 합치되어야 한다. 다른 식으로 말한다면, 우리는 이성이 감각적 욕구들을 올바른 길로 인도

할 뿐 아니라 인간의 모든 활동의 근본 원리인 지성적 욕구와 의지도 인도한다고 말할 수 있다. 윤리덕들은 감각적 욕구들 안에만 있는 것이 아니라 지성적 욕구들 안에도 있다. 지성적 욕구들 안에서 윤리덕들은 인간의 행위들을 조절한다.

## (4) 덕의 기쁨과 슬픔

우리 영혼에 슬픔이 넘치지 않고서도 병원비를 지불할 수 있듯이, 의지의 윤리덕들은 그 자체로 정념 없이 작용할 수 있다. 정념은 결국 감각적 욕구에 고유한 것이며, 우리가 짐승들과 공통으로 지니고 있는 것이다. 그러나 여기서도, 인간은 매끄럽게 작용하는 단일체이기 때문에, 보통 정념이 자신의 모습을 드러낸다. 성공적이고 매끄러운 작용에 대해서는 의지 안에서 기쁨이 생긴다. 대개 의지가 능숙하고 완전할수록 기쁨도 커지며 이에 따라 일반적으로 그 기쁨에 대해 메아리처럼 응답하는 정념도 커진다.

어떤 사람이 언젠가 나에게 그의 수술에 대해 말해준 일이 있다. 그는 제시간에 간 것 같은데, 가끔 그렇듯이 의사가 늦었다. 그래서 그는 수술실의 작은 구석으로 옮겨졌고, 시간을 보내는 유일한 길은 그 방을 둘러보는 것이었다. 그의 관심을 끌면서 또한 무서움을 느끼게 했던 것은 빛나는 메스와 가위 같은 수술용구들의 지극히 찬란한 모음이었다. 그것은 고문 도구 창고와 같았다. 그에게는, 의사가 보통 칼로 수술을 했더라면 수술이 덜 무서울 것 같았다. 다양한 목적을 위한 장치들이 달려있는 보이스카우트 칼 같은 것이었다면 그리 나쁘지 않을 듯했다. 적어도 그것은 단순하고 직접적이며 무서운 장면을 상상할 여지를 별로 남겨두지 않았을 것이다. 아마도, 어떤 사람이 성공적인 삶을 조각하기 위하여 필요한 덕들이 얼마나 복잡하게 여러 가지인지 처음으로 깨달은 사람은 이와 비슷한 느낌을 받을 것이다. 개척자들이 황무지를 개척했듯이 그렇게 우리가 삶에 대처하도록 보내졌다면 훨씬 간단할지 모른다. 우리는 개척자들이 오직 도끼의 도움만으로 통나무집을 지었듯이 그렇게 우리의 영원한 집을 지을 것이다. 그러나 그 완성된 산물은 별로 그 자리에 적합하지 않을 것이며, 아마도 우리는 집을 다 짓기도 전에 인디언들에게 쫓겨날 것이다.

성공적인 삶이라는 과제는 그보다 훨씬 더 복잡한 일이다. 우리는 삶이 우리에게 주는 모든 찬란한 덕들을 지니고 있어야 한다. 아무리 복잡한 덕이라 하더라도 하나의 덕으로는 허술한 일을 해 놓을 뿐이다. 다른 각도에서 보면, 이 윤리덕들은 황제인 이성의 권력에 참여하여 개별적인 식민지들을 다스리는 총독들이다. 그들 가운데 누구도, 아무리 복잡하다 하더라도, 한 사람의 윤리 생활 전체를 지도할 수는 없다. 어떤 피조물이 아무리 복잡하다 하더라도 그것이 참여하는 하느님의 아름다움을 적절하게 반영할 수 없는 것과 마찬가지다.

## 3. 재통합의 요인들 : 좋은 습성들

### (1) 다수의 윤리덕이 필요한 이유

살아가는 일을 위한 우리의 빛나는 도구 세트는 내부적인 작업을 위한 도구들과 외부적인 작업을 위한 도구들로 쉽게 나누어진다. 이들을 다른 이름으로 부른다면 이들은 정념의 덕들과 행위의 덕들, 개인적 덕들과 사회적 덕들이라고 할 수 있다. 물론 모든 덕들은 영향을 미침으로써 어떤 작용들을 하지만, 여기서 문제가 되는 것은 그 덕들이 작용하는 대상이다. 어떤 덕들은 오직 정념들에만 관련되고, 다른 덕들은 인간의 행위에 관련된다. 다른 말로 하면, 내부적 내지 개인적인 덕들의 목표는 인간의 내적 생활을 이성의 법칙에 따르게 하는 것이고, 외부적 내지 사회적 덕들의 목표는 이성의 법칙을 통하여 다른 이들과의 관계를 규정하는 것이다.

이러한 구분의 토대는 중요하며, 대부분의 중요한 진리들이 그렇듯이 거의 언제나 쉽게 도달할 수 있다. 이렇게 생각해 보자. 위스키 한 잔을 마시는 것은 하루에 한 병을 마시던 사람에게는 사순의 정신으로 행하는 어려운 희생일 수 있다. 다른 사람에게는 같은 행위가 주정꾼 같은 무절제일 수 있다. 어떤 사람에게는 얼굴을 붉히게 만드는 책이 다른 사람에게서는 그저 큰 하품만을 일으킬 수도 있다. 그러나 어떤 사람이 살인을 하고 다니면서 아무리 지루해한다 하더라도, 그 살인이 그의 잠에도 거의 영향을 미치지 않는다 해도, 그것이 그의 신경을 위해서 좋다 하더라도, 살인은 언제나 그릇된 것이고 누가 그것을 하든지 그릇된 것이다.

쉬운 말로 하면, 어떤 행위들은 그것의 선악이 그것을 행하는 개인과 관련하여, 그것이 개인들에게 서로 다른 영향을 미치는 데에 따라서 판단되어야 하고, 또는 그 행위들이 같은 사람에게 때에 따라서 다른 영향을 미치는 데에 따라서 판단되어야 한다. 이러한 덕들은 주로 개인의 감정들을 다룬다. 한편 어떤 행위들의 선악은 우리가 그것에 대해 어떻게 느끼거나 생각하는지와 전혀 별개이다. 그 선악이 다른 사람에게 어떻게 해야하는지에 따라 헤아려지기 때문이다. (첫 번째의 덕들은 개인적이고, 두 번째의 덕들은 사회적이다.)

## (2) 개인적 덕과 사회적 덕

### 1) 사회적 덕

사회적 덕들이 한 가지의 공통된 음을 지니고 있다는 것은 즉각적으로 명백하다. 그 음은 어려운 음악 작품의 온갖 복잡함 속에서도 단순한 가락처럼 그 덕들을 관통한다. 그 음은 빚, 다른 사람에게 주어야 하는 것, 다른 사람의 권리가 존중되어야 하는 것이다. 다른 말로 하면, 그 음은 정의이다. 특별히 중요한 점은, 사회 생활의 유대는 서로간의 소통이고 사람들 사이의 외적인 관계라는 근본적인 진리를 강조하는 것이다. 그러한 외적인 관계들을 통해서만 인간은 현세의 삶에서 동료 인간들과 소통할 수 있기 때문이다. 한 계층을 옹호하기 위하여 다른 이들의 권리를 간과하는 모든 사회 이론들을 단죄하고 또한 이러한 관계들을 육성하고 조절할 필요성을 보지 못하고 오히려 그 관계들을 파괴하고 있는 오늘날 이 점은 특별히 중요하다.

그렇다고 해서, 우리가 정의를 갖춘다고 해서 성공적인 사회 생활을 위한 장비가 완전히 갖추어지는 것은 아니다. 다른 이들에 대한 우리의 빚은 하느님께, 부모에게, 사회 권위에게, 이웃에게, 종속자에게, 아랫사람에게 주어야 할 것, 계약이나 약속의 결과로 또는 받은 은총에 대한 갚음으로 주어야 할 것 등으로 매우 다양하다. 그들 각자는 덕이 수고해야 할 재료를 준다. 다음 권에서 이들 각각을 좀 더 자세히 볼 것이다.

### 2) 개인적 덕

개인적 덕의 재료는 인간의 정념들이며, 자동적으로 (욕정적 정념들의 원천인) 욕정적 욕구의 덕과 (분노적 정념들이 흘러나오는) 분노적 욕구의 덕들로 나뉜다. 그러나 개인적 덕들의 분류는 그렇게 간단한 것이 아니다. 실상은 전혀 간단하지 않다. 외과 의사가 주머니칼을 가지고 있다고 해서 장비를 구입하기를 멈출 수 없는 것과 마찬가지로, 우리는 두 가지 덕에서 멈출 수 없다. 어떤 사람의 음식에 대한 사랑이나 갈망, 그리고 음식에서 느끼는 쾌락은 모두 하나의 덕에 의하여 조절되고, 욕정적 정념들은 그렇게 직접적으로 그들의 공통된 대상 곧 감각적 선에 의하여 연결된다. 한편 사랑과 미움은 하나의 덕의 문제이다. 분노적 정념의 영역으로 들어가면, 공통된 대상을 출발점으로 하는 그러한 직접적 연결이 없다. 그래서 우리는 희망과 절망은 어떤 어려운 선과 관련되고 아량에 의해 조절되며, 대담함과 두려움은 큰 위험과 관련되고 대담함에 의하여 조절되며, 반면 분노는 온유함에 의하여 돌보아진다는 것을 본다.

3) 아리스토텔레스가 열거한 덕들 : 용기, 절제, 온화, 아량, 명예에 대한 사랑, 포부, 온유함, 친애, 진실성, 재치, 정의

이 모두는 외과 의사의 엄청난 도구들처럼 복잡하게 보인다. 독자가 이 복잡성을 알아보기를 바란다. 이 장의 차례에 아리스토텔레스가 열거한 덕들을 자세히 실어 놓은 이유는 그 복잡성에 대하여 동의를 얻기 위해서이다. 이러한 복잡성 때문에, 각각의 개별적인 덕들에 대한 설명은 본 시리즈의 다음 권으로 넘기고자 한다.

## 4. 주요 요인들 : 사추덕

### (1) 네 가지로 제한됨 : 실천적 지혜, 정의, 용기, 절제

그래도, 이 복잡한 덕의 종류들이 실천적 지혜, 정의, 용기, 절제의 네 가지로 축소될 수 있다는 것은 누구에게나 크게 위안이 되는 생각이다. 이들이 주요한 덕들 내지 사추덕으로서, 인간의 삶은 이들을 돌쩌귀로 하여 움직인다. 이들은 근본이 되는 덕들로서, 다른 완전하고 온전한 덕들은 이 네 가지로 축소된다. 우리는 지성덕을 불완전한 덕으로 분류했는데, 그것은 이들이 인간의 기능을 완전하게 할 뿐 그 기능을 선하게 사용한다는 것을 보장해주지 못하기 때문이었다. 더 간단히 말하면, 이들은 인간을 특정한 한 면에서 선하게 만들지만 그를 선한 사람이 되게 만들지는 않는다. 지금 우리는 인격의 통합에 대해서, 인간성의 요소들을 하나의 매끄럽게 작동하여 인간을 그의 목적에 이르게 하는 엔진으로 결합시키는 것에 대해서 말하고 있다. 우리는 성공적인 사람, 선한 사람을 만드는

것에 대해 이야기하고 있다. 그러한 통합에서 주요한 요인들이 무엇인지를 찾으려면, 인간 전체를 선하게 만드는 완전한 덕들 가운데서 주요한 덕을 찾으면 된다. 이 목록에 포함된 네 가지 가운데 실천적 지혜만이 지성덕이다. 그리고 우리는 앞 장에서, 실천적 지혜의 재료는 윤리적인 재료인 인간적 행위라는 점을 말했었다. 실천적 지혜의 원리들은 윤리덕에 의하여 주어진다. 다른 말로 하면, 실천적 지혜와 윤리덕들은 완전히 서로 의존하고 있어서, 하나가 없이는 다른 하나가 존재할 수 없다.

### (2) 이들의 중요성

### (3) 이들 서로간의 구분

이 덕들은 단순히 적절한 것이 아니라 주요한 것이라고 주장된다. 인간의 선함이 이성의 질서를 따르는 데에 있음을 기억한다면, 질서는 이성 자체 안에 존재하거나(실천적 지혜) 행위에 부여되거나(정의) 정념에 부여된다는 것은 즉각적으로 명백하다. 질서가 정념에 부여되는 경우는, 정념이 한 사람에게 이성을 거스르는 것을 행하도록 재촉할 때(절제) 또는 이성에 부합하는 것에서 물러서려고 할 때이다(용기). 더 간단히 말하면, 이 덕들의 위치를 찾을 때 우리는 실천적 지혜는 이성 자체 안에, 정의는 의지에, 절제는 욕정적 욕구에, 용기는 분노적 욕구에 있음을 알게 된다. 이 덕들로써 우리는 인간적 행위들이 가능한 모든 원천들을 근본적으로 완성한다.

### (4) 윤리덕의 단계

이 장에서 묘사한 바와 같이, 세계는 인간의 막대한 작업장이고 인격들을 위한 조립 공장이다. 우리는 그 부분들을 서로 비교함으로써 대략 그 조립 작업에 근접할 수 있다. 그러나 인간이라는 기계가 여행해야 하는 길고 거친 길에 필요한 일급의 조립 작업을 위해서는 우리 눈앞에 언제나 모델이 있어야 한다. 모든 인간이 성공적인 삶을 위하여 기준으로 삼는 그 최고 모델은 하느님 자신이시다.

우주의 피조물들은 하느님의 아름다움을 희미하게 반영한다. 마치 하느님이 우주라는 웅덩이의 고요한 물을 들여다보시고 당신의 모상을 그 깊은 곳에 가라앉게 하신 것과 같다. 모든 피조물은, 그리고 각 피조물의 모든 부분들은 귀한 보석의 한 면과 같이 신적 아름다움이 반사된 광채 한 가닥을 하느님께 되돌려 보낸다. 그래서 모든 피조물들은 그들의 기원인 하느님께로 되돌아간다. 그들 각각은 하느님의 아름다움에, 그 완전성에 근접할수록 완전하게 하느님께 돌아간다. 그리고 이 모든 것은 인간에게, 인간의 모든 부분에, 그리고 물론 인간의 덕들에도 적용된다.

1) 하느님의 덕

절제, 용기, 정의, 실천적 지혜가 하느님 안에 마치 우리가 인간에 대해 말한 것과 같은 인간적 방식으로 존재한다고 말하는 것은 우스운 일이다. 그러나 이들은 희미하게 하느님의 덕들을 본받아 만들어졌다. 그 유사성을 찾으려고 한다면 우리는 실천적 지혜가 하느님의 정신이고, 절제가 우리 안에서 욕구를 이성으로 향하게 하는 것이듯이 하느님 안에서는 하느님의 의지를 당신 자신에게 향하게 하는 것이며, 용기는 그분의 변함없는 항구함이며 정의는 그분의 모든 업적들에서 영원법이 준수되는 것이라고 말할 수 있다.

2) 인간적 차원의 덕들

아마도 인간의 인격이 그 신적 모델에 접근하는 것은 그 통합의 여러 단계들을 살핌으로써 더 쉽게 알아볼 수 있을 것이다. 순전히 인간적인 첫 단계에서, 인간은 이 덕들에 따라 인간적인 일들을 점점 더 완전하게 처리해 간다. 이 주입된 덕들을 통하여 인간은 신적 모델에 한 걸음 더 가까이 간다. 실천적 지혜를 통해서 인간은 모든 지상적인 것들을 하찮게 여기고 모든 생각을 신적인 것들로 향하게 된다. 절제를 통해서, 인간 본성이 허락하는 한 그는 육체의 사용에서 멀어진다. 용기를 통해서 그는 영혼이 육체에서 분리되는 것에 대한 생각을 두려워하지 않고 용감하게 하느님의 드높은 것들을 향해 나아간다. 그리고 정의를 통해서 그는 이러한 신적인 생활 방식에 영혼을 다하여 진심으로 동의한다.

3) 신적 차원으로 올라감

마지막으로, 인간 인격이 하느님의 무한한 관대하심이 허락하시는 정도까지 신적 모델에 근접하게 되면, 실천적 지혜는 오직 신적인 사물들 속으로만 뚫고 들어가게 되고, 절제는 현세적 갈망들의 방해를 받지 않으며, 용기는 고통에 무관심하거나 고통을 모르게 되고, 정의는 친밀한 모방의 계약에 따라 영원히 신적 정신과 결합된다. 이것이 천상에서든 지상에서든 성인들이 지닌 덕들이다. 성덕은 인간 인격의 궁극적인 통합이다.

인격의 통합에서 우리는 초본성적인 단계로 들어섰음에 주목해야 한다. 주입된 윤리덕들은 인간의 노력에서 나오는 것이 아니라 하느님의 너그러우심에서 나오며 틀림없는 그분 은총이 함께하심으로써 이루어지는 것으로서, 인간의 본질적 행복을 이루는 초본성적인 것 안으로 부분적으로 들어가는 것이다.

4) 신적 차원에 도달함

인간의 목적은 그의 본성에 부합하는 행복에 그치는 것이 아니라 하느님의 생명에 참여하는 행복에까지 이르는 것이다. 그러나 인간은 그러한 초본성적 행복을 그 자신의 인간적 행위의 발걸음들을 통하여 얻어야 한다. 그가 신적 생명에 참여하는 것 역시 삶의 도구들을 슬기롭게 사용한 결과여야 한다. 일상적 도구들로는 되지 않지만, 그 도구들은 인간의 도구들이어야 한다. 하느님은 우리에게 쇠망치로 수정궁을 조각하라고 하지 않으신다. 그분은 우리의 손에 초본성적인 도구들을 주신다. 더 정확히 말하면, 그분은 우리의 이 인간적 행위들을 초본성적인 것이 되게 하시고 그 행위들에 신적인 면모를, 영원한 의미를 부여하시어 천국에서든 지옥에서든 인간이 스스로 자신의 운명을 만든 기술자였다고 말할 수 있게 하신다. 우리의 행위들에 이러한 초본성적 특성이 부여되는 것은 우리에게 이 행위들의 초본성적 원리들, 초본성적 습성들, 초본성적 덕들을 주심으로써이다. 그 덕들 가운데 초본성적인 윤리덕들은 우리의 인간적인 윤리 생활을 초본성적으로 규정하고, 대신덕들은 현세의 삶에서도 우리를 들어 높여 우리가 신적 생명 자체와 접촉하는 데에 이르게 한다.

## 5. 인간 본성이 하느님께 재통합됨

### (1) 대신덕들의 이름과 그 존재 : 믿음, 희망, 사랑

하느님만을 대상으로 하는 이 대신덕들은 순전히 초본성적이며 절대적으로 필수적이다. 초본성적인 것은 오직 하느님으로부터 오는 것이고 오직 하느님의 계시를 통해서만 알려지고 또한 오직 하느님을 향해서 가기 때문이며, 필수적인 것은 인간의 목표가 행위의 본성적 원리들, 곧 본성적 덕들을 완전히 넘어서기 때문이다.

### (2) 지성덕 및 윤리덕과의 구분

이 덕들은 지성덕이 아니며 윤리덕도 아니다. 이들의 대상은 인간의 지성도 인간의 욕구도 아닌 하느님이다. 이들은 대신덕이다. 그러나 그 덕들은 우리의 윤리적이고 지성적인 삶 전체를 초본성적인 차원으로 들어 높인다. 다른 말로 하면, 하느님께서는 우리에게 본성을 통하여 본성적 삶에 필요한 준비를 갖추어 주시듯이 또한 은총을 통하여 초본성적 삶을 위해서도 적절하게 준비시켜 주신다고 말할 수 있다. 우리의 지성적인 삶 전체의 바탕이 되는 제일원리들에 대한 지식은 우리에게 본성적이다. 인간의 의지는 본성적으로 그 본성적 대상을 향하며, 그 대상이 현존할 때에는 본성적으로 그 대상을 붙잡는다. 믿음은 초본성적 원리들에 대한 지식과 같은 본성을 지니게 만든다. 희망은 초본성적인 목표에 대한 추구와 같은 본성을 지니게 만든다. 사랑은 초본성적인 것과의 합일과 같은 본성을 지니게 만든다. 다른 말로 하면, 이 덕들을 통하여 우리는 본토인과 같은 친숙함으로 초본성적인 것의 넓은 영역 안에서 움직이게 된다. 우리는 마치 우리의 폐가 오직 그것을 위하여 만들어진 듯이 천상의 공기를 숨쉰다. 우리의 지성과 의지는 그것이 우리의 집인 듯이 하느님의 가족 생활에 결합된다. 그리고 실제로 그것이 우리의 집이다. 이 덕을 통하여 초본성적인 것이 우리에게 두 번째 본성이 되었기 때문이다.

### (3) 대신덕의 수와, 인간적 믿음 및 희망과의 대조

우리는 믿음과 희망을 과소평가함으로써 현대인들이 범하는 실수를 함께 범할 수도 있을 것이다. 우리가 이 덕들과 인간적 믿음과 희망을 정확하게 병행되는 것으로 본다면, 우리의 교만이 그 덕들을 구미에 맞지 않게 보이게 만들 것이다. 인간적인 영역에서 믿음과 희망에는 어떤 결함이 있고, 불확실함, 통찰력 부족, 무력함이 있기 때문이다. 분명 인간적인 믿음과 희망에는 강력하고 확실하게 나아가는 덕이 없다. 인간적 믿음과 인간적 희망은 덕이 아니기 때문이다. 그러나 그 불확실함, 무력함은 초본성적인 믿음과 희망에는 없다. 이들은 하느님의 그르침 없는 권위와 전능하신 능력으로 지탱된다.

### (4) 대신덕들의 탁월함의 단계

인간의 오랜 꿈인 "하느님처럼 되는 것"의 실현으로서 이 덕들은 무한히 소중하고, 되풀이하여 어루만지며 꿈을 꾸고 어떤 값을 치르고라도 지켜야 할 보물이다. 우리는 그 덕들이 어디에서 오는지 알고 있다. 이 보물들이 우리의 손가락 사이로 되풀이하여 굴러갈수록, 갈망은 그 덕들을 더 알게 되고 그들을 온전히 알게 된다. 우리는 이 시리즈의 다음 권에서 가능한 한 그 갈망을 충족시킬 것이다. 지금으로서는 그 덕들이 은총으로 부어지는 것이기에 그들 모두는 영혼 안에서 동시적으로 일어난다는 것을 강조하는 것으로 충분하다. 첫째, 둘째, 셋째 같은 차례는 없다. 그러나 우리가 이해하는 데에 있어서는, 그들이 생겨나는 순서는 첫 번째가 믿음이다. 우리는 사랑할 수 있기 전에 대상을 알아야 하기 때문이다. 그 다음은 희망이다. 우리의 목표는 우리에게 가능한 것이어야 하기 때문이다. 마지막이 사랑이다. 그러나 탁월성의 순서는 사랑이 다른 모든 덕들을 앞서간다. 다른 대신덕들은 그 안에 포함된다. 사랑의 대상, 곧 하느님과의 일치가 인간의 모든 덕들, 모든 행위들, 모든 열망들의 목표이기 때문이다. 그것이 모든 인간 생활의 최종 목표이며 인간 행복의 본질이다.

## [결론]

## 1. 덕과 인간 삶의 재통합

우리의 출발점인 인격의 재통합이라는 문제로 돌아감으로써 이 모두를 요약할 수 있을 것이다. 돌은 존재하지만 인격성을 지니고 있지 않다. 식물은 살아있지만 인격이 아니다. 동물은 느낌을 갖지만 아무도 개의 인격성을 계발하려고 시도하지는 않는다. 인격성은 단순한 존재나 생명이나 느낌 이상의 것으로서,

살아있고 느끼고 지성적으로 인식하는, 자신의 행위에 대해 책임을 갖는 실체의 고유한 특징이다. 다른 말로 하면 인격은 자유를 가진 존재, 자신의 행위를 스스로 지배하며 자신의 삶을 스스로 조종하는 존재이다.

## (1) 개인적 삶

그렇다면 인격의 완성은 삶의 기술이고 행위에 대한 지배이며, 우리가 이 책에서 사용했던 표현을 빌면 인격의 재통합은 한 인간 전체를 이성의 지배 하에 있게 하는 것, 인간적 행위의 특징인 제어된 행위들을 인간 활동의 모든 부분에까지 확장시키는 것이다. 인간의 인격성은 의지와 감각적 욕구들과 그 정념들이 더 완전하게 제어되고 이성의 지배를 받게 될수록 통합되고 완전해진다. 더 간단히 말하면, 인격은 개인이 덕에서 성장하는 만큼 재통합된다. 덕의 목적은 바로 이성의 지배를 확장하는 것, 욕구를 이성의 법칙에 따르도록 하는 것, 인간적 행위가 이성의 목적 내지 인간 삶의 목표로 흐르도록 길을 터주는 것이기 때문이다. 이 피조물 인간의 매끄러운 조화와 부드럽고 흠없는 작용을 위해서는 덕이 필수적이다. 덕 없이 인간은 통합을 이루기 어렵고 오히려 끊임없는 내전을 보이는 혼동의 본보기가 될 것이다. 그의 개인 생활은 그 영역의 구석구석을 되풀이하여 지나가며 위협한 군대가 남긴 잔해들에 불과할 것이다.

## (2) 사회적 삶

덕이 인간의 힘들을 강력한 하나의 단위로 묶어주듯이, 덕은 또한 사람들을 사회라 불리는 하나의 단위로 묶어준다. 그것은 사회의 벽돌들을 고정시키는 시멘트이며, 사람들이 서로 소통하는 모든 외적 수단들을 조화시키고 조절하고 제어한다. 힘을 제외하면 사람들을 서로 결합시키는 또 다른 수단은 없다. 그리고 무장한 주먹이 사회적 일치의 상징이며 설명이 되는 곳에서는 인간들의 사회가 아니라 노예들의 사회가 있을 뿐이다. 정의에 대한 모든 공격은 사회에 대한 공격이며, 불의에 기초한 모든 사회는 해체의 씨앗을 자체 안에 지니고 있는 것이다. 그런 사회는 존재하기를 멈추거나 아니면 그 주체들이 인간이기를 멈추어야 한다. 정의가 없이는 인간 사회가 있을 수 없고, 이성의 법칙에 따르는 것이 있을 수 없으며, 이성의 목표를 향하여, 인간의 목표를 향하여 이성의 길을 따라가는 것이 있을 수 없다.

### (3) 신적 삶

덕은 통합에서 중요한 역할을 한다. 오직 덕으로써만 인간은 자신과 함께 살 수 있고 다른 사람들과 함께 살 수 있으며, 또한 오직 덕으로써만 인간이 하느님과 함께 살 수 있다. 덕은 평화를 이루는 데에서도 중요한 역할을 한다. 인간이 자신과 평화를 이루고 다른 사람들과 평화를 이루며 하느님과 평화를 이루기 위해서는 덕이 필요하다. 덕은 그 초본성적 형상에 있어 인간을 본성적 세상으로부터 하느님의 초본성적 생명에로 들어올리는 마술 도구이며, 인간의 가장 작은 행위들에 초본성적 가치들을 부여하고, 인간 삶의 모든 순간들에 영원한 의미를 갖게 하여 그의 가장 작은 발걸음도 천국에서 또는 지옥에서 영원한 반향을 울리게 한다. 그러한 최종적 운명이 결정된 다음에야 인간은 영원토록 온전히 통합되거나 아니면 그의 해체를 완성하게 된다.

## 2. 덕과 완전한 인간 생활

이 모든 것으로부터, 덕은 인간의 본성을 절반으로 줄여 놓거나 또는 이성을 위해서 정념을 없애거나 정념을 위해서 이성을 없앰으로써 통합을 이루는 힘이 아니라는 것이 명백하다. 인간의 모든 에너지들은 오직 덕을 통해서 완전하게 발전할 수 있다. 오직 덕을 통해서 인간은 완전하고 충만한 인간적 삶을 살 수 있다. 인간은 동물에 그치지 않으며 순전한 영도 아니다. 동물과 영 사이의 섬세한 균형은 두 편 가운데 어느 한 편도 제거시키지 않으며 이들 모두를 완전히 발전시키는데, 그 균형은 오직 덕을 기름으로써 얻을 수 있다.

## 3. 덕과 힘찬 인간 생활

## 4. 덕과 성공적인 인간 생활

오직 덕을 통해서 인간은 그의 인간적 에너지들을 온전하게 사용할 수 있다. 정념의 강한 힘과 드높이 고양된 의지는 덕에 의하여 이성의 목표들을 위하여 협력하게 되며 삶의 길을 성큼성큼 걸어가게 된다. 덕이 없다면 인간은 미친 개와 같이 이리저리 날뛰며 물러섰다가는 다시 달려들고 목표를 향하여 나아가지 못할 것이다. 의지와 정념은 함께 작용할 때에 위대한 일을 이룰 수 있다. 그러나 그들은 이성의 명령 하에서만 함께 작용할 수 있다. 이성을 거슬러 작용할 때 이들은 오직 희망을 흩어 놓고, 추구를 결실 없게 만들고, 마음을 절망에 빠뜨린다. 인간 삶의 성공은 선한 행위로, 이성의 지시에 따르는 행위로 요약할 수 있다. 그리고 선한 행위의 원리들은 선한 습성들 내지 덕들이다. 이것이 교육의 목적이고, 이것이 인격의 재통합으로서, 이는 완전하고 힘차고 성공적인 삶을, 성덕을 의미한다.

A Companion to the Summa

성 토마스 아퀴나스의

# 신학대전 해설서 II

## 제11장 행복의 습성 (제2부 제1편, 제63문제~제67문제)

1. 최종 산물을 고찰하는 두 가지 방법
   (1) 비서와 보조자들이 있는 바쁜 천재의 방법
   (2) 여유있는 장인의 방법
      1) 대팻밥을 모으고 사물들을 정리한다
      2) 그 일의 수고, 목표, 결과에 대해 기억하고 숙고한다
2. 덕의 최종 산물은 최고의 두 번째 본성이다
3. 두 번째 본성을 만드는 수고
   (1) 본성 편에서
   (2) 인간 편에서
   (3) 하느님 편에서
4. 두 번째 본성의 목표
   (1) 궁극 목표
   (2) 중간 목표 : 미지근함과 덕의 중용
      1) 윤리덕들의 중용
      2) 지성덕들의 중용
      3) 대신덕들에는 중용이 없음
5. 두 번째 본성의 결과
   (1) 부분들의 조화
      1) 윤리덕들의 연결
      2) 윤리덕과 대신덕의 연결
      3) 대신덕들의 연결
   (2) 덕 전체 구조의 균형
      1) 균등성
      2) 불균등성
      3) 비교 우위
6. 최종 산물의 지속 가능성
   (1) 시간 안에서
   (2) 영원 안에서

---

[결론]

1. 덕과 성취에 대한 긍지
2. 덕과 장인의 겸손
3. 덕과 감사
4. 최종 산물 : 최고의 두 번째 본성

# 제11장 행복의 습성 (제2부 제1편, 제63문제~제67문제)

## 1. 최종 산물을 고찰하는 두 가지 방법

### (1) 비서와 보조자들이 있는 바쁜 천재의 방법

오늘날의 사람들은 매우 중요한 무엇을 잃어버렸다. 흔히 그렇듯이, 그러한 상실의 비극은 그 상실 자체가 이득이라는 환상에 의하여 더욱 가중된다. 친구를 잃는 것은 불행한 일이지만, 친구를 잃은 것을 기뻐하는 것은 더 큰 비극이다. 이러한 현대의 비극은, 날마다 이른 새벽에 일어나 서너 시간 동안 미친 듯이 글을 쓰고는 페이지를 매긴 종이들을 책상에서 바닥으로 밀쳐버리는 습성을 가졌던 유명한 소설가의 예에서 뚜렷이 드러난다. 그 후에 그는 산책을 했고 비서는 흩어진 원고들을 주워 모아 페이지 순서대로 정리를 해서 그 최종 산물을 출판사에 보냈다.

### (2) 여유있는 장인의 방법

#### 1) 대팻밥을 모으고 사물들을 정리한다

위의 방식은 어떤 식으로 효율성, 속도, 성취에 대한 사랑에 호소한다. 창조적인 천재가 일을 마친 다음 그것을 치우고 대팻밥을 털어내며 뒷마무리를 하고 순서대로 정리하는 것은 시간과 재능을 낭비하는 것이다. 그것은 프리마돈나가 자기 옷을 빨거나 뉴욕 시장이 아침마다 시청에 가기 전에 가구의 먼지를 터는 것과 같이 어울리지 않는다.

기계들과 친숙해진 것이 우리의 시각을 왜곡시키고, 우리가 인간까지 포함하여 모든 것을 기계와 같이 바라보게 한 것이 아닌가 싶다. 오늘날 분명 우리는 인간이 하느님과 같이 자기 작품에 스스로의 모상을 각인한다는 것을 잊는 경향이 있다. 우리의 인격이, 우주의 다른 어떤 힘도 이룰 수 없는 것이 우리의 작업 속으로 들어가 그것을 참으로 우리 자신의 일부가 되게 한다. 이것이 진정한 장인이 자기 수고의 최종 산물에 대하여 자부심과 애정을 갖게 되는 이유이다. 파괴된 금고에는 그것을 약탈한 전문가의 흔적이 남는다. 우주가 하느님의 이야기를 들려주듯이 성악가의 완전히 다듬어지고 분명한 음색, 목수와 벽돌공과 법률가와 외과의사의 작품들은 모두 그 저자의 내적인 이야기를 들려 준다.

### 2) 그 일의 수고, 목표, 결과에 대해 기억하고 숙고한다

우리가 잃어버린 것은 나이 든 장인이 그의 가게에서 시간을 보내고 사물들을 편안하게 정돈하여 잠시 멈추고 작품을 매끄럽게 완성하는 그 섬세한 기쁨이다. 작품의 이 부분을 완성하기 위하여 얼마나 그가 많은 시간을 들였는지, 어떻게 계획하고 꿈꾸고 염려했는지, 그의 꿈이 실현되기 시작했을 때 그가 얼마나 열심히 그 작품으로 돌아갔으며, 그의 작품들 가운데 어느 것도 그의 꿈과 같은 오묘한 아름다움과 숨막히는 우아함을 포착하지는 못했다 하더라도 그가 자신의 재능이 낳은 이 아이에 대해서 얼마나 큰 은밀한 자부심을 품었는지! 그는 하느님께서 당신의 창조를 마치셨을 때 당신 피조물을 보시며 참 좋았다고 말씀하셨다는 것을 잊지 않았다. 죄가 일의 본성 자체를 왜곡시키지 않았더라면 아담은 본성적으로 이렇게 일을 했을 것이다.

## 2. 덕의 최종 산물은 최고의 두 번째 본성이다

그리고 우리는 이 장에서 그렇게 일을 할 것이다. 우리는 여러 장에 걸쳐서 최고 상태의 두 번째 본성을 다루며, 인간 안에서 좋은 습성들의 구조를 자세히 묘사했다. 이제 일은 끝났고 물건들은 흩어져 있다. 그러니 멈추어서 그것들을 정리하고 부스러기들을 모으며 때때로 멈추어 그 그림의 아름다움을 바라보고, 현실은 언제나 꿈에 미치지 못한다는 데에 대한 실망이 있더라도 그 일을 위하여 기울인 노력에 미소를 지으며 자부심을 느껴 보자.

## 3. 두 번째 본성을 만드는 수고

인간에게 두 번째 본성을 기르는 것이 필요한 이유는 그에게 불완전성과 완전성이 역설적으로 결합되어 있기 때문임을 기억할 필요가 있다. 무한만이 인간의 능력에 어울릴 수 있고, 그 능력들을 유한에 또는 개별적인 것에 묶어두는 것은 기운찬 순종 말을 천천히 걸어가도록 잡아두는 것과 같기 때문이다. 다른 식으로 표현하면, 인간의 욕구가 지닌 엄청난 에너지와 그의 정신의 넓은 지평은 개별적인 것들에 적용되어야 한다. 인간의 지성은 막대한 발전소로서, 거기에서부터 습성이라는 송전선을 통하여 전력이 흐른다. 그것은 큰 저수지에서 물이 사용될 용도에 따라 여러 방향으로 수로들이 연결되어 있는 것과 같다. 인간의 힘들을 적용하도록 하는 전선 내지 수로가 인간의 습성들이고, 좋은 습성들이 덕이다.

### (1) 본성 편에서

그러한 수로들 내지 통로들이 인간 안에 만들어지는 것이 중요하다고 말했었다. 인간은 그 통로들 없이는 멀리 갈 수 없다. 그러나 이들은 인간 안에서 만들어져야 한다. 습성은 이나 폐나 미소처럼 본성에 의해 주어지는 것이 아니다. 본성으로부터 바랄 수 있는 최고의 것은 두 번째 본성의 방향을 향해 밀어주는 것 정도이다. 떠민다고 말하는 것이 더 나을지도 모른다. 본성은 인간이 그의 힘들을 최대한 활용하기 위하여 자신 안에 무엇을 구축해야 하는지를 분명하게 알 만큼 섬세하지 않다.

본성은 과도하게 섬세하지 않다. 어떤 이들에게 본성은 인색하게 보일 것이다. 제일원리들을 즉각적으로 아는 본성적 경향, 선을 갈망하는 본성적 경향은 어떤 관점에서 보면 우리의 지성적 생활과 윤리적 생활 전체를 위해서는 빈약한 기초인 것으로 보인다. 신체적 구조 자체로, 이런저런 좋은 습성들 예를 들어 정의, 절제, 용기 등을 각 개인이 실제적으로 배운다 하더라도, 그러한 배움은 불가피하게 다른 덕들의 습득을 매우 어렵게 만드는 다른 요소들에 의하여 균형이 잡히게 된다. 한마디로, 본성은 인간의 두 번째 본성을 기르는 일을 독점하지 않는다.

## (2) 인간 편에서

숙제를 풀기 어려워하는 아이는 가족들이 답을 알려주지 않기 때문에 상처를 받았다고 느끼고, 또 문제를 혼자 풀어야 하기 때문에 방치되었다고 느낀다. 그러나 문제를 풀고 나면, 그 답뿐만 아니라 그 문제를 풀었던 원리들도 그 자신의 것이 될 것이다. 본성의 빈약함도 이와 마찬가지다. 어떤 사람의 행위가 본성의 것이 아니라 그 자신의 것이기 때문에, 그 행위들의 직접적인 원리들인 습성도 그의 것이 되어야 한다. 우리는 두꺼운 가죽과 날카로운 이를 가지고 있지만 희망은 가지고 있지 않은 동물들이 아니다. 우리의 목표는 우리의 것이고 우리의 행위도 우리의 것이며, 우리는 덕 또는 악습이라는 매개를 통하여 그 행위들을 만든다.

이것은 우리의 두 번째 형성을 기르는 것에 속한다. 우리는 분대가 분대장의 호루라기에 따라 훈련을 하듯이 우리의 힘들이 명령에 응답하도록 만들려고 노력한다. 덕의 목표는 행위가 법칙을 따르게 하는 것이며, 인간 본성은 자신의 이성과 하느님의 이성이라는 두 가지 법칙을 지니고 있다. 인간 이성의 법칙에 속하는 것은 하느님의 이성의 법칙에도 속한다. 주교의 가르침이 교황의 가르침과 일치하듯이, 인간 이성은 하느님의 이성과 완전한 조화를 이룬다. 그러나 그 역은 성립하지 않는다. 교황의 권한이 한 교구에 제한되지 않는 것과 같이 하느님은 인간 이성의 능력에 제한되지 않으시기 때문이다. 우리는 신적 이성의 신비로운 목표들 전부에 우리의 힘을 기울일 수 없다. 그것은 하느님의 일이다. 그러나 우리는 우리의 행위들이 인간 이성의 목표를 향하여 흐르도록 길을 만들 수 있고 그렇게 해야 한다.

개척자들이 늦게 온 이민들이 밀집되는 데에 밀려 떠나갔듯이 우리는 본성의 충동에 의하여 출발하게 된다. 그리고 개척자들처럼 우리는 다른 모든 행위들이 따를 길을 낸다. 그 다른 행위들은 더 빨리, 더 쉽게, 더 완전하게 그 길을 따르게 될 것이다. 그런데, 습성들로부터 더 쉽게 행위들이 나오게 되는 것인데 행위들에게 습성들을 만들어내기를 요구하는 것은 마치 새끼 고양이에게 태어나기도 전에 그 어미를 만들어내라고 하는 것처럼 보인다. 그러나 그렇게 보이는 것은 우리가 본성의 충동을 과소평가하기 때문이다. 행위는 그 자체보다 더 완전한 것인 그 행위의 원리를 만들어낸다. 소심한 임금이 육군과 해군의 지지 때문에 국민 전체를 다스릴 수 있듯이, 행위가 본성 자체의 강력한 힘의 지원을 받기 때문이다. 지성적인 앎의 원리들이 거기에서 나오는 결론들보다 더 높고 넓고 깊은 것처럼, 본성의 넓은 경향들은 행위의 작용을 통하여 그 경향들로부터 나오게 되는 습성들보다 더 강력하다. 각각의 행위들은 그만큼 더 깊이 길을 내며 다음의 행위를 그 지정된 목표를 향하여 더 확실하게 갈 수 있게 해 준다.

### (3) 하느님 편에서

모든 사람은 이 모두를 할 수 있고 해야 한다 .그러나 하느님만이 인간을 모든 본성을 초월하는 목표로 이끌 수 있으시다. 따라서 우리의 행위들에 초본성적 의미를 갖게 하여 천국의 담을 뚫고 들어갈 수 있게 주는 습성들은 오직 하느님으로부터 온다. 본성이 우리를 본성적 목표를 향해 출발하게 했듯이, 직접적으로 하느님으로부터 오는 대신덕들은 우리를 모든 인간의 초본성적 목표를 향하여 출발하게 한다. 우리가 그 초본성적 목표를 위한 상세한 수단들을 지닐 수 있도록 하느님은 우리 안에 윤리덕들인 초본성적 실천적 지혜, 정의, 용기, 절제를 부어 주신다.

그러나 초본성적 정의라는 이름으로 우리에게 던져진 동전은 본성적 정의로부터 주어지는 동전과 똑같은 소리를 낸다. 이교인의 절제 있는 행위는 그것을 그리스도인의 절제있는 행위와 구별할 수 있는 단서를 주지 않는다. 그러나 이들은 시간이 영원과 다르듯이 분명히 서로 다르다. 행위들 자체 안에서 그 차이를 알아보는 것이 불가능하다 하더라도, 인간의 행위들을 영원히 하느님을 뵙는 데로 향하게 하는 주입된 덕들이 인간의 행위들을 이성에 부합하게 하는 습득된 덕들과 매우 다르다는 것은 쉽게 알아볼 수 있다. 이렇게 상이한 덕들은 그 직접적인 대상에 있어서도 차이가 있지만, 그 차이는 행위들 안에서 직접적으로 드러나지는 않는다. 그러므로 인간은 습득된 덕인 절제로 육체의 건강을 위하여 또는 정신의 작용들 돕기 위하여 지나친 식욕을 절제할 수 있다. 반면 주입된 덕인 절제에 의해서는 그의 목표는 육체를 영혼에게 더욱 복종하게 하는 것이 될 것이다.

다른 말로 하면, 주입된 덕들이 초본성적이라고 하는 것은 단순히 이들이 하느님으로부터 오기 때문만은 아니다. 이들은 모든 본성을 초월하며 우리의 활동으로 얻어질 수 없고, 그 목표는 그 기원 못지않게 본성을 넘어선다. 그들의 직접적 대상과 그 진행 방식(애덕) 역시 이들을 습득된 덕 또는 본성적 덕보다 무한히 높은 곳에 자리하게 한다. 인간의 두 번째 본성을 기르는 데에서 하느님의 역할은 우리에게 은총으로 주입된 대신덕과 윤리덕들을 주시는 것이고, 이 역할은 지극히 중요하다.

## 4. 두 번째 본성의 목표

### (1) 궁극 목표

우리는 덕이 과잉과 결핍 사이의 적절한 중용에 있다는 것을 수천 번이나 들었다. 그런데 어떤 식으로 우리는 그 사실에 대하여 자랑스럽게 느끼기를 어려워한다. 인간이 긍정이나 부정이 아닌 어정쩡한 말을 함으로써 현명하게 대답하도록 하기 위하여 하느님 편에서 그렇게 긴밀하고 강력한 활동이 요구된다는 것은 이상하게 보인다. 실상 그것은 실천적 지혜가 아니라 외교술이거나 소심함처럼 생각된다. 적절한 중용이란 양다리를 걸치는 정치적 발언이나 우리의 영혼을 울타리의 난간 꼭대기에 꽂아 놓고 이쪽으로도 저쪽으로도 떨어지지 않도록 조심하는 것도 아니다. 그것은 우리 자신을 포함한 모든 사람에게 우리가 어디에 있는지를 혼동시키기 위하여 길 중간에서 뒤로 걸어가는 것도 아니다. 그것은 일상을 벗어난 것은 아무 것도 일어날 수 없는 회색의 미지근하고 창백한 삶에 몰두하는 것도 아니다.

### (2) 중간 목표 : 미지근함과 덕의 중용

우리는 '적절한 중용'이 전문적인 의미를 지닌 전문 용어라는 것을 잊어버리기 때문에 이러한 실수를 범한다. 앞서 본 바와 같이 덕은 비범한 것의 원천이 될 수 있다. 본성상 덕은 항구하게 더 좋고 더 쉽고 더 완전한 결과를 보장해 준다. 그 초본성적 형상에 있어 덕은 신성 자체와의 미친 사랑의 비밀이고, 있을 수 없는 성취들과 믿을 수 없는 희망들이 솟아나는 숨겨진 원천이고, 지루한 인간 삶에 영웅적인 균형을 갖게 하는 별에 대한 끊임없는 추구이다. 미지근함과 덕의 중용 사이에는 빌라도의 시끄러운 비겁함과 바오로의 담대한 용기의 차이와 같이 큰 차이가 있다.

덕의 중용이 인간이 그의 인간다움에 합당하게 되기 위하여 부응해야 한다는 요구라고 말한다면 그 차이는 분명히 뚜렷해진다. 초본성적 덕의 중용은 인간이 그리스도와의 우정에 합당하게 되기 위하여 부응해야 하는 것이다. 과잉과 결핍, 너무 많은 것과 너무 적은 것은 언제나 동일한 법칙을, 척도가 되는 규범을 기준으로 한다. 어떤 공장주가 눈금이 그어진 작은 위스키 잔을 만들었다. 맨 아래 눈금에는 '여성'이라고 쓰여 있었고, 둘째 눈금에는 '남성'이라고 쓰여 있었으며, 잔 꼭대기 가까이에 있는 세 번째 눈금에는 글자가 없이 아주 뚱뚱한 돼지 그림만 그려져 있었다. 그 선들은 술을 마시는 사람을 인도하거나 또는 부끄럽게 하기 위하여 정해진 규범들이다. 덕의 법칙은 이성의 법칙이다. 지나치는 것은 이성의 한계를 넘어서는 것이고, 부족한 것은 이성의 요구에 미치지 못하는 것이다. 예를 들어 절제에서, 지나치는 것은 폭식가의 게걸스러움이고 부족함은 구두쇠의 굶주림이다. 두 경우 모두 이성의 법칙에 따르는 데에 부족함이 있는 것이고 두 사람 모두 인간으로서 무엇인가가 부족한 것이다.

### 1) 윤리덕들의 중용

특히 용기와 절제에서 이러한 과잉과 결핍은, 적어도 그 양적인 측면에서, 그 개인 자신을 기준으로 판단되어야 한다. 어떤 것이 지나치거나 부족한 것은 그 개별 인간에게 지나치거나 부족한 것이기 때문이다. 그러나 물론 행위의 다른 상황들, '언제', '왜', '어디서' 등도 고려되어야 한다. 이와 반대로 정의의 경우 적절한 중용은 분명하게 객관적이다. 정의는 각 사람에게서 다르게 나타나는 정념과 연관되지 않고 외적인 행위와 말에 관련되며 사람들 사이에서의 소통 수단과 관련된다. 정의의 문제는 언제나 다른 사람과 관련되며 이타적이고 사회적인 덕이다. 그 중용은 각 사람에게 고유한 것이 아니라 모든 사람에게 공통된 것이다. 내가 무지했기 때문에 실상 나는 불의하게 행동한 것이 아니라 하더라도, 내가 행한 일은 불의하다. 그것은 무엇이 다른 사람에게 마땅히 해야 하는 것인지를 결정하는 객관적인 이성의 법칙에 미치지 않았기 때문이다.

전문적인 의미에서 '적절한 중용'은 윤리덕의 영역을 훨씬 넘어선다. 실상 측량하고 측정할 수 있는 모든 것에서 그 선함과 완전성은 그것을 측정하는 법칙을 넘어서지 않으면서도 그 법칙의 요구들을 충족시키는 적절한 중용에 있다는 것은 보편적인 사실이다. 그래서 건축가의 계획은 집이 지어지는 법칙이다. 방들을 기이하게 배치함으로써 건축가를 당황하게 하는 것은 이상한 집이 될 것이다.

### 2) 지성덕들의 중용

그런 의미에서, 지성덕들의 경우도 그 직접적인 목표는 적절한 중용을 이루는 것이고 지성을 측정하는 법칙에 따르는 것이며 그 선을 넘어서지 않으면서 동시에 부족하지 않게 되는 것이다. 그 지성의 법칙은 있는 그대로의 사물들의 세계이다. 지성은 사물들의 실재에 의해 측정된다. 허구를 실재라고 여긴다면 그것은 지나친 것이며, 사실에 대해서 실재임을 부인한다면 그것은 부족한 것이다.

여기에서도 사고, 존재, 행위가 모두 실재의 세계에 기초하고 있고 궁극적으로는 형이상학적으로 최고 실재에 기초하고 있는 아름다운 단계들이 있다. 여기에서는, 존재가 무가치한 가치의 주관적 희미함 속으로 사라져버리는 끝없는 악순환은 불가능하다. 우리의 발이 걷는 모든 발걸음은 견고한 바위 위에 있다. 인간적 행위의 법칙 내지 잣대는 인간 이성의 법칙이다. 인간 이성의 법칙 내지 잣대는 있는 그대로의 사물들의 세계이다. 그리고 실재의 세계 곧 있는 그대로의 사물들의 세계의 법칙 내지 잣대는 있는 그대로의 사물들의 하느님의 정신이다. 이 단계들을 올라가는 것이 아니라 내려오면서 살펴본다면, 하느님의 정신은 사물들의 실재가 대응되어야 하는 건축가의 모델이다. 실재 세계는 인간의 정신을 측정하는 모델이다. 그리고 인간 이성은 인간의 행위가 따라야 하는 모델이다.

### 3) 대신덕들에는 중용이 없음

신적인 것에 대한 인간의 관계에서의 지나침에 대해 살펴보자. 헤아릴 수 없는 어둠 속으로 활기차게 걸어 들어가는 믿음, 어떤 패배로도 꺾을 수 없는 희망, 영원히 불가능한 일들을 하고 있는 사랑. 사물과 행위와 인간이 어떻게 측정되는가를 볼 때 우리는 대신덕들이 정도를 지나치는 것을 볼 수 있다. 믿음, 희망, 사랑에는 지나침이나 부족함이 없다. 이들에게는 법칙이 없고 잣대가 없다. 이들은 오히려 직접 모든 것의 법칙이요 잣대이신 하느님께로 간다. 이 덕들은 정도가 어떠하든지 모두 모든 창조된 법칙들을 넘어선다. 이들의 완전성은 오직 인간 정신과 마음의 가능성들이 유한하기 때문에만 제한된다. 자신의 죄에 대한 슬픔 없이 천국에 도달하리라고 생각하는 사람은 억측의 죄를 범한다. 그가 하느님께 너무 많은 희망을 품었기 때문이 아니라 마치 절망에 빠진 사람이 자신을 과소평가하듯이 그가 자신을 과대평가했기 때문이다. 인간 영혼이 하느님께로 날아오르는 데에는 아무런 제한도 전혀 없다.

## 5. 두 번째 본성의 결과

### (1) 부분들의 조화

#### 1) 윤리덕들의 연결

덕에 속한 어떤 것에 대한 현대의 경멸이, 어떤 조종사와의 대화에서 드러났다. 그는 엄격한 서원에 매여 있는 수도자들과 결혼하지 않은 성직자의 힘든 서약에 대해 감동적인 동정심을 갖고 있었다. 그는 지금까지 신부와 이야기해 본 적이 없다고 고백했고, 거기에는 훌륭한 이유가 있었다. 그는 사제들과 온갖 종류의 성직자들을 모두 게으른 여자들과 잡담을 하고 차를 마시는 것을 주업으로 살아가는 섬세한 분홍색 부류로 분류했다. 그의 태도는 온유한 이들이 땅을 상속받을 때 그렇게 온유하지 않은 이들이 그들에게서 땅을 빼앗는 것을 보려고 그 자리에 있고 싶다고 말했던 조숙한 칼럼니스트의 태도와 매우 유사했다.

그러나 이 사람들은 어떤 사람이 온유의 덕을 갖고 있다면 강하지 않을 수 없고, 성덕과 우유부단함은 서로 배타적이며, 실상 인간은 모든 덕을 갖지 않으면서 어떤 덕을 가질 수는 없다는 것을 안다면 놀랄 것이다. 그러나 사실은 바로 그러하다.

#### 2) 윤리덕과 대신덕의 연결

이를 간략하게 나타내면 다음과 같다. 본성적 질서에서의 실천적 지혜와 초본성적 질서에서 애덕은 마치 영혼이 인간의 능력들을 서로 결합시키듯이 여러 덕들을 서로 연결시킨다. 인간의 영혼을 파괴하면 그의 모든 하위 능력들도 존재하기를 멈춘다. 인간의 그 하위 능력들이 파괴되고 그의 육신이 소멸되면 영혼도 떠나간다. 실천적 지혜는 본성적 덕들의 형상으로서 그 덕들에게 생명을 주고 이성의 목표를 향해 움직이게 하며, 애덕은 초본성적 덕들의 형상 내지 영혼으로서 그 덕들에게 초본성적 효력과 애덕의 목표인 하느님 자신을 향한 움직임을 부여한다.

덕들 사이의 연결은 영혼과 육신의 결합처럼 내밀하고 필수적이다. (많은 교부들이 하듯이) 사추덕을 단순히 덕의 일반적 조건으로 여겨 보자. 그렇게 되면 식별은 실천적 지혜에 속하고, 정직함은 정의에, 온건함은 절제에, 그리고 강함이나 항구함은 용기에 속하게 된다. 이 덕들 가운데 하나를 다른 덕들과 관계없이 기술하고 그 결과로 나오는 행위들을 강하고 매끄럽고 목적에 도달하는 덕의 행위들이라고 부르는 것은 우스운 일이다. 예를 들어 유다인들은 특출한 의로움으로 간음하다 잡힌 여인을 그리스도의 발치에 내던졌다. 그러나 그들에게는 신중함고 온건함도 힘도 없었다. 그렇게 하는 일은 비겁한 일이었기 때문이다.

또는 이 사추덕을 엄밀한 의미에서 덕들로, 각각 자신의 목적에 종사하는 것으로 생각해 보자. 그렇다면 실천적 지혜는 모든 행위를 이성의 목표로 방향 짓는 윤리 생활의 운전기사가 될 것이다. 실천적 지혜가 없는 용기, 정의, 절제의 행위는 이성의 목표를 향한 명령이 없는 행위로서, 결과와 상관없이 사람들의 세계로 맹목적으로 치고 들어오는 것이 될 것이다. 또한 실천적 지혜도 마찬가지로 정의, 용기, 절제에 의존한다. 어떤 사물을 만드는 경우이든 인간적 행위를 형성하는 경우이든, 실천적인 영역에서의 출발점은 언제나 그 목표이다. 희미하고 보편적인 목표가 아니라 건축가가 집을 목표로 하듯이 확정적인 직접적이고 개별적인 목표이다. 인간적 행위의 이러한 개별적이고 직접적인 목표는 윤리덕들에 의하여 실천적 지혜에게 부여된다. 다른 말로 하면, 실천적 지혜의 원천이 되는 원리들은 윤리덕들로부터 나온다. 반면 윤리덕들 전체를 방향짓는 것은 실천적 지혜로부터 나온다.

유명한 범죄자가 가난한 이들을 위한 급식소를 운영했다는 것은 사실이다. 절제로 뛰어난 어떤 이들은 매우 현명하지 못하고, 그들 가운데 어떤 이들은 상당히 불의하기까지 하다. 거리의 여인이 가난한 이들과 버림받은 이들, 약한 이들에게 관대할 수도 있고 실제로 흔히 그렇다. 이들 모두는 사실이다. 그러나 이들이 덕들 사이의 긴밀한 연결을 반박하는 것은 아니다. 대부분의 경우 이들은 '불완전한 덕들'이라 불린다. 보통 그들은 덕이 아니며 오히려 개인의 신체적 구조나 개인적 체험에서 나온 동정심으로부터 유래한 성향들이다. 범죄자, 현명하지 못한 개혁자, 거리의 여인은 자신의 만족을 위하여 이렇게 덕을 모방한다. 그들이 그런 일들을 하기를 좋아하기 때문이다. 그것은 이성이 이러한 행위를 명하기 때문이 아니고, 그들이 이성의 목표를 기꺼이 따르기 때문이 아니다. 실상 그들이 다른 덕들을 경멸하는 것은 그 자체로 이성과 이성의 목표들을 경멸하는 것이기 때문이다.

이들은 덕의 겉모습을 하고 있는 모방이며, 존경받을 사람들의 잔치에 초대받지 않은 손님들이다. 그들은 잔치가 한창일 때에는 발각되지 않을 수도 있다. 그러나 그들이 집으로 돌아가는 길을 살펴본다면, 그들의 목표가 무엇인지 그들의 방향을 본다면 그들이 사기꾼임이 즉시 명백해진다.

### 3) 대신덕들의 연결

우리는 덕들 사이의 연결을 더 멀리까지, 애덕에까지 연장시킬 수 있고 그렇게 해야 한다. 실천적 지혜는 본성적 질서 안에서 윤리 생활에 생명을 불어넣는 형상이다. 그리고 본성적 질서 안에서 그 살아있는 윤리적 유기체는 애덕으로부터 상당히 독립적이다. 애덕이 없는 이교인도 매우 높은 정도의 사추덕을 지니고 있을 수 있다. 그러나 초본성적인 윤리덕들은 분명 그와는 다르다. 이 덕들은 은총과 애덕으로 오는 것이며, 오직 애덕의 목표를 위해서만 존재하고 애덕을 잃으면 완전히 상실된다. 초본성적 질서 안에서 애덕이 차지하는 위치는 본성적 질서 안에서 실천적 지혜가 차지하는 위치와 동일하다. 애덕의 임무는 인간의 모든 행위를, 다른 모든 덕들을 인간의 최고 초본성적 목적을 향하게 하는 것이다. 그러한 키잡이가 없이는 다른 어떤 선원도 항구에 도달할 수 없다. 더 강하게 말한다면, 이 초본성적 덕들의 영혼인 애덕이 떠나면 그 덕들은 죽는다. 부어진 윤리덕들에게는 이것은 그들이 존재하지 않음을 의미한다.

다른 대신덕들은, 애덕이 없이는 애덕의 목표인 삶의 목표로 한 걸음도 나아갈 수 없다는 의미에서 죽은 것이다. 그들을 지배하는 힘이 없는 것이다. 그러나 그 덕들은 주입된 윤리덕들로서 존재하지 않는 것은 아니다. 인간은 대죄를 지음으로써 자신의 영적 구조 전체를 무너뜨리지만, 믿음과 희망의 기초는 아직 남아 있어서 무너진 것을 다시 지을 수 있다. 억측, 절망, 불신앙에 의해서만 인간은 자신의 두 번째 본성을 형성하는 데에서 하느님의 활동을 완전히 파괴할 수 있다. 그러나 믿음과 희망은 인간을 모든 덕의 이유인 자신의 목적으로 더 가까이 데려가지 못하는 불완전하고 효력이 없는 덕으로 남는다.

물론 이 모두는 반대 방향으로도 적용된다. 윤리덕들이 없는 애덕을 가정하는 것은 축도를 그리는 화가가 회칠용 붓으로 완전한 그림을 만들기를 바라는 것과 같다. 그것은 하느님에 대한 모욕이며, 그분께서 본성의 질서에서보다 은총의 질서에서 더 미숙하게 일을 하신다고 추측하는 것이다. 본성 안에서 그분은 목표를 향한 충동뿐만 아니라 그 목표가 실현될 수 있는 수단들도 주시기 때문이다. 믿음과 희망에 대한 애덕의 관계에서도 마찬가지다. 애덕은 사랑이다. 어떤 사람이 애덕을 가지고 있다는 것은 그가 하느님을 사랑한다는 것이고, 그가 매우 실제적인 의미에서 신적인 사랑을 지니고 있다는 것이다. 사랑이 사랑하는 분에 대한 믿음 없이 존재할 수 있으며, 그분의 능력과 충실하심에 대한 희망 없이 존재할 수 있는가?

## (2) 덕 전체 구조의 균형

### 1) 균등성

이것이 완전한 덕의 높은 기준이며 인간의 두 번째 본성의 세밀한 짜임이다. 전체를 풀지 않고서는 실오라기 하나도 뽑아낼 수가 없다. 그러나 그렇다고 해서 인간의 두 번째 본성이 마치 대량생산 공장의 산물처럼 표준화된 단위가 되는 것은 아니다. 성인들은 같은 기계에서 나온 두 개의 담배처럼 똑같은 모습으로 덕의 공장에서 나오는 것이 아니다. 덕들 자체가 똑같은 한 세트처럼 서로 비슷한 모습으로 서로를 뒤따르는 것도 아니다. 물론 어떤 덕은 다른 덕들보다 더 중요하다. 예를 들면 애덕과 절제가 그렇다. 아마도 그래서 덕들이 그렇게도 아름답게 서로 어울릴 것이다. 물론 어떤 사람이 다른 사람보다 더 덕스럽거나, 자신의 삶의 한 단계에서 다른 단계에서보다 더 덕스러울 수도 있다. 인간적인 모든 것에서 그렇듯이 덕에도 정도가 있으며, 최소한의 요구 조건으로부터 온전한 완성에까지, 닫히고 있는 연옥 문의 틈새로 간신히 끼어들어가는 변변찮은 가톨릭 신자로부터 직접 하느님의 품으로 달려가는 성인에 이르기까지 그 범위도 다양하다. 그러나 마치 어떤 사람의 손에서 손가락들의 크기가 서로 달라도 이들이 성장할 때에는 일정한 비율로 성장하는 것과 같이 어떤 사람 안에서 덕이 성장할 때에는 어떤 균등성이, 피할 수 없는 균등성이 있다. 신체적 조건에 의해서든 오래고 열심한 훈련에 의해서든 은총에 의해서든, 다른 덕보다 어떤 덕으로 더 기우는 성향이 있을 수도 있다. 그러나 덕의 실제적 성장은 일부 덕들을 훨씬 뒤에 처지게 하는 시합이 아니다.

### 2) 불균등성

덕이라는 대가족 안에는 아름다움, 탁월성, 완전성에서 정도의 차이들이 있다. 가족의 한 분파는 분명하게 귀족 신분을 주장한다. 지성적 덕들은 인간의 최고 기능을 완성하는 것이다. 어떤 의미에서 그들은 어느 정도 상위에 있다고 할 권리가 있다. 그러나 그들은 자녀가 없는 분파이다. 그들의 활동은 하나의 기능을 완성하는 데에, 훌륭한 수학자나 목수 등을 만드는 데에 국한되며 선한 인간을 만들지는 못한다.

### 3) 비교 우위

그러나 이성의 높은 위치와 인간의 삶을 그의 목표로 인도하는 데에서나 실제로 그 목표를 소유하는 데에서나 이성이 지니는 탁월함을 기억한다면, 윤리덕들의 등급을 매기는 것은 가족의 유사성을 찾는 것처럼 쉬운 일이 된다. 정의는 가장 꼭대기에 있다. 그것은 이성에게 가장 가까운 곳에 있고, 지성적 욕구 안에 있으며 이성과 마찬가지로 인간 자신 안에 머무는 것에 만족하지 않고 다른 이들과의 관계와 하느님과의 관계에까지 확장된다. 다음으로는 용기가 있다. 용기 역시 이성과 더 많이 관련되기 때문이며, 더 큰 영역을 이성의 지배 아래 들게 하고, 생명과 죽음에 관련된 욕구를 이성에 복종하게 한다. 마지막 단계로 절제가 있다. 절제는 개인의 생명과 종의 생명에 필요한 것들에 대한 욕구를 조절한다.

덕의 가족 가운데 지성적인 분파 안에서는 지혜가 가장 꼭대기에 있다. 지혜가 가장 높은 기능의 가장 높은 완성을 목표로 하기 때문이다. 지혜는 지성덕의 영역 전체를 그 안에 포함하고 자신의 판단에 맡긴다. 마찬가지로 애덕은 대신덕의 절정으로서 모든 목표들 가운데 가장 높은 목표를, 하느님을 직접 목표로 한다. 우리는 애덕의 완전성을 더 확장시켜, 애덕이 절대적으로 최고의 덕이라고도 정확하게 말할 수 있다. 애덕은 바로 모든 덕들의 존재 이유인 그 목표이기 때문이다. 다른 덕들은 처음부터 애덕에게 속했던 마지막 안식처를 향해 가는 단계들이다.

## 6. 최종 산물의 지속 가능성

### (1) 시간 안에서

인간의 두 번째 본성은 아름답게 균형잡힌 산물이다. 여명이 어둠 속으로 흩어지듯 한 부분이 다른 한 부분으로 섬세하고 매끄럽게 섞여 들어간다. 그러나 그것은 돌처럼 굳고 단단한 견고함을 지니고 있다. 우리가 대죄로 초본성적인 구조 전체를 날려버릴 수 있고 소홀함으로 또는 악습을 기름으로써 본성적 덕의 건물을 무너뜨릴 수 있다는 것은 사실이다. 그럼에도 불구하고, 덕은 지칠 줄 모르고 낙원의 문에까지 오른다. 그 다음에는? 이렇게 수고스럽게 얻어진 두 번째 본성에서 얼만큼이 영원까지 남을 것인가?

### (2) 영원 안에서

물론 천국의 성인들은 음식이나 음료에 대한 무질서한 갈망들을 억누를 필요가 없고, 고통과 죽음을 굳세게 견딜 필요도 없으며, 도둑질의 유혹에 저항할 필요도 없다. 정의가 하느님의 것을 하느님께 끊임없이 돌려드려야 하는 것을 제외하면, 천국에는 윤리덕의 재료가 없다. 그러나 그 덕들이 우리의 삶에 새겨주려고 애쓰는 그 완전한 질서는 그곳에서 완성된다. 지성덕들의 경우도 마찬가지다. 지성덕들의 형상적 요소, 곧 우리가 지상에서 힘써 얻은 개념들은 분명 남아있을 것이다. 이들은 지성의 장비들의 일부이기 때문이다. 그러나 모든 이들이 부활할 때까지는 신체적 본성에 어느 정도 의존하는 우리의 이해 행위의 모든 요소들은 - 표상, 표상으로부터 이루어지는 추상의 과정, 표상들을 떠올리는 것 - 남아있지 않을 것이다.

분명 지옥에는 믿음, 희망, 사랑의 자리가 없다. 그리고 천국에서 우리가 하느님을 직접 뵙게 될 때에는 믿음이 필요하지 않게 될 것이며, 우리가 그분과 영원히 결합될 때에는 그분의 복되신 현존에 대한 희망은 이미 필요하지 않게 될 것이다. 모든 덕들 가운데 애덕만이 그 작용을 완전하게 보전한다. 현세의 삶에서 애덕은 우리를 하느님과 결합시키고, 그 일은 영원토록 계속될 것이기 때문이다.

## [결론]

### 1. 덕과 성취에 대한 긍지

이 장을 시작한 작업장으로 돌아가 보자. 이제는 모든 것이 깨끗해졌고 부스러기들도 모았으며 정리도 끝났고, 바닥의 대팻밥도 치워졌다. 최종 산물인 인간의 두 번째 본성이 우리 눈앞에 있다. 인류는 그 산물에 대해 자랑스러워할 충분한 이유를 가지고 있다. 그 산물은 여러 해에 걸친 꾸준하고 조심스러우며 치밀한 수고를 기울인 결과이다. 그것은 인내로운 손으로, 낙심을 거부하는 마음으로, 수백 년에 걸친 용감한 작업으로 하늘을 찌르는 중세의 대성당을 지은 것과 같은 손과 마음으로 하나하나 돌을 쌓아 이루어진 것이다. 그것은 수천 개의 발걸음으로만 그렇게 단단하게 만들어놓을 수 있을 황야의 길과 같다. 그 진보는 명령과 규율, 경계, 황제인 이성에 대한 빈틈없는 열성이 안이해지는 것을 허락지 않는 넓은 제국의 정복과 같다. 이것이 인간이 될 수 있는 것이고 또한 인간이 그의 인간성에 합당하게 되고자 한다면, 그가 인간의 특유한 재능인 자신의 엄청난 에너지와 높은 희망과 예리한 전망을 가장 잘 활용하고자 한다면 인간이 되어야 하는 것이다.

## 2. 덕과 장인의 겸손

그러나 우리는 장인이 자신의 작품의 아름다움 앞에서 놀라듯이, 우리가 과연 그것을 이룰 수 있을 것인가를 두려워해야 할 것이다. 우리가 인간의 두 번째 본성이라는 그 완성된 산물을 보면서 우리 자신에게 솔직해진다면, 우리는 우리가 성덕의 내적인 작업을 추구하고 있는 것임을 깨닫게 된다. 성덕이 삶의 목표이면서 덕의 목표이기 때문이다. 성덕 앞에서는 가장 철저한 이기주의자도 겸손한 경탄으로 줄어들고 만다. 인간이 하느님의 높이에까지, 그리고 하느님의 삶을 사는 데에까지 들어 높여져야 한다는 것은 믿을 수 없는 일이 아닌가? 그러나 성덕은 바로 그것이 아닌가? 우리는 하느님이 당신 작품에 그렇게 관심을 기울이시는 이유가 무엇인가, 왜 그분은 당신의 신적 능력을 그 초본성적인 두 번째 본성을 만드는 데에 기울이시는가를 더 잘 이해할 수 있게 될 것이다. 그 두 번째 본성으로써 인간은 하느님께 오고 하느님은 인간에게 오신다.

## 3. 덕과 감사

이러한 하느님의 인격적 관심은 믿을 수 없이 놀라운 일이다. 더욱 믿을 수 없는 것은 그분께서 인간의 손에 넘기신 도구들이다. 이들은 인간의 과거 행위를 영원한 음악으로, 인간적 사랑의 갈망을 신적인 향유로, 비틀거리는 정신의 희미한 더듬음을 하느님의 얼굴을 뵙는 것으로 변화시키는 거의 기적적인 도구들이다. 그러나 이 모든 것이 믿기 어려운 이유는 오직 우리가 하느님의 너그러우심을 인간의 너그러움이라는 관점에서 측정하려고 하기 때문이다. 우리가 그렇게도 작기 때문에 그렇게도 크신 분이 존재할 수 있음을 믿기가 어려운 것이다.

## 4. 최종 산물 : 최고의 두 번째 본성

이것이 그 결과이다. 하느님과 인간의 노력이 결합된 최종 산물, 최고의 두 번째 본성은 인간의 목표인 하느님을 뵙는 것을 향하여 힘차게 나아가는 일련의 행복의 습성들이다.

A Companion to the Summa

성 토마스 아퀴나스의

# 신학대전 해설서 II

## 제12장 행복의 속삭임 (제2부 제1편, 제68문제~제70문제)

1. 성령의 역사적인 방문 : 수태고지, 주님의 세례 그리고 오순절과 제자들
2. 성령에 대한 주님의 약속과 성령의 구원역사
3. 성령과 오늘날의 그리스도인들 : 교회와 가톨릭 신자
4. 하느님과 인간의 협력을 위한 직접적인 준비 – 은총
   (1) 은총의 목적
   (2) 구원을 위해 필요한 은총
   (3) 은총의 본성
   (4) 다양한 형태의 은총들
   (5) 은총과 덕(德)의 관계
5. 하느님과 인간의 협력 – 그 열매와 기쁨
   (1) 보편적인 의미의 협력 – 성령의 열매의 역할
      1) 협력의 의미와 그 기쁨과의 구별
      2) 협력의 범위 : 인간의 자기 자신, 동료인간 그리고 자기 아래에 있는 피조물들과 관계 속에서
   (2) 특수한 의미의 협력 – 완전한 협력에 의한 기쁨
      1) 진복팔단(眞福八端 혹은 산상수훈)의 기쁨
      2) 협력의 이중적인 요소 – 진복팔단의 배정(인간의 공로)과 시작(보상)
      3) 의지적이고 활동적이며 관조적인 삶을 통하여 미리 맛보게 되는 기쁨
      4) 미리 맛보는 기쁨으로서 보상과 궁극적인 보상으로서 영원한 행복
      5) 행복의 축적

---

[결론] 행복의 속삭임
1. 놀랄 수밖에 없는 이유
   (1) 하느님의 구원역사의 효과
   (2) 완전한 변화
2. 그리스도인의 삶에 있어서의 역설(逆說)
3. 평범한 신앙인과 행복의 속삭임

# 제12장 행복의 속삭임 (제2부 제1편, 제68문제~제70문제)

**(들어가기)**

제12장에서 우리는 형용할 수 없는 것들에 대해 살피려고 한다. 그러니까 하느님의 눈으로만 보이는 것들에 대해, 처음부터 어둠 속 깊이 감춰져 있듯이 인간의 눈으로는 파악되지 않는 것들에 대해 살피려고 한다. 이들은 하나같이 신비스럽고 때로는 역설적으로 들리는 것들이다. 너무 밝아서 우리의 눈으로는 알아볼 수 없고, 너무 우렁차서 우리의 귀로는 알아들을 수 없는 것들이기에, 우리는 그것들을 초본성적인 것들이라고 말한다. 그러나 그렇듯 낯설기 만한 것임에도 불구하고 우리에게 친숙하다. 정체를 알 수 없음에도 불구하고 아주 어린 시절에 느꼈던 엄마의 포근한 품속처럼 아무 걱정 없이 편안하게, 조금도 거북하거나 부자유스럽지 않게 가끔은 놀라움을 가져다주는 정겨운 향수가 물씬 배어나오는 그런 것들이다.

이 장에서 우리는 이전과 다름없이 하느님의 구세사의 틀 안에서 성령의 활동에 대해 생각해볼 것이다. 도미니코 수도회에 자신을 봉헌한 토마스 성인에게는 특별히 애착이 가는 주제였으리라. 왜냐하면 도미니코 수도자들은 과거에도 늘 그래왔듯이 오직 진리에 대해 타오르는 열정 하나만으로 모든 것을 해결할 수 있다고 믿기 때문이다. 물론 진리에 흠뻑 빠진 사람이라면 열정적으로 진리의 영이신 성령의 활동에 대해 하나도 놓치지 않고 눈여겨 볼 것이다.

## 1. 성령의 역사적인 방문 : 수태고지, 주님의 세례 그리고 오순절과 제자들

진리의 영이 활동하실 때에는 어떤 특징이 있다. 저 영원한 삼위일체의 세 번째 위격으로 당신을 드러내신 성령의 모습이 우리의 눈에도 포착된다는 점이다. 「성경」은 먼저 '한 마리의 비둘기'를 이용하여 성령의 출현을 공포한다. 이 탁월한 상징은 성령이 성부의 구원과 평화를 끊임없이 전달하는 전령으로서만이 아니라 신속하게 하늘과 땅을 오가는 놀라운 능력자로서의 모습도 함께 보여준다. 대천사 가브리엘이 마리아에게 주님의 잉태를 고지했을 때, "성령께서 너에게 내려오시고 지극히 높으신 분의 힘이 너를 덮을 것"(루카 1,35)이라고 일러주었다. 주님이 세례를 받으시던 때에는 "하느님의 영이 비둘기처럼 당신 위로 내려오시는"(마태 4,16) 모습을 보여주었다. 오순절 주일날 제자들이 모두 어느 집에 모여 있었는데, "갑자기 하늘에서 거센 바람"이 일더니 "불꽃 모양의 혀가 나타나" "각 사람 위에 내려앉았다"(사도 2,1 이하)고 전한다. 어떤 경우든 강력한 하느님의 은총이 위로부터 주어졌으며, 인간에게는 전대미문의 획기적인 일이 일어났다. 이스라엘의 전통을 대대로 지켜온 유다 가문의 혈육이긴 하지만 가난하고 소박하기만 했던 한 여종이 성령의 임재로 인해 '천주의 모친'이 되는 영광을 입었다. 목수의 아들로 태어났던 그분이 세례를 받으면서 공공연히 군중을 가르치고 마침내 예언된 말씀에 따라 십자가에 처형되는 메시아로 당신을 드러내셨다. 오순절의 체험으로 12명의 나약하고 보잘것없던 한 무리가 자신들의 황제 카이사르의 꿈을 수호하기 위해 무자비한 칼로 무장한 로마 병사들과 맞서 주님을 뒤따랐다. 그러나 성령이 오시는 순간 모든 제자들은 칠흑 같은 어둠을 경험해야만 했다. 일찍이 유다 고을의 한 처녀가 성령이 오시는 순간 그저 묵묵히 마음속 깊이 새겨야 했듯이, 혹은 참혹한 십자가 위에서 나사렛의 예수가 쓰디쓴 고배의 잔을 마셔야 했듯이, 그렇듯 열 두 제자는 죽음의 파스카를 향해 기어코 나아가야만 했다.

## 2. 성령에 대한 주님의 약속과 성령의 구원역사

이 모든 사건은 그러나 성령의 활동이 끝났음을 알리는 것이 아니라 오히려 시작되었음을 알리는 것이었다. 그래서 비록 성령의 활동이 단순히 우리의 육안으로는 결코 헤아릴 수 없는 어둠 속에서 시작될지라도, 이제 우리 곁에서 일상적으로 벌어지는 모든 사건과 함께 되새겨질 수 있게 되었다. 최후의 만찬석상에서 주님은 의기소침한 제자들에게 성령을 보내실 것을 약속하심으로써 그들을 격려하셨다. 그리하여 위로자 성령이 오시어 "그동안 말했던 모든 것을 마음에 되새기도록" 이끌어주실 것이라고 말이다. 이 얼마나 절박하고도 고마운 약속인가! 가장 위로가 필요한 때에 주님은 더없이 강력한 위로자를, 진리의 영이시며 사랑이 충만하신 최고의 지원군을 보내 주실 것을 약속하셨으니 말이다. 당신 제자들만이 아니라 다가올 세대들을 위해서도 이 약속은 유효하다. 다만 이를 받아들이지 않는 자들은 여전히 어둠 속을 헤매게 될지라도, 믿고 받아들이는 이들은 모두 새롭고 놀라운 진리와 사랑을 체험하게 될 것이다.

## 3. 성령과 오늘날의 그리스도인들 : 교회와 가톨릭 신자

그리스도인들은 성령을 받아들였다. 그 덕분에 주님의 말씀을 단지 여느 스승의 훈계처럼만 아로새기진 않았다. 그러나 20세기의 교회는 우여곡절이 많다. 한편에선 오류가 없는 진리를 수호하고자 애쓰지만, 다른 한편에선 게으름으로 인해 주님의 약속을 충실히 지키지 못하고 있다. 하지만 이 약속은 그리스도인 각자에게도 의미가 깊다. 매우 훌륭한 식사, 뛰어난 요리사가 준비한 성찬이 유감스럽게도 자주 대접을 받는 이들 곁에선 그 진가가 제대로 평가되는 일이 드물다. 이미 만성적으로 변해버린 입맛이 그들의 입을 무디게 만들었기 때문이라고나 할까! 그러나 굶주린 이들 곁에서 성찬의 진가는 더 이상 말로써가 아니라 행동으로 드러난다. 그런 뜻에서 차라리 대식가들에게 아주 소량의 음식만을 맛볼 수 있는 기회를 주는 것은 어떨까? 아주 자주 가톨릭 신자들은 영적인 양식에 배고파하지도 않을 뿐더러, 우리에게 주제넘게 베풀어진 영적인 잔칫상에서조차 거들먹거림으로써 조심스럽고 경건하게 맛을 음미할 줄 모른다. 사실상 은총과 그 열매 그리고 행복을 보장하시는 성령의 충만한 활동도 실제 각자가 그것을 충실히 받아들이느냐 받아들이지 않느냐에 달려있다. 그러니까 진리의 영이신 성령의 은총어린 숨결 앞에서 우리가 기꺼이 그분을 받아 모시는 태도로 말미암아 성령의 역사는 시작된다. 이 같은 진실에는 또한 성령이 모두에게 한결같이 활동하신다는 뜻도 내포되어 있다.

## 4. 하느님과 인간의 협력을 위한 직접적인 준비 - 은총

우리 안에서 펼치시는 진리의 영이신 성령의 활동에 대해서 교회는 오래 전부터 세 개의 용어로 정리하여 가르쳐왔다. 예컨대 은총과 그 열매 그리고 행복이라는 용어로 말이다. 다소 엉성하게 보이는 이 세 개의 용어로써 우리는 일상 중에 꾸준히 활동하시는 성령의 놀랍고도 감사할만한 사실들을 경험할 수 있다.

### (1) 은총의 목적

우리가 만일 우리 마음속으로 어떤 특별한 숨결을 느끼거나 영감을 받게 되거나 순식간에 편안해지는 느낌을 갖는 데에 익숙하다면, 아마도 성령의 활동에 대해 아주 잘 이해할 수 있을지 모른다. 분답하게 움직이며 활동하는 우리 자신을 잠깐 돌아다보면, 즉각 우리를 실제로 움직이는 두 가지 요소를 감지할 수 있다. 하나는 우리 자신의 이성이고 다른 하나는 하느님이시다. 이때 은총의 목적은 온통 하느님의 움직임을 위해 인간을 준비시키는 것이요, 하느님의 지복직관이라는 초월적인 목표에 흐트러짐 없이 달려갈 수 있게끔 쉽고 빠른 길로 인간을 안내하는 것이다. 그와 같은 특별한 준비가 필수적이라는 점은 분명한 것 같다. 예를 들어, 현대에 들어서면서 온 세상 사람들이 초고속 철도여행에 많은 관심을 가지게 되었다. 어떤 이들은 그러한 초고속 열차를 만들기 위해선 기관차 모양을 최대한 완전하게 설계하면 된다고 생각했고, 또 다른 이들은 단순히 지금까지의 기관차가 아니라 그보다 훨씬 뛰어난 동력장치를 개발하여 더 높은 속도를 낼 수 있을 것이라고 생각했다. 아무튼 초고속 기관차 뒤에 연결된 신형 차량을 이용하여 여행을 하는 것과 옛 증기 기관차의 어느 낡은 차량에 기대어 여행을 하는 것의 차이는 신속하고 정확하게 움직이는 여행수단과 완벽하지 못한 여행수단에 몸을 맡기는 차이일 것이다. 그러니까 여행의 목적지는 서로 다르지 않다. 바꾸어 말하자면, 우리에게는 매우 특수한 경우의 난해한 교의(敎義)를 이해하려고 할 경우 앞서 예비적으로 주목해야 할 사안들이 있다. 그러니까 아주 난해한 교의를 수용할 수 있도록 우리를 준비시키는 기초적인 사항들이 절대적으로 요구된다는 뜻이다. 그래서 교의가 난해하면 난해할수록 보다 더 순탄한 여정을 위해 그와 같은 예비적인 사안들이 더 완벽하게 준비되어야 한다고 말할 수 있다.

그와 같은 준비가 정확히 은총이 하는 역할이다. 그것을 '은총'이라고 일컫는 까닭은, 그것이 단지 하느님에게서 오기 때문만이 아니라 우리를 전적으로 압도하여 하느님의 섭리 아래 효과적이며 수월하게 다가설 수 있도록 우리를 준비시키기 때문이다. 이성의 움직임을 위해선 덕(德)이 필요하지만, 하느님의 섭리를 위해선 성령의 은총이 필요하다. 우리는 그 같은 덕을 반드시 준비해야 한다는 사실에 대해 앞서 논의한 바 있다. 그러니까 만일 모든 이들이 자신의 행동으로 일정한 결과를 얻고자 한다면, 무엇보다도 먼저 그의 행동절차나 과정 중에 불필요하게 힘이 소모되는 일이 없도록 사전에 철저히 준비할 필요가 있다. 예를 들어, 만일 모든 사람들이 마치 처음 걸음마를 배우는 어린아이와 같이 자신의 발을 옮길 때마다 놓치지 않고 신중하게 제 행동을 의식해야 한다면, 어떻게 하루 4~5km의 산행을 끝마칠 수 있을까? 실제 습성이 갖춰진 다음에는, 곧 사람들이 이성을 자연스럽게 활용할 수 있게 된다면, 행동은 좀 더 쉽고 순탄하게 이뤄질 수 있다. 하느님의 섭리에 대해 우리 자신이 익숙해지도록 몸과 마음을 준비시키는 일도 그처럼 필수적이며, 이는 무엇보다도 은총을 전제한다.

## (2) 구원을 위해 필요한 은총

하느님의 구원역사를 위해 이 같은 준비는 꼭 필요하다. 다시 말해 모든 사람들은 제 영혼의 구원을 위해 먼저 성령의 은총을 청해야 한다. 신출내기 레지던트 의사는 자신의 의료경험을 쌓기 위해 훨씬 더 경험이 풍부한 선배 의사와 함께 일을 시작하기 마련이다. 선배 의사의 어깨 너머로도 현장에서 유용한 경험들을 많이 축적할 수 있기 때문만이 아니라 실제로 자신의 미숙한 의료행위 때문에 한동안 선배 의사의 지시나 도움을 필요로 하기 때문이다. 한여름 밤에 떠오른 보름달은 자신의 은은한 달빛으로 어두운 밤을 비춘다. 하지만 그 빛은 정작 자신의 것이 아니기 때문에, 그렇듯 은은한 빛을 계속 비추기 위해선 내키지 않더라도 태양을 꼭 필요로 한다. 우리 자신의 것, 우리의 본성에 속하는 것으로서 우리 곁에 있는 것은 밖으로부터 그 어떤 특별한 도움을 필요로 하지 않는다. 하지만 초월적인 생명, 초본성적인 행위로서 구원역사 및 초본성적인 목표로서 궁극적인 행복은 우리 자신의 것이 아니다. 우리 본성의 일부도 아니다. 초월적인 생명을 얻고자 한다면, 결국 초월적인 도움을, 우리를 능가하는 어떤 힘을 필요로 한다. 그런 이유에서 우리는 하느님의 구원을 원하는 한 초본성적인 행위를 실제적으로 일으키는 성령의 은총을 청해야 한다.

## (3) 은총의 본성

그러면 성령의 은총을 통해서 우리가 받아 누리게 되는 도움은 무엇일까? 그것은 우리의 본성으로 마련하는 도움과 어떻게 다른가? 그렇다면 앞선 덕에 관하여 다루었던 단원(본서의 9장)을 상기하는 것이 좋을 것이다. 거기서 우리는 이미 도덕적인 덕들이 인간의 이성적이고 감각적 욕구 일체를 가지런하게 조절함으로써 보다 더 인간다운 삶을 영위할 수 있도록 도와준다는 사실을 살폈다. 그와 같은 덕들의 역할과 비교하여 성령의 은총에 대해 설명할 수 있을 것이다. 인간의 욕구들이 인간다운 삶을 위해 가지런히 배치될 수 있도록 도덕적인 덕들이 기여하는 것처럼, 성령의 은총으로 말미암아 인간은 초본성적인 하느님의 섭리 아래 가지런히 놓일 수 있게 된다. 그러므로 도덕적인 덕들이 그러하듯이 성령의 은총도 우리의 습성적인 행위와 관련을 맺는다. 물론 그 효과에 있어선 미덕에 비할 수 없을 만큼 대단히 놀랍고도 신기할 따름이다. 이때 그러나 습성과 같다는 점에서 은총 또한 매우 단조롭게 취급될 수 있다. 왜냐하면 은총은 우리의 영혼이라는 집 안에 초월적인 성격의 가구(家具)들을 들여 놓는 것을 의미하기 때문이다. 마치 오래된 안락의자를 집 안에 들여놓고 사는 것처럼, 우리는 때로는 은총 앞에서 부딪히기도 하고 발에 걸려 넘어지기도 하며, 때로 은총을 유용하게 사용하기도 하고 때로 까맣게 잊고 지낼 수도 있다. 실제로 우리는 그렇게 집 안의 가구들을 취급하지 않는가! 설령 그렇게 집 안에 구비한 것들이 그 집주인의 자부심을 일부 대변하는 것일지라도, 그 가구들을 마음대로 사용할 수 있기 전까지는 애물단지가 될 수도 있고 또 이미 익숙해지고 나면 까맣게 잊어버리기 십상이다.

## (4) 다양한 형태의 은총들

은총은 모두 습성들과 같은 특징을 띠고 있다. 그러나 은총은 사실상 그렇듯 단조롭게 취급될 수 있는 것이 아니다. 은총이 행위의 즉각적인 원칙으로 작용한다는 것은 모든 습성의 경우가 그러하듯 진실이다. 만일 우리가 그것들의 수효를 찾아 나선다면, 인간의 다른 습성들이 마치 한 뭉치의 빨랫줄처럼, 서로 뒤엉켜서 무더기를 이루고 있는 것을 목격하게 될 것이다. 이는 일찍이 플라톤이 말한 '덕은 마치 벌떼와 같다'는 표현에 걸맞다. 다소 다르게 표현한다고 하면, 인간 영혼이 마치 두 마리의 말에 의해, 곧 이성과 감정이라는 두 가지 욕구에 의해 달려 나가는 쌍두마차와 같이 크게 두 가지 덕으로 분류할 수 있을 뿐이다. 그러므로 이성과 관련하여서는 이해와 지식, 지혜와 숙려의 은총을, 감정과 관련하여서는 경건함과 용기 그리고 경외심의 은총을 말할 수 있겠다. 인간의 다른 습성들과 마찬가지로 이 모든 종류의 은총들은 마치 친숙한 슬리퍼나 소파처럼 우리의 일부로 여길 만큼 가깝고도 꾸준히 우리와 결합해 있다. 하지만 다른 뭇 습성들과는 다르게 은총은 일정한 방식으로, 그러니까 더 이상 인간적인 형식이 아니라 천사적인 혹은 초월적인 방식으로 행동을 일으킨다.

## (5) 은총과 덕(德)의 관계

이처럼 은총이 인간적인 방식이 아니라 초월적인 방식으로 행동을 일으킨다는 사실은 은총을 이해하는 데에 매우 중요한 착안점이 된다. 곧 은총으로 이뤄진 행동은 인간이 수행하면서도 인간이 행할 수 있는 수준을 훨씬 뛰어넘는 모습으로 전개된다는 것이다. 예를 들어, 은총은 신앙의 덕을 완성시킴으로써 이성을 완전하게 이끌어준다. 이해의 은총으로 우리는 계시된 진리를 통찰할 수 있게 되지만, 우리가 그러한 계시진리를 심사숙고함으로써 어떤 결론을 연역해내거나 거기서 부족하게 여겨지는 부분을 채워 넣을 수 있는 것이 아니다. 오히려 천사적인 지성의 순간적인 일별이나 하느님의 불꽃같은 직관에 힘입어서만 비로소 날렵하고 찰나적이며 관조적으로 진리에 이를 수 있게 된다. 지식과 지혜의 은총으로 우리는 피조물들을 판단할 수 있고 천상적인 것들도 가늠할 수 있게 된다. 그것은 결코 우리가 오랫동안 혹은 집요하게 수고한다고 해서 밝혀지는 것이 아니다. 마치 어린아이가 두 개의 그림을 비교하면서 '숨은 그림 찾기'를 하듯이 홀로 노력함으로써 얻어지는 것이 아니다. 결론을 도출하기 위해 절뚝거리는 이성에 기대어 힘들게 걸어야 하는 것이 아니라 느닷없이 결론이 주어진다는 것이 차라리 적절한 표현이다. 숙려의 은총은 이렇게 깨달은 진리를 개별적인 경우에 적용시킬 수 있도록 해준다. 물론 그러한 적용은 세련되고 틀림없는 천사적인 방식으로 이뤄진다. 경건함의 은총은 정의로운 행위를 완성시킨다. 다시 말해 이 은총은 여러 행위들 사이에 균형과 질서를 잃지 않도록 척도를 마련해준다. 용기를 주는 은총은 위기적인 상황에서도 두려움을 갖지 않도록 도와주며, 경외심을 가져다주는 은총은 부도덕한 쾌락을 부끄럽게 여기며 그것을 거부할 수 있도록 도와준다. 이 모든 은총은 제각각 하느님께로 우리를 이끌어주는 역할을 수행한다. 성령은 그렇게 하느님 곁에서 누리게 될 궁극적인 행복에 대해서 우리에게 끊임없이 속삭여주시는 분이다.

그러나 그렇듯 다양한 은총의 도움으로 이뤄지는 행동들은 또한 우리가 행하는 것들이다. 이는 오늘날까지 수많은 작가들이 실수를 저지르는 부분이다. 예컨대, 많은 이들이 마치 우리가 성령의 주도 아래서 그저 수동적으로 움직이는 도구와 같다고 설명하는 잘못을 저지른다. 그분이 모든 것을 지배하시고 우리는 그저 그 지시에 따라 움직이는 것이라고 말이다. 물론 인간의 경우 어린 자녀에게 처음 걸음마를 가르치거나 어떤 퀴즈문제를 내면서 아이가 스스로 해낼 수 있도록 확신을 주기보다는 차라리 그것을 방해하는 실수를 저지를 수 있다. 특히 어린아이들은 자신의 능력에 대해 몹시 민감하고 쉽사리 조급한 마음을 갖는다. 그러나 하느님은 실수가 없으며 재치가 넘치는 분이시다. 한편 우리가 무엇인가를 할 수 있도록 하느님이 허락하신다면, 그분은 틀림없이 그것을 이루도록 우리에게 능력도 함께 주셨을 것이요, 그렇듯 주어진 능력을 우리가 십분 발휘하여 마저 완성하는 것까지 요구하실 것이다. 그런데 그분은 우리가 할 수 없는 것조차도 당신의 도움에 힘입어 해낼 수 있도록 자비를 베푸셨다. 다른 한편 하느님은 우리를 위해 우리의 사유, 우리의 지식 그리고 우리의 원의를 대신하지 않으실 만큼 매우 신중하시다. 전지전능하신 분이면서도 하느님은 우리를 대신하여 미리 알거나 원하는 일을 마다하셨다. 그것은 우리가 우리 힘으로 해내야만 하는 것이 있음을 가리킨다. 우리가 우리 안에서 이뤄지는 성령의 모든 역사에 대한 아름다움을 바라보고 경탄해 마지않는 것은 하느님이 직접 이루신 위대한 활동만을 두고 그런 것이 아니다. 우리는 이미 하느님의 무한한 가능성에 대해 잘 알고 있다. 다시 말해서 그와 같은 경탄은 그렇게 일궈낸 결과가 또한 우리의 행위라는 사실을 시사한다. 그 행위의 방식은 하느님의 방식이다. 그러니까 그 행위는 하느님에게서 오는 가능성에 힘입어 이뤄진 것이다. 하지만 그것을 직관적으로 통찰하고 판단하고 실제 삶 속에 적용시킨 것은 바로 우리 자신의 이성이다. 그렇듯 우리의 지성적 욕구가 순간적으로 우리의 마음을 불타게 하여 선을 완성시킨 것이다. 진리와 선을 향한 활기 넘치는 정념적인 불꽃은 다른 어느 곳보다도 바로 우리 자신에게서 강렬하게 타오른 것이다.

인간에게 주어지는 이 모든 영예와 더불어 우리의 마음을 달구는 은총 앞에서 유독 잊지 말아야 할 것 하나는 '겸손'이다. 완전하게 여겨지는 그 어떤 것도 진실로 완전하신 하느님과 원만하게 교류할 수 없다면, 그것은 반드시 우리를 실망시키든가 진저리치게 만들 것이다. 그렇게 되면 아름다움이 정작 아름다움이 아니라는 것이다. 인간사에는 그렇듯 우리 앞을 가로막고 선 높다란 장벽이 있어서 우리는 종종 그것을 넘지 못하는 나약함을 자주 그리고 무심코 드러내기도 한다. 예컨대, 분하거나 억울한 마음을 달래려고 흘리는 눈물, 심한 자책감으로 침통해진 얼굴 혹은 가라앉은 마음에 축 늘어진 어깨 등등이 그와 같은 표지다. 그것은 그저 난감한 상태에 떨어져 어쩔 수 없음을 한탄하는 후회가 아니라 우리가 은총을 우리의 덕의 뒷자리로 밀어내 버린 까닭에 뒤늦게나마 아쉬워하는 우호적인 감정이다. 은총이 이뤄내는 것들은 덕이 이뤄내는 것들 못지않게 매우 많다. 덕은 이성의 활동과 유대를 맺고서 인간이 지닌 능력을 완벽하게 실현하도록 도와주고, 은총은 하느님과의 유대를 통해 인간으로 하여금 완전한 생명을 누리도록 도와준다. 도덕적인 덕이 인간이성 자체를 완전하게 해주는 정신적인 덕 아래에 놓여있고 그래서 그에 의존해야 하는 것처럼, 성령이 주시는 은총도 하느님 자신을 목표로 삼는 저 신학적인 덕 아래에 놓여있으며 그래서 그에 의존해야 한다. 또한 도덕적인 덕들이 분별력을 갖춘 실천적 지혜와 연계하여 그 목적을 이루듯 그에 기대야 하는 것처럼, 성령의 은총들도 '사랑' 안에서 서로 하나가 되어 궁극적인 목적을 이루듯 사랑에 기대야 한다. 은총들은 모두 사랑을 통해서 제 각각의 역할 및 가치를 발휘하게 된다. 그래서 사랑이 모든 것을 감싸 안듯이 아무도 다른 은총 없이 어느 한 가지 은총만 지니지 못한다. 비록 실제로는 각자 그 모든 은총들 가운데 어느 한 가지를 특별히 두드러지게 발휘하는 것처럼 보이더라도 말이다.

## 5. 하느님과 인간의 협력 – 그 열매와 기쁨

은총은 우리를 준비시킨다. 우리의 영혼 안에 베풀어진 하느님의 이 은총 덕분에 우리는 마치 이륙 직전에 활주로에서 대기하는 비행기가 엔진을 풀가동하듯이 우리를 준비시킬 수 있다. 그로써 수많은 사람들을 태운 커다란 몸체의 비행기가 파일럿의 간단한 손놀림 하나로 지상에서 떠올라 활공하게 되는 놀라운 일이 펼쳐진다. 하지만 우리의 경우 그렇듯 비행기처럼 단순하지는 않다. 왜냐하면 우리의 비행은 우리 자신의 일인 동시에 성령의 일이기 때문이다. 우리는 오직 성령의 열매로만 행위를 완성할 수 있다. 그러니까 하느님과 우리가 함께 행동함으로써 결실을 맺을 수 있다. 그것이 간단히 말해 오직 도덕적인 덕만으로 행동하는 사람들의 경우와 다른 점이다. 하지만 오직 도덕적인 덕만으로 행동하는 사람들이 그러하듯이, 하느님의 은총 또한 인간의 행위를 유도하며 그렇게 인간이 행동한 결과로서 결실을 맺는다.

## (1) 보편적인 의미의 협력 – 성령의 열매의 역할

'열매'라는 용어는 의미심장하다. 이 용어는 실제적으로 한바탕 꿈을 전제한다. 마치 한 그루의 과실수가 엄동설한을 견뎌내어 용케 이듬해 결실을 맺는 것은 지난여름의 강렬한 햇빛과 바람을 기억하며 희망을 포기하지 않았기 때문이라고 말할 수 있다. 우리는 제법 나이든 나무들이 줄을 지어 서 있거나 시골 할머니의 굵은 손마디를 보는 순간 으레 얼마나 무딘 세월을 힘겹게 이겨왔는지 짐작하고도 남는다. 그런 지난한 과정 끝에 다가오는 용어가 '열매' 혹은 '결실'이라는 것을 알고 있다. 그래서 그것은 고달픈 노력 뒤에 얻은 자랑스러운 훈장과도 같다. 할머니의 주름진 이마에 깊게 새겨진 길고도 힘겨운 나날들을 한순간 잊게 만드는 '열매'는 분명 오랜 세월 당신의 목숨보다 귀한 자식들에게 최선을 다해 베풀 수 있었던 정성과 사랑의 결과물이다. 수십 년을 버텨온 성숙한 과실수는 처음 잎사귀를 틔우던 그 순간부터 참으로 오랜 시간을 견뎌왔을 것이다. 때 아닌 냉해로 꽃과 가지가 얼어붙고 설익은 과실로 농부의 애간장을 태우던 시간도 많았겠지만, 마침내 성숙하고 풍성한 열매로 모두에게 기쁨을 주는 그 날을 위해 무던히도 수많은 겨울을 이겨내고 준비해야만 했을 것이다.

### 1) 협력의 의미와 그 기쁨과의 구별

그렇게 보면 인간과 과실수는 참 많이도 닮은 것 같다. 인간에게 열매는 그의 업적이다. 그러니까 한 인간이 행동을 통해 얻어낸 모든 결과들이 그의 결실인 셈이다. 우리도 가끔 우리의 온갖 행위들을 돌이켜 보며 대차대조표를 그려보곤 한다. 그리고 그 결과를 통해 우리의 인생을 가늠하기도 한다. 얼마나 거친 인생 여정을 거쳐서 여기 마지막 종점까지 오게 되었는지 설명할 수 있는 척도로 삼기도 한다는 것이다. 우리가 과실수 앞에서 한 해의 결실을 두고 느끼는 것처럼, 한 사람의 삶을 총결산하는 시점에서 그가 남긴 업적을 놓고 그와 똑같은 충만함, 그와 똑같은 기쁨을 느끼지 않는가! 그것은 누가 뭐래도 마지막으로 한 사람이 자신의 생애를 통해 일궈놓은 것이요, 그가 본성적으로든 초본성적으로든 혹은 자신의 육정을 좇아서 그리고 그가 알게 모르게 받아 누린 은총들로써 성취한 소중한 것들이다. 때때로 열매는 썩기도 하지만, 그렇듯 썩은 열매는 그것을 일궜던 그 사람의 깊은 사연을 대변한다. 여기서 잠시 인간의 육정과 성령 사이의 차이를 뚜렷하게 대조시키는 바오로 사도의 놀라운 고백을 들어보자. "육(정)의 행실은 자명합니다. 그것은 곧 불륜, 더러움, 방탕, 우상숭배, 마술, 적개심, 분쟁, 시기, 격분, 이기심, 분열, 분파, 질투, 만취, 흥청대는 술판, 그밖에 이와 비슷한 것들입니다. … 그러나 성령의 열매는 사랑, 기쁨, 평화, 인내, 호의, 선의, 성실, 온유, 믿음, 겸양, 절제 그리고 순결입니다.[4] 이러한 것들을 막는 법은 없습니다."(갈라 5,19–23)

이 상세한 목록이 그저 무작정 그리고 단순하게 열거될 수 있는 것이 아니라면, 거기엔 그와 같은 관련용어들의 끊임없는 열거를 통해 주장하려는 웃음기 가신 책략이 자리해야 할 것이다. 그리하여 정녕 확고한 진실을 밝히기보단 자기변명을 위해 휘청거릴 만큼 방대한 참고문헌과 사상가들을 둘러대는 전문 학술 논문처럼 빼곡히 각주들로 채워지곤 하는 별로 유쾌하지 못한 책략도 있을 수 있다. 그러나 다행히 바오로 사도는 유머감각을 가진 인물이었다. 만일 인간과 성령이 가져오는 결실들에 대해 일일이 찾아내어 치밀하게 이름을 붙이는 일로 고심했었다고 한다면, 그의 진술은 매우 지루하게 들렸을 것이다. 사람들은 그가 성령의 열매에 대해 12개의 단어로 목록을 소개하고 끝냈던 충분한 이유를 발견할 수 있을 것이다.

토마스의 평가에 의하면, 이 12개의 단어목록으로도 바오로 사도는 다소 거칠게나마 인간의 행위 전체를 포괄하여 말할 수 있었을 것이라고 한다. 무엇보다

4) [역주] 우리가 현재 보고 있는 「성경」에는 "믿음"과 "겸양" 그리고 "순결"이 기록되지 않은 수사본들(AFMWZ)을 따라서 우리말로 옮긴 것이다. 이와 다른 수사본들에 의하면 12개의 목록이 소개되어 있고 이 책은 이를 따랐다. 라틴어 사본에 의하면, 그러니까 성령의 열매로서 caritas, gaudium, pax, patientia, benignitas, bonitas, longanimitas, mansuetudo, *fides*, *modestia*, continentia, *castitas*를 소개한다.

도 먼저 우리 인간과 성령의 협력은 우리의 본성에 의해 제약을 받는다. 그것은 최소한 '인간의 행위'를 정당하게 규정하는 한 가지 조건이기도 하다. 그래서 우리가 인간의 행위를 포괄적으로 설명할 경우, 으레 본성의 차원을 넘지 않는 선에서 자기 자신은 물론 동료인간 나아가 인간 아래에 놓인 온갖 피조물과의 관계 속에서 살펴왔다. 그런데 이때 인간은 의당 자기 자신을 완성시키고자 할 때 자신보다 상위의 고상한 존재와의 관계 속에서 행동을 취할 경우에만 비로소 '인간다운' 행위로 규정한다. 소위 인간적인 품위를 잃지 않은 행위라는 뜻이다. 토마스는 바오로 사도가 제시한 성령의 열매 12개를 크게 세 조건(자기 자신, 동료인간 그리고 자기 아래의 피조물과의 관계)으로 나누어 설명함으로써 바오로 사도가 인간의 인간다운 행위를 포괄적으로 고려했음을 보여주려고 한다.

### 2) 협력의 범위 : 인간의 자기 자신, 동료인간 그리고 자기 아래에 있는 피조물들과 관계 속에서

먼저 '자기 자신과의 관계 속에서' 인간의 행위는 선과 악에 기초하여 이뤄진다. 달리 말해서 우리의 모든 행위는 처음부터 사랑에서 시작하여 그것을 통해 선(善)을 일궈내는 것이기에, 인간의 행위의 근본적인 원천은 '사랑'이라는 것이다. 이때 사랑은 단지 신학적인 덕목으로 손꼽는 것이 아니라 실천적인 행위를 뜻한다. 그래야 그런 사랑에 연이은 직접적인 결과로서 '기쁨'이 찾아오기 때문이다. 그리고 그런 기쁨의 완전한 형태가 곧 '평화'다. 이 평화는 아무 일도 일어나지 않는다는 의미에서 고요함을 뜻하는 것이 아니라, 진취적이며 생명력이 넘치는 건강함이 외부로부터 파괴되지 않는 것을 뜻한다. 그래서 흔히 더 이상의 내적인 갈등도 일으키지 않고 오직 한 가지 목표를 향해 온 힘을 쏟아 부을 수 있는 놀라운 집중력을 발휘하는 평화다. 그러한 평화를 유지하기 위해선 계속되는 악한 상황과 대면하여 갑작스럽게 벌어진 상황으로 인해 혼란과 폐해에 떨어지지 않도록 '인내심'을 동반해야 한다. 그리고 선을 바라보는 한결같은 열망으로 멀리 내다보고 기다릴 수 있는 '성실함(끈기)'도 갖춰야 한다.

다음으로 '동료인간과의 관계 속에서' 우리는 마음으로부터 먼저 누구나 이웃에게 선을 베풀려고 한다. 그러므로 그 열매는 '선의'다. 그런 마음을 실행한 것이 '호의'다. 반면 이웃에게서 좋지 못한 것을 당하게 되더라도 역지사지의 심정으로 관용을 보여야 하는데, 이를 '온유'라고 부른다. 또한 이웃이 우리를 속이거나 기만함으로써 우리가 상처를 받는다 할지라도 그들에 대한 '믿음'을 저버리지 말아야 한다.

그리고 마지막으로 '인간 아래에 놓인 피조물들과의 관계 속에서' 우리는 외적으로 행동할 때 '겸양'을 발휘하고, 내적으로는 그런 피조물을 대할 때마다 '절제'와 '순결'을 지켜야 한다. 바오로 사도는 이 같은 성령의 열매와 대조적으로 우리의 위상을 떨어뜨리고 짓밟으며 우리 자신을 더럽히는 육정의 열매들에 대해서도 경계를 늦추지 말아야 하겠기에, 그에 관하여 앞서 최대한 목록들을 열거하였다.

## (2) 특수한 의미의 협력 – 완전한 협력에 의한 기쁨

### 1) 진복팔단(眞福八端 혹은 산상수훈)의 기쁨

주님은 이처럼 포괄적이고 상세하게 인간의 행위의 다양한 열매들에 대해 설명한 바오로 사도보다 훨씬 더 놀라운 기지(機智)로 앞서 가르치셨다. 성부를 향해 나아가기 위해 당신이 몸소 선택한 길고 험난한 길 앞에서 서투르게 우왕좌왕하는 우리를 위해 주님은 당신의 뛰어난 지혜와 실천적인 방법을 분명하게 일러주셨다. 인간과 성령이 공동으로 이뤄내는 이 모든 열매들을 주님은 탁월하고도 가장 완전하게 거두셨기에, 우리는 그것을 더없이 훌륭한 모범으로 삼아도 좋을 것이다. 더 나아가 주님은 이 같은 열매들을 거둔 이들을 위해 특별히 축복해주셨으니, 은총을 베푸시는 하느님과 인간의 협력으로 말미암아 가장 고유하게 드러나는 효과들로서 진복팔단(마태 5,1–12)을 마치 덤으로 화려하게 장식한 케이크의 크림처럼 우리에게 남겨주셨다. 진복팔단에 언급하신 것처럼 8가지 행위들에 대해 주님이 강조하셨을 때, 거기에 오류가 있을 수는 없다. 다만 오류가 있을 수 없는 곳에서 오류를 쉽게 저지르는 우리의 눈으로 볼 때 이상하게 비치는 법이다. 주님은 인간이 볼 때 가장 어리석게 비치는 그런 길을 따라 우리가 노력을 다하도록 8가지 목표를 정해주셨다. 각 행위마다 명시적으로 보상을 밝히신 친절함도 엿보인다. 그와 같은 영원한 보상은 언젠가 먼 훗날 받을 상이 아니라, 당장 그 조건이 채워지는 순간부터 누리게 될 것이라고 약속하셨다. 우리는 그러므로 마치 자신의 호주머니에서 제 소지품을 꺼내듯이 언제든 그 보상을 누릴 수 있다.

### 2) 협력의 이중적인 요소 – 진복팔단의 배정(인간의 공로)과 시작(보상)

그래서 진복팔단의 8가지 행위에는 이중적인 요소가 눈에 띤다. 예컨대 그 행위 자체를 가리키는 '공로'라고 하는 요소와 그에 뒤따르는 '보상'이라고 하는 요소 말이다. 확실히 우리는 태어나서 죽기까지 간단하게 치러지는 수없이 많은 과정들을 대부분 잊어버린다. 하지만 이 8가지 행위의 열매로 약속받은 보상들 덕분에 우리는 그 수많은 행위들에 대해 잊을 수 없게 될 것이다. 왜냐하면 행복이 가져다주는 소중함과 유익함을 생각하며 이 진복팔단의 이중적인 요소를 직시할 경우 우리의 그런 행위 하나하나가 천국에서 누리게 될 그때마다의 특별한 행복을 이미 배정받은 만큼 각 행위에 따른 보상으로 이미 행복이 시작됨을 알 수 있기 때문이다.

'진복', 곧 '참된 행복'이란 용어가 함의하듯 이 용어는 인간에게 진정 가능한 행복에 대해 살피는 데에 관심을 갖도록 이끈다. 우리가 2,000년 전 주님의 어깨너머로 살피든 아니면 약 700년 전 토마스의 중세풍의 눈을 통해서 살피든 그것도 아니면 20세기 현대 도시민들의 관점에서 살피든, 우리는 사람들이 그때마다 행복의 실현가능성에 대해 거의 대부분 긍정적으로 기대하고 있음을 알 수 있다. 그러므로 지금과 같이 사람들은 욕정(예를 들어, 풍요로운 재물이나 명예 혹은 정념)을 채우는 것과 직결시켜서든 아니면 인간의 (도덕적인) 활동과 직결시켜서든 그것도 아니면 관조적인 삶과 직결시켜서든 행복의 실현을 기대해온 것이라고 본다. 하지만 먼저 욕정을 채우는 일은 인간에게 오히려 참된 행복을 방해한다. 두 번째로 인간의 (도덕적인) 활동을 완벽하게 실현하는 일도 행복의 시작일 수는 있지만 전부는 아니다. 그에 반해 세 번째로 관조적인 삶을 완성하는 일은 인류가 바라는 행복의 본질에 가장 정확히 일치한다는 것이 토마스의 잇따른 설명이다.

무엇보다도 – 아리스토텔레스가 자신의 『니코마코스 윤리학』에서 지적한 바와 같이 – '인간의 고유한 행위'에 속하지 않는 것은 참된 행복의 범주에 넣을 수 없다고 생각해온 이래로 인간에게서 가장 훌륭한 행위(아레테)는 행복에 다가가는 매우 중요한 지름길이라고 말할 수 있다. 오늘날 '미덕'으로 풀이되기도 하는 아레테(aretê)는 그렇듯 직접적으로 행위의 목표와 맞닿아 있다.

### 3) 의지적이고 활동적이며 관조적인 삶을 통하여 미리 맛보게 되는 기쁨

어리석고 불합리하기만 한 욕정은 우리로 하여금 참된 행복으로 나아가는 것을 적극 방해하기 위해 인간이 갖추고 있는 좋은 습성들을 가차 없이 공격 대상으로 삼는다. 욕정은 성령의 은총에 대해서도 공격을 가함으로써 그것을 황폐화시키려 든다. 도덕적인 덕들이 사람들로 하여금 재화와 명예를 정숙하게 사용하도록 촉구하는 반면 성령의 은총은 세상에 속하는 그런 것들을 모두 포기하기를 촉구한다. 성령의 은총은 그렇게 사람들을 "마음이 가난한 자"가 되도록 이끈다. 한편 도덕적인 덕들은 경외심과 희망 나아가 민감하게 갈구하는 것으로 인해 울컥하는 분노를 자제하도록 도와주는 데에 반해, 성령의 은총은 그러한 모든 것들을 떠나서 마음 편히 자유로운 상태에 이르도록 도와준다. 그러니까 사람들에게 '온유한 마음'을 갖도록 이끈다. 이때 정욕에서 촉발된 원의의 희비 앞에서 균형을 잃지 않고 자제할 수 있는 힘을 제공하는 도덕적인 덕들이라 해도 한순간의 대담한 일격으로 우리의 마음을 가지런히 만드는 하느님의 은총에 비할 바가 못 된다. 무엇보다도 도덕적인 덕들은 필연성의 원리에 따라 우리에게 꼭 필요하다고 여기는 것들을 제 힘껏 끌어 모으는 일에 주력하는 데 반해, 은총은 그런 모든 것들에 일체 관심이 없다. 그래서 거기에는 자연스럽게 '슬퍼하는 자들'이 존재한다.

행동하는 삶 속에서 은총이 하는 역할은 인간의 습성을 비난하는 것이 아니라 정념적인 마음을 북돋아 꿈을 갖도록 하는 것이다. 은총이 추구하는 행복은 오직 우리의 이웃을 향한 이중적인 행위를 통해서만 이뤄질 수 있다. 예컨대 우리와 단단히 결속되어 있는 이들에게 정의(正義)를 외치면서도 관대하게 행동하고, 의무적인 것을 강조하면서도 자발적으로 자신의 것을 내어줌으로써 말이다. 은총이 추구하는 정의는 간절히 열망하는 것을 채우는 정의다. 예컨대 목이 말라 죽어가는 사람에게 물을 가져다주는 것처럼 말이다. 그에 반해 그럴싸하게 들릴 뿐 빈말로 꾸며진 정의의 열망이란 것도 있다. 하지만 그와 같은 정의를 외치는 이들은 화합(和合)의 차원을 중요하게 여기지 않는다. 그러니까 어떤 경우든 관대함의 필요성만 무분별하게 강조한다. 그것은 마치 용서를 구하지 않는 이들에게조차 자비를 남발하는 것처럼 맹목적인 관대함을 외치는 것과 같다.

이 지상에서의 관조적인 삶 그 자체가 행복은 아니다. 차라리 행복의 시작이라고 말하는 것이 옳다. 관조적인 삶은 매우 안정되고 초연한 모습을 보여준다. 마치 하늘나라로 일찌감치 들어가기로 약속된 순진무구한 갓난아기와 같은 모습처럼 말이다. 관조적인 삶을 통해 지복직관에 이를 수 있는 장점은 과연 활동적인 삶이 갖는 장점과 크게 다르지 않다. 은총과 도덕적인 덕이 하나같이 인간을 그 자체로 완전하게 이끌고, (정념이나 잘못된 지식으로 더럽혀지지 않도록) 마음을 깨끗하게 만들거나 아니면 그의 이웃과 평화를 이루게 이끄는 가운데 삶을 충만하게 만드는 것처럼 말이다.

사랑의 영과 진리의 영이라는 양 날개를 이용하여 인간은 날아올라야 할 목표가 있다. 그 목표를 위해서 우리는 가난한 마음과 온유한 마음을 가져야 하며, 실수를 인정하고 후회하는 마음, 정의에 목말라하고 서슴없이 자비를 베풀며 마음을 깨끗이 하고 평화를 추구해야 하며, 정의 때문에 박해받는 것을 두려워하지 말아야 한다. 이러한 방식으로 사람들은 육정의 열매들에서 자유로울 수 있을 것이다. 하느님의 모습을 일부 반영하고 있는 본성의 활기 넘치는 에너지를 그렇게 저 목표에 도달하기 위해 봉헌하듯이 활용해야 한다. 그와 같은 행위로써 사람들은 이 지상에서 천상의 행복, 그 일부를 미리 맛볼 수 있다.

### 4) 미리 맛보는 기쁨으로서 보상과 궁극적인 보상으로서 영원한 행복

보상은 우리가 구체적이고 직접적으로 누릴 수 있는 것이라는 점에서 이 지상에서도 저 천상적인 행복의 일부를 맛볼 수 있다. 그러나 지상에서 맛보는 그것은 저 천상행복의 시작일 뿐이다. 그러니까 천상에서 누리게 될 저 영원한 행복에 대한 전조인 셈이다. 마치 크리스마스 만찬 전에 참을성이 부족한 아이들을 위해 미리 내어주는 스낵이라고나 할까! 하지만 이 같은 보상은 여전히 동정녀로 머물러 있는 한 어머니의 모습처럼 혹은 참 하느님이시면서 동시에 참 인간이신 예수 그리스도의 모습처럼 혹은 만백성을 가르치는 교사가 되면서도 여전히 못 배운 한 어부의 신분으로 머물러 있는 베드로 사도처럼 우리에게 역설적으로 다가온다. 그런 점에서 바오로 사도가 아래와 같이 영원한 행복에 대해 그 보상의 진실을 말해주었던 경우보다 더 역설적으로 들리는 의미심장한 교훈은 또 없을지도 모른다. "지금이 바로 매우 은혜로운 때입니다. … 인정을 받지 못하는 자같이 보이지만 인정을 받습니다. 죽어가는 자같이 보이지만 이렇게 살아 있습니다. 벌을 받은 자같이 보이지만 죽임을 당하지는 않습니다. 슬퍼하는 자같이 보이지만 실은 늘 기뻐합니다. 가난한 자같이 보이지만 실은 많은 사람을 부유하게 합니다. 아무것도 가지지 않은 자같이 보이지만 실은 모든 것을 소유하고 있습니다."(2코린 6,9-10)

### 5) 행복의 축적

세상 사람들은 뛰어난 명성이나 많은 재산을 바라기 때문에, 명성이나 재산을 포기하거나 소위 "마음이 가난한 사람"이 되고자 하는 것은 분명 세상 사람들과는 정반대의 길이다. "마음이 가난한 사람들"이란 하느님이 마련하신 선한 것,

그러니까 세상 사람들이 좇는 특출하고 풍요로운 것들의 원천(源泉)에 관심을 집중하는 자들이다. 소위 이 세상이 아니라 하늘나라에 재물을 쌓는 자다. 그러므로 세상 사람들이 싸움과 전쟁을 불사하고서라도 뒤쫓는 자신만의 안전과 풍요로움이 저 마음이 가난한 사람들에게는 결코 궁극적인 것이 될 수 없다. 이 세상에서 마지막 희망을 찾으려 하지 않는다. 오히려 이 세상이 주는 즐거움에서 인생의 노고와 슬픔에 대한 위로를 찾으려다가 더 큰 아픔으로 '슬퍼하는 사람들'이 성령의 위로를 더 절실히 필요로 할 것이다. 영원한 행복을 누리는 일은 세상 사람들이 즐겨 사용하는 '세상'이나 '땅'과 같이 굳어진 용어로 정착되는 것이 결코 아니다. 그러므로 '온유한 사람들'이 얻어 누리게 될 곳, 안식처는 이 세상이 아니라 저 하늘나라다.

활동적인 삶에 매달린 사람들의 경우도 그와 다르지 않다. 신성과 인간성의 결합부터가 이미 역설적인 이야기다. "자기 목숨을 잃는 자는 살 것이다." 불의한 사람들이 호시탐탐 다른 사람들에게 속한 것을 빼앗으려고 대로변과 골목길마다 어슬렁거린다. 그들이 노리는 것은 시간이 지나면 사라질 것들이다. 그러나 '의로움에 주리고 목마른 사람들'이 찾는 것은 성령이 주시는 기쁨과 위로요, 하느님이 진작부터 마련하신 것들이다. 세상 사람들은 외면해선 안 될 것들을 외면하고 만다. 이웃의 슬픔이나 아픔을 두고도 눈을 돌리고 마음을 닫아버리는 데에 약삭빠르다. 그러나 '자비를 베푸는 이들'은 자신의 한계를 넘어서까지 손을 뻗어 그들의 자비를 원하는 이들에게 내어주려고 밤낮을 가리지 않는다. 최후의 보상처럼 인간의 마음을 속일 수 없는 보상은 하느님을 면전에서 뵈올 수 있게 해줄 것이다. 그렇듯 '마음이 깨끗한 자들'은 하느님의 자녀가 될 것이며 온힘을 기울여 '평화를 이루는 사람들'은 마침내 하늘에 계신 하느님 아버지 곁에 한 자리를 차지하게 될 것이다.

진복팔단에 대한 이 같은 논의를 통해서 우리는 최후에 얻게 될 행복 7가지에 대해 알아들을 수 있다.[5] 하지만 그렇다고 나머지 여덟 번째 행복이란 실제 없거나 누락된 것은 아니다. 여기 이 한 개의 단원(장) 안에서 7가지 은총과 12개의 열매 그리고 8가지 행복을 두루 살필 경우 최소한 한 가지쯤은 잊어버렸다고 해서 크게 잘못된 것처럼 과장해서 말할 필요는 없을지도 모른다. 하지만 어떻게 보면 여덟 번째 행복에 대한 언급이 빠져버린 실제 이유는 어쩌면 그것이 언급할 만한 것이 아니라는 사실과도 연루되어 있는 듯하다. 다른 7가지 행복에 대해 살필 경우 우리는 여덟 번째 행복에 대해 좋은 단서 하나를 붙들 수 있다. 그러니까 이 여덟 번째 행복은 그 공로와 그에 따른 보상이 합쳐지는 순간, 곧 여덟 번째 행위 자체(공로)와 나머지 7가지 행복(보상)이 모두 합쳐지는 순간에 얻게 되는 것으로 이해할 수 있다는 것이다. 여덟 번째의 행위, 곧 '순교'는 하느님과 인간의 협력이 이뤄지는 최절정이요, 그로써 순교자에겐 최고의 영예와 행복이 그 보상으로 주어진다는 것이다. "행복하여라, 의로움 때문에 박해를 받는 사람들"(마태 5,10), 그들에겐 '하늘나라'가 주어질 것이다. 다른 모든 행위들이 이 행위에 수렴한다. 따라서 그 모든 보상들도 마찬가지로 이 행위에 따른 보상에 수렴하기 마련이다.

사실상 진복팔단이 각 구절마다 소개하는 행복은 앞서 벌어진 행복들을 점진적으로 축적하는 의미를 띠고 있다. 각각의 행복이 서로 아무 연관성이 없거나 함께 어울릴 수 없는 것들이 아니다. 오히려 점진적으로 보태지면서 더 큰 행복으로 확장되어가는 모습을 보인다. 무언가를 계속 소유한다는 것은 단순히 한순간 그것을 취하는 것보다 훨씬 더 지속적으로 지니는 것을 내포한다. 현재 이 세상에서 우리가 얻은 많은 것들을 우리는 꾸준히 그리고 안정적으로 소유하지는 못한다는 것을 생각한다면, 이를 쉽게 이해할 수 있을 것이다. 우리 자신의 것이라고 분류한 것조차도 우리는 종종 소유하는 데에 어려움을 느낀다. 완전하게 소유하지 못하기 때문에 간혹 심한 좌절까지 느끼며 영영 제 힘으로 채울 수 없는 허망함 때문에 밖으로부터 절실히 위로를 갈구한다. 거의 항상 위로를 바라는 인간은 그러므로 참된 위로자를 필요로 한다. 한때의 공감이나 동정보다 훨

5) [역주] 예컨대 「마태 5,3-10」(산상설교)에서 8가지의 행복에 대한 결론이 첫 번째와 여덟 번째가 똑같이 "하늘나라가 그들의 것이다."로 언급되고 있기 때문에, 얼핏 7가지 행복으로 이해될 법도 하다.

씬 더 지속적이고 힘 있는 위로를 필요로 한다. 하느님의 자비로 이 같은 위로의 순간을 누리게 된다면, 그것은 곧 하느님과 마주하는 최고의 행복을 향해 여정을 시작하는 것이라고도 말할 수 있다. 그렇게 내딛는 점진적인 발걸음이 마침내 우리도 하느님의 자녀로 거듭나는 정점까지 이어질 것이다. 성령의 은총으로 이 모든 단계들을 넘어선다면, 세상에 태어난 한 여인의 신분으로도 하느님의 어머니가 되셨을 만큼 상상할 수 없는 영광을 우리 또한 누리게 될지도 모른다.

## [결론] 행복의 속삭임

## 1. 놀랄 수밖에 없는 이유

### (1) 하느님의 구원역사의 효과

이 같은 최고의 영광 혹은 행복은 단순히 영원성의 차원에만 매여 있는 것은 아니다. 그것은 이미 그리고 여기서 그 시작을 고지한다. 참된 행복의 시작점으로서 '지금'은 사람들을 깜짝 놀라게 하기에 충분하다. 당시 예루살렘의 군중은 제자들의 오순절 강론을 듣고 매우 놀라워했다. 거기 모인 모든 사람들이 저마다 자신의 모국어로 알아들었기 때문이다. 그와 같은 놀라움은 제자들이 선교활동을 펼치는 동안 점점 더 커져 갔다. 그러나 여전히 많은 나라와 민족들이 십자가에서 돌아가신 분이 다시 살아나셨다는 소식을 또 유다의 한 여종이 하느님의 어머니가 되신 기막힌 소식을 전해 듣고도 달라지지 않았다. 물론 그것을 직접 목격하고 경험한 이들은 달라졌다. 사람들은 항상 세상에서 하느님의 섭리를 마주하며 체험해왔다. 예수 그리스도는 팔레스타인 지역 이곳저곳을 다니며 많은 기적을 행하셨고, 그 어떤 두려움의 흔적도 남기지 않으셨다. 그러니까 한편 우리를 두렵게 하는 '신비'로써 당신을 계시하시진 않았다는 것이다. 두려움의 신비는 우리로 하여금 거리를 두게 하거나 그 앞에 머리를 조아리게 만들거나 아니면 아예 그런 두려움을 깨닫게 하려고 종종 무자비한 힘까지 동원한다. 그러나 주님의 삶과 죽음 앞에서 깊은 인상을 받고 놀란 사람들은 십자가 앞에서 어머니 마리아와 함께 조용히 무릎을 꿇거나 그의 제자들의 모범을 기꺼이 뒤따른다. 그것도 아니면 십자가의 주님을 묵상하며 눈물을 흘리거나 천상모후의 관을 머리에 쓰신 성모님의 믿음을 기억하거나 아니면 죽기까지 스승을 뒤따랐던 제자들의 용기를 자발적으로 그리고 차분하게 되새긴다.

### (2) 완전한 변화

사람들이 놀라움을 감출 수 없었던 만큼 두려움이 없었던 것도 아니었다. 왜냐하면 그들은 완전한 변화를 목격했기 때문이다. 그 어떤 설명으로도 충분히 납득시킬 수 없는, 오로지 헤아릴 수 없는 막막한 어둠만이 앞을 가린 놀라운 변화가 일어났기 때문이다. 인간의 눈으로는 영영 닿지 않는 캄캄한 곳이 있다면, 어둠을 만드신 하느님보다 더한 곳이 있을까? 인간 영혼이 자신의 도덕적인 덕과 성령의 은총으로 갖출 수 있는 철저한 준비만이 하느님께 나아갈 수 있도록 해준다는 것이 또 하나의 신비라면 신비다. 그러니까 인간의 침착함도 아예 쓸모없는 것이 아니라는 것이다. 성령의 열매와 행복을 위해 힘쓰는 인간의 협력은 그 누구도 무시하거나 무효화할 수 없는 과정이다. 그것은 일찍이 하느님에게서 유래한 것이기 때문이다. 하느님이 먼저 손을 뻗으셨고, 그 손을 붙잡느냐 마느냐 하는 선택만 우리에게 남아있다. 그렇듯 손을 붙잡는 것이 모든 인간에게 위임된 구원의 시작이자 어쩌면 모든 것이다. 그 누구도 구원의 길목에서 마치 군중 사이에서 이리저리 떠밀려 다니듯이 살아갈 수는 없다. 하느님께 기도를 통해 매달리든 아니면 아예 미워하는 마음으로 등을 돌리든 그 어떤 인격적인 결단 없이 자기 곁을 지나치시는 하느님을 상대할 수는 없다. 이때 구원역사 안에서의 성령의 역할은 아무 생각 없이 살아가는 큰 무리의 사람들을 한순간 그 자리에 멈춰 세우는 것으로 충분할 것 같다.

## 2. 그리스도인의 삶에 있어서의 역설(逆說)

믿기 힘든 진리와 마주하는 순간 그 진리가 인간으로서는 도저히 꿈꿀 수 없는 높이까지 비상해야 하는 것일지라도 여전히 우리의 선택과 연계되어 있다면, 그것은 한편 신앙인들에게는 놀랄 수밖에 없고 두려워할 수밖에 없는 이유가 되겠지만, 다른 한편 신앙이 없는 이들에게는 분노할 수밖에 없는 이유가 되지 않을까! 전혀 배우지 못했거나 학식이 풍부하지 못한 이들이 이 세상의 영웅들이 소중하게 여겼던 그 모든 것들을 등지면서까지 진복팔단의 상급을 주저 없이 끌어안는 것을 지켜보는 것은 죽음의 사자들이 득실거리는 아레나에서 십자가와 죽음의 승리를 다시 목격하는 것과 같을 것이다. 그것은 성령의 은총이 역사하고 있음을 분명히 시사한다. 그것은 이 세상에선 영원히 납득하지 못할 역설을 직접 목격하는 것과도 같기 때문이다. 그것은 그래서 하느님과 인간의 협력이 조화를 이루는 순간 피어날 수 있는 기적이다. 그래서 우리는 "있을 수 없는 것들이 거기 존재하게 됨"을 경험하게 된다. 소위 아무것도 갖지 못한 자가 급기야 모든 것을 갖게 되고, 자신의 목숨을 잃은 자가 마침내 되살아나는 역설적인 사건이, 상상할 수조차 없던 놀라운 반전이 일어날 것이다. 그럼에도 그것은 당연히 인간의 자부심을 조금도 손상시키지 않을 것이다.

## 3. 평범한 신앙인과 행복의 속삭임

주님을 뒤따르는 사람이라면 누구든 하느님의 이 같은 행복의 속삭임은 저 하늘의 별들 너머로까지 그를 들어 올릴 것이다. 은총의 상태에 머물러 있는 모든 신앙인들의 영혼에는 도덕적인 덕과 성령의 은총이 항상 충만하게 마련되어 있다. 그와 같은 은총이 주님을 믿는 모든 사람의 구원을 위해 필수적이기 때문이다. 그러한 은총의 열매와 그로써 가꿔지는 행복은 그래서 구원을 위해 협력해야 하는 한 인격체의 선택과 행위들을 언제나 고무시킨다.

# 제13장 불행으로 이어지는 습성들
## (제2부 제1편, 제71문제~제74문제)

1. 익숙하면서도 낯설게 여겨지는 죄의 얼굴
   (1) 지나치게 낙관적인 세대
   (2) 세상에서 삶을 즐기려는 세대
   (3) 싸움에만 전념하는 세대
2. 죄와 인간 본성
   (1) 인간성에 대한 모욕으로서 죄의 가능성에 대한 거부
   (2) 인간의 속성으로서 죄의 가능성을 인정하려는 오류
   (3) 인간성에 대한 배신을 목표로 삼는 죄
3. 친구로서의 덕과 적으로서의 죄 혹은 악습
   (1) 서로 양립할 수 없는 관계
   (2) 죄에 대한 아우구스티누스 교부의 정의(定義)
4. 죄를 구별하는 특징들
   (1) 죄의 우발적인 속성
   (2) 죄의 동기 혹은 목적 : 하느님, 자아 그리고 이웃
   (3) 죄에 대한 일반적인 식별
      1) 중죄와 경죄
      2) 작위(commission)의 죄와 부작위(omission)의 죄
      3) 생각으로 저지르는 죄, 말로 저지르는 죄 그리고 행동으로 저지르는 죄
5. 죄의 무질서
   (1) 카오스의 첫 단계
   (2) 죄의 부조화
      1) 죄의 본질적인 무게
      2) 육신에 의한 죄와 영혼에 의한 죄(영적인 죄)
      3) 죄의 경중을 따지는 요소들
         ① 의지와 감각적 욕구
         ② 죄의 환경 및 조건
         ③ 손상(피해)의 정도
         ④ 인격적인 조건
         ⑤ 죄를 저지르는 자의 조건
6. 죄의 소굴

---

[결론] 현대사회와 죄의식

1. 죄와 현대사회
   (1) 주님 때문에 죄를 미워하는 것과 세상 때문에 죄를 미워하는 것
   (2) 현대사회의 기초들
      1) 죄에 대한 잘못된 개념
      2) "실수하는 것이 인간이다."
2. 죄와 우리의 삶
   (1) 개별적인 삶의 파멸
   (2) 사회적인 삶의 파멸
   (3) 축성된 삶의 파멸
3. 죄와 행복

# 제13장 불행으로 이어지는 습성들 (제2부 제1편, 제71문제~제74문제)

우리의 이야기를 계속하기 위해선 지상에서 벌어지는 것들에 관심을 갖고 살펴야 한다. 「신학대전」을 해설하는 이 책의 마지막 장(20장. 행복의 크기)에서는 인간이 저 영원한 행복에 이르기 위해 스스로 도덕적인 덕을 발휘할 수 있는 능력이 얼마나 되는지 생각해볼 것이다. 그러나 여기 이 단원(13장)에선 먼저 마치 우리가 밟고 있는 땅을 파보듯이, 그 기반(基盤)을 살펴야 할 것 같다. 그래서 그처럼 높이 오르기 위해 우리의 뿌리, 곧 능력 기반이 얼마나 단단한지 알아보려는 것이다. 이는 바꾸어 말해, 높이 오르지 못하도록 우리를 방해하는 죄에 대해, 곧 불행의 요인이 되는 우리의 잘못된 습성에 대해 살피는 일과 일맥상통한다. 우리에게는 예외없이 두 가지 가능성이 공존한다. 예컨대 우리는 언제든 거룩해질 수도 악해질 수도 있다. 혹은 성공할 수도 실패할 수도 있다.

나는 정말이지 이 단원을 시작할 때 다시 땅으로 내려온 것처럼 생각한다. 그것은 마치 어느 보험회사의 규정들을 살피고 준수하려는 행동과도 같다는 점에서 그러하다. 그러니까 우리는 지금 성령의 활동에서 한 보험회사의 활동으로 우리의 시선을 옮기려는 것이다. 내가 지금 비유로 제시한 저 보험회사는 일찍이 토마스도 숙지하였던 한 가지 방법이자 오늘날 아메리카 대륙 전역에 널리 퍼져 있는 방법을 암시한다. 예컨대 실제 일간지나 잡지마다 한 페이지를 전부 할애하는 광고로 자신을 선전하는 보험회사를 떠올려도 좋다. 보험회사의 사업 목적은 최소한 그 '보험'의 의미가 그러하듯 가능한 한 오랫동안 안정된 삶을 영위하도록 고객들을 도와주는 데에 초점을 맞춘다. 이는 설령 보험회사가 나름 영리를 추구하는 사업이라고 하더라도 그런 목적으로 세워졌고 또 그 때문에 회사가 공공연하게 허가된 점에서 분명히 그 사업의 중점사항이다. 그래서 그럴까, 장례식장에서 그 누구도 보험회사보다 더 많이 갑작스런 죽음을 안타까워하지는 않을 것이다. 그런 애도의 계기를 최대한 막기 위해서 보험회사는 꼼꼼하게 살핀다. 사람들의 건강상태는 어떻고, 그들이 좋아하는 것과 그들에게 정작 유익한 것은 무엇인지 체크해주는 것으로 성이 차지 않는다. 그래서 보험회사는 한 발 더 나아가 건강을 해치는 것들이 무엇인지, 현재의 건강에 이상 징후나 위험성은 없는지, 만일 병약한 부분이 있다면 무엇을 보강해야 하고, 미리 더 큰 위험을 막을 수 있는 방법이 무엇인지 설명하고 주지시키는 일도 잊지 않는다.

토마스가 말하고 싶었던 것은 분명 사람들을 참된 행복의 길로 안내해주는 것이었다. 2,000년 전에 그리스도가 가르치셨듯이 그로부터 1,300년이 흘러 토마스가 이해하고 통찰해본 결과, 그는 인간이 참된 행복을 얻어 누리겠다면, 당연히 도덕적인 덕들에 대해 설명하는 정도로, 그러니까 흔히 우리가 함양할 수 있는 덕이 무엇이고, 어떻게 덕을 실천하는 것이 좋고 또 행복을 위해 덕은 어떤 역할을 하는지 설명하는 것만으로는 부족함을 느꼈던 것 같다. 그러니까 그는 더 나아가 덕의 실천에 어려움을 주거나 평화로운 삶을 방해하는 '죄'에 대해 살피는 일도 필요하다고 보았다는 것이다. 죄는 본시 무엇이며, 어떻게 우리 눈에 비치고, 그 징후나 위험성은 무엇이며, 죄에 빠졌을 때 헤어 나올 수 있는 방책은 무엇이며 또 미리 방지할 수 있는 방법으로 무엇을 고려할 수 있는지 미리 살펴야겠다는 말이다. 보험회사는 분명 건강을 해치는 것들에 대해 최대한 주목하며 경계한다. 그래서 혹여 치명적인 질병으로 간주되는 것들에 대해선 고객이 아주 귀찮아할 정도로 꼼꼼히 그리고 수시로 체크하고 경고하는 것을 잊지 않는다. 신학자들도 인간의 행복을 좀먹거나 시기하는 요소들에 대해 최대한 주의를 집중하여 조심스럽게 살핀다. 그래서 인간의 불행을 조장하거나 기대하지 않은 결과를 초래하는 모든 형태의 죄악에 대해 정확하게 그리고 꾸준히 충고하는 일을 게을리하지 않는다.

보험회사가 인간의 몸(육체)을 해치는 요인들에 대해 주의를 기울이며 필요한 조치를 취한다면, 신학자들은 인간의 영혼을 해치는 요인들을 밝혀내어 꾸준히 충고하는 셈이다. 전자는 인간의 몸을 해치는 적과 싸우겠다고 결심했고, 후자는 인간의 영혼을 해치는 적과 싸우겠다고 다짐했다. 둘 다 인간성을 지키기 위한 전사들이다. 그러나 전자는 자신의 사업을 위해 세상의 모든 것과 동맹을 맺지만, 후자는 홀로 싸운다. 웰빙(Well-being)을 앞세우는 우리 사회와 우리 시대는 가뜩이나 건강을 챙기며 그것을 해치는 적들에 대한 경계에 관심이 많다. 때로는 적극적으로 그 징후에 대해 살피면서 미리 대비할 것들을 챙기고 가급적이면 완전무결한 대책을 강구하려고 애쓴다. 그런데 몸의 안전보다 마음을 불편하게 혹은 행복을 좀먹는, 그보다 훨씬 더 심각하고 수많은 적들에 대해선 어찌 해야 할까?

## 1. 익숙하면서도 낯설게 여겨지는 죄의 얼굴

### (1) 지나치게 낙관적인 세대

우리 시대는 확실히 죄에 대해 귀를 기울이려 하지 않는다. 많은 이들이 죄를 적으로 간주하지 않으려 한다. 죄를 적으로 삼는다면 완전히 없애려 들겠지만, 죄를 한동안 매력적인 벗처럼 곁에 두려는 경향이 많기 때문이다. 우리는 마치 한 아이가 홍역의 존재를 단호하게 거부하고 모든 경고를 무시하는 것처럼 행동한다. 나아가 설령 홍역을 치르더라도 별 문제 없이 잘 수습될 것이라고만 생각하고 걱정을 하지 않는 편이다. 그처럼 많은 현대인들은 죄란 실재하지 않고 설령 실재한다고 하더라도, 그로 인해 초래되는 결과는 별 것 아니라고 안이하게 생각한다. 그러므로 죄에 대해 신중하게 따지는 것은 어리석은 일이라고 말한다. 어쩌면 온갖 사악한 죄로 인해 가공할만한 일들이 빚어지더라도 능히 견딜 수 있을 것이라고 생각하기 때문일까?

### (2) 세상에서 삶을 즐기려는 세대

물론 어떤 이들은 인생이라는 대로변에서 신중하게 죄를 피하려는 것처럼 보인다. 가급적 최대한 죄와 연루된 행동들에 대해 거리를 두려고 노력하듯 말이다. 그러면서도 이들은 항상 세상을 향해서 자신들의 특이한 행동이 전혀 특별한 의미를 갖는 것은 아니라고 말한다. 이들은 조금은 기이하게 살아가면서 일반 사람들과는 색다른 모습을 보인다. 하지만 죄 개념이 이들에게는 없다. 이들에게 경계해야 할 적과 같은 의미의 죄란 존재하지 않는다. 그래서 적을 퇴치하거나 적 앞에서 자신을 방어하기 위한 방독면이나 총검 혹은 수류탄과 같은 영적인 무기에 별 관심이 없다. 가면무도회를 준비하듯 인생의 유쾌한 측면에만 집중하면서 남들과 다른 삶을 추구하는 것을 자랑으로 삼는다.

### (3) 싸움에만 전념하는 세대

한편 죄에 굴복하길 꺼려하며 죄를 피하는 것조차 마다하는 용감한 이들도 있다. 이들은 이 세상에서 반복하여 짓밟히고 찢겨져도 또 다시 "실패를 두려워하지 않을 만큼 강하다." 그래서 그들은 다시 일어나 죄와 싸운다. 이들은 남들이 질병을 지켜보듯이 죄를 경계한다. 그래서 다른 이들에 비해 훨씬 더 과감히 죄를 적으로 간주하여 대적한다. 그들에게 죄는 적이기 때문에 싸워야 할 대상이다. 그러나 비록 적의 나쁜 행실이 진행되는 동안 경계를 게을리하지 않아야 한다고 생각할지라도, 그러한 적이 그들 가족들의 내부에 숨어있는 것은 아니라고 생각한다. 더욱이 그들은 죄가 완전히 사라지길 원하지도 않는 것 같다. 아니 근본적으로 사라지지 않을 것으로 내다본다. 그것은 다만 인간성과 결부된 숙명적인 것, 그래서 극복해야 할 것이되 동시에 불가피한 것으로 여긴다.

## 2. 죄와 인간 본성

### (1) 인간성에 대한 모욕으로서 죄의 가능성에 대한 거부

질병이 살아있는 모든 존재에게서 공통적으로 발견되는 어떤 것이라고 한다면, 죄는 오직 인간에게서만 나타나는 염려 대상이다. 죄는 오래전부터 인간의 실패와 얽혀 있다. 사람들은 오직 인간만이 성공할 수 있기 때문에 당연히 인간만이 실패할 수 있다고 한다. 오직 인간만이 자신의 행위를 스스로 제어할 능력을 갖추고 있다고 보기 때문이다. 황산(黃酸)은 사람에게 화상을 입히더라도 결코 동상을 초래하는 실수를 범하진 않는다. 개와 같은 동물도 마주치는 어떤 대상 앞에서 자신의 본성에서 이탈할 만큼 실수하지는 않는다. 본성적인 것들에게 죄가 없다고 말하는 것은 옳지만, 반면 인간에게 죄가 없다고 말하는 것은 인간성에 대한 모욕이다. 그것은 마치 태초부터 이 세상에 아주 작은 것 혹은 아주 짧은 순간조차 필연적으로 자연법칙을 적용해야 한다고 해서, 인간에게마저 무생물이나 동물과 마찬가지로 그 법칙을 일률적으로 적용시키는 것과 동일하기 때문이다. 죄의 가능성을 거부하는 것은 곧 인간성을 거부하는 것과 다를 바 없다. 아니면 인간을 그저 대자연에서 생겨난 돌연변이 정도로 취급하는 것과 흡사하다.

### (2) 인간의 속성으로서 죄의 가능성을 인정하려는 오류

반대로 죄의 가능성을 인정하려는 입장도 있는데, 이는 그러나 인간이든 자연이든 모두 그 본래적인 속성에서 죄가 유래한다고 보는 점에서 잘못이다. 이 같은 입장은 인간성과 함께 인간의 자기 행위에 대해 능히 제어할 수 있고 또 주도할 수 있다고 주장한다. 그것은 이 자연세계에서 인간의 특별한 위상을 강조한 것이라고 볼 수 있다. 하지만 인간은 이 세상에서 돌연변이처럼 살아가는 존재가 아니다. 다시 말해, 모든 피조물 가운데 유독 인간만이 자신의 특별한 재능에 의해 자연이 정한 목표를 향해 행동해야 하는 보편적인 자연법칙에서 벗어나 살아갈 수 있는 존재는 아니라는 것이다. 오히려 인간 역시 대자연의 일부다. 자연법칙에 따라서 인간도 제 본성에 따른 목표를 향해 행동해야 한다. 하지만 인간으로서, 그러니까 물리적인 차원과 더불어 도덕적인 차원에서도 행동할 수 있어야 한다. 실패의 가능성을 인정하는 가운데서도 인간에게는 아주 중요한 속성이 고유하게 남아있다. 그 속성은 단지 개념상의 구별이 아니라 실제적인 구별이다. 그것은 인간만이 책임져야 하는 어떤 두려운 상황에서 실로 용기를 발휘하는 순간 자각하게 되는 속성이다. 그 속성은 스스로 죄가 무엇인지 알면서도 죄를 저지르는 자들의 비열함을 눈감아 주거나 두둔하지 않는다. 오히려 그런 속성을 자각하는 사람은 어떠한 여건에서도 자신의 본래 모습과 대면하는 것을 조금도 주저하지 않는다.

### (3) 인간성에 대한 배신을 목표로 삼는 죄

어떻게 보면, 인간이란 본성적으로 그러하며 또 도덕적으로 그래야 바람직하다고 말하면서 인간성의 의미를 되새기는 것은 인위적인 것처럼 혹은 자기합리적인 이성에 기초하여 주장하는 것처럼 여겨질 수 있다. 하지만 설령 그렇게 여겨진다고 하더라도, 죄를 저지르는 자가 자신의 죄로 말미암아 본래적인 자신을 배신하는 것이라고 지적하는 것은 타당하게 들린다. 죄를 저지르는 자는 자신의 본성을 비틀고 뒤집고 꼬아서 일찍이 그렇게 존재하거나 행동하도록 질서지어진 것과는 다른 길을 택한다. 이때 왜곡되는 것은 무엇보다도 분별력을 갖춘 본성이다. 분별력을 갖춘 본성의 경우 정작 '이성'이 본성을 다스리게 된다면, 본성에서 비롯하는 모든 힘이 이성의 지시에 따라 다소곳이 움직이며 이성이 사려 깊게 정한 목표에 봉사하기 마련이다. 그리하여 인간의 행복은 바로 그렇게 이성이 정한 목표에 있다고 말할 수 있다. 그에 반해 죄를 저지르는 자는 영혼의 왕좌에 앉은 이성에 모반을 꾀하고 다른 찬탈자를 모시는 행동을 하는 것이다. 그의 행동이 어떤 목적을 지향하지만 이성이 정한 것이 아니기에, 이성이 정한 질서를 전복시키는 자의 행동과 같다. 이성이 숙고해낸 것들에 대해 반항하는 것이다. 모든 죄는 그렇듯 비-본성적인 행위요, 본성에 대해 반항하는 것이며 인간성을 배신하는 행위다. 왜냐하면 죄는 (올바른) 이성을 거스르는 것이기 때문이다.

우리가 우리 자신에 대해 좀 더 깊이 알면 알수록 왜 우리가 하느님을 "아버지"라고 부르며, 왜 우리가 그분의 눈에 어린아이와 같다고 말하는지 좀 더 쉽게 이해할 수 있을 것이다. 우리는 실제로 결코 성숙하다고 말할 수 없다. 일례로 우리는 극단적으로 대조시키는 유치한 방식을 통해 쉽게 알아들으며 즐거워한다. 예컨대 아름다움과 추함, 화려함과 단조로움, 기쁨과 슬픔과 같이 서로 대조시키면서 이해하는 데에 익숙하다. 이는 인간에게 아름다움과 사랑 심지어 지혜조차도 그렇듯 극단적인 대조방식을 통해 즐겁고 빨리 새길 수 있도록 배려하신 하느님의 재치가 돋보이는 부분이기도 하다. 그것은 인간만이 지식을 습득해야 하는 중에 그래도 유쾌한 마음으로 그 길을 걷도록 인간에게 특별히 배려하신 하느님의 온정이라고 하겠다. 그래서 하느님은 모든 피조물들을 인간의 발아래 두시고 오직 인간만이 그것들을 서로 대조시킬 수 있는 능력을 주셨다. 하지만 인간은 하느님이 그의 머리 위에 두신 천상적인 것들에 대해서도 그렇듯 서로 대조시키는 (유치한) 버릇을 버리지 못한다.

## 3. 친구로서의 덕과 적으로서의 죄 혹은 악습

죄에 관한 우리의 가장 훌륭한 통찰이 그렇듯 서로 반대되는 것들을 극단적으로 대비시킴으로써 지식을 확보하는 방식은 그러므로 그리 놀랄만한 일이 아니다. 혹은 인간의 행복을 방해하는 나쁜 적들이 행복을 돕는 불가결한 친구들 곁에 항상 따라붙는 것도 놀라운 일이 아니다. 죄와 덕, 어둠과 빛, 추함과 아름다움, 병약함과 건강함 등 이런 모든 것들은 좋은 습성과 나쁜 습성이라는 극단적인 대조 속에서 선명하게 이해될 수 있다.

## (1) 서로 양립할 수 없는 관계

우리는 덕이 좋은 습성과 같다고 들어왔다. 반대로 나쁜 습성은 엄격하게 말해서 악(惡)[6]이다. 그래서 앞서 보았던 성령의 열매들과 육정의 열매들, 이 둘은 좋은 습성과 나쁜 습성 혹은 덕과 악(죄)에서 비롯되는 인간의 상반된 행위들을 뚜렷하게 대변하는 것들이라고 말할 수 있다. 덕행은 이성의 고상한 지시에 순응하여 행동한 것인 반면, 악행은 이성에 반항하고 내키는 대로 행동한 것이다. 그러므로 악행은 나쁜 습성에서 비롯하고 나아가 나쁜 습성을 계속 악화시킨다. 선과 악은 한 인간에게서 그렇듯 스스로 체득한 습성을 통해 상반된 행동으로 표출된다.

악(죄)과 덕, 이 둘은 한 침대에 동숙할 수 없다. 만일에라도 죄와 덕이 같은 여관을 찾는 경우가 발생한다면, 둘 중 하나는 다른 여관을 찾아 떠나야만 한다. 한 곳에서 둘이 평화롭게 양립할 수는 없다는 것이다. 서로가 서로를 위해 두둔하거나 합리화하거나 변론을 해줄 수 없다. 둘 중 하나는 같은 공간에서 떨어져 나가야 한다. 그렇게 둘은 서로 치고받아 결판을 내야 할 운명이다. 제아무리 강력한 힘을 발휘하는 중죄(重罪)라고 해도 작은 덕이나마 몸에 밴 사람에게선 결코 대담하게 실행되지 않는다. 설령 실수로 죄가 저질러질 수 있다고 해도 그렇듯 익숙해진 덕은 한 번의 악행으로 쉬이 사라지진 않는다. 그러나 경죄도 반복될 경우 생각보다 훨씬 끈질기게 작용할 수 있다. 그래서 이미 익숙해져 있거나

---

6) [역주] 오래전부터 우리는 '덕' 가운데 '악한 덕'은 없음에도 불구하고 대조되는 용어를 만들어 '악덕'이라고 아이러니하게 부르기도 했는데, 이는 분명 잘못된 표현이다.

몸에 충분히 밴 미덕으로 무장된 분위기를 차츰 오염시키거나 나약하게 만들 수 있다.

### (2) 죄에 대한 아우구스티누스 교부의 정의(定義)

덕과 악, 덕행과 악행을 서로 대비시켜 생각함으로써 우리는 죄 혹은 악의 본성에 대해 좀 더 정확한 정보를 가질 수 있다. 누구보다도 아우구스티누스 교부가 간단하게 전해주는 정보에 의하면, 죄란 곧 '영원법에 반항하는 생각이나 말 혹은 행위'를 가리킨다. 그러한 생각과 말과 행위는 물질적인 것에 집착하고 남을 업신여기며 위선적으로 이뤄진다. 그러한 음흉한 태도로부터 죄가 싹튼다. 죄의 형식적인 요소는 덕에서 분리되는 것을 가리키며, 그것은 곧 영원법과 적대적인 차원에서 발생한다.

## 4. 죄를 구별하는 특징들

### (1) 죄의 우발적인 속성

교회의 가르침은 죄를 '하느님의 법을 거스르거나 소홀히 한 생각이나 말이나 행동'이라고 정의한다. 이때 '소홀히 한다'는 용어는 해석에 어려움을 주는 까닭에 다소 아쉬운 부분이기도 하다. 왜냐하면 그런 소홀함은 우리가 잠깐 약을 복용하는 것을 잊거나 우산 없이 궂은 날씨에 외출하는 것처럼 우발적인 상황에서 벌어질 수도 있기 때문이다. 실제적으로 죄는 그것이 발생했던 과정을 돌이켜 본다면, 어떤 적극적인 행위가 아니고서는 일어날 수 없다. 다시 말해 죄는 우연하게 벌어지는 것이 아니다. 그것은 의지에 의해 발생한다. 우리의 영혼을 더럽히는 것은 마치 잉크가 실수로 쏟아져 옷을 더럽히는 경우처럼 우연히 이뤄지지는 않는다. 그래서 그만큼 우리의 영혼에서 죄가 말끔히 사라지도록 하겠다면 신중해야 한다. 죄는 인간이 자신을 통제할 수 있는 한도 내에서 스스로 정한 목표 내지 목적을 의식하며 행동한 데에서 비롯하기 때문에, 그에 대해 스스로 책임을 져야 한다. 반대로 어떤 행위든 그 행위의 주체가 스스로 어떤 악의도 갖지 않았다고 한다면, 죄가 되지 않는다. 한편 '소홀히 한다'는 용어 때문에 우리가 실수와 같은 우발적인 측면을 고려하고 다소 면죄부를 생각하는 것은 당연하겠지만, 그렇다고 예컨대, 불리한 원인이나 조건 혹은 간접적인 방해로 말미암아 의식적으로 선행을 소홀히 한다면, 이때에는 그렇듯 소홀히 한 행동에 대해 책임을 물어야 한다. 그러니까 한 마디로 직접적이든 간접적이든 우리의 의지가 개입된 경우라면 당연히 책임을 져야 한다는 점에서 죄가 된다는 것이다.

### (2) 죄의 동기 혹은 목적 : 하느님, 자아 그리고 이웃

그러나 어떤 의미에서 죄는 정말 우연하게 벌어진다. 우리가 죄를 적극적으로 저지르는 경우 '작위적인 죄'라고 부르기로 하자! 작위(commission)로서의 죄는 마치 아이가 풋사과를 먹고 싶지만, 그로 인해 그에게 일어날 수밖에 없는 위통은 피하고 싶은 경우처럼 궁색한 처지에서 설명될 수 있다. 예컨대 그 아이는 그럼에도 사과를 먹는다. 위통은 물론 그의 의지와 상관이 없는 만큼 우연히 벌어지는 것이라고 말할 수 있다. 분명히 그는 위통을 일으키는 사과즙을 원하지는 않았을 것이기 때문이다. 하지만 또 다른 의미에서 그는 저 풋사과를 먹는 순간 그 대가로 수반되는 고통을 감수하기로 결정했다고 보아야 한다. 그와 마찬가지로 아무도 진심으로 죄인이 되기를 원하지는 않는다. 아무도 하느님께 등을 돌리는 어리석은 행동을 원하지 않는다. 그 누가 과연 참된 행복의 기회를 포기하고 자신을 영원한 파국으로 내몰기를 원하겠는가? 그러나 만일 지금 그리고 이 자리에서 원하는 그 무엇이 불가피하게 벌어질 수밖에 없는 모든 것들과 연결되어 있다면, 죄를 저지르는 사람은 그렇게 직접 원하는 그 무언가를 택함으로써 그와 연결되어 있는 모든 것들에 대해 감수하기로 결정했다고 보아야 한다. 다시 말해 그의 악행은 의지가 원하지 않은 것들에게도 영향을 미친다는 사실을 인정해야 한다는 것이다. 우리는 그런 점에서 결코 완벽하게 행동하기 어렵다. 우리가 저지르는 죄는 그 안에 내포된 올바른 가치들을 마치 어린아이들이 장난스럽고 유치하게 임의로 전복(파기)시키는 경우와 별반 다르지 않게 여전히 우리의 미성숙한 판단과 행동에서 비롯한다는 사실을 적나라하게 보여준다.

죄의 영역으로 발걸음을 옮기는 것은 마치 모든 것을 말라 죽이는 뜨거운 태양 아래서도 믿을 수 없을 만큼 빼곡하게 자란 열대지방의 정글 속으로 들어가는 것과 같다. 죄의 다양한 형태는 열대지방의 다양한 식물들과 흡사하다. 아니 그 이상으로 다양하다고 말할 수 있다. 왜냐하면 죄의 다양한 형태는 한계를 모르는 우리의 의지에 달려있기 때문이다. 죄의 다양한 형태를 살피기 위해서 그렇다고 그런 의지 자체를 자세히 살피는 일은 무모하다. 그보다는 다만 '죄를 일으키는 동기(動機)'로서 어떤 것들을 손꼽는지 검토하고, 그와 같은 동기들이 어떤 점에서 죄의 씨앗(원인)이 되는지 파악하는 것이 필요할 것 같다. 왜냐하면 오직 그러한 동기와 관련된 검토와 고찰만이 어떤 구체적인 행위가 인간적인(인간다운) 선택인지 아닌지 혹은 그 어떤 행동이 죄인지 아닌지를 구별하도록 해주기 때문이다. 몹시 부끄러워하는 마음에 의해서나 그저 가엾어하는 마음에 의해서도 거짓말이나 살인과 같은 무서운 악행이 저질러질 수 있기 때문이다. 또한 분노라는 한 가지 동기로써도 능히 신성모독이나 살인 혹은 절도와 같이 다양한 형태의 죄악이 벌어질 수 있기 때문이다.

### (3) 죄에 대한 일반적인 식별

모든 인간의 행위가 다 마찬가지로 어떤 행위가 죄가 되는 근거는 단 하나, 그 행위가 어떤 목적 내지 목표를 위해 이뤄졌느냐는 것이다. 우리는 그것을 가리켜 '동기'라고 일컫는다. 인간을 배제한 자연세계 안에서 어떤 행위나 사건에 대해 그것이 이뤄지도록 이끈 목표 혹은 적극적인 지향점을 살피는 일은 그리 어려운 일이 아니다. 왜냐하면 인간보다 낮은 수준에 있는 본성적인 것들은 똑같은 목표를 향해 내달리듯 항상 일정한 궤도를 따라 움직인다고 보기 때문이다. 그러나 인간세계는 그렇지 않다. 인간은 항상 일정하게 흘러가는 어떤 과정이나 수순을 필연적으로 따르지만은 않기 때문이다. 그래서 어떤 인간의 행위를 놓고 그것이 인간적으로(도덕적으로) 올바른지 그렇지 못한지 판단하기 위해선 그 행위가 그때마다 지향하는 목표를 엄밀히 따져 보아야 한다. 다시 말해 어떤 행위의 목적이나 그 행위로써 의도했던 바가 무엇인지 알아보아야 한다. 그것이 행위의 동기다. 그처럼 행위의 동기가 바로 그 행위의 특별한 성격을 결정한다. 그것이 악행인지 아니면 덕행인지를 본질적으로 규정한다. 곧 모든 행위의 도덕적인 성격은 각 행위가 지향하는 목표에 의해서 올바로 판단될 수 있다.

이처럼 행위의 도덕적인 성격을 식별하는 방법은 흔히 우리가 죄를 분류하는 방법으로도 쉽게 활용되고 있다. 그런 점에서 악행의 분류형식은 덕행의 분류형식과 동일하다. 그리고 그런 식별법이 모든 사람들에게 공히 적용하는 원칙처럼 작용한다. 한 마디로 말해, 모든 인간적인 행위는 하느님이나 이웃 혹은 우리 자신과 관련을 맺고 있다. 그래서 인간이 저지르는 여러 가지 죄악이 그렇듯 하느님께 혹은 이웃에게 혹은 자기 자신에게 저지르는 죄악으로 분류된다. 이 같은 분류방식은 전에도 그랬던 것처럼 지금도 그리고 앞으로도 계속 동일하게 적용될 것이다. 그래서 그러한 시각을 우리가 끊임없이 되새길 필요가 있다. 이 같은 사고방식은 인간 아래에 놓인 피조물들이 모두 단순히 도구나 보조적인 것에 지나지 않는다는 생각을 함축하고 있다. 세상만물은 결국 인간이 하느님과 이웃 그리고 우리 자신을 위해 활용할 수 있는 수단이라는 것이다. 그 반대는 아니다. 다시 말해 하느님과 이웃과 우리 자신이 세상만물을 위한 수단으로 전락해서는 안 된다는 것이다. 설령 피조물 가운데 어떤 것이 인간보다 비교할 수 없이 강력하고 매력적으로 여겨지더라도 말이다.

죄의 본질적인 구별을 위해 '동기'를 고려하는 방식 외에 또 다른 방식은 인간이 삼중의 규칙에 맞춰 살아야 한다는 관점에서 도출된다. 그러니까 하느님의 지성에 의거한 규칙과 인간 각자의 활동들을 관리 감독하는 개별이성에 의거한 규칙 그리고 인간들의 사회생활을 관리 감독하는 사회이성에 의거한 규칙들이 있고, 이 세 가지 규칙들에 의해 통제되어야 한다는 관점에서 시도하는 분류방식이다. 한 마디로 인간다운 행위는 삼중의 법규범에 의해 평가된다고 하겠다. 하느님의 지성과 인간사회의 합리성(제도) 그리고 개별적인 이성에 따른 법규범에 의해서 말이다. 첫 번째 하느님의 지성에 따른 법, 곧 신법은 이하 두 번째 그리고 세 번째 법보다 우선한다. 왜냐하면 인간사회든 개인이든 인간이성에 따라 마련된 법은 신법의 허용범위 내에서 그 유효성을 인정받기 때문이다. 어느 대중 혹은 어떤 사회가 인간성을 통해 나아가야 할 목적과는 상반된 어떤 목적을 위해 누군가가 헌신하는 행위는 인간다움을 왜곡하거나 전복한 행위이자 그것을 일찍이 정하신 하느님의 뜻과 법에 대한 반항이자 반역행위와 같다. 그러한 행위는 더 이상 창조적일 수 없으며 자유도 아니다. 더욱이 그러한 행위는 하느님과 동등한 우월성을 결코 주장할 수 없는 만큼, 차라리 하느님과는 반대편에서 있는 세상을 주인으로 섬기는 노예와 같이 자기 자신을 세상의 도구 및 수단으로 전락시키는 것을 뜻하기 때문이다.

그러므로 모든 죄악 및 잘못된 행위는 본질적으로 그 행위가 지향하는 목적에 의해 결정된다. 마치 비행기의 항로가 그 목적지에 의해 결정되는 것처럼 말이다. 골대에 공을 넣는 것을 지켜보는 농구경기와 무대에 펼쳐지는 연기자들을 바라보는 연극 사이의 차이는 비록 외적으로는 동일하게 시선을 고정시키는 활동이라고 하더라도 분명하게 드러난다. 하나는 열심히 응원을 보내겠지만, 다른 하나는 때때로 울고 웃으며 손수건을 적신다. 또 다른 측면이나 요소를 생각해서 죄를 다양하게 분류할 수는 있겠지만, 그로써 본질적으로 죄를 구별하는 일은 쉽지 않을 것이다.

### 1) 중죄와 경죄

예를 들어, 우리는 가끔 중죄와 경죄를 구별한다. 이 같은 구별은 근본적으로 죄를 분류시키지는 못한다. 다시 설명하자면, 절도와 같은 동일한 범죄가 중죄일 수도 있고 경죄일 수도 있다. 그러므로 고해소에서 흔히 "크고 많은 죄를 저질렀다."고 고백하는 것은 부정확한 표현이다. 그 이유는 간단하다. 우리는 원숭이를 가리켜 '머리털이 부족한 인간 모습의 동물'이라고 말함으로써 인간과 구별할 수는 없다. 그것은 우연적인 관찰에 따른 구별이기에 타당성이 부족하기 때문이다. 오히려 그와는 달리 본질적인 차이점을 밝혀내야 한다. 우리는 보통 저 사람은 미용사이고 이 사람은 소방관이라고 말함으로써 사람들을 구별한다. 그러나 거기에 인간으로서의 본질적인 차이점은 없다. 왜냐하면 사람들 사이에는 본질적으로 차이점을 말할 수 없기 때문이다. 다시 우리의 논의로 되돌아가서, 현실적으로 중죄와 경죄로 구별하는 것은 다만 그 죄를 저지른 자가 그런 행위로 무엇을 기대하였는지 혹은 그런 행위를 실제 어떻게 저질렀는지 알아보기 쉽게끔 표현한 것에 불과하다. 그러니까 범죄자가 그의 잘못으로 인해 궁극목표에 나아가는 질서의 원리를 회생이 불가능할 정도로 파괴한 것인지 아니면 그와 같은 질서의 원리를 치명적으로 손상시킨 것은 아니고 다만 잠시 방황하는 수준에 그친 것인지에 따라 구별한 것이다. 그러나 죄를 저지르는 자가 관심을 기울였던 것이 무엇인지 조심스럽게 살핀다면, 그와 같이 중죄와 경죄의 구별은 모두 우발적인 것에 기인한다. 앞서 제시한 바와 같이 마치 어떤 아이가 채 익지도 않은 풋사과를 입에 넣음으로써 머지않아 크게 혹은 작게 위에 통증을 느끼게 되는 경우처럼 죄의 크고 작음 혹은 경중을 따지는 일은 우발적인 측면이 강하다.

### 2) 작위(commission)의 죄와 부작위(omission)의 죄

또 한편 동일한 의지가 작위(作爲) 혹은 부작위(不作爲)를 초래할 수 있다는 점도 참이다. '작위' 혹은 '부작위'는 어떤 범죄가 '어떻게' 이뤄졌는지 또 '적극적으로 아니면 소극적으로' 이뤄진 것인지를 밝혀주는 용어다. 그러나 이 용어가 '무슨' 죄를 저질렀는지 밝혀주지는 않는다. 나는 고백소에서 아주 어린 꼬마와 마주한 적이 있다. 그 꼬마는 고해를 시작하면서 무척이나 부끄러워하며 심하게 기침을 연거푸 하고는 지난 한 주 동안 자신이 저지른 죄에 대해 고백하였는데, "다섯 가지 나쁜 생각을 했다."고 말했다. 그런데 그것은 오늘날 이 시대에 재고해야 할 매우 놀라운 고백이라고 생각한다. 그것은 내게 더 이상 사죄경을 함께 바쳐야 할 가슴 아픈 문제이기보단 차라리 그와 같은 경험을 할 수 있었던 점에서 기뻐해야 할 문제였다. 실제 그 꼬마는 우리의 인생노정에 비교하면 이제 막 초보적인 단계에서 그리 많지 않은 경험을 반성하고는 그렇게 고백한 것이다. 그처럼 꼼꼼하게 자신의 행동을 살필 수 있다는 것은 분명 훌륭한 일이다. 그동안 우리가 저지른 죄의 경과를 돌이켜보면, 점점 죄로 기우는 경향이 악화되면서 유감스럽게도 생각과 말과 행동이 점차 더 거칠어지고 더 나빠진다고 말할 수 있다. 일종의 악습처럼 우리가 그런 나쁜 행동을 뿌리 뽑지 못할 경우 점점 더 큰 악으로 기우는 셈이다. 예를 들어, 화가 난 사람은 처음에 꾹 참고 머릿속으로만 상대방에 대해 나쁜 생각을 가질 것이다. 그러나 차츰 반복되는 과정 속에서 참지 못하고 상대방에 대해 나쁜 말을 할 것이다. 그리고 더 악화될 경우 마침내 그의 분노가 폭발하는 단계에 이르러 폭행이나 심지어 살인까지 저지를 수도 있을 것이다.

### 3) 생각으로 저지르는 죄, 말로 저지르는 죄 그리고 행동으로 저지르는 죄

우리가 저지르는 죄와 연관된 전체적인 맥락을 모두 살피겠다면, 최소한 본당의 고백소를 찾는 다른 많은 신자들의 고백들도 살펴보아야 할지 모른다. 그래서 죄와 관련된 여러 가지 주변적인 정황들은 물론 가능하거나 불가능하거나 범죄에 간여하는 모든 조건들에 대해 꼼꼼히 살펴야 할지도 모른다. 왜냐하면 그런 것들이 죄를 제대로 파악하는 데에 있어 중요할 수 있고, 특히 죄의 무게 및 책임을 평가하는 데에 필요할 것으로 짐작되기 때문이다. 하지만 그렇듯 시간을 들여서 밝혀낸 조건들이 죄를 고백하는 신앙인으로 하여금 자신이 저지른 죄의 사연을 정확하게 캐낼 수 있게 해주지는 못한다. 왜냐하면 죄의 본질적인 속성은 그런 환경 및 조건들이 아니라 바로 행위자가 그 행위로써 의도한 목적이 대변해주기 때문이다. 만일 어떤 환경이 하나의 범죄를 단지 부수적으로 조장하는 차원을 넘어서 그 범죄의 목적과 관련하여 주된 역할을 해내지 못한다면, 그것이 죄를 결정짓는 요인이라고 말할 수는 없을 것이다.

## 5. 죄의 무질서

### (1) 카오스의 첫 단계

이처럼 죄를 결정짓는 요인을 이해하는 것이 중요하다. 그것은 그 밖의 다양한 추리를 위해서도 중요하다. 무엇보다도 죄의 결정적인 요인을 살피는 일은 죄가 얼마나 다양한지 알 수 있는 통찰의 기회를 제공한다. 그리고 그러한 통찰과 더불어 우리는 열대우림과 같은 빼곡한 밀림에서 죄에 빠져 헤매는 불결한 삶이 얼마나 혼란스럽고 음산한 모습을 띠는지 엿볼 수 있을 것이다. 우리는 도덕적인 덕을 가리켜 우리 이성이 정한 목표를 향해 나아가는 올바른 도정(길)이나 도반(친구)처럼 묘사해왔다. 그렇듯 미덕은 사람들의 힘과 재주를 이성적인 목표로 이끌어주는 수로(水路)와 같다. 이 같은 비유는 모든 미덕에 대해 적용할 수 있다. 더구나 모든 미덕은 하나의 동일한 목표를 지향한다. 덕을 갖춘 자는 하나의 목표를 향해 자신의 모든 힘과 재주를 일사불란하게 조절하여 보다 용이하고 효과적이며 조화로운 결과를 얻어낸다. 죄의 본질은 이성의 규칙을 어기는 데 있으며, 혼자만의 특별한 목적을 꾸준히 탐하는 데에 있다. 죄를 저지르는 자는 마치 전쟁의 희생자와도 같다. 죄의 본성으로 말미암아 모든 질서는 와해되고 말 것이니, 그것은 수많은 목표들이, 그 가운데에는 서로 상반된 목표들도 있겠는데, 이들이 서로 뒤엉켜 갈등을 일으키기 때문이다. 죄를 저지르는 자의 영혼은 한 마디로 카오스다. 그 상태로는 아무것도 이룰 수 없고, 심지어 인생 자체가 견딜 수 없을 지경에 놓이게 됨으로써 정신을 잃거나 쉽게 병들어 버린다. 하느님과 얼굴을 마주하게 될 것이라고 약속하신 주님의 평화와 다른 한편 세상이 소란스럽게 떠들어대는 평화 사이에 감추어진 차이점이 바로 그것이다. 유감스럽게도 세상이 장담하는 평화는 훨씬 더 많은 혼돈으로 우리를 몰아넣는다.

도덕적인 덕들은 서로 친밀하게 연결되어 있다. 그러나 모든 죄는 하느님을 거슬러 행동할 뿐만 아니라 인간에게도 적이요, 인간사회에도 적이다. 나아가 개별적인 죄는 모두 또 다른 죄와도 적대적이다. 모든 죄는 그렇게 자기분열을 통해 파괴에 가담하는 혼돈을 본질로 삼는다.

## (2) 죄의 부조화

모든 악이 그렇듯이 죄는 궁극적으로 죄를 저지르는 당사자의 파멸로 이어진다. 마치 어떤 악성 종양이 사람의 건강한 몸을 파괴하기 위해 활동성을 최대한 강화하여 막강한 세포로 성장하는 것처럼, 죄는 자신의 파괴력을 확장시키기 위해 상대적으로 건강한 정신을 해치려고 기를 쓴다. 특히 인간의 자유를 제대로 발휘하지 못하도록 훼방을 놓는다. 비록 죄가 자신의 세력을 확장시킬 수 있다고 하더라도, 그것은 오직 파괴를 위해서다. 죄는 그렇듯 인간의 건강한 영혼 및 정신을 무너뜨리는 데 총력을 기울인다.

### 1) 죄의 본질적인 무게

죄는 인간의 자유를 방해하여 욕정의 노예가 되도록 이끈다. 하지만 하느님의 도우심 덕분에 죄로 인한 인간 정신의 파괴가 영구적일 수는 없고 또 그리 오래 가지 못한다. 왜냐하면 정신은 세상의 그 어떤 힘도 완전히 파괴할 수 없는 영적인 능력을 지니기 때문이다. 한편 죄의 무게는 질병의 경우와 같이 다양하게 이해된다. 예를 들어, 어떤 한 가지 질병이 다른 질병에 비해 훨씬 더 위험할 수 있는 것처럼, 어떤 한 가지 죄가 다른 죄에 비해 훨씬 더 치명적일 수 있다. 질병이 육체의 생명과 직결된 중요한 신체기관을 해친다면, 죄는 정신의 영적인 생명 및 하느님과의 관계를 심각하게 방해한다. 우리는 또 다른 방식으로 죄의 다양한 무게를 생각할 수 있다. 예컨대 범죄가 의도하는 목적들을 따라서 죄의 무게에 대해 말할 수 있다. 외적으로 혹은 경험적으로 관찰되는 모든 것은 사람들에게서 질서를 부여받고, 사람들은 하느님에게서 질서를 부여받는다. 그와 같은 질서를 따라 죄의 무게도 정해진다. 그러니까 인간이 소유한 재물에 대해 거스르는 죄(예, 절도)의 무게는 인간 자체를 훼손하는 죄(예, 살인)의 경우에 비해 상대적으로 더 가볍다. 또한 후자는 하느님을 모독하거나 반항하는 죄보다 훨씬 더 가볍다.

죄가 지향하는 목적이 정신이 추구하는 목표로부터 멀어지게 하면 할수록 그 죄는 더욱더 무거워진다. 인간이 발휘하는 도덕적인 덕이 정신이 추구하는 목표와 더 가까우면 가까울수록 그 덕으로 인한 인간의 행위는 훨씬 더 분명하게 자신의 존엄성을 지켜준다. 이는 언제 어디서나 유효하다고 본다. 중죄와 가벼운 덕이 더 자주 서로 갈등을 일으키는 것도 그런 점에서 결코 놀라운 일이 아니다. 하지만 기관실을 청소하는 사병이 함대 사령관과 다투는 경우란 좀처럼 있을 수 없으며, 새파란 견습공이 오랜 경험을 가진 장인과 경쟁하는 경우란 거의 없다. 설령 다툼이 있다고 해도 일방적으로 승패가 결정된다. 그러므로 죄가 무거우면 무거울수록 그에 적절하게 훨씬 더 고상하고 높은 품위의 도덕적인 덕이 상대하는 것이 좋다. 실상 그런 죄와 맞서는 일은 단순히 죄를 지적하는 것보다 훨씬 더 타당하다고 본다. 만일 상대적으로 큰 덕과 큰 죄가 서로 맞붙는 것은 서로 목숨을 건 싸움이라고 한다면, 모든 지엽적인 사항들은 제쳐두고 사소한 골칫거리는 옆으로 치워둘 필요가 있다. 물론 큰 덕의 고상한 품위가 그에 상대가 되는 큰 죄를 제외하고 사소한 모든 것은 간단히 처리해낼 것이라고 본다. 왜냐하면 저 큰 덕은 마치 그 위력만큼 커다란 군대처럼 그가 상대하는 큰 죄를 뒤에서 지

원하는 것들 또한 모두 소탕해버릴 것이기 때문이다.

### 2) 육신에 의한 죄와 영혼에 의한 죄(영적인 죄)

우리는 크고 작은 죄를 좀 더 산뜻하게 분류하여 말할 수도 있다. 예컨대 영혼과 육신이라는 간단한 개념을 이용해서 말이다. 그런데 육신을 기준으로 시도하는 분류는 분류하고자 하는 것들의 본질적인 차이에 따라 그와 대등한 차원에서 분류하는 보편적인 형식과 비교할 수 있어야 한다. 그렇지 않으면 마치 두 명의 권투선수를 놓고 기껏 긴 머리를 한 선수와 곱슬머리를 한 선수를 서로 비교하는 어리석은 스포츠 기자의 처지가 될 수도 있다. 죄의 무게를 따라 엄밀히 분류할 경우 정신적인 혹은 영적인 성격의 죄는 상대적으로 중죄에 속하며, 육신상의 죄는 상대적으로 경죄에 속한다. 물론 나이든 사람의 행실이나 굉장히 정직한 사람의 높은 콧대가 증명하듯이 아주 심한 치욕이나 불명예가 육신상으로도 해를 끼치는 죄가 될 수도 있다. 그러한 죄들은 사람을 동물 수준으로 비하시키는데, 거의 아무도 그러한 죄들이 육신상으로 저지르는 죄들보다 더 무겁고 비통하다는 사실을 깨닫지 못한다. 한편 형상적인 측면에서 죄는 실제로 하느님과 이성을 거스르는 행위라고 말할 수 있는데, 이때 육신상의 죄는 하느님에 대한 반감에 의해서보다는 오히려 피조물에 대한 과도한 집착에 의해서 훨씬 더 빈번하게 발생한다. 그에 반해 하느님에 대한 반감 및 거부에 의한 죄는 영적인 죄에 속한다. 다시 말해서 영적인 죄는 하느님과 이웃에 대해 단호하게 거부하거나 소홀히 하는 행위를 가리킨다. 그러니까 육신상의 죄가 파고드는 대상인 우리 자신의 몸보다 더 많이 사랑해야 할 하느님과 이웃에 대해 소극적으로 살아가는 것도 영적인 죄에 속한다는 뜻이다. 한편 영적인 죄에 보다 더 신중하고 지독한 것들이 많은 데 반해, 육신상의 죄나 물질적인 것과 연루된 죄에는 충동적이고 정념에 의해 순간적으로 벌어지는 것들이 많다. 당연히 타의에 의해 더 많이 강요될수록 자신의 탓은 더 적겠지만, 정작 죄는 항상 행위자의 신중한 선택으로 결정된다는 점은 틀림이 없다. 다시 간단히 말해서 우리가 상대적으로 주의를 크게 두지 않는 영적인 죄는 죄의 형상적인 요소, 그러니까 하느님에 대한 반감 및 거부에 더 많이 기울어 있으며 좀 더 신중하고 지독한 성격을 띠기 때문에, 훨씬 더 심각한 죄라는 뜻이다. 그리고 그만큼 상대적으로 더 큰 목적을 거스르는 행위가 되기 마련이다. 분명히 말하지만, 최후의 심판에 관한 가르침이 그러하듯 "양들과 염소들의 구분"은 육신상의 죄를 기준으로 이뤄지지 않는다.

### 3) 죄의 경중을 따지는 요소들

① **의지와 감각적 욕구** : 사격장에서 부주의한 안내원이 방문객들을 향해 총을 쏜다면, 그 같은 행위는 아주 난처한 행위일 뿐만 아니라 매우 중대한 범죄가 된다. 광분한 농구선수단-팬이 잘못된 판정이라고 흥분하여 경기 심판에게 총질을 한다면, 그 같은 행위는 소위 냉혈인간처럼 잔인한 어떤 강도가 갑자기 그리고 무작정 사람을 총으로 살해하는 경우보다 더 심각한 악행(죄)이다. 왜냐하면 죄의 무게를 정하는 것은 행위자의 신중한 의지(deliberate will)이기 때문이다. 그런 의지가 정신적인 혹은 영적인 죄의 토대가 되며, 따라서 가장 먼저 살펴야 할 사안이다. 일반적으로 그렇게 말하듯이 우리는 이 신중한 의지에다 무언가를 더 보태서 말하려고 할지도 모른다. 그로써 죄를 더 무겁게 만들려고 할 것이다. 반대로 그렇듯 신중함이나 의지적인 측면과 동떨어진 요소들은 죄의 무게를 경감시킬 것이다. 실제로 이와 같은 평가로써 죄의 무게는 물론 죄(잘못)가 아예 사라지는 경우도 있다. 예를 들어, 자제할 수 없을 정도로 심한 정념이나 완전히 정신이 나가버린 상태 혹은 전적으로 알코올이나 약물에 의해서 벌어진 범죄의 경우 그러한 비정상적인 상태가 인간적인 행위를 방해한다고 믿기 때문이다.

② **죄의 환경 및 조건** : 신중한 의지는 죄를 더 무겁게 평가하게끔 하는 요소다. 왜냐하면 그러한 의지는 행위자로 하여금 행동에 자신의 힘과 재능을 집중시킬 것이라고 보기 때문이다. 마치 더 뜨겁게 달궈진 쇳덩이가 설령 우리 몸 어느 한 곳에만 닿아도 크게 화상을 입거나 때로는 치명적인 손상을 가져오듯이,

의지가 잘못 기울수록 영혼 전체에 더욱 커다란 갈등과 폭력을 조장하기 때문이다. 그와 마찬가지로 중죄는 가볍게 스치는 정도로도 한순간 확 넓게 퍼져서 심각한 피해를 줄 수 있다. 이것이 또한 죄의 '일반적인 특징' 가운데 하나다. 무엇보다도 죄가 지향하는 목적에 의해 본질적으로 악이 발생한다. 그리고 시간과 장소 및 그 밖의 주변과 결부되어 있는 우연적인 환경 혹은 조건에 의해 확장된다. 물론 환경이나 조건의 변화로 인해 저질러진 죄의 성격이 완전히 바뀌거나 죄가 아예 사라질 수도 있다. 예를 들어 사랑하던 여인이 변심함으로써 그녀에 대한 혐오가 세상의 모든 여자들에 대한 혐오로 바뀔 수 있다. 그러나 이와 관련해서는 더 이상 전개하지 않겠다. 여기선 다만 다양한 목적에 따른 죄의 경중을 구별하는 데에 초점을 맞추기 때문이다.

③ **손상(피해)의 정도** : 죄의 경중을 평가하는 데에 도움을 주는 요소들 중에는 특히 죄로 인해 피해를 당한 손상의 규모 내지 정도가 있다. 손상은 흔히 피해자가 부당하게 입은 모든 불이익을 포괄한다. 우리가 그와 같은 피해의 규모를 그때마다 가늠할 수 있을지언정 그것을 복구하는 일은 불가능하다. 그런데 아예 피해를 가늠조차 할 수 없는 경우가 있다. 때로는 예상되지도 의도되지도 않은 피해가 있을 수 있으나 그 모든 것이 앞선 범죄와 직접적으로 관련을 맺기 때문이다. 하지만 죄에 대한 올바른 평가는 이런 모든 경우를 고려하여 죄를 평가해야 한다. 왜냐하면 그런 모든 결과가 의지의 산물이기 때문이다. 의지가 그렇듯 행동의 규모 및 가해의 정도를 결정한다고 본다. 반대로 의지가 결여될 경우 죄로 판가름하는 일 자체가 불가하다고 본다. 예를 들어 어느 백화점 빌딩에서 떨어진 작은 전단지 하나가 길을 가던 어느 숙녀의 얼굴에 떨어져서 잠시 당혹스러움을 가져다 줄 정도의 피해는 굳이 죄라는 명목 아래 손해배상을 청구할 수 없듯이 말이다. 그것은 다만 우발적으로 벌어진 작은 에피소드로 취급해도 좋을 것이다.

④ **인격적인 조건** : 죄를 저지른 주체 및 대상이 누군지 하는 점도 각각 죄의 경중을 따지는 데에 숙고할만한 요소다. 우리는 일반적으로 죄가 상대하는 대상이나 도덕적인 덕이 상대하는 대상이 근본적으로 같다고 본다. 예컨대 "하느님 혹은 이웃 혹은 자기 자신"을 대상으로 삼는다고 말이다. 하느님께 봉헌된 인격체나 사물들을 더럽히는 모독행위나 덕으로 하느님과 매우 긴밀하게 결합되어 있는 인격체에 대해 죄를 저지르는 것은 하느님과의 일치 및 친밀한 관계를 이루는 데에 큰 걸림돌이 될 것이다. 부모에게 저지르는 죄나 자기 자녀에게 저지르는 죄, 부부가 서로에게 저지르는 죄 혹은 친척이나 친지들에게 저지르는 죄는 실상 우리와 혈연적으로나 자연적인 필연성에 의해서 혹은 어떤 이익 및 보은 관계에 의해서 서로 유대를 맺고 있는 이들에 대해 저지르는 죄다. 이와 같은 죄들은 좀 더 사이가 먼 동료인간들 사이의 친밀성 및 일치에도 큰 걸림돌로 작용할 것이다. 어떤 의미에서 그들은 모두 나와 더불어 하나를 이룬다. 그런 점에서 그들에게 저지르는 죄는 곧 나를 상대로 저지르는 죄와 다름없다. 그밖에 이웃에게 저지르는 죄는 이웃과의 관계나 협력을 통하여 훨씬 더 바람직한 길로 나아가는 데에 장애가 될 것이다. 한편 한 나라의 대통령을 피습하는 행위는 일반인을 상대로 피습하는 행위에 비해 훨씬 더 죄가 무겁다. 왜냐하면 전자의 행위는 한 나라 전체를 상대로 해를 끼치는 행위가 되기 때문이다. 혹은 어떤 유명인사에게 상해를 입히는 잘못은 잘 알려지지 않은 사람을 상대로 똑같이 행동한 것에 비해 훨씬 더 심각하다. 왜냐하면 그와 같은 행위가 유명인사에게는 스캔들이나 악성 루머로 작용하면서 또 다른 피해를 안겨주기 때문이다.

⑤ **죄를 저지르는 자의 조건** : 마찬가지로 고결한 사람이 죄를 저지르는 것은 일찍이 그 사람이 이뤄낸 높은 품위의 실추와 관계하는 점에서 다른 사람에 비해 상대적으로 더 심각한 것이다. 그에 대한 변론이나 회복의 기회는 그만큼 상대적으로 적게 주어진다. 고결한 품위에 있는 사람은 그보다 낮은 품위에 있는 사람에 비해 동정을 살 수 있는 가능성이 더 희박하다. 그동안 그가 받아온 존경

과 우정을 배반한 만큼 상심은 더 크고, 용서받을 수 있는 기회는 훨씬 더 적게 주어지기 때문이다. 그렇게 멀리 제 길에서 벗어날수록 죄의 습격을 견디어 내기에 어려운 점들이 훨씬 더 많다. 당연히 그의 추락은 그처럼 다른 사람들에 비해 훨씬 더 심각하고 더 큰 스캔들을 야기할 것이다. "더 많은 것을 용서받은 사람들에게 더 많은 것을 기대하기 마련이다." 과연 고결한 자가 죄를 저지를 경우 처벌에 대한 강도도 훨씬 더 높을 수밖에 없다.

## 6. 죄의 소굴

신경계나 근육계통상의 질병과 같이 (혹은 신조어 '사이코-패스'의 경우처럼 악성 유전자를 가정하여) 혹은 가정생활이나 그의 주변 환경을 중심으로 죄를 파악하고 이해하려고 탐색하는 오늘날의 새로운 시각은 여러 가지 위험성을 초래한다. 물론 그와 같은 요인들은 그동안 연구자들의 손에 붙잡힐 듯하다가도 딱히 원만한 해결책에 이르지는 못했다. 사람들이 이런저런 것들을 샅샅이 살피면서 죄를 해체하려고 애썼던 것도 사실이고 그런 노력 끝에 뒤를 돌아다보면서 죄의 종식을 기대했지만, 죄는 결코 사라진 적이 없다. 실제 우리는 죄의 요새에 접근조차 하지 못했다. 다시 말해 우리가 우리 자신의 인간성을 인정하고 자신의 행위에 대한 주체성을 인정하기 전까지는 결코 죄의 요새에 접근하는 일도 가능하지 않을 것이라고 본다. 왜냐하면 죄가 저질러지는 최후의 거점은 방문객들이나 관람할 수 있는 공간과는 완전히 별도로 통제된 곳이기 때문이다. 소위 관계자(곧, 당사자) 외에는 출입이 금지된 곳이다. 죄는 인간의 행위에서 비롯한다. 행동하는 인간의 어떤 습성에서 시작된다. 습성처럼 벌어지는 죄는 그렇듯 반드시 습성을 요구하는 일정한 공간에서 생겨나기 마련이다. 이는 인간의 행위가 일어나는 원칙이기도 하다.

우리가 이미 보았다시피 인간의 최초 동인은 그의 의지(意志)다. 그러므로 바로 그곳이 죄의 최후거점인 셈이다. 악행의 경우가 그러하듯이 선행의 경우도 마찬가지다. 왜냐하면 그 모든 행위는 의지의 작품이기 때문이다. 그러한 인간의 행위는 모두 단순한 행위가 아니라 그 행위의 목표가 먼저 고려되기에, 그 목표를 향해 나아가거나 거스르는 행위가 된다. 곧 선을 향해 나아가든 아니면 뒤로 물러나든 말이다. 먼저 의지가, 그 다음으로 능력들이 인간의 행위에 개입된다. 능력들은 의지에 의해 움직인다고 보기 때문이다. 우리는 죄를 이성 안에서, 선한 것에 대한 감각적 욕구 안에서 혹은 어려움을 감수하거나 피하려는 마음속에서 발견하지만, 정작 이 모든 것들이 항상 인간의 신중한 의지에 복종한다는 차원에서 죄를 고려하게 된다. 죄는 본질적으로 반역이다. 반역은 어떻게든 인간의 통제 및 통치가 이뤄지는 곳에서만 있을 수 있다. 죄가 최종적으로 승리하는 경우는 이성의 통제 및 통치에 대항하여 반역을 꾀했을 경우다. 인간의 감각이 그보다 높은 위치에서 지배하는 이성을 거스르거나 나아가 이성을 억누를 만큼 감각이 그 자리를 대신할 경우 말이다.

## [결론] 현대사회의 죄의식

## 1. 죄와 현대사회

### (1) 주님 때문에 죄를 미워하는 것과 세상 때문에 죄를 미워하는 것

이상의 연구는 오늘날 죄가 전개되는 과정에 대한 예비적인 개괄 정도로 이해했으면 한다. 그럼에도 다소 놀라운 결과를 목격한다. 오늘날엔 신앙인조차 적어도 주님 때문에 죄를 미워하거나 세상 때문에 죄를 미워하는 모습을 보이지는 않는다는 것이다. 하지만 주님은 선성을 갖추신 하느님이기에 본래적으로 죄를 미워하셨다. 죄는 그렇듯 하느님이 세우신 모든 것들에 반항적이기 때문이다.

애초부터 하느님을 거슬러 행동하는 데에서 죄가 시작되었기 때문에 그것은 당연하다. 그러므로 죄는 인간이 되신 주님이 하시는 모든 것들에 대해 적극적으로 대립하며, 그것은 인간의 참된 행복을 원하시는 주님의 모든 뜻을 거스르는 것을 의미한다. 하느님의 아드님은 인간이 되셨지만, 죄로부터는 자유로운 분이셨다. 이미 하느님 아버지께 당신의 삶을 봉헌하신 그분은 성부의 뜻대로 사람들에게 진리를 가르쳐서 그들을 자유롭게 만들려고 하셨다. 나아가 죄를 용서함으로써 더욱더 풍요로운 삶을 누릴 수 있도록 모범을 보이셨고, 사람들의 발걸음을 하나하나 붙들어 주셔서 인생의 최종목표에 도달할 수 있도록 하셨다. 그런 의미에서 주님은 인간의 행복을 방해하는 죄를 미워하시는 것이 당연했다. 또한 당신을 뒤따르는 이들에게 일종의 구별의 표지처럼 당신처럼 죄를 미워하도록 요구하셨다. "너희가 나를 사랑한다면, 내가 주는 계명을 지켜야 한다."는 당부와 같이 말이다.

## (2) 현대사회의 기초들

### 1) 죄에 대한 잘못된 개념

세상 때문에 죄를 미워하는 것도 주님 때문에 죄를 미워하는 것과 거의 같은 의도라고 볼 수 있겠지만, 죄 자체보다는 오히려 죄의 명목 혹은 이념(idea)에 반대하는 태도다. 이 같은 태도는 어떤 죄든 인격과는 별개의 의미에서 죄를 규정하려고 애쓰는 사람들 혹은 사람은 실수로 죄를 저지를 수 있다는 예외적인 경우를 옹호하는 사람들이 그리스도교의 죄 개념을 두고 비난할 때 가장 자연스럽게 취하는 태도다. 실제로 현대인들이 거부하는 명목상의 죄는 사회에서 매장되다시피 하여 거의 찾아볼 수 없다. 현대인들은 인간의 행동을 존중하는 사회에서 선악의 배타적인 체계를 없애고 싶어 한다. 그것은 차라리 인간이 고안해 낸 이분법적인 체계라고 비판한다. 현대인들이 이처럼 죄의 이념 혹은 명목상의 죄를 거부하는 이유를 살필 경우 우리는 불가피하게 다음과 같은 결론에 이르게 된다. 곧 현대인들의 입장은 훨씬 더 자주 죄 자체보다는 오히려 죄를 저지르는 사람에게 주목하여 죄를 고려하려고 한다는 것이다. 그리하여 죄를 저지르는 사람의 개별적인 상황에 초점을 맞춰 판단하려 하는 까닭에, 뒤따르는 그 어떤 소름끼치는 결론 및 죄의 가능성을 애써 용인하려 하지만, 그로 인해 근본적으로는 인간성을 무시하게 됨으로써 딜레마에 봉착한다. 죄를 상대적으로만 평가하기 시작하면서 도대체 왜 죄가 죄인지 종잡을 수 없는 난관에 부딪힌다는 것이다. 왜냐하면 현대사회는 스스로 설계한 미래를 위해 이 세상을 화학적이고 동물적인 세계의 수준으로 환원시키고자 작정함으로써 결국 인간성을 거부하는 결과를 초래할 것이기 때문이다.

### 2) "실수하는 것이 인간이다."

이 시대를 함께 살아가는 우리에게 현대사회의 이 같은 태도는 간혹 억지처럼 들리듯이 불합리한 설명을 시도한다. 현대사회도 죄와 싸운다. 하지만 죄를 모르기 때문에 싸운다. 현대사회는 인간을 무시하는 한 죄에 대해 알 수 없다. 인간의 존엄성을 깨닫기 전에는 인간의 능력 속에 감추어진 존엄하지 못한 측면들에 대해 이해할 수 없다. 인간의 실존을 비웃으며 진지하게 생각하지 못하는 자리에선 인간의 존엄성이나 도덕의 필요성 혹은 죄가 되는 나쁘다는 사실에 대해 올바로 파악할 수 있는 기회는 없다. 잣대 없이 측정하는 일은 무의미한 놀음에 불과하기 때문이다. 사람들로 하여금 그들의 인간성에 대해, 그들의 남다른 운명이나 영원한 삶이 펼쳐질 수 있는 가능성에 대해 혹은 죄를 수긍하는 것에 대해 오랫동안 불편할 정도로 회의적인 사회는 건강한 사회라고 말할 수 없다. 왜냐하면 죄는 실패 앞에서 전혀 책임을 지지 않으려는 행동과 같기 때문이다. 그런 사회에는 항상 "실수하는 것이 인간이다."고 말하면서 자기 합리화를 꾀하는 사람들만 넘쳐난다.

## 2. 죄와 우리의 삶

### (1) 개별적인 삶의 파멸

억지에 가까운 자기 합리화의 태도가 오늘날 우리 스스로 삶을 더 황폐하게 만드는 원인 가운데 하나다. 만일 우리가 성공적인 삶을 일구지 못하게끔 하는 이런 폐단을 계속 내버려둔다면, 개별적으로 살아가든 사회적으로 살아가든 혹은 초본성적인 것을 지향하며 살아가든 성공을 기대하기 힘들 것이다. 성공적인 삶을 일궈내는 비결은 이미 보았다시피 사람의 힘과 재주를 하나로 모아 일정한 통제 아래서 가치 있는 목표를 이루기까지 집중시키는 데에 있다. 죄는 그렇듯 단일한 형태의 통제 및 조화로운 일치를 거부한다. 힘과 재주를 집중하는 것도 싫어한다. 가능한 한 자기분열을 조장하여 힘과 재주를 분산시키고 인간성의 가치를 무시하는 데에 재미를 느낀다. 그리하여 힘을 낭비하고 완전히 실패하는 삶에 오히려 희열을 느끼고 하느님과 아름다움을 반영하는 자신의 거울에 때를 묻혀 제 역할을 다하지 못하도록 만든다. 죄는 항상 지나친 욕구를 앞세움으로써 천방지축으로 날뛴다. 무엇이든 거역하길 좋아하고 혼란을 야기하며 호시탐탐 마음의 평화를 파괴함으로써 불나방처럼 지옥불에 뛰어들게끔 끊임없이 우리를 유혹한다.

### (2) 사회적인 삶의 파멸

사회는 거기에 속한 모든 사람들이 보다 더 효율적인 삶을 위해 마련했다지만, 개인중심주의가 팽배할 경우처럼 결국에는 모든 사람들이 사회를 거슬러 행동할 수 있다. 개인중심의 삶은 쉽사리 다른 사람들을 마치 자신을 위한 도구처럼 이용하도록 이끈다. 다시 말해 인간 아래에 놓인 사물들의 목적을 위해서 인간을 수단으로 전락시킬 수 있다는 것이다. 결국 주인이 종의 신발을 닦는 상황으로 몰고 가는 셈이다. 예컨대 국방의 의무를 절대화하며 경제라는 명목 아래서 신분이나 직함을 앞세우는 등 인간성보다 더 우선할 수 없는 불합리한 권위 아래 사람들을 종속시키고 복종을 강요하는 것처럼 말이다. 개인중심주의를 표방하는 사회에선 그 모든 부수적인 목적들이 오히려 그것들이 한결같이 기여해야 하는 주된 목적을 옆으로 제쳐버리고 말 것이다. 그래서 인간존재를 위해 모든 수단들을 결속시킬 수 있는 단 하나의 끈도 남겨놓지 않는다. 예컨대 개인중심주의는 그렇듯 각자의 권리를 존중해야 한다고 외치지만, 그것은 기껏 한 가지 일률적인 결론을 도출해내기 위한 말잔치로 끝나버린다. 여기서 한 가지 일률적인 결론이란 인간이 노예로 전락하거나 파멸하는 것을 가리킨다. 그것은 개별적인 인생의 파멸은 물론 나아가 인간사회의 파멸을 초래하는 점에서 커다란 비극이다.

### (3) 축성된 삶의 파멸

우리 시대는 달갑지 못한 길목에 들어서 있다. 현대인들은 두려운 삶을 살아가고 있다. 왜냐하면 그들의 존엄한 인간성이 위기에 처해 있기 때문이다. 그러나 그러한 상황보다 훨씬 더 두려운 사실은 하느님에 대한 믿음과 정념이 거의 식어버렸다는 사실이다. 사람들은 저마다 자신들의 희망, 평화, 용기, 완전한 행복을 개별적으로 찾아보려고 애쓰고 있다. 그것도 저마다 경쟁해야만 하는 현대사회에서 어쩔 수 없이 살아남기 위한 몸부림처럼 절박하게 애쓰고 있다. 그러나 이미 인간을 세상 및 운명의 노예로 몰아가는 이 시대에선 그러한 절박함에 희망이 수반되는 것도 아니다. 마치 관객들의 감정을 고무시키기 위해 비참하고 침통하게 장식한 어두운 무대처럼 그저 막막하기만 하다. 죄는 무엇보다도 하느님을 거스르는 인간의 몸짓이자 인간의 잘못된 선택이다. 그래서 죄는 하느님이 보장해주시는 생명을 거부하고 그로부터 떨어져 나가는 행동이다. 죄는 그로부터 우리를 다시 회복시킬 수 있는 하느님의 은총을 제외하고는 그 어떤 능력에 대해 아는 것이 없으면서도 저지르는 인간의 잘못이다. 항상 하는 말이지만, 하느님은 우리의 의지에 반하여 행하지 않기로 작정하셨다. 그래서 죄는 다른 누구의 탓으로 돌릴 수 없다. 죄는 우리 자신의 삶을 위해 배려된 온갖 가치와 의미를 우리 스스로 거부하고 포기하는 것이기 때문이다. 그래서 죄로 말미암아 궁극적인 행복이 영영 도달할 수 없는 신기루가 되는 것은 순전히 우리의 탓이라는 것이다.

## 3. 죄와 행복

죄와 행복? 죄를 저지른 자는 죄가 초래하는 불행을 뼈저리게 경험하게 된다. 그는 결코 이 세상에서든 죽고 나서든 죄가 자신을 행복으로 이끌어주지 못한다는 사실을 깨닫게 된다. 아마도 거룩하게 살아온 성인들만이 인간의 행복은 일찍부터 꿈꿔왔고 또 그것을 얻기 위해 몸소 쏟아 부은 수고와 인내가 마침내 일구어내는 것임을 그리고 그와는 정반대로 그런 목표를 스스로 거부하고 그와는 동떨어진 다른 길을 찾아 절망적으로 내달리는 행동이 곧 죄라는 사실을 틀림없이 경험하고 통찰한 이들이라고 말할 수 있다.

## 제14장 불행의 원인들
### (제2부 제1편, 제75문제~제78문제)

1. 현대인들의 불행을 초래한 두 가지 근거
   (1) 행복에 대한 무지
   (2) 불행에 대한 무지
2. 불행에 대한 분석 - 죄
3. 죄를 일으키는 원인들
   (1) 내적인 원인
      1) 가장 내밀하고 직접적인 원인 : 이성과 의지
      2) 가장 멀리 자리하는 원인 : 상상과 감각적 욕구
      3) 죄를 확정하는 유일한 조건 : 의지
   (2) 외적인 원인
      1) 감각적 욕구를 자극하는 요인들
      2) 상상 및 추리를 자극하는 요인들
      3) 죄가 죄를 낳는다
4. 죄의 원인이자 변론을 제기하는 이성
   (1) 죄의 한 가지 원인으로서 무지
   (2) 하나의 죄로서 무지
   (3) 죄에 대한 변론으로서 무지 : 죄의 무게를 덜기 위한 시도
      1) 전적인 변론
      2) 부분적인 변론
5. 죄의 원인이자 변론을 제기하는 감각
   (1) 죄의 한 가지 원인으로서 감각
      1) 의지와 감각적 욕구 - 직접적인 동인과 간접적인 동인
      2) 추리를 지배하는 감각적 욕구
         ① 이성 및 의지를 방해하는 감각
         ② 죄를 저지르는 자의 추리
      3) 죄의 첫 번째 원리 : 자기 사랑의 무질서(와해)
         ① 피조물에 대한 집착
         ② 눈과 육신 그리고 자존심에 기운 욕망
   (2) 죄에 대해 변론을 제기하는 감정
6. 죄의 한 가지 원인으로서 의지, 변론이 허용되지 않는 경우
   (1) 악행, 무지, 나약함에 의한 죄
      1) 의지에 의한 죄
      2) 습성에 따르 죄
   (2) 정념에 의해 벌어지는 죄들의 비교

---

[결론] 불행의 원인과 선한 의지
1. 불행의 근본적인 원인 - 나쁜 의지
   (1) 불행에서 건져내는 현대의 구제책
   (2) 선한 의지의 규범
   (3) 선한 의지를 위한 수단들
2. 선한 의지와 행복

# 제14장 불행의 원인들 (제2부 제1편, 제75문제~제78문제)

## 1. 현대인들의 불행을 초래한 두 가지 근거

거의 일반적으로 아직 결혼하지 않은 삼촌과 같이 건강한 미혼남성이 갓난아이와 같이 자신의 아주 어린 조카를 잠시나마 돌보도록 부탁을 받았을 때에 매우 불편해하는 경우를 경험한다. 물론 이 같은 불편함은 아기가 싫어서가 아니라, 결혼하지 않은 사내에게 아기는 아주 생소한 신비로운 존재이기 때문이다. 울음이 그치지 않는 갓난아이를 안고 어쩔 줄 몰라 하는 숫총각이 그 아이와 함께 울부짖는 일 말고 무엇을 할 수 있을까? 아이의 부모가 돌아와서 보면 아이도 그를 돌보던 삼촌도 함께 기진맥진해 있는 모습을 쉽게 상상할 수 있다. 아이의 마음을 달래기 위해 이것저것 잡동사니를 쌓아둔 모습이 어쩌면 몹시 화난 우상(신)을 진정시키려는 모습과 닮았다고나 할까! 아이를 돌보던 삼촌 역시 아이든 자기 자신이든 최소한 어느 한쪽이 지칠 때까지 힘껏 노래도 불러보았을 테고 여러 가지 잔재주도 부리며 온갖 매력적인 표정으로 아이를 얼레면서 무척 애를 썼을 것이다. 그러나 영원할 것만 같았던 혼란과 불안의 그리 길지 않은 시간 뒤에 마침내 돌아온 부모의 품에서 아이는 단박에 안정을 되찾고 행복해한다.

이와 유사한 입장에서 의사들도 아주 불쌍한 사람들이라고 본다. 비록 그들이 환자들을 상대로 환자들이 원하는 것이든 원치 않는 것이든 그것이 무엇인지를 밝혀내고자 할 때 부딪히는 어려움은 아이를 상대하는 미혼남성보다 더 크지는 않다고 하더라도 말이다. 의사가 환자에게 무엇이 잘못되었는지 그저 막연한 진단이 아니라 확실히 알아본 소견을 자신 있게 또 혼란스럽지 않게 설명하기 위해선 의사의 편에서 아주 엄청난 노력이 요구됨에 틀림없다. 만일 의사가 이상(異狀)을 발견할 수 없다면, 불편하기는 마찬가지다. 그러니까 갓난아이를 상대하는 미혼의 사내가 그 아이를 위해 무엇을 해줘야 할지 난감한 경우와 같다는 것이다. 이때 단 환자는 갓난아이보다 훨씬 더 불안해 할 것이다.

'행동주의'를 처음 표방한 왓슨[7]이 이렇게 말한 적이 있다. "내게 갓난아이를 데려다 주시오!" 이 말의 의미는 그가 갓난아이를 돌보는 어른에게 올바른 방법을 알려줄 수 있다는 것이다. 과연 왓슨은 갓난아이를 상대하는 데에 자신이 있었다. 사실 현대철학은 자신의 무릎에 앉혀놓은 갓난아이를 그냥 방치한 채로 내버려두고 있다. 그것도 날마다 점점 더 절망하는 가운데 불안을 느끼고 불편해하면서 크게 울부짖는 아이에게 딱히 해줄 수 있는 것이 없다는 것이다. 마치 울부짖는 아이의 마음을 딴 곳으로 돌리기 위해 이것저것을 가져다가 마구잡이로 활용하려는 것처럼 애쓰는 현대철학의 안타깝고 우스꽝스러운 태도가 자주 목격된다. 현대철학도 그렇듯 힘껏 노래를 부르고 하염없이 꿈을 키우며 잔재주로 사람들을 현혹시키고 때로는 웃는 낯으로 때로는 인상을 찌푸리며 어르고 달래면서 많은 노력을 기울이지만, 정작 갓난아이처럼 사람들은 여전히 불행한 삶을 살아간다.

우리는 이 총서에서도 일찌감치 고대의 철학사조에 이와 유사한 현상들이 있었음을 살펴본 적이 있다. 그래서 그와 같이 사람들을 어르고 달래기 위해 그러한 사조들은 한때는 인간을 기계처럼 간주했고, 한때는 인간을 동물과 같은 수준에 한정시켜 해명하려고 들었다. 그리하여 인생을 일련의 과정으로 처리하면서 더 이상 다른 것들과의 관계나 고유한 의미 및 가치를 따지지 않으려고 했다. 그런 시각으로 인생을 받아들이면서 많은 사람들이 자신들의 재산과 자유를 대

7) [역주] John Broadus Watson(1878~1958)은 미국 심리학자로서 소위 "행동주의 심리학파"(the psychological school of behaviorism)를 창시했다. 왓슨의 주된 관심사는 1913년 콜롬비아 대학에서 펼친 "행동주의자의 관점에서 바라본 심리학"(Psychology as Behaviorist Views It)이란 강연처럼 동물의 행동, 어린이들의 육성 및 자기 계발과 연계된 심리 연구에 있었다. 1910년부터 1915년까지 「심리학 비평」(Psychological Review)이란 잡지 편집장을 역임했다.

수롭지 않게 여기고, 자신들의 감성조차 무의미하게 여기며 일체의 기억을 단념하고 단순히 생명을 허락받은 순간까지 그에 복종하는 노예처럼 살면서 영광과 능력을 바치고 막다른 절망까지 감수하려고 하였다. 그러나 오늘날에도 여전히 사람들은 불행한 삶을 살아간다. 여전히 불안하고 상심한 마음으로 울부짖으며 세상이란 벽 앞에서 두려워 떨고 서 있다. 현대철학은 사람들을 행복하게 이끄는 데 실패했다. 현대철학은 정녕 우리의 행복이 어디에 놓여 있는지 알지 못하기 때문이다.

그러나 이 같은 상황은 아까 보았던 사례, 그러니까 잠시나마 울부짖는 갓난아이를 돌보아야 하는 한 미혼남성의 상황보다 훨씬 더 절망적이다. 오늘날의 불행한 여정은 잠시 벌어졌다가 사라지고 마는 것이 아니기 때문이다. 현대의 속사정은 마치 고통으로 신음하는 환자 앞에서 의사가 아무 병인(病因)도 발견하지 못한 채 침묵하고 있는 것과 다르지 않다. 그래서 현대인들은 절망적이다. 그들을 치료해야 하는 의사들은 손을 놓은 상태다. 그동안 현대철학이 제안한 모든 구제책이 쓸모없게 되었다. 현대철학은 과거에 금기시했던 것들이 고통의 근간이라고 판단했었다. 심지어 종교는 그런 금기를 통해 사람들을 어리석게 만들었고, 사람들을 충분히 계몽시키지 않았고 충분히 삶을 즐기지 못하도록 만들었으며 충분히 안정적으로 또 건강하게 삶을 꾸려나가는 데에도 걸림돌로 작용했다. 그래서 과거의 금기를 하나씩 계속 파기해나갔다. 심지어 이성도, 의지도 그리고 감각적 욕구도 최대한 자유롭게 활용되기를 촉구했다. 그러나 여전히 아니 점점 더 환자들의 고통은 악화되어 갔다. 앞으로도 개선될 여지는 없어 보인다. 왜냐하면 현대철학은 인간이 행복할 수 있는 참된 원인에 대해선 외면하기 때문이다. 그것은 또한 유감스럽게도 그들의 불행에 대해, 곧 그들의 불행의 원인에 대해 진지하게 살피지 않는 것과 일치한다.

### (1) 행복에 대한 무지

현대철학의 꼴사나운 모습에 대해 우리가 안타깝게 쳐다보는 눈빛은 마치 자신의 아이를 잠시 맡았더니 이내 지쳐버린 돌보미를 바라보는 아이 엄마의 눈빛과도 매우 닮았다. 그럴 수밖에 없는 처지를 호소하는 돌보미의 변명을 이해 못 하는 것은 아니다. 우리는 이 해설서 시리즈 제1권의 첫 장에서 사람들을 행복하게 만드는 것이 무엇이며, 유일하게 행복이 발견되는 곳이 어디인지 살펴보았다. 본서의 14장에선 인간이 불행한 원인을 알아보기 시작하면서 우리는 그 대답이 평범할 것으로 예상한다. 그러니까 앞선 제1권의 첫 장에서 밝혀낸 것들이 확고하게 참되다고 한다면, 그렇듯 구체적으로 우리가 어렵지 않게 이해할 수 있는 답변일 것이라 생각한다. 그러한 깨달음은 한순간 우리에게 평화를 가져다 줄 것이다. 경험이 없어 미숙한 아이 돌보미가 마치 노련한 엄마가 채찍과 당근을 쥐가면서 아이를 달래는 것처럼 행동할 수는 없어서 최소한 의도하는 바와는 달리 좋지 못한 결과가 예상되더라도, 그럼에도 아이가 정작 바라는 것이 무엇이고 따라서 아이의 불편함과 불만이 무엇인지 이해할 수 있다면, 머지않아 문제는 해결되고 평화가 다시 그 집에 찾아들 것이다.

### (2) 불행에 대한 무지

현대사회는 인간을 인간으로 혹은 인간답게 이해하려고 애쓰지 않는 한, 인간의 행복 혹은 불행이 어디서 시작되었는지 결코 알아낼 수 없을 것이다. 인간의 불행은 꽃이 시들거나 가끔은 소름끼칠 정도로 잔혹하게 죽은 강아지의 불쌍한 처지와 똑같이 설명될 수는 없다. 인간에게도 식물이나 동물의 삶과 일치하는 부분이 있고, 그런 측면에서의 난관을 극복해야 하는 것도 필요하다. 하지만 인간의 행복 혹은 불행에 관해 말할 때는 인간에게만 적용되는 삶과 시련을 고려해야 한다. 특히 이때의 시련은 소위 인간다운 삶을 일궈가는 데에 부딪히는 것들과 직결되어야 한다. 예컨대 인간의 이성과 의지 그리고 영혼과 관련하여 우리를 불행하게 만드는 어떤 것에 대해 숙고해야 한다. 아주 간단하게 말하면, 우리는 그것을 '죄'(罪)라고 부른다.

## 2. 불행에 대한 분석 – 죄

인간이 불행한 근본적인 원인이 바로 죄다. 그밖에 다른 요소(원인)들은 삶을 불쾌하거나 불편하게 혹은 지나치게 곤란하게 만들더라도, 반드시 불행과 직결되는 것은 아니다. 다시 말해서 우리는 아주 절망적인 가난 속에서도 행복할 수 있고, 그처럼 엄청난 고통이나 질병과 싸우더라도 혹은 정말 배우지 못해 무식하더라도 혹은 심할 정도로 육체적인 피로에 지쳐있거나 막노동으로 하루하루를 고달프게 살아가더라도 행복이 불가능한 것은 아니라는 것이다. 그러나 한 가지 진실이 있다. 곧 행복은 죄를 저지르는 자의 마음속에 머무르지는 않는다는 것이다. 죄를 저지르는 자가 물론 즐거운 표정을 지을 수 있고 다른 사람들에게 호감을 살 만큼 그럴듯한 모습을 취할 수 있다. 하지만 죄를 저지른 자라고 해도 부끄러움과 양심의 가책을 받을 필요는 없다고 자신 있게 말할 수 있는 사람은 아무도 없을 것이다. 죄를 저지른 자는 스스로 불행의 잔을 높이 기울여 마셨다는 것을 알기에 그로 인한 비통함에서 괴로워할 수밖에 없다.

## 3. 죄를 일으키는 원인들

그러면 무엇이 인간을 불행에 빠트리는 것일까? 무엇이 죄를 일으키는 원인일까? 이 물음에 답하려는 것이 이 단원(14장)의 과제이지만, 다음 이어지는 단원(15장)까지 연장해서 마무리하도록 할 것이다. 만일 우리가 이 문제를 나름 순서를 따라 접근한다면 쉽게 답할 수 있을지도 모른다. 본 해설서 시리즈 제1권에서 우리는 이 세상을 좀 더 자세히 관찰함으로써 하느님에 관하여 일부 생각할 수 있었다. 그리고 그와 같이 우리의 일상을 좀 더 자세히 관찰함으로써 인간에 관한 유용한 지식을 얻을 수 있다는 사실도 알고 있다. 그러므로 그와 똑같은 방식으로 죄에 대해 자세히 관찰함으로써 죄의 원인에 관한 유용한 정보 또한 얻을 수 있다고 본다.

## (1) 내적인 원인

### 1) 가장 내밀하고 직접적인 원인 : 이성과 의지

가장 먼저 분명한 단서 하나가 눈에 띈다. 죄는 인간에게만 해당되는 것이다. 그래서 이 사실은 인간의 고유 행위를, 다시 말해 '인간적인 행위'를 그 밖의 다른 행위들과 구별해야 한다는 것을 뜻한다. 그런 점에서 우리 인간들은 서로 친숙한 근거 위에서 살아가는 셈이다. 왜냐하면 우리가 철저히 인간적인 행위에 집중하자면, 우리는 하나같이 이성과 의지를 통해 소극적이든 적극적이든 행동하는 데에 있어 공통적인 특징을 띤다고 말할 수 있기 때문이다. 인간적인 행위들이 그러하듯이 '죄'는 저마다 인간이 선택한 목적 내지 목표를 위해 스스로 통제하며 행동하는 방식을 취하는 데에 있어 다르지 않다. 그런 점에서 죄는 그때마다 인간이 스스로 선택한 행위과정 중에 포착되며, 그런 한에서 명백히 스스로 책임을 져야만 한다. 하지만 그 밖의 다른 행위들과는 달리 어떤 문제점을 안고 있다는 점이 다르다. 예컨대 인간의 다른 행위들의 수준보다 뒤떨어지는 어떤 심각한 결함을 안고 있다는 것이다. 정확히 말해서 어떤 요소가 결여되었음을 의미하는데, 이 같은 결여 내지 결함이 죄를 '형식적으로 성립시킨다.' 이것이 실제로 인간의 불행을 일으키는 장본인이다.

우리는 보통 이 같은 죄의 결함에 대해 설명할 때, 우선적으로 죄는 잘못된 목표 내지 목적을 지향하는 행위에서 비롯한다고 말할 수 있다. 혹은 합리적인 방식을 따르지 않은 행위쯤으로 지적할 수 있다. 그래서 죄는 마치 건축사가 설계한 도면을 무시하고 공사를 진행함으로써 건물이 붕괴되는 결과를 초래하는 것과 같다고 설명할 수 있다. 그것은 올바른 목표의 설정, 원칙 및 규칙의 철저한 준수, 합리적인 계획 및 처리 등에 있어 결함이 있음을 가리킨다.

새로 지은 어떤 거실이나 사무실 공간이 대낮에도 마치 초저녁처럼 침침하고 어둡다면, 그것은 매우 더럽거나 빛을 차단하는 불투명한 창문 때문이라고도 볼 수 있다. 설령 높은 아파트나 빌딩의 경우 바깥 창문을 닦는 일이 간단하지 않다고 하더라도, 원칙적으로 창문을 닦아내거나 외부의 유익한 빛이 투과할 수 있도록 창문을 교체함으로써 해결될 수 있기 때문에, 난해한 문제는 아니다. 그러나 이제 막 새로 지은 거실이나 사무실 공간이 대낮에도 침침할 정도로 어두운 경우는 일종의 결함이다. 하지만 그것이 죄의 경우에 해당하는 결함과 같은 종류는 아니다. 어떤 방이나 공간이 빛을 본질적으로 항상 요구하지는 않기 때문이다. 예컨대 지하실이나 암실도 실재한다. 다시 말해 어둠이 어떤 방이나 공간에 있어 본질적인 결함이라고 말할 수는 없다는 것이다. 어둠은 단순히 빛이나 밝음의 '부재'(不在)를 가리키며, 상기 사례처럼 창문을 닦거나 교체함으로써 혹은 밝은 조명을 설치함으로써 해소될 수 있다. 그러나 죄의 '결함'은 이처럼 보완이 가능한 부재보다 훨씬 더 심각하다. 죄로 인해 봉착하게 된 결함은, 그것이 인간적인 행위라는 점에서 마치 그의 시력을 상실한 것과 같은 불안한 상태를 가리킨다. 우리가 외적으로 복구하거나 채워 넣는 것만으로는 해결되지 않기 때문에, 죄는 훨씬 더 심각한 것이다. 단순히 우연적인 부재 상황이나 방해하는 조건들이 죄를 근본적으로 해명해줄 수는 없다. 오히려 그 이면에 죄를 확고하게 결정짓는 어떤 것이 있다.

한여름에 집을 방문한 손님들을 위해 저녁상을 준비하느라 경황이 없는 어떤 주부를 생각해보자! 손님들은 먼저 시원한 음료를 기대하고 그녀는 냉장고에서 얼음조각들을 꺼내지만, 워낙 이런저런 주문이 많다보니 깜빡하고 그 얼음조각들이 떨어지지 않도록 얼른 가스레인지 가까이나 화덕 선반 위에 올려놓을 수 있다. 허둥지둥대다가 한순간 그녀가 되돌아보고 뒤늦게 얼음조각들이 녹아버린 것을 발견하게 될 것이다. 얼음조각은 물처럼 녹아버려서는 쓸모가 없는데, 그만 그 얼음조각들이 모두 사라져버렸다. 하나의 결함이 실제로 발생한 것이다. 물론 단순히 얼음조각이 사라진 것만이 아니라 손님들에게 갖다 줄 얼음조각이 없어졌다. 무엇이 그렇게 만든 것일까? 물론 가스레인지 및 화덕의 뜨거운 열이다. 그렇듯 뜨겁게 열을 내는 불은 아주 오래전부터, 그러니까 얼음조각이 그 딱딱한 형체를 상실하기 훨씬 이전부터 쭉 있어왔다. 정녕 그 얼음조각들을 녹여버리기 위해 불이 실존해온 것은 아니다. 상기 사례와 같이 불이 그 얼음조각들을 녹여버린 결과는 아무도 의도하지 않았듯이 우연에 의한 것이다. 다만 불에는 그 자체로 작용하는 어떤 힘(열)이 있고, 그렇듯 그 얼음조각들이 녹아버린 우연의 결과는 그렇듯 얼음조각이 불 가까이 놓여 있었고, 그로써 불의 본성(힘)에 영향을 받아 일어난 것이다.

이와 같은 설명으로 부재의 원인과 결함의 원인을 서로 구별할 수 있을 것이다. 부재는 죄가 되지 않는다. 예컨대 부의 부재인 가난이 죄는 아니다. 그러나 결함은 죄가 된다. 왜냐하면 결함은 마땅히 현존해야 할 어떤 것이, 당장 필요로 하는 어떤 것이 거기에 있지 않음으로 인해 바람직한 행위가 이뤄질 수 없도록 만들기 때문이다. 그러니까 논리적인 용어로 이렇게 말할 수 있다. '부재'가 '결함'보다 외연(外延)이 크지만, 내포(內包)는 작다. 예컨대 '선생님'은 '담임교사'보다 외연이 크지만, 내포는 작은 것처럼 말이다. 결함의 근간에는 그것을 초래한 어떤 원인이 존재하는데, 우리는 그 원인이 행위자의 의도와 직결되어 있다는 점에서 적극적인 원인이라고 말하며, 그것을 죄라고 부른다. 그러니까 죄의 결함은 단순히 부재 상태가 아니다. 죄는 오히려 인간으로서 마땅히 갖춰져야 할 어떤 행위가 부재하게끔 작용한 경우를 가리킨다. 그러므로 죄를 알아내기 위해선 어떤 행위자가 그것을 저지른 적극적인 원인을 소급해서 살펴야 한다. 상기 얼음조각이 녹은 사례처럼, 결함은 가스레인지나 화덕의 뜨거운 열에 있는 것이 아니라, 그 주부의 부주의에 있는 셈이다. 곧 그 자체 고유한 힘으로 자연히 어떤 결과를 낳을 수밖에 없는 화기 및 불 자체가 아니라, 그것의 사용 및 활용의 부주의로 인해 불행의 결과에 떨어지고만 원인 및 원인들을 살피는 일이 요구된다는 것이다. 이처럼 자연스런 순리를 순간 잊어버리거나 잘못 처리하는 모든 실수나 결함이 있는 행위들 가운데 특히 인간으로서 지켜야 할 것들을 거스른 경우에 한하여 우리는 죄라고 일컫는다. 그러므로 우리는 인간적인 행위의 원인 및 원칙들에 국한하여 죄에 대해 살필 필요가 있다.

### 2) 가장 멀리 자리하는 원인 : 상상과 감각적 욕구

그러므로 죄의 원인들은 인간적인 행위의 원인들과 일치한다. 그러나 인간적인 행위들이 순리대로 벌어지게끔 하는 직접적이고 가까운 원칙들이 곧 이성과 의지일지 아니면 그런 인간적인 행위들이 순리대로 벌어지게 하는 원칙들이 감각이나 상상 혹은 감각적 욕구일지 우리는 죄의 원인들을 살핌으로써 좀 더 분명하게 알아볼 수 있다. 물론 또 다른 방식으로도 불가능한 것은 아니다. 그러나 죄의 원인들에 대해 살피는 일은 왠지 좀 더 빨리 이해되는 것 같다. 우리가 어느덧 죄에 너무 친숙해져버린 까닭이라고 해야 할까? 아무튼 죄를 저지를 때에도 – 비록 행위 전체에 동기를 부여하는 뚜렷하게 선한 어떤 것이 자리함에도 불구하고 – 우리는 우리의 행동을 고무시키는 뚜렷하게 좋은 기분을 느낀다. 그렇게 보면, 죄를 저지르는 행위는 마치 벽돌을 쌓는 것처럼 우리의 감각과 상상에 의해서 벌어진다고 말할 수 있을 것 같다. 이처럼 뚜렷하게 좋은 것으로 향하는 첫 번째 경향이 감각적 욕구에서 일어난다. 다만 규칙의 부재는 이성에 기인한다. 모든 인간이 이성에 의한 분별력을 앞세워 그 모든 행위를 올바르게 빈틈없이 지시한다고 보는 한 말이다. 그러나 우리는 결코 그렇게 오랫동안 이성의 규칙을 잘 지키지는 못한다. 예컨대 뚜렷하게 선한 어떤 것이든, 도덕성이나 이성적인 통제를 오랫동안 고수하지 못한다. 왜냐하면 그 어느 것도 마치 입력된 명령에 따라서만 움직이는 자동기계처럼 우리가 행동하도록 강요하지는 못하기 때문이다. 그래서 우리가 죄를 짓는 순간은 소위 행동의 첫 번째 원리라고 들 일컫는 '의지'가 죄를 함축하고 있는 어떤 행위를 적극적으로 펼치는 바로 그 순간이다. 이미 말했다시피, 인간적인 행위의 결함을 초래하는 원인이 바로 죄이며, 그것은 의지의 산물이다.

### 3) 죄를 확정하는 유일한 조건 : 의지

여기서는 우리 자신보다 다른 사람의 어깨에 책임을 전가시키는 문제와 관련하여 살펴보자. 어떤 주식회사에 손실이 발생했다고 하더라도, 주식투자자들이 그 회사 영업사원들을 상대로 중대한 책임을 묻진 않을 것이다. 물론 한 대의 전함(戰艦)이 출항하게 된다면, 그 전함에 배치된 모든 해군들이 각자의 역할을 예외 없이 수행해야만 한다. 그러나 보다 더 중대한 책임은 누가 져야 마땅할까? 아담은 자신이 죄를 저지르는 순간 하와를 책망하기 시작했고, 하와는 즉시 뱀에게 그 탓을 전가했다. 이는 이 시대에 우리가 죄를 저지르는 순간에도 똑같이 반복하는 자화상이다. 이성은 감각적 욕구에다 탓을 돌리고, 감각적 욕구는 다시 상상에게, 그리고 상상은 다시 감각 자체에 그 탓을 전가시키며 서로 다툰다. 그러다 보니 오늘날에는 인간의 유전적인 경향이나 주변 환경 혹은 심지어 날씨에조차 잘못(죄)의 탓을 돌리기까지 한다.

## (2) 외적인 원인

### 1) 감각적 욕구를 자극하는 요인들

죄는 그러나 그처럼 간단히 탓을 전가할 수 없다. 책임 전가는 아담과 하와의 경우에도 그랬던 것처럼 오늘날 우리의 경우에도 멋쩍고 합리적이지 못한 것이 사실이다. 실제로 우리가 우리 잘못(죄)의 원인을 바깥세계에서 찾으려고 할 때 스스로 파렴치한이 되는 것이기 때문이다. 위스키 잔이 그것을 마실 사람을 불러 모아 클럽을 결성케 하는 것은 아니다. 설령 위스키 잔이 어떤 클럽으로 사람을 불러들였다고 말하더라도, 그것은 어떤 사람이 그 잔을 실제 손으로 붙든 다음에나 가능하다. 실제로 만일 그 어떤 감각적 욕구도 앞서 특수하게 정해진 지시가 없었다면, 아무것도 필연적으로 그런 욕구를 일으키진 않는다. 그러나 흥청망청 쓸 만큼 아주 많은 돈이나 매우 힘든 막노동은 사람들을 술고래로 만들 공산이 크다. 비록 감각이 직접적이고 필연적으로 움직인다고 할지라도, 그러한 감각은 이성과 의지의 종(노예)에 지나지 않는다. 이성과 의지는 감각에게 명령하는 입장이지 거꾸로 자극이나 영향을 받을 위치가 아니다.[8] 그래서 만일 감각이 이성과 의지에게 거꾸로 명령을 하는 당치 않은 자리를 차지하게 된다면, 그런 행위 안에선 인간다운 면모를 찾아보기 어려울 것이다. 감각은 물론이거니와 그 밖에 다른 어떤 것도 [이성 및 의지를 제외하고] 조정할 능력이나 명령할 능력을 갖지 못한다. 왜냐하면 그러한 감각적인 행위들 안에는 명령하거나 지시할 수 있는 여건이나 안목이 부재하기 때문이다.

### 2) 상상 및 추리를 자극하는 요인들

이성의 경우에도 이와 똑같이 설명할 수 있을 것이다. 의문의 여지없이 어느 누구도 잔디를 깎아야 할 시점이 확실하게 입증된 순간에도 잔디를 깎을 필요가 없다고 자신에게 말하진 않는다. 왜냐하면 이성은 진리를 거부하거나 외면할 수 없기 때문이다. 그런데 어찌해서 그렇듯 확실하게 입증될 때마다 항상은 아니더라도 종종 실제로 잔디를 깎지 않는 일이 일어나는 것일까? 외부적으로는 그 어떤 동인도 이성으로 하여금 실제 그 행위를 완료하도록 강요할 수 없다. 물론 인간의 의지 또한 죄를 저지르는 데에 있어 전적으로 자유로운 만큼, 외부적인 어

---

8) [역주] 물론 이성적인 활동을 감각적인 활동보다 앞세우는 이성(우월)주의적인 태도는 고대로부터 중세에 이르기까지, 그러니까 최소한 토마스 생전까지 보편적으로 수용되어 왔던 전통이다. 소위 존재론적인 질서 및 위계상으로 이성이 감각보다 우월하다는 논리에서 그러하다. 이 같은 전통이 근대 이후 오늘날에 이르기까지 다소 변화를 겪었다고 하더라도, 아직까지도 이러한 입장이 주류를 이루고 있다고 본다. 그것은 이성을 통해 자제하는 삶이 감각 및 감정을 앞세우는 경우보다 좀 더 바람직한 결과를 가져온다고 믿기 때문이다. 물론 이때 이성 자체에 대한 자기비판적인 혹은 자기반성적인 활동이 반드시 수반되어야 한다.

떤 것에 의해 죄를 저지르는 어떤 행위를 하도록 직접 강요받을 수 없다. 결국 죄를 저지르게 된 탓은 누구든 그 자신에게서 찾아야 한다. 이때 죄로 기울게 하는 데에는 상상 및 추리도 한몫한다. 이성적인 활동의 일부로 간주되는 상상 및 추리가 행동을 촉발시킬 수 있기 때문이다. 예컨대 잘못된 상상이나 엉뚱한 추리가 죄로 기울게 한다. 그런 의미에서 한 인간이 죄를 저지르는 데에는 감각적 욕구와 이성적인 활동(상상 및 추리)이 함께 한다고 말할 수 있다. 그런데 감각적 욕구와 상상 및 추리는 모두 행위자를 죄로 기울게 할 수 있다. 하지만 그것은 행위자를 죄로 유인하는 것뿐이다. 정작 죄의 원인은 죄를 저지른 인간 자신, 곧 행위를 직접적으로 촉발하는 의지에서 찾아야 한다.

### 3) 죄가 죄를 낳는다

"죄가 죄를 낳는다."는 말은 죄의 원인이 곧 죄 자체가 될 수 있다는 여지를 남겨놓기도 한다. 우리의 확실한 경험들이 하나의 죄는 또 다른 죄를 낳는다는 사실을 충분히 입증해주고 있다. 마치 경사진 길에선 모든 구르는 것이 가속도를 내며 굴러가는 것처럼 죄는 계속해서 눈덩이처럼 커진다. 죄는 행위자 자신 안에 가장 먼저 그리고 계속 남아있다. 그러면 도대체 무엇이 하나의 죄에서 또 다른 죄가 생겨나게끔 하는 것일까? 분명하게 말할 수 있는 점은 우리가 어떤 죄를 저지른 이후 그로부터 또 다른 죄들을 낳을 수 있는 원인을 제거해야만 하고 또 제거할 수 있다는 사실이다. 처음 살인을 저지르는 자는 지나온 경험에 비쳐서든 앞으로 겪게 될 경험에 비쳐서든 가장 마음이 무겁다고 한다. 그것은 그 다음의 살인행위가 좀 더 쉽게 이루어진다는 이유에서 그렇다는 것이 아니라 그 이후 점차 자신의 행위에 대한 부끄러움이 줄어들고 은총을 상실함으로써 마음이 완고해진다는 이유에서 그렇다. 또 다른 모든 행위와 마찬가지로 죄는 그 행위자에게 마치 길을 터놓는 것처럼 이후 또 다른 유사한 행동의 죄를 좀 더 쉽고 거리낌 없이 때로는 즐겨 행하게끔 하는 습성을 만들어 놓는다. 그리하여 하나의 죄는 또 다른 죄를 위한 필연적인 구실을 만드는 데에 익숙해지는 것이다. 마치 구두쇠가 불의한 죄를 저지르기 위해 이런저런 이유들을 제 입맛대로 긁어모으듯이 말이다. 약탈자도 그와 같이 자신의 계략으로 약탈을 잘 마무리하기 위해 많은 사람들을 상대로 이런저런 이유들을 들어 현혹시킬 것이다. 하지만 좀 더 냉정하게 바라본다면, 그 어떤 경우에도 이전의 죄 자체에 의해서 새로운 죄가 필연적으로 결정된 것은 아니다. 앞서 저지른 죄는 차라리 좀 더 쉽게 혹은 좀 더 호소력을 갖고 당사자로 하여금 그와 유사한 죄를 저지르도록 유인했을 뿐이다. 그러므로 우리는 전적으로 우리의 행위들을, 그러니까 우리 자신을 대변하는 행위들을 실제로 지배하는 내적인 원리들 혹은 원인들(곧, 행위자의 이성과 의지 그리고 감각)에 근거하여 죄를 살펴보아야 한다는 사실과 마주할 수밖에 없다. 그렇다면 우리가 던졌던 물음에 대한 답변은 간단하게 좁혀진다. 다시 말해 인간다운 행위를 지배하는 원리들 가운데 어떤 것이 우리가 흔히 죄라고 일컫는 비행(卑行 혹은 잘못)을 초래한 근본적인 원인일까 하는 물음에 대한 답변으로 좁혀진다는 것이다. 곧 이성일까 아니면 감각적 욕구일까? 그것도 아니라면 의지일까?

## 4. 죄의 원인이자 변론을 제기하는 이성

### (1) 죄의 한 가지 원인으로서 무지

이성이 인간적인 행위의 완성에 기여한다는 사실은 우리가 지금까지 확보한 확실한 지식 가운데 하나이자 그런 지식에 기초하여 마련한 보편적인 지침이다. 그렇다면 죄를 저지르는 것도 행위라는 점에서 나쁜 행위에도 이성이 관여한다고 말할 수 있다. 만일 이성이 항상 올바르다고 전제한다면, 나쁜 행위는 무엇보다도 이성이 배제됨으로써, 예컨대 '무지(無知)'로 인해 벌어지는 잘못(죄)이라고 볼 수 있다. 물론 무지가 지식의 전적인 결함을 뜻하는 것은 아니다. 대서양을 횡단하여 항해하는 많은 사람들 가운데 아주 적은 몇몇만이 겨우 나침반을 이용할 줄 알지만, 나머지 많은 이들이 그렇다고 모두 무지한 것은 아니다. 왜냐하면 이때 무지는 항해를 위해 가졌으면 좋았을 나침반과 관련된 지식의 결함을 의미하기 때문이다. 그것은 누구나 필수적으로 지녀야 할 지식의 결함은 아니다.

그런 면에서 무지라고 해서 모두 죄를 초래하는 것은 아니다. 왜냐하면 아주 특별한 종류의 무지가, 예컨대 시간을 통해 알려지는 어떤 지식을 갖추지 못한 것이 차라리 죄를 방지하는 경우도 있기 때문이다. 간혹 "차라리 몰랐던 편이 한결 더 좋았다."고 말하는 경우가 그런 경우에 해당될 것이다. 반면 제 아비를 죽이는 경우가 있는데, 그런 패륜아는 친부살해가 잘못이라는 보편적인 지식이 부족하기 때문이거나 아니면 그렇게 죽인 대상이 자신의 아비인지 알지 못했기 때문일 수도 있다. 그러니까 친부인지 알았더라면 패륜적인 살인행위까지 이르지는 않았을 수도 있다. 하지만 무지와 상관없이, 곧 친부라는 사실을 알든 모르든 그와 상관없이 그런 행위가 실제 일어날 수도 있다. 여기서 한 가지 중요한 사실은, 어떤 무지든 죄를 저지르게끔 하는 모든 조건들이 다 채워지는 경우에도 – 그러니까 반드시 갖추어야만 좋았을 어떤 지식이 결여되고 이러한 결여가 죄에 직접 영향을 미칠 경우조차도 – 무지는 여전히 죄의 지엽적인 원인에 지나지 않는다는 것이다. 곧 무지가 죄의 결정적인 요인은 아니라는 것이다.

당연히 무지가 죄에 간여할 수 있기에, 죄의 한 가지 원인인 것은 사실이다. 앞선 사례처럼 친부인지 알았더라면 혹은 그것이 정말 나쁜 행동임을 알았더라면, 친부살해자는 그런 잘못을 저지르지 않았을 수 있었기에, 이때 무지는 잘못(죄)을 억제하거나 포기할 수 있는 기회를 제거하거나 무기력하게 만드는 원인이 된 셈이다. 가령 더러운 창문을 닦아야 의도하지 않은 어둠침침한 방에 햇빛이 들어오게 할 수 있다는 것을 모를 경우 아무런 조치를 취하지 못하는 것처럼 말이다. 죄를 미연에 방지시킬 수 있는 앎이 결여된 형태로서의 무지는 그렇듯 나쁜 결과를 초래할 수 있다. 그러므로 몰랐기 때문에, 나쁜 행동을 일삼는 것이 정당화되거나 죄가 아니라는 결론을 내릴 수는 없다. 오늘날 소위 정상참작이란 개념에 대해서도 이 무지와 죄의 관련성에 대해 고려할만한 부분이 남아 있지만, 여기선 다루지 않고 뒤에 다루겠다(아래의 '죄에 대한 변론으로서 무지' 참조).

### (2) 하나의 죄로서 무지

우리가 공개오디션에 대해 아무런 전문지식이 없더라도, 참가자들이 부르는 노래를 감상하며 거기서 어떤 일들이 벌어지는지 방청객의 입장에서 지켜볼 수 있다. 비록 우리가 앞서 일부 참가자들의 노래를 알지 못하거나 더욱이 정확히 연주할 수 없다고 하더라도, 감상 및 관람에 문제가 없다. 그렇듯 음악에 대한 지식 및 연주능력의 결함이 죄의 원인이라고 말할 수 없다. 그러나 오디션을 심사하는 입장에서는 무지가 하나의 죄가 된다. 그러니까 공정하게 심사를 해야만 하는 심사자의 입장에선 그와는 반대로 엉뚱한 참가자를 뽑아버리는 해프닝이 혹은 그로 인해 합당한 참가자가 탈락하고 마는 불미스러운 일이 벌어질 수 있기 때문이다.

가톨릭교회는 고해성사를 통해 사죄권을 행사함으로써 죄를 완전히 없앤다. 만일 가톨릭신자가 무지를 고백하는 즉시 교회의 사죄권으로 인해 그 무지가 완전히 사라지고, 그래서 마치 커다란 빈 솥에다 물을 가득 쏟아 붓듯이 그 무지한 신앙인의 머릿속에 지식을 가득 넣어주는 것과 같다면 이 얼마나 편리한 일이겠는가! 그러나 현실은 그렇지 못하다. 무지가 하나의 죄가 될 때 교회가 사죄권을 통해 돕겠지만, 교회의 사죄권이 모든 무지를 제거하지는 못한다. 교회의 사죄권은 오히려 그와 같이 특수한 경우의 무지로 인해 초래되었던 소홀함과 악행을 상대로 행사된 것이다. 왜냐하면 분명히 말하지만, 모든 무지가 항상 어떤 잘못을 초래하지는 않기 때문이다. 다만 우리가 가질 수 있었고 또 가져야만 좋았을 그런 어떤 지식이 결여된 상태로서의 무지가 하나의 죄가 된다는 점은 기억할 필요가 있다. 예를 들어, 변호사가 자신이 도와야 할 피고인의 행위에 대한 변론을 위해 관련법규를 숙지하지 못한 경우나 의사 자신이 취급하는 약품이나 의술에 대해 알고 있지 못한 경우 혹은 교사 자신이 가르치는 학습내용을 제대로 이해하지 못한 경우와 같은 무지가 하나의 죄라는 것이다.

### (3) 죄에 대한 변론으로서 무지 : 죄의 무게를 덜기 위한 시도

#### 1) 전적인 변론

범죄에 대한 변론 가운데 하나로서 흔히 법정에서는 무지한 점을 인정하기도 하는데, 이는 물론 무제한적으로 적용되지는 않는다. 우리는 이처럼 무지가 어떤 악행을 저지른 행위자의 의지를 어느 정도 무마 내지 소멸시킬 수 있는 정확한 비율을 고려하여 죄에 대한 변론으로 정당하게 활용하기도 한다. 예컨대 자신의 아버지에게 총을 쏜 사람이 실은 너무 먼 거리라서 사슴으로 오인한 것이 확실하게 입증될 경우 친부살해죄가 적용되지 않는다. 그러나 만일 그가 자신의 아버지인 줄은 모르고 총을 쏘았지만, 그 물체가 사람이란 것을 알았다고 한다면, 비록 친부살해죄는 적용되지 않을지라도, 살인죄가 적용될 것이다. 상기 두 가지 경우 비록 아버지가 살해되었지만, 친부살해를 의도한 행위는 아니다. 그러나 만일 그렇게 총을 쏜 자가 강도였다거나 당시 사슴으로 오인하여 사살된 자가 오랫동안 찾아 헤매던 원수였다고 한다면, 총을 쏜 자의 무지는 변론으로 정당하게 인정되지 않는다. 왜냐하면 설령 총을 쏘는 순간 사격한 대상을 못 알아보았거나 착각했고 나중에 상대가 누구인지 알게 되었다고 하더라도, 그의 행위(총을 쏘는 행위)가 달라지지 않았을 것이 분명하기 때문이다.

#### 2) 부분적인 변론

비의지적인 행위를 낳는 무지의 경우라고 해도 죄에 대한 변론으로서 정당하게 인정받을 수 없는 두 가지 혐오스러운 조건이 있다. 하나는 부자연스럽거나 위선적인 무지의 경우로서 이런 부류의 무지에는 앞선 두려움 때문에 알려고 하지 않는 무지도 포함된다. 예컨대 우리가 사랑해왔던 것이 잘못된 것임을 깨닫기 두려워하는 경우처럼 말이다. 또 하나는 나태하거나 소홀한 태도에서 비롯하는 무지의 경우다. 그러니까 어떤 사람이 지금 그리고 여기서 반드시 알았어야만 하고 또 알았어야 바람직한 그런 위치(신분)에서 그 사실을 제대로 알지 못한 경우에 해당된다. 이와 같은 무지들이 혐오스러운 까닭은 그것들이 인간에게 전적으로 무가치한 비겁함을, 생명과 인간으로서 마땅히 져야 할 책임을 거부하며 꽁무니를 빼는 비굴함을 뚜렷하게 보이기 때문이다. 현실세계에서 벗어나 그럴듯하게 꾸며진 망상으로 빠져드는 것은 쓸모없는 시도에 불과하다. 그러한 시도는 그래서 결단코 죄에 대한 변론으로 인정받을 수 없다. 그런 망상에 빠져드는 행동이 마땅히 책임져야 할 어떤 행위를 하지 않아도 되는 것처럼 바꾸지 못한다. 다만 그렇게 비치도록 착각하게 만들 뿐이다. 이처럼 기이한 행위가 이뤄진 과정을 소급하여 멀리까지 돌아다보노라면 그 여정에 질질 끌려다니는 못난 주체를 발견하게 될 것이니, 그런 행위는 (정당한 의미의) 무지로 인해 지금 그리고 당장 그 자체로 인해 용서받을 만한 행위들에는 결코 속하지 않는다. 그런 무지는 실제적으로 의지에 의한 것이다.

죄에 대한 변론으로서 무지가 유효한 경우는 그로써 이미 저질러진 죄의 무게를 일부 덜어주는 데에 용이하다. 더 나아가 무지가 충분히 혹은 전적으로 죄에 대한 변론으로 받아들여질 경우는 전적으로 죄의 자발성이 개입된 흔적이 발견되지 않는 경우로서 그때에는 죄가 사면된다. 그러나 고의적으로 무지한 상태에 머물러 있는 경우는 그러한 무지가 죄의 무게를 덜지도 더하지도 않는다. 예컨대 고의적인 나태함으로 말미암아 무지한 까닭에 죄를 저질렀다면, 그 무지는 죄의 무게를 덜 수 없다. 그러나 고의성이 없는 무지는 (비록 그것이 죄를 모두 사면할 근거가 되지는 못할지라도) 죄의 무게를 덜 수 있다. 왜냐하면 그런 무지에는 죄의 일반적인 속성인 자발성이 결여되어 있다고 보기 때문이다. 그런 까닭에 비고의적인 무지는 그로 인해 발생할 죄를 앞두고 경멸하는 마음을 갖지 못하도록 작용한다고 내다보기 때문이다. 다시 말해 자신의 부주의로 인해 자발적이라고 볼 수 없는 만큼 적극적인 의미에서 죄가 저질러졌다고는 보지 않는다는 것이다. 하지만 위선적인 무지도 있다. 위선적인 무지는 직접적으로 죄와 관련이 깊다. 다시 말해 위선적인 무지는 악행(죄)의 무게를 실제적으로 덜어주기는커녕 오히려 의도적으로 더 가중시키는 것이라고 보기 때문이다.

그러나 이때 비고의적인 부주의 및 나태함 때문에 죄의 무게를 일부 덜 수 있기 위해선 한 가지 중요한 점을 고려해야 한다. 우리가 죄의 무게에 대해 말할 때 이미 보았다시피 누구를 대상으로 죄를 저질렀고 또 죄를 저지르는 자의 태도(곧 사악한 마음의 정도)가 어떠했느냐 하는 두 가지 관점을 따라 그 경중을 따진다. 물론 부주의나 나태함이 죄의 대상을 바꾸지는 못한다. 그런 점에서 죄의 경중은 무엇보다도 누구를 대상으로 죄를 저질렀는가 하는 변함없는 사실에 근거하여 따져지는 것이 합당해 보인다. 또한 죄를 저지르는 자가 매우 잔인한 방법을 사용할 수도 혹은 그 횟수가 빈번할 수도 있는데, 그것은 죄에 대한 행위자의 심경 혹은 마음의 태도와 무관하지 않기에, 죄의 경중을 따지는 데에 또 하나의 기준이 된다. 하지만 때때로 그러한 방법의 선택이 행위자의 자발성과 거리가 멀 수도 있다. 그래서 부주의로 인해 어떤 사람을 살해한 자동차 운전자는 소위 암살자나 살인청부업자와 같이 뚜렷한 대상을 계획하고 살해한 사람과 동일한 형량을 부과하지는 않는다. 그러나 단 한 번의 살인행위도 암살자나 살인청부업자보다 더 잔인하게 저지를 수 있다.

## 5. 죄의 원인이자 변론을 제기하는 감각

### (1) 죄의 한 가지 원인으로서 감각

#### 1) 의지와 감각적 욕구 – 직접적인 동인과 간접적인 동인

죄의 원인에 대해 우리가 가장 먼저 던졌던 질문으로 되돌아가서 생각해본다면, 우리는 인간의 불행을 야기하는 보편적인 원인으로 간주할만한 두 가지 요소를 발견하게 된다. 예컨대 '감각'과 '의지'가 그것이다. 먼저 '감각'은 살아가는 중에 가장 활발하게 이뤄지는 까닭에 사람들로부터 쉽게 주목받듯이 가장 대중적인 동인이라고 말할 수 있다. 더구나 감각은 '의지'와 비교해서도 마치 국가정책을 설계하고 강행하는 어떤 정부기관이 그에 속한 구성원들을 관리 · 감독하듯이 과시적이고 주도적인 모습과는 대조적으로 그저 지시만 받고 움직이는 하찮은 하부 구성원처럼 대부분 비루한 모습을 보인다. 실제로 그와 같은 비교는 매우 정확하다고 생각한다. 그래서 신중한 자유의지에 의해 이뤄지는 행위를 인간적인 행위로 규정할 때 그런 행위에 대해 우리는 죄의 본성을 따진다고 말해야 할 것인즉, 그와는 달리 감각은 인간적인 행위를 크게 책임질 만한 원인이 될 수는 없다. 다만 신중하게 자유를 행사함으로써 이뤄지는 인간적인 행위에 어떻게든 영향을 미친다는 점에서 감각이 그런 행위와 전적으로 무관하다고 말할 수는 없다. 일례로, 정부행정에도 어느 매력적인 정부인사의 외모가 대중에게 영향을 주는 것처럼, 감각은 인간의 이성과 의지에 틀림없이 영향을 미친다.

확실히 감각은 의지를 향해 자신의 목소리를 높이거나 반드시 그래야만 할 것을 행하도록 지시할 수는 없다. 실제 그와 같은 권한을 행사하는 것은 이 세상에서 찾을 수 없다. 감각이 할 수 있는 것만 할 수 있다고 볼 때, 감각은 자신들이 암시한 것들을 의지가 뒤따르기를 간접적으로 부추기는 데에 제 역량을 다할 뿐이다. 그래서 어떤 사람이 한 가지 중요한 문제에 몰두하면 그를 위해 장만한 훌륭한 음식도 별 관심을 갖지 못하는 것이다. 혹은 어떤 한 가지 일에 혼신을 기울일 때 그 밖의 다른 것들에는 전혀 신경조차 쓰지 않는 인간의 보편적인 모습이 감각의 역량을 잘 말해준다. 그래서 선수가 정신을 집중하는 어떤 경기(축구시합)에서 크게 상처를 입었음에도 알아채지 못하는 경우가 많다. 좀 더 영웅적인 사례로서는 종교적인 순교자를 생각할 수 있다. 순교자는 신앙하는 바를 위해 박해자가 가하는 고통을 고통으로 느끼지 않는다. 또 다른 사례들도 우리 주변에 얼마든지 있다. 정신을 집중할 경우 감각이 둔해지는 것을 어렵지 않게 누구나 경험하기 때문이다. 그러나 거꾸로 감각적 욕구에 과도하게 몰입하거나 광신적인 행위에 깊이 빠질 때 의지는 제 힘을 충분히 발휘하지 못한다. 좀 더 단순하게 말해서, 우리의 능력은 영혼의 본질에 뿌리를 박고 있다. 그래서 우리의 능력들 가운데 어느 한 부분이 정념적으로 어떤 목적을 추구하게 될 경우 다른 부분들은 활동을 중지하거나 동시에 진행이 가능한 것들에 국한해서만 최소한 일부 능력이 병행할 수 있게 된다. 이는 인간이 단일체로서 살아간다는 하나의 증거가 될 수 있을지도 모른다.

### 2) 추리를 지배하는 감각적 욕구

① **이성 및 의지를 방해하는 감각** : 그러므로 감각에 빠져버릴 경우 다른 한편 의지는 무기력해질 수 있다. 또 달리 의지에 영향을 주는 방식은 감각이 이성을 마비시킴으로써 의지가 지적인 보호를 받지 못하게 하는 것이다. 그것은 마치 시각장애인을 돕는 안내견(案內犬)의 눈을 인위적으로 가려버리는 것과도 같다. 달리 말해서 감각은 때때로 이성을 방해할 수 있으며, 그로써 의지에 영향을 줄 수 있다는 것이다. 이성을 방해하는 감각적인 행위는 인간 영혼으로 하여금 오직 한 가지에만 몰입하게 함으로써 균형 있게 의지가 발휘되지 못하도록 만든다. 그런 경우는 대부분 정념적인 감각이 이성과는 정반대 방향으로 나아갈 때이며, 그로써 문제를 일으킨다. 혹은 병이 들거나 잠을 자거나 만취한 상태와 같이 이성이 제 기능을 할 수 없는 경우도 감각과 연관되어 있다고 하겠다. 어떤 사람이 크게 '격분한' 상태에 놓이면 무분별하게 폭력적인 언행을 일삼거나 최소한 다른 것을 아예 거들떠보지 않고 행동하는 모습도 그와 같은 사례에 속한다고 본다.

② **죄를 저지르는 자의 추리** : 우리는 이러한 감각의 올바르지 못한 행태를 좀 더 구체적으로 다음과 같이 설명할 수 있을 것이다. 예컨대, 어떤 사람이 살인행위가 죄임을 알고 심지어 살인행위가 얼마나 잘못된 것인지 소상하게 알고 있을지라도, 감각이 그러한 지식을 제대로 활용하지 못하도록 방해할 수 있다. 흔

히 이 같은 감각의 방해는 사람들로 하여금 보편적인 지식을 구체적인 경우마다 올바로 적용시키지 못하게끔 만들 수 있다. 한편 죄를 저지른 자도 일반사람들이 보통 행동하듯이 나름대로 삼단논법의 추리방식을 따라서 혹은 이성적인 형식에 맞춰 합리적인 결론을 내림으로써 행동을 결정한다. 그래서 예를 들어, 일반적으로 사람들은 '보복이란 (도덕적으로) 나쁜 행위'다. 그런데 '이 행위는 보복행위'이니, 결론적으로 '이 행위는 나쁜 행위이기 때문에 피해야 한다!'고 결정하고 행동한다. 그러나 죄를 저지르는 자는 이중적인 원칙에서 출발한다. 그러니까 죄를 저지르는 자는 '보복은 나쁜 행위'라는 원칙 곁에다 또 달리 '보복은 그래도 공감할만한 것이며, 그로써 마음을 후련하게 해준다'는 논리를 원칙처럼 추켜세운다. 거기에 격한 감정이 보태질 경우 앞선 첫 번째 원칙은 눈에 띠지 않는다. 그래서 그는 또 다른 논증을 펼치면서 행동을 결정하려고 한다. '그런데 이 행위는 보복행위다.' '그러므로 이 행위는 공감할만한 것이며, 그로써 마음을 후련하게 해줄 것이다.' 인간은 책임 있는 행동을 위해서라면 합리성을 고려해야 한다. 그렇게 하는 이유는 무엇보다도 자신을 존중하는 마음 및 스스로 지켜야 할 고결한 품위 때문이다.

인간이 스스로 고결하게 살아가겠다는 다짐은 사실상 큰 결심을 요구하는 것이 아니다. "내가 그렇게 해서는 안 된다."는 판단은 누구나 쉽게 할 수 있다. 그러므로 다만 실제로 '그러한 나쁜 행동을 절제하는 것'이 전부라고 하겠다. 그러나 죄를 저지르는 자는 '그럼에도 불구하고 해서는 안 되는 행동을 하는 데'에서 판가름이 난다. 그렇게 자기 합리화에 급급했던 사람의 무모함은 고통스러운 후회로 이어진다. 그러니까 죄를 저지르는 자도 충분히 잘못된 것을 통찰할 수 있다. 하지만 그 지식을 엄격하게 적용하지 못하거나 실천하지 못함으로써 좋지 못한 결과를 낳는 것이다. 다시 말해서, 이성의 길에서 벗어난 감각적 욕구는 인간적이고 보람된 삶을 저해하는 쪽으로 인간을 병들게 한다. 감각은 그래서 마치 투명하고 확실하게 볼 수 있는 정상적인 시력에 장애를 일으켜서 제대로 사물을 분간할 수 없도록 만드는 눈병과도 같다.

### 3) 죄의 첫 번째 원리 : 자기 사랑의 무질서(와해)

① **피조물에 대한 집착** : 정념적인 감정에 사로잡혀서 자신의 이성을 마비시키고 의지를 뒤흔드는 안타까운 일이 벌어지는 까닭은 어디에 있을까? 더욱이 그로 인해 인간성마저 훼손하는 행동까지 불사하는 이유는 어디에 있을까? 사실상 모든 죄의 이면에, 그러니까 우리의 고결한 품위를 아래로 끌어내리는 모든 행위들의 이면에 그와 같은 요인이 발견된다. 여기 그리고 지금 정작 원하는 것이 있다면, 그밖에 다른 것은 중요하게 여기지 않을 만큼 도덕적으로 올바르지 않은 방식으로 그것을 원할 수 있다. 우리의 원의를 만족시키는 그 어떤 것이 그밖에 다른 어떤 것들보다, 예컨대 신중하게 고려해야 할 것들보다 더 중요하다고 생각할 경우 말이다. 자기만족을 그 모든 가치들 가운데 으뜸으로 정해버리는 경우에도 주의 깊게 재고해야 한다. 곧 자기 자신을 사랑하는 것을 최고의 가치로 정해버리는 것이 자칫 잘못된 길로 빠질 수 있다는 것이다. 하지만 그로 인해 우리는 결과적으로 우리 자신을 철저히 미워하게 된다. 왜냐하면 그러한 사랑은 [주님이 가르쳐주신 바와 같이] 어떤 사람을 하느님께 그리고 참된 행복으로 이끄는 건강한 의미에서의 '자기 사랑'이 아니기 때문이다. 오히려 그런 이기적인 사랑은 하느님을 경멸하고 본래적인 자아를 포기하는 우(愚)를 범한다. 왜냐하면 그러한 행동은 우리를 보다 낮은 수준의 것들에게, 즉 우리의 마음을 이전보다 훨씬 더 공허하게 만드는 그런 하찮은 것들의 수준에서 만족하도록 우리를 아래로 끌어내리기 때문이다.

② **눈과 육신 그리고 자존심에 기운 욕망** : 눈과 육신 그리고 자존심에서 싹튼 욕망이 죄의 뿌리다. 곧 모든 죄들이 싹트게 된 원천적인 못자리와도 같다. 좀 더 정념적인 감각 및 감정에서 유래하는 죄의 직접적인 동기 혹은 원천은 요한 복음사가의 충고에서도 엿볼 수 있다. 예컨대 "눈의 욕망과 육의 욕망과 살림살

이에 대한 자만"이라고 요한 사가는 말한다.[9] 먼저 '육(肉)의 욕망'은 우리가 흔히 신체에 의한 본성적인 욕구를 가리킨다. 예를 들어 폭식(暴食), 폭음(暴飮) 및 식도락을 쫓는 행위를 떠올릴 수 있겠다. '눈의 욕망'은 감각적인 지식, 상상, 재물과 의복 등 겉으로 드러나는 화려함을 쫓는 행위를 대변한다. 그리고 '살림살이에 대한 자만'은 사회적인 명분이나 위신을 고려하여 두려움이나 억측, 분노나 눈치 등에 좌우되는 행위를 생각할 수 있겠다.

## (2) 죄에 대해 변론을 제기하는 감정

하지만 죄의 직접적인 원천이 무엇이든 간에 정념에 의해 벌어진 죄의 무게를 산정하는 일은 쉽지 않다. 다시 말해 어떤 죄를 초래한 감정에게 얼마나 그 탓을 물어야 할지 제대로 말해내는 일이 쉽지 않다는 것이다. 예를 들어, 설령 내가 나를 무척 화나게 만드는 어떤 특수한 사유의 연결고리에 대해 알고 있고 그래서 내가 정신을 최대한 가다듬어 그런 사유의 굴레에서 벗어난다고 하더라도, 어쩔 수 없이 뒤따르는 분노의 감정이 작용하는 죄를 온전히 무마시키진 못한다. 거기에는 여전히 나의 의지가 개입되어 있고, 따라서 나에게서 빚어진 행동은 곧 나의 행동이기 때문이다. 비록 그 '정도'에 차이가 있다고 하더라도, 그로써 나의 행동에서 의지적인 요소를 아예 빼놓고 생각할 수는 없다. 만일 내가 나의 잡다한 생각들로 인해 끓어오르는 분노를 마음에서 떨쳐버릴 수 없다면, 그로부터 수반되는 나의 행동들에 대해 더 이상 변명의 여지는 없다. 그러나 만일 다른 어떤 사람이 나를 아주 많이 거슬러 나에게 분노를 불러일으킨다면, 내게는 정말 좋은 변명거리가 있다고 말할 수 있다. 더욱이 그처럼 어떤 사람이 자극한 정념이 나의 이성적인 판단을 온통 마비시킨다면, 죄는 거의 성립하지 않는

9) [역주] 1요한 2,16 이하: "세상에 있는 모든 것, 곧 육의 욕망과 눈의 욕망과 살림살이에 대한 자만은 아버지에게서 온 것이 아니라, 세상에서 온 것입니다."

다고 주장할지도 모른다. 그래서 그저 나는 주체할 수 없는 분노로 말미암아 눈이 먼 것이라고 변론을 할 수 있다. 그러나 만일 주체할 수 없을 만큼 전적으로 타인에 의해서 벌어지는 경우가 아니라고 한다면, 그것은 분명히 죄다. 비록 죄의 무게가 다르더라도, 이성이 정당하게 활용될 수 있는 기회가 박탈된 정황에 맞춰 좀 더 정확한 비율로 죄를 산정할 수 있을 것이다. 그러니까 이성이 여전히 통제할 수 있는 동안에는 정념의 흐름을 차단할 수 있다고 보는 것이 일반적이다. 그리하여 정념의 흐름을 바꾸거나 이성에 순종할 수 있도록 다그치거나 인간적인 행위의 존엄한 부류 안에 넣을 수 없는 행동들에 대한 재가(裁可)를 형식적으로 거부하는 방식으로라도 정념에 대해 재제를 가할 수 있다고 본다.

그러면 사죄와 같은 중죄가 정념에 의해서도 일어날 수 있을까? 물론 그렇다. 정념과 같은 감정은 [교회의 입장에서] 본성적으로 이성과 의지의 적(敵)이 아니라 협조자다. 얼마든지 함께 인간의 행동을 이루는 협조자라는 점에서 정념은 심각한 죄를 낳게 할 수 있다.

## 6. 죄의 한 가지 원인으로서 의지, 변론이 허용되지 않는 경우

### (1) 악행, 무지, 나약함에 의한 죄

그러나 이성도 감각도 죄의 충분한 원인은 아니다. 여기 14장에서 우리가 알아보려고 하는 기본적인 질문에 대해 이제 마지막으로 답할 수 있는 것으로서 한 가지가 남았다. 왜냐하면 인간의 행위를 결정하는 한 가지 남은 원칙으로 '의지'를 고려해야 하겠기 때문이다. 만일 우리가 이 14장에서 일찌감치 '죄의 원인'을 살피려고 시작할 때 (예컨대, 앞선 '3. 죄를 일으키는 원인들' 단원에서) 소개했던 사례를 회상한다면, 이 죄의 원인에 관한 물음에 대해 지금까지 시도해온 답변은 실제 그 물음 자체 속에 포함되어 있음을 깨달을 것이다. 예를 들어 어떤 집(방)이 어두침침한 원인은 창문이 투명하지 못해서 그럴 수 있다고 했다. 이 사례는 죄의 '소극적인 혹은 부정적인 원인'을 말하기에 충분하다. 반면 '불 혹은 열기'는 우연히 그 곁에 있는 얼음조각을 녹이기에 충분하다고 말할 수 있다. 이 후자의 경우는 단순한 부정의 측면이 아니라 거기에 있어야만 할 것이 없다는 측면에서, 예컨대 행동의 부주의와 같은 '결함'을 내포한다. 그런 점에서 후자의 경우는 좀 더 분명한 죄의 원인이 된다고 하겠다. 돌려 말해서, 단순하게 부정의 측면에서 설명하는 '무지'나 '정념'을 밝혀내는 것으로 충분하지 않다는 것이다. 왜냐하면 죄 안에 내포된 '결함'이 우리가 찾고자 하는 죄의 원인으로 훨씬 더 적극적인 의미를 띠기 때문이다. 그것은 직접적으로 죄를 야기할 수 있다. 그러니까 결함은 충분히 어떤 죄가 초래하게 된 직접적인 원인이 될 수 있다는 것이다. 우리는 죄를 직접 유발한 보다 적극적인 원인을 찾아내야 한다. 그것이 실제 죄를 저지르는 행위의 원인이라고 하겠는데, 우리는 그것을 '결함'이라고 말한다. 그리고 그 결함은 '인간의 의지'에 기인하는 특징을 띤다. 만일 우리가 절도행위 안에 내포된 결함의 원인을 찾게 된다면, 누군가의 지갑에 손을 대는 행위에 대하여 책임을 져야 하는 일까지 나아가야 한다.

의지는 죄의 충분한 원인이다. 왜냐하면 의지가 죄를 저지르는 인간의 행위 안에 내포된 직접적이고 적극적인 원인으로서 유일하다고 보기 때문이다. 죄의 사악함은 그러므로 잘못된 행위 안에서 행위자의 의지가 직접적으로 어떻게 간여했는지 추적함으로써 파악되고 또 평가된다. 그래서 한 마디로 의지가 악하면 악할수록 잘못된 행위의 사악함도 더 크다고 말할 수 있다. 죄를 저지를 때 이성의 역할을 살필 때 우리는 앞서 '무지'의 경우를 고려해야 했다시피 이성도 부분적으로 죄에 기여한다. 또한 정념 및 감정의 역할을 살필 때에도 우리의 '나약함'을 고려해야 했다시피 정념이나 감정도 부분적으로 죄에 기여한다. 반면 행동을 주도하는 것이 의지인 경우 그 행동의 사악함은 의지에 준하여 설명할 수 있다. 사악함은 죄에 기여하는 의지 자체와도 일맥상통한다. 죄에는 많은 경우 어떤 무지나 어떤 나약함이 간여할 수 있지만, 항상 그런 것은 아니다. 그러나 사악함은 항상 간여한다. 다시 말해 사악함이 없으면 죄가 성립하지 않는다. 그러므로 죄를 주도하는 것이 무엇이냐 하는 물음에 대해 답할 수 있다. 그러니까 이런저런 구체적인 행동이 죄에 떨어진다고 말하는 것은 곧 죄 자체가 타락(墮落), 곧 삶이 부패되어 버리는 것을 뜻한다. 따라서 죄라고 하는 것은 이성에 부패가 전제되거나 감각적 욕구에 부패가 전제되거나 아니면 항상 의지에 부패가 전제되는 경우라고 말할 수 있다.

### 1) 의지에 의한 죄

만일 의지가 정념적인 감정이나 무지와 하등 상관없이 어떤 잘못(죄)을 행하기로 결정한다면, 거기에는 소위 사악함이란 것이 반드시 자리한다고 말할 수 있다. 한편 동일한 형태의 죄가 다양하게 표현되기도 한다. 예컨대 '근면해서 저지르는 죄'나 '알면서 저지르는 죄'란 것이 있다. 모든 죄는 선택되는 것이라고 말해야 하지만, 그렇다고 원칙적으로 모두 의지에 의한 선택은 아니다. 인간의 의지가 – 항상 선을 추구하기 시작하여 최고의 선인 하느님을 향해 자연히 상승한다고 내다보는데 – 어떻게 해서 신중하게 악(惡)으로 기울 수 있는지 이해하는 일이 얼핏 보기에 수월할 것 같지 않아 보인다. 하지만 그에 대한 대답이 비록 죄와 관련하여 항상 다소 희미한 측면들이 발견된다고 하더라도, 그렇게 난해한 것만은 아니다. 하지만 의지가 악으로 기우는 것이 난해하다고 생각한다면, 그것은 '악(惡)의 미스테리(the mystery of iniquity)'로 불릴 수 있을지 모른다. 이 수수께끼와 같은 일이 벌어지는 데에는 다음과 같이 두 가지 과정이 있다. 예컨대 하나는 일종의 '부패'라고 하는 과정과 다른 하나는 '제거'라고 하는 과정이 그것이다. '부패'는 특히 악을 호소력이 있게 만든다. 그래서 심지어 의지가 바람직하게 원하는 것과 똑같은 것으로 착각하게끔 만든다. 예를 들어 우리의 눈이 병들었을 경우 빛을 불편하게 느끼고 오히려 어둠을 편안하게 느끼게 하는 것처럼 말이다. 다른 한편 '제거'는 우리가 죄를 저지르거나 악한 선택을 하지 못하도록 도와주는 장치들을 제거시키는 것을 가리킨다. 그래서 영원한 보상에 대한 희망이나 지옥 불을 두려워하거나 부끄러움을 갖는 마음 등등을 무디게 해 버리는 것이다.

### 2) 습성에 따른 죄

우리가 보통 죄를 저지르지 못하도록 도와주는 장치를 마련하거나 그런 위험요소들과 거리를 두는 것은 마치 다이너마이트를 담은 상자 겉 표면에 '폭발 위험'이라고 표시하는 것과도 같다. 왜냐하면 그런 위험요소들은 언제고 감추어진 것들 사이에서 우리를 악으로 유도하기 때문이다. 죄의 사악함 속에 깃들어 있는 부패는 그런 위험요소보다 훨씬 더 음흉하고 심각한 것인 만큼 매우 위험스러운 것이다. 신체적인 부패 혹은 타락은 마치 질병이나 비정상적인 신체지수와 같이 악한 것에 솔깃하도록 만든다. 혹은 좀 더 보편적으로 말해서 그것은 습성적으로 부패한 상태라고 말할 수 있다. 습성은 우리로 하여금 어떤 행동을 보다 손쉽게 하도록 이끈다. 혹은 보다 더 즐기는 경향을 갖게 하여 마치 제2의 선성이라고도 부른다. 그러나 만일 이 같은 습성이 악으로 기울어버리면, 악한 행동을 수월하게 할 수 있고 거리낌이 없이 마치 우리의 본성이 그러하듯이 행동하게 된다. 마치 우리의 본성이 그렇게 행동하도록 애초부터 만들어진 것처럼 여기도록 만든다는 것이다. 그래서 그런 본성에 대해 의지가 자발적으로 혹은 당연하게 응답하듯이 습성적으로 행동하게 되는 것이다.

## (2) 정념에 의해 벌어지는 죄들의 비교

그 밖의 다른 모든 것들은 그저 그런 것으로 보더라도, 의지의 사악함을 내포한 죄는 정념에 의해 벌어진 죄보다 훨씬 더 무겁다. 왜냐하면 거기에는 행위자의 자발성이나 의도가 훨씬 더 뚜렷하게 개입되었기 때문이다. 그래서 죄의 무게는 형식적으로 행위자의 의지가 신중하게 개입되었느냐 하는 데에서 크게 좌우된다. 그래서 우리는 동일한 사악한 행위를 저지르고 그에 대해 당연하게 행동했다는 듯이 완고한 입장을 취하는 자와 당장 자신의 죄를 양심적으로 깊이 후회하는 자를 서로 다르게 판단하며 그 형량을 부과한다. 정념에 의해 저질러진 죄는 진심어린 행위가 아니다. 그런 경우 행위자의 의지가 거기에 부재하였다고 말할 수 있거나 행위자는 그런 격한 감정이 사라지는 순간 이내 숨을 헐떡이듯 바삐 하느님께 되돌아온다. 우리는 정념적인 죄인이 실제로 하느님을 향해 나아가는 데에 장애를 갖게 된다고 보아도 좋을 것이다. 그래서 그런 불운한 장애요소가 해소된 다음에는 하느님을 다시 찾을 것이라고 보아도 좋을 것이다. 하지만 의지적으로 사악한 자는 전심으로 죄를 저지르는 것이다. 그래서 그는 쉽게 되돌아오지 않는다. 다시 말해 하느님을 찾아나서는 데에 외적으로 걸림돌이 될 만한 것이 거의 없음에도, 자의적으로 하느님과는 상반된 것을 열심히 추구하는 것이라고 말할 수 있다. 만일 그러한 사악한 죄가 습성의 부패에서 오는 것이라고 한다면, 그런 행위는 계속될 것이고, 그것을 막을 수 있는 경우는 오로지 하느님의 은총과 영웅적인 회심뿐이다.

## [결론] 불행의 원인과 선한 의지

### 1. 불행의 근본적인 원인 – 나쁜 의지

그러므로 의지가, 좀 더 정확히 말해서 인간의 '나쁜 의지'가 죄의 확고하고도 충분한 원인이라고 말할 수 있다. 나쁜 의지가 곧 불행의 뿌리다. 그리고 이 점이 식물이나 짐승이 처할 수 있는 역경 혹은 불행과 구별되는 점이다. 곧 사악한 의지는 의식적으로 이 세상에 속하는 것을 선택함으로써 인간을 영적으로 피폐하게 만든다. 이 문제는 그러나 앞서(곧 '1. 현대인들이 불행을 초래한 두 가지 근거'에서) 말했다시피 현대철학이 자신의 무릎 위에 갓난아이를 앉혀 놓고도 그냥 방치한 채로 내버려두듯 제대로 다루지 못하는 것이기도 하다. 그래서 마치 의사들이 수 없이 들여다보고 고민하지만 별 도움이 되지 못한 채 환자는 고통으로 신음하며 지내야 하는 질병과도 같다고 본다. 그래서 만일 이 '나쁜 의지'를 해결할 수 있다면, 이내 행복을 발견하게 될 것이라고 믿는다. 우리의 마음이 있는 곳에 행복도 함께 할 것이기 때문이다. (일찍이 산상수훈의 가르침처럼) 가난하거나 부유한 가운데서도, 병들어 신음하거나 건강한 중에도, 잘 배우거나 무지한 가운데서도, 남녀노소를 막론하고 말이다. 왜냐하면 인간의 행복은 우리가 흔히 불행의 근거라고 생각하는 질병이나 불운, 가난이나 어떤 재앙과 같은 외적인 것들이 한순간 사라짐으로써 갑작스럽게 찾아오는 것이 아니기 때문이다. 차라리 참된 행복은 땅속 깊숙이 감추어진 보화와도 같이 우리의 영혼 속에서 찾을 수 있다. 그것은 이미 인간의 마음 안에 자리한다. 인간의 마음은 마치 그 어떤 외부인의 공격이나 침입에도 뚫릴 수 없는 밀실 속에 자리한다. 오로지 그 밀실의 주인만이 출입이 가능하도록 자기 자신에게만 열쇠가 주어져 있다. 모순처럼 들리겠지만, 그 주인에 의해서만 행복이란 보화가 약탈될 수 있듯이[10], 각자의 영혼 안에 내재하는 행복의 싹은 각자에 의해서만 꽃을 피우든지 시들어버릴 것이다.

## (1) 불행에서 건져내는 현대의 구제책

우리 시대에 인간을 불행에서 건져내는 구제책을 모색하기 위해 얼마나 많이 힘써왔는지 그 흔적을 더듬어보라! 우리는 마치 어떤 분노한 우상 앞에 평화를 위한 희생제물을 바치듯이 인간 앞에 선물을 잔뜩 쌓아올리지 않았던가! 그런 선물꾸러미가 인간을 즐겁게 해줄 수 있을 것이라고 막연히 기대하면서 말이다. 긍정적인 측면에서 우리는 더 좋은 주거시설에 관하여, 더 좋은 음식에 관하여,

10) [역주] 아리스토텔레스, 「니코마코스 윤리학(V 15)」: 아리스토텔레스는 "아무도 자발적으로는 불의를 감행하지도 감당하지도 않는다."([1138a.12])고 한다. 강요나 무지가 아니라면, 그 누구도 스스로 불의를 행하거나 불의를 당하지 않는다는 것이요, 이는 그 누구도 제정신을 가지고 있는 한, 마치 "제 소유물을 자신이 훔칠 수 없는"([1138a.25f.]) 이치와도 같다고 강조한다.

더 나은 교육과 더 풍요로운 문화에 관하여 논의하고 더 알찬 여가 및 건강을 위해 관심을 기울이지 않는가! 하지만 과거에 비해 훨씬 더 많은 사람들이 불행해하면서 희망을 포기하는 것이 점점 더 두드러지는 오늘날의 현상은 어떻게 설명할 수 있을까? 현대인들은 미래에 대해 부정적이다. 이는 그러나 그들에게 여전히 부족한 어떤 것들 때문이 아니라 이미 가지고 있는 것들이 사람들을 불행으로 이끌기 때문이라고 말하는 것이 더 합리적인 것 같다. 현대인들은 죄에 대해 관심을 기울이지 않는다. 하느님에 대해서든 영혼에 대해서든, 자유의지에 관해서든 심지어 이성에 관해서든 주목하지 않는다. 다른 한편 정념적인 감정을 절제하는 일도, 인간적인 행위에 대해 책임지는 일도 그리고 인생의 의미에 대해서도 별 관심이 없다. 그러나 과연 그렇게 행동함으로써 인간은 더 행복해지는 것일까? 오직 하느님만이 우리의 인간성이 얼마나 큰 손상을 입었는지 알고 계실 것이다. 그리고 그로 인해 희생양이 된 수많은 사람들만이 우리를 불행 속으로 몰고 간 쓰라리고 절망적인 주범이 무엇인지 말할 수 있을 것이다. 우리는 실패했다. 그것도 비참하게 그리고 온통 망가졌다. 그리고 또 계속해서 좌절을 맛보게 될 것이다. 우리의 의지가 바로 우리의 불행의 확고하고 충분한 원인이라는 사실을 두려워하며 자각하는 순간까지 그러한 좌절은 계속될 것이다. 그것이 두려워할 일이라는 것은 그에 대한 책임이 바로 우리 자신에게 있기 때문이다. 그것을 자각해야 한다는 것은 그러한 불행을 끝장내는 일이 또한 우리의 손에 달려있기 때문이다.

불행에서 우리를 건져내는 구제책은 바로 '선한 의지'다. 그것은 성령부흥회와 같은 신앙 모임을 통해서 얻어지는 것이 아니라 우리 각자가 인간성에 기초한 의미를 회복하는 순간 얻어지는 것이다. 선한 의지는 이성이 지향하는 목표에 합리적으로 나아가는 발걸음과도 같다. 마치 바다가 그리워 해안을 향해 걸어가는 어떤 사람이 어느 정도 떨어져 있음에도 바다 고유의 냄새를 맡으며 점점 들뜬 마음으로 힘차게 걸음을 내딛는 것처럼, 선한 의지는 이성이 알아본 목표를 향해 나아가는 발걸음을 활기 넘치도록 고무시키는 힘도 가지고 있다.

## (2) 선한 의지의 규범

이 같은 선한 의지는 신비스럽거나 황홀한 어떤 것이 아니다. 그것은 우리가 그것을 정말 갖고 있는지 갖고 있지 않은지 스스로 미심쩍어할 만한 그런 것이 아니다. 더구나 그것은 마치 갑작스럽게 하늘에서 떨어지는 벽돌조각에 머리를 부딪치듯 충격적인 그런 것이 아니다. 상대적으로 훨씬 더 많은 이들이 선한 의지의 실재를 알아볼 수 있다고 한다. 예컨대, 어떤 이들은 순간적인 간단한 판단으로 자신이 선한 의지를 가졌는지 갖지 않았는지 직접 결정할 수 있다고 주장한다. 또 어떤 이들은 오직 양심을 따라서만 혹은 '십계명'을 음미하거나 나아가 실천적으로 이를 적용하는 중에만 선한 의지를 가진 것으로 판단된다고 주장한다. 왜냐하면 우리의 선한 의지는 반드시 행동을 통해 드러나야 한다고 보기 때문이다. 그래서 '십계명'의 준수 여부에 따라 우리의 의지가 선하거나 악하다고 보는 것이다. 그렇지 않으면, 조금은 더 전문적으로 혹은 철학적으로 말해서 인간의 행동은 우리의 의지에 의해서 이뤄지며, 인간다운 목표를 향해 나아가거나 그와 정반대로 나아가는 모습에 따라서 선하거나 악하다고 판단할 수 있다고 주장하는 이들도 있다. 이때 '십계명'은 '선한 의지'가 지향하는 선(善)의 최소치를 표현한 것이라고 본다. 아무튼 선한 의지는 우리가 알아볼 수 없게끔 베일에 가려져 있는 것이 아니다.

## (3) 선한 의지를 위한 수단들

인간의 행복에 토대가 되는 선한 의지가 어떻게 '무상(無償)의 은총'[11]이라고 교

11) [역주] 아무런 대가 없이 받게 되는 이 '무상의 은총' 앞에서 한편 신앙인들이 그렇듯 너무 안이하게 '은총'을 생각해버리는 잘못을 범한다. 그래서 독일의 나치시대 유명한 루터교 신학자이자 목사 디트리히 본회퍼(D. Bonhoeffer)는 "헐값의 은총"(Billige Gnade)에 대해 올바르게 경고한 바 있다. "헐값의 은총이란 투매상품처럼 … 값싸게 치러지는 성사다. … 공동체 규칙 없이 베푸는 세례, 죄 고백 없이 이루어지는 성찬례, 개인의 참회가 따르지 않는 용서가 다 헐값의 은총이다."(Nachfolge, München 1971. 13f.)

회는 가르칠까? 거기에는 그 어떤 요술이라도 있는 것일까? 그렇지 않다. 오히려 그것은 이성의 요구에 부응하는 단순한 논리만이 필요할 뿐이다. 그러니까 우리의 인간성과 직결된 요구 혹은 도덕적인 덕을 따라 사는 것 말이다. 가톨릭 교회는 이를 '십계명'의 준수라는 생활규범으로 꾸준히 가르쳐왔다. 다시 말해 그리스도인이 살아가면서 할 수 있는 것들을 통해서는, 그러니까 좋은 습성 및 덕을 기르고 나쁜 습성 및 악습을 피하고 질타하며 근절시키려고 노력함으로써 그런 요구에 부응할 수 있다고 본 것이다. 그리스도인이 할 수 없는 것들의 경우에는 그러한 부족한 부분을 유일하게 채워주시는 하느님에게 청하는 것으로, 그러니까 기도와 성사에 참여함으로써 자비로우신 하느님이 우리에게 베푸시는 초본성적인 은총을 받아 누릴 수 있다고 교회는 가르쳐온 것이다.

## 2. 선한 의지와 행복

"착하게 살아가는 사람들에게 평화!"라는 천사의 메시지가 무지한 목동들에게 가장 먼저 전해졌던 그 날을 생각해보라! 선한 의지는 실제 우리가 살아가는 주변 환경 및 상황에 달려있는 것이 아니라는 깨달음 혹은 선한 의지는 우리의 불우한 처지에서조차 평화를 이룰 수 있는 매우 든든한 토대가 된다는 사실은 어쩌면 우리에게 충격적이기까지하다. 평화가 있을 수 있다면, 거기에 왜 행복이 없겠는가? 나아가 행복이 있을 수 있다면, 거기에 왜 행복의 원인이 없겠는가? 물론 하느님은 의당 우리의 통제 밖에 놓여있는 환경이나 처지에 종속하여 살아가도록 우리를 창조하지 않으셨다. 만일 인간의 행복이 마침내 갈바리아 산의 희생을 통해 보장하려고 하셨을 만큼 예수 그리스도에게 충분히 중요한 것이었다면, 그것은 모든 사람들을 위해서였고 또 그래서 모든 사람들이 저마다 붙들 수 있는 것이어야 했다고 본다. 그래서 인간의 행복은 세상의 여러 가지 조건과는 독립해 있고 다른 사람들 혹은 악마나 천사들의 행동과도 독립해 있다고 말하는 것이 옳을 것 같다. 그러므로 인간의 행복은 그렇듯 각 개인의 선한 의지에서 흘러나온다고 말해야 할 것이다.

## 제15장 밖에서 오는 불행
(제2부 제1편, 제79문제~제81문제)

1. 인간 영혼의 침범할 수 없는 성역 (거룩한 장소)
   (1) 영혼 외부의 세력들과 죄
   (2) 영혼 외부의 행위자들과 죄
2. 죄와 인간의 존엄성
   (1) 인간성에 대한 공격
      1) 자유에 대한 불신
      2) 자유의 파괴
      3) 진리에 대한 불신
   (2) 인간성 옹호
3. 하느님과 신성불가침의 인간 영혼
   (1) 우리의 죄 안에서 하느님의 적극적인 섭리
      1) 행위로서의 죄, 그 긍정적인 측면과 부정적인 측면
      2) 죄를 통해 드러나는 정의(正義)의 일면
      3) 처벌
   (2) 우리의 죄 안에서 하느님의 소극적인 섭리 : 불신과 완고한 마음
      1) 선을 피해 악을 추구하는 것
      2) 은총의 거부
4. 악마의 무기력
5. 악마의 능력
   (1) 우리의 활동의 제한된 분야(영역)
   (2) 덕과 악습과 관련된 악마의 활동
   (3) 악마의 실제 활동의 제한적인 특성
6. 원죄(原罪)와 신성불가침한 인간 영혼
   (1) 원죄(原罪)와 그 의미
      1) 대자연을 통한 이해
      2) 교회 교도권을 통한 이해
   (2) 유죄(遺罪)의 수수께끼와 이해의 어려움 : 자발성과 정의(正義)의 문제
   (3) 신학적인 설명
      1) 인간 영혼의 전이(transmission)
      2) 신체적 결함의 전이
      3) 인간 본성의 전이(토마스 아퀴나스)
7. 죄의 유전(遺傳)과 개인의 죄
   (1) 원죄의 양도에 대한 엄격한 제한
   (2) 모든 사람들에게 양도되는 죄의 보편성
   (3) 전이의 기본적인 조건 : "세대를 통해 이어지는 행위 원칙"

---

[결론] 원죄와 하느님과 인간의 존엄성
1. 하느님에게 반항하는 현대 사조
2. 하느님의 완전하심을 증명하는 죄
   (1) 고상함과 관대함
   (2) 인간 영혼의 신성불가침한 성역에 대한 태도
   (3) 좋은 능력과 자비로운 정의
3. 인간의 존엄성을 증명하는 죄

# 제15장 밖에서 오는 불행 (제2부 제1편, 제79문제~제81문제)

## (들어가기)

이 세상에서 하기 싫은 일 가운데 하나는 아마도 진열장에 상품을 꼼꼼히 살필 수 있도록 배치하듯이 자신을 훤히 드러내는 일일 것이다. 인간이라면 자신을 상품처럼 누구나 들여다볼 수 있게끔 속속들이 공개하는 것을 원치 않는다. 소위 프라이버시, 곧 '사적인 것'을 개인의 권리로서 합법적으로 보호하려는 것처럼, 자기만의 가장 소중한 것들로 남겨두는 데에 거의 모든 이들이 동의할 것이다. 프라이버시의 보호에는 구체적으로 개인의 생각, 원의 그리고 가정(家庭)을 무엇보다도 먼저 고려할 수 있겠다. 우리는 대중에게 잘 알려진 유명인사들이 공공연하게 허름한 옷을 입거나 개인 휴가지에서 무엇을 즐겨 찾거나 문화적인 취향이나 가족사(家族史) 혹은 소위 파파라치들이 끈질기게 추적하는 그 어떤 스캔들과 관련하여 몹시 불편하게 살아가고 있다는 소식을 어렵지 않게 접한다. 꼬투리를 잡을 만하거나 새로운 사연이든지 간에 모두 대중에게 호기심을 유발하는 것들은 실제 당사자로서는 성가신 것이요, 때로는 분개할 정도로 예민한 일이다. 우리는 저마다 자신만의 고유한 무언가를 간직할 수 있어야 한다. 자신의 소중한 손님들만이 입장이 허락되는 공간을 가질 수 있어야 하며, 오직 사랑만이 열고 들어갈 수 있는 방이 허용되어야 한다. 그래서 인간은 그 어떤 호기심어린 눈빛의 대중이나 친숙하지 못한 외부인이 결코 재미삼아 혹은 조롱하거나 헐뜯기 위한 목적으로는 출입이 통제된 어떤 거룩한 장소를 자기 내면 깊숙이 간직할 필요가 있다고 법으로도 보장하고 있다.

인간 존엄성은 오직 모욕으로 인해서만 훼손된다. 이는 예를 들어, 아내의 기세로 인해 어렵게 살아가는 공처가(恐妻家)의 경우나 폭군에 의해 억압을 당하는 양민들의 경우에서도 간단히 엿볼 수 있는 사실이다. 다시 말해, 자신의 행동을 인간다운 행위가 되게끔 하는 기본적인 자율성을 박탈함으로써 인간으로서의 고상한 지위를 끌어내리는 것이 바로 인간 존엄성에 대한 모욕이다. 우리는 억압받는 것을 싫어하며 반대로 자발적인 선택을 귀하게 여긴다. 그것은 우리의 인간성이 그렇듯 저마다 그리고 매순간 표현되는 다양한 행위들의 자발성과 직결되기 때문이다. 자신의 행위라고 말할 수 있을 때 그러한 행위로써 우리는 진정 자기 자신다운 삶을 누린다고 자부할 수 있다. 그것은 우리가 우리의 능력과 통제로 이미 우리 스스로 선택한 것을 일궈나가는 데에서 자신다움 및 인간다움의 의미를 찾기 때문이다.

## 1. 인간 영혼의 침범할 수 없는 성역(거룩한 장소)

그와 같이 자신의 결정 및 행동을 방해 받거나 모욕을 받았을 때 우리가 느끼는 분노는 결코 몽상가들이 엄격한 현실 앞에서 불만 가득히 토로하는 불합리한 울분과 같을 수는 없다. 전자의 경우는 그러므로 차라리 의분(義憤)이라고 말한다. 어이없이 자신의 권리를 강탈당한 자가 참을 수 없는 억울함으로 치를 떠는 분노와 같다는 것이다. 우리의 마음속에는 이처럼 타인이 침범할 수 없는 성역이 존재한다고 생각하며, 이는 결코 착각이 아니다. 그것은 최근에 새롭게 제기된 심리학 이론도 아니거니와 허전한 마음을 달래주기 위해 꾸며낸 백일몽도 아니다. 우리는 아주 오랫동안 이 같은 성역이 우리 내부에 자리하고 있다는 사실을 경험해왔다. 그리고 그것은 그때마다 우리로 하여금 우리 자신이 바로 '인간'이라는 점을 항상 일깨워주었다. 우리는 그로써 이 세상에 독보적으로 살아가는 존재의 위상을 통해 그 어떤 혁명적인 주장을 제기하려는 것이 아니다. 다만 그와 같은 자립적인 행위들이 인간다운 삶을 이루게 하는 기본요소가 되어 어느 누구에게도 구애받지 않고 고유한 결정을 내리며 스스로 책임을 지는 존재가 됨을 말하려는 것이다.

### (1) 영혼 외부의 세력들과 죄

바로 앞장(제14장)에서 우리는 우리의 불행을 뚜렷하게 야기하는 한 가지 충분

조건이 곧 우리 자신이 저지르는 '죄'라고 하는, 차라리 거부하고도 싶은 결론과 마주하였다. 죄는 각 개인의 의지를 대변한다는 점에서 인간의 고유한 결정이자 행위다. 그와 같은 결론을 거부하고 싶은 까닭은 죄가 본래적으로 한 인간의 존엄성과 직결된, 소위 다른 사람은 침범하거나 간섭할 수 없는 특성을 확고하게 입증해주는 것이기 때문이다. 우리는 자신의 인간다운 행위 앞에서, 더구나 죄와 같은 무가치한 행위 앞에서 결코 강요받을 수 없다. 무지와 정념은 우리를 감언이설로 달래거나 꼬드겨서 죄를 저지르도록 유도할 수 있다. 하지만 우리가 스스로 그렇게 결정할 때에만 죄를 저지르게 된다. 그러므로 흔히 유전(遺傳)이나 환경, 심신의 불안정이나 생리적인 작용 등등 그 밖의 외부적인 요인들이 우리의 의지를 대신하거나 의지보다도 더 크게 작용하는 요인이 될 수는 없다. 우리에게는 타인 혹은 그 어떤 외부적인 힘이 침범하거나 무력을 행사할 수 없는 성역이 있다. 우리는 자신의 행위에 대해 주인이지 더 이상 채찍에 휘둘려서 속절없이 복종만 해야 하는 노예가 아니다. 그런 의미에서 우리는 주체적인 존재다.

### (2) 영혼 외부의 행위자들과 죄

이 장(제15장)에서 우리는 우리 자신의 행위라고 말할 수 있기 위해서 단지 간접적으로 영향을 미치는 외부적인 요인 및 조건들에 대해서가 아니라 인격적인 측면에 대해 숙고하고자 한다. 특히 죄라고 일컫는 인간적인 행위의 결정적인 요인에 대해 고찰하고자 한다. 우리의 경험상, 그러니까 다른 사람들에 대한 관찰을 포함하여 이미 경험해온 바를 따라서 우리의 주체적인 결정과 외부적인 요인들로 인한 한계에 관한 정확한 정보를 갖고 있다. 우리는 한 아이에게 우유를 컵에 따라 마실 수 있도록 가르치거나 선보일 수 있다. 하지만 그 아이에게 억지로 우유를 원하게끔 강제할 수는 없다. 여기에 함축된 사실들을 좀 더 자세히 살펴보자. 아이는 신체적으로 덜 발달했고, 정신적으로도 초보적인 수준이라고 하자. 경험도 거의 없고 사교적인 재주도 기대하기 힘들다. 온 나라를 초토화시키는 엄청난 위력의 무기에 대해서 전혀 아는 바가 없다. 그렇지만 그 아이에게 그 어떤 막강한 위력의 무기로 위협을 가하거나 지옥불을 관리하는 악마들을 앞세워 공포분위기를 조성하든가 아니면 인간사는 물론 세상의 역사를 주무른다는 시대정신을 끌어들이더라도 그 아이가 억지로 우유를 원하게끔 만들 수는 없다. 그렇듯 죄는 오로지 스스로 원하는 한에서만, 곧 개인의 자발적인 원의에 의해서만 벌어질 수 있다.

## 2. 죄와 인간의 존엄성

### (1) 인간성에 대한 공격

#### 1) 자유에 대한 불신

오늘날 사람들이 자신들의 '인간성' 문제를 두고 조심스러워하기보다는 대담할 정도로 그에 대해 긍지를 갖는 모습은 매우 뜻밖의 현상이라고 말할 수 있다. 그래서 그와 같은 인간성에 대해 주저하며 소극적인 태도를 취하는 대신 훨씬 더 적극적이고 열심히 다른 것들을 찾아 나선다. 예를 들어, 인간다운 행위가 지닌 무거운 부담에서 벗어나고픈, 그래서 소위 죄에 해당하는 인간의 행위에 대한 책임을 전적으로 하느님께 전가시키려는 큰 무리의 사람들이 오늘날 점점 늘어나고 있다(예컨대 펠라기우스, 칼뱅, 츠빙글리 등의 주장을 뒤따르는 이들을 포함해서 말이다). 이들은 인간을 도와줄 수 있는 것이란 아무것도 없고, 인간은 무자비하게 쫓기는 신세가 되었다고 생각한다. 그래서 그들은 대부분 아예 모순된 신성(神性)에 기초하여 모든 인간은 특수한 죄에 반드시 떨어지고 만다는 생각에 젖어있다. 또 어떤 이들은 다른 신학적인 관점에서 인간의 행위는 그때마다 죄에 떨어질 수밖에 없다고 생각한다. 인간은 스스로를 도울 만큼 강하지도 않을뿐더러 아무도 그를 도울 수 없다고 자포자기하는 일도 마다하지 않는다. 따라서 인간에게 '자유'가 있는 것은 사실상 무의미하고 무가치하다. 그러니까 처음부터 인간에게 진정한 의미의 자유란 존재하지 않는다는 것이다. 그에 반해 하느님이 몸소 펼치실 수 있는 모든 것은 죄와 결부되지 않으며, 하느님 곁에선 우리 눈에 죄악처럼 비춰지는 여지조차 남아있지 않으니, 오로지 신앙만이 우리의 구원을 보장한다고 주장하는 이(루터)도 있다. 이 같은 주장에 따르면 설령 인간에게 자유가 있다고 해도 아무 의미가 없을뿐더러 차라리 기꺼이 그 자유를 반납하는 것이 최선이라는 논리처럼 이해된다.

### 2) 자유의 파괴

자유를 파괴하려는 시도들이 오늘날 자연과학은 물론 철학적인 관점에서도 활성화되고 있다. 비록 우리의 행위에 대해 아무 말 못하는 형편일지라도 우리의 환심을 사려는 의도였다면 매우 성공적이라고 말할 수 있다. 왜냐하면 거기선 걱정할 것이 하나도 없으니, 더 이상 죄는 언급하지 않기 때문이다. 어떤 식으로든 인간성에 대한 모욕적인 행위를 대수롭지 않게 생각하는 데에 쏠려있다. 우리가 이처럼 마치 장기판에서 졸(卒)처럼 행동하는 것으로 만족해야 한다는 주장 앞에서 분개하는 것이 전혀 이상할 것은 없다. 왜냐하면 그와 같은 주장은 단지 우리의 자유를, 그러니까 우리 자신의 행위에 대해 우리가 주인이라는 점을 매몰차게 거부하는 것이기 때문이다.

### 3) 진리에 대한 불신

더욱이 그렇게 자유를 거부하는 이들은 진리에 대해 불신하는 것임에도 불구하고 전혀 개의치 않을 정도로 부끄러움을 모른다. 그들은 마치 신성(神性)이 악하다고 믿거나 신이 없는 세상을 생각해야 한다고 강변한다. 그로써 인간은 더 이상 우리가 순진하게 믿어 왔던 인간이 아니며, 자연법과 자연은 본시 함께 생각할 수 없는 것이라고 주장한다. 그러나 참된 인간의 정(情)에서 자연스레 흘러나오는 밝은 얼굴은 인간다움을 거스르는 온갖 주장과 작태 앞에서 순간 일그러진 표정을 짓고 말 것이다. 자신의 의도적인 표정으로 진심을 모두 가릴 수는 없다. 진리에 대해 불신하는 곳에도 설령 인간의 정이란 것이 있다고 주장하더라도, 인간 본연의 마음을 다 채우지 못하고 마치 수줍음 많은 손님처럼 자신에 대해 항상 서먹서먹하고 겉도는 입장으로만 머무를 것이다.

## (2) 인간성 옹호

인간의 정(情)은 흔히 아이에게 식사 전에 과자나 초콜릿을 주는 다정함보다 더 단호하다. 외과의사의 메스는 종종 자비로운 도구다. 왜냐하면 비록 사정없이 환부를 도려내는 예리함이 잔인하게 비칠지라도, 진리는 거짓 평화나 눈속임보다 훨씬 더 깊숙이 썩어가는 상처에 손을 댈 때 비로소 찾아오기 때문이다. 인간성 가까이 자리하는 인간의 정은 인간의 참된 행복에 대해 한시도 눈을 떼지 않는다. 인간의 존엄성과 자유, 인간에 관한 진실은 한 때의 즐거움이나 쾌락으로 인해 가려져서도 유보되어서도 안 된다. 이미 우리가 앞서 이 총서 제1권에서 보았던 것처럼, 그리스도 교회는 처음부터 지금까지 그래왔듯이 앞으로도 계속해서 인간의 이성에 대해[12], 인간의 자유에 대해[13], 참되신 하느님에 대해[14] 그리고 그 배후에 정신적인 목적을 지닌 이 세상에 대해[15] 옹호할 것이다. 교회의 교도권은 사람들이 끊임없이 속삭이는 양심의 소리를 외면하고 인간성을 거부할 때마다 반복적으로 청천벽력처럼 사람들을 향해 외칠 것이다. 인간성을 잊거나 소홀히 하지 않는 사람에게는 인간 영혼 깊은 곳에 아무도 침범할 수 없는 성역이 자리한다. 그런 이유에서 우리가 저지르는 죄는 바로 우리 자신에게 탓

12) 참고, 제1차 바티칸 공의회 Session(이하 약어 "Sess."로 표기!). Ⅲ, chapter(이하 약어 "ch."로 표기!]. 2, canon(이하 약어 "can."로 표기) 1(덴칭거 3004).

13) 참고, 트리엔트 공의회, Sess. Ⅵ, can. 4 and 5(덴칭거 1554, 1555).

14) 참고, 제4차 라테란 공의회, ch. 1 "De fide catholica" (덴칭거 801); 제1차 바티칸 공의회 Sess. Ⅲ, ch. 1(덴칭거 3001–3003).

15) 참고, 상게서.

이 있다. 우리가 실수하거나 자신에 대해 불신하거나 아니면 스스로 포기하는 것이 아니고서는 그 어떤 외부의 힘으로도 침공당하지 않는 성채(城砦)를 갖고 있기 때문이다.

## 3. 하느님과 신성불가침의 인간 영혼

어떠한 이유에서든 자기 자녀들에게 손을 대는 것을 엄격하게 금지시키는 부모들이 있다. 그와 같은 부모들은 자기 자녀들에게 교사가 매를 든 것은 물론이거니와 꾸지람이나 눈살을 찌푸린 것조차도 교감이나 교장을 찾아가 항의하며 처벌을 요구한다. 하지만 그런 자녀들일수록 제 부모로부터 학대받는 경우가 허다하다. 정확히 이 같은 부모의 모습이 바로 하느님에게 따지고 드는 우리의 모습을 연상시킨다. 만일 우리가 하느님께 다음과 같이 대들면서 요구한다면 말이다. 예컨대 하느님은 세상의 모든 외적인 힘으로부터 우리의 인격적인 결정 및 행위를 보호하고자 '자유'라고 하는 난공불락의 튼튼한 성벽을 우리에게 선사하셨기 때문에, 결과적으로 하느님이 친히 우리의 인간성을 포기하고 인격을 무너뜨리는, 곧 우리가 죄를 저지르도록 그 원인을 제공하신 분이라고 주장한다면 말이다. 우리에게 자유를 주신 분이 곧 우리의 죄를 야기한 장본인이라는 주장이다. 이 같은 주장은 자유의 의미를 진지하게 고려하지 않은 어처구니없는 태도에서 비롯한다. 다시 말하지만, 아이가 제 부모 외에 다른 누군가로부터 얻어맞지 않도록 조치하고 강구하는 일보다 더 중요한 일이 있다. 진정 부모라면 아이에게 그보다 세상의 괴롭힘으로 인해 자신을 잃거나 인격을 포기하지 않도록 주의하며 제 길을 스스로 걷도록 가르쳐야 한다. 왜냐하면 우리는 바깥에서가 아니라 자기 집 안에서도, 곧 우리 자신의 영혼 안에서도 인간성 및 인격과 관련하여 심각할 정도로 상처를 입을 수 있고, 그것이 훨씬 더 치명적이기 때문이다.

## (1) 우리의 죄 안에서 하느님의 적극적인 섭리

어떤 부모들은 자녀를 사랑한답시고 외부의 규제나 훈계에 촉각을 곤두세우고 금기시하면서도, 정작 스스로는 자녀들을 학대하는 경우가 있다고 하더라도, 하느님은 결코 그렇지 않다. 하느님은 당신이 손수 마련하신 인간의 인격 및 인간성을 모든 피조물도 존중하도록 요구하신다. 하느님 또한 그렇게 마련하신 우리의 인간성에 대해 똑같이 존중하시기로 작정하셨다. 그러므로 마치 우리가 수영을 가르치기 위해 아이를 억지로 풀장에 밀어 넣듯이 하느님이 친히 어떤 인간을 죄의 구렁텅이로 떨어뜨리시는 경우는 없다. 오히려 우리는 우리의 힘으로 죄에 뛰어드는 셈이다. 왜냐하면 우리 자신이 곧 우리가 저지른 죄의 당사자가 되기 때문이다.

### 1) 행위로서의 죄, 그 긍정적인 측면과 부정적인 측면

그럼에도 불구하고 하느님은 간접적으로나마 우리가 죄를 저지르는 순간 어떤 점에서 관여하신다고 말할 수 있다. 왜냐하면 우리의 죄와 관련된 행위는 실제 구체적이고 적극적으로 이뤄질 것이고, 그 모든 실재는 당연히 존재의 근원 및 제일원인이신 하느님과 무관할 수는 없겠기 때문이다. 앞선 제14장에서 우리가 '죄'를 이성(理性)의 길에서 이탈한 인간의 행위라고 정의했던 바를 상기해보자! 곧 인간의 본질적인 어떤 것을 상실하거나 훼손한 행위 혹은 합리적인 규칙을 스스로 위반한 행위가 바로 죄다. 죄의 긍정적인 측면은 그것이 인간이 저질렀다는 점에서 '인간의 행위'라는 사실이요, 부정적인 측면은 그것이 인간으로서 갖춰야 할 행위에 일부 결함이 생겼음을 가리킨다는 점이다. 이 때 긍정적인 측면은 하느님께 의지함으로써만 그 진가가 온전하게 발휘될 수 있다. 그러니까 하느님은 죄의 이 같은 긍정적인 측면에 관여하신다는 것이다. 마치 하느님은 우리의 또 다른 행위들도 야기하시는 것처럼 말이다. 예컨대 물질적인 것에 대해 우리 자신이 그 원인으로 존재하는 것을 파기하지 않으시는 것처럼 '죄'는 나쁜 것이고 잘못된 것이지만, 실제적인 행위라는 측면에서 여전히 우리에게 긍정적으로 진작시키는 바가 있다.

사실상 하느님은 우리가 저지르는 죄, 곧 행위의 결함에 대해 책임질 필요가 없으시다. 구체적으로 말하자면, 그렇듯 행위의 결함은 우리가 최종적인 목표 내지 최종목적을 도외시하거나 무시함으로써 초래된 것이다. 더욱이 그 최종목적은 하느님 자신이다. 한번쯤 우리는 하느님이 형식적으로 우리가 저지른 죄의 부정적인 요인이라고 가정한다면, 그것은 하느님이 친히 당신 자신에게 등을 돌리는 자기모순적인 결론으로 이어질 것이다. 다시 말해, 하느님이 당신 자신보다도 당신 바깥 어디엔가 혹은 다른 무엇엔가 훨씬 더 깊은 관심과 애착을 갖는 모순이 벌어진다는 것이다. 우리가 간혹 죄를 저지르고서 자신의 결함을 두고 영영 구제불능처럼 여기며 크게 상심하는 것은 마치 어떤 여인이 아주 낡고 심하게 찌그러진 거울에 일그러진 채로 반영된 제 얼굴을 보고는 그것이 진짜 자신의 얼굴이라고 확신하며 슬퍼하는 것처럼 어리석은 일이다.

죄의 부정적인 측면에 대해 생각할 경우 굳이 하느님의 도움이 필요하진 않다. 우리는 먼저 우리 자신의 의지 외에 그 어떤 것을 앞세워서 자신이 저지른 죄의 결함을 두고 창피해 할 이유가 없다. 증기기관차의 둥근 쇠바퀴가 구부러진 철로 위를 날카로운 굉음과 함께 미끄러지면서 좌우로 흔들거리는 것은 그 기관차를 추진시키는 (수)증기의 힘에 그 원인이 있는 것은 아니다. 오히려 둥근 쇠바퀴와 구부러진 철로가 그렇듯 기관차를 좌우로 흔들거리도록 만드는 주요인이라고 하겠다. 철강소에서 일하는 노동자는 크레인 꼭대기에서 공장의 안전규칙을 준수하지 않고 부주의하게 금간 망치를 들고 작업함으로써 거기서 떨어져 나간 망치의 부속물로 인해 그 아래에서 작업하던 다른 동료의 머리를 다치게 할 경우 그에 대해 마땅히 책임을 져야만 한다. (그것은 공장의 작업환경에 탓이 있는 것이 아니다!) 그와 마찬가지로 회사를 운영하는 전문경영자가 회사의 규정을 지키지 않아서 초래된 경영손실에 대해 개인적으로 책임을 지는 것은 당연하다. 죄의 부정적인 측면은 정확히 말해서 저 (존재를 야기한) 제일원인의 직접적인 영역과는 거리가 먼 결과다. 그러니까 인간이 오히려 상위의 질서 및 규칙을 어김으로써 빚어진 결과라고 하겠다. 그런 까닭에 그와 같은 결과를 초래한 것에 대해 우리가 부끄러움을 갖기 마련이다.

그런데 다음과 같은 의문이 들기도 한다. 하느님은 사람들로 하여금 그와 같은 죄를 아예 저지르지 못하도록 할 수도 있지 않은가? 도대체 왜 그분은 그렇게 하지 않으셨을까? 이 같은 의문은 오래전부터 인생이 두려운 나머지 공로, 사랑, 승리, 미덕 그리고 천국을 아예 포기한 이들의 통곡과도 같다. 그렇게 은혜로운 결과들을 포기하는 까닭은 자신들의 결함이나 부덕함, 악습 혹은 지옥에 대한 두려움 때문이다. 하느님이 우리로 하여금 죄의 가능성에서 아예 떼어놓지 않으신 것은 바로 우리 스스로 인간이 되도록 배려하신 데에 있다고 교회는 대답한다. 왜 하느님은 우리 인간들을 기계나 물질 혹은 식물이나 동물처럼 만들지 않으셨을까? 왜 우리는 그렇듯 무시무시하게 느껴지는 실패 가능성과 정면으로 마주치도록 만드셨을까? 왜? 그것은 우리가 그로 인해 우리 스스로도 성공의 길을 걸을 수 있음을 오롯이 느낄 수 있도록 하기 위함이다.

### 2) 죄를 통해 드러나는 정의(正義)의 일면

하느님은 모든 죄를 막으실 수 있지만, 과연 그렇게 하셔야만 한다고 보아야 할까? 하느님 편에서도 죄를 그만두게 하는, 당신도 꼭 지켜야 할 어떤 정의(正義)란 것이 있어야 한다고 생각하지 않는가? 만일 그런 것이 없다면, 정녕 우리에게 가해진 불의에 대해 따지는 일은 무의미하지 않을까? 하느님이 죄를 허용하셨다면, 당신의 숭고한 지혜와 정의에 따른 최종목적에 기초해서만이 죄의 부정적인 측면을 인정하신 것이라고 말해야 하지 않을까? 어찌 보면 로마제국에서 그리스도인들을 박해하던 폭군들의 만행이 순교자들에게 월계관을 씌워준 셈이다. 절박한 위기에 처해서도 훌륭한 삶을 주도하는 영혼들이 많은데, 이들은 육신이 저지르는 죄악을 수치스럽게 여김으로써 예수 그리스도의 발 아래 눈물을 흘리며 자신을 가다듬는다. 그것은 하느님이 허용하신 위험한 상황도 다른 어떤 좋은 것을 위해 계획적으로 마련된 것이 사실이기 때문이다. 그러한 나쁜 상황은 항상 어느 특정 죄인을 선도하기 위해 존재하는 것만은 아니다. 때로는 그 밖의 다른 이들을 위해서도 존재하며 때로는 세상 전체를 위해서도 존재한다. 다른 한편 죄를 저지른 당사자를 위해서 하느님의 한없는 자비와 철두철미한 섭리는 반복해서 베풀어지는 것도 사실이다. 종종 우리는 스스로 죄에 걸려 넘어진다. 달콤하게 여겨진 음료수가 입에 쓴 것을 경험하듯이, 우리는 죄의 실체를 깨닫고 하루속히 죄를 부끄럽게 여기며 하느님께 되돌아와야 한다. 하느님의 자비가 계속해서 무시되듯이 죄인의 그러한 완강한 행위가 그렇다고 선(善)을 계획하신 하느님의 능력을 결코 무기력하게 만들 수는 없다. 과연 죄인의 그 같은 고집스런 행위가 자신의 건강을 유지시키지 못하거나 하느님의 자비를 보존할 수 없겠지만, 최소한 하느님의 자비에서 흘러나오는 정의의 일면을 밝히 드러낼 것이다.

### 3) 처벌

하느님이 직접 악을 행하심으로써 선을 가져오신다는 생각은 버리는 것이 좋다. 물론 우리가 악행을 저지르게 되면, 하느님이 우리로 하여금 그 악행을 선으로 바꾸도록 최대한 능력을 발휘하게끔 도와주신다. 이것이 악행 이면에 가려진 진실이다. 악행에 대한 처벌은 그러므로 이미 저질러진 악행으로부터 최대한 선으로 전환하게끔 하는 것을 목표로 삼는다. 이것이 처벌의 정확한 이유다. 수많은 낙천적인 부모들이 나쁜 짓을 한 자녀에게 매를 들고 벌을 줄 때마다 착한 아이로 돌아서길 희망한다. 사실상 정당하게 처벌을 내릴 수 있는 것은 오직 사랑과 정의뿐이다. 만일 우리가 사랑하기 때문에 그럴 수밖에 없다고 말한다면, 그것은 우리가 정의에 따른 처벌을 감수해야 한다고 말하는 것과 다르지 않다.

바로 이 점에서 정말 엉뚱하게 저지른 과오(악행)에 대해서조차도 마음이 약한 사람들이 강직하게 처리하기보다는 훨씬 더 자주 쉽게 용서를 베푸는 경우에 대해 생각해볼 필요가 있다. 옛날 그리스도교 작가들 가운데 어떤 이는 여자는 남자를 망치기 위해 태어났다고 확신에 찬 어조로 글을 쓴 적도 있다. 그런 시각에서는 여자들의 아름다움이나 부드러움 혹은 매력과 관련된 특유의 장점들에 대해 올바로 평가할 수 없다. 그래서 그런 작가는 심지어 여자들이 자신들만의 교활한 재주를 악마들에게서 직접 배웠다고도 설명한다. 물론 이 같이 왜곡된 견해에도 여자들에게 진정으로 찬사를 보내는 태도가 부재하는 것은 아니다. 그러나 불행하게도 우리는 그와 같은 옛 전통적인 사고에 편안히 몸을 기댈 수 없고, 아무렇지도 않게 웃으면서 그런 생각을 계속 받아들일 수도 없다. 더욱이 오늘날 더 많은 사람들이 남자들을 망치는 천벌은 여자가 아니라 바로 술[酒]이라고 확신하고 있다. 그러나 어쩌면 오늘날 새롭게 시도되고 있는 많은 연구들이 이처럼 세상의 다양한 피조물들이 결국 인간을 타락시키기 위해 만들어졌다고 생각하는 왜곡된 사고들에 대해 분명하게 밝혀줄 것이라고 믿는다. 당연히 세상의 피조물들이 인간의 타락을 위해 만들어졌다는 시각은 어리석다고 보아야 한다. 하느님이 만드신 모든 것은 '좋은 것'이요, 인간을 유혹하여 타락시키기 위해 존재하는 것이 아니다. 오히려 인간이 추구해야 할 목적 및 목표에 이를 수 있게끔 도와주기 위해 세상은 존재한다. 의사들이 메스로 자신의 손(목)을 베이기도 하겠지만, 그렇다고 메스가 살인자나 자살자를 위한 도구로 만들어졌다고 보는 것은 불합리하다. 그와 같이 온갖 피조물들이 마치 사람들로 하여금 죄악에 떨어지도록 유혹하기 위해 만들어졌다는 생각은 어처구니없는 것이다. 피조물들이 본래의 제 구실을 못하도록 방해하거나 악용하는 것은 어리석은 인간 때문이다. 마치 건축 설계가가 일찍이 옥탑방으로 설계한 시설물에 시공자가 임의로 기관총을 은닉하는 장소로 바꾸어 이용하는 것처럼 말이다.

## (2) 우리의 죄 안에서 하느님의 소극적인 섭리 : 불신과 완고한 마음

### 1) 선을 피해 악을 추구하는 것

하느님의 편에서 또 다른 섭리가 우리의 잘못된 행위에 작용한다. 비록 우리가 그에 대해 정당하지 못하게 많은 불평을 늘어놓는다고 해도 말이다. 성경이 자주 소개하는 죄의 효과들, 그러니까 죄로 인해 인간에게서 일어나는 것들 중에는 "불신과 완고한 마음"이 있다. 이성과 의지의 악용 혹은 이성과 감정의 왜곡은 죄를 저지르는 이들을 계속해서 죄 속에 가두어 놓는다. 마치 그들이 하루하루 경험을 축적하면서 거기에 조금씩 더 익숙하고 적합한 몸을 갖추게 되는 것처럼 말이다. 하느님에 대한 불신은 곧 악을 향해 몸을 돌리는 것을 가리킨다. 무기력한 눈이 더 이상 직접 마주할 수 없는 눈부신 태양과 대낮을 피해 어둠을 찾아 자신을 감추려드는 것처럼 말이다. 한편 완고한 마음은 인간이 보통 갖추고 살아가는 선한 감정을 거스르는 것을 가리킨다. 그래서 계속적으로 몸에 익은 악을 피하려고 애쓰기보다는 오히려 선을 향해 나아가는 것을 경멸한다.

### 2) 은총의 거부

이 같은 불신과 완고한 마음은 놀라우신 하느님의 은총을 거부하고 스스로 좌절과 죽음의 그늘 밑으로 숨어들려고 한다. 그리하여 반항적으로 더 깊은 어둠 속을 찾는 죄인은 그를 가만히 지켜보는 아주 경험 많은 사제가 가슴이 미어지는 그런 비극적인 결과에 너무나 자주 떨어진다.

하느님은 이런 모든 상황 속에서 어떤 입장을 취하실까? 이에 답하기 위해 다시금 죄와 죄로 인해 달게 받게 되는 처벌에 대하여 생각할 필요가 있다. 인간은 죄를 짓고 하느님은 그에 알맞은 처벌을 집행하신다. 습성적으로 죄를 저지르는 사람에게서 나타나는 그러한 불신과 완고한 마음에는 이중적인 요소가 발견된다. 한 마디로 악에 대한 집착과 선에 대한 반감 말이다. 그래서 인간의 이성을 밝혀주고 마음을 부드럽게 이끌어주시는 하느님의 은총에 대해 마음을 굳게 닫아버리고 만다. 그러니까 죄를 저지르는 자가 스스로 하느님의 은총에 장애물을 설치하는 셈이다. 그래서 죄는 인간이 저지른 것이 된다. 그리고 그렇게 설치된 장애물로 인해 하느님의 은총이 거부되는 것 자체가 처벌이다. 곧 처벌의 결과가 동시에 불신과 완고한 마음이다. 달리 말해서 이 모든 것들의 원인은 바로 죄를 저지르는 자 자신이요, 죄 자체만으로도 족히 처벌될 만하다. 그런데 하느님은 왜 죄를 모른 척하고 눈감아 주지 않으실까? 더 나아가 어찌 그분은 비록 매순간 이 같은 처벌을 틀림없이 내리실지라도, 그때마다 또 다시 용서하고 새롭게 기회를 주시는 것일까? 하느님은 우리에게서 결코 등을 돌리지 않으신다. 오히려 우리가 하느님께 등을 돌리는 일이 다반사다. 하느님은 피조물들이 당신의 모상 및 닮음을 스스로 실현하기까지 당신의 자비를 피조물의 강인한 의지보다 앞세우지 않기로 작정하셨으니, '천국을 수호하는 사냥개'조차도 지독할 정도로 우리의 흔적을 뒤쫓게만 하실 뿐 우리를 덮칠 수 없도록 섭리하셨다.

## 4. 악마의 무기력

악마는 끊임없이 세상을 돌며 제 먹잇감을 찾아 어슬렁거리는 사자와도 같다. 하지만 인간의 죄와는 직접적으로 상관이 없기에, 악마는 이빨 빠진 늙은 사자 신세다. 악마는 인간에게 그저 외부적인 힘 혹은 외적인 요인에 불과하여 개별 영혼에게 접근하는 온갖 시도는 효과적이지 못하다. 비록 악마에게는 타고난 천사적인 본성의 놀라운 완전성이 깃들어 있음에도 불구하고 인간 앞에선 마치 아장아장 걷는 어린아이와 같이 무기력하다. 왜냐하면 각 인간의 영혼에는 하느님마저도 존중하기로 결정하신 신성불가침한 영역이 자리하기 때문이다. 우리는 악마를 더 이상 두려워할 까닭이 없다. 악마는 우리가 죄를 범하도록 강제하지 못한다. 오히려 어린아이가 까르르하고 웃는 소리에 지레 놀라서 우리가 그만 잘못을 범하는 일이 없도록 조심해야 한다. '아르스의 성자'로서 고해성사의 은총을 몸소 보여준 성 비안네 신부는 우스꽝스러운 동료인간들의 기괴한 모습을 두고 함께 낄낄거리며 웃을 때에도 진리를 찾는 일을 게을리하지 않았다. 온갖 위협이나 마찰과 갈등, 수상한 속삭임이나 비뚤어진 성적인 매력 등 그 모든 것이 겉모습을 위장한 사탄의 도구가 되어 사람들을 호릴 수도 있겠지만, 그것은 이미 지난 한 세기부터 계속 지내온 할로윈 데이에 어린이들에게나 공포를 느끼도록 조각해 놓은 호박과도 같다.

## 5. 악마의 능력

### (1) 우리의 활동의 제한된 분야(영역)

하지만 악마는 아주 분주하게 활동한다. 그는 물질세계를 모두 지배할 수도 있고 우리에게 인간적인 행위에 영향을 미칠 만한 활동을 전개할 수도 있다. 이는 악마가 우리의 지각을 환상 및 환영(幻影)에 사로잡히도록 유도할 수 있다는 뜻이다. 그러나 그 이상은 아니다. 달리 말해서, 악마는 마치 상인이 우리에게 자신의 상품을 구매하게끔 현란한 말재주나 교묘한 기술로 충동을 불러일으킬 수는 있겠지만, 우리로 하여금 직접 그 상품을 구매하도록 조종할 수 없는 것과 같다. 게다가 구체적으로 말하자면, 악마는 우리가 외적인 자극을 받아 이끌어 내는 결과들(상상들)에 어떤 영향을 미칠 수는 있다. 예컨대 우리의 신체적인 감각기관이 한순간 혹은 그보다 길게 개인의 정념 혹은 감정으로 인해 일정한 지각 활동을 벌이지 못할 수 있는 것처럼 말이다. 우리가 지각한 것을 가지고 생각하는 동안 환상이나 환영을 불러일으킬 수 있다. 그렇다면 우리의 정신 혹은 영혼이 물질적인 것에 대해 어떤 작업을 한다고 말하는 것 외에 달리 어떤 설명을 하는 것이 좋을까? 조금 과감하게 말한다면, 하느님이 말리지 않으신다면, 인간은 이 모든 작업을 해낼 수 있다. 그러나 악마의 활동이라고 주장하는 사람들의 설명에는 무척이나 결함이 많다. 그들의 주장에는 한 마디로, 무한히 자비로우신 하느님이 악마와 천사에게 부과하신 수많은 제약에 대해 충분히 입증할 수 있는 경우보다 훨씬 더 많은 모순들이 발견된다.

### (2) 덕과 악습과 관련된 악마의 활동

악마는 한 가지 실수로 인해 점점 쇠락해가는 운명의 길을 걷기 시작했고, 그 시작부터 지금까지 계속해서 하락세를 면치 못하고 있다. 한번쯤 축구선수단의 어떤 코치를 생각해보자! 그는 선수단 가운데 유독 어떤 선수를 몹시 싫어하기 때문에, 그에게는 다른 선수들에 비해 강도 높게 그리고 2배로 훈련을 시킨다고 하자! 그런데 그 결과 신체적으로는 다른 선수들보다 상대적으로 훨씬 더 월등한 선수가 되었다고 하자! 코치의 행동은 시련 및 고통을 통해 시시각각 우리를 괴롭히려고 하는 악마의 행동과도 같다. 코치의 행동이 분명히 저 미운 털이 박힌 선수에게 해코지가 되고 모욕이 되겠지만, 그것을 참아내어 훨씬 더 단련된 신체를 가질 수 있었던 것처럼, 우리 역시 참아 견뎌냄으로써 우리의 이름을 저 영웅들의 전당에 올려주는 계기를 마련해 줄 수 있다. 그와 같은 시련들은 우리의 덕을 다듬고 키워줄 수 있다. 왜냐하면 그런 시련을 통해서 우리는 자신에게 부족한 덕을 채우는 가운데 보다 더 완전한 모습을 기대하며 가꿀 수 있는 기회를 얻기 때문이다.

### (3) 악마의 실제 활동의 제한적인 특성

악마가 우리를 죄와 유혹으로 이끎으로써 받게 될 어떤 영예를 우리가 욕심내거나 가로챌 만한 것은 못된다. 실상 우리는 악마에게 그가 우리에게 요구한 것보다 훨씬 더 많은 영예를 부여한다. 그것은 우리가 본시 관대하기 때문이 아니라 우리 자신에 대해 누구보다도 더 열심히 그리고 잘 생각하고 또 기본적으로 갖추고 있는 우리 자신의 매우 친절한 생각들을 무시하고 싶지 않기 때문이다. 어떤 불행 앞에서 자신의 재능과 끈질긴 노력으로 자수성가한 사람과 그 불행을 한탄하면서 허구한 날 술로 세월을 보내는 사람은 허무하게 여겨지는 동일한 인간적인 경험(불행)을 전혀 색다르게 대처한 극단적인 경우라고 말할 수 있다. 한편 이 두 가지 극단적인 태도는 수호천사에게 조금도 손을 벌리지 않았을 뿐만 아니라 악마와도 타협하지 않았다는 점에서도 동일하다. 그러나 거기에 악마가 개입하지 않았다고 할지라도, 여전히 인간의 죄를 호시탐탐 바라는 악마에게 매력적인 무지와 정념이란 것이 발견된다. 물론 우리는 우리가 느끼는 어떤 불미스러운 일 때문에 악마를 저주할 수도 있다. 하지만 그것을 빌미로 악마는 우리에게 마수의 손을 뻗는다. 일찍이 하와가 그렇듯 자신의 잘못을 놓고 후회하지만, 결국 자신의 탓을 뱀에게 전가하도록 하와를 꼬드겼던 것처럼 말이다.

## 6. 원죄(原罪)와 신성불가침한 인간 영혼

하와의 유혹과 관련하여 언급할 때 아담에 대해서도 당연히 말해야 하는데, 이 이야기에서 우리는 우리의 잘못 혹은 죄에 대한 주된 원인을 바깥에서 찾는 타산지석의 선례를 목격하게 된다. 아직까지도 남김없이 모두 이해할 수는 없지만, 분명하다고 보는 것은 죄의 (근본적인) 원인이 자기 밖에서 오지는 않는다는 점이다. 그런데 교회는 우리가 태어나면서 물려받은 원죄가 저 신성불가침한 인간 영혼을 더럽혔다고 분명하게 가르친다. 과연 하나의 죄가 우리의 원의나 자발적인 초대 없이 개인적인 영역에 미끄러져 들어왔다는 것이다. 교회의 이 같은 공식적인 가르침은 무척 의아하게 여겨질 수밖에 없다.

### (1) 원죄(原罪)와 그 의미

#### 1) 대자연을 통한 이해

원죄의 의미에 대해 살피기 전에 원죄가 마치 신화적인 차원에서 물려받았거나 계몽이 덜 된 미신이나 비상식적인 콤플렉스의 산물이 아니라 그 본래의 목적을 위해 교회가 공식적으로 가르쳐왔다는 사실에 대해 먼저 간략히 언급하는 것이 필요할 것 같다. 원죄는 하나의 사실(fact)이다. 그것은 인간의 본성 자체에 무언가 잘못된 점이 있음을 시사한다. 사실상 현대사회는 좋은 것을 두고도 나쁘게 보려는 경향이 뚜렷하다. 심지어 거의 모든 것이 잘못되었다고 주장함으로써 각 개인은 마치 나약한 어린아이와 같아서 그보다 훨씬 더 나은 사람에 의해서 혹은 정부에 의해서 돌보아져야 한다고 강조한다. 하지만 현대사회는 결코 인간의 결함이 죄의 문제와 직결되어 있다고 보지는 않는다. 그렇다고 현대사회가 인간이 불행한 원인에 대해 더 많이 그리고 더 잘 알고 있는 것도 아니다. 이는 앞선 제14장에서 살펴본 바와 같다. 모름지기 이 세상의 모든 피조물들 가운데 인간만이 자신이 하려고 하는 것들에 비해 정말 비참할 정도로 결함이 많은 것처럼 보인다. 본성적인 것들은, 예컨대 식물이나 동물의 경우 본능적으로 제 기능을 발휘하는 데에 별 문제가 없고 차라리 놀라울 정도로 능력을 행사하는 것처럼 보인다. 그들에 비해 본능적으로 타고난 인간의 신체적인 조건은 갓 태어난 아기에게서 볼 수 있듯이 매우 불안하고 위태롭기 짝이 없다. 과거 로마시대에 격투장에 내던져진 노예가 맨손으로 사자와 싸워야만 하는 것처럼 몹시 위태롭게 보인다. 자연 및 본성에 관한 일반적인 상식과 효율성을 고려할 때 이는 매우 이상하게 여겨진다. 하느님의 호의와 자비 그리고 그분의 섭리를 고려할 때 어떤 근거를 제시하지 않을 경우 납득하기 무척 힘들다. 예컨대, 인간은 본성적으로 무언가를 박탈당했고, 그것이 인간에게 내려진 처벌이라는 근거 말이다. 그리고 그러한 본성적인 차원의 처벌 원인이 바로 최초의 인간이 저지른 죄라는 것이다.

### 2) 교회 교도권을 통한 이해

교회는 기초적인 진리에 대해서만 교도권으로 가르친다. 그에 대한 절대적인 확실성은 교회가 전통적으로 엄격히 교도권에 유보시킨 무류권(無謬權)에 기초한다. 그러나 현대인들은 인간의 정신은 신비로운 진리를 제대로 알아볼 수 없고 또 오해할 수 있는 여지가 많기에, 확실한 진리에 대해 틀림없이 입증하는 데에 한계를 갖는다고들 말하면서 이 같은 무류권에 대해 의구심을 갖는다. 하지만 교회는 교도권에 대해 오류가 개입할 수 없다고 강조한다. 인간이 저지르는 죄와 그 죄의 실제적인 유전에 대한 사실성은 속이거나 속을 수 없는 확실한 원천에서 비롯한다고 믿기 때문이다. 이와 관련된 몇 가지 윤곽만을 여기 15장에서 참고삼아 제시할 것인즉, 먼저 트리엔트 공의회의 선언문을 회상하기로 하자. "만일 어떤 사람이 아담의 죄는 오직 아담 자신에게만 상처를 냈고 그의 후손들에게는 아무런 영향을 미치지 않는다고 말한다면, 나아가 그리하여 죄를 저지른 아담은 하느님에게서 직접 얻은 거룩함과 정의를 상실하였으니, 그와 같은 상실은 오직 그에게만 해당되고 우리(후손들)에게는 해당되지 않는다고 말한다면, 혹은 그의 불순종의 죄로 말미암아 빚어진 결과로서 오직 죽음과 신체적인 불리함이 전 인류에게 양도되었다고 말하면서도 죄는 물려받지 않았다고 말한다면, 그는 교회로부터 단죄를 받게 될 것이다."[16)]

## (2) 유죄(遺罪)의 수수께끼와 이해의 어려움 : 자발성과 정의(正義)의 문제

가톨릭교회는 원죄의 양도(대물림)에 대해 의심하지 않는다. 그래서 교회는 원죄의 사실과 그 양도를 그르칠 수 없는 계시진리로 확신하고 신앙인들에게 가르치고 있다. 정확히 말하자면, 교회의 신앙인은 이 진리를 기꺼이 받아들일 수 있어야 한다. 그래서 우리의 이성이 납득하기 어려울 만큼 까마득히 오래된 사건 속에 새겨진 것일지언정, 이 원죄의 의미를 통찰할 수 있어야 한다. 이성의 한계를 드러내는 이 교의를 향해 인간이 다가가는 것 자체가 이미 의외의 일이요, 특

16) 트리엔트 공의회의 가르침(Sess. 5, ch. 2 = 덴칭거 1511–1514), 인용문은 덴칭거 1512; 그밖에도 관련된 내용의 다양한 진술들이 교회에 공식적으로 선언된 바 있다. 예컨대 「요한 14,1」과 밀레비-카르타고 공의회(416년)의 가르침(can. 2 = 덴칭거 223) 그리고 제2차 오랑주 공의회(529년)의 가르침(can. 1 and 2 = 덴칭거 371–372)도 같은 맥락에서 이해할 수 있다.

별한 시도다. 자신의 신뢰할만한 실험도구를 가지고 자신의 과학적인 정념과 힘을 쏟는 어떤 과학자에게 그저 텅 빈 시험관을 상대하여 탐구하도록 요구한다면 정말 기가 막힌 노릇일 것이다. 과학적인 탐구는 그 어떤 물리적인 소재를 확보할 경우에만 가능하다. 그런데 교회가 전해주는 교의도 분명히 아예 텅 빈 개념은 아니다. 오히려 적극적인 어떤 것으로서 우리에게 어떤 중대한 의미를 심어준다. 그리고 그러한 의미는 계속해서 더 알아갈 수 있도록 모두에게 개방되어 있다. 그런 의미에서 이 교의를 거부하는 행위는 인간의 이성이 해낼 수 있는 또 다른 능력을 앞서 스스로 폐기하는 것과도 같다.

그러면 이제 원죄가 무엇인지 알아보자! 그리고 이 교의에 담긴 의미는 무엇이고, 한편 사람들은 저 원죄로 말미암아 무엇을 잃어버린 것인지 살펴보기로 하자. 물론 이에 관한 통찰이 바로 다음 이어지는 장(16장)에서도 계속 진행될 것이다. 여기서는 다만 원죄에 대한 한 가지 관심사에 집중하기로 하자. 예컨대 '어떻게 원죄가 우리 각자의 영혼에 양도될 수 있는가?'하는 점에 대해서 살피도록 하자. 과연 그처럼 신비로운 영적인 상황이 부모로부터 그들의 자녀들에게 고스란히 이어지는 것일까? 더욱이 이 원죄의 양도가 인간의 모든 행위를 포괄하는 본질적인 요구에 일치할 수 있을까? 그러니까 인간의 자기통제 및 자발성과 모순을 일으키지 않은 채 설명될 수 있을까? 또한 우리 각자의 영혼 속에 주어진 이와 같은 오점(汚點)을 가지고 이 세상에 태어나는 것이 정의(正義)에도 어긋나지는 않는 것일까? 더구나 그것이 '죄'라는 점에서 정녕 타당하고 말할 수 있을까?

## (3) 신학적인 설명

### 1) 인간 영혼의 전이(transmission)

가톨릭교회는 이미 신앙인들의 가족공동체성(형제자매) 개념으로 이 문제를 해결해왔다. 교회의 사도들과 교부들, 순교자들과 동정녀들과 어깨를 나란히 하고 천주의 모친에게 팔을 뻗어 성자에게 인도될 수 있는 까닭이 그렇듯이 영혼의 차원에서 동등하다는 사실에 있으며, 그러한 자격과 신분으로 인해 더 이상 허세가 아니라는 것이다. 그래서 초대교회부터 신학자들은 영혼 각자가 원죄를 양도받는 것에 대해 의문을 제기할 때마다 서슴없이 답변하는 데에 어려움을 느끼지 않았다. 성 아우구스티누스 주교는 처음엔 부모로부터 자녀에게 전해지는 영혼과 함께 죄 역시 대물림될 것이라고 생각한 것 같다. 그러나 그는 죽기 전에 자신의 생각에 대해 의문을 품었던 것 같다. 왜냐하면 부모가 자녀에게 영혼을 물려주는 것이 아님을 깨달았기 때문이다. 부모가 자신의 자녀에게 할 수 있는 것이라곤 하느님이 친히 그 자녀에게 영혼을 새롭게 심어주시게끔 자녀의 육신을 마련해주는 일이 전부라는 것이다. 영혼은 이 물질적인 세계가 만들어낼 수 없는 것이요, 아무리 영적인 기운이 뛰어난 인간이라고 해도 피조물로서 인간은 아무도 영혼을 창조할 수 없기 때문이다. 영혼은 물질적인 것으로 만들어질 수 없으니, 제아무리 재주가 훌륭한 조각가라고 해도 자신이 만든 걸작에 영혼마저 불어넣을 수는 없다는 것이다.

### 2) 신체적 결함의 전이

한때 일부 다른 신학자들은 나아가 원죄의 전이를 마치 부모의 능력을 전수받지 못한 아이의 신체적인 결함과 같이 부족한 대물림으로 설명하려고 시도했다. 그래서 그렇듯 결함을 가진 육체 안에 자리하는 영혼 역시 그만큼 결함을 갖는다고 보고, 그것이 원죄에 해당하는 부분이라고 설명했다. 이러한 견해는 그러나 더 큰 부조리를 낳았다. 예컨대 결함이 있는 신체의 제약으로 인해 이미 인간의 잘못 혹은 죄악이 거기에 배태되어 있다고 판단하는 일은 가히 끔찍한 오류를 낳기 때문이다. 영혼에게서 오점이 죄라고 한다면, 그것은 영적인 오점이다. 그래서 우리는 더 이상 육체적인 상태와 직접 연계하여 정당하게 원죄를 생각할 수는 없다. 육체가 영적인 어떤 측면의 주체가 되지 않는 한 말이다. 그것은 우리가 천사를 온통 투명한 비닐로 감싸져 있다고 생각하는 것보다 어리석은 생각이다. 그럼에도 오늘날 특히 유물론적인 입장에서 세상과 인간을 이해하려고 시도하는 현대철학자들이 인간의 이성을 본성적이고 물질적인 산물로 환원시키려고 시도한다. 그리하여 인간의 영혼과 무관하게 자유의지에 대해 설명하려고 안간힘을 쓰고 있다.

### 3) 인간 본성의 전이(토마스 아퀴나스)

앞서 살펴본 두 가지 견해, 그러니까 부모로부터 자녀에게 영혼이 전이된다거나 신체적인 결함과 마찬가지로 영혼의 원죄가 전이된다는 견해는 더 이상 고려할 것이 못된다고 본다. 설령 인간적인 차원에서 영혼이든 신체적인 결함이든 그 양도를 통해 죄가 대물림되는 것이 가능하다고 할지라도, 그러한 견해는 여전히 죄가 개인의 자발적인 행위여야 한다는 점을 계속 보존하기가 매우 어렵기 때문이다. 죄라고 하는 것은 어떻게든 자발성이 전제되어야 한다. 따라서 토마스에게 상기 두 견해는 납득하기 어려운 것을 떠나서 매우 못마땅하게 비쳐졌다. 그러한 견해들은 지지받기 어려울 뿐만 아니라 어떤 점에서도 재고할만한 구석이 없었다. 왜냐하면 신앙인이라고 해서 납득하기 어려운 것들을 무조건 믿음으로 받아들여야 하는 것은 아니기 때문이다. 토마스는 이에 세 번째 견해를 제안한다. 그것은 원죄가 (부모로부터) 영혼의 전이에 의해서도 육체의 전이에 의해서도 함께 대물림되는 것이 아니고, 오직 인간의 '본성'에 의해 전달되는 것이라는 견해다.

이 견해에 대해 좀 더 유심히 살펴보기로 하자! 각 개인에게는 모든 인간에게 공통적인 본성이 고유하게 자리하며, 그럼에도 길고 가는 코를 갖거나 갈색 머리카락을 갖는 등 한 가족으로서의 특색도 발견된다. 인간으로서 고유한 공통본성과 가족단위의 특색이 계속해서 다음 세대로 이어진다. 그에 덧붙여 또 다른 개인적인 특징이 목격되며 그런 것들은 그가 죽을 때 함께 사라지기도 한다. 달리 말해서, 개인적인 속성에는 인간에게 공통적인 '본성'에 속하는 것이 있는가하면, 각 개인에게만 고유하게 속하는 '개성'도 있고, 나아가 본성적인 것 혹은 천성적으로 주어진 것들 외에도 따로 후천적으로 습득되어 버릇(습성)이 되는 것들도 있다. 이는 태초부터 자연세계에 적용되어온 변함없는 진실이다. 흔히 본성이라고 일컫는 것에 속하는 것들이 있는가 하면, 달리 은총에 의해서 완성되는 것들도 있다. 후자에 대해서는 이어지는 16장에서 자세히 살펴볼 것이다.

한번쯤 어떤 사람이 우연히 어떤 시련 및 기회를 통해서 자신의 자녀들에게 매우 특별한 개인적인 특징을 물려줄 수 있는 특권을 갖게 되었다고 상상해보자! 혹은 자신의 매우 특별한 개성을 자신에게서든 자신의 자녀들에게서든 사라지게 하는 특권을 갖게 되었다고 상상해보자! 그럴 수 있다면 우리는 인류가 시작되는 최초의 인간 아담의 입장에 대해 좀 더 정확하고 정당하게 고려할 수 있을 것이다. 예컨대 아담은 우연히 어떤 시련을 통해서 자신의 자녀들에게 대물림할 특권을 얻었다. 아니면 반대로 자신과 자신의 자녀들에게서 고유한 특징을 상실하는 특권을 얻었다. 그것은 곧 인간 본성이 갖는 고유한 특징만이 아니라 은총에 의해 태초부터 완성되어야 할 특권으로서 후대에 넘겨줘야 하는 것인데, 아담은 자신의 죄로 인해 그것을 상실하게 된 것이다.

다시 말해서, 아담은 인류의 최초 인간이었다. 단지 생물학적인 차원에서만이 아니라 영적인 혹은 정신적인 차원에서도 최초의 인간이었다. 초자연적인 질서를 향해 나아갈 수 있는 고상한 정신을 소유한 점에서 혹은 하느님에 의해 처음부터 결정된 인간이라는 점에서 인류의 대변자이자 대표적인 인물이 되었다. 창조주 하느님의 의도대로 그는 인류를 대변하고 대표하는 최초의 인간이 된 것이다.

# 7. 죄의 유전(遺傳)과 개인의 죄

## (1) 원죄의 양도에 대한 엄격한 제한

원죄는 그러므로 '나의 죄'에 속한다. 내가 인격체라는 이유에서가 아니라 정확히 나 또한 인간의 본성을 지녔다는 이유에서 원죄는 나의 죄라는 것이다. 따라서 원죄는 '인격적인 의미의 죄'는 아니다. 다만 본성에 의한 죄다. 곧 최초의 인간의 본성에 의해서 결과적으로 모든 인간들에게 파급된 죄다. 저 첫 번째 인간의 본성을 나누어 갖는 모든 이들에게 공동으로 전가되는 죄다. 그래서 인간에게는 누구나 원죄의 씨앗이 배태되어 있다. 모든 씨앗이 그러하듯이 아직 온전하게 영글어진, 곧 실현된 죄로서가 아니라 잠재적인 죄로 머물러 있다.

그런 의미에서 실제 원죄는 나의 죄다. 나는 아담을 통해 죄를 지었다. 비록 나의 몸으로 직접 저지른 것은 아니지만, 내가 인간이라는 점에서 인류의 조상인 아담의 죄가 나에게 전수된 것이다. 만일 우리가 모든 인간을 인류의 조상인 아담의 몸에 동참하는 일원으로 생각한다면 좀 더 확연하게 이 사실이 이해될지도 모른다. 마치 암살자가 살인행위에 의지적으로 동참하여 손을 움직였고, 따라서 그의 손에 쥐어진 칼에 의해 살인이 벌어지듯이, 아담의 죄에 그의 후손들이 동참하는 식으로 같은 죄에 떨어지게 되었다는 것이다. 비록 오랜 시간이 지나서도 아담의 더럽혀진 본성은 그 자체로 회복되지 못한 채 그의 후손들에게 대물림된다고 교회는 가르친다.

이에 당장 우리의 생각에 의혹 및 반감마저 들 수 있다. 왜 우리는 그처럼 인류의 조상이 선택하고 결정한 행위에 대해 아무런 결정권 없이 그저 물려받아야 하는 것일까? 물론 이 물음에 대한 답변은 생각보다 쉬울 수 있다.[17] 가령 모든

17) [역주] 원죄가 "초본성적 은총(본래의 의로움의 상태)의 상실"을 대물림 받는 것이라고 할 때, 토마스는 뒤에 자신의 저서 「신학요강」(Compendium theologiae)에서 다른 책에서 사용하지 않은 비유 하나를 보충해서 설명한다. '만일 어떤 기사(騎士)가 왕으로부터 영지를 하사받았는데, 그 기사가 왕에게 잘못을

인간이 각자의 선택권을 행사할 수 있는 기회를 갖게 될 때까지 물려받는 결정을 미룬다고 하더라도, 그보다 더 합당하게 결정될 수는 없을 것이라고 보기 때문이다. 왜냐하면 아무도 [양도포기를 신청하지 않는 한] 부모로부터 유산을 물려받는 것을 원칙적으로 거부하지 않는다는 일반적인 사실을 들어서도 그러하기 때문이다. 더욱이 아담의 후손들이 그와 같은 양도로 어떤 이득을 챙길 수 있었다면, 굳이 이의를 제기하면서 이득을 포기하기보다는 차라리 순순히 받아들였을 것이다. 그러므로 딱히 또 다른 선택권을 행사할 이유가 없는 셈이다. 게다가 설령 우리가 지금까지 과거보다 훨씬 더 많은 정보를 갖고 있는 만큼 인류의 조상인 아담에 대해 그의 자격을 논할 수 있는 처지가 된다고 하더라도, 과연 하느님보다 신체적으로나 이성적으로나 나아가 도덕적으로나 훨씬 더 나은, 그야말로 가장 완벽한 인간에 대해 생각할 수 있을까? 우리는 결국 도박을 하듯이 미래를 두고 결단을 내려야 한다. 그래서 아마도 아담이 그러한 투기에 있어 아주 재주가 좋은 사람이라 믿고 그가 결정한 투기의 결과를 순순히 받아들이는 것이 보다 더 합리적이라는 생각이 들게 될 것이다.

그렇다! 하지만 모든 죄는 어떤 경우든 행위자의 의지를 전제하고 또 함축해야 한다. 그런데 원죄는 인간을 잉태한 어미의 태중까지 파고들 만큼 지독하다. 그래서 결국에는 태중에 있는 아기의 영혼에게까지 큰 영향을 미친다. 확실히 그처럼 복중의 아기는 자신의 자유로운 의지를 행사하지 못한다. 따라서 그렇듯 복중의 아기에게 자발적인 행위를 기대하기는 어렵다. 아니 한 마디로 복중의 아기는 의지적으로든 자발적으로든 행동할 수가 없다고 보아야 한다. 그렇다면 원죄에는 확실히 의지적인 선택을 통해 행동하는 자발적인 성격이 빠져있다. 하지만 인류의 조상인 아담의 자발적인 행위로 말미암아 원죄가 시작되었다. 아담의 자발성이 인류에 속한 모든 인간이 갖게 될 원죄의 자발성을 대신한다. 그렇

범했을 때에는 그 영지(권)를 상실하게 될 것이다. 당연히 그의 후손들도 그 영지(권)를 상실한 채로 머무르게 될 것이다(참고, 조규만, 「원죄론」, 73).

게 모든 인간의 표양으로서 아담은 자신의 모든 행위를 후손들에게 표본으로 남긴 셈이다.

### (2) 모든 사람들에게 양도되는 죄의 보편성

하지만 여전히 아담 자신이 저지른 죄든 우리의 조상들 가운데 또 어떤 이가 저지른 죄든 모두 우리가 당연히 물려받을 만한 것이 아니라고 말할 수 있다. 이는 우리에게 양도된 본성에 따른 죄일 뿐이다. 그런 점에서 원죄는 제한된 범위에서만 우리에게 영향을 미칠 수 있는 힘을 가졌다. 우리는 처음부터 완전한 본성을 습득할 수 없게 되었다. 하지만 또 다른 완전성이 우리에게 부여될 수 있다. 한편 아담의 후손들 가운데 그 누구도 원죄에 물드는 것을 피할 수 없다. 그것은 인류의 조상에게서 유래한 것으로서 본성과 함께 주어지는 것이기 때문이다. 이 같은 인간 본성의 유대가 오직 성모님에게만은 예외로 작용한다. 성모님은 예수 그리스도를 잉태해야 하는 특권으로 인해 원죄에 물들지 않도록 하느님이 섭리하셨기 때문이다. 우리는 그래서 무염시태의 성모님에 대해 신앙을 고백한다. 곧 원죄 없으신 성모님에 대해 믿음으로 받아들이는 것이다. 물론 예수 그리스도 자신은 원죄와 관련을 맺지 않으신다. 하지만 그분은 성모님처럼 예외적이 경우가 아니다. 왜냐하면 그분은 당연히 같은 육체적인 본성으로 유대를 맺은 뭇 사람들처럼 아담의 후손에 속하시지 않기 때문이다. 다시 말해서 육체적인 본성이 원죄의 양도와 직결된 필연적인 조건이다. 인간의 손과 발이 이성과 의지를 좇아 움직이는 한에서 이성과 의지의 죄에 동참하는 것처럼, 모든 인간은 그런 식으로 아담의 죄에 동참한다. 일찍이 육체적인 본성을 좇아서 아담이 죄를 지었던 것처럼, 모든 인간도 각자의 육체적인 본성을 좇아서 아담의 죄에 동참한다. 모든 육체적 본성이 아담으로부터 물려받은 것이기 때문에 말이다.

### (3) 전이의 기본적인 조건 : "세대를 통해 이어지는 행위 원칙"

토마스는 이 점을 몇 번이고 반복하여 설명한다. 곧 원죄는 인류의 조상 아담으로부터 온 세대에 걸쳐 꾸준히 대물림되는 것이라고 말이다. 이 같은 설명은 계속해서 오해를 낳았다. 그의 논증은 아담이 인류의 조상이라는 점에서 그의 인간적인 본성이 계속해서 대물림된다는 점에 집중되었다. 그것은 가족 및 가문의 혈통이 이어지는 방식과 유사한 방식이다. 그런 까닭에 원죄 역시 부계(父系)의 혈통을 따른다. 왜냐하면 아담이 그의 후손 및 가족을 이루게 하는 구심점과도 같이 때문이다. 13세기에도 문화적인 전통은 보편적으로 부계 중심으로 이어져 왔다. 하지만 오늘날 현대의학이 토마스의 이 같은 견해를 재고할 경우, 곧 현대의학이 과학적인 원칙에 의거해서 사람들 사이에서 세대가 이어지는 핵심적인 연결고리가 무엇인지 따질 경우 토마스의 그와 같은 견해는 거절되기 십상이다. 다시 말해 토마스의 견해는 오늘날 현대과학의 시각에서 오해의 소지가 많이 있다는 것이다. 그러나 당시 세대 간의 혈통 계승을 위해 그 근거로 제시된 육체적인 측면은 인간 본성 및 원죄의 양도를 표현하기 위한 한 가지 형식으로 활용된 것에 불과하다. 우리가 원죄에 동참하게 된 근본 입장은 가족 및 가문의 선을 보존하거나 확장시키기 위한 혈통의 친밀한 유대감에 있음을 그런 형식을 빌려 강조한 것이다. 그래서 조상을 뒤따르고 조상의 전통에 순응하는 것을 법도로 삼았다. 하지만 만일 하느님이 놀랍게도 당신의 아드님을 한 인간으로 이 세상에 내놓으셨다면, 혹은 만일 과학자가 실험실에서 인간을 물건처럼 만들 수 있었다면, 이 두 가지 경우엔 하나같이 원죄란 존재하지 않았을 것이다. 왜냐하면 그렇듯 인간 본성으로 양도되는 필연적인 조건이 사라져 버리기 때문이다. 아담으로부터 물려받는 인간 본성이란 것이 존재하지 않을 것이기 때문이다.

## [결론] 원죄와 하느님과 인간의 존엄성

# 1. 하느님께 반항하는 현대 사조

하느님께 반항하는 현대 사조의 신랄함에는 어떤 이유들이 있을까? 예컨대 물질만능주의가 선보이는 우상을 앞다투어 선호하는 현대 사조가 늘어가고 있는데, 이는 지난 몇 세기 동안 철학적인 사고가 점진적으로 발전하여 마침내 논리적으로 절정에 도달한 결론 이외의 다른 것이 아니다. 그와 같은 신랄함의 근본적인 요인들이란 바로 세계대전이라고 하는 참담한 비극을 치르면서 손에 쥐게 된 결과들과 관련이 깊다. 한 마디로 물질만능주의가 한편 자기 세력의 확장을 위해 애쓰지만, 다른 한편 그에 대해 밀려오는 회의감 및 거부감을 일소하는 데에는 별 진전이 없다는 절망감에 따른 것이다. 일차적으로는 악의 문제에 몰두하지만 이내 하느님에게 반항적인 태도로 돌변한다. 이들은 하느님을 향해 비난하며 온갖 모욕적인 행동을 보이다가 그나마도 성이 안 풀려 인간을 향해 똑같이 비난을 퍼붓는다. 하지만 또 다시 인간성을 두둔하기 위해 아첨하고 칭송하는 이상한 행동들이 무질서하게 뒤섞여 있다. 마치 정신 나간 사람이 헛소리를 하듯이 갈팡질팡한다.

아무튼 중죄 때문에 힘들어하는 이 세상에 사람들을 데려다 놓고 지나치게 높은 덕을 요구하는 비정한 하느님이라고 외치며 거칠게 반항하는 현대인들을 자주 목격한다. 그들은 우리가 믿는 하느님은 실제 잔인하고 무자비하며 섬길 만한 신이 아니라고 비판한다. 부정(不淨)한 정치인과 같이 일말의 정의감도 없는 신이라고 주저없이 비난한다. 차라리 인간을 고문하기 위해서 이 세상을 창조한 괴물이라고 헐뜯기도 한다. 그리고는 한 발 더 나아가 인간의 자유를 억압하고 파괴하는 신으로 그리면서 그것이 가려진 신의 진짜 얼굴인 양 선동한다. 그렇게 그들은 자신들의 광적인 분노를 터뜨려 하느님의 존재를 부정하려고 애쓴다. 그들에게 하느님은 지옥을 만들어낸 신이요, 죄에 대한 처벌에만 눈을 부릅뜨고 살피는 신이다. 더욱이 자신이 허락한 악에 대해 인간에게 책임을 전가하고는 즐겨 채찍을 드는 몹쓸 신으로만 이해한다. 그렇지 않다면 왜 신은 사람들이 악으로 기우는 것을 그대로 방치하고 고통으로 신음하는 이들에 대해 무자비할 정도로 수수방관만 하느냐고 자신들이 제기하는 의문에 요지부동의 답을 스스로 정해놓고 비판한다. 그리하여 실컷 하느님을 향해 온갖 비난과 욕설을 퍼붓고는 이제 인간을 향해서도 그 무능함을 두고 비웃는 데에 몰두한다. 인간은 자신의 행동에 기본적인 통제능력이 없는 존재에 불과하며, 하찮은 이성으로 한순간 본 것을 가지고 마치 무한한 지혜를 가로지를 것이라 믿고 어리석게도 더 높은 곳을 넘보는 존재라고 핀잔하기 일쑤다. 허기와 갈증으로 허덕이는 못난 인간은 그저 온갖 고통과 사고, 죽음과 불의로 얼룩진 삶을 살아야 하는 것이 현실인데, 그 숙명을 벗어날 수 있을 것처럼 헛되이 노력한다고 비웃는다. 예컨대 선한 하느님에 의해 만들어지고 다스려지는 이 세상에서 왜 인간이 그처럼 불행한 일들을 겪어야 하는지 납득할 수도 설명할 수도 없음에도 불구하고 교회는 신앙인들에게 그것을 받아들이도록 부당하게 강요한다고 비판한다. 더욱이 왜 자기자신에 대한 이해조차 완전하지 못한 인간이 저 천상의 옥좌에서 이 세상을 다스리시는 하느님의 영원한 지혜가 복잡ㆍ미묘하게 작용하는 섭리를 이해하려고 하는지 납득이 되지 않는다고 조롱한다.

## 2. 하느님의 완전하심을 증명하는 죄

### (1) 고상함과 관대함

어쩌면 하느님께 반항하는 현대인들은 조금만 미친 것이지도 모른다. 적어도 자신들을 곤란하게 만드는 인생에 대해 크게 실망한 모습을 보이는 점에서 한편 이해 못할 일도 아니기에 말이다. 과연 우리는 이성이라는 커다란 선물 혹은 능력을 통해서 확실히 죄가 이 세상에서 하느님의 완전하심을 입증해주는 뚜렷한 증거라는 사실을 분명히 알아볼 수 있다. 승리할 수도 있고 패배할 수도 있으며, 덕을 쌓을 수도 있고 악을 행할 수도 있으며, 성공할 수도 있고 실패할 수도 있으며, 천국에 다다를 수도 있고 지옥에 떨어질 수도 있는 이 모든 가능성이 인간에게 주어졌으니, 이는 고맙게도 인간성이 저 신성의 완전한 능력을 공유할 수 있음을 한편 시사하는 셈이다. 과연 그의 능력에 대해 확신하는 장인만이, 자신의 분야에서 최고라고 말할 수 있는 장인만이 자신이 다루는 대상을 향해 그렇듯 그만의 고유한 힘과 정념을 쏟아 부을 수 있을 것이다. 그리하여 그런 장인과 같이 하느님이 당신의 힘과 정념을 다해 이루고자 하는 선성(善性)을 통해 스스로 무한한 주체가 되심으로써 이 보잘것없는 인간이 저 신적인 생명을 공유할 수 있도록 초대받은 것이다. 다만 무한히 지혜롭고 더없이 관대한 마음만이 자신의 손을 도구삼아 열심히 노력한 결과로 신적인 생명에 참여하는 영원한 결실을 기대할 수 있을 것이다. 하느님은 인간을 단지 동물처럼 혹은 식물처럼 혹은 무기체로도 만드실 수 있었다. 하느님은 인간에게 영원한 행복을 무상으로 던져 주시되, 인간이 스스로 짊어져야 할 책임과 자기존중과는 상관없는 삶을 허락하실 수도 있었다. 하느님은 구걸을 하지 않는 거지에게도 은총을 베푸시듯, 저 천상의 식탁 아래로 그저 빵부스러기나 던져주실 수도 있었다. 하지만 그분이 이루어 놓으신 놀라운 사실 한 가지는 인간을 인간으로 대하시기로 작정하셨다는 것이다.

죄에 대해 언급하면서 베들레헴에서 출발하여 나사렛을 거쳐 짧지 않은 시간에 고되고 때로 실망스러운 온갖 경험들을 통해 마침내 골고타 산에 오르신 예수님의 일생을 떠올리지 않는다면, 그리 탐탁한 설명이 되지 않을 것이다. 사막에서 천사들이 마련해준 빵, 주인의 살과 피를 양식 삼아 성장한 종의 모습, 은총의 강력한 효과, 신앙과 희망으로 인해 더 넓게 펼쳐진 삶의 지평도 죄를 언급할 때 기억할 필요가 있다. 한 마디로 말해서 만일 우리가 하느님의 사랑과 정의가 보여주는 놀라운 모습들에 눈뜨지 않는다면, 곧 하느님이 우리를 단지 피조물로서가 아니라 당신의 벗으로 대해주신 사실을 깨닫지 않는다면, 우리는 눈을 뜨고 있어도 실은 눈먼 존재로 살게 될 것이다.

## (2) 인간 영혼의 신성불가침한 성역에 대한 태도

과연 하찮은 피조물에 불과할지라도 우리는 또한 우리 자신이 저지르는 죄의 본성에 힘입어 하느님의 사려 깊으신 섭리를 깨달을 수 있다. 그분은 우리에게 우리의 본성이 요구하는 인격적인 권한도 인정해주셨다. 그래서 개별영혼의 내면에는 아무도 침범할 수 없는 거룩한 곳이 마련되어 있다. 그곳은 그 어떤 세력도, 예컨대 악마의 힘이나 타인의 힘이 결코 무력으로 침범할 수 없는 성역이다. 심지어 하느님도 친히 이 성역을 해치지 않기로 결정하셨다. 영혼의 그 깊은 곳은 바로 우리 각자에게만 속하는 거룩한 곳이다. 거기서 비롯하는 행위는 그 누구에게도 간섭받거나 강요받지 않는다. 그래서 그것은 순전히 우리의 행위가 된다. 그것은 우리가 그에 대해 의식하고 의지를 따라 이뤄낸 것이라고 고백할 수 있는 만큼 바로 우리 자신의 행위라고 능히 말할 수 있다. 오로지 우리의 의지가 정한 목표를 향해 우리 스스로 행동한 것이란 뜻이다. 이와 동일한 방식이 우리가 저지르는 죄에도 해당된다. 왜냐하면 죄 역시 그와 같이 우리 자신의 자발적인 행위이기 때문이다.

## (3) 좋은 능력과 자비로운 정의

설령 우리가 우리의 자발적인 행위를 죄로 남발한다고 해도, 그것은 무엇보다도 하느님의 충만하신 선성과 자비로우신 정의를 확연하게 입증해주는 데에 모자람이 없다. 몇 번이고 죄를 되풀이하면서 우리는 다시 선을 향해 몸을 돌리게 될 것이다. 몇 번이고 죄를 되풀이하면서 우리는 교만에 젖었던 어리석음에서 차츰 벗어나게 될 것이다. 우리의 죄와 하느님의 용서 사이에서 우리의 무릎은

꺾이겠지만 하느님의 손길이 우리를 다시 일어서게 해주실 것이다. 수없이 반복되는 고난과 불행은 우리를 하느님이 계신 저 높은 곳에까지 우리를 이끌어주는 좋은 길라잡이가 될 것이다. 사탄의 광적인 활동조차도 하느님은 당신의 벗을 거룩하게 만드는 도구로 바꾸어 주실 것이다. 자신을 잃은 양들을 단 한 마리까지 되찾아오기 위해 오랜 시간을 인내하기로 작정하신 만큼, 사랑을 갈구하는 이들에게 당신의 자비가 아무런 희망을 가져다주지 않는다 하여 불신과 모욕을 한 몸에 받고도 오랫동안 침묵하기로 결심하신 만큼, 하느님을 향해 퍼붓는 저주와 욕설은 여전히 우리에게 이중적인 목적을 위해 쓸모가 있다. 하나는 저들을 도와야 한다는 경고의 의미로, 다른 하나는 하느님의 정의를 위해 더욱더 힘써야 한다는 경고의 의미로 말이다.

## 3. 인간의 존엄성을 증명하는 죄

왜 우리는 여전히 이처럼 긴장된 상황과 대면해야만 할까? 왜 우리는 인생이란 끝 모를 순례의 길을 계속 걸어야 하고 패배할 수 있는 위험마저도 불사해야 하는 것일까? 이는 삶에 대해서 혹은 인간적인 삶에 대해서 두려움을 느끼는 한 누구나 던질 수 있는 물음이다. 말 그대로 자신이 없는 삶 앞에서 우리가 쉽게 던질 수 있는 물음이다. 이는 또 실수할 수 있다는 두려움 때문에 아예 자유조차 포기하고픈 사람들의 심경이 묻어난 물음이다. 무지할 수 있다는 두려움 때문에 아예 이성을 포기하고픈 사람들, 실패할 수 있다는 두려움 때문에 아예 행동을 하지 않으려는 사람들이 던지는 물음이다. 지옥에 떨어질 것이 두려워서 천국을 아예 포기하고, 사는 것이 두려워서 아예 생명을 포기하려는 사람들이 던지는 물음이다. 우리는 이들에게 다른 쪽의 가능성 없이 오직 한 쪽만을 취할 수는 없다고 말해야 한다. 그런 까닭에 우리가 어려움 속에서도 마침내 희망하던 것을 손에 쥘 때 그토록 기쁜 것이며, 자신에 대해 긍지와 자부심을 갖게 되는 것이다. 죄로 인한 좌절과 절망은 역설적으로 다시금 인간이 왜 존엄하다고 하는지 한걸음 더 가까이 알아볼 수 있게 해준다. 그렇게 모든 것이 불확실한 세상에서 우리가 꿈꾸며 진정 원하던 가장 완전한 것, 인간 승리, 하느님의 영원한 복락을 마침내 누리게 된다면, 이보다 더한 기쁨이 또 있을까?

## 제16장 불행의 발전 (제2부 제1편, 제82문제~제85문제)

1. 개인의 죄, 본죄의 바탕
   (1) 원죄 – 본성에 전이된 죄로서 행위의 원칙은 아니다
   (2) 원죄 – 개인에게 유보된 죄다
2. 죄의 바탕으로서 원죄
   (1) 원죄의 형상적인 의미 : "본래의 의로움"이 무너진 것
   (2) 원죄의 질료적인 의미 : 욕망
3. 원죄의 동등성과 본죄의 비동등성
4. 죄의 발판
   (1) 원죄가 깃든 영혼
   (2) 영혼의 본질 및 의지와 죄의 관계
   (3) 인간성 옹호
      1) 나쁜 의지와 타락한 본성
      2) 영혼의 저급한 능력들에 의한 오염
5. 죄에 의한 인간 본성의 훼손 – "신앙에 의한" 교의적인 가르침
   (1) 본성의 원리들에 관하여
   (2) 본래의 의로움 개념에 관하여
   (3) 덕으로 나아가는 본성적인 경향
      1) 그 경향은 비록 훼손될지언정 결코 전부 파괴되지 않는다
      2) 그 경향은 본죄로 인해 무한정 방해 받는다
6. "본성의 훼손"을 뜻하는 사태들 : 무지함, 사악함, 나약함, 욕망
   (1) 순수한 본성의 훼손
   (2) 본래의 의로움 개념을 가진 본성의 훼손
7. 죄의 결과로서 죽음과 육체적인 손상
   (1) 원죄에 의해
   (2) 본죄에 의해
8. 인격적인 본죄의 뿌리와 시작
9. 죄의 유혹(꾐) – 중죄(重罪, capital sin)
   (1) 중죄의 의미
   (2) 사죄(死罪)와의 구별
   (3) 중죄의 분류와 대상

---

[결론] 죄와 인격
1. 원죄와 인격
   (1) 인간 본성의 단일성
   (2) 덕으로 기우는 본성적인 경향
   (3) 주도적인 결정
2. 본죄와 인격
3. 밝혀진 죄의 의도
4. 인격적인 존재와 죄 그리고 행복

# 제16장 불행의 발전 (제2부 제1편, 제82문제~제85문제)[18]

## (들어가기)

오늘날에는 대다수의 사람들이 그러하듯이 공상소설이나 더 나아가 탐정소설과 같은 비현실적인 세계를 탐닉하면서 잠깐이라도 지겹게 느껴지는 현실적인 고통이나 어려움을 잊거나 피하려는 경향이 점점 더 거세지고 있다. 현대인들은 휴식을 취할 때 최대한 상상력을 동원하여 완전히 자신을 비우려고 애쓴다. 그런 이유로 많은 이들이 자신이 빠져든 공상 속의 이야기를 망쳐버리는 것을 용납하지 않으려고 한다. 이 같은 경향에 매료되어 있는 사람들이 얼마나 많은지는 의외로 엄청난 공상소설의 발행부수를 통해서 충분히 입증될 것이다. 여하튼 이런 부류의 이야기 가운데 하나에 어떤 의사가 불가능한 것을 이루는 데 성공했다. 예컨대 두 사람의 영혼을 바꿔치기한 것이다. 한 사람은 중년의 나이에 만성적인 지병으로 약을 복용해야 한다. 수시로 심장에 파고드는 고통에 속수무책인 까닭에 더 나아질 것이라는 희망도 없이 그저 조심스럽고 가련하게 항상 신경을 곤두세우며 살아야 한다. 다른 한 사람은 젊고 패기 넘치는 인물이다. 단 하루도 아파본 적이 없고 그야말로 앞날이 창창하기만 한 젊은이다. 우여곡절 끝에 수술을 하여 이 두 사람이 몸이 바뀐 지 5년이 지나자 만성적인 지병을 까맣게 잊고 살던 중년의 신사가 그렇게 힘겹게 얻어낸 젊은이의 몸에서 다시 이상 현상을 느끼게 된다. 심장에 예리한 고통이 찾아왔고 그때마다 약을 다시 복용해야 했다. 그래서 예전과 마찬가지로 그에게 미래는 다시 또 암담하기만한 고통의 날들이 되었다. 반면 중년의 몸을 갖게 된 젊은이는 예전의 몸을 회복하고 찬란한 미래를 향해 발걸음을 옮기면서 소설은 막을 내린다.

물론 이 이야기는 전적으로 공상에 불과하다. 하지만 이런 이야기는 한편 모조리 공상적인 것만은 아님을 말해주고 있다. 왜냐하면 그런 이야기는 우리의 현재를 토대로 재구성

18) [역주] 토마스의 원죄 이론은 「신학대전」 I, q.95, a.1과 I, q.100, a.1 그리고 I-II, 1, qq.81-85에 걸쳐 소개되고 있다. 이에 대해서는 다음을 참고하라: 조규만, 「원죄론」, 가톨릭대학교출판부, 2000, 70.

된 미래의 삶을 조명하고 있기 때문이다. 미래에 대한 우리의 평가는 대부분 우리가 과거에 수용한 것들을 기초로 이루어진다. 우리의 경험상 많은 부유층의 자녀들은 인생을 그르친다. 왜냐하면 그들의 미래는 그들의 부모가 과거에 힘겹게 이룩한 것들로 너무 안전하고 확실하게 보장받기 때문이다. 하지만 비운의 운명 아래서 거칠게 태어나 힘들게 살아온 자녀들도 적지 않게 좀처럼 그런 비참한 생활을 청산하지 못하는 것을 목격한다. 그것은 과거를 너무 괴롭게 지내온 부모로 인해서 그들의 미래 역시 거의 절망적으로 비쳐지는 까닭이다.

이와 동일한 경우가 도덕적인 질서 안에서도 아주 자주 목격되는 것 같다. 어떤 이들은 자신들의 동료들에게 매우 잔인하게 대한다. 왜냐하면 자신들의 구원이 그렇게 행동하는 것과는 아무 상관이 없다고 보기 때문이다. 과거는 과거일 뿐 미래와 무관하다고 가볍게 생각하기에 말이다. 반면 어떤 이들은 깜짝 놀랄 정도로 동료이웃들에게 희생적으로 대한다. 왜냐하면 그들은 그러한 희생을 통해 영원한 행복을 얻을 수 있는 기회가 두 번 다시 찾아오지 않을 것이라고 확신하기 때문이다. 어떤 이들은 비록 자신들이 아무리 정당하다고 하더라도 상대방과의 싸움을 쉽게 포기한다. 왜냐하면 그들은 승자가 되고 싶어도 결국 자신에게 소중한 인간성을 해치지 않고서는 그런 싸움을 이겨내지 못한다는 것을 잘 알고 있기 때문이다. 또 어떤 이들은 자신에게 주어진 인간성의 완전함을 믿고 또 보존하기 위해 아주 위험한 과제도 두려워하지 않고 수행하려고 한다.

우리는 앞선 15장에서 인간이 죄를 물려받았음을 살펴보았다. 그러니까 누구나 인간은 소위 원죄를 가지고 태어난다고 말이다. 곧 인류의 첫 조상으로부터 물려받는 인간 본성으로 말미암아 조상의 결함 또한 공유하게 되었다는 것이다. 교회가 가르치는 바에 의하면, 우리가 그렇게 유산처럼 물려받은 것이 무엇인지 정확히 아는 것이 중요하다. 우리는 지난 과거가 우리에게 물려준 것이 무엇인지 알아야 한다. 왜냐하면 비록 현재가 미래에 대해 우리가 설계하는 중심이 되겠지만, 그러한 미래에 대한 사전평가는 이미 과거에 마련된 유산에 근거하여 이루어지기 때문이다. 당연히 과거를 무시한 채 미래를 설계하는 일은 비현실적이다. 그래서 실제 경기에 임하기 전에 이미 승패가 좌우되기도 한다. 왜냐하면 경기 직전 지나치게 자신감을 갖거나 패배주의적인 마음을 갖는 것이 경기의 승패를 결정하기 때문이다. 예컨대 지나치게 자신을 과신하는 태도는 성실히 임해야 할 경기를 가벼이 생각하며, 열등의식에 사로잡힌 태도는 자신의 노력을 무가치한 것으로 평가절하시킨다. 인생이라는 경기에서도 이 같은 두 가지 태도 모두를 경계해야만 한다.

무신론을 지지하는 산부인과 의사라고 해도, 그가 산모에게서 간호사에게 넘겨준 갓 태어난 아이가 큰 소리로 그것도 단호하게 자신이 무신론자라고 선언한다고 하면 정말 기절초풍할 노릇일 것이다. 그만한 나이에 그런 행동을 할 것이라고 아무도 기대하지 못하기 때문이다. 어린 아기는 살살 다루더라도 쉽게 자극을 받을 수 있고 또 실제 그러하다. 어린 아기는 다소 불명료한 말 혹은 표현을 통해서도 불편하거나 짜증나는 심정이든 슬프거나 기쁜 감정을 유감없이 드러낸다. 하지만 젊은 혈기를 앞세워 못된 짓을 하면서 인생을 시작하지는 않는다. 어떤 죄든 어린 아기의 영혼에게서 확실히 본성에 의한 죄 외에 인격적인 죄로 판단할 만한 여지는 없는 것 같다. 어린 아기의 몸짓은 거의가 타고난 습성(習性, habit)이지 계획된 행동이 아니다. 물론 그 습성은 담배를 피우거나 꽁초를 차창 밖으로 던져버리는 일부 어른들의 습성과는 거리가 멀다.

## 1. 개인의 죄, 본죄의 바탕

### (1) 원죄 - 본성에 전이된 죄로서 행위의 원칙은 아니다

인간 본성에 양도된 죄는 실상 바로 앞에서 설명했던 바와 같이 후천적으로 다져진 의미에서 습성을 가리키는 것이 아니다. 차라라 타고난 체질에 가까운 어떤 것이다. 원죄를 습성으로 이해하는 시도는 원죄를 마치 나쁜 행위의 원칙과 같이 오해하게끔 이끌 수 있다. 그래서 죄라고 하는 것은 어떤 종류의 것이든 모두 마치 수학적인 해결책이 습성적으로 사유하는 수학자의 머리에서 갑자기 튀어나오듯이 애초부터 구비된 어떤 원칙에서 비롯된다고 오해할 수 있다. 혹은 그리스도인들이 습성적으로 말하는 사랑에 기초하여 자연스럽게 친절한 행동이 흘러나오듯이 원죄를 마치 나쁜 행위가 저절로 흘러나오게 하는 원천이나 원칙처럼 오해할 수 있다. 그래서 그보다 훨씬 더 정확한 표현은 마치 오케스트라의 합주에서 각각의 악기 연주자가 스스로 지휘자가 되어 자신의 기분에 심취하여 연주하는 모습에 비유할 수 있을 것 같다. 원죄는 좀 더 정확히 말해서 본래의 의로움과의 조화를 용해(鎔解)하는 장애요소다. 굳이 '용해'(dissolution)와 같은 화학 용어를 활용하여 묘사하는 데에는 이유가 없는 것이 아니다. 다시 말해 아름답게 드러난 실체들은 그 내부에 모든 요소들이 적절하게 균형을 이룬 것이라고 말할 수 있다. 하지만 갑작스럽게 - 예컨대 TNT나 다이너마이트의 폭발로 - 그 균형이 깨짐으로써 서로 뒤섞여 일그러진 모습으로 변하거나 분해될 수 있는데, 그 주된 요인이 바로 원죄라는 것이다. 아니면 좀 더 인체와 관련하여 말하자면, 우리의 신체기관의 다양한 활동들이 서로 협력하여 조화를 이룸으로써 건강을 유지하는데, 이를 파괴하거나 장해를 일으키는 질병과 같은 것이 바로 원죄다. 원죄는 물론 영적인 차원에서 고려되는 점에서 우리의 나약한 본성과 게으른 타성 나아가 인간성과의 조화로운 균형을 파괴하는 일체의 행위가 원죄에서 기인하다고 말할 수 있다.

## (2) 원죄 - 개인에게 유보된 죄다

개인에게서 다양한 죄를 경험하듯 우리는 원죄로부터 수많은 죄가 양산될 수 있다고 생각할 수 있다. 그래서 원죄에는 각 개인이 저지르는 다양한 죄를 실질적으로(virtually) 모두 함축하고 있다고 보아도 잘못된 판단은 아닌 것 같다. 아니면 우리가 원죄를 고려할 때 아담의 첫 번째 죄를 회고하듯이 거기에 일찍이 교만함과 불순종 그리고 폭식과 같은 여러 가지 나쁜 요소들이 배태되어 있는 것처럼 다양한 죄의 뿌리로 간주해도 좋을 것 같다. 하지만 엄격히 말해서 원죄는 마치 상습적인 거짓말쟁이가 - 그 자신이 용케 꾀를 부리지만 결국은 제 꾀에 넘어가듯 스스로도 피할 수 없는 당황스럽고 곤란한 상황에 떨어지는 순간까지 - 수없이 거짓말을 둘러내듯이 각 개인마다 다른 형태의 원죄가 주어지는 것은 아니다. 오히려 세상에 태어나는 모든 인간에게 오직 하나의 원죄만 존재한다. 무엇보다도 아담은 그의 후손들에게 오직 그만의 고유한 행위로써 권위를 갖는다. 예컨대 그는 하느님의 은총으로 선물처럼 주어진 본성을 받아 누렸고 또 일부 훼손했다. 그가 남은 일생 동안 행했던 것이 무엇이든, 그가 구체적으로 저지른 죄가 무엇이든, 그가 받았던 유혹이 무엇이든 그런 모든 것들은 우리에게 양도된 유산과 관련이 없다. 이는 원죄의 실체를 말할 경우 더 분명해질 것이다.

다시 말해서 원죄는 인간 본성의 부조화 및 무질서를 의미한다. 그러한 부조화 및 무질서는 모든 인간에게서, 보다 정확히 마치 작은 집과 같은 저마다의 영혼에게서 벌어진다. 그래서 그 집주인의 권위가 무너져버림으로써 그 집의 구성원들이 주인의 통제에 아랑곳하지 않게 된 것이다. 인간의 몸에 조화를 주도하는 주인(영혼)이 제 권위를 잃어버리게 된다면, 몸의 구성원들이 저마다 자신의 고유한 기능을 아무렇게나 또 뿔뿔이 발휘하는 까닭에 머지않아 그 사람은 풍비박산이 나고 말 것이다. 그것은 본래의 의로움이 무너지면서 인간에게서 조화로운 움직임 및 능력도 와해되고 사라져버리는 까닭이다.

오로지 주석과 같은 무른 금속으로만 어떤 칼을 만들었다고 생각해보자! 그런 칼을 만든 솜씨는 완벽할 수 있다. 하지만 그렇게 주석으로만 만든 칼은 제 기능을 다하지 못한다. 예컨대 그보다 더 단단한 나무를 한 번 내려치는 순간 칼이 휘어지거나 비틀어질 수 있듯이 말이다. 만일 그 재료가 유리라고 한다면, 제 아무리 뛰어난 장인(匠人)이 만들었다고 해도, 겉으로 화려해 보이는 칼은 일격에 박살나고 말 것이다. 하느님은 인간을 창조하실 때 물질적인 세계와 영적인 세계를 서로 연결시키는 피조물로 세우기로 작정하셨다. 인간은 그런 의미에서 '소우주'와 같다. 왜냐하면 한 인간이 식물의 기운과 동물의 기운 그리고 영적인 기운이 미묘하게 서로 결합된 모습으로 창조되었기 때문이다. 특히 생명력과 정신력[靈力]을 함께 갖춘 존재라는 특이한 모습이 목격된다. 다시 말해서 그 두 가지가 결코 이질적인 것으로만 판단해서는 안 된다는 생각을 심어준다. 그러니까 물질적인 것과 영적인 것 혹은 정신적인 것은 서로 결합할 수 있고 또 어느 한쪽이 다른 한쪽을 그로 인해 해치는 것이 아님을 보여준다. 그렇게 인간이라는 피조물에게서 크게 구별되는 두 가지 요소가 눈에 띈다. 이 두 가지 요소는 저마다 고유한 활동을 전개하면서 인간을 자극하고 목표를 정하여 나아가도록 촉구한다. 이는 흔히 각각 신체적인 욕구와 지성적 욕구 혹은 의지로 풀이되기도 한다.

한편 하느님은 세상을 창조하실 때 당신이 이용하신 재료의 본성에 알맞게 아주 섬세한 균형과 더없이 잘 어울리는 조화를 염두에 두셨겠지만, 결코 영원히 안정적일 수 없는 혹은 완전할 수 없는 피조물의 한계를 넘어서지 않는 선에서 그러하다. 그것이 창조된 세상의 질서이자 하느님이 미리 정하신 섭리라는 점에서 말이다. 그런 차원에서 신체적인 욕구는 항상 자신의 영역에서 나름 활발히 움직이면서 그와는 달리 인간의 정신 및 의지를 통해 전개되는 정신적인 욕구와의 갈등을 낳게 되었다. 후자는 최고의 보편적인 선을 추구하는 데 반해 전자는 그 본성에 의거해서 직접적이고 감각적이며 특수한 선에 몰두한다. 그런 까닭에 둘 사이의 갈등은 불가피한 것처럼 보인다.

그러니까 인간 본성에 있어 저 물질적인 요소가 곧 우리가 앞서 예시했던 바와 같이 주석으로만 혹은 유리로만 만든 칼의 경우처럼 피할 수 없는 결함을 갖는다고 설명할 수 있겠다. 물론 그러한 결함은 본성의 또 다른 (영적인) 측면과의 비교를 통해 파악될 수 있다. 태초부터 하느님은 이러한 본성적인 결함에 대해 당신의 초본성적인 은총을 드러내기로 선처하셨다. 우리의 본성이 그렇듯 결함을 지녔지만 그러한 결함에서 보호받는 상태를 가리켜 신학적으로 '본래의 의로움(original justice)'의 상태라고 일컫는다.

## 2. 죄의 바탕으로서 원죄

### (1) 원죄의 형상적인 의미 : "본래의 의로움"이 무너진 것

본래의 의로움의 상태는 정확히 말해서, 오롯이 하느님을 향해 나아가는 인간의 의지 혹은 지성적 욕구에 완전히 순응하는 것을 뜻한다. 바꾸어 말해서 감각이나 성장 등 인간의 육체적 · 물리적인 활동을 모두 의지 혹은 지성적 욕구 아래에 완전히 내맡기는 것을 가리킨다. 교회는 그런 상태를 가리켜 인간 본성에 속하는 변하기 쉬운 다양한 구성요소들이 절대적으로 완전한 조화, 완전한 균형을 이루는 상태라고 말한다. 원죄는 단적으로 그리고 원칙적으로 말해서 그러한 조화를 거부하도록 부추긴다. 원죄는 그렇듯 인간이 자신의 의지를 하느님께 내맡기는 것을 방해하는 것이다. 이 같은 거부 및 방해는 인간 본성의 낮은 수준의 구성원들이 순응해야 할 높은 수준의 구성원들에게 반항하는 것을 의미한다. 그리하여 기반이 와해되면 그 위에 선 거대한 굴뚝이 붕괴되는 것은 불가피한 일이다.

## (2) 원죄의 질료적인 의미 : 욕망

성 아우구스티누스 주교와 여러 교부들이 원죄를 '탐욕'이라고 불렀던 것은 원죄의 질료적인 측면 혹은 결과적으로 경험되는 측면, 예컨대 거대한 굴뚝이 붕괴되는 모습을 부각시킨 셈이다. 그들은 대식가가 게걸스럽게 음식을 먹거나 방탕주의자가 마구잡이로 쾌락을 쫓는 것에 대해 분명하게 언급하진 않았지만, 인간의 육체적인 욕망이 뿔뿔이 분산되는 모습에 대해 잘 설명하고 있다. 그러니까 한 인간의 온전한 자아실현 및 행복을 위해서가 아니라 그때마다 일시적이고 파편적인 욕망으로 삶을 허비하게 된다는 것이다.

여기서 간과하지 말아야 할 중요한 점 한 가지는 물론 과거에도 도덕적인 차원에서 자주 다루기는 했지만 특히 오늘날 좀 더 강조하여 반복할 가치가 있는 것이다. 곧 인간의 의지에 의한 육체적인 욕망의 제어에 관한 것이다. 이때 예를 들어 화를 참거나 슬픔 혹은 즐거움을 자제하는 행위는 본성을 거부하거나 억압하는 것이 아니다. 본성을 거부하거나 억압하는 행위는 그렇듯 본성의 법칙을 거슬러 행동하는 자들에게 내적인 갈등이 일어난 나머지 불만과 혼란으로 인해 결국 무질서하고 피폐된 삶을 초래하고 만다. 그러나 그렇듯 육체적인 욕망을 제어하는 행위는 부정적인 차원에서 본성을 억압하는 것과 구별된다. 왜냐하면 반대로 육체적인 욕망을 제어하지 않고 본성이란 이름으로 실컷 정념을 발산하게 될 경우 곧이어 그리고 가차 없이 후회스럽고 곤란한 처지에 놓이기 때문이다. 인간의 정념, 곧 육체적인 욕망은 이성에 의해 조절될 필요가 있다. 우리는 사실상 이 같은 육체적인 욕망을 스스로 제어할 수 있을 때만 인간으로서의 고상한 품위를 지닌다고 자부할 수 있다.

## 3. 원죄의 동등성과 본죄의 비동등성

삶도 그러하듯이 죽음에도 흥망성쇠가 있다. 우리는 시신 관리자의 일에 대해선 대체로 무관심하지만, 병원 의료진의 일에 대해서는 그렇지 않다. 만일 시신 관리자가 아주 흉측한 주검을 일부러 보여주기라도 하듯 아무렇게나 그 가족들의 방문을 맞았다고 한다면, 그것은 오직 그가 간밤에 카드놀이에 지쳐서 자신의 일을 완수하지 못했을 경우뿐이라고 본다. 죽음은, 곧 생명이 부재하는 상태는 모든 사람들에게 예외 없이 그리고 동등하게 다가온다. 본래의 의로움이 무너진 원죄 상태는 태어나는 모든 인간에게 예외 없이 그리고 동등하게 적용된다. 어떤 사람이 다른 사람에 비해 좀 더 살인자로 기우는 경향이 뚜렷한 경우란 마치 동일한 환경에서 어떤 사람이 상대적으로 더 감염에 취약할 만큼 허약한 유전자를 물려받듯이, 다른 사람에 비해 훨씬 더 무거운 원죄를 물려받았기 때문이라고 교회는 결코 가르치지 않는다. 설령 그의 육체적인 기질 및 성격이야 후천적으로 다져진 습성이나 환경 때문일지언정, 그렇게 살인자로 기우는 경향은 선천적으로 결정된 것은 아니라고 말한다.

만일 내가 작은 책상 위에서 나란히 두꺼운 사전 한 권과 일간신문을 펴서 읽어야 한다면, 차라리 책상 아래로 내려가 넓게 펼쳐서 맘 편히 이곳저곳을 살필 것이다. 작은 책상 위에서 저 두 가지를 함께 나란히 펼치거나 혹여 떨어지지 않도록 신경을 써야 하는 불편함은 정작 저 두 가지 기록물의 서로 다른 기술형식이나 서로 다른 가격 때문은 아닐 것이다. 오히려 사전과 신문지의 외적인 크기나 종이의 재질과 같은 물리적인 특성을 작은 책상이 받쳐주지 못하기 때문에 불편한 것이다. 원죄는 본래의 의로움이 받쳐주지 못한다는 사실로 인해 우리에게 불편함을 가져다준다. 그렇게 원죄는 인간적인 삶을 조화롭게 영위하도록 마치 오케스트라의 화음을 이끌어내는 이성 및 의지를 어지럽히며 방해한다. 선임 바이올린 연주자와 한 베이스 드럼 고수(鼓手) 간의 불화는 다른 바이올린 연주자들과 베이스 드럼 연주자들의 불화로 이어진다.

우리는 길을 가다가 어디서든 어떤 사람이 미덥지 않는 눈길로 다른 사람을 주시하거나 어떤 사람이 약한 이를 못살게 행패를 부리듯이 우리 사이에서 벌어지는 다양한 형태의 죄를 목격할 수 있다. 우리는 종종 한 인간의 얼굴을 보고 그의 성격을 파악할 수 있다고 확신한다. 때로 그것이 옳을 수도 있지만, 때로 그르칠 수도 있다. 우리는 원죄를 파악하기 위해 그 얼굴을 살피지만, 그르치지 않으려면 그보다 더 깊은 내면을 보아야 할 것이다.

## 4. 죄의 발판

### (1) 원죄가 깃든 영혼

그 모든 죄와 마찬가지로 – 물론 모든 미덕도 그렇지만 – 이 원죄도 인간의 영혼 안에 거주한다. 왜냐하면 죄인이 되든지 의인이 되든지 그 자신의 영혼 및 영[靈]에 의해서만 좌우되기 때문이다. 심지어 그 사람의 악행(죄)이나 덕행의 질과 크기도 영혼에 의해 결정된다. 왜냐하면 그러한 모든 행위의 결정은 영혼의 이성과 의지로써 이뤄지기 때문에, 우리는 어떤 사람이든 그의 영혼을 통해 알 수 있다. 과연 영혼 안에는 성마른 판단으로 아무렇게나 하는 행동이나 계산된 욕망을 품고 유연하게 처신하는 행동 등의 인격적인 특징들이 자리한다. 그러면 원죄는 어디에 자리하고 있을까? 이 물음에 대한 답변을 위한 한 가지 단서는 길거리에서 흔히 목격할 수 있는 사례를 통해서 쉽게 얻을 수 있다. 예를 들어

술에 만취한 사람이 인사불성이 되어 자신의 걱정거리를 모두 잊어버리는 것을 볼 수 있다. 또한 그의 동료도 그와 하나같이 인사불성이 되어 거리를 활보하는 모습도 종종 지켜볼 수 있다. 자신과 동료 모두 술이라는 죄로 인해 인사불성이 된 것이다. 하지만 한 사람은 그처럼 술(죄)로 인해 성마른 판단과 함께 아무렇게나 행동함으로써 어떤 갈등에서 벗어나려 하고, 다른 사람은 어떤 욕망을 품고 유연하게 처신하면서 술에 의지한 둔한 망각으로 어떤 쾌감을 추구하는 점에서 같은 의도를 가졌다고 하자! 그러니까 그와 같이 갈등에서의 도피든 잘못된 쾌감이든 모두 술을 통해서 얻고자 하는 혹은 그 죄가 동인(動因)이 되어 도달하게 되는 첫 번째 목표다. 원죄가 인간 본성에 양도된 것이라면, 그것이 첫 번째로 겨냥한 대상은 영혼이다. 인간의 몸을 주도하는 영혼 말이다. 다시 말해서 원죄는 한 인간을 생생하게 혹은 고유하게 결정하는 주체적인 형상인 영혼 및 정신에 깃들어 나쁜 영향을 미친다. 원죄는 그렇게 영혼 속에 자신의 거처를 마련한다.

### (2) 영혼의 본질 및 의지와 죄의 관계

인간 영혼의 깊은 내면 어딘가가 병들었을 경우 그로부터 시작되는 인간의 행동에 문제가 생길 수밖에 없다. 점진적으로 악한 기운이 퍼져 시간이 갈수록 감염범위가 점점 더 확대되듯이, 상대적으로 행위의 선한 측면은 점점 더 약화될 것이다. 까만 잉크가 수면에 떨어지면 삽시간에 사방으로 번져나가는 것처럼 영혼 속에 깃든 원죄는 최대한 제 영역을 넓히려고 한다. 인간의 행동과 관련하여 원죄는 간접적인 형태로 인간다운 삶의 가장 기본이 되는 원리에 먼저 영향을 미친다. 곧 인간의 '이성과 의지'에 영향을 미친다. 그 다음 차츰 인간다운 삶에 다소 동떨어진 원리, 곧 감각적인 측면에 영향을 미친다. 그러나 원죄가 가장 먼저 그리고 원칙적으로 초점을 맞추어 나쁜 영향을 주는 대상은 '의지'다. 원죄가 본래의 의로움의 부재를 의미하듯이, 무엇보다도 인간의 의지가, 하느님께 온전히 순종하는 의지를 철저히 방해하는 것이다. 의지는 인간적인 본성을 발휘하는 모든 행동 및 움직임을 주도하는 첫 번째 원리라는 점에서 의지의 감염은 인간적인 삶 전체에 영향을 미친다. 만일 원죄가 인간에게 영향을 미치려고 한다면, 그와 같이 인간의 모든 행동을 일으키는 근본적인 원리, 곧 의지 및 이성에 가장 먼저 접근하여 제 역량을 과시하는 것은 당연하다고 말할 수 있다.

## (3) 인간성 옹호

### 1) 나쁜 의지와 타락한 본성

죄가 의지와 직결되어 있다는 사실은 인간의 일상적인 삶에 매우 전율을 느낄 만한 의미를 지닌다. 필히 걱정해야만 할 악성의 감염은 먼저 의지에서 시작되며, 그것은 곧 하느님께 불순종하는 데에 있다는 사실 말이다. 그래서 그러한 상황에 처하게 되는 순간 우리는 그러한 불행이 바로 자신의 나쁜 의지에서 싹텄다는 것을 추적하여 깨닫게 된다. 달리 말해서 만일 인간의 행동을 이끄는 첫 번째 원리(의지)가 그렇듯 이성이 목표한 바를 제대로 겨냥하지 못하고 삐뚤어진다면, 그것은 우리의 깊숙한 거처에 자신과 적이 동침하고 있음을 가리킨다. 만일 의지가 하느님께 순종한다면, 그것은 좋은 의지를 발휘할 수 있음을 가리키며, 따라서 낮은 수준의 감각적인 욕망을 과감히 외면할 수 있음을 뜻한다. 그러한 의지의 주인은 감각적인 욕망이 자신을 사로잡도록 허락하지 않고 도덕적으로 부적절한 관계를 용의주도하게 거부한다. 그로써 감각적인 욕망의 반란을 올바른 방식으로 통찰할 뿐만 아니라 실천적으로도 올바르게 행동할 수 있다. 예컨대 그 같은 감각적인 욕망 앞에서 결코 흔들리지 않는 자신감은 단지 노심초사하다가 때로 격분하는 반응보다 훨씬 더 결정적인 무기가 될 것이다.

### 2) 영혼의 저급한 능력들에 의한 오염

감각적인 욕망으로 인해 삶을 그르치는 파국에 대한 다소 과장된 반응은 아마도 옛 교부들의 가르침에 대한 오해에서 비롯된 것 같다. 옛 교부들은 인간의 감각적인 욕망에 대해 자주 언급했다. 예컨대 원죄에 의해 감염된 가장 뚜렷한 결과 혹은 핏줄을 따라 이어지는 두려워할만한 것이 곧 개인의 기질(氣質)이라고 가르쳤다. 그리하여 오염된 기질은 감각 중에도 가장 직접적인 촉각이나 그와 관련된 탐욕으로 확장될 만큼 나쁜 것이라고 강조했다. 하지만 교부들은 항상 이런 잘못된 욕망들을 두고 그때마다 인격적인 차원이 아니라 원죄와 직결시켜서 설명하는 것으로 그쳤다. 따라서 인간에게서 잘못 벌어지는 것들은 모두 원죄의 감염 때문이라는 어감이 무척 강했다. 왜냐하면 교부들은 인간의 본성 자체가 그렇듯 대(代)를 이어서 계속 사람들에게 전해지도록 선고되었다는 사실을 원죄와 관련하여 무던히 강조하였기 때문이다. 그래서 오늘날 우리가 인간의 행위에 더 큰 비중을 차지한다고 보는 개인의 의지적인 결정 내지 인격적인 선택에 대해선 교부들이 상대적으로 명료하게 밝히지 않았던 것으로 보인다.

사실 우리의 감각적인 욕망은 인격적인 죄 혹은 본죄에 생각보다 훨씬 덜 영향을 미친다. 감각적인 욕망의 영향력은 마치 치명적인 역병이 도져 급속도로 확산되는 대도시보다는 가벼운 피해로 그치는 시골의 경우에 비유될 수 있다. 그러므로 인간의 이성과 의지에 반역을 꾀하는 감각적인 욕망의 강도(强度)가 곧 인간이 저지르는 죄의 크기와 비례하지 않는다. 다시 말해 그러한 욕망들은 모두 어김없이 우리의 행복을 방해하는 불행의 씨앗이라는 말이 아니다. 그것들은 차라리 감각이란 본성에서 비롯하는 자연적인 것들이라는 말이다. 물론 소위 다섯 가지 감각은 저마다 지향하는 대상에 대해 이성이나 의지에 비해 상대적으로 더 호소력을 갖고 우리에게 정보를 전달해준다. 그래서 감각이 지향하는 대상이 더 구체적일수록 그리고 그것을 지각하는 감각이 즉각적으로 좋은 것을 생생하게 생산하게끔 물리적인 변화를 일으킬수록 그 대상과 감각의 합일은 더 손쉽게 이뤄질 수 있다. 이 같은 이치가 원죄와 직결된 것은 아니듯이 당장 죄를 유발하는 직접적인 원인도 아니다. 오히려 도덕적인 관점에서 볼 때 이와 같은 감각적인 욕망의 강도는 숙려에 의한 의지적인 선택에 따른 결정(행위)에 그다지 중요한 의미를 띠지는 못한다. 바꾸어 말해서, 감각적인 욕망의 강도 또한 우리 자신의 사려 깊은 통제에 따른 산물이라는 점에서만 의미를 갖는다는 말이다.

## 5. 죄에 의한 인간 본성의 훼손 – "신앙에 의한" 교의적인 가르침

### (1) 본성의 원리들에 관하여

그러면 본죄에 대해서 좀 더 구체적으로 살펴보자. 교회는 죄에 의해 인간의 본성이 어느 정도 훼손된다고 설명할까? 아니면 교회는 좀 더 세부적으로 나누어 원죄와 본죄가 각각 인간의 본성을 어느 범위에서 훼손한다고 가르칠까? 우리는 실상 우물에 빠졌을 때 불과 몇 인치조차도 스스로 올라갈 수 없음에도 불구하고 마치 저 높은 하늘의 별들까지 무난히 이를 수 있다고 어리석게 생각하지만, 지금 빠져있는 수렁에서 과연 우리는 무엇을 할 수 있을까?

우리가 이미 보았다시피 교회는 오류를 범할 수 없는 교도권을 통해서 인간의 의지가 원죄에도 불구하고 자유롭게 발휘된다고 엄숙히 선언한다.[19] 그래서 인간의 정신적인 활동 역시 순수하게 이뤄지며, 그런 방식으로 하느님에 대한 확실한 지식을 얻기 위해 각자 노력할 수 있다.[20] 그러나 종교개혁 이후 교회에서 갈라진 이들은 아무런 희망 없이 비관적인 입장만을 수용한다. 그래서 그들은 인간의 모든 행위가 필연적으로 죄를 짓고 만다고 주장함으로써 가톨릭교회와 등을 돌리게 되었다.[21]

---

19) 트리엔트 공의회 Sess. VI, can. 5(덴칭거 1555).

20) 제1차 바티칸 공의회 Sess. III, ch. 2(덴칭거 3004).

21) Michael Baius의 오류는 비오 5세의 칙서 「Ex omnibus afflictionibus」에 의해 단죄된 바 있다(참고, 비오 5세 교황에 의해 선언된 명제 25, 35, 40, 67, 68 그리고 75번(덴칭거 1925, 1935, 1940, 1967, 1974). 또한

보다 더 상세하게 이 가르침을 검토하더라도, 원죄든 본죄든 그 어떤 죄도 이미 본성에 주어진 원리들을 파괴하거나 무시할 수 없다는 사실이 자명하다. 예를 들어 자신의 화(anger)를 통제할 수 있는 사람이 비도덕적인 행위를 할 수도 있겠지만, 최소한 그가 화나기 이전과 다른 모습의 행동을 하지는 않는다. 몸과 영혼 혹은 육체의 능력과 영혼의 능력은 모두 인간의 본성에 속하는 것이기에 죄를 통해 그것이 근본적으로 바뀌거나 사라지지 않는다. 인간의 본성은 인간 자체가 사멸되지 않는 한 바뀌는 경우란 있을 수 없다. 따라서 그 어떤 죄도 인간성을 파괴할 수는 없다.

### (2) 본래의 의로움 개념에 관하여

인간의 본래의 의로움은 아담 이후로 사라진 것으로 여겨진다. 그것은 타락한 이후 인간은 하느님께 순종하기 위해 자신보다 낮은 수준의 존재에게서도 발견되는 초보적인 능력(예, 성장 및 감각과 관련된 능력)조차 스스로 통제하지도 못하거니와 하느님의 뜻에 자신의 삶을 완전히 일치시키려는 의지가 거의 사라졌다고 보기 때문이다. 교부들은 이를 두고 원죄로 말미암은 것이라고 가르쳐왔다. 확실히 우리는 불멸성에 관한 초본성적인 선물이나 우리의 첫 조상이 원죄 이전에 누렸던 기쁨과 평화를 당연하듯이 얻어 누리지는 못한다.

### (3) 덕으로 나아가는 본성적인 경향

#### 1) 그 경향은 비록 훼손될지언정 결코 전부 파괴되지 않는다

본성은 본래대로 남아있지만, 은총을 통해 습득된 불멸성과 고통으로부터의

---

이와 비슷하게 얀세니즘의 "거룩한 직무"(Dec. 7, 1690)에 관한 오류에 대해서는 알렉산더 8세 교황이 선언한 명제 2와 8번(덴칭거 2302, 2308)과 Confer appendix to chapter XX, infra, p. 434ff.을 참고할 수 있다.

자유와 같은 선물은 원죄로 말미암아 상실했다는 사실에 대해 우리는 많이 들어왔다. 우리가 무엇보다도 걱정하는 바는 죄로 기우는 경향이다. 달리 말해 덕으로 나아가는 인간의 본성적인 경향이 훼손되었다는 점이다. 원죄로 말미암아 이성을 따라 행동하려는 인간의 경향에 문제가 생긴 것이다. 이성이 정한 방식으로 자신이 미리 내다본 목표, 곧 인간의 행복이 발견되는 그곳을 향해 나아가는 일이 순조롭지 않게 된 것이다.

그러면 어느 선까지 그와 같은 본성적인 경향에 문제가 생긴 것인지 묻는다면, 이렇게 답할 수 있을 것이다. 자신의 이성을 뒤따르는 경향은 인간에게 자연스러운 것이다. 그것은 지극히 본성적인 행위이며 따라서 결코 파괴될 수 없는 것이다. 달리 말해서 인간이 합리적으로 살아가는 경향은 자연스러운 특성이며, 그러한 합리성은 인간의 본성에서 박탈할 수 없는 것이다. 설령 지옥에 떨어진 영혼이라고 하더라도, 덕을 향해 나아가는 경향, 이성을 뒤따르는 경향은 지속된다고 교회는 가르친다. 지옥이라는 특별한 장소조차도 이 본성적인 경향을 파괴할 수 없다는 것이 교회의 믿음이다.

### 2) 그 경향은 본죄로 인해 무한정 방해 받는다

그러나 만일 우리와 다른 천사들에게서도 그처럼 덕으로 나아가는 본성적인 경향을 목격한다면, 이 점은 자명해질 것이다. 이를 위해 무엇보다도 먼저 영혼 안을 살피는 일부터 시작할 수 있다. 그런 다음 이성적인 행동 혹은 덕을 발휘하여 도달하는 목표에 대해 살피고, 마지막으로 그런 이성적인 행동 혹은 덕을 발휘하는 데에 종종 활용되어야 하는 감각적인 능력을 살핀다면 분명하게 이해될 것이다. 첫 번째로 영혼 안에서 자연스럽게 미덕을 향해 나아가는 경향은 그 어떤 이유로도 파괴되지 않는다는 교회의 가르침을 앞서 보았다. 두 번째로 이성적인 행동 혹은 덕을 발휘하여 도달하는 목표는 그런데 우리의 개인적인 죄, 곧 본죄로 인해 어떻게든 방해를 받는다. 그러니까 우리의 실제적인 죄는 영혼이 올바른 행동을 취하려고 할 때마다 마치 다양한 집기, 그러니까 의자, 탁자, 침대, 매트, 피아노 등을 쌓아두어 앞길을 방해하는 것과 같다. 그렇게 죄는 우리의 영혼이 밖으로 자신을 드러내는 행동을, 곧 자아의 존재실현을 방해한다. 세 번째로 우리가 도덕적으로 행동할 때 감각적인 능력을 활용하게 되는데, 이때 우리는 앞선 도덕적인 행동을 통해 익숙하게 길들어진 자신의 몸을 생각할 수 있다. 그러나 그와 정반대로 비도덕적인 행동이 몸에 배어서 자연스러운 신체적인 움직임 및 경향이 사라질 수도 있다. 또 다이어트 및 식이요법이나 질병 혹은 수술과 같은 특이한 행동으로 인해 예전의 본성적인 경향이 사라지거나 바뀔 수 있다. 그밖에도 이런저런 행동유형을 갖게 되는 신체적인 경향이 새롭게 마련되거나 다시 뒤집히는 일도 가능하다.

나는 언젠가 몹시 화난 모습으로 고개를 푹 숙이고 이런저런 생각이 복잡한 젊은 의사를 만난 적이 있다. 당시에 그는 미숙한 의료경험으로 만성질환 환자 한 사람을 잘못 치료하는 심각한 실수를 저질렀기 때문이다. 그 환자는 중년 여성이었는데, 오랫동안 그녀가 앓아온 지병으로 인해 독특한 성격의 소유자로 굳어버린 것 같았다. 그녀는 항상 유쾌하게 웃음을 지으면서 자신의 아픔을 놀라울 정도로 잘 참아냈었고 자신을 방문하는 이들과 함께 그때마다 밝게 분위기를 바꾸는 데에도 능숙해서 방문객들이 그녀를 동정하거나 위로해주는 것조차 잊게 만들어버리는 성격을 가졌었다. 그런데 그 순진한 젊은 의사가 그녀의 진료를 담당하게 되었고 때때로 밤낮을 가리지 않고 극진히 치료해주었다. 그래서 그 젊은 의사가 호전될 것이라고 장담한 진단에 대해 그녀만이 아니라 아무도 의심하지 않았다. 실제 그 의사의 치료효과 때문인지 환자 자신도 통증을 느끼지 못했기 때문에, 침대에 계속 가만히 누워있지만은 않았고 이전과는 달리 자존심을 조금이라도 회복하고 싶었던 것 같다. 그래서 하룻밤 사이에 거의 변하지 않을 것 같았던 그녀의 성격이 확 바뀌어 버렸다. 예컨대 잔소리가 심해지고 비난이나 좋지 못한 농담을 일삼으며 불평불만을 늘어놓는 성격으로 바뀐 것이다. 그래서 마치 모든 것을 의무적인 관점에서만 받아들이는 것처럼 행동하기 시작했다. 물론 그녀가 불평불만과 함께 누구보다 먼저 그리고 거의 온갖 비난을 쏟아 붓는 대상은 그녀의 담당의사였다. 그 젊은 의사는 마치 떼강도의 습격으로 갑작스레 봉변을 당한 '착한 사마리아 사람'처럼 무고하게 큰 상처를 입은 것이라고 볼 수 있다. 어느 날 그녀는 갑자기 그 젊은 의사에게 X-레이 사진 촬영기사가 올 때까지 고개를 돌리라고 퉁명스럽게 지시했다. 그 의사는 그녀가 접시를 닦는 경우를 제외하고는 고상한 모습을 보이려 하지 않았고 예전처럼 친절하게 행동하려고도 하지 않는 것을 이해할 수 없었다. 과거와 같이 품위 있게 고통을 참아내는 모습도 더 이상 찾아볼 수 없었고, 시시때때로 부정적인 반응을 보이는 그녀에게 주변 사람들의 호의적인 동정심이나 위로는 점점 사라져 갔다. 어쩌면 그녀의 성격을 그렇듯 바꾸어버린 그녀의 속내를 아무도 위로하며 도와줄 수 없었다. 결과적으론 그 젊은 의사가 그녀의 남다른 '경력'을 망쳐놓은 셈이다.

## 6. "본성의 훼손"을 뜻하는 사태들 : 무지함, 사악함, 나약함, 욕망

### (1) 순수한 본성의 훼손

원죄에 관한 가르침을 상세하게 해설하는 일은 흔히 다음과 같은 저항에 부딪힌다. 예컨대 "그러면 어떻게 본성이 일부나마 훼손될 수 있는가?" 하는 질문을 받게 되는데, 이는 납득하기 어렵다는 불만을 품은 반문에 가깝다. 그러한 불만은 인간의 본성이 그 어떤 변론으로도 정당화될 수 없을 만큼 잘못을 저지를 수 있다는 사실이 못마땅하게 여겨져서 불거진 것이다. 자연주의적인 관점에서 본성을 순수하고 좋게만 보는 태도가 그런 불만을 키울 수 있을 것이다. 그러나 자연주의적인 논리로 인간사가 모두 순조롭게 이해되지도 않는다. 그러면 교회가 가르치는 바에 따라 인간의 본성이 훼손될 수 있다고 한다면, 어떤 이유에서 일까? 많은 신학자들이 아주 정확하게, 인간의 본성은 4가지 상처들로 인해 훼손될 수 있다고 설명한다. 예를 들어, 이성의 차원에서 갖게 되는 '불확실한 지식(무지함)', 의지의 차원에서 얻게 되는 '사악함', 의분을 일으킬 수 있는 용기가 없는 '나약함' 그리고 온갖 욕망을 부리는 마음, 곧 '욕심'이 그 상처들이다. 이 같은 신학적인 가르침의 긍정적인 측면은 우리에게 숙려, 정의, 용기 그리고 인간 본성에 포함된 기질(temperance)이 죄로 말미암아 훼손된다는 점을 깨닫게 해주는 것이다. 이는 인간의 행위를 위한 적극적인 원칙들이 처음 자신의 삶을 위해 첫 발을 내딛던 저 태초의 조상보다 후손들에게 상대적으로 적게 남아있음을 뜻한다.

### (2) 본래의 의로움 개념을 가진 본성의 훼손

교회의 이 같은 논리는 인간 본성을 어떻게 이해하기에 그렇듯 전개되는 것일까? 그것은 하느님이 처음부터 온전하게 창조하셨고 또 모든 사람이 최초의 조상으로부터 대물림되는 인간 본성을 기초로 삼는다. 따라서 그러한 인간 본성에는 우리가 당연하게 여기는 그 모든 것을 갖추고 있다고 본다. 그러니까 인간 본성은 인간이 자신의 삶을 위해 이 세상에서 첫 발을 내딛는 순간부터 작용하는 그의 고유한 특성을 가리킨다. 처음 창조된 인간 본성은 – 최초의 조상 아담이 죄를 저지르기 전에는 – 원초적인 정의의 상태에 놓여 있었다. 그래서 처음 인간 본성은 거기에 우리가 당연하게 여기는 모든 것만이 아니라 나아가 초본성적인 혹은 초월적인 선물도 지니고 있었다. 다시 말해 하느님이 직접 인간에게 창조 때에 물질적인 차원에서 상대적으로 많이 부족한 부분을 채울 수 있도록 특별히 부여하신 그 선물을 태초의 인간이 갖고 태어났다는 말이다. 교회 신학자들은 이에 대해 우리가 실제 체험하게 되는 현실적인 관점을 앞세워 논의하려고 애를 썼다. 이 같은 관점에서 지금의 인간 본성은 확실히 상처를 입은 것이라고 말할 수 있다.

갓난아기 둘을 놓고 생각해보자! 둘 다 정상적인 모습으로 건강하게 태어났다고 하자. 그리고 그들 가운데 한 아기는 누드촌의 어느 가족이 키우고, 다른 아기는 뉴욕과도 같은 대도시에서 사회적으로 신분이 높은 집안에서 키운다고 하자. 20년쯤 지난 뒤에 우리는 각각 성장한 두 젊은이를 한데 모아놓고, 이제부터 뉴욕에서 자란 젊은이로 하여금 옷을 벗게 하여 둘 다 동일한 상황에서 살아가도록 해보자. 오랫동안 누드-족으로 살아온 한 젊은이에겐 옷을 벗고 지내는 생활이 전혀 이상할 리 없을 것이다. 하지만 뉴욕에서 자란 젊은이는 자신에게 부당한 지시를 내렸다고 생각하고 몹시 분개할 수 있다. 원죄로 말미암아 우리는 마치 후자의 젊은이처럼 분개한 상태에 놓이게 되었다고 말할 수 있다. 그러니까 원죄로 말미암아 우리의 본성에 속하는 것은 하나도 제거되지 않았지만, 은총을 통해 본성에 덤으로 획득하였던 완전한 선물을 상실하게 된 것이다. 그래서 우리는 상처를 입었다는 사실을 금세 그리고 뼈저리게 느낀다. 우리는 근본적으로 불완전한 본성을 가지고 있지는 않다. 우리의 본성이 처음보다 저조한 형태로 전락한 것은 아니다. 우리의 본성이 원죄로 말미암아 닳아버렸거나 절반으로 줄어든 것이 결코 아니다. 따라서 우리 모두는 비록 고생스럽겠지만 불가능해 보이는 과제들을 완수하도록 힘써야 하며, 또 충분히 그럴 수 있는 능력을 소유하고 있음을 깨달아야 한다.

## 7. 죄의 결과로서 죽음과 육체적인 손상

### (1) 원죄에 의해

죽음, 병약함, 상처, 굶주림, 목마름 등등과 같은 부정적인 요소들의 결함에 대해 잠시 생각해보자. 이 같은 부정적인 요소들은 원죄의 결과로서 우리에게서 주어진 결함들이라고 주저 없이 말할 수 있다. 그런데 이 요소들은 또한 자연스럽게 인간의 본성과 결부되어 있다. 인간의 본성은 물질적인 것과 결속되어 있는 만큼 그 자신 안에 늘 와해(불일치)의 불씨를 머금고 있는 셈이다. 그래서 만일 원죄 이전에 그렇듯 특별한 선물로 주어진 본래의 의로움이 없었더라면, 인간은 여전히 죽음과 병약함 등의 부정적인 요소들에 대해 여전히 속수무책이었을 것이다. 다시 말해 원죄는 저 본래의 의로움의 상태를 붕괴시킴으로써 우리의 결함들을 유일하게 극복해낼 수 있는 저 초본성적인 은총과 우리를 아예 격리시켜 버린다는 것이다.

### (2) 본죄에 의해

우리는 우리 자신의 실제적이고 개인적인 죄로 인한 행위들을 알아봄으로써 이 죄의 결과에 대한 가르침에 대해 정리할 수 있을 것이다. 우리의 개인적인 죄, 그러니까 본죄는 원죄로 인해 주어진 죽음이나 병약함 혹은 상처와 같은 부정적인 요소들을 구체화시킨다. 하지만 그렇듯 죄로 인해 은총과 격리된 혹은 훼손된 삶을 살아가게 만든 것은 엄격히 말해서 죄에 대한 처벌이 아니라, 그렇듯 죄를 저지른 행위 자체라고 말할 수 있겠다. 그것이 죄의 실체다. 다시 말해 잘못을 저지른 행위로 초래된 부조리한 현실은 죄에 대한 강력한 후속조치나 처벌의 결과로서 따로 주어지는 것이 아니라는 말이다. 원죄든 본죄든 죄로 인해 공격을 당하는 것은 은총이다. 그러나 비록 일찌감치 아담이 죄를 지음으로써 그 죄에 의해 공격을 당한 은총이 우리에게서 멀어졌다고 하겠지만, 은총은 죄에 의해 완전히 사라질 수 없는 영원한 것인 만큼, 이미 우리의 본성 안에 비치된 선물들의 재배치(회심)를 통해서 언제든 복구될 수 있다.

바로 이것이 죄의 상속에 관한 교회 가르침의 핵심이다. 죄의 상속으로 인해 우리는 각자 자신의 삶을 살아가는 계기를 얻게 되었다. 다른 누가 대신하는 것이 아니라 각자가 천천히, 차근차근, 하루하루 그리고 일거수일투족의 행동을 통해 자신의 삶을 여민다는 의미를 깨닫게 되었다. 우리는 저마다 훌륭한 삶을 이룰 수도 있고, 아무도 거들떠보지 않는 추하고 가련한 삶으로 떨어질 수도 있다. 우리는 훌륭한 삶을 향해 내딛도록 해주는 유익한 요소들에 대해 이미 알고 있다. 또한 우리의 삶을 피폐하게 만드는 요소들이 무엇인지 모르지도 않는다. 그렇다면 과연 무엇이 우리를 추하고 가련한 삶으로 이끄는 것일까? 대체 무엇이 순수 인격적인 삶을 망쳐버리도록 만드는 최초의 원인일까?

## 8. 인격적인 본죄의 뿌리와 시작

모든 시작이 그러하듯 본죄의 시작은 매우 단순하고 아주 분명하게 포착된다. 모든 인간적인 행위와 마찬가지로 죄도 제 나름의 목표를 갖는다. 그도 그럴 것이 모든 행위는 앞서 목표를 정하기 마련이고, 악행으로서 죄 역시 제 목표가 앞서 설정되기 때문이다. 그렇다면 우리가 저지르는 죄의 시작은 처음에 목표를 잘못 설정한 데에 있다고 말할 수 있다. 더 간단하게 말해서 자만(自慢) 때문에 막무가내로 자신의 우월성만 내세우는 무질서한 욕구가 그 단초라고 말이다. 우리는 간혹 우리 자신을 위해서만 이런저런 부분적인 선(좋음)을 무질서하게 원하기도 한다. 우리 자신을 위해서만 추구하는 부분적인 선이란 곧 보편적인 선을 무시하거나 소홀히 하는 것을 함의한다. 죄의 형식적인 요소는 하느님께 등을 돌리는 태도라고 하겠는데, 이는 자만의 특징이라고 말해도 좋을 것이다. 그에 반해 죄를 저지른 사람의 의도와 상관없이 그냥 일어나는 우연적인 경우도 있겠는데, 이는 다른 죄에 부수적으로 초래된 결과로 이해할 수 있다.

넓게 말해서 이 세상에서 그 모든 죄가 싹트는 처소가 인간의 마음(mind)이라고 보기에, 마음이 곧 죄의 시작이자 끝(목표)라고 말할 수 있겠다. 목표를 향해 우리를 이끌어가는 것이 행동이나 실행이라는 점에서 우리를 죄로 이끄는 것들 가운데 으뜸가는 것은 인색(avarice), 곧 금전욕이라고 말하고 싶다. 소위 맘몬에 대한 빗나간 사랑이 우리를 죄에 빠지게 하는 가장 위험한 욕구라는 것이다. 그렇다고 모든 죄가 욕망에서 직접 기인한다고 말하려는 것은 아니다. 다만 그 밖의 다른 죄들과 욕망을 비교하여 말하자면, 마치 땅 위로 드러난 커다란 나무와 땅 속에 감춰진 뿌리와 같다. 다시 말해 욕망은 그 밖의 다른 죄들에게 양분을 제공하고, 그런 모든 죄를 마음으로 바라고 또 실제 저지르도록 고무시킨다고 보기 때문이다. 탐욕스러운 인간이 자신의 욕망을 채우기 위해서가 아니라 그와 다른 목적을 위해 죄를 저지르는 경우는 없다. 만일 세상에서 살아가는 인간에게 금전(돈)이 필수적이라고 생각한다면, 그 모든 종류의 죄는 그렇듯 무질서한 금전욕에서 보통 비롯한다고도 말할 수 있겠다.

## 9. 죄의 유혹(꾐) – 중죄(重罪, capital sin)

### (1) 중죄의 의미

그러므로 모든 죄를 포괄하여 크게 두 가지 단초를 생각할 수 있을 것 같다. 예컨대 '욕망'과 '자만'이다. 그러니까 이 두 가지가 인간을 불행하게 만드는 핵심 요인인 셈이다. 그래서 이 두 가지 요인 아래에 다양한 형태의 죄를 분류할 수 있겠는데, 가장 우선적으로 고려할만한 죄가 바로 중죄다. 이 중죄에 대해서 항상 많은 오해가 있어 왔다. 특히 중죄가 그 자체로 무시무시한 악을 내포하기 때문에 중죄라는 이름이 붙여졌다는 오해가 있다. 그러나 그것은 사실이 아니다. 사실상 중죄로 취급하는 것들 가운데 어떤 것들은 본질적으로 경죄에 불과하다. 중죄의 정확한 의미 혹은 그 위험요소라는 것은 그 밖의 다른 많은 죄들을 현실화시키는 힘을 갖추고 있다는 데에 있다. 그러므로 중죄는 마치 그리스 신화에 등장하는 사악한 요정 사이렌(Siren)처럼 인간을 파멸로 유혹하거나 유인하는 역할을 한다. 더욱이 중대한 죄들은 그렇듯 자신들만의 걸출한 매력을 선보임으로써 부분적인 선을 과장하는 교묘한 기술도 갖추고 있어서 '밑바탕이 되는 죄'로 불린다. 중죄는 보편적인 호소력을 갖고 다양한 방식으로 추구될 수 있도록 교묘하게 자신을 모든 죄의 앞잡이로 군림한다. 그래서 그 밖의 모든 죄가 자신들의 목표에 이르기 위해 중죄를 필수적인 동반자로 받아들임으로써 중죄는 자동적으로 현실화 된다.

### (2) 사죄(死罪)와의 구별

앞서 소개한 '불행'에 관한 몇몇 단원[章]들을 통해서 우리는 하나의 죄가 또 다른 죄를 야기할 수 있는 여러 가지 방식들에 대해 살폈던 것으로 안다. 그러니까 하나의 죄가 어떤 결함 혹은 나쁜 습성에서 출발하여 점점 더 쉽고 매력적으로 느껴지는 그와 같은 유형의 다른 죄를 양산하는 과정에 대해 알아보았다. 마치 알코올 중독자의 점차 늘어나는 음주량처럼 죄의 무게 및 크기가 확산되는 것을 보았다. 다시 말해 하나의 죄는 또 다른 수많은 죄를 키우는 바탕이 될 수 있다. 예컨대 '폭식'이란 죄는 '사치'라는 죄로 번져나갈 수 있다. 그리하여 하나의 죄는 또 다른 죄를 현실화시키는 것을 자신의 목표로 삼는다. 마치 사기꾼의 탐욕은 당장 유창한 거짓말을 거침없이 지어내게 하듯이 말이다. 이 같은 방식으로 중죄는 훨씬 더 치명적인 죄를 부른다. 이와 같은 방식으로, 그러니까 제 나름의 목표를 지향하는 방식으로 하나의 죄는 반드시 또 다른 죄를 야기하게끔 되어 있다. 하나의 죄는 그 자체로 끝나지 않는다는 것이다. 우리는 물을 담기 위해 만들어졌지만, 모양이 서로 다른 두 개의 물병을 상상할 수 있다. 그렇게 모양이 서로 다른 것은 저마다의 목적에 차이가 있다고 볼 수 있다. 예컨대 하나는 목욕물을 담기 위해서 넉넉히 크고 손잡이가 단단한 모양새를 띨 것이고, 다른 하나는 간단히 물을 마시기 위해서 가볍고 적당한 크기의 모양새를 띨 것이다. 그렇듯 그 어떤 목적 및 목표가 행위양식을 결정한다고 하겠다. 그와 같이 중죄 역시 그 나름의 목표를 성취하는 데에 도움이 될 만한 또 다른 죄들을 양산하고 현실화시키는 것을 마다할 리 없다.

## (3) 중죄의 분류와 대상

이 같은 사실은 우리가 뛰어난 매력을 뽐내며 우리를 유혹하는 부분적인 선을 유심히 살핀다면 좀 더 분명하게 이해될 것이다. 그처럼 우리를 유혹하던 물질적인 선에 대한 매력이 떨어지면 우리는 영혼의 선으로 관심을 돌리게 되고, 자만과 허영에 들뜬 중죄에 실망한 다음에는 우리의 탁월함에 대해 깨닫기 시작할 것이다. 개별적이든 특수한 경우든 우리 몸의 선에 대해 관심을 갖게 되고, 폭식 및 쾌락에 빠진 중죄에 식상한 나머지 우리의 아름다움을 재고하게 될 것이다. 외적인 선에 치중할 때, 거기엔 탐욕이라는 중죄가 유혹의 손을 뻗기 십상이다. 이 같은 유혹은 모두 직접적이고 즉각적으로 다가온다. 예컨대 '영적인 나태함'이란 중죄도 그런 형태의 죄 가운데 하나다. 영적인 나태함은 영혼의 선을 이루기 위해 노력해야 할 것들을 회피하려 드는 것을 가리킨다. 또 다른 사람의 선과 결부되어 있는 악의 경우 폭력을 행사하지 않는다고 하더라도 반드시 경계하는 마음을 통해서든 아니면 의분을 일으켜 거칠게 행동을 해서든 피해야 한다. 이것이 중죄에 대해 우리가 취해야 할 태도다. 중죄의 기초적인 속성 그 자체에 그렇듯 위협적인 것으로 만드는 악이 근본적으로 내재하는 것은 아니다.

비록 중죄 자체가 매우 위험하다고 하더라도, 고해성사를 집전하는 성직자든 고해를 하는 평신도든 일상적인 삶 속에서 중죄의 속성과 심각함에 대한 지식을 규칙적으로 감지하거나 그 발전양상을 미리 추정해낼 수는 없다. 실상 자랑을 일삼거나 헛된 것을 쫓거나 호전적이고 부정적으로 행동한 것들에 대해 후회하면서도 자만에 대해 언급하지 않고 죄를 고백하는 경우가 허다하다. 혹은 시기나 질투에 대한 언급 없이 나쁜 소문을 냈거나 남을 헐뜯었던 죄를 고백하는 경우가 드물지 않다. 실제 고백한 죄는 상징적으로 드러난 것들에 지나지 않는다. 만일 그러한 죄들이 그때마다 제대로 인식된다고 한다면, 그렇듯 죄에 노출되는 순간에 도덕적인 잘못을 경계하고 거리를 두는 일이 가능할 것이요, 머지않아 자신의 행동 및 삶을 스스로 교정할 수 있는 기회를 좀 더 일찍 가질 수 있을 것이다. 우리가 중죄로 번져나갈 '불씨들'이라고 일컫는 것들과 맞서 싸우려고 노력한다면, 분명 그 앞에서 완전히 좌절하고 실망하는 것보다 훨씬 더 나은 결과를 가져다줄 것이다. 그러나 물론 실패할 확률이 높은 것도 사실이다. 왜냐하면 전체적인 무질서의 근본적인 원인이 여전히 꼭꼭 숨어 있어서 좀처럼 눈에 띄지 않기 때문이다. 달리 말해서 다양한 중죄들에 대한 목록은 신학적으로 체계화하여 밝혀낼 수 있는 노력의 산물이 아니며 교리문답을 익히는 어린아이가 암기하기 쉽도록 요약해서 제시할 수 있는 것이 아니기 때문이다. 다만 그렇듯 최대한 그 목록에 기입되는 것들은 하나같이 인간을 불행으로 이끄는 전략적인 토대가 되기에 그 만큼 다채롭다고 말할 수 있을 뿐이다. 우리는 그렇듯 인간을 불행으로 이끄는 상징적인 것들만을 가지고 조심스럽게 행동해야 하는 까닭에 매우 소극적이고 또 심각한 과오를 범할 수밖에 없다.

## [결론] 죄와 인격

## 1. 원죄와 인격

### (1) 인간 본성의 단일성

이제 이 단원을 마감하기에 앞서 간략히 정리해보자. 우리는 지난날에도 그러했지만, 여전히 우리의 가엾은 인간 본성에 대해 깊은 유감을 표현하면서 - 죄의 속성 및 원인에 대해 살피기에 앞서 - 본성의 천부적인 결함에다 인간의 죄 및 불행의 탓을 전가시키려고 한다. 그러나 원죄에 의해 일부 훼손되었다고 이해되는 인간 본성은 저마다 분주하게 살아가는 삶의 결과에 대해 충분한 변명을 제공하지 못한다. 과연 원죄로 인해 많이 불리해졌다는 말은 옳다. 우리는 이를 훼손이란 용어로 정리했다. 하지만 그로 인해 우리의 본성 안에 주어진 본래적인 특권들 가운데 그 어느 것도 상실한 적은 없다. 이 세상에 인간이 창조된 태초부터 하느님은 인간성을 구성하는 물질적인 요소가 필연적으로 안게 되는 결함들을 당신의 초본성적인 은총으로 극복할 수 있게끔 안배하셨으니, 그것이 첫 인간 아담에게 기꺼이 선사하신 선물이었다. 그러나 원죄로 말미암아 그 은총을 저버렸으니, 그로써 하느님이 우리의 본성에 덤으로 부여하신 그 모든 유익한 것들을 놓쳐버림으로써 불리하게 된 것이다. 하지만 그러한 훼손이 인간 본성 자체에 영향을 미친 것은 아니었다. 다시 말해 우리에게 주어진 본성 자체에 원죄로 인해 그 어떤 결함이 발생한 것은 아니다. 다만 더 많이 누릴 수 있었던 좋은 기회를 놓쳐버린 것뿐이다. 그런 한에서 그 본성의 본래적인 요소들은 인간이 죄를 저지른 후에도 계속 남아있다. 그래서 인간이 의도를 가지고 새롭게 활용하겠다면, 언제든 활용할 수 있다. 하지만 그 본성 내면에는 인간의 삶을 저해하는 씨앗도 자리한다. 왜냐하면 거기에는 서로 상반되는 요소들이 정교하게 균형을 이룬다면 유익하겠지만, 반대로 서로 조화를 이루지 못한 채 와해되고 만다면 걷잡을 수 없는 혼란과 자멸로 치달을 수 있기 때문이다. 예컨대 감각적 욕구와 지성적 욕구가 서로 조화를 이룰 수 없을 때, 물질적인 것들과의 거리를 유지하지 못한 채 거기에 몰입해버리고, 그로써 빚어지는 인간성의 몰락을 우리가 주변에서 쉽게 경험할 수 있는 것처럼 말이다.

### (2) 덕으로 기우는 본성적인 경향

미덕으로 기우는 우리의 자연스런 경향은 본성 안에 자리하는 이성적인 특성에 근거한다. 왜냐하면 그러한 경향은 이성을 좇아서 행동하려는 경향과 다르지 않기 때문이다. 그리고 그러한 경향은 우리의 삶을 그르칠 수 없다. 따라서 그와 같은 본성적인 능력은 영원한 지옥불조차도 견뎌낼 수 있는 힘을 가져다 줄 것이요, 잘못을 저지르고 뼈저리게 후회하는 마음을 불러일으키는 계기를 마련해 줄 것이다.

### (3) 주도적인 결정

그러므로 인간의 주도적인 자유의지의 행사는 언제나 변함없이 보장받는다. 하느님께 제아무리 크게 대들고 반항하였거나 철저히 그 어떤 외부적인 악조건을 만났다거나 혹은 내적으로 심각할 정도로 타락하였다고 하더라도, 자신이 선택한 목표 및 목적을 향해 스스로 생각하고 행동을 조절할 수 있는 기능이 마비되지 않는 한, 그 모든 행위는 곧 자신의 행위가 된다. 달리 말해서 비록 우리의 영혼이 예외 없이 원죄를 물려받고 이 세상을 살아가게 되었을지라도, 변함없이 우리는 우리 행위의 주인이라는 것이다. 그렇게 우리는 저마다 각자의 인생을 꾸려가는 주체요, 이에 하느님의 은총에 힘입어 우리에게 때로 못 미더워 보이는 행위(진복팔단의 가르침이 제시해준 행위)들을 실현함으로써 저 천상에 우리의 보금자리를 틀 수 있다. 우리는 여전히 우리의 삶을 주도할 수 있으며 그렇게 주도한 삶을 성공적으로 이끌 수단도 가지고 있다. 우리의 행위가 세상의 눈으로 볼 때 비록 초라해 보이고 마치 실패한 것처럼 비칠지라도, 보이는 것이 전부가 아니듯이 그것은 진실이 아니다.

## 2. 본죄와 인격

우리의 실제적인 혹은 인격적인 죄는 이미 보았다시피 습성을 낳고 또 다른 악행으로 흘러가는 즉각적인 원리로 작용하기 쉽다. 다시 말해 또 다른 죄를 낳는 경향을 원죄의 결과로만 보아선 안 된다. 왜냐하면 [원죄로 말미암아] 그러한 죄의 답습을 못하게 하는 본래의 의로움의 상태에서 벗어나게 됨으로써 죄에 떨어지는 것만은 아니기 때문이다. 실제적인 혹은 인격적인 죄 또한 독립적으로 인간 본성에 근거하여 발생한다. 인간 본성은 그 자체가 소멸되지 않고서는 조금도 손상될 수 없으며 아무도 죄로 인해 인간 본성이 사라질 수는 없다.

인격적인 죄는 덕으로 기우는 본성적인 경향을 방해하기 위해 무한정 장애물을 쌓을 수 있다. 혹은 우리의 영혼이 행동을 통해 자아를 실현하는 통로를 차단할 수도 있다. 하지만 인격적인 죄가 덕으로 나아가는 본성적인 경향을 인간 본성에서 아예 제거할 수는 없다. 한편 인격적인 죄가 덕에 연유한 이런저런 행위들에 묻어나는 육체적인 기질, 곧 육체적인 조건에 따라 드러나는 기질은 파괴하거나 제거하는 일이 가능하다고 하더라도, 우리를 이성적으로 세운 목표를 향해 합리적으로 밟아 나아가는 경향을 간직한 이성적인 존재로서의 자격을 박탈하진 못한다. 물론 인격적인 죄는 우리의 자유의지를 공격하려 할지도 모른다. 하지만 그와 같은 시도는 애초부터 실패하게 되어 있다. 격렬하게 불태우는 정념은 매우 소란스럽겠지만, 그에 따른 나쁜 습성은 시나브로 형성되고 마침내 심각한 어려움을 가져올 수 있다. 한편 인간다운 행위는 누구나 자신의 신중한 통제 아래서 이끌어내는 것이 사실이다. 그와 같은 행위는 바로 행위자의 인격과 직결되며 따라서 그 자신이 그 행위에 대해 책임을 지기 마련이다. 왜냐하면 그 행위의 주인은 오직 그 자신이기 때문이다.

## 3. 밝혀진 죄의 의도

우리가 죄를 상속받았다거나 원죄를 물려받았다는 사실을 앞세워서 현재 살아가는 각자의 인생과제를 등한시할 수는 없다. 혹은 인격적인 죄가 오래도록 남아있다는 이유로 자아실현의 의무를 저버릴 수는 없다. 우리의 육체에 숨이 붙어있는 동안 우리는 각자의 삶을 주체적으로 실현시켜야 한다. 다시 말해 여전히 각자에게 인생의 성공 혹은 실패에 대한 결정권이 주어져 있다는 것이다. 한 인간의 삶을 송두리째 무너뜨리는 것이 무엇이며 또 어떤 과정을 거쳐서 그렇게 되는지 이해한다고 해서 항상 올바르게 사는 것은 아니다. 실제 우리는 그에 대해 알고 있다. 죄가 주도면밀하게 이뤄지는 과정에 대해 우리는 중죄를 관찰함으로써 알아볼 수 있을 것이다. 왜냐하면 중죄가 욕심내는 대상은 매우 걸출하여 인간 본성에도 쉽게 매력적으로 비치는 것이기 때문이다. 다만 그것은 부분적인 선이다. 죄가 늘 우리의 삶 주변에서 유혹적이며 드물지 않게 우리의 삶에 깊이 파고드는 까닭은 그처럼 매력적이란 사실에도 있다. 중죄는 자신이 설정한 걸출한 목표를 이루기 위해 다른 작은 죄들을 현실화하여 그것들을 수단으로 삼는다. 그래서 경죄들은 중죄를 위한 징후들인 셈이다. 하지만 그러한 징후들도 우리의 불행의 뿌리가 무엇인지 분명하게 지시하는 데에는 부족함이 없을뿐더러 그러한 경죄들이 드러내는 과오를 치유하기 위한 수단 및 계기로 삼는 데에도 손색이 없다.

## 4. 인격적인 존재와 죄 그리고 행복

실패 위험과 성공의 기회를 동시에 갖는 인간 개개인은 그렇듯 죄라고 일컫는 자신의 적(敵)과 함께 살아간다. 인간은 그렇게 본성적으로 순간순간 적과 대면한다. 하지만 우리는 항상 그러한 적과 대면해 있다지만, 몰래 기습이라도 해서 무찔러버리거나 무력으로 제압할 수 있는 상대가 아니라는 사실도 알고 있다. 그보다는 차라리 영혼 내면으로 불러들여서 더 이상 마찰 없이 지낼 수 있도록 추슬러야 할 상대로 이해한다. 그러므로 죄를 그저 교활한 적으로만 간주하지는 말아야 한다. 적을 섬멸하기 위한 공격 계획이 지난 수세기를 거쳐서 적지 않게 시도되었고, 그로써 우리에게 즉각 드러난 사실은 우리가 영혼을 향해 가까이 다가가는 길(통로)이 제법 많다는 점이다. 저마다의 인생 속에는 여전히 깊이 감춰져 있는 두려워할만한 가능성들이 있다. 그러므로 누구든지 그러한 가능성들과 정면으로 마주해야 한다. 그러한 가능성 중에 올바른 것을 선택하여 성공한 경우란 곧 미덕을 통해 행복이라는 최고의 목표에 도달하는 것을 뜻한다. 반면 그렇지 못하고 실패한 경우란 곧 죄로 말미암아 영원히 불행한 상태로 떨어지는 것을 의미한다. 성공이냐 실패냐? 이를 결정하는 최종적인 주체가 바로 인간 각자다.

A Companion to the Summa

성 토마스 아퀴나스의

# 신학대전 해설서 Ⅱ

# 제17장 불행의 결과들 (제2부 제1편, 제86문제~제89문제)

1. 아름다움의 숭배 - 현대의 패러독스
2. 영혼의 아름다움 - 본성적인 빛과 신적인 빛의 광채
3. 죄의 즉각적이고 기초적인 결과 - 영혼의 추함
   (1) 영혼을 오염시키는 원인으로서 죄
   (2) 그 오염의 본질 : 어둠
   (3) 오염된 상태의 지속기간
4. 죄로 인해 초래되는 결과 - 처벌(형벌)
   (1) 죄의 결과로서 마땅히 주어지는 처벌
      1) 순리적인 결과로서 처벌
      2) 질서의 회복을 위한 계기로서 처벌
      3) 초본성적인 영원한 형벌
         ① '지옥불' 개념
         ② '지옥불'에 대한 합리적인 설명
         ③ '지옥불'의 직접적인 원인
   (2) 처벌의 내용과 지속기간
   (3) 당연히 주어지는 처벌의 지속기간
   (4) 처벌의 불가피성
      1) 원죄 및 본죄에 따른 처벌의 불가피성
      2) 대속(代贖)
5. 중죄와 경죄에 대한 처벌과 직결된 인격적인 원인의 비교
   (1) 같은 점과 다른 점
   (2) 중죄를 위한 포석으로서 경죄
   (3) 경죄가 중죄가 되거나 중죄가 경죄가 되는 가능성
6. 전도된 가치의 척도
   (1) 중죄와 경죄에 대한 현대인들의 태도
   (2) 경죄에 대한 부주의
      1) 부주의의 기본적인 배경
      2) 그 중대함 - 경죄의 결과
      3) 타락한 인간의 특징적인 결점으로서 경죄

---

[결론] 아름다움과 현대사회

1. 아름다움에 대한 몇 가지 정의(定義)
2. 아름다움에 대한 현대사회의 입장
3. 아름다움의 본향
4. 아름다움과 죄
5. 아름다움과 하느님

## 제17장 불행의 결과들 (제2부 제1편, 제86문제~제89문제)

**(들어가기)**

어쩌면 현대사회에서도 변함없이 은총을 갈구하는 모습으로 볼 수 있는 현상 하나는 우리가 일상적으로도 '아름다움'을 추구하기 시작했다는 사실일 것이다. 부엌, 욕실, 과도(果刀) 혹은 외출복 등등은 사람들에게 그 매력과 유용성의 관점에서 선택된다. 화려한 양식(樣式)에 대한 관심이 자동차나 전철 혹은 그밖에 다른 교통수단의 디자인에도 어느새 퍼져나갈 정도로 세상이 많이 달라졌다. 그래서 우리는 아름다움에 대한 정념에 푹 빠진 시대에 살아가고 있다고 착각할 만도 하다. 그에 대한 증거로서 오늘날 아름다움과 관련된 대회(시합)가 다채로운 생활영역에서 늘어나고 있으며, 화려한 연기자나 배우들에 대한 대우가 과거에 비해 월등히 높아가고 있다. 반대로 추하고 더러운 것이나 고통과 힘겨운 것들에 대해 쉽게 고개를 돌리고 혐오하는 경향이 뚜렷해지고 있는 것도 동일한 추세를 대변한다고 하겠다.

### 1. 아름다움의 숭배 - 현대의 패러독스

하지만 이러한 뚜렷한 현상들에도 불구하고 우리는 현대사회 안에 자리 잡고 있는 아름답지 못한 부분, 경제적으로든 기술적으로든 눈부시게 발달한 현대인의 번듯한 사회 속에 어느덧 곪아터진 무질서, 예컨대 노동자들을 착취하다시피 하는 지나치게 불평등한 임금체제, 피임 및 낙태와 같이 인간존엄성 및 인간생명의 홀대에 무감각해진 태도 나아가 정신적인 가치를 무시하고 그보다 물질적인 가치를 앞세우는 풍조 등을 목격하게 된다. 달리 말해서 피상적으로 볼 때에만 현대사회가 마치 아름다움에 크게 관심을 가진 것처럼 비쳐질 뿐이라는 말이다. 오로지 피상적인 측면에서만 그러할 뿐, 오늘날 진정 아름다움을 감상할 수 있는 능력을 사람들에게서 빼앗아가 버렸음을 깨닫게 된다. 예컨대 현대인들에게는 아름다움의 원천에 대한 상식이 전무하다. 존엄하기까지 한 자신들의 특별한 아름다움에 대해서조차 자각하지 못할 만큼 현대사회는 심하게 왜곡되어 있다고 하겠다.

대도시마다 새롭게 건설된 고속전철이 우리에게 암시해주는 바가 있는 것 같다. 거대한 빌딩 아래로 시원하게 질주하며 가까운 거리마다 역이 세워져서 사람들에게 편리함을 제공하는 이 교통수단은 마치 한여름의 건강한 햇빛과 맑은 공기를 피해 바위 틈새로 기어드는 벌레처럼 황급히 지하로 숨어드는 특징을 띤다. 이는 어쩌면 현대인들의 자기모순적인 운명을 대변하는 것 같다. 그러니까 아름다움에 매력을 느끼는 현대인들은 우스꽝스럽게도 손수 파괴한 것을 다른 한편 흠모하는 역설적인 행동을 보인다는 것이다. 왜냐하면 도저히 그로써는 만족할 수 없음을 알면서도 이 감각적인 세계의 매력에만 흠뻑 빠져 자기 자신을 해체시키는 과오를 범하기 때문이다. 세상에 더 가까이 다가가려고 애쓰면 애쓸수록 자아가 희미해지고 결국 자멸하게 된다는 것을 모르지 않음에도 그것들 사이로 비집고 파고드는 행위 자체에 도취되어 헛되이 시간과 정력을 낭비하는 역설적인 삶을 살아가기 때문이다.

## 2. 영혼의 아름다움 – 본성적인 빛과 신적인 빛의 광채

까맣게 잊어버린 영적인 아름다움을 문득 알려주는 섬광 같은 것과 최소한 그런 섬광 같은 것을 알아보는 능력이 모든 사람들에게 존재한다. 물론 그런 섬광은 더없이 환하게 빛나는 저 고상한 아름다움 자체에 비하면 초라하기 그지없지만, 저 신적인 불꽃의 총아처럼 생기발랄한 빛을 머금고 있는 한, 우리를 그리로 이끌기에 부족함이 없다. 인간의 영혼에 속하는 아름다움에 관하여 옛 교회가 사용했던 라틴어 용어 '니토르(nitor)'를 현대어로 번역하기에는 어려움이 많다. 사람들은 예부터 이를 가리켜 소위 '티 없이 하얀 흰옷과도 같다.'고 하거나 '백옥처럼 빛난다.'고 표현한 적이 있다. 어쩌면 '눈부신 광채'가 가장 나은 번역인 것 같다. 그러나 어떻게 번역하든, 영혼에서 샘솟은 밝고 눈부신 아름다움이 그 사람의 행동을 밝고 화려하게 꾸며준다는 사실을 잊지 말아야 한다. 탁하게 보이는 대성당 스테인드 글라스가 태양의 광채로부터 뻗어 나온 햇살로 생명을 얻어 제 빛깔을 화려하게 드러낼 수 있는 것처럼 말이다.

우리는 어쩌면 아름다움에 관한 가장 간단한 한 가지 정의(定義)와 마주하는 순간 영혼의 아름다움을 더 깊이 통찰할 수 있을지도 모른다. 예를 들어 아름다움을 "질서의 광채"라고 일컫는 경우 말이다. 이 정의는 아름다움이 무의식적으로 살아가는 이 물질적인 세계를 헤치고 아주 분명하게 우리의 주의집중과 탄복을 불러일으키는 세계를 향해 길을 밝혀준다는 뜻을 내포한다. 그런 점에서 심오하고도 간결한 정의라고 말할 수 있다. 그래서 이는 오랫동안 그리고 진지한 검토를 통해서도 꾸준히 전해져온 정의 가운데 하나다. 그러므로 이에 대해 호기심을 잃지 않고 다가간다면 영혼의 본질적인 아름다움에 대한 단서를 얻을 수 있다. 왜냐하면 영혼은 질서의 차원에서 두 개의 원리를 갖고 있기 때문이다. 예컨대 인간의 이성과 하느님의 지혜라는 두 원리 말이다. 이 두 원리는 빛에 관한 중요한 진리, 그러니까 사랑과 조명에 관한 진리를 밝혀준다. 그래서 인간의 이성은 마치 도보로 여행하는 사람의 손에 든 지도와 같이 목적지를 밝혀줄 뿐만 아니라 그 주변에 놓여있는 미지의 것들에 대해 미리 알려줌으로써 꾸준히 진리와 선과 아름다움에 대한 계시진리를 찾아 흔들림 없이 걸어가도록 도와준다. 그에 반해 하느님의 지혜는 더 없이 강력한 횃불과도 같아서 우리가 걸어가야 할 길을 새롭게 터주기도 한다. 거기에는 창조적인 능력도 있다는 것이다. 그래서 우리의 눈으로 마주하는 아름다움을 창조한 장인으로서 우리는 하느님을 가리켜 달리 아름다움의 원천이라고도 고백하는 것이다.

인간은 이 두 개의 빛으로 안내를 받아야 한다. 더욱이 이 두 개의 빛에서 단 한순간이라도 벗어나서는 안 된다. 이 두 개의 빛은 영혼의 본질을 관통할 정도로 밝고 섬세한 능력으로 우리를 비춘다. 그러한 빛을 통해 드러나는 영혼의 아름다움은 더 이상 경직된 언어로 남김없이 표현하기 힘들다. 인간의 이성이 뿜어내는 광채나 신적인 지혜가 뿜어내는 광채 모두 영혼과 직결되어 있어서 밖으로 펼쳐지는 온갖 행위들의 생생함과 아름다움은 당연히 영혼에서 샘솟는다.

## 3. 죄의 즉각적이고 기초적인 결과 – 영혼의 추함

### (1) 영혼을 오염시키는 원인으로서 죄

성당의 스테인드 글라스가 빛을 받아 화려하게 드러내는 아름다움은 그러나 창문을 향해 던진 작은 돌멩이 하나로도 간단히 사라질 수 있다. 혹은 빛이란 빛은 모두 차단하여 캄캄한 어둠 속에 방치함으로써 스테인드 글라스의 아름다움을 완전히 묻어버릴 수도 있다. 하지만 영혼을 부숴버릴 수 있는 돌멩이는 없다. 그런 의미에서 일찌감치 사람들은 영혼을 영원히 살아있는 불멸하는 존재로 불렀다. 그런데 인간의 영혼은 자신의 이성과 하느님의 지혜가 비추는 밝은 빛을 거부한 채로 존재할 수 있다. 다시 말해 이성이 주의 깊게 마련한 지도를 무시할 수 있고, 햇빛을 피해 어둠 속으로 숨어들 수 있다는 것이다. 그처럼 눈을 감아버리는 태도는 아름다움을 보지 않으려는 것과 같다. 그처럼 후미진 곳을 찾아 헤매는 까닭에, 발을 헛딛고 절망에 휩싸임으로써 영혼은 점점 지쳐버리고 어리석은 생각에만 빠져들게 된다. 영혼이 점점 오염되어 가는 것이다.

죄로 인해 단순한 빛을 피해 어둠 속에 갇혀 지내는 것보다 더 심각한 문제는 영혼의 아름다움이 점점 묻혀 버린다는 사실이다. 우리가 처음 죄에 대해 다룰 때 그 속에 자리하는 이중적인 요소에 대해 언급했다. 예를 들어, 하나는 자신의 이성과 하느님의 지혜에 등을 돌리는 것이요, 다른 하나는 이 세상이 유혹하는 부분적인 선에 깊이 빠져드는 것 말이다. 그것은 근본원인이자 최종목적인 하느님에게서 멀어져 이 창조된 세상에 몰두하는 것을 뜻한다. 첫 번째 요소는 인간의 이성과 하느님의 지혜가 가져다주는 광채를 차단하는 행위라고 한다면, 두 번째 요소는 영혼을 어리석게 만드는 행위라고 말할 수 있다. 그래서 모든 죄는 부자연스러울 뿐만 아니라 불합리하다고 말한다. 좀 더 심각한 죄라고 일컫는 것들은 모두 이성적인 삶이 추구하는 참된 목표를 거부하는 것들이다. 그러나 모든 죄에는 그보다 더 중대한 결함이 있다. 그것은 인간의 영혼을 더럽힌다는 사실이다. 마치 더러운 시궁창에 영혼을 내던짐으로써 인간에게 처음부터 선사된 아름다운 광채가 더 이상 드러나지 못하도록 오염시킨다는 것이다.

순금의 고고함은 다른 금속과 뒤섞여 합금이 되어버리면 자연히 사라지기 마련이다. 눈부신 백은(白銀)도 차츰 외부에 노출되면서 그 빛이 바랜다. 순백의 아름다움은 거칠고 조잡한 손때로 인해 그 빛을 잃어버리기 때문이다. 그와 같은 방식으로 인간은 자신의 영혼을 더럽힐 수 있다. 훨씬 더 못한 것들로 영혼의 아름다움을 더럽히고 가려버릴 수 있다는 것이다. 그와 같은 행위를 하루속히 멈춰야 한다. 영혼보다 저급한 수준의 것들로 치장한들 영혼이 더 아름다워질 수는 없지 않은가? 영혼을 위해 존재하는 것들을 오히려 영혼보다 앞세움으로써 영혼이 지치거나 가려지게 해서는 안 된다.

토마스는 사람들이 수용할 수 있는 모든 기초적인 지식에 대해 정확하고 빈틈없이 소개하려고 했고, 그런 의미에서 '천사적 박사(doctor angelicus)'로 불렸다. 왜냐하면 그는 이 (감각적인) 세상에 있는 것들에만 관심을 집중함으로써 지상적인 가치에 사로잡히지 않았기 때문이다. 오히려 그는 그런 것들조차 천상적인 가치로 고양될 수 있는 길을 밝혀주었다. 그러니까 그는 인간이 알고 있는 모든 것을 최대한 파헤쳐서 캐물으며, 인간의 정신적인 가치들과 조화를 이루지 못하는 물질적인 가치들의 허울을 벗겨내는 데에 만전을 기했다. 하지만 세상 사람들은 오히려 자신이 사랑하고 몰두해야 할 대상을 저급한 수준에 있는 것들 사이에서 찾는다. 왜냐하면 사람들은 보통 자신 바깥에서 사랑해야 할 대상을 찾아 헤매는 데에 익숙하기 때문이다. 만일 인간의 사랑 및 열망이 자기 자신보다 높은 수준의 고상한 것들을, 예컨대 천상의 것들을 향해 나아가는 데 있다면, 자기 자신을 뛰어넘어 더 완전해질 수 있다. 그러나 피조물의 세계 속에 파고들어 거기에 머물러 버린다면, 인간은 동물처럼 전락하고 말 것이다. 이로써 우리는 인간을 불행으로 내모는 씨앗(죄)이 바로 인간의 의지에서 싹튼다는 아주 오래 전부터 인정해온 결론에 도달하게 된다. 바로 그런 잘못 설정한 의지의 행위로 인해 우리의 발목을 붙잡는 저급한 수준의 것들 사이에 파묻혀서 저 천상적인 영예와 기쁨이 보장된 눈부신 광채를 잃게 될 것이다. 점점 더 진정한 정념으로 영혼이 그 자신을 시궁창에서 건져 올려야 한다는 사실을 까맣게 잊을 수 있다.

### (2) 그 오염의 본질 : 어둠

이와 같은 죄의 직접적이고 기초적인 결과에 관한 정확한 정보는 익히 알고 있던 우리를 당혹스럽게 만든다. 이는 죄를 가리켜 좀 더 강력한 의미에서 "어둠의 왕자"라는 별명을 붙이는 이유이기도 하다. 그렇듯 죄와 어둠은 매우 가까운 개념이다. 그래서 영혼의 후미진 구석에 거처를 둔 것들이 오직 죄의 상태에서만 활개 치려고 하는 이유를 이해할 수 있다. 마치 밝은 빛을 피해 동굴과 같이 어두운 곳으로 몸을 피하는 박쥐나 올빼미가 날이 어둑어둑해져서야 비로소 활동을 시작하는 것처럼 말이다. 캄캄한 어둠일수록 아름다움을 찾아내는 일은 훨씬 더 어려울 수밖에 없다. 그나마 희미한 빛이라도 있다면, 아름다움을 모색하는 일이 불가능하지는 않을 것이다. 왜냐하면 아무리 미약한 빛이라 해도 어둠보다는 훨씬 더 돋보일 것이기 때문이다. 아주 희미한 빛을 통해 드러나는 아름다움을 우리는 꿈이나 환상의 아름다움이라고 부르기도 한다. 왜냐하면 그와 같은 빛조차도 어둠 및 추함을 능가하는 힘을 지니고 있기 때문이다. 가릴 것 없이 밝고 청명한 햇빛 아래서는 무엇이든 우리가 눈을 감지 않는 한 적나라하게 알아볼 수 있다. 태양처럼 분명한 진리는 별들의 은은한 빛보다 훨씬 덜 매력적이고 훨씬 덜 달콤하게 여겨져서 익숙하지 못한 우리에게 눈부시게 보일 것이다. 하지만 우리는 캄캄한 어둠 속보다는 분명히 백주 대낮에 해괴망측한 실수를 저지르지 않을 수 있음을 잘 안다. 교회가 존경하는 성인들 가운데 그 누구도 설령 세상 사람들과는 다른 모습을 보였을지라도, 처음부터 범상치 않게 태어났거나 아주 기괴한 행동만 일삼는 "괴짜"가 아니었다. 그들은 오히려 자신의 거룩한 영혼을, 영혼 본래의 아름다움을 꾸준히 간직하고 또 보여준 이들이다. 왜냐하면 그들은 항상 대낮에 길을 걷듯이 결코 부끄러운 행동을 하지 않았고, 그들이 접하는 그 모든 것들을 있는 그대로 알아보며 진심으로 대했기 때문이다.

### (3) 오염된 상태의 지속기간

물리적인 어둠이 진행되는 것과는 다르게 죄의 어둠은 언젠가 자동적으로 사라지지 않는다. 죄의 어둠은 우리의 행동과는 담을 쌓는 이성에 의해서가 아니라, 이성의 빛에서 멀어짐으로써 생겨난다. 인간의 이성과 하느님의 지혜라는 두 개의 빛에 등을 돌린 채로 살아가는 동안 죄의 어둠을 결코 사라지지 않고 계속된다. 그것은 인간성이 목표로 삼는 것과는 정반대로 인간 아래의 저급한 수준의 것들에 매달리도록 유혹한다. 그러한 어둠은 한순간 아니면 한 달 혹은 일년 내내 지속될 수도 있고, 영영 끝나지 않을 수도 있다. 다만 우리가 이성과 하느님의 지혜로 되돌아설 때 비로소 사라질 수 있다. 스스로 모든 빛을 차단하였던 경우와 똑같이 어둠에 등을 돌리고 하느님께 돌아서는 순간, 곧 회개하는 순간 그동안의 삶과는 전혀 다른 삶이 펼쳐질 것이다.

수년 전부터 줄곧 행해왔던 극악무도한 행위를 중단하는 것만으로 충분하지 않다. 인간의 모든 도덕적인 행위와 마찬가지로 죄는 어떤 목표를 향해 움직이는 것이긴 하지만, 인간의 이성 및 하느님의 지혜가 지시하는 길에서 벗어난 행위를 가리킨다. 단순히 어떤 목표를 향한 걸음을 멈추는 것이 곧 이성의 길로 되돌아오는 것이 아니라는 뜻이다. 죄를 저지른 사람은 회개하고 제 자리로 되돌아와야 한다고 교회는 가르치는데, 이는 일찍이 죄악을 좇음으로써 포기했던 이성의 길로 되돌아와 새로운 삶을 살아야 한다는 것을 의미한다. 죄를 저지른 사람은 애당초 하느님에게서 받은 생명의 의미를 회복하고, 계속해서 하느님께 더 가까이 다가가도록 해야 한다.

## 4. 죄로 인해 초래되는 결과 - 처벌(형벌)

### (1) 죄의 결과로서 마땅히 주어지는 처벌

#### 1) 순리적인 결과로서 처벌

죄의 결과로 가장 먼저 그리고 당연하게 주어지는 처벌은 이상하게 여겨질지 몰라도 우리가 영혼의 아름다움을 제대로 실현하지 못했다는 것보다도 더 유감스럽고 당혹스럽게 영혼이 추한 상태로 떨어졌다는 사실이다. 이 같은 처벌은 얼른 이해하기가 쉽지 않다. 그러나 우리는 깨진 창문으로 빗물이 스며든다고 해서 자연법을 비난하지는 않는다. 또한 그렇게 깨진 창문으로 빗물을 실어 나르는 바람을 원망하지도 않는다. 만일 우리가 그런 상황에서 화를 낸다면, 차라리 어떤 실수로 창문을 깨버린 아이에게 화를 내는 것이 순리일 것이다. 하지만 그보다 당장 서둘러야만 할 더 중요한 행동은 아마도 깨진 창문을 수습하는 것일 것이다. 그 같은 조치가 훨씬 더 순리적이라는 말이다. 그런데 우리는 앞서 저지른 죄 앞에서 그렇듯 순리적으로 행동하지 못한다. 어쩌면 죄가 우리의 영혼과 너무 밀접하게 일어나서 그런 순리조차 깨닫지 못하기 때문일지도 모른다.

죄의 처벌에 대한 원인을 살피는 대신 - 그러니까 우리의 알량한 머리로 이 모든 과정을 세밀하게 재구성하여 억울함을 호소하거나 처벌을 피할 수 있는 가능성을 타진하는 대신 – 차라리 처벌 형태에 대해서나 그 지속기간에 대해 그리고 더 나아가 우리의 잘못을 반드시 처벌하려는 하느님의 무자비한 모습에 대해 불평하는 것이 더 익숙한지도 모른다. 사실상 우리는 우리 자신에 대한 처벌을 자초한 것이다. 우리의 죄는 곧 우리 자신이 저지른 잘못이다. 마치 우리가 낳은 자식과의 인연을 끊을 수 없듯이 우리가 저지른 죄와의 그 처벌 사이의 관계를 임의로 거부할 수 없다. 만일 우리가 우리의 영혼에 흠결을 남겼다면, 그 흠결은 당연히 그 대가처럼 처벌을 수반한다. 다시 말해 우리가 인간의 이성과 하느님의 지혜에서 떨어져 그처럼 오랫동안 단절된 상태로 머물러 있다는 것은 곧 그로써 수반되는 불이익 및 처벌을 감수하겠다는 것과 다르지 않다.

### 2) 질서의 회복을 위한 계기로서 처벌

우리가 영혼의 아름다움을 펼치지 못할 경우 본성적인 질서를 거스른 것이 된다. 다시 말해 그것은 우리 영혼에 깃들어 있는 질서의 광채를 무시하거나 감추어버리는 잘못을 저지르는 것이다. 과연 이러한 사태가 일종의 반란(叛亂)이라고 본다면, 그렇듯 전복시킨 질서가 우리에게 잘못을 지적하거나 항의를 해올 것이다. 만일 그럼에도 아무런 저항을 하지 않는다면, 그 결과는 우리를 더 비참하게 만들지도 모른다. 왜냐하면 그 같은 상황은 우리가 무질서의 혼란과 공포 속에서도 아무런 죄책감이나 거리낌도 없이 머물러 있도록 만들 수 있기 때문이다. 그러니까 어둠과 추함 속에서도 헤어 나올 생각조차 하지 못하는 비운의 삶을 살아야 할지도 모르기 때문이다. 그와 같이 절망 속에서도 절망을 모른 채 막연히 살아가는 것이 가장 두려워할 만한 경우다. 왜냐하면 죄를 저지른 사람은 다시금 회복될 수 있는 희망을 필요로 하는데, 그렇듯 무저항의 상황에서는 그와 같은 기회조차 갖지 못하기 때문이다. 그러므로 이미 눈치챘겠지만, 훼손된 질서를 수습하여 제 본래의 궤도를 회복해야 한다는 사실을 깨닫도록 하는 것이 처벌의 본질이다.

초파리와 같은 작은 날벌레가 그때마다 자신을 괴롭히는 상대를 향해 저항한다고 확실하게 말할 수는 없다. 그러나 그 날벌레가 자신보다 덩치가 훨씬 큰 상대에게 저항한다고 해서 저항하지 않는 경우보다 더 많은 피해를 입을 거라고 믿지는 않는다. 대자연은 그 날벌레가 힘껏 저항하지 못하다고 해도, 최소한 날개를 이용하여 자신을 방어할 수 있게 해주었다고 생각한다. 모든 자연적인 것들에게 공통적으로 발견되는 것 하나는 그와 같은 방어능력이다. 왜냐하면 자연적인 것들은 모두 자신을 공격하는 적(敵)을 상대로 즉각적인 방어태세를 갖추도록 창조되었다고 보기 때문이다. '자기보존의 법칙'은 창조된 모든 것들에게 예외없이 적용되는 자연법칙인 셈이다. 그러나 죄를 저지른 사람은 삼중적인 의미의 질서(a triple order)를 거스른 것이 된다. 그리하여 질서의 세 가지 차원에서 의당 죄를 저지른 사람에게 죄를 물어야 할 것이다. 하나의 전체를 이루는 세 가지 차원의 질서를 스스로 방어하려는 의도에서 자신을 위협하는 반역자에 대해 그렇듯 처벌한다는 것이다.

더 구체적으로 말하자면, 죄를 저지른 사람은 첫째 이성의 질서를 상대로 또 둘째 이웃과 함께 살아가는 – 정치적으로든 경제적으로든 아니면 교회 공동체적으로든 – 사회의 질서를 상대로 그리고 끝으로 셋째 하느님의 질서를 상대로 잘못을 저지른 것이다. 그래서 이 세 차원의 질서 하나하나로부터 처벌을 받기 마련이다. 그렇게 죄와 관련된 모든 측면에서 처벌을 받는 것이다. 왜냐하면 죄는 그렇듯 이 모든 차원에 반역을 꾀한 것이기 때문이다. 한편 질서는 항상 모든 것을 묶는다. 마치 모든 그리스도인들을 하나로 묶는 사랑의 매듭처럼 말이다. 그렇게 모든 차원의 질서는 친숙하게 서로 이어져 있기에, 어느 한 차원의 질서를 거스른 죄도 결국 모든 차원의 질서를 거스른 것이 된다.

좀 더 자세히 말한다면, 우리는 하느님의 초본성적인 질서를 거스른 까닭에 하느님이 가하신 처벌은 가장 더디고 가장 자비로우며 따라서 모면하기에 가장 수월하다고 말할 수 있을지도 모른다. 현대인들에게는 그런 생각이 당연히 우스꽝스럽게 여겨질 수 있겠지만, 그것은 진실이다. 한편 사회에서 벌어지는 범죄자에 대한 처벌은 어떠할까? 만일 어떤 사람이 어느 한 도시의 시장(市長)을 상대로 싸움을 벌인다면? 혹은 정부를 상대로 공방을 펼친다면? 혹은 커다란 빌딩 내 작은 점포를 임대한 몇몇 상인들을 선동하여 빌딩주인과 대립한다면? 아니면 한 개인이 영업비밀을 팔아넘겨 회사의 위기를 조장한다면? 이밖에도 사회범죄 관련 사례들을 얼마든지 들 수 있을 것이다. 그래서 만일 그것이 모두 한 개인의 잘못으로 판명이 되면, 그렇게 잘못을 저지른 사람에게 얼마나 큰 사죄가 요구될까? 도대체 몇 번이나 사죄를 받아야 그로 인한 잘못된 피해가 복구될 수 있을까? 전쟁 동안 몰래 적국을 위해 간첩활동을 벌인 사람이나 조국을 저버린 사람들이 설령 깊이 후회하여 반성한다고 한들 과연 누가 그들의 회심을 인정하고 다시 끌어안으려고 노력할까? 그처럼 사회의 질서를 거스르는 행위에 대한 처벌은 사뭇 엄격하고 인정사정이 없어 보인다. 사람들도 그로 인한 피해를 감안해서일까 그와 같은 냉정한 처벌과정에 대해 당연한 듯 여긴다.

그러나 대자연에 의한 처벌은 훨씬 더 엄격하고 잔인하다고 할 정도로 냉정하다. 대자연은 죄를 저지른 사람의 의향에 아무런 관심이 없다. 오늘날의 새로운 진풍경을 보자면, 자연의 질서를 거스르면서까지 결혼생활을 하려는 젊은 부부의 경우 불과 몇 년이 지나지 않아서 파혼하고 갈라선다. 재정적으로 큰 어려움이 없을 때까지만 혹은 사회적인 신분이 안정적으로 유지될 때까지만 혹은 사생활이 어느 정도 충분히 보장될 때까지만 함께 살다가 그런 생활에 위기가 찾아오면 주저없이 헤어지기 때문이다. 그것은 한 마디로 마치 감각적-물질적인 가치관에 기초한 행동이라고 말할 수 있다. 그러한 상황으로 인해서 너무 자주 부부로서의 의무를 다하기도 전에 아내는 남편을, 남편은 아내를 무시하고 미워하는 골은 깊어만 간다. 대자연은 사랑을 남용한 행위에 대해 철저히 그 대가를 요구하며, 이때 죄에 따른 자연적인 처벌은 당사자의 슬픔의 크기나 사죄하는 마음이나 새로운 각오 혹은 결심의 정도에 의해 줄어들거나 완곡해지는 경우가 없다. 오히려 차갑게 가해지는 자연적인 처벌의 후유증을 생각할 수 있겠는데, 예를 들어 양심의 가책이나 자존감의 상실, 죄로 기우는 나쁜 경향의 생성 혹은 도덕적인 미덕의 상실, 죄로 인해 당연히 수반되는 신체적 혹은 물리적인 악영향 등이 그러하다. 또한 감각(기관)에 쉽게 굴복하는 기질이 습성처럼 굳어지면서 자기연민에 사로잡히는 내성적(內省的)인 성향이 강해짐으로써 고집스럽게 단지 찰나적인 즐거움에서 만족을 찾는 쪽으로 사람들을 이끌어가는 특징을 보여준다.

이 같은 대자연의 처벌이 어떻게 자연스럽게 이뤄지는지 아주 생생한 시각으로 나지안의 성 그레고리오 주교가 인간의 시기(질투)에 의한 신체적인 변화를 통해 설명한 적이 있다. 예컨대 "… 한순간 안색이 창백하게 변하고 눈은 초점을 잃은 듯 흔들리며, 정신은 화염에 휩싸이듯 혼란스럽고 손발은 차가워지면서 마음은 얼어붙고 입에서는 자신도 모르게 이를 가는 소리가 난다." 심지어 죄 자체가 이미 처벌이 되는 경우도 있다. 좀 더 분명하게 말해서, 죄는 때때로 우리를 곤경에 빠트리는 까닭에, 죄 자체가 이미 극복해야 할 처벌로 이해된다는 것이다. 예를 들어 아무리 강도라고 해도 고층 아파트를 털기 위해 사다리를 타고 오르는 것을 즐길 리 없다. 혹은 매번 강도 사건이 날 때마다 자신의 도주를 막기 위해 경찰이 영장 없이 자신의 자동차를 압류하는 것을 즐길 리 없다. 과연 죄는 본시 그 자체로 하나의 처벌이다. 왜냐하면 우리가 이미 보았던 것처럼, 죄를 저지른 사람도 하느님에게 등을 돌리는 삶을 진심으로 원하는 것은 아니기 때문이다. 설령 그가 하느님을 생각하는 것보다도 당장 눈에 보이는 부분적인 혹은 찰나적인 선을 원한다 하더라도 그것이 진심이 아니듯이 말이다. 그래서 그는 자신이 속 좁게 혹은 한순간 착각으로 엉뚱한 것을 원했고 그로써 하느님을 저버린 행위를 두고 후회하는 것이 아닐까!

정확하게 말하자면, 하나의 죄는 실제 또 다른 죄와 연관된 페널티(불리한 조건)를 우리에게 강제로 부여하지는 않는다. 그 페널티는 우리의 의지와 연관된 것이다. 모든 죄는 각각 독립된 행위다. 우리의 죄는 하나하나가 우리의 모든 행위와 마찬가지로 우리 자신에 의해 저질러진 것이다. 그것은 하느님에 의해 혹은 다른 누군가에 의해 야기된 것이 아니다. 우리의 죄가 어떤 큰 힘을 발휘한다고 볼 수는 없다. 오히려 모든 죄의 선택은 우리의 자유로운 의지가 이뤄놓은 것이다. 다만 한 가지 방식으로 하나의 죄가 다른 죄에 이어서 벌어질 수 있다. 좀 더 자연스럽게 말해서, 우리의 인간적인 혹은 도덕적인 행위가 그러하듯이, 하나의 죄는 그 뒤에 흔적을 남긴다. 그렇듯 죄의 자국이 좀 더 쉽게 혹은 좀 더 친숙하게 유사한 행위를 반복하도록 만드는 경향을 낳는다.

### 3) 초본성적인 영원한 형벌

초본성적인 관점에서 볼 때 하나의 죄는 은총을 거스른 행위로서 또 다른 죄를 저지르지 못하게 해주는 도움을 거부한 것이다. 하나의 죄는 간접적으로나마 다른 죄를 뒤따르게 할 수 있다. 확실히 은총의 결여는 그 죄에 사람이 깊이 엮어져 버리는 하나의 패널티(불리한 조건)로 나타난다. 하지만 실제 죄가 벌어지는 것은 여전히 우리 자신의 의지에 의거한 것이지 패널티 자체에 의거한 것은 아니다. 그러나 초본성적인 질서 안에서 우리가 이제 초점을 맞추고자 하는 죄의 패널티는 지옥불과 같은 영원한 형벌이다. 이 형벌이 현대인들의 눈에도 어느 정도 합리적으로 이해될 수 있을까? 현대인들이 가장 많이 조롱하듯 불합리하고도 기이하게 보이는 이 형벌의 의미는 과연 무엇일까?

① **'지옥불' 개념** : 이 자리가 지옥불과 같은 영원한 형벌에 대한 논의를 크게 확장시켜서 다루기에는 적절치 않은 것 같다. 그에 관한 상세한 논의는 이 총서의 마지막 권(제8권, 20장. '천국과 지옥')으로 미루겠다. 여기서는 교회가 '지옥불'에 관하여 확고한 신념을 가지고 가르친다는 점을 분명하게 해두고자 한다. 이 영원한 형벌 개념은 하느님의 계시진리에 기초한 만큼 교회의 무류권에 의해 보증된 가르침이다. 예컨대 「성경」에 명료하게 기록된 여러 증언들을 토대로 삼는다.[22)]

---

22) 예를 들어, 「마르 3,29」 「마태 25,26; 12,32」 「2테살 1,9」 등.

그래서 교회는 공의회를 통해 몇 번이고 반복해서 천명해왔다.[23)]

② **'지옥불'에 대한 합리적인 설명** : 오늘날처럼 하느님의 존재를 대놓고 비웃는 데에 능숙한 현대사회에서 이 같은 영원한 형벌에 관하여 합리적으로 설명하는 일은 정말 힘든 과제다. 하지만 이 지옥불 교리를 회피하려는 시도는 사실상 인간 이성에 대한 모독이다. 그래서 이 지옥불 교리를 회피하려고 한다면, 우리는 하느님의 존재를 부인하든가 아니면 하느님은 물론 우리 자신에 대해 반드시 모독하는 무슨 행동을 하든가 해야 한다. 예컨대 하느님을 마치 감정에 좌우되는 반푼수처럼 취급해야 한다. 지옥에 관하여 아직 자세히 살피지 않았음에도 불구하고 우리가 이 책에서 살핀 바를 한 가지 반복하자면, 누구나 자신이 선택한 목표를 정하고 그 목표를 향해 살아간다는 사실을 아무도 부인할 수가 없다. 또한 우리는 빛이 우리를 비추도록 마련된 영혼의 창문을 걸어 잠근 채로 어둠이 자연히 사라질 것을 기대할 수 없다. 좀 더 구체적으로 말해서, 죄는 질서를 전도(顚倒)시킨 것이다. 온전한 자아실현을 위해 이미 설계된 질서를 거슬러 반역을 꾀한 것이다. 소위 인간의 이성과 하느님의 지혜를 거슬러 막무가내로 자신을 앞세우는 동안 스스로 처벌을 자초하는 것이다. 만일 죽음이 이 같은 행위를 중단시킨다면, 그 순간 더 이상 제 힘으로 이성의 길로 되돌아갈 수 없게 된다. 왜냐하면 죽음은 하느님의 은총이 흘러 들어오는 문을 영영 닫아버리는 사건과도 같기 때문이다. 바꾸어 말해서, 죽음이 죄의 결과라고 할 때, 인간은 죄로 인해 초본성적인 섭리에서 떨어져 나가게 되는 것이다. 인간이 자신의 본성적인 능력에만 매달리는 한, 초본성적인 섭리로 살아가는 기회는 다시 오지 않는다. 또한 초본성적인 은총이 주어지지 않는다면, 하느님의 구원섭리 바깥에 머물러 있을 수밖에 없다. 그런데 죽음은 그로써 초본성적인 은총을 중단시키는 것을 의미한다. 그리하여 죽은 사람은 더 이상 자신의 능력으로 구원될 수 없다. 마치 어둠 속에서 영영 헤어 나올 수 없는 신세가 되는 것이다. 교회는 이를 가리켜

---

23) 예컨대, 제4차 라테란 공의회 ch. 1(덴칭거 801); 트리엔트 공의회 Sess. VI, can. 30(덴칭거 1580).

'지옥의 영원한 고통'이라고 설명한다.

이 같은 계시진리 앞에서 우리가 불안한 마음을 떨쳐버릴 수 없는 이유 가운데 하나는 마치 남몰래 과자를 훔친 아이에게 매를 드는 것처럼 그 동안 가시적으로 묘사해온 지옥의 강한 이미지 때문인 것 같다. 심지어 눈으로 죄를 지은 사람에게서 그 눈을 뽑아버려 눈먼 사람을 만들어버리는 묘사가 전해주는 강한 이미지 때문에 말이다. 죄를 저지른 사람은 그렇게 그가 본 것을 빼앗길 뿐만 아니라 더 이상 볼 수 있는 능력마저 위기를 맞는다. 그렇게 죄는 초본성적인 세계를 향해 나아가는 능력을 원칙적으로 자포자기하는 행위가 된다. 그것은 다시금 은총의 길을 걸을 수 있는 기회조차 포기하는 행위이기도 하다. 마치 안으로 걸어 잠근 문처럼 스스로 차단한 경우 어찌할 수 없지 않은가! 그렇듯 죄를 저지른 사람은 하느님을 향한 문을 걸어 잠근 것이다. 하느님을 거부하고 등을 돌리는 것은 곧 하느님에 의해 버려진 삶을 선택한 것이다.

③ **'지옥불'의 직접적인 원인** : 이 같은 영원한 처벌의 직접적인 원인은 그러므로 자신의 죄다. 곧 하느님의 질서를 외면하는 데에 그 원인이 있다. 그래서 죄는 궁극적으로 자아실현이라는 목표를 향해 나아가는 것을 단념하고 죽음을 택한 것과 같다. 그리하여 계속해서 이미 온전하게 마련된 하느님의 질서를 외면하고, 보편적이고 전체적인 선보다도 개별적이고 부분적인 선만을 집착하는 한, 그에 따라 주어지는 패널티로서 처벌은 지속될 수밖에 없다.

## (2) 처벌의 내용과 지속기간

오랫동안 믿는 사람이든 믿지 않는 사람이든 많은 이들에게 지옥벌 개념은 불쾌하게 여겨져 온 것이 사실이다. 더욱이 유한한 인간이 저지른 죄에 비해 '영원한' 형벌은 가당치 않아 보이기 때문이다. 한 순간 저지른 잘못으로 인해 가해지는 영원한 처벌이라고 한다면, 그것은 정의(正義)의 관점에서도 납득하기 어렵다.

흔히 형량은 죄의 성격 및 무게와 비례해야 하는 것이 상식이다. 그래서 우리는 자연스럽게 그러한 비례관계를 따라 형법의 형평성 및 정의를 지지한다. 곧 죄의 성격 및 무게에 맞춰 처벌의 수위를 정하는 것이 합당하다고 생각한다. 바꾸어 말해서, 처벌이 정말 무겁고 그 지속기간도 한계가 없다면, 저지른 죄 역시 영원한 것이어야 한다. 교회가 저 지옥불 개념을 염두에 두고서 언제 찾아들지 모르는 '도둑'처럼 항상 경계하라고 가르친 죄는 과연 다시금 빛으로 되돌아서려는 마음이 없는, 그래서 어둠을 포기하지 않는 태도를 함축하고 있다. 소위 하느님께 등을 돌리는 죄와 같이 중죄가 이에 해당된다고 하겠다. 반면 피조물을 상대로 저지른 죄, 설령 전심으로 이 감각적인 세계에만 집착함으로써 저지른 경죄는 그 열망의 대상이 유한한 것처럼 유한한 죄에 지나지 않기에, 마땅히 그에 대한 처벌도 유한하다고 본다.

### (3) 마땅히 주어지는 처벌의 지속기간

아마도 마땅히 주어지는 처벌의 지속기간은 자아실현이라는 삶의 목표 혹은 하느님에게 등을 돌리는 죄에 상응하는 차원에서 결정되었다고 보는 것이 죄와 처벌 사이의 형평성 논리에 부합하는 것 같다. 이는 모든 사람들에게 동등하게 적용된다. 이는 분명히 무한한 선을 외면한다는 의미에서 그리고 그러한 죄가 영원히 계속되는 선택이라는 의미에서 결코 끝나지 않는 죄가 되고, 따라서 그에 따른 처벌 또한 영원히 지속되는 처벌로 주어지는 것이라고 하겠다.

처벌을 좀 더 분명히 이해하기 위해서 우리는 그 뿌리까지 살필 필요가 있다고 본다. 그러니까 처벌을 받아야 하는 그 책임이 처음 어디서 비롯하는지 살펴야 할 것 같다. 물론 그 출발점은 실제 행동으로 드러난 죄다. 그것은 한순간 벌어진 행위일 수도 있다. 그러나 그 즉시 아름다운 영혼이 더러워졌고, 그에 필연적으로 처벌이 뒤따르게 된 것이다. 이 세 가지 요소(죄와 영혼의 아름다움 그리고 처벌)는 서로 단단히 연결되어 있다. 어떤 경우도 예외없이 그리고 뗄 수 없는 관계로

서로 묶여 있다. 한순간 저지른 죄라고 해도 사라지지 않는 한, 죄를 저지른 사람은 하느님께 등을 돌리는 태도를 계속 취하는 것이요, 그의 영혼에 흠결이 계속 남아있는 한, 그에 대해 가해지는 처벌도 피할 수 없이 마주해야 한다. 하느님께 등을 돌리는 행위를, 곧 악행(죄)을 멈춘다면, 자연히 영혼에 남았던 흠결은 제거될 것이요, 그에 따라 당연히 마지못해 사탄이 우리에게 가하던 처벌도 사라질 것이다. 우리가 악행을 멈추고 이성의 길로 되돌아오는 회심 자체가 이미 우리의 잘못 때문에 가해지는 패널티를 기꺼이 받아들이는 행위와 직결된다. 그러니까 우리가 앞서 괴로운 처벌을 자초했던 온갖 악행들을 기꺼이 감수함으로써 스스로 뉘우칠 수 있는 기회를 갖게 되는 것이다. 그런 기회를 용감하게 수용하는 것은 어쩌면 보속(補贖)으로 주어진 '성모송'을 몇 번 암송하거나 아니면 연옥에서 당분간 정화의 기간을 갖는 것을 의미할 수도 있다. 하지만 우리가 어떤 방식으로든 그러한 기회를 기꺼이 수용하는 순간, 처벌은 더 이상 처벌로서가 아니라 사죄의 과정으로 다가오게 될 것이다. 우리가 기꺼이 그것을 감수하기로 작정하는 한 말이다.[24] 정교하게 마련된 균형 및 질서가 우리의 죄로 인해 깨져버렸다면, 정의(正義)는 다시 그렇게 깨졌던 균형 및 질서가 회복되기를 요구하는 것을 뜻한다. 그것이 마지못해 치러야 하는 처벌을 통해서든 아니면 기꺼이 감수하는 사죄의 과정(보속)을 통해서든 말이다.

## (4) 처벌의 불가피성

### 1) 원죄 및 본죄에 따른 처벌의 불가피성

처벌이든 보속이든 항상 죄에 수반되는 것이 분명하다. 우리는 누군가가 우리가 저지른 죄에 따른 처벌을 대신 치르는 행위에 대해 기대하기 어렵다. 그것

24) (일정한 기간 동안) 처벌을 감수하는 일이 죄의 사면 이후에도 당분간 유효할 수 있고, 다른 한편 영원한 처벌의 의미도 사라지지 않고 지속될 수 있다는 믿음도 교회 안에 남아있다. 이에 트리엔트 공의회 Sess. VI, can. 30(덴칭거 1580)를 참고할 수 있다.

은 누군가가 우리의 맹장염을 대신해서 수술을 받거나 우리 자신이 몸소 겪어야만 하는 죽음의 고통을 대신 치르는 것만큼이나 기대할 수 없는 일이다. 그처럼 대신 짊어지는 경우는 다만 그 처벌이 엄격히 개인적인 것이 아닐 경우에나 가능할 것이다. 예컨대, 어떤 집단 구성원 전체에게 해당되는 처벌일 경우 그 구성원 내의 누군가가 책임을 지거나 대신 처벌을 받을 수도 있다는 것이다. 그와 같은 방식으로 '그리스도교의 사랑'을 생각할 수 있다. 왜냐하면 그 사랑은 다양한 모습의 그리스도인들을 하나의 공동체로 모이게 하고 한 마음 한 뜻으로 엮어주기 때문이다. 다시 말해 사랑의 공동체에선 남을 대신하는 희생 및 대속이 유효하다는 것이다. 그래서 어쩌면 주님이 앞서 모범을 보이셨듯이 주님의 몸(=교회)을 이루는 그리스도인들은 다른 이들의 죄에 따른 처벌을 대신 짊어지는 자세가 요구된다. 그것이 어쩌면 주님과 한 몸을 이루어야 하는 그리스도인들의 고유한 과제일 것이다. 다시 말하지만, 이미 주님은 우리의 죄를 대신하여 기꺼이 그에 따른 처벌의 고통을 받아들이셨다. 한편 본성을 함께 나누는 관계는 그 본성에 섞인 죄도 함께 나누도록 만든다. 그래서 아담의 후손들은 그들의 조상의 원죄를 물려받게 된 것이며, 원죄의 페널티도 고스란히 그리고 예외없이 물려받는 것이다.

### 2) 대속(代贖)

우리가 죄와 그 페널티에 대해 달리 다음과 같이 설명할 수도 있을 것이다. 예컨대 그 죄로 인한 영적인 페널티와 육체적인 페널티를 구분하여 설명할 수 있을 것이다. 그러니까 죄를 저지름으로써 달게 받아야 하는 영적인 페널티는 한편 죄를 저지른 당사자에게 적용되어야 하기에 인격적인 것이고, 따라서 원칙적으로 그에 대한 대속을 기대할 수 없다. 영적인 페널티는 인간으로 하여금 잘못된 선택을 조장하는데, 그로써 그가 추종하는 대상이 최고의 능력을 소유한 악마라 하더라도, 그런 악마가 자신에게서 박탈한 것(예, 은총)보다 더 나은 것일 수는 없다. 이때 악마들 가운데 아무도 우리를 대신해서 지옥에 떨어질 리 없다.

그들 가운데 어느 누구도 우리의 중죄로 인해 성화될 수 있는 은총을 상실한 우리의 처지를 회복하기 위해 자기 자신이 성화될 수 있는 은총을 희생할 리는 없듯이 말이다. 다른 한편 죄의 육체적인 페널티들은 인간의 저급한 수준의 능력들 및 도덕적으로 하찮은 능력들을 마비시킴으로써 다른 피조물들과 쉽게 동화되게끔 한다. 사실상 이는 성인들이 앞 다투어 조심하고 또 경계하는 특별한 것들 가운데 하나다. 이는 그러나 악인이든 성인이든 저마다의 완성을 위해 해결해야 할 하나의 과제이기도 하다. 물론 악인에게는 자기만족을 위해서, 성인에게는 자신을 고양시키 위해서 해결해야 할 과제 말이다.

## 5. 중죄와 경죄에 대한 처벌과 직결된 인격적인 원인의 비교

처벌은 항상 죄와 상관관계에 있다. 그래서 우리는 죄가 무엇인지 알아내면 어떤 처벌이 내려질지 정확히 예상할 수 있다. 물론 우리가 처벌을 예상할 때 가장 크게 관심을 기울이는 것은 저지른 죄가 중죄인지 아니면 경죄인지 분별해내는 일이다. 사죄와 같은 중죄에는 지옥의 영원한 처벌이 뒤따른다.

교회가 시간이 흘러도, 그러니까 특히 종교개혁을 거친 이후에도 줄곧 되풀이해서 경죄와 같은 것들이 계속 남게 된다는 점을 의무처럼 강조해온 것은 이상하게 보인다. 왜냐하면 그로써 보통 사람들이 여러 종류의 죄들을 구분하는 일을 그리 진지하게 여기지 않았을 것이라고 추정되기 때문이다. 그런데 당시 종교개혁 시기에 많은 개혁자들이 보통 사람들처럼 생각하지 않았다. 루터의 절망이나 칼뱅의 근거 없는 확신 그리고 16세기 벨기에 신학자 바이우스(M. Baius)[25)]

25) [역주] 바이우스(Michael Baius 1513~1589)의 사상은 뒤에 얀세니즘의 초석이 된다. 왜냐하면 북-네덜란드 아코이(Accoy)의 가난하지만 경건한 가톨릭 집안에서 자란 얀센(Jansen, Cornelius Otto, 1585~1638)이 바로 아우구스티누스의 '은총' 개념에 심취한 바이우스 신학자의 사상을 통해서 "자신의 죄를 용서하지 못하는 금욕주의적인 신앙"을 배타적으로 강조하는 얀세니즘을 탄생시켰기 때문이다.

의 속 좁은 자존심은 결국 옛 바리사이파의 입장을 확대시켰다. 다시 말해, 상기 개신교 신학자들은 인간이 저지른 모든 죄 하나하나가 '사죄처럼 심각한 것'이라고 해석함으로써 "회칠한 무덤"과도 같은 위선을 떨며 사람들의 어깨에다 거의 견뎌낼 수 없을 만큼 무거운 짐(엄격한 종교적인 규정들)을 올려놓아 사람들을 무기력하게 만들어버렸기 때문이다. 과연 루터는 인간이 행한 모든 것이 '심각한 중죄'라고 주장했다. 이 같은 과격한 주장은 아마도 – 그 반대급부의 현상으로서 – 현대사회가 모든 죄를 거리낌 없이 완강히 거부하게 된 여러 가지 이유들 가운데 하나가 되었을 것이다. 확실히 이 같은 과격한 주장에 대해 가톨릭교회는 트리엔트 공의회를 통해서 만장일치로 파문을 선고했다.[26)]

중죄와 경죄 사이의 차이는 죽음과 병듦 사이의 차이와도 같다. 곧 중죄는 아예 인간의 영적인 삶을 영위하게끔 하는 원리를 파괴하는 것이고, 경죄는 건강한 삶을 영위하는 데에 지장을 줄 정도로 손상을 입히는 것을 가리킨다. 물론 둘 다 하느님의 뜻에 어긋나는 의미에서 죄다. 하지만 이 두 가지 잘못은 유비적인 의미에서 모두 '죄'라고 부른 것뿐이다. 다시 말해서, 인간의 이성과 하느님의 지혜에 등을 돌리는 죄, 그러니까 하느님과 하느님이 정하신 법을 거부하는 죄와 인간 및 하느님의 지성이 추구하는 본질적인 방향을 간과하거나 다른 무엇보다도 최고의 선에 대한 사랑을 무시하는 죄 사이에는 아무런 차이가 없다. 하지만 수다를 떨기에 안성맞춤인 헛소문과 신을 모독하는 직설적인 언사 사이의 차이는 아무 생각 없는 웃음과 사람을 죽이는 살인처럼 엄청난 것이다. 전자는 존재에 미치는 영향이 그래도 회복가능하다고 보지만, 후자는 전혀 그렇지 않은 만큼 심각한 차이를 드러내기 때문이다. 사죄로서 중죄는 그 죄를 저지른 사람의 온힘이 집중된 만큼, 회복할 수 있는 가능성이 없다. 다만 오직 우리를 위해 죽으신 주님의 권능에 의해서만, 곧 오직 자비로우신 하느님의 은총에 힘입어서

---

26) 트리엔트 공의회 Sess. VI, ch. 11(덴칭거 1536); 참고, Condemnation of errors of Michael Baius by Pius V, condemned props. 25, 35, 67(덴칭거 1925, 1935, 1967) 참고.

만 그렇듯 중죄에 대해 어떤 구제조치가 취해질 수 있을 것이다.

## (1) 같은 점과 다른 점

중죄에 대한 교회의 이 같은 가르침은 단순히 그 죄를 저지른 사람의 주체적인 책임과는 별개로 하느님의 은총만을 주목하려는 것은 아니다. 왜냐하면 세상에는 결코 치명적인 것으로만 간주하지 않아도 되는 질병들이 많이 있듯이, 객관적으로 고려하더라도 능히 죽음과 직결되지 않는 경죄들도 많기 때문이다. 본질적으로 경죄들은 그 행위들이 지향한 목표가 반드시 인생 전반에 걸친 목표에 정반대되는 것이 아니라는 특징을 띤다. 반면 그렇듯 인생 전반에 해당하는 목표에 정면으로 배치(背馳)되는 것을 지향하는 행위들이 있는데, 그런 죄는 살인이나 간음 및 도둑질과 같은 중죄를 가리킨다. 이들 가운데 어떤 죄는 어떤 경우에든 중죄로 판단되는 것이 있다. 예컨대 살인이 그 중 하나다. 간음이나 도둑질은 그 행위의 중대성에 따라 중죄로 판단될 수 있다. 그러니까 도둑질이나 분노가 '전면적이고 근본적으로(ex toto genere et ex genere)' 저질러지는 경우 중죄에 해당한다. 하지만 도둑질이나 분노와 같은 행위가 단순하게 이뤄질 수도 있다. 예컨대 사랑이나 인생의 목적과 정면으로 혹은 직접적으로 부딪히지 않고 우발적으로 이뤄지는 경우처럼 말이다.

많은 경죄들이 점점 쌓여가지만, 그렇다고 그것들이 쌓여서 중죄가 되는 것은 아닌 게 분명하다. 따라서 양이나 수가 문제가 아니라, 인간다운 행위에 얼마나 심각하게 위배되는지 그 성격 및 내용에 의해서 경죄와 중죄가 결정된다고 하겠다. 그렇듯 정면으로 그리고 직접적으로 사랑 및 인생의 목적에 배치되는 행위가 경죄의 빈도수에 의해 뒤집어지는 것은 아니라고 보기 때문이다.

## (2) 중죄를 위한 포석으로서 경죄

중죄가 경죄를 바뀔 수 있는 경우가 있을 수 있는데, 그럴 경우를 위해 죄를 저지르는 사람의 입장이나 스스로 행동을 결정할 수 있는 여건에 대해서 반드시 신중하게 고려해야 한다. 다만 그 행위의 결과는 새로울 것이 없다. 이런 성격을 띤 행위의 본질 역시 모든 본질이 그러하듯 결코 바뀔 수는 없다. 하지만 그러한 성격의 행위가 틀림없이 죄와 직결된 인간의 행위 가운데 하나이기 때문에, 각자가 신중하게 결정할 수 있는 여건에서 이뤄질 수 있어야 한다. 교회는 따라서 창문에서 실수로 떨어져 목숨을 잃는 사람에게는 죄를 묻지 않겠지만, 자살 목적으로 창문에서 뛰어내린 사람에게는 죄를 묻는다. 인간이 저지른 행위 가운데 신중한 자기결정이 불가하다면, 죄로서의 조건이 충족되지 않는다. 만일 신중한 숙고든 자기결정을 위한 의지든 진지하게 허락되지 않았다면, 죄의 본질적인 요건이 갖춰지지 않는 것으로 볼 수 있기에, 죄를 묻기 어렵다. 중죄에 대해 충분한 자기 생각과 동의가 전제되어야만 한다고 말하는 것은 행위가 온전한 한 인간에게서 비롯되어야 한다고 말하는 것과 결코 다르지 않다. 그런 이유로 선택한 목표 및 목적을 위해 스스로 통제하고 결정할 수 있는 가운데 어떤 행위가 진행되었고, 그에 따라서 전적으로 그 행위자 자신이 책임을 져야 한다고 말하는 것이다. 사실상 죄질(罪質)은 정확히 이러한 근거 위에서만 제대로 평가될 수 있다.

물론 아무리 집중해서 살피고 또 고민한다고 해도 이미 저질러진 죄를 원상복구시킬 수는 없다. 하지만 나는 객관적으로 경죄라고 여겨지는 어떤 그릇된 행위를 달리 생각해서 그릇된 것이 아닌 것처럼 생각할 수 있다. 그리하여 예를 들어, 나는 나의 인생의 나머지 것들을 희생시킨 채 오직 카드놀이나 골프에만 푹 빠져서 생활할 수 있다. 그래서 여느 중독자들과도 같이 내 인생의 최종목표를 그러한 유희나 게임을 통해 얻는 쾌락으로 정해버리고 나머지 것들은 완전히 무시할 수 있다. 실제로 내가 몰두했던 것은 카드놀이나 골프지만, 그와 같은 몰두 행위는 결국 내 인생의 궁극적인 목표와 정면으로 부딪히게 된다. 과연 카드놀이나 골프 자체는 해로운 행위가 아니다. 말을 바꾸어 다시 말하자면, 어떤 사람이 아주 나쁜 목적을 위해, 예를 들어 다른 어떤 사람을 완전히 파멸시키거나 매력적인 이성(異性)과 결혼하기 위해 아주 사소한 거짓말을 할 수 있다. 보통 아주 사소한 거짓말은 경죄에 지나지 않겠지만, 상기의 경우에는 매우 큰 결과를 가져오는 것이 분명하다. 그것은 단순한 거짓말의 수준을 넘어서 예상 밖으로 훨씬 더 큰 비극을 겨냥하고 있으며, 그 거짓말이 겨냥한 끝은 인간의 궁극적인 목표와 정면으로 충돌하는 것이다. 그렇다면 그러한 사소한 거짓말도 중죄에 해당된다고 보아야 한다.

### (3) 경죄가 중죄가 되거나 중죄가 경죄가 되는 가능성

앞서 소개한 사례처럼 카드놀이나 골프에 미쳐버린 행동은 얼른 보아서는 사람들이 결코 그처럼 어리석게 행동할 것이라고 여겨지지 않는다. 경죄는 모든 인간의 도덕적인 행위와 마찬가지로 어떤 작은 버릇에서 비롯한다. 예를 들어, 아주 사소한 놀이에 승리하고, 차츰 그에 따른 쾌감을 느끼면서 그런 행위를 즐겨 찾아 결국 습성에 젖어버린다는 것이다. 바늘도둑이 소도둑이 되는 이치다. 이러한 습성은 우리에게 제2의 본성처럼 굳어질 수 있다. 그에 대한 욕구가 점점 증가하여 마침내 아주 쉽게 혹은 전혀 부끄러워하지도 않게 그런 행위에 빠져들게 된다. 그리하여 욕구에 빠진 사람은 제 인생의 목표를 놀이나 유희에 두고, 진지한 인생을 위해 자신의 마음을 추스르거나 제 가족을 돌보는 일은 기껏 자신에게 고통과 분노만을 떠올리게 한다고 하여 외면하게 된다. 이것이 소위 사소한 작은 죄가 자칫 중죄로 변해가는 모습이다. 더욱이 이 같은 모습은 우리 스스로 익히고 길들인 습성을 심리학적인 관점에서 관찰할 때에도 발견할 수 있는 진실이다.

경죄가 중죄로 변모하는 또 다른 경우로는 하느님을 향해 직접 못마땅한 푸념을 일삼는 습성과 결부되어 있다. 우리는 보통 아주 작은 것에서 시작한다. 하느님의 질서 앞에서 처음에는 아주 평범한 방식으로 부딪힌다. 주변에서 장난삼아 하느님을 부정하고 비난하는 일에 아무 생각 없이 어울리다가 점차 정당한 법이나 계명에 대한 존경심마저 자신에게서 사라지게 만드는 수준까지 악화된다. 그렇게 되면 우리는 자신도 모르게 하느님 나라와는 동떨어진 삶에 떨어져서 하느님의 질서를 거부하고 하느님과 대적하려는 무신론자 혹은 반-신론자가 되는 것이다. 이런 상태에 놓인 사람들은 그 어떤 질서도 받아들이려 하지 않는다. 종교적이든 정치적이든 나아가 경제적인 질서에도 관심이 없다. 처음에는 사소한 것에서 시작하는 것이 다반사다. 제아무리 전문적인 도둑도 처음부터 중앙은행을 터는 일부터 도둑질을 시작했다고 보긴 어렵다. 많은 사람들을 죽인 살인자가 처음부터 사람을 죽이는 데에 아무런 거리낌이 없었거나 심지어 쾌감(?)을 느끼면서 그런 행위에 뛰어들었다고 말하기에는 더 많은 설명이 필요하다. 죄를 저지르는 악습도 선을 자연스럽게 실천하는 미덕과 마찬가지로 "차츰 길들어지고 익숙해진 행동"과 직결되어 있다.

그렇다면 모든 경죄 안에는 치명적인 위험이 잠재되어 있는 셈이다. 차츰차츰 중죄로, 영원한 처벌을 수반하는 사죄로 미끄러져 가는 치명적인 위험 말이다. 그런 가능성의 차원에서 우리는 그런 경죄를 하느님께 대항하는 범죄로 간주할 수 있고, 인류 전체에 끼치는 그 모든 육체-물리적인 악들을 능가한다고 볼 수도 있다. 그리고 더 나아가 어떤 근거로도 정당하게 납득시킬 수 없을 것이라고 추정할 수 있다. 우리는 그런 경죄를 중죄로 나아가는 포석처럼 간주할 수 있고, 그래서 우리의 영원한 행복을 심각하게 위협하는 만큼 최대한 경계하며 피해야 할 것으로 규정할 수 있다. 그렇지 않겠다면, 그러한 경죄를 중죄와 비교하면서 그 둘 사이의 엄청난 차이에 주목하고는 경죄를 마치 한 꼬마아이가 자신의 누이에게 심술궂은 행동을 한 것쯤으로만 가볍게 처리할 수도 있을 것이다.

## 6. 전도된 가치의 척도

### (1) 중죄와 경죄에 대한 현대인들의 태도

우리가 지금 취하고 있는 관점이 무엇이든 상관없이 경죄를 취급하는 현대인들의 태도에 대해 납득할 수 있을 정도로 설명하는 일은 만만치 않다. 확실히 오늘날에는 하느님의 존재를 부인하려는 경향이 강하기 때문에, 이런 사회에서 하느님 및 하느님의 질서와 충돌하는 문제를 놓고 진지하게 생각하는 일은 쉽지 않다. 천국과 지옥 개념에 대해 우습게 생각하며 죄를 두고 탐탁해 하지 않는 현세대는 중죄에 대해서든 중죄로 기울게 되는 과정에 대해서든 별 관심이 없다. 그럼에도 일부 새롭게 등장하는 비-그리스도인들 사이에서 우리는 아주 자주 철저하게 경죄를 피하려는 모습을 발견하기도 한다. 그들은 쩨쩨한 도둑질이나 거짓말, 무례한 행동, 공허한 험담, 시간낭비 등을 실제 가공할만한 나쁜 행위로 취급한다. 비록 그 곁에서 자주 발생하는 피임이나 이혼, 훨씬 더 큰 규모의 정치-경제적인 사기(횡령)나 제약이 없는 욕심, 종교를 거부하는 행위 등등은 그리 심각하게 받아들이지 않을지라도 말이다. 그들의 죄에 대한 구분에는 절대적인 기준이 없다. 다시 말해서, 그들은 소위 인간의 본질이나 인생의 절대적인 가치에 대해 중요하게 생각하지 않고, 다만 그들의 눈에 인생을 값지게 만들거나 풍요롭게 해주는 데에 기여하는 물질적인 것들에 정신없이 몰두한다.

### (2) 경죄에 대한 부주의

#### 1) 부주의의 기본적인 배경

그러나 중죄와 경죄 사이의 커다란 차이만을 생각함으로써 자포자기하듯이 살아가는 사람들도 존재한다. 이런 사람들은 이성의 본질적인 요구에는 감히 엄두를 내지 못한 채 습관적으로 어떤 불친절한 말이나 '하얀 거짓말' 혹은 한동안의 헛소문을 듣고 한번쯤 어깨를 으쓱하고는 '단순한 경죄' 정도로 취급하기 일쑤다. 하지만 그와 같은 경죄도 무시해서는 안 된다. 설령 어떤 거짓말이 한번쯤 멸망위기에 놓인 인류를 구한다고 치더라도, 그 거짓말이 정당한 것이라고 말할 수는 없을 것 같다. 경죄일지언정 하느님을 거스르는 행위에 해당하고 또 중죄로 넘어가는 포석과도 같다면, 그것이 가져오는 심각한 결과들을 감안할 때 반드시 경죄의 차원에서 가볍게 넘기려는 부주의한 행동을 조심할 필요가 있다.

### 2) 그 중대함 – 경죄의 결과

마치 황산과 같은 화학물질에 화상을 입거나 날카로운 칼날에 의해 깊은 상처를 입어서 흉측하게 변한 신체처럼 경죄로 얼룩진 삶에는 영혼의 아름다움이 드러날 리가 없다. 경죄는 영혼의 눈부신 광채를 아예 사라지게 만들지는 못한다. 왜냐하면 그렇게 완전히 사라지게 하려면, 인간 및 하느님의 지성에서 자연스럽게 흘러나오는 빛을 영혼에게서 격리시킬 수 있어야 하는데, 경죄에게는 그럴만한 힘이 없기 때문이다. 하지만 영혼의 눈부신 광채에서 인간의 행동으로 나아가는 길을 차단하거나 방해할 수는 있다. 마치 눈부시게 빛나는 아름다운 스테인드 글라스 위에다 투박한 천막이나 겨울 코트를 덮어 가림으로써 그 아름다움이 드러나지 않게끔 하듯 말이다. 요약하자면, 많은 경죄들이 대낮의 햇빛을 가리고선 두꺼운 구름층처럼 은총의 빛을 혹은 영혼의 아름다움을 가릴 수 있다는 것이다. 더욱이 경죄들은 그 자체만이 아니라 그러한 경죄들의 결과를 통해서도 항상 미덕을 실천하려는 영혼을 방해한다. 그래서 늘 엇비슷한 행동들을 유발하고 악습을 양성화하며 점점 더 심각한 죄로 기울도록 우리를 자극한다. 그로 인해 성령을 통해 다가오는 은총과 열매를 차단하고 훼방함으로써 자라나는 사랑의 싹을 짓밟는다.

우리는 경죄를 마치 불필요하게 손에 두꺼운 장갑을 끼워놓은 것처럼 상상할 수 있다. 이때 장갑은 당연히 행동할 수 있는 인간의 본래적인 능력에는 아무 지장을 주지 못한다. 하지만 분명히 인간의 행동을 부자유스럽고 불편하게 만든다. 혹은 따뜻한 화톳불과 온몸이 물에 젖어서 온기를 절실히 필요로 하는 어린 꼬마 사이를 가로막고 선 두꺼운 벽으로도 상상할 수 있겠다. 경죄는 타오르는 사랑의 불을 직접 끄거나 조금이라도 잦아들게 만들지는 못한다. 다만 그 열기가 우리를 고무시킬 수 있는 통로를 차단하여 그 사랑을 직접 행동으로 옮기지 못하도록 방해할 수 있다.

### 3) 타락한 인간의 특징적인 결점으로서 경죄

여기서 경죄에 대해 기억해야 할 좀 더 흥미로운 점 한 가지가 있다. 경죄가 무엇보다도 우리 자신에게서 비롯한다는 점이다. 아담이든 하와든 자신의 본래의 의로움을 상실하기 전까지는 경죄를 저지를 수 없었을 것이다. 천사든 악마든 그들에게 경죄를 야기할 능력은 없다. 아무도 자신의 영혼이 본래의 의로움을 갖추고 있는 상태에서 경죄를 저지를 수 없다. 다시 말해 원죄에서 자유롭지 못하거나 직접 중죄를 저지른 경우가 아니고서는 아무도 경죄를 저지를 수 없다. 이와 같은 결론들은 모두 경죄의 특징이 인간의 궁극적인 목표가 아니라 오직 그 수단에만 영향을 미치는 무질서의 일종이라는 사실에서 나온다. 분명히 말하지만 질서가 완전한 곳에서는 가벼운 무질서를 뜻하는 경죄조차 개입될 여지가 없다. 완전한 질서가 조금이라도 흐트러지지 않는 한 경죄가 파고들 틈이 없다는 말이다. 아담과 하와는 처음 자신의 이성적인 능력에 기초하여 하느님의 지혜에 순응함으로써 완전한 질서를 얻어 누렸었다. 자신의 지식을 어떤 결과들로가 아니라 원칙들로 활용하는 천사들의 경우 가장 먼저 그 원칙들을 무너뜨리는 무질서 없이는 그에 수반되는 혼란스러운 결과들을 겪을 수 없다. 한편 도덕적인 질서 안에서 원칙은 목적이며, 그 목적을 위한 수단들은 - 경죄들은 - 행위의 결과들이다. 원죄를 물려받은 인간은 성숙한 이성에 이르지 못하기에 그만큼 죄에 대해 충분히 경계하거나 피할 수 없다. 그러나 그러한 인간도 최소한 이성을 활용하여 어떤 목적을 위한 수단들을 취급하기 전에 그 어떤 목적 내지 목표를 선택할 수 있어야 한다. 그리하여 그 어떤 목적 혹은 목표를 가장 먼저 선택하는 인간의 행위는, 간단히 말해서 원죄를 이겨내는 미덕으로 드러나든가 아니면 영혼을 중죄로 더럽히는 악행으로 드러나든가 해야 한다. 왜냐하면 모든 선택은 올바른 목적이든 잘못된 목적이든 양자택일의 의미를 띠기 때문이다.

## [결론] 아름다움과 현대사회

### 1. 아름다움에 대한 몇 가지 정의(定義)

아마도 우리는 우리 논의의 출발점으로 – 곧 '영혼의 아름다움'에 대한 논의로 – 되돌아감으로써 이 모든 사실들을 가장 잘 요약할 수 있을지 모른다. 옛 시대에는 최소한 인간의 외적인 아름다움에 관하여 완전히 객관적인 관점에서 논할 수 있다고 주장했다. 그러나 점차 시간이 흐르면서 이와 상반된 의견이 더 거세게 제기되었으니, 곧 아름다움은 전적으로 주관적으로, 그러니까 인간의 내면에 의해 투영되는 것에 불과하다고까지 주장하게 되었다. 이렇듯 객관적 혹은 주관적인 방식으로 아름다움을 설명하는 두 가지 상반된 주장은 저마다 무리를 이루어 학파를 구성하였다. 토마스가 그 견해를 수용하며 뒤따르는 아리스토텔레스는 아름다움이란 전적으로 주관적이지도 전적으로 객관적이지도 않고, 오히려 주체와 객체가 함께 판단을 내리는 것이라고 주장했다. 토마스는 이 견해를 좀 더 간단명료하게 정리했다. 예컨대 아름다움은 '우리가 바라볼 때 마음에 드는 것(quod visum placet)'이라고 정의한 것이다. 다시 말해서 아름다움은 실재(reality)에 기초하되 그것을 바라보는 주체와의 관계 속에서 판단된다는 말이다.

그의 견해가 토대를 두고 있는 기초적인 사실에 대해 잠시 살펴본다면, 한편 진리를 품고 있는 것으로서 우리에게 단순하게 알려진 '실재'라는 것이 있고, 다른 한편 그런 실재에 대해 주체가 열망하거나 매력에 빠지면서 '좋은 것'이라고 판단되는 어떤 것이 따로 있는 것이 아니다. 알려진 것과 열망하는 그것이 실재로서 같은 것이다. 왜냐하면 알려진 것이 아름다운 것이 되기 때문이다. 아름다움을 위해 실재는 이성에 자극을 줄 수 있어야 한다. 그렇다고 실재가 이성일 필요는 없다. 실재는 욕구를 불러일으키면 된다. 하지만 실재가 역겨운 모습을 띨 경우, 그러니까 열망 및 매력을 방해하는 모습을 띨 경우 이성은 아무런 반응 없이 가만히 있게 된다.

자신의 아름다움을 드러내기 위해서 실재는 충일한 상태에 도달해야 한다. 아름다움은 결함이 없어야 함은 물론 그 완전성이 다채롭게 드러날 수 있어야 함을 뜻하기 때문이다. 온전한 질서에 완전하게 참여하는 모습, 탁월함, 사랑스러움, 활기 넘치는 눈부신 형상 혹은 완전한 원리와 하나가 됨으로써 실재를 가리고선 물질적인 덮개도 아랑곳하지 않고 인간의 이성에 제 매력을 뽐낼 수 있을 만큼 완전한 능력을 갖춰야 한다는 것이다. 아름다움은 실재에 속한다. 더 이상 꿈이나 환상이 아니다. 오히려 실재의 충만한 모습을 내포하며, 무엇으로도 가릴 수 없는 눈부신 형상을 대변한다. 이기적이거나 그 어떤 사사로운 욕심에 사로잡히지 않는 가운데 언제나 균형 잡힌 모습으로 끊임없이 호감을 불러일으키는 것이 곧 아름다움이다.

## 2. 아름다움에 대한 현대사회의 입장

이 단원(17장)의 '들어가기'에서 현대인들은 아름다움에 대한 정념에 푹 빠진 시대에 살아가고 있다고 착각할 만하다고 했는데, 그것은 또한 현대인들이 놓쳐버렸거나 소홀히 하는 아름다움의 본성 때문에 그렇게 말한 것이다. 현대인들은 실재에 대한 매력조차 모르고 살아간다. 다만 감각을 자극하는 피상적이고 부분적인 실재에만 매여 살아간다. 오늘날 철학자들은 사람들을 자꾸 감각적인 세계에만 묶어두려고 호도한다. 그래서 그들은 그들 나름의 아름다움에 대한 취향은 거창하게 떠벌려놓으면서 진정 아름다움 자체로부터 자라나는 것들은 존재하지 않는다는 궤변을 일삼는다. 만일 – 대부분의 현대철학자들이 그렇게 주장하듯이 – 인간에게 감각적 욕구가 유일하다고 한다면, 실재를 찾는 일은 감각을 통해 관찰하고 붙들고 또 정념적으로 다가가는 것이 전부여야 할 것이며, 그러한 노력이 결과적으로 그토록 찾고 원하는 감각적인 것들을 손에 쥐게 되거나 함께할 때만 인간은 만족할 수 있을 것이다. 그러나 그러한 노력은 과연 감각적인 정념의 소용돌이 속에서 헤어 나올 수는 있는 것일까? 다시 말해 점점 커져가는 감각적 욕구 자체에 과연 만족이란 것이 가능하기나 한 것일까? 과연 그들은 인간이 손에 쥐었다고 여긴 몇몇 감각적인 아름다움조차도 백사장의 모래처럼 쉽게 손아귀에서 빠져나가 버리는 사실을 정말 경험하지 못한 것일까?

## 3. 아름다움의 본향

실제로 아름다움의 크기는 존재의 크기 혹은 실재의 크기와 같다. 현대는 인간이 존재위계 질서의 가장 낮은 단계에 위치해 있다고 믿는다. 우리가 물질에 터전을 둔 존재들의 차원에서 시작하여 비록 물질세계에 머물러 살아간다고 하더라도 차츰 그런 존재들과 독립된 삶을 펼치다가 마침내 순수 정신의 세계 혹은 하느님과 결합하는 순간에 이르러야 하듯이, 점차 완전한 아름다움이 순수하게 깃든 더 높은 차원으로 계속 전진해 나아가야 한다. 우리가 고향에 가면 타향에서는 느낄 수 없었던 포근함을 얻어 누릴 수 있다. 평화와 기쁨은 그렇듯 제 고향에서 더 크게 그리고 손쉽게 얻어 누릴 수 있다. 우리의 기쁨이 또한 그렇듯 더 높은 차원으로 고양되면서 점점 더 분답한 마음을 진정하고 이기적인 생각을 떨쳐버리는 만큼, 우리의 통찰도 점점 더 예리해지고 순수해질 것이다. 그리고 그로써 마침내 실재의 본향에서 실재의 아름다움과 직접 대면하게 될 것이다.

## 4. 아름다움과 죄

아름다움을 방해하거나 차단하는 것을 우리는 또한 죄라고 한다. 왜냐하면 아름다움을 등지게 하는 것은 곧 실재를 거스르는 것과 같기 때문이다. 죄는 실재 자체, 그의 완전함을 가리려고 한다. 그래서 인간성 및 인간의 진솔한 행위를 가로막고 존재들 사이의 조화에 해코지를 한다. 죄는 한 마디로 결함이 있는 행위요, 무질서한 행위다. 이성을 좇는 인간의 행위를 파기하고자 모든 수단을 강구하는 자기모순적인 행위요, 자기반역적인 행위다. 그러므로 죄에는 아름다움이 결여되어 있다. 교묘하게 행한 죄에는 반드시 처벌이 뒤따른다. 질서 및 조화에 대한 반역은 곧 질서 및 조화와의 충돌을 의미하는 것처럼 말이다. 빛을 가리거나 없애려고 하는 행위는 곧 캄캄한 어둠을 찾는 것과 동일하다.

## 5. 아름다움과 하느님

죄는 아름다움의 적이다. 왜냐하면 죄는 미덕의 적이기 때문이다. 미덕은 보다 더 완전한 행위 및 삶을 실현하기 위한 원칙이다. 왜냐하면 인간의 능력이 최대한 완전하게 실현될 경우 완전한 행위 및 삶에 대해 생각할 수 있기 때문이다. 그러한 실현의 절정 혹은 완전함을 우리는 최고의 실재, 곧 하느님과 하나가 되는 것이며, 그것인 인생의 참된 목표라고 말할 수 있다. 미덕은 인간 내면에 계속해서 아름다움을 고무시키며 그것을 이루도록 돕는다. 바깥 세계의 아름다움을 경험하면서 계속해서 더더욱 내면화된 아름다움에 대한 통찰을 진작시키며 기쁨을 느끼도록 이끈다. 아름다움은 그렇게 인간으로 하여금 더 완전한 삶을 실현하도록 다그치면서 그의 초보적인 수준의 능력이 점점 더 장인(匠人)의 능력과 같이 높은 수준으로 올라설 것을 촉구한다. 아름다움의 본질을 진지하게 살피는 일은 장인의 심정으로 만들어진 모든 것을 음미하는 일과 일맥상통한다.

왜냐하면 숭고한 아름다움을 추구하는 장인의 마음처럼 이기적인 생각을 넘어서게끔 이끌어주기 때문이다. 미덕을 실천하는 사람은 아름다운 방식으로 아름다움을 이루려고 애쓴다. 그것은 그가 최고의 아름다움이자 아름다운 것들의 원천이 그 모든 사사로운 입장에서 벗어나 모든 것들을 저마다 중심으로 삼고 아끼며 더없이 소중하게 여기는 마음으로 사물을 대하기 때문이다. 미덕을 실천하는 사람은 그러므로 하느님의 지혜에 힘입어 가장 이성적인 길을 따라 하느님의 정원을 거니는 것을 더없이 좋아한다.

A Companion to the Summa

성 토마스 아퀴나스의

신학대전 해설서 II

# 제18장 행복의 범위

## (제2부 제1편, 제90문제~제94문제)

1. 법과 삶
   (1) 활동과 그 방향성
   (2) 활동의 목표와 그 목표로 향한 길
2. 법에 대한 혼란스러움의 근원
   (1) 법에 대한 혼란스러움
   (2) 인생을 전망하는 데 있어서의 혼란스러움
3. 법의 본질
   (1) 이성이 내리는 명령
   (2) 공동선(公同善)의 지향
   (3) 권위에 기초한 법
   (4) 공포된 법
4. 법의 일반적인 구분
   (1) 영원법
   (2) 자연법
   (3) 인정법(人定法)
   (4) 신정법(神定法)
5. 법의 효력
   (1) 사람들을 선(善)으로 인도하는 효과
   (2) 법이 수행하는 역할: 교훈, 금지, 허용, 처벌
6. 영원법
   (1) 영원법의 본성
   (2) 영원법을 진리 및 법의 방식으로 알아보는 보편적인 태도
   (3) 모든 법의 원천으로서 영원법
   (4) 영원법이 주목하는 것들
7. 자연법
   (1) 자연법의 본성
   (2) 자연법의 교훈
   (3) 덕의 원천
   (4) 자연법의 보편성
   (5) 자연법의 순수성과 유동성
   (6) 자연법의 의무
   (7) 종교와의 관계

---

[결론] 인간의 삶과 법
1. 삶과 법
   (1) 삶과 도덕과 자연
   (2) 도덕과 법
2. 법과 자유
3. 법과 행복

# 제18장 행복의 범위 (제2부 제1편, 제90문제~제94문제)

**(들어가기)**

만일 우리가 20세기 중반 뉴욕에 사는 꼬마아이들의 눈높이에서 한 경찰공무원이 몽둥이로 자신의 업무를 수행하는 모습을 지켜볼 수 있다면, 마치 원시인이 처음 현미경을 통해 물방울을 들여다보고 놀래듯이 크게 놀랄지도 모른다. 경찰과 물방울이 여기서 비교대상이다. 경찰은 그리 특별할 것이 없는 현대사회의 일부다. 우리는 마음먹고 몇 달간 경찰들의 행동을 골똘히 지켜볼 수는 없고 그저 지나치듯이 슬쩍 보고 만다. 그러나 보통 꼬마아이들에게는 우리 어른들과는 달리 더 깊이 몰입하여 지켜보는 능력이 있다. 몇몇 꼬마아이들에게 경찰은 재미삼아 다른 사람들의 물건을 약탈하는 성가신 사람이다. 주변을 떠돌며 사람들을 수시로 감시하고 간섭하기에, 되도록이면 눈도 마주치지 않고 피하고 싶은 사람일 것이다. 그러나 또 어떤 아이들에게 경찰은 거의 신(神)처럼 비칠 수 있다. 총을 허리에 차고 말쑥하게 차려입은 의복은 매우 멋지게 보이며, 아이들의 세계에선 모든 것을 장악하고 마음대로 다스리는 제왕처럼 여겨질 수 있다. 그런 아이들은 자신도 훗날 신처럼 군림하는 그런 경찰이 되기를 꿈꿀지도 모른다. 또 다른 어떤 아이들에게는 경찰이 자연스럽고 친숙하게 느껴질 수도 있다. 그러니까 자신들의 입장에서 함께 다정하게 길을 걸으며 말을 건넬 수 있는 가까운 어른으로 여겨질 수 있다. 그래서 그런 아이들에게 "경찰공무원"은 예의를 갖추어 조심스럽게 혹은 잔뜩 겁을 먹고 다가갈 필요가 없는, 단지 덩치가 크고 느린 걸음으로 좋은 일을 위해 애쓰는 사람으로 비칠 것이다.

물론 성숙한 우리로서는 아이들의 이처럼 많은 생각들에서 벗어난 지 오래다. 우리에게 경찰은 단지 경찰일 뿐이다. 그러니까 우리는 경찰에 대해 좀 더 많은 사실들을 경험으로 알고 있는 한, 아이들처럼 눈여겨 볼만한 관심의 대상이 되지 못한다. 그렇다고 우리가 그에 대해 실제로 충분히 성숙한 생각을 할 수 있다는 것은 아니다. 다만 여기선 우리의 시선을 이제 경찰공무원에서 그가 준수하고 또 봉사하려고 애쓰는 "법"으로 바꾸고자 한다. 우리 가운데 어떤 이들에게 법은 남의 즐거움을 방해하는 불쾌한 것이거나 우리의 행동을 제한하는 굴레 혹은 언제든 사람들을 공공연하게 억압할 수 있는 폭정의 수단처럼 간주될 수 있다. 마치 앞서 아이들이 바라보는 경찰의 다양한 이미지와 얼추 같은 셈이다. 그래서 또 어떤 이들에게 법은 신의 자상한 손길처럼 여겨질 수 있다. 혹은 모든 악을 극복하기 위한 최고의 방책이라고 볼 수 있는데, 그런 시각은 좀 더 원칙적으로 법을 고려한 것이라고 하겠다. 또 어떤 이들에게 법은 혼란스러운 무질서를 바로잡거나 보다 더 합리적인 판단을 내려주는 협력자로, 그래서 행복한 삶을 살아가도록 도와주는 든든한 울타리로 받아들여질 수 있다.

# 1. 법과 삶

## (1) 활동과 그 방향성

우리는 법에 대해 이처럼 다양한 생각들을 가지고 있다. 왜냐하면 법은 대강 살펴보더라도 우리의 삶에 아주 깊숙이 관여하고 있기 때문이다. 그래서 어느덧 우리가 살아있는 동안 늘 삶에 대해 고민할 수밖에 없다면, 그것은 곧 법을 항상 생각해야만 한다는 것을 뜻한다. 법에 대한 우리의 생각은 그러므로 우리가 삶에 대해 생각하는 것과 아주 넓은 범위에서 서로 관련을 맺고 있다고 하겠다. 그동안 이 책에서 살펴본 바에 의하면, 인간의 삶을 우리는 어떤 목표를 향해 걷는 것으로 간단히 묘사할 수 있을 것이다. 그 어떤 목표를 향해 가까이 다가가는 걸음걸이(수단)는 곧 우리의 활동들을 가리킨다. 그러나 좀 더 중요한 활동은 자신의 인생이 올바른 목표를 향해 나아가고 있는 것인지 아니면 그로부터 오히려 멀어져가는 것인지 항상 의식하는 일이다. 혹은 참된 행복에 가까이 다가가고 있는 것인지 아니면 그와는 정반대로 향해가는 것인지 그때마다 그 방향을 점검하는 활동 말이다. 이는 우리가 스스로 가고자 하는 목적지 혹은 목표로 일체의 행동들을 수렴시키고 다지는 매우 중요한 일 가운데 하나다.

### (2) 활동의 목표와 그 목표로 향한 길

간단하게 말하자면, 인간의 삶은 죽는 순간까지 궁극적인 목표에 도달하려고 시도하는 모든 활동들로 엮어진다. 이 같은 인생여정에 대해 논할 때 법의 본성과 작용에 대한 이야기도 빠지지 않는다. 왜냐하면 인생이 다양한 활동들로 엮어지는 것이라고 본다면, 그것은 곧 법의 역할과 뗄 수 없는 관계에 놓여 있기 때문이다. 그도 그럴 것이 대부분 법을 올바른 길에서 벗어나지 않도록 우리를 붙잡아주는 우호적인 조력자로 보기 때문이다. 내 생각에 법이란 우리에게 그때마다 주는 도움은 단지 몇 안 되는 굵은 글씨로 위험을 알리는 팻말이나 낯선 곳을 찾은 나그네에게 간단히 화살표로 길을 안내하는 말뚝과 같은 것이 아니다. 오히려 법은 엄중하게 경고하는 일도 마다하지 않을 만큼 상대하는 인격체의 삶에 관심을 표명하며, 순간순간의 감정들에 대해서도 놓치지 않고 깊이 간여하고자 한다. 더 나아가 법의 중요성을 따지자면, 한 개인의 파멸을 사전에 막기 위해 꼼꼼히 살피는 통찰력과 예리한 판단에 있어 이 세상에서 법에 견줄 만한 것이 또 있을까?

## 2. 법에 대한 혼란스러움의 근원

### (1) 법에 대한 혼란스러움

하지만 이처럼 법을 이해하고 또 신뢰하는 태도는 오늘날 찾아보기 힘들다. 오늘날 현대사회의 입법부가 세워놓은 다채로움을 넘어 까다롭기 그지없는 법들에 대해 바라보는 사람들의 시선은 신뢰보다는 불신과 푸념에 더 가깝다. 인간의 삶과 직결된 모든 분야에서의 활동이 철저히 실험실로 이양되어 버렸다는 사실은 현대인들이 자연과학 및 물리적인 법칙을 전적으로 신뢰하려는 물질숭

배에 젖어 있음을 잘 보여준다. 그러나 그와 동시에 법과 철두철미 함께 살아갈 수밖에 없는 상황에서 마냥 그것을 비판하고 조롱하기만 할 수 없기 때문에, 차라리 법의 수중에서 가급적이면 벗어나는 것이 최선이라고 거들기도 한다. 그렇듯 불가피하게 어떤 법의 부조리한 경우에 직면할 경우, 그 법과 거리를 두도록 애쓰거나 아니면 최소한 그 개별법에 대한 비판으로 축소하여 끝내버리는 것이 좋다고 충고한다. 그러므로 어떤 경우는 합리적으로 또 다른 경우는 부조리하게 경험되는 다양한 법들로 인해 법에 대한 혼란스러움은 근절될 수 없는 형편이다.

### (2) 인생을 전망하는 데 있어서의 혼란스러움

이와 같은 현대사회의 모순적인 현상들은 인간성을 거부하면서 살아가려는 시류(時流)에서 출발한다. 현대사회가 겪고 있는 의외의 현상들 가운데 하나는 우리가 그럼에도 법을 중요시한다는 점이다. 삶에 대한 생각은 법에 대한 생각과 일맥상통한다. 그런데 우리의 삶에 대한 관점이 유감스럽게도 빗나가 있다. 현대인은 인생의 목표 혹은 목적에 대한 결정을 앞두고 몹시 혼란스러워 한다. 다시 말해서 종래에 비해 훨씬 더 뚜렷하게 인간성을 무시하거나 아예 거부하는 관점에서 인생의 목표 및 목적을 정하려고 한다. 개인의 이성과 의지에 대한 거부는 우리의 행동이 갖고 있고 또 가져야 하는 저마다의 인격적인 특성을 제거하거나 박탈하려는 것이다. 그래서 인간적인 삶과 관련된 온갖 행동을 저지하고 동결시킨다. 왜냐하면 누가 보더라도 인생의 목적 내지 목표가 자신의 소신에 의해, 곧 개인적인 생각과 의지에 의해 결정되는 데에 인간 및 인생의 고유한 가치 및 의미가 있다는 진실은 확고하기 때문이다. 현대인은 정작 어디를 향해 나아가야 할지 모른다. 마치 운명에 의해 살아가야만 한다고 생각하듯이 스스로 결정하는 것은 불가능하다는 착각의 늪에 빠져있다. 물론 우리는 인생의 목표나 목적에 대해 환상적인 생각을 가질 수도 있다.

이 단원(18장)에서 다뤄야 할 과제는 상대적으로 수월할 수 있다. 왜냐하면 우리는 이미 그에 관하여 많은 것을 확보한 상태이기 때문이다. 이 총서 제1권에서부터 우리는 인간의 행위 및 활동에 기초가 되는 것들과 인생의 의미에 대해 살펴보았다. 우리는 모두 자신이 정한 목표에 도달하기 위해 저마다 활동을 펼친다. 본시 법의 역할은 그와 같은 우리의 활동들을 효과적으로 목표한 바에 이르도록 도와주는 데에 있다. 물론 여기서 법의 이러한 역할을 돋보이게 하려고 이미 만들어진 법들을 애써 분석하면서 살펴나가지는 않을 것이다. 차라리 보편적인 관점에서 입법자가 법을 제정할 때의 취지만 상기해도 충분할 것 같기 때문이다. 다시 간단히 말해서 법의 취지가 근본적으로 대변하는 바는, 정확하게 법은 항상 일종의 명령과 같음을, 곧 인간의 행위를 규제하는 것임을 우리에게 각성시키는데, 여기선 그것만 기억하더라도 이 단원의 과제를 수행하는 데에 충분하다고 보기 때문이다.

## 3. 법의 본질

### (1) 이성이 내리는 명령

법을 일종의 명령으로 이해해야 한다는 점은 당장 입법자들이 세운 법은 모두 실천이성을 따라 마련된 것임을 시사한다. 왜냐하면 앞서 보았다시피 '명령'이란 우리의 행위를 결정하는 어려운 작업을 기꺼이 도맡은 이성의 활동이 내외적인 질서에 의해 겪게 되는 어려움들에도 불구하고 현실화되어야 한다는 필요성을 함축하고 있기 때문이다. 사실상 명령으로서 법을 바라보는 일은 법제화되기에 앞서 이성과 의지라는 요소가 반드시 개입되어야 함을 분명하게 말해준다. 명령 안에는 일종의 질서에 대한 가늠이나 방향성의 타진, 사전 통보나 선언 그리고 실천적인 움직임이란 요소들이 반드시 내포되어 있다는 점도 기억해야 한다. 물론 거기서 실천적인 움직임은 단순한 행위나 단순한 방향성 혹은 단지 무의식적으로 행하는 어떤 가벼운 움직임이 아니라, 인생의 목적 및 목표와 직결된 혹은 그에 효과적인 움직임 일체를 함의한다. 그래서 명령으로서 법은 행위자의 의지의 움직임을 전제로 한다. 또한 그러한 법은 이성에 의해 지시된 활동 혹은 이성이 밝혀낸 어떤 목적을 위한 활동과 직접적으로 연계되어 있다. 어떤 방향을 설정하거나 어떤 질서체계를 가늠하고 그와 관련된 지침을 사전에 통보하는 것은 이성의 역할이다. 그에 반해 실천적인 움직임은 직접적으로 의지에서 비롯한다.

법의 이 같은 본질적인 측면은 의지의 움직임이 이성을 거쳐 법의 다양한 주제(내용)들에까지 흘러 들어가는 과정을 이해하게 해준다. 법이 탄생하도록 즉각 유도해내는 능력이 곧 이성이다. 이는 단지 학술적인 관점이 아니다. 오히려 인간의 권리를 행사하고 보호하는 한계를 이해하는 데에 반드시 기초가 되어야 하는 어떤 것이다. 인간의 변덕스러운 마음과 생각을 보다 더 나은 것으로 이끄는 의지는 단지 어느 특정사회의 정책(공동선)으로 인해 기만당해선 안 된다. 왜냐하면 인간은 그런 사회보다 더 탁월하기 때문이다. 인간이 주목하는 근본주제들은 일정방향을 따라 관리되어야 하는 것들이지, 가지고 놀다가 사라지는 것들이 아니다. 그러한 질서가 법으로 거듭나야 할 경우 책임감을 갖고, 그 목표를 제대로 의식하는 이성의 안내를 받아야 한다. 그렇지 않을 경우 결집력을 갖추지 못할 것이다.

이 같은 사실은 두려워해야 할 만큼 중요한 사항이며, 다른 수많은 중요한 진실들과 마찬가지로 분명 진실이다. 아무도 의심하지 않고 이해하듯이 법을 인간의 행위를 규제하기 위한 것이라고 본다면, 우리는 즉각 인간의 행위를 통제하는 원리가 이성이라는 사실과 그래서 당연히 법은 곧 이성의 산물이라는 사실을 받아들일 수 있을 것이다. 우리의 행위들이 이성적인 한에서 '인간적'이라고 말할 수 있고, 그런 한에서 이성은 인간성을 판단하는 시금석이 된다. 행동 하나하나에다 인간성을 심어주는 원리로서 이성은 그러므로 차가운 진흙(육체)에서 인간 생명을 일으키는 동력이 된다. 그렇게 우리는 이성을 통해서 선택한 길을 따라 행동함으로써 인간적인 삶을 쌓아가게 된다. 우리는 이를 좀 더 구체적으로 다음과 같이 표현할 수 있을 것이다. 곧 법은 실천이성에 속한 활동의 하나로서 인간에 의해 펼쳐진 행위들에다 이성이라는 표지를 달아서 우리에게 확인시켜 주는 장치라고 말이다. 실천이성과 마찬가지로 법은 단독적으로 목표를 설정하거나 그렇게 설정된 목표와 관련하여 어떤 질서를 제시하지는 못한다. 그러나 우리가 목표를 알아보고 붙들 수 있게는 도와준다. 왜냐하면 실천이성의 역할은 이미 정해진 목표를 향해 직접 걷도록 이끄는 것이요, 따라서 그 목표의 매력이 무엇인지 알아보고 놓지 않도록 그때마다 알려주는 데에 있기 때문이다.

### (2) 공동선(公同善)의 지향

법은 입법자의 미숙한 생각이나 마치 아내의 바가지에서 비롯된 산물과 같은 것이 아니다. 그것은 당연히 이성의 산물이다. 법은 어떤 입법기관 자체가 불쑥 고안해낸 창작물이 아니다. 왜냐하면 그 기관은 그저 입법을 위한 절차를 진행할 뿐이지, 법의 내용을 관할하지는 못하기 때문이다. 이성에 의한 모든 행위와 마찬가지로 법 자체는 하나의 목표를 위해 존재한다. 만일 결코 이성적이지 못하다면, 그래서 전혀 인간적이지 못하다면, 그것은 더 이상 법이 아니다. 그런 의미에서 모든 법이 지향하는 목표는 인간이 내다본 '공동선'이다.

공동선이란 용어는 매우 막연하게 들릴지도 모른다. 확실히 이 용어는 그동안 자주 입에 오르내리긴 하였지만, 인간의 삶을 크게 뒤흔들 만큼 충분히 주목받지는 못했다. 하지만 한 사회가 추구하는 목표를 한 마디로 대변하는 용어로는 안성맞춤이다. 만일 한 사회가 그리고 그 사회의 규칙 혹은 법이 꾸준히 어떤 일정방향을 따라 계속 나아가지 못한다면, 그 사회는 오리무중이거나 그 사회구성원들을 속이는 것이 된다. 그렇다면 '공동선'을, 그러니까 그것이 한 사회의 존립목적 및 추구하는 목표가 무엇인지 좀 더 구체적으로 살펴보자. 먼저 한 사회의 목표로서 공동선은 '평화' 혹은 '한 사회의 단일성 보전(保全)'이라는 한 마디 말로 요약될 수 있을 것이다. 그것은 사회구성원 각자가 최대한 주체적으로 안정된 삶을 영위할 수 있도록 보장하는 것을 함축한다. 달리 말해, 평화는 보상과 처벌에 관한 정당한 처분[正義]을 통해 사회 내부의 조화를 확고하게 마련하거나 외부의 적들로부터 안전을 제공할 때 누릴 수 있는 어떤 것이다. 한 국가의 궁극적인 공동선은 전체 사회공동체를 위해 '덕을 실천하는 삶' 혹은 이성을 좇는 삶에 의해 온전히 실현된다고 토마스와 아리스토텔레스는 강조한다. 평범하게 말해서 그것은 개인의 완성을 위해서 이성의 법을 따르는 기회를 모든 사회구성원들에게 보장하는 것 혹은 성공적인 삶을 이룰 수 있도록 각자에게 기회를 보장하는 것 외에 다른 것이 아니다.

그러면 이제 개인이라고 하는 작은 왕국으로 눈을 돌려보자. 이로써 우리는 그때마다의 목적이 정확히 그의 인생 전체와 직결되어 있음을, 곧 그가 세운 궁극적인 목표를 향해 한걸음 더 나아가는 그런 것임을 발견하게 된다. 각 개인의 궁극적인 목표는 한 마디로 행복을 성취하는 것이다. 다른 말로 인간의 본성을 완전하게 실현하는 것이요, 희망의 절정이라고 말할 수 있는 영원한 지복직관을 마침내 누리는 것이다. 개인을 중심으로 말하자면, 한 국가기관의 수립 역시 그런 개인의 궁극적인 목표를 위해 요구된 것이라고 볼 수 있다. 다시 말해 국가는 개인을 위해 존재한다. 주권을 가진 국민은 그렇듯 주체적인 권한을 인정받는 개인으로서 국가의 일부이며 그런 의미에서 개인이 국가를 위해 존재한다. 그러나 개인이 주권을 행사하는 경우는 국가가 국민 개개인의 도움을 필요로 할 때다. 그런 관점에서 각 개인은 국가의 목적이 된다. 곧 국가는 자신에게 속한 국민의 개인적인 삶을 보장해 주는 것을 중요한 과제로 삼아야 한다.

이 같은 주장은 사회 및 국가를 중심으로 말하자면 귀에 거슬릴 것이다. 그러나 왜 이런 주장이 귀에 거슬린다는 것일까? 왜 이런 주장이 역설적으로 들린다는 것일까? 다시 말해 이는 곧 법이란 각 개인이 세운 목표를 항상 의식하고 그러한 삶을 최대한 자유롭게 살아갈 수 있도록 기회를 제공하는 것을 우선적으로 지향해야 한다는 주장인데, 어찌하여 이미 수립된 정부의 권위나 권한을 침해하는 것처럼 들린다는 것일까? 만일 그렇듯 귀에 거슬린다면, 다시 처음으로 돌아가자! 도대체 이런저런 사람들에게 허용된 것과 금지된 것에 대해 말하는 법제정권자, 곧 이런저런 사람들에게 명령을 내릴 권한을 가진 자는 누구란 말인가? 확신하건대, 바람직한 의미에서 어떤 개인도 천부적으로 그런 권한을 가지고 있지 않다. 만일 어느 개인이 그런 권한을 행사한다고 한다면, 자신의 의지를 강제적으로 이행할 만큼 강력한 독재자 아니면 자신의 사적인 목적을 위해 국가를 주무를 만큼 타락한 정치인이거나 아니면 자신의 말에 복종하도록 국민들을 모두 바보로 만들 만큼 영악한 사람일지도 모른다. 또 다른 경우 국민들의 뜻과 상관없이 법이 아니라 자신의 계획과 규제로 국가를 다스리려는 폭군에게나 해당될 것이다. 이렇듯 어느 개인의 부당한 권력 및 권한은 국가를 다스리는 것이라기보다는 불의를 저지르는 것이라고 말할 수 있다. 그런 개인이 국가를 지배한다면, 그것은 더 이상 온전한 의미에서 국가가 아니다. 그저 잘못된 야망을 가진 개인에 의해 많은 사람들이 희생되고 곤경에 처하는 결과를 초래할 것이다. 그런 개인의 지배 아래서는 더 이상 국민은 없고 모두 노예와 같은 신분으로 전락하고 말 것이기 때문이다.

### (3) 권위에 기초한 법

"너나 잘하세요!"(Stick to your last)라는 말은 어느덧 격언 이상의 의미를 담고 있다. 우리는 부러진 다리를 치료하기 위해 심리상담사를 찾지는 않는다. 또는 시사적인 정치적인 지침에 대한 예리한 질문을 궁리하기 위해 헬스장을 찾아가 자신의 등 근육을 씰룩거리며 애쓰지 않는다. 어느 국가의 정치적인 지침 및 정책은 그로써 지향하는 목표를 자신의 목표로 결정한 사람들을 위한 집단에 의해 마련된 것이다. 그러니까 그로써 도달하는 목표에 관심을 가진 이들에게서 비롯된 것이다. 그처럼 국가의 목표는 어느 개인의 영리나 특별한 목표에 의해서가 아니라 공동체 전체 혹은 다수가 원하는 바에 의해서 결정되는 것이다. 법 제정은 그러므로 사회 공동체 전체 혹은 그 공동체 전체가 개개인의 권한을 위임한 대리자들에 의해 혹은 그 공동체 전체의 이익 및 선을 염려하는 대표자들에 의해 이뤄지는 것이 원칙이다. 하지만 사회 공동체가 직접 제정하든 대리자 혹은 대표자를 선발하여 제정하든 법이 지향하는 목적은 항상 같은 것, 다시 말해 공동선이어야 한다.

### (4) 공포된 법

유효한 법이 갖춰야 할 본질적인 요건을 따져볼 때 살펴야 할 또 한 가지 중요한 점이 남아있다. 곧 법의 공포다. 공포는 법 내용의 본질은 아니다. 그것은 다만 법의 실제(적용)와 관련된 필수적인 절차다. 만일 그 법을 준수해야 한다면, 최소한 시민들이나 법을 지켜야 할 주체들이 준수해야 할 법이 무엇이고, 그 법을 준수함으로써 기대되는 것이 무엇인지 알 수 있도록 공공연하게 알려져야 한다는 말이다. 법에 대한 고전적인 정의(定義)는 우리가 지금까지 설명해왔던 바와 같이 이 네 가지 요건을 내포하는 데에 초점을 맞추어 왔다. 다시 말하자면, 법은 반드시 한 사회(공동체)의 '구성원들'이 그 사회의 단일성을 보전하기 위한 '공동선'을 목적으로 함께 준수하기로 정한 '이성의 질서 혹은 명령'으로서 '공포'의 과정을 거쳐야 한다고 말할 수 있겠다.

## 4. 법의 일반적인 구분

### (1) 영원법

세상에는 다양한 이유에서 인간성이 분명하게 드러나지 않을 때가 자주 있다.

종종 우리는 여러 나무들이 이루는 숲을 보지 못한다. 하지만 우리의 공통적인 경험 한 가지는 사랑을 좋게 본다는 것이다. 왜냐하면 사랑은 결코 주제넘게 생각하거나 행동하지 않고 꾸준한 모습을 보여주기 때문이다. 어떻게 보면 다행스럽게도 그와 같은 경험이 오늘날에도 계속 유효한 것 같다. 예를 들어, 대다수의 인정법 혹은 과학을 통해 마련된 법들은 숲을 가리고선 나무들이라고 말할 수 있다. 달리 말하자면, 과학적인 수단을 통해 인간이 정한 법들은 그 심오한 의미나 목적은 알아채지 못하거나 소홀히 한 채로 그저 법규들에 대해 상세하고 장황하게 소개하는 데에 열을 올린다.

한편 세상은 매우 치밀하게 다스려지고 있다고 하겠는데, 이에 대해서는 우리가 이 총서의 앞선 제1권에서 살펴본 바와 같다. 이때 법의 역할은 어떤 목적을 위해 다스리거나 그런 목적으로 방향을 잡아주는 것이다. 세상은 하느님의 통치권 아래서 돌아가고 있다. 그러니까 세상은 하느님의 지성이 명령하는 대로 움직이며, 일찍이 그분이 마련하신 공동선을 향해 질서 지어져 있다고 하겠다. 그러므로 이 세상의 궁극적인 목적 및 그 목적을 향해 질서 지어짐은 하느님 안에 내재하는 그 모든 것들이 그러하듯이 영원한 질서 및 법에 의해 다스려짐을 의미한다. 달리 설명하자면, 세상은 하느님에 의해 다스려지고 그런 세상의 통치는 이미 정해진 계획에 따른다고 하겠는데, 우리는 후자를 가리켜 달리 '섭리(providence)'라고 부른다. 그것은 일찍부터 하느님의 마음속에 내재하는 어떤 것이다. 이 섭리 및 통치의 근원이자 섭리가 마침내 구체적으로 어떤 결과들을 초래하고 또 그런 결과들이 또 다시 차후에 영향을 미치는 등 그렇듯 질서정연한 이치를 우리는 '보편적인 원리'라고 혹은 '영원법'이라고 부른다.

### (2) 자연법

우리가 하느님 안에서 어떤 법을 발견한다면, 그것은 영원법이다. 그와 같은 식으로 우리는 피조물들의 세계 혹은 대자연 안에서 발견하는 법을 '자연법'이라고 부른다. 자연법은 피조물들이 저 영원법의 참여(參與, participatio)에 최고의 의미를 둔다. 이때 우리는 모든 피조물에게서 저마다 고유한 목적을 좇는 본성적인 경향을 통해 순전히 수동적인 의미에서 참여하는 모습만을 목격하게 된다. 그렇듯 모든 피조물들은 수동적으로 참여하지만 그럼에도 각자 고유한 형식으로 참여한다. 인간의 경우 자연스럽게 이성의 빛을 통해서 영원법에 참여한다. 그것은 한 마디로 직관적으로 "제일원리"를 알아보는 것을 의미한다. 그리고 마침내 인간은 그렇게 깨달은 것을 직접 구현해내는 행위로 그 참여를 완성한다. 우리는 이 같은 참여를 인간이성의 자연스러운 명령을 따라 자각하게 되는데, 이때 이성은 우리가 우리 자신만이 아니라 세상에서 접하게 되는 모든 피조물들을 올바로 가늠하고 통제하는 데에 유용한 수단이 된다.

인간이성이 우리 자신뿐만 아니라 세상만물을 올바로 가늠하고 통제하는 수단이란 실제로 무슨 뜻인지는 이성이 '자연법'과 직결되어 있다는 사실을 통해 확실하게 밝혀질 것이다. 예컨대 대자연을 창조하신 하느님은 그렇듯 친히 만드신 피조물들을 아끼신다. 다시 말해 이 세상에 있는 모든 것들이 저마다 하느님의 손길 아래 놓여 있다고 분명히 말할 수 있으나 각각의 피조물이 저마다 타고난 본성을 따라서 존재를 실현하는 것 역시 무효화되거나 배제되지 않는다는 것이다. 그래서 비록 인간은 천부적으로 이성을 지니고 살아가지만, 여전히 그것을 간과하는 것도 각자에게 늘 가능하다. 만일 나무와 함께 진화하고 있는 다람쥐 한 마리를 보게 된다면 무척 놀라워할 것이다. 싸다고 사 입은 셔츠가 갑작스런 봄비를 맞아 오그라지는 것을 경험하게 되면 무척 당황스러울 것이다. 하지만 우리를 놀라게 하거나 당황스럽게 만든 사건들은 그렇듯 깊숙이 가려져 있던 진실을 담보로 벌어진 것에 지나지 않는다. 그 모든 피조물과 마찬가지로 인간은 자연의 일부다. 그래서 다른 모든 피조물과 똑같이 자신의 본성대로 살아가기 마련이다. 하지만 인간의 본성에는 도덕적인 혹은 자유를 행사하는 특성도 자리한다. 그래서 인간은 자신의 행위를 돌보고 책임지는 주체적인 존재라고 한다. 물론 그에게서도 엿보게 되는 감각적이고 성장 및 양분을 섭취하는 본성에만 초점을 맞춘다면, 인간은 단순히 저 영원법의 수동적 참여자의 모습으로, 다시 말해 다른 피조물(식물이나 동물)과 다름없이 소위 자연법칙을 따라 필연적으로 살아간다고 말할 수 있다. 하지만 인간만은 스스로 삶을 꾸려가는 주체라고 한다. 그는 자신의 생각과 언행을 스스로 통제할 수 있다. 자연적인 환경에 다른 피조물처럼 적응하는 데 급급할 수 있지만, 전혀 새로운 환경(곧, 문화)으로 변화시킬 수도 있다. 인간에게는 그렇듯 여전히 자유가 있다. 그 점에서 인간에게 더 소중하게 고려되어야 할 자연스러운 법은 더 이상 자연법칙이 아니라 도덕법이 되어야 한다.

도덕법은 영원법에 대한 적극적인 참여의 일종이다. 그러한 참여를 전제해서만이 우리는 엄격한 의미에서 자연스러운 법을 적극적인 원리로 삼을 수 있다. 이때 적극적인 원리라는 의미는 예컨대 입법자의 처지에서 이성적으로 명령하는 것이다. 그와는 달리 인간 외에 다른 모든 피조물은 법을 소위 입법자의 처지에서가 아니라 주어진 법의 테두리를 넘지 않는 선에서 법에 복종해야만 한다. 하지만 인간은 보다 더 적극적인 의미에서 자기 자신에게 입법자다. 스스로에게 법(규율)을 부과한다는 의미는 근대의 칸트가 소신껏 이 세상에서 인간에게만 '자율이성'을 부각시킨 것을 상기해도 좋을 것 같다. 인간에게서 발견되는 자연법 및 자연스러운 법에 대해 완벽하게 진술하기 위해선 그의 자연적인 경향, 이러한 경향들이 이성에 의해 인식되는 과정 그리고 그러한 인식과정에서 자연스럽게 도출되는 이성의 명령권(관할권) 등을 모두 살펴야 한다. 우리는 이 단원 뒷부분에서 이에 대해 간략히 피력할 것이다. 그럼에도 우리는 앞서 '자연적인 도덕법(Natural Moral Law)' 개념을 토대로 다양한 법들을 살펴보려고 한다. 자연적인 도덕법 개념은 용어상으로도 간단히 '자연스럽고 또 인간의 고유하고 보편적인 법'으로 이해되듯이 순수 인간적인 관점에서 법 이해를 시도할 수 있는 계기를 제공해준다. 그처럼 자연적인 도덕법은 인간 외부로부터 주어진 것이 아니다. 하지만 그렇다고 해서 인간의 순수 의지에만 의존하는 것도 아니다. 오히려 이 자연적인 도덕법은 전능하신 하느님의 지혜에 의존한다. 이 같은 사실을 여기서 확인하는 일도 의의가 매우 크다고 본다.

### (3) 인정법(人定法)

영원법은 세상의 통치를 위해 치밀하게 설계하신 하느님의 섭리에서 비롯한 보편적인 원리다. 그에 반해 자연법은 나름의 고유한 방식으로 저 보편적인 원리를 적용한 것인데, 사람들은 그것을 기초로 인간의 삶을 영위하는 법을 마련하게 된다. 물론 그렇게 마련한 법들은 절대적일 수 없고 상대적인 것으로 머문다. 그렇지만 보편적인 원리는 완전하다. 바오로 사도는 "사랑이 율법을 완성시킨다."고 말함으로써 그것을 잘 표현하였다. 지금까지 신학자들과 같은 신앙을 고백하는 자들은 과연 저 '사랑'이 무엇인지 좀 더 분명하게 사람들에게 밝혀주기 위해 이런저런 답변을 시도하면서 온갖 노력을 기울여 왔다. 저 보편적인 원리는 단순히 응용의 단계에서만 필요한 것이 아니라 나아가 결정의 단계에서도 필요하다. 우리는 보행자들의 안전이 확보되어야 하고, 그러한 안전장치를 위해 다양한 방식들을 시도할 수 있음을 알고 있다. 예컨대 보행자의 안전을 위협하는 모든 자동차들을 폐기할 수도 있다. 혹은 사고를 일으킬 수 없을 정도로 아주 천천히 운행하게끔 규제할 수도 있다. 아니면 신호등과 관련된 교통법규를 보다 더 철저하고 세심하게 규정하여 시행할 수도 있다. 그러면 실제 어떤 방식을 채택할 것인가? 그렇게 구체적으로 규정을 마련한 법들이 모두 인정법에 속한다. 법제정의 근거는 그렇듯 자연적인 도덕법의 보편적인 원리에서 도출된다. 다시 말해 인정법은 자연적인 도덕법을 밀어내거나 대체해서 마련된 것이 아니라 현실적인 처지에 알맞게 적용시키는 의미를 띤다. 그러니까 좀 더 구체적이고 명료한 결정을 통해서 자연적인 도덕법을 보충하는 것이다.

## (4) 신정법(神定法)

사실상 앞서 소개한 세 가지 법, 곧 자연법, 도덕법 그리고 인정법만으로는 사람들을 인생의 궁극목적으로 안내하는 중요한 역할을 충분히 수행하진 못한다. 이들 세 가지 자연법과 도덕법 그리고 인정법보다 훨씬 더 높은 수준의 영원법, 곧 신정법이 그밖에 다른 법들로 채워질 수 없는 본질적인 부분을 위해 반드시 요구된다. 자연적인 도덕법은 인간의 자연적인 삶을 안내하는 보편적인 원리로서 제 역할을 잘해낼 수는 있지만, 여전히 초본성적인 삶으로 사람들을 이끌어주는 데에는 충분하지 않다. 자연적인 질서조차도 잘 따르지 못하는 인간은 괜한 행동들로 말미암아 보편적인 원리와도 동떨어져 점점 더 많은 실수를 저지르게 된다. 그러나 인간의 경우 단 한 번 살고 마는 유일회적인 삶을 성공적으로 마치기 위해선 작은 실수도 용납할 수 없다. 왜냐하면 그 모든 실수는 결국 한 인간의 삶을 파탄으로 몰고 가는 비극의 불씨가 되기 때문이다. 인정법에 초점을 맞추다보면, 설령 인간들 가운데 내로라하는 명탐정들이 가장 뛰어난 천사들의 지적인 총명함을 가졌다고 하더라도, 인간 내면의 움직임을 자세하게 파헤칠 수는 없을 것이다. 특히 선과 악으로 기울게 되는 내적인 동기를 정확하게 설명하거나 결과적으로 인간의 삶을 성공 혹은 실패로 이끄는 내적인 요소를 그때마다 미리 파악하는 일은 불가능해 보인다. 인정법은 단지 겉으로 드러난 것만을 다룬다. 그래서 미국에서 어떤 대도시의 몇 가지 뚜렷한 현상만을 관찰하고서도 그 도시민의 실상을 거의 정확히 알아낼 수 있을 정도로 인정법을 통해 인간의 내면을 이해할 수는 없다. 겉으로 드러난 것에 더 많이 충실한 인정법으로는 인간의 내면을 충분히 파악할 수 없기에, 그와 같은 시도는 번번이 실패하기 마련이다. 법은 확실히 처벌을 수반한다. 다시 말하지만, 인정법은 그렇듯 인간의 외적으로 저지르는 악행에 대해 그 일부만을 조절하고 통제하는 것으로 만족할 뿐이다.

## 5. 법의 효력

### (1) 사람들을 선(善)으로 인도하는 효과

인정법이 모든 악행을 처벌 위주로 처리할 경우 그 결과는 다소 혼란스럽고 종종 뜻밖에 좋지 못한 방향으로 흘러간다. 우리는 다양한 금지에 관한 법규를 알고 있다. 일례로 초창기 미국에는 도박을 하기 위해 외국으로 나가려는 사람들을 막기 위해 출국장을 규제하는 법이 있었다. 또 우편으로는 도박용지 및 영수증을 발송하지 못하는 법도 있었다. 오늘날 인터넷으로 쉽게 도박을 하는 일은 꿈도 꾸지 못할 때가 있었다는 것이다. 그러나 그러한 행위들이 법을 통해 금지나 처벌을 강화하더라도 크게 줄지 않는다. 또 다른 많은 인정법들이 이보다 더하면 더했지, 더 나은 결과를 가져다주지는 않는 것 같다. 어쩌면 매달 날라드는 선정 잡지의 표지가 하나같이 인기 위주의 인물을 요염한 포즈로 채우거나 별다른 생각 없이 흥분하게 만드는 데에만 몰두하듯이 우리의 인정법도 그런 외적인 것에 치중하는 한 말이다. 이 모든 것들 이면에는 아마도 법의 목적이 사람들을 올바르게 계도하는 데 있다고 생각한 이래로, 법은 사람들을 선하게 만드는 것이라는 무의식적인 확신이 자리하는 것 같다. 그러한 확신은 물론 법이 그러한 정신을 잃지 않고 계속 실현시켜 나간다면 충분히 참되다고 하겠다. 그러나 현실적으로 새롭게 제정되는 법규들이 그러한 정신을 놓치는 것 같다. 당연히 어느 사회든 자신의 법규를 통해 구성원들을 선하게 만들고자 애쓴다. 하지만 분명 한 인간의 아성(牙城)을 외부에서 무력으로 규제할 수 있는 인정법이란 결코 존재하지 않는다. 그것은 오로지 그 자신의 이성과 의지에 의해 궁극적으로 결정되며, 그런 이성과 의지에 대해 간섭할 수 있는 인정법은 존재하지 않는다. 그리고 그런 한에서 인간은 그 누구도 좌지우지할 수 없는 자신만의 고유한 삶을 영위하게 된다. 선량한 사람은 소위 나쁜 사람과 구별되는데, 그러한 구별은 언제든 선량한 사람의 의지가 변함없이 인간다운 삶을 실현하는 데에 매진하는 데 반해, 나쁜 사람의 의지는 인간다운 삶에 대해 도무지 관심이 없다는 사실을 통해 분명하게 이뤄질 수 있다.

### (2) 법이 수행하는 역할 : 훈계, 금지, 허용, 처벌

우리가 살아가는 동안 우리가 마련한 (인정)법은 그 자체가 제공할 수 있는 제한된 선(善)을 지시하며 그러한 선으로 우리를 안내하는 것을 목적으로 삼는다. 때때로 법은 그러한 목적을 위해 단호한 명령을 내리기도 하고, 난색을 표시하며 금지하기도 한다. 혹은 어떤 때는 호쾌하게 허락하기도 하지만, 또 다른 때는 더 자주 처벌을 강조함으로써 범법자나 악행을 일삼는 자가 개과천선하도록 다각적으로 방법을 모색한다. 그래서 간접적으로는 때때로 보다 안정되고 바람직한 길을 소개하거나 전복된 정의 및 균형을 회복시키는 방법에 대해 권고한다. 아무튼 인정법은 모두 이 네 가지 기능(훈계, 금지, 허용 그리고 처벌)을 그때마다 뚜렷하게 실행하지는 않지만, 그 어떤 법도 법의 이러한 전체적인 기능을 함축적으로 고려하지 않거나 일부를 배제하는 방식으로 마련되지는 않는다. 법의 이러한 전체적인 기능에 대해 언급할 때 토마스는 '의무'에 관해서는 언급하지 않는다. 그는 그것이 이미 당연하게 주어진 것으로 이해하였기 때문이다. 왜냐하면 의무는 법의 본질적인 요건에 속하기 때문이다. 다시 말해, 실천이성에 속하는 법이 자신의 명령을 효과적으로 달성하기 위해선 반드시 의무가 뒤따라야 한다고 보기 때문이다. 인간을 도덕적으로 만드는 것은 결코 물리적인 강제력이 아니다. 오히려 우리가 '의무'라고 일컫는 도덕적인 행위다. 우리는 뒷부분에서 의무의 도덕적인 성격에 대해서 좀 더 자세히 살펴볼 것이고, 여기선 법의 일반적인 특성과 다양한 형태에 대해 언급하는 것으로 족할 것 같다.

## 6. 영원법

### (1) 영원법의 본성

그러면 이제 영원법에 대해 살펴보기로 하자. 영원법에 대한 고찰은 하느님의 생각이나 섭리를 좇는 행위에 관하여 주의를 집중하는 것을 뜻한다. 그래서 우리는 태연하게 행동할 필요가 있다. 그러니까 마치 학교를 마치고 온 아이가 집에서 안전을 보장받고 그 안에서 별 신경을 쓰지 않고 배회하듯이 그런 태연한 자세가 필요하다는 말이다. 우리는 어느덧 '교의의 보호막' 아래서 살아가는 것이 익숙해졌다. 그래서 마음껏 영원성에 대해 생각하고 그 무한성 자체에 대해 이리저리 살피는 일이 자유롭다. 그렇게 우리는 저 영원한 세상에 속한다. 거기가 우리의 본향이다. 그래서 우리는 하느님의 지혜에 의거한 영원한 활동을 소개하는 영원법의 본질적인 내용을 엄격하게 적용시키는 일에 주저하지 않는다. 저 영원법은 이 세상의 질서를 위한 다양한 진술의 토대다. 다른 모든 법과 마찬가지로 영원법은 이 세상 전체를 통치하시는 하느님의 '실천이성에 부합하는 행동지침서'와도 같다. 또한 다른 모든 법과 마찬가지로 영원법은 하느님 자신을 의미하는 '공동선을 향해 세상을 계도하는 데'에 목적이 있다. 또한 다른 모든 법과 마찬가지로 영원법은 목표에 이르기 위한 '수단'으로만 활용된다. 그리하여 다른 모든 법과 마찬가지로 영원법은 '공포되어야' 한다. 하느님의 입장에서 영원법은 영원히 유효하지만, 그것을 수용하고 뒤따르는 자들의 입장에선 시간을 통해 공포되어야 한다. 토마스는 이러한 점들을 자세히 살피고는 다음과 같이 영원법에 대해 간결하게 요약한다. "영원법은 모든 행동과 움직임을 총망라하여 계도하시는 하느님 지혜의 전형(典型)이다."

영원법은 본시 하느님의 신비에 속하는 것이다. 그래서 그것은 우리가 지복직관을 통해 하느님과 얼굴을 마주할 때에나 비로소 우리의 눈에 가려지는 것 없이 적나라하게 드러날 것이다. 우리에게 현재 드러난 것들은 천사들과 성인들의 증언 덕분에 알려진 것들이다. 오직 하느님만이 온전히 그리고 적나라하게 그것을 이해시키실 수 있다. 왜냐하면 무한한 것은 오직 무한한 것에 의해서만 충분히 파악될 수 있으며, 하느님 안에 머물러 있는 것은 모두 한계를 갖지 않기 때문이다. 우리는 단지 그 결과만을 알아볼 수 있다. 사실상 인간은 누구나 영원법에 대하여 어느 정도 알고 있다.

### (2) 영원법을 진리 및 법의 방식으로 알아보는 보편적인 태도

어떤 회사를 적절하게 조직 및 관리할 수 있는 사장은 적어도 거기에서 근무하는 고용자들에게 그의 조직 및 관리능력이 남들보다 탁월하다는 인상을 심어줄 것이다. 만일 사환이 마음대로 도시락을 까먹거나 비서가 제 볼일을 보면서 타이핑을 하는 경우가 일상처럼 벌어진다면, 우리는 그 사장의 남다른 특별한 재능 및 능력에 대해 인정하지 않을 수 없을 것이다. 그런데 이와 같은 경우를 우리는 매순간 이 세상에서 겪고 있다. 아무리 작은 부분도 그것이 감출 수 없는 진리에 속하는 한, 영원법의 진정한 아름다움을 드러내는 데에 문제가 없다. 진리를 사랑하는 자는 영원법을 사랑하기 마련이고, 진리를 추구하는 자는 끊임없이 영원법의 아름다움을 찾아 기꺼이 길을 떠나기 마련이다. 조금 더 간단히 말하자면, 마치 어떤 건물이 그 건물을 설계한 건축가의 아이디어에서 비롯하는 것처럼, 세상은 하느님의 지혜에서 생겨난 것이라는 말이다. 이때 하느님의 지혜는 그분에게서 비롯된 모든 것들의 완전한 척도다. 마치 건축가의 아이디어가 그로부터 만들어진 건물의 완전한 척도인 것처럼 말이다. 이 모두를 그저 가만히 지켜보는 우리로서는 건물과 세상이 바로 우리가 그것들을 사유하며 가늠할 때 그 완전성의 척도가 된다. 하느님의 지혜는 삼라만상의 진리를 위한 척도요, 삼라만상은 우리의 지각 및 가늠을 위한 척도라는 것이다. 이때 우리의 이성은 삼라만상의 규칙 혹은 그것을 가늠하게 해주는 수단이라는 점에서 법으로 간주된다. 모든 진리는 하느님의 영원법에 원천을 두고 있다. 진리의 결함은 항상 그렇게 모두에게 존재를 부여하는 저 무한한 원천에서 멀어짐으로써 초래된다. 인간은 모두 영원법에 관하여 어느 정도 알고 있다. 왜냐하면 우리 가운데 가장 비천한 존재라도 존재하는 한, 그 모든 존재의 원천에서 비롯되어야 한다는 사실을 알고 있기 때문이다. 최소한 사유와 행위의 제일원리가 자연스럽게 우리의 이성을 통해서 (반성적으로) 알려진다는 점에서도 그러하다.

영원한 진리를 법 개념으로 설명하는 시도는 사실상 올바른 것이 아니다. 하지만 그렇듯 법의 형식적인 측면을 이용하여 영원한 진리를 설명하는 시도가 사람들을 효과적으로 이해시키는 길이라고 알려져 있다. 이런 논증에 따르면, 설령 이 세상에서 무난하게 흘러가는 질서나 그런 질서의 일부분 혹은 자연법칙과 같은 것이나 인과관계를 통해서 이해하는 데에 무지한 사람이 있을 수 있다손 치더라도, 저 영원한 진리가 일종의 법처럼 그 자신에게 영향을 주고 그를 다스리며 그에게 명령을 내리는 것을 모르는 사람은 없다고 한다. 물론 이 같은 논증은 오늘날 심각한 도전을 받고 있다. 그러나 그러한 사실을 의심하는 행위는 소위 '선은 행하고 악은 피하라!'는 원칙처럼 황금률로 전해 내려오는 수많은 훌륭한 원칙들을 거부함으로써 초래될 불이익을 그 대가로 치러야 할 것이다. 혹은 자신들의 행동이 늘 인간다운 행동이 되어야 한다는 점을 잊지 않고 행동해야 한다고 말하듯, 사람들이 알고 있는 그 모든 합리적인 원칙들을 부인해야만 그런 의혹이 정당화될 수 있을 것이다. 그와 같은 거부 및 부인은 이미 우리가 이 총서의 제1권부터 살펴왔던 모든 증거 및 근거들을 거슬러서 제기되는 것이기도 하다. 좀 더 간단하게 말해서, 영원한 진리 혹은 영원법에 대한 앎을 부인하겠다는 것은 우리의 내면에 작용하는 근본적인 도덕법, 곧 자연적인 도덕법을 받아들이지 않겠다는 것을 뜻한다. 왜냐하면 인간이 참여하는 영원법이 자연적인 도덕법이기 때문이다. 그러한 거부는 우리가 이 세상에서 경험하는 모든 뚜렷한 증거들에 대해 의문을 제기하는 것과 같으며, 이 세상에서 인간을 기형 및 변종으로 만들어버리는 지극히 우매한 시도라고 말할 수 있다. 그리하여 우리 스스로 우리 자신을 아무 고유한 특성 없이 다른 피조물과 동일하게 취급해버리고 마는 결과를 초래할 것이다. 다시 요약하여 말하자면, 우리는 인간이 이중적인 방식으로 영원법에 다가간다고 말할 수 있다. 하나는 진리의 방식으로 그리고 다른 하나는 법의 방식으로 말이다. 영원법은 이 두 가지 방식을 따라서 모든 사람들에게 보편적으로 알려진다는 것이다.

### (3) 모든 법의 원천으로서 영원법

만일 우리가 법의 본질적인 의도를 가리켜 어떤 효과를 고려해서 명령을 이용하는 조치로 이해하고, 이 이해방식을 고스란히 영원법에다 적용시킨다면, 우리는 분명히 어떤 의미심장한 진실과 대면할 수 있는 기회를 갖게 될 것이다. 왜냐하면 영원법 역시 어떤 행위를 지향하는 점에서 분명히 그 효과를 고려해서 명령을 이용하는 조치일 뿐만 아니라, 그 이후 벌어지는 모든 규제의 시작이기 때문이다. 결론적으로 말해서 영원법은 모든 다른 법들, 곧 행동하도록 명령을 내리는 조치들의 원천이다. 이는 명령을 내리는 다른 모든 조치들이 저 영원법의 역할인 행동 및 운동들에 대한 규제를 나름대로 엄밀히 수행하는 수준을 넘지 않는다는 사실을 깨달으면 더 분명해질 것이다.

우리는 하느님의 존재에 관한 토마스의 첫 번째 논증을 통해서 저 영원법의 우월성을 견고하게 입증할 수 있다. 그러니까 모든 운동들이 의존할 수밖에 없는 첫 번째 운동자(소위 '부동의 원동자')에 관한 논증을 통해서 말이다. 그 밖의 모든 법(운동)들은 마치 모든 열차들을 안내하는 하나의 철로와도 같이 이 첫 번째 법(운동)과 연결되어 있다. 그 열차가 얼마나 멀리까지 달려갈 것인지는 문제가 되지 않는다. 열차의 운행속도와 거리가 저마다 다르다고 해도, 철로를 벗어나선 의미가 없다. 이는 아무리 구체적으로 따져 보아도 명백한 사실이다. 그 어떤 인정법도 자연적인 도덕법을 무시할 수 없으며, 그런 한에서만 인정법은 하나의 법으로 머무를 수 있다. 왜냐하면 그것은 그 본성이 지향하는 목적, 예컨대 국가를 위해서든 국민 개개인을 위해서든 바로 공동선을 향해 겉으로만 그럴듯하게 나아가는 척할 수는 없기 때문이다. 그래서 모든 인정법은 자연적인 도덕법과 조화를 이루는 한에서만 법으로서 유효하다. 한편 자연적인 도덕법은 인간에게 국한되는 점에서 영원법보다 더 우월할 수는 없다. 이 같은 진리는 자명한 것이기 때문에, 우리가 그것을 다른 방식으로 증명하는 데에는 어려움에 부딪힌다. 모든 법은 이성이 내리는 명령이라고 말했다. 그래서 법은 당연히 인간 내면에 자리하고 있는 저 첫 번째 원리(이성)에 의해 자연스럽게 알려진다. 그렇듯 이성을 통해 알 수 있는 것은 이성의 모든 작용이 본성을 뒤따르는 데에서 유래한다고 앞서 설명한 바 있다.

### (4) 영원법이 주목하는 것들

영원법을 둘러보는 일은 영원법이 특징으로 하는 무한성의 위대함을 깨닫는 일이기도 하다. 그것은 온 세상을 다스리며 그 수하에 놓인 삼라만상을 보살핀다. 그러므로 모든 운동과 행위가 영원법의 통치 아래 놓여 있다. 영원법의 위대함은 우리가 보통 생각하는 것보다 훨씬 더 심오하다. 왜냐하면 그것은 이 드넓은 세상의 끝만 아니라 삼라만상의 밑바닥까지 포괄하여 다스리기 때문이다. 우연성과 필연성 나아가 자유 또한 이 영원법의 산물이다. 영원법이 안내하는 모습은 인간이 만든 실정법이 안내하는 모습과 다르다. 따라서 영원법은 그것이 내리는 명령을 두고 사람들이 충분히 납득하거나 납득하지 못하거나 상관없이 우뚝 서 있음에도 모든 피조물에게까지 파고든다. 대자연의 질서 안에서 부각되는 필연성도 영원법의 테두리 안에서 설명될 수 있다. 그와 마찬가지로 도덕적인 질서 안에서 부각되는 자유 역시 예외가 아니다. 왜냐하면 하느님의 영원법은 당신이 창조하신 모든 것들을 하나도 빠짐없이 당신의 품으로 감싸 안는 포괄적인 사랑을 함의하기 때문이다.

# 7. 자연법

## (1) 자연법의 본성

대자연의 질서를 사실적으로(de facto) 접근하는 일이 아주 어려운 것 같지는 않다. 그보단 우리 시대가 겪고 있는 난관은 도덕적인 세계의 질서를 헤아릴 때 더 심각하다. 좀 더 전문적으로 말하자면, 오늘날 인간이라는 이성적인 피조물이 특히 영원법에 참여한다는 논의가 갈등을 빚고 있다는 것이다. 우리가 줄곧 우리의 인간적인 활동을 이끌어주는 원리라고 주장하는 이 자연적인 도덕법은 대체 무엇일까? 대자연은 한 나이든 늙은이를 두고 부끄럽게 여기는 사람들의 온갖 행동 때문에 매우 속상해하는 노인의 심정을 알고 있다. 대놓고 모욕을 주거나 철저히 자기 눈에 드는 것만을 주저없이 선호하는 파렴치한 경향으로 인해 차츰 노인들은 이 세상에 사는 것조차 비난을 받는다.

그와 같은 노인과 대면하고 지내는 것이 결코 어려운 일은 아니다. 노인은 이성적인 삶을 지향하는 보다 높은 차원의 세계로 나아가려 할 때 더 높이 혹은 더 낮게 뛰어오르려고 욕심내지 않는다. 노인은 나이에 걸맞게 소박하지만 신뢰할 만한 자아를 갖추고 있다. 인간은 자연법의 안내를 받으며 살아간다. 그의 본성을 거스르지 않고 순응하면서 말이다. 인간은 그러므로 자연적인 도덕법을 따라 자각한 자신의 목표를 향해 나아가는 삶을 제 힘으로 꾸려가는 셈이다. 왜냐하면 그의 본성은 도덕적이며 자유롭고 이성적이며 그런 자신의 행동을 통제할 수 있는 능력을 부여받았다고 보기 때문이다. 그래서 자신의 길을 개척하면서 스스로 정한 목표를 향해 혹은 그 목표를 거슬러 걷는 셈이다.

자연적인 도덕법을 살피려고 가까이 다가가면 그 주위에 애매모호한 것들이 너무 많이 눈에 띈다. 마치 신비한 제 모습을 감추기라도 하려는 듯 농도 짙은 안개가 우리의 시야를 가로막고, 때로는 섬뜩하고 기괴한 형상으로 출현하기 때문이다. 물론 그것이 결코 환상적인 것일 리는 없다. 다른 뭇 생명체와 같이 인간은 자연적인 성향을 갖고 있다. 그러나 다른 피조물과는 다르게 이성적인 능력이 월등히 뛰어나다. 그래서 그 능력으로 자연스럽게 자신의 본성적인 성향을 자각한다. 그러므로 인간은 본성적으로 적어도 이 두 가지, 곧 본성적인 성향에 따라서 혹은 이성적인 능력에 따라서 살아간다고 말할 수 있다. 이 같은 인간의 실존적인 처지에 자연적인 도덕법이 작용한다. 다시 말해서, 자연적인 도덕법은 인간으로 하여금 저 영원법에 참여하도록 돕는다. 곧 그것은 인간이 모든 피조물과 함께 공동으로 저 영원법에 수동적으로, 그러나 항상 그의 본성적인 성향에 따라서 수동적으로 참여하거나 그의 이성적인 본성을 고양시켜 능동적으로 참여하도록 기여할 것이다.

그러므로 저 영원법에 능동적으로 참여하는 인간도 실천이성의 명령으로든 구체적인 지시로든 분명히 자연적인 도덕법에 토대를 둔 것이다. 한편 법의 모든 본질적인 요건에 대해서는 이 단원의 서론에서 이미 밝힌 바 있다. 그런데 이성의 이 같은 명령은 그에 앞서 어떤 본성적인 경향들과 이성의 빛이 없다면, 인간 외에 다른 피조물을 지배하는 '자연법'의 경우처럼 비이성적인 것이라고 보아야 한다. 더 나아가 한번 생각해보자! 인간의 본성적인 경향들 혹은 이성의 빛은 제각기 단독으로 '법'에 관하여 이렇다 할 진술을 하지 못한다. 그것은 이성의 명령이 독자적으로 '자연적'이라는 개념(내용)을 규정하지 못하는 것과 같은 이치다. 왜냐하면 그것은 우리 안에서 생겨난 것이 아니기 때문이다. 이 세 가지 요소들(본성적인 경향, 이성의 빛, 이성의 명령)을 함께 취할 경우 자연적인 도덕법에 관한 모든 어려움들은 사라진다. 이 명령은 본성적인 것이며, 선행하는 두 가지 요소들에서 즉각 그리고 불가피하게 흘러나오듯이 필연적이며 앞선 두 가지 요소에 의존한다.

### (2) 자연법의 교훈

그리 특별할 것도 없다고 보는데, 이성의 이 같은 명령은 자연적인 도덕법 주변에서 제기되는 온갖 애매모호한 점들을 사라지게 한다. 그것은 실천이성의 첫 번째 필연적이고 자연스러운 명령이다. 예컨대 '선을 행하고 악을 피하라!'는 명령처럼 말이다. 이때 '선'은 본성적인 경향을 좇는 것을 말하며, '악'은 본성적인 경향을 거스르는 것들을 일컫는다. 왜냐하면 그것은 곧 인간이 제 본성을 완성하기 위해 자연 필요한 것을 구하듯 자신의 본성적인 경향들을 좇아서 취하는 행동이기 때문이다.

법을 만들어내는 실천이성을 인간의 직관적인 이성과 비교해보자. 무엇보다도 이 두 가지 이성은 그럼에도 둘이 아니라 하나다. 왜냐하면 직관적인 활동과 실천적인 활동 모두 매한가지, 곧 제일원리를 목표로 삼기 때문이다. 직관적인 질서 안에서는 제일원리가 그 자체의 참된 인식을 다루는 까닭에 '존재'를 기반으로 삼는다. 왜냐하면 '존재'를 기반으로 삼지 않는 인식은 참과 거짓에 대한 판단이 불가능하기 때문이다. 그리하여 '존재'는 직관이성의 대상이 된다. 이때 제일원리는 직관하는 그것이 바로 '있는 그대로의 그것'과 같아야 하는 점에서 동일성의 원리가 된다. 반면 실천적인 질서 안에서는 행동을 다루는 만큼 제일원리는 (행동을 촉구하는) 욕구의 대상과 맞닿아 있다. 그리하여 욕구의 대상이 '선'하다는 원칙 아래서 그것은 원의(願意)와 행위의 뿌리가 되고, 제일원리는 '선한 것은 행하고, 악한 것은 삼간다.'는 행동원칙으로 자리 잡는다. 달리 말해 우리가 정하는 목표라는 것 혹은 원의의 대상이라고 하는 것은 그것을 추구하려는 모든 행위의 뿌리라는 점에서 실천이성을 통한 활동을 설명해주는 유일한 근거가 된다. 그렇게 제일원리는 인간이 스스로 이성적으로 정한 목표를 향해 행동하도록 요구한다.

그러면 무엇이 선한 것일까? 그에 대한 답변은 의외로 간단하다. 선한 것은 인간의 자연적인 본성에 부응하는 것이다. 본성적인 경향들은 실천이성이 선을 알아보도록 안내한다. 그러면 실천이성은 그렇게 알아본 선을 인간의 욕구의 목표로 정하고 목표를 성취하도록 행동을 주선할 것이다. 이는 결코 상대적으로 주고받는 순환논리가 아니다. 인간의 욕구와 결부된 움직임들은 그 목표를 놓치지 않고 추구하도록 동기를 부여하면서 인간을 진리로 이끌어준다. 그리고 그러한 목표가 끝끝내 성취될 때까지 계속 지원하는 차원에서 실천이성은 주도적으로 인간에게 길을 알려줄 것이다. 바꿔 말하면, 법이 어떤 목적을 정하거나 지시하는 것이 아니라, 실천이성이 그렇게 한다. 다시 말해 실천이성이 인간에게 미덕을 발휘하면서 자신의 발걸음을 그 목표를 향해 계속 내딛도록 이끈다는 것이다.

이것이 인간 내면에 자리하는 자연적인 도덕법의 으뜸가는 교훈이자 기본토대가 되는 교훈이다. 이 으뜸가는 교훈에서 바로 이어지는 어떤 결론처럼 자연적인 도덕법의 두 번째 교훈이 즉시 뒤따라 나온다. 여기서 자연적인 도덕법은 소위 십계명 안에서 목격할 수 있듯이, 이 두 번째 교훈은 다소 거리가 있는 것 같지만 결코 임의로 내려지는 결론이 아님을 알 수 있다.

으뜸가는 교훈은 모든 사람들에 의해 지체 없이 즉시 알려지는 것이다. 그에 반해 두 번째 교훈은 비록 모든 사람들에게 알려질 수 있는 것이라 하더라도, 다만 이성적인 사고를 취해야만 분명하게 알아볼 수 있다. 그러니까 제일원리에서 직접 뒤따라 나오는 어떤 결론들로서 두 번째 교훈은 이성적인 사고를 거쳐야만 이를 수 있다. 그럼에도 두 번째 교훈이 일반적으로 사람들과 다소 거리가 있다는 말은 현자들을 통해서만 비로소 세상에 알려지듯, 거기엔 난해한 부분은 물론 그로 인해 빈번하게 오류가 뒤섞일 수 있는 여지가 있음을 뜻한다. 왜냐하면 우리가 보통 경험하듯, 원리에서 멀어지면 멀어질수록 그만큼 실수할 수 있는 위험도 더 높아지기 때문이다.

## (3) 덕의 원천

이러한 교훈들을 다른 방식으로 분류하겠다면, 본성의 나머지 것들과 비교하는 방법을 활용할 수 있을 것이다. 어떤 교훈들은 식물들과 우리가 공통적으로 갖고 있는 본성적인 경향들에서 파생된다. 예컨대 '생명을 함부로 훼손하지 말고 보존하도록 힘써야 한다.'는 교훈처럼 말이다. 그러나 또 어떤 교훈들은 동물들과 같이 우리가 갖고 있는 그러한 본성적인 경향들에서 파생된다. 예컨대 '자식을 낳고, 낳은 자식은 양육해야 한다.'는 교훈과 같이 말이다. 그런데 또 어떤 교훈들은 인간의 고유한 본성에서 파생된다. 예컨대 '진리를 추구하고 이웃과 돈독하게 지내며, 배부른 돼지보다 배고픈 소크라테스가 되어야 한다.'는 교훈처럼 말이다. 이렇듯 인간의 고유한 본성에서 파생된 교훈들은 도덕적인 교훈들, 곧 미덕과 관련된 교훈들이다. 왜냐하면 그러한 교훈들이 지시하는 행동은 도덕적으로든 아니면 자유의지를 따라서든 행위의 주체가 스스로 조절 및 통제하는 가운데 이뤄지기 때문이다. 우리는 그러한 도덕적인 행동들을 가볍게 여기면서 "그것은 본성적인 것일 뿐이야!"하고 치부하거나 겉으로만 엇비슷한 동물들의 관행적인 행동들을 예로 들면서 대수롭지 않게 처리할 수는 없다. 왜냐하면 인간다운 품위와 직결된 행위는 본성적이긴 하지만, 유독 이성의 법과 조화를 이루는 조건 아래서만 인정받을 수 있기 때문이다. 이성의 동의를 얻는 조건은 자연스러움이 전부가 아니다. 거기서 덕(德)이 판가름 난다. 인간적인 행위는 미덕을 가리킨다. 정확히 좀 더 선한 것으로서 이성의 명령과 조화를 이루는 것이어야 한다. 달리 말해서 정확히 이성이 지시하는 방향을 따라 행동하며 인간의 궁극적인 목표를 향해 나아가는 것이어야 한다는 것이다. 한 마디로 모든 미덕은 자연적인 도덕법에서 온다고 해도 과언이 아니다. 그것은 모든 미덕이 자연적인 도덕법과 완벽하게 조화를 이루고 있음을 뜻한다. 물론 본성이 요구하지 않는 행위들 가운데 많은 것들이 미덕에 속할 수 있다. 하지만 자연적인 도덕법은 인간의 삶에 본질적으로 요구되는 많은 것들을 일차적으로 다룬다.

### (4) 자연법의 보편성

인간의 삶에 본질적으로 요구되는 것들을 일차적으로 다루는 자연적인 도덕법은 따라서 보편적인 성격을 지닌다고 보아야 옳다. 그 도덕법은 인간 본성 안에 내재하는 제일원리에서 비롯한다. 이때 인간 본성은 한 번 (창조 때) 결정된 후 결코 바뀌지 않는다고 이해한다. 하지만 우리는 얼마나 많이 그것을 이리저리 얼레고 달래면서 피상적으로만 살피며 말하고 있는가? 사실상 법은 모두 보편적인 성격을 띠기 마련이고, 그래서 모든 사람들에게 평등하다. 본성적인 경향들과 이성의 빛 역시 그러하다고 보는 데에 아무런 문제가 없다. 자연적인 도덕법에 처음부터 내재하는 그러한 요소들은 모든 사람에게서 발견된다. 자연적인 도덕법의 요소들 가운데 하나인 이성의 명령에 속하는 교훈은 다양한 교훈들 사이에서 매우 조심스럽게 구별해야 한다. 으뜸가는 교훈이자 기초가 되는 교훈으로서 '선을 행하고 악을 피하라!'는 미덕의 가르침은 전적으로 보편적인 성격을 띤다. 사람들은 항상 선을 좇아 행동해야 한다. 그래서 인간의 행동의 목표는 최소한 겉보기에도 언제나 선하게 비쳐질 수 있어야 한다. 그리고 그로부터 뒤따라 나오는 두 번째 교훈들, 예컨대 소위 '십계명'도 도덕적으로 보편적인 성격을 띤다. 다시 말해서 그러한 교훈들은 상대적으로 훨씬 더 많은 사람들에게 알려져 있다. 왜냐하면 대다수의 사람들은 제일원리에서 즉각 파생되는 어떤 결론을 알아볼 수 있기 때문이다. 반면 소수의 사람들 사이에서는 그러한 두 번째 교훈들 가운데 어떤 것들은 저들의 타락한 이성으로 말미암아 알려지지 않을 수도 있다. 예컨대 나쁜 성향으로 기울어진 욕구나 버릇, 빗나간 성격이나 와해된 환경으로 인해 올바로 알아볼 수 있는 능력을 상실함으로써 어떤 교훈들은 그저 생소하게만 여겨질 수 있다. 이러한 입장은 특히 오늘날과 같이 미국 대륙에 유물론적인 관점이 팽배해지는 추세에 심각하게 고민해야 할 점이라고 말하고 싶다.

토마스는 보편성을 요구하는 '십계명'과 관련하여 다음과 같이 설명한다. 이 열 가지 계명들 가운데 어느 한 가지도 모든 인간이 마음으로 받아들이기 어려운 것은 없다. 모든 나라와 민족이 이 십계명의 대부분을 알고 있다. 이와 같은 형태의 도덕적인 보편성은 이미 현대 인간학의 연구 성과를 수용할 수 있다면, 거의 대부분 입증되었다고 말할 수 있다. 하지만 자연적인 도덕법과는 아주 거리가 멀게 느껴지는 명령들도 있는데, 이것들은 빈번하게 같은 이성을 가진 많은 사람들의 눈을 가림으로써 십계명을 알아보는 데에도 불리하게 작용하기도 한다. 그것은 그들이 자연적인 도덕법의 제일원리와 그와는 동떨어진 명령들을 서로 연결시켜줄 만한 연결고리를 찾는 데에 많은 어려움을 갖기 때문이라고 말할 수 있다.

### (5) 자연법의 순수성과 유동성

순수 자연적인 도덕법은 변함이 없다. 그러나 또 다른 측면에서 유동적일 수 있다. 이때의 유동성은 그것을 이해하고 받아들이는 사람들의 입장에서 자연적인 도덕법이 그로부터 파생되는 두 번째 명령이나 다소 거리가 먼 명령들로 전락할 수 있음을 뜻한다. 따라서 유동성은 그렇듯 다소 거리가 먼 명령들에 대해 사람들이 자연적인 도덕법과의 관련성을 헤아릴 수 없을 경우에 발생하기에, 사람의 주관적인 관점이 바뀐 것을 의미하거나 아니면 그런 명령이 실제 적용되는 여건이 바뀐 것을 의미한다. 예를 들어, 만일 어떤 사람이 자신의 도끼를 나에게 안전하게 보관해달라고 했다면, 나는 자연적인 정의(正義)에 입각해서 그가 요구할 때에는 언제든 그의 것이므로 되돌려 주어야 한다. 하지만 만일 그가 만취한 상태로 내게 와서 자신의 것(도끼)을 돌려 달라고 한다면, 나는 그 도끼를 되돌려 줄 의무가 없을 뿐만 아니라 나에게는 그것을 되돌려 주지 말아야 할 책임 또한 있다.[27] 그렇듯 저 반환명령은 자연적인 정의에 입각해서 언제라도 유효하지만, 시의적절함을 따져야 하는 실천적인 측면에서 그 행위가 바뀌어야 하듯이 유동적이라는 것이다.

27) [역주] 이미 잘 알려진 비유로서 일찍이 플라톤(BC 427-347)이 그의 대표작인 「국가」(1권)에서 '정의(正義)'에 대해 보다 더 정확히 알아보기 위해 소크라테스의 입을 빌려 제안한 사례다.

## (6) 자연법의 의무

이와 같은 논의로부터 우리는 자연적인 도덕법이 후천적으로 외부로부터 인간에게 주어진 것이 아니라 인간의 내면에 처음부터 천부적으로 완전하게 갖춰져 있다고 자신 있게 말할 수 있다. 그런 이유로 그것은 굳이 어떤 입법자를 따로 요구하거나 공공연하게 공포되어야 하는 시기를 반드시 필요로 하지는 않는다. 본성적인 경향들과 그러한 경향들을 자연스럽게 자각하는 이성의 빛 그리고 그러한 빛을 통해 이성이 다듬어낸 본성적인 명령, 이 모든 것(세 가지 요소)은 필연적으로 그리고 자연스럽게 본성 자체로부터 흘러나온 것들이다. 그렇다면 자연적인 도덕법이 우리에게 지시하는 의무로서는 어떤 것들이 있을까? 인간은 또 어떻게 도덕적으로 의무를 다할 수 있을까? 혹은 인간의 본성 안에 자리하는 원리들이 어떻게 인간에게 의무를 규정할 수 있을까? 결국 의무란 상위의 존재가 하위의 존재를 향해 제 의지를 강요하는 것을 의미하는 것은 아닐까? 이 같은 의문의 제기는 바람직하게 여겨진다. 하지만 여기서의 의무는 그와 같은 의미를 띠지 않는다. 왜냐하면 법은 이성의 산물이지, 의지의 산물이 아니기 때문이다. 그러므로 법에 의해 제시된 의무는 이성에 의해 마련된 것이지, 의지에 의해 마련된 것이 아니다. 한편 하느님은 자연적인 도덕법 때문에 당신 자신을 유동적으로 변화시키실 의무도 없거니와 그 도덕법에 대해 관면을 받으실 필요도 없다. 차라리 당신이 원하신다면, 언제든 사물들의 본질을 바꾸시거나 당신 안에 내재하는 영원한 진리를 바꾸시면 되기 때문이다.

자연적인 도덕법과 관련하여 우리가 부딪히는 전반적인 어려움은 저 '의무'에 관한 오해에서 비롯한다. 도덕적인 의무는 이중적인 필연성에 따른 결과다. 예컨대 어떤 행위든지 그 필연성은 반드시 나아가야 할 어떤 목적과 관련을 맺고 있다. 마치 내가 좀 더 빠른 시간 안에 미국에서 유럽으로 여행을 떠나겠다면, 선박보다는 항공기를 이용해야 하듯이 말이다. 나의 목표는 자연스레 필연적인 행위와 결부되어 있다. 그래서 그 목표에 다다르기 위해 나를 거기까지 틀림없이 이끌어줄 행위를 수반해야 한다. 반면 그 목표와 뚜렷이 멀어지게끔 하는 온갖 잘못된 행위, 예컨대 목표를 거스르는 행위는 삼가야 할 의무가 있다. 달리 말해서 행위와 목표 혹은 목적을 서로 필연적으로 관계를 맺게 하는 것이 '의지'다. 그렇다고 행위와 목표 혹은 목적 사이의 관계가 의지의 자유를 파괴하지는 못한다. 왜냐하면 그러한 행위를 하든가 안 하든가 모두 의지에 달려있고, 그것은 아무에게서도 간섭받지 않기 때문이다. 의지는 목표가 그의 대상인 한에서 목표와 결속되어 있는 반면, 이성은 그 목표를 알아보고 지시함과 동시에 의지에게 목표에 이르는 필연적인 수단들을 제안한다. 하지만 이성이 의지에게 직접 강제력을 행사하거나 물리적인 필연성을 강요하는 일은 결코 없다.

의무를 마치 어떤 폭군이 변덕스럽게 휘두르는 채찍처럼 묘사하는 것은 모두 엉터리다. 본성적인 질서, 예컨대 '선한 것을 행하고 악한 것은 삼가라!'는 본성적인 이성의 명령은 '네 목적을 위해 행동하라!'는 명령과 결코 다르지 않다. 왜냐하면 '선한 것'은 그러한 목적으로 흘러가는 관문과도 같고, 반대로 '악한 것'은 그러한 목적에서 멀어지는 뒷문과도 같기 때문이다. 인간의 의지는 이성적인 선을 대상으로 삼을만한 능력을 갖추고 있다. 그것이 소위 인간성 실현이란 목적이다. 결론적으로 말해서 그러한 선을 위해 행동하도록 본래부터 명령을 받았다고 말할 수 있다. 게다가 그런 점에서 모든 행위는 이미 결정된 결과를 위해 질서정연하게 마련된 것이라고 말할 수 있다. 그래서 지성적 욕구 혹은 의지는 그렇게 결속되어 있는 목적을 성취하려고 자신을 불태우는 것이다. 한편에선 행위와 다른 한편에선 그 대상과도 단단히 결속되어 있는 의지는 따라서 이성을 잃지 않는 한, 인간의 목적 및 목표를 거절할 수 없다. 그러니까 삼라만상에게 처음부터 갖춰진 질서를 거스르지 않는 한 혹은 올바른 이성과의 균형 및 조화를 깨지 않는 한 의지는 언제나 반듯하게 인간성 실현이란 목적을 향해 나아가기 마련이다.

아주 간단히 재론하자면, 삼라만상의 본래적인 질서 그리고 인간에게 좀 더 특별히 친근한 이성적인 선이 자연적인 도덕법에 속하는 의무를 낳은 가장 가까운 원천이다. 그것은 비록 뒤에 생겨난 것이지만, 도덕적인 질서 안에서 진정한 원인이며 진정한 결과를 가져오는 만큼 진정한 의무라고 말할 수 있다.

### (7) 종교와의 관계

자연적인 도덕법의 의무는 그 효력을 위해 하느님을 굳이 법의 입법자로 알아보기를 요구하진 않는다. 왜냐하면 그것은 다만 직관적인 질서 인식에 필요한 제일원리들을 통해서도 충분히 그 유효성이 입증된다고 보기 때문이다. 의무는 인식에 필요한 제일원리에 속하는 것들 가운데 하나로부터 비롯한다. 예컨대 목적의 원리와 같은 것으로부터 비롯한다. 만일 '십계명'을 거칠게나마 준수해온 어떤 부족이 뒤늦게 발견되었는데, 그 부족에게는 최고의 입법자인 '하느님'에 대해선 아무런 지식도 없었다고 하더라도 그것은 모순이 아니다. '십계명'과 같은 법은 천부적인 것이고 본성에서 흘러나온 자연법에 속하기 때문이다. 그리고 거기서도 의무는 그러한 법이나 계명을 이루는 본질적인 요소라고 말할 수 있다. 물론 법은 일차적으로 질서를 위해 존재하지만 의무를 자신의 고유한 요소로 삼고 있는 만큼 실제의 결과를 지향하는 효율적인 규율이라고 말할 수 있다.

자연적인 도덕법이 그 효력을 위해 하느님 개념을 끌어들이지 않는 것이 결국 하느님은 도덕적인 질서에 별 의미가 없다는 말이 아니다. 내가 당장 달걀을 요리하기 위해 하느님에 대한 앎이 필요하지는 않을 것이다. 하지만 존재론적인 관점에선 하느님이 존재하지 않는다면, 달걀을 요리하는 행위 자체도 아예 있을 수 없다. 당연히 달걀도 있을 수 없고 요리라는 개념도 있을 수 없을 것이다. 왜냐하면 뒤따르는 원인의 효력은 애초에 제일원인에서 비롯한다는 사실을 무시할 수 없기 때문이다. 만일 제일원인이 없다면, 그에 뒤따르는 원인들도 있을 수 없고, 당연히 그 어떤 결과도 초래될 수 없을 것이다. 뒤따르는 원인의 결과는 의심의 여지없이 제일원인에 소급해서 그 유효성을 인정받는다.[28] 그래서 뒤따르는 원인의 결과는 그런 식으로만 전적으로 설명이 가능하고 합리적으로 이해될 수 있다. 자연적인 도덕법의 의무에 가장 가까운 원천은 과연 자연적인 이성에 의해 이해된 사물들의 본질적인 질서이며, 그것은 인간에게 의지를 발휘하여 이행할 것인지 묻는다. 그러나 최고의 의무 및 그러한 의무의 제일원인은 영원법 혹은 하느님에게서 비롯한다.

자연적인 도덕법은 가장 정확히 말해 자연적인 법의 일종이며 인생의 완성에 사람들을 적극 참여하도록 도와주는 본질적이고 효율적인 규율 가운데 하나다. 한편 종교는 사람들에게 도덕성을 고무시키는 동기들 가운데 하나가 아니다. 차라리 자연적인 도덕법이 초래한 하나의 산물(결과)로서 그 법이 지시하는 명령들 가운데 하나(예, "십계명")를 [도덕과는 다른 방식으로] 사람들에게 전해준다. 그리스도교를 종교라는 갖지는 않았지만, 저 십계명의 내용 대부분을 함축하는 도덕성을 지녔던 어느 원시부족에게서 자연적인 도덕법은 비록 완전하지는 않지만 효과적으로 작용했었으리라고 추정할 수 있다. 초본성적인 성격을 띠는 종교는 자연적인 도덕법에 의해 고취되는 도덕성의 여러 가지 동기나 제재조치들에다 많은 것들을 더 추가해왔다. 그러나 차츰 사람들은 종교와 도덕법을 제각기 독립된 형태로 발전시켰다. 왜냐하면 자연적인 도덕법은 결코 상상하는 법이 없으며, 그 어떤 신비스러운 선이나 악마의 존재를 취급하지 않기 때문이다. 다만 제일원인의 존재에 대해서만 가정하고 그런 고유 권한 안에서 도덕성을 확립하는 데에만 집중한다.

---

28) [역주] "제일원인의 탁월함"을 해명하는 작품으로서 12세기 경 토마스 생전에 아랍권에서 서방라틴세계로 유입된 이후 근대에 이르기까지 큰 영향을 미친 중요한 책이 한 권 있다. 저자를 밝히지 않은 책으로서 이름만 「원인론」(Liber de causis)으로 전해졌는데, 사람들은 이 책을 처음에는 "아리스토텔레스의 순수 선(善)에 관한 이론"이라고 생각하고 파리 대학에서 정규과목으로 가르치기도 했다. 그러다가 얼마 안 있어 토마스는 이 책이 신플라톤주의를 완성한 프로클로스(Proklos)의 「신학원리」의 211개의 명제를 33개(아랍어/ 라틴어 34개)로 요약한 것이라고 밝혔다. 하지만 오늘날 일부에선 여전히 저자가 누군지 알 수 없다고 한다(참고, 조규홍 역, 「원인론」 대전가톨릭대학교출판부 2013).

## [결론] 인간의 삶과 법

# 1. 삶과 법

그러면 삶을 포괄적으로 가늠하며 나아갈 방향을 잃어버리지 않는 법(法)에 대해 간략하게 정리해보자. 물론 한 인간의 삶을 제대로 영위하기 위해 필요한 법은 배가 항로에서 이탈하지 않기 위해 필요한 나침반에 비해 훨씬 더 중요하다. 우리는 법 없이 살아갈 수 없다. 마음대로 살거나 그럭저럭 살아갈 만큼 삶이 호락호락하거나 그렇듯 여유로운 것도 아니다. 그래서 삶에 필요한 법에 대해 생각해보아야 한다. 어떤 상황에서든 반드시 기억하고 지켜내야 할 것이 무엇인지 숙지할 때만이 거친 파고와 모진 풍랑을 헤치고 마침내 원하던 항구에 도착할 수 있으리라고 보기에 말이다.

### (1) 삶과 도덕과 자연

삶과 법의 관계는 마치 어떤 목표를 위해 달음질치는 움직임과 그 목표를 지시해주는 방향이 서로 결합해 있는 것과도 같다. 삶의 본성을 가리켜 어떤 목표를 위해 달음질치는 움직임으로 표현했다면, 그것은 이미 법의 본성과 목적에 대해서도 중요한 점을 말해주고 있는 셈이다. 왜냐하면 법은 정확히 인간이 목표를 향해 달음질치는 움직임(활동)을 위해 방향키 구실을 하기 때문이다. 다시 말하지만, 법은 인생의 방향에 대해서만 다룬다. 법이 직접 인생을 꾸려가진 못한다. 더욱이 인생의 목적을 결정할 수도 없다. 그런 점에서 입법자의 권한에는 한계가 있다. 그것은 하느님이 법을 세우시는 데에도 예외가 아닌 것 같다.

인간의 삶과 도덕적인 삶을 동일시하는 태도는 법과 도덕을 밀접하게 연계시켜 생각하려는 의도를 내포한다. 도덕은 인간의 삶을 통제하고자 하는 이성의 규칙이나 법과 같은 규율 사이에서 일종의 조화를 따지는 것이 전부다.

## (2) 도덕과 법

인간의 삶은 이성적으로 다져진다. 도덕은 이성의 규칙과 조화를 궁리한다. 그러한 도덕을 수호하려는 법이든 이성적인 삶을 계도하려는 규칙이든 모두 이성의 산물인 것만은 틀림없다. 그것은 아무렇게나 만들어진 것이 아니다. 설령 신(神)에 의해서 만들어졌다고 해도 아무렇게나 마련된 것은 아니다. 예컨대 어떤 최고의 지위를 누리는 존재가 임의로 선언하고 만 것이 아니다. 명령은 이성의 권한이지 의지의 권한은 아니다. 그것은 일정한 질서를 따라야 하며 일정한 방향성을 잃지 말아야 한다. 그래야 복종이란 결과가 효과적으로 드러날 수 있기 때문이다. 그래서 명령은 이성에 근거해야 하며, 그런 전제 아래 의지의 결정을 촉구할 수 있다.

인생관(人生觀)이 곧 법에 대한 관점을 결정한다는 오래된 견해가 있다. 만일 삶이 어떤 목적을 향해 달음질치는 움직임이요, 법은 그러한 움직임을 위해 방향을 일러주는 것이라고 한다면, 물론 인생관이 곧 구체적인 삶과 법에 대한 관점 모두를 결정한다고 볼 수 있다. 어쩌면 이 같은 견해는 오늘날과 같이 법에 대해 미심쩍어하며 갈피를 잡지 못하는 현대인들에게 좋은 충고가 될지도 모른다. 다시 말해 많은 현대인들이 법이란 그저 불합리한 믿음에 불과하다고 생각하거나 법에서 벗어나지 못하는 삶의 어정쩡한 모습에 회의적인 태도를 취하거나 아예 법을 향해 불만을 토로하고 경멸할 때마다 다시금 삶과 법의 관계를 제대로 살피게끔 진작시키는 충고가 될 수도 있겠다는 것이다. 오늘날 인생관은 희망적이라기보다는 차라리 매우 혼란스럽다. 우리는 심지어 인생에 어떤 목적 내지 목표를 정하는 것조차 부질없거나 무의미한 것처럼 보려고 하는 처지에까지 와있다. 인간의 크고 작은 활동들이 어떤 의미가 있는지, 우리의 자유가 진정 한 인격체로서의 삶을 확고하게 해주는 것인지, 심지어 우리에게 정말 자유가 있는 것인지 의심하고 있으니 말이다.

그런데 현대인들은 또 다른 한편 법을 계속해서 새롭게 제정한다. 과거에 비해 훨씬 더 상세하고 또 광범위하게 적용할 새로운 법을 만들어내고 있다. 더구나 과학적이고 물리적인 법칙의 발견에 박차를 가하면서 그러한 법 제정은 점점 더 늘어가는 추세다. 그만큼 근시안적인 삶에 묻혀버렸다는 뜻도 된다. 눈앞에 펼쳐진 덩치 큰 나무에 정신을 빼앗겨서 숲을 잊어버렸다는 것이다. 작고 정밀한 부분들에 대한 지나친 관심으로 말미암아 전체를 놓쳐버린 것이다. 우리는 그보다 훨씬 더 분명하고 중요한 본질적인 것들을 잊어가고 있다. 수많은 법들 이면에 자리하고 있는 본래적인 법에 대해서, 모든 질서의 근간이 되는 본체에 대해서 점점 잊어가고 있다. 반복해서 강조하지만, 우리는 영원법이 그 모든 법과 그 모든 진리가 그로부터 솟아나오는 원천이라고 생각한다. 우리가 만일 저 영원법에 참여하고 있음을, 그래서 우리에게는 자연적인 도덕법이 늘 작용하고 있음을 기억하고 그리워한다면 제 자리를 찾는 것은 결코 어렵지 않다고 본다. 자연적인 도덕법의 본래적인 의도가 무엇인지, 그래서 그것이 인간의 삶에 기여하는 바가 무엇인지 제대로 가늠하고 활용하도록 도와주고 촉구하는 것이 소위 인간이 만든 실정법의 목적이라고 생각한다.

사실상 우리는 엄청난 모순 속에서 우리 자신마저 상실해가고 있다. 대자연의 위력과 위대함 그리고 질서 앞에서 정신을 차리지 못하는 동안 우리는 그저 그러한 위력과 위대함 그리고 치밀한 질서 앞에서 하나의 예외적인 존재로만 치부하려고 애써왔다. 그래서 인간은 이 세상에서 유일한 기형적인 존재로 혹은 자연적인 법을 피해 살아가는 유일한 피조물로 간주하려고 애써왔다. 그러한 모순적인 시도는 우리의 마음에서 도덕성과 책임감을 앗아가 자신도 모르게 그에 대해 무감각한 존재로 전락시켰다. 그 무엇도 능가할 수 없을 만큼 특출한 인간이란 존재가 무릇 어떤 법에 의해 지배된다는 것 자체가 못미더운 것 같다. 법에 의해 우리의 본성이 완전해질 수 있다는 논리를 받아들이기가 무척 힘겨웠던 것 같다. 법의 지배가 인간 외에 다른 피조물에게 유효해도 인간에게만은 그런 딱딱한 규칙에 얽매여선 안 된다고 생각했기 때문이다. 차라리 인간은 도덕성, 인간의 내면에서 자율성을 보장하는, 아니 그것을 보장하기 위해서라도 반드시 불가피한 의미의 제일원리를 포기해야 한다고 생각한 것이다. 그 대신 사람들은 인간의 본성은 자유(自由) 그 자체라고 주장하고 싶어 했다. 그래서 한편에선 물리적인 법칙의 지배를 철저히 신뢰하면서 또 다른 한편 인간의 모든 활동은 그런 물리적인 법칙과 그 힘에 의한 결과일 수는 없다고 외치고 싶어 했다. 스스로 해결할 수 없는 이율배반적인 꿈을 꾸었던 셈이다. 그래서 대자연 속에서 경험되는 온갖 필연성이 인간다운 행위와는 결부되지 않기를 원했다. 그리하여 인간의 도덕적인 본성에 관여하더라도 더 이상 강제력을 띠지 않는 한도 내에서 인정할 수 있는 유일한 법이 바로 도덕법이라고 생각한 것이다.

하지만 인간의 내면에 자리하는 '자연적인 도덕법'은 말 그대로 자연적이며 천부적으로 주어진 법이다. 그러니까 그것은 법의 본질적인 요건을 충족시키는 모든 요소들을 갖춘 채 인간의 본성에서 즉각적으로 알려지는 법이다. 그래서 다른 모든 본성과 법과 마찬가지로 이 자연적인 도덕법도 그렇게 존재하기 위해선 본성과 법의 원천이신 하느님께 의존해야 한다. 그렇다고 그 법이 그 자체의 효과를 거두거나 효력을 발휘하기 위해 하느님에 대한 앎을 요구하는 것은 아니다. 종교의 산물이 아니라 본성의 산물이라는 점에서도 그러하다. 인간의 본성이 그러하듯이, 이 자연적인 도덕법은 보편적으로 모든 인간에게서 발견된다. 그런 의미에서 인간의 본성에서 자연스럽게 흘러나온 것이라고 말하는 것이다. 그러나 이 자연적인 도덕법은 영원법에 근거하기 때문에 이성의 산물이다. 그러므로 이성에 기초해서 인간이 만든 모든 실정법들과의 소통이 가능하다.

## 2. 법과 자유

법은 인간의 삶을 위해 필수적이다. 왜냐하면 인간의 삶은 자유롭고 그래서 도덕적인 삶이라고 하는데, 그것을 보호하기 위해 법이 요구되기 때문이다. 그러니까 법은 본래 자유를 보호하기 위해 요구된 것이다. 자유의 도덕적인 성격은 이미 하느님이 인간에게 몸소 부여하신 자유의 취지 혹은 인간을 소중하게 아끼시는 배려 아래서 확고하게 결정된 것이다. 그러므로 인간의 자유에는 하느님이 이 세상에서 다른 피조물들에 비해 특별히 인간에게 기대하신 의도가 스며 있다. 그래서 인간이 저마다 권위를 갖고 행사할 때마다 그 자유의 역량과 한계는 이 세상의 정점에 위치하는 인간의 지위를 지속적으로 지켜줄 것이다. 만물 위에 뛰어난 존재로서 인간 하나하나는 그렇게 자유를 행사하면서 다른 모든 피조물, 식물이나 동물, 정당이나 국가, 그 밖의 모든 것들보다 존엄한 가치를 드러내게 될 것이다.

## 3. 법과 행복

인간의 삶이 행복이라는 목표를 향해 계속 줄달음치는 것이라면, 인간의 도덕성 역시 같은 목표를 향해 가면서 그때마다 꾸려가야 할 것들 혹은 함께 나눠야 할 것들에 대해 살핀다. 법 또한 동일한 최종목표를 향해 인간이 공공연하게 수용하고 행동할 수 있는 길을 안내하는 데에 매진한다. 그것은 또한 모든 법이 본질적으로 그런 취지와 의도로 마련되어야 함을 내포한다. 그러한 의미에서 법은 인간에게 바른 길을 찾아 제시하는 것을 최고의 존재이유로 삼는다. 따라서 법을 거스르는 행위는 곧 삶을 거스르는 행위요, 도덕을 거스르는 행위다. 나아가 인간이 모여 만든 사회를 거스르는 행위이자 그런 모든 것을 일찍이 안배하신 하느님을 거스르는 행위가 된다. 만일 그런 거스름에 빠져들게 된다면, 그는 마침내 절망의 늪에 곤두박질칠 때까지 자기 자신을 거스르는 모순적인 존재가 될 것이다.

A Companion to the Summa

성 토마스 아퀴나스의

# 신학대전 해설서 Ⅱ

# 제19장 행복의 길잡이
## (제2부 제1편, 제95문제~제108문제)

1. 실정법과 인간
   (1) 완전성을 향한 인간의 특권
   (2) 불충분한 인간의 요구
2. 실정법의 구분
3. 인간의 실정법
   (1) 그 유용성
   (2) 그 일반적인 특성
      1) 자연법에서 파생된 이성적인 법
      2) 종교 및 신정법과 조화를 이루는 법
      3) 미풍양속 및 자연법과 조화를 이루는 법
      4) 안녕 및 공동선에 기여하는 법
4. 인정법의 효력
   (1) 특정적이지 않고 보편적이다
   (2) 악행이든 선행이든 포괄적으로 적용되지는 않는다
   (3) 양심의 가책
      1) 정당한 법규들에 대해
      2) 부당한 법규들, 곧 인간과 신의 선을 거스르는 법규들에 대해
   (4) 법의 준수대상과 법조문
   (5) 불변성
      1) 법의 일관성과 관습
      2) 관면
5. 구약성경이 전하는 하느님의 실정법
   (1) 전반적인 성격
      1) 그 목적과 기원 그리고 준수대상
      2) 그 교훈 : 도덕적인 측면, 전례적인 측면 그리고 재판의 측면
      3) 그 약속과 위협
   (2) 특별한 성격 : 도덕적인 교훈과 자연법
6. 신약성경이 전하는 하느님의 실정법
   (1) 신약의 의미
   (2) 구약과의 비교
   (3) 그 내용
      1) 외적인 준수
      2) 내적인 준수
      3) 권고들

---

[결론] 하느님의 실정법
1. 법의 시작
2. 법의 과정
3. 법의 목적

# 제19장 행복의 길잡이 (제2부 제1편, 제95문제~제108문제)

## (들어가기)

우리는 지금까지 인간의 행복을 탐구하는 데에 많은 시간을 할애하면서 나름 짧지 않은 여정을 거쳐 왔다. 아마도 인간사가 그러하듯 종착점을 얼마 남기지 않은 지점이 매우 힘들고 더 아득하게 보일 것이다. 하지만 등 뒤로 오랜 시간 그리고 정말 먼 곳에서부터 걸어온 여정을 생각하면 불현듯 힘이 솟아오를 것이라고 믿는다. 종착점에 거의 다 왔다. 우리는 지금까지 두 가지 사안에 대해 눈을 떼지 않았다고 자부한다. 하나는 인간이 성취하고자 하는 목표가 바로 '행복'이라는 점과 다른 하나는 그러한 목적에 도달하기 위해 반드시 거쳐야 할 과정 및 수단으로서 '인간의 행위'가 요구된다는 점 말이다. 사실상 우리는 인간의 행위들 자체에 대해, 그러니까 그런 행위들의 두 가지 내적인 원리로 간주되는 정념 및 습성에 대해, 그것이 선하든 악하든 모든 행실들에 대해, 곧 죄와 미덕이라고 일컫는 모든 행위들에 대해 분석해보았다. 하지만 아직 인간의 행위들의 두 가지 외적인 원리에 대해 살펴볼 것들이 남아있다. 하나는 우리를 계도하는 법에 관한 것이고, 다른 하나는 우리를 돕는 은총에 관한 것이다. 우리는 자연적인 도덕법에 대해 바로 앞 단원(18장)에서 알아보았다. 무엇보다도 자연적인 도덕법의 본래적인 특징에 대해서 알아보았다. 이제 여기 19장에서는 법이 인간의 삶에 외적으로 어떤 영향을 미치는 지에 대해 검토해보려고 한다. 그리고 바로 이어지는 마지막 단원(20장)에선 토마스를 추종하는 이들(토미즘)이 정리한 은총론에 대해 살펴볼 것이다.

오랜 기간 동안 사람들은 동물원을 찾으면 안전망 너머에 우두커니 서서 이런저런 동물들의 생태에 대해 지켜보곤 했다. 우리는 어쩌면 인간에 대해서도 그와 같은 방식으로 살펴왔는지 모른다. "대체 인간다움은 어디서 유래하는 것일까?" 하는 의문을 갖고서 말이다. 그런데 오늘날에는 아주 특이한 질문이 제기되고 있는 것 같다. 예컨대 "우리 인간은 얼마나 동물과 가까운 사이일까?" 하고 묻는다. 더 나아가 단순히 호기심어린 질문이 아니라, 대놓고 "인간은 얼마나 정확히 그리고 거의 동물과 흡사한 것일까?" 하고 서로의 유사성에 대해 입증하려고 달려든다. 물론 우리는 생물학적인 관점에서 틀림없이 동물에 속한다. 그러나 사람들은 그동안 익숙하게 인지해온 것이 하나 있다. 곧 동물원 안전망 혹은 울타리 곁에 적혀있는 빨간색 글씨의 경고문이나 안내문 말이다. 그것은 늘 우리로 하여금 어떤 동물들에게는 먹을 것을 던져 주어도 좋고 또 어떤 동물들에게는 그래서는 안 된다고 지시한다. 안전망 너머의 동물들을 괴롭혀서도 안 되고 너무 다정하게 다가가서도 안 된다고 한다. 당연히 그와 같은 경고판 및 안내문은 저 동물들이 우리 인간을 어떻게 대해야 하는지 경고하거나 안내하는 것이 아니다. 그런 모든 것은 오직 인간만을 위해서 마련된 것이다.

## 1. 실정법과 인간

### (1) 완전성을 향한 인간의 특권

그렇듯 동물과 인간 사이에 설치된 울타리 곁에 세워진 단순한 경고판이나 안내문조차도 정신적인 것과 물질적인 것 사이에 가로놓여 있는 간격의 의미심장함을 말없이 대변하고 있다. 우리는 동물을 채찍이나 회초리로 우리의 말을 잘 따르도록 훈련시킬 수는 있다. 그러나 그것은 명령을 알아듣고 따른다기보다는 동물의 입장에서 '악을 피하고 선을 추구하는' 본능에 따라 움직이는 것이다. 우리가 어느 정신의 수준에 도달할 때에만, 그래서 이성적인 지식을 활용하여 자유롭게 선택할 수 있을 경우에만 물리적인 차원의 필연성이 아니라 도덕적인 당위성에 준하여 행동하는 것이라고 이해한다. 다시 말해 이성능력이 전제될 때 어떤 명령이나 지시에 복종할 것인지 아니면 거부할 것인지 자유로이 결정할 수 있다는 것이다. 그와 같은 관점에서 우리가 어느 정신적인 수준에 이를 때에만 법과 법적인 의무에 관하여 정당하게 따질 수 있다고 본다.

### (2) 불충분한 인간의 요구

여기서 인간의 자유 및 그와 연계된 이성능력을 전제하고 살피려는 법은 따라서 '도덕법'을 가리킨다. 곧 인간의 자율성에 기초한 법에 대해 알아보려고 한다. 왜냐하면 우리는 창조된 피조물들 가운데 으뜸가는 위치에 있어서 육감을 기초로 살아가는 짐승들보다 높은 단계에 있다고 자부하며 그와 같은 법을 스스로 장만한다고 보기 때문이다. 그런 까닭에 법은 또한 우리를 위해 존재한다. 그것은 우리가 여전히 우리 자신을 발전시키고 완전하게 실현시키도록 노력해야 한다고 자각하면서 이때 법이 필요하다고 생각하기 때문이다. 우리는 여전히 궁극적인 완전성을 실현하기 위해, 곧 행복하기 위해 나아가는 도중에 있다. 그래서 우리가 정한 목표에 도달하기까지 법이 지시해주는 방향 및 지침을 필요로 한다. 실정법(實定法)은 그런 취지에서 마련된 것이니, 그만큼 우리는 정신을 사용하는 존재들 가운데 가장 낮은 단계에 위치해 있기 때문이다. 우리는 이성적인 사고(思考)의 도움을 받아 저 높은 원리들에서 아래로 흘러가는 결론들을 차근차근 살펴야만 이해할 수 있다. 그러나 우리가 아래로 내려갈 때마다 저 높은 곳에서 누릴 수 있는 밝고 투명한 통찰과는 다르게 잘못을 저지를 수 있는 확률은 더 높아가고 빗나갈 수 있는 기회는 더 많아진다. 그럼에도 저 높은 곳에 위치한 자연적인 도덕법이 우리에게 충분한 것은 아니다. 그것은 차라리 천사들에게나 의문의 여지없이 어울릴지도 모른다. 왜냐하면 그렇듯 기존하는 틈을 메우는 것과 새로운 선택을 하는 것은 다르기 때문이다. 그래서 천사와는 달리 우리는 하나의 원리가 내포하는 모든 것들을 단번에 파악하고 전적으로 몰입하듯이 파고들지는 못한다. 오히려 천천히 살펴나가면서 간혹 헷갈려 하고 실수를 저지르는 가운데 행동을 펼친다.

## 2. 실정법의 구분

다시 말하지만, 자연적인 도덕법이 제시하는 것들과 우리 사이의 간격을 메우는 행위와는 다르게 우리는 온갖 실정법을 통해서 새로운 선택을 해야 한다. 이때 실정법이 명령하는 권한은 인간 혹은 하느님이 부여한 것이다. 그 모든 실정법은 따라서 인간에 의해서 아니면 하느님에 의해서 마련되는 것이지만, 합법적으로 주어져야 하는 만큼 항상 법의 본질적인 요건에 부응해야 한다. 다시 말해서 실정법은 공동선이란 목적을 위해 내려지는 실천이성의 명령에 부합해야 하며, 실제 사회 및 공동체의 안녕을 돌보거나 책임을 지는 사람(들)에 의해서 입법되어야 하고 또 공포되어야 한다는 것이다. 그러니까 인간의 실정법과 하느님의 실정법 모두 엄밀한 의미에서 법의 요건을 충족시켜야 한다. 그렇게 법이 갖춰야 할 공통적인 토대 위에서 상기 두 실정법을 이제 이 19장에서 검토하려고 한다.

## 3. 인간의 실정법

### (1) 그 유용성

현대에 들어서면서 보스턴에서 괄목할만한 경찰공무원 파업이 발생했었다.[29] 또 그로부터 얼마 지나지 않아 스페인의 몇몇 도시들에서 정부기관을 상대로 군중의 폭동이 일어났는데,[30] 이 같은 일련의 사건들은 우리의 안정된 생활

29) [역주] 1차 세계대전 직후 미국 노동총연맹(AFL) 가입을 추진하던 보스턴 경찰은 시당국으로부터 노동조합 결성권을 거부당하자 보스턴 경찰(80% 가량)이 파업에 동참하여 1919년 9월 9일 파업에 들어갔다. 그러나 이 파업은 누가 보더라도 그동안의 열악한 근무환경 및 부진한 임금정책이 초래한 결과였다. 1170명의 경찰이 파업에 들어가자 시 전체는 폭도들의 약탈과 횡포로 순식간에 아수라장이 되었다.

30) [역주] 소위 스페인 내전은 흔히 1936년 7월 공화정부에 대항하여 국민진영의 장군들이 반란을 일으키

을 위해서 실정법이 얼마나 절실하고 또 유용한지에 대해 당장 관심을 불러일으키기에 충분하다. 세상에는 항상 자신의 능력보다 외부로부터 가해지는 강제력에 익숙한 사람들이 많다. 그들은 감금 및 체포, 사형대의 올가미, 전기고문 의자의 위협에 대해 잘 알고 있다. 그 때문인지 유감스럽게도 양심의 가책과 같은 것에는 별 관심이 없다. 정부의 업무는 평화를 이룩하고 유지하는 일이다. 다시 말해 국민 개개인에게 자아를 실현할 수 있거나 행복을 성취할 수 있는 기회를 최대한 제공하는 일이다. 그와 같은 고유 업무를 위해 법이 요구된다. 한편 악을 저지르는 사람들은 규제해야 하고, 반대로 선이 곧 존재이유라고 생각하는 사람들은 평화로이 살아갈 수 있도록 보장해 주어야 한다.

실제로 법의 강제력을 이용하여 범죄자들을 규제하는 일은 착하게 살아가는 시민들에게 평화를 보장하는 일보다 훨씬 더 중요하다. 종종 어떤 아이는 달리 피할 길이 없어서 생애 처음으로 칫솔질을 하게 되거나 피아노를 치게 되든가 혹은 간단히 시금치를 먹기 시작한다. 어떤 강압에 못 이겨서 배운 것들을 나중에는 자유로운 상황에선 자발적으로 혹은 심지어 더 열심히 하기도 한다. 그러나 그런 경우가 자주 일어나지는 않는다. 이와 같은 상황이 범법자들에게도 적용될 수 있다. 무엇보다도 범죄행위에 대해 법이 묻고 따지는 것은 그런 행위를 한 당사자에게 본래적인 의도 혹은 목적에 부합하는 자발적인 의사(意思)가 있었느냐 하는 것이다. 다시 말해 그런 의도를 가지고 적극적으로 취한 행동이었느냐는 것이다. 자연스러운 것은 본래부터 인간에게 굉장한 호소력을 가지고 있다.

---

면서 시작된 것이라고 말하지만, 그 이전부터 스페인을 지배해 온 여러 세력들 사이의 갈등에서 비롯한 것이었다. 예컨대, 권위주의적 지배세력과 자유주의를 표방하는 피지배세력 간의 갈등 혹은 중앙집권적 정부와 지역주의적인 열망 간의 갈등처럼 말이다. 혹은 피레네 산맥을 넘어서 아나키스트 사상은 우직한 안달루시아 지역민들에게 낙관주의적인 순진한 정념을 심어주었고, 앞서 1871년 마르크스의 사위가 스페인에서 마르크스주의를 전파하면서 1890년부터 1920년대까지 지주와 농노 간의 갈등과 다툼을 더욱 거세게 키웠다. 1931년 4월 14일 왕정은 무너지고 공화정이 출범하였지만, 새 정부는 가톨릭 재력가와 노동자 사이에서 어느 한 쪽도 만족시키지 못했다. 한계상황을 맞은 그 시점에서 스페인에는 국내 노동자들의 파업에다 무모한 진압으로 말미암아 하루가 멀다 하고 폭동과 파업은 끊이질 않았다.

법의 유용성에 대해 생각해볼 때 양자택일의 기로(岐路)가 있는 것 같다. 왜 국가(정부기관)는 현명한 사람들을, 예컨대 실천이성을 온전히 갖춘 사람들을 많이 뽑아서 국가정책을 위한 요원으로 양성하고 그들의 상식과 재능을 활용하여 각자의 자리에서 국민들로 하여금 미덕을 발휘할 수 있도록 직접 이끌어주게 함으로써 국가의 궁극적인 목적인 안녕과 평화에 이바지하도록 제도화할 수는 없을까? 글쎄다. 여기에는 첫 번째로 해결해야 할 문제가 있다. 그러니까 먼저 그때마다 자신의 지성만으로도 제대로 판단할 수 있을 만큼 현명하거나 실천이성을 온전히 갖춘 사람들을 그처럼 충분히 찾아내서 곳곳에 적절히 배치시키는 일이 결코 쉽지 않다는 것이다. 실제로 이 문제를 해결하는 일은 거의 불가능하다. 그러나 현명한 사람 몇몇을 찾아내어 그들의 아이디어로 전체 국민들에게 적용할만한 법적인 기틀을 마련하는 일은 상대적으로 수월하다. 이때 법적인 기틀을 마련할 때 한 가지 주목해야 할 점은 실제 갑작스럽게 불거진 문제의 해결에 초점을 맞추어야 하되, 반드시 그 실정에 알맞게 처리해야만 한다는 것이다. 또 달리 중요한 점은 미래에 벌어질 어떤 전형적인 경우를 예상하고 그것을 해결할 요량으로 최대한 모든 측면들을 여유를 가지고 살펴야 한다는 것이다. 법적인 지식을 충분히 갖춘 재판관조차도 간밤에 잠을 설치거나 한 주 내내 혹은 그 이상 불안정한 생활을 하고 나서 혹은 하루 온종일 짜증나고 힘겹게 살다가 결정한 어떤 사람의 독자적인 행위나 변론을 공정하게 평가하는 일은 여간 어려운 일이 아니다. 토마스는 이런 모든 측면들을 고려하면서 이렇게 결론을 내린다. 우리가 실제 이웃을 두고 판단할 때 우리의 안목이 그러하듯이 우리가 만들어 놓은 법이 완전할 수 없기에, 그로써 무조건적으로 단정하는 것은 옳지 않다고 말이다.

## (2) 그 일반적인 특성

### 1) 자연법에서 파생된 이성적인 법

만일 우리가 늘 이성이 정한 어떤 목표를 향해 확신하면서 나아갈 수 있다면 우리는 안심하고 인정법에 준하여 삶을 꾸려갈 만하다. 물론 이때 우리가 바로 앞서 18장에서 살펴본 것처럼 인정법이란 것이 아무튼 법이라는 점에서 저 자연적인 도덕법에서 파생된 것이라고 말할 수 있다. 사실상 인정법의 본질적인 목적은 저 자연적인 도덕법을 뒤따르는 것을 돕는 데에 있다. 다시 말해 모든 인정법은 자연적인 도덕법을 보충하고 그 법과 우리의 현실 사이의 틈을 메우고 그 법을 준수하는 데에 거침이 없도록 돕기 위해 있다는 것이다. 그런데 인정법의 이 같은 기본적인 성격 말고, 거기에 구체적으로 채워지는 내용들은 무엇일까? 실제 우리가 어떤 법을 보고서 어떻게 그것이 인정법임을 알아볼 수 있을까? 다시 말해 인정법들 사이에 유사한 특징으로 어떤 것들을 지적할 수 있을까?

### 2) 종교 및 신정법과 조화를 이루는 법

로마법에는 초창기부터 인정법의 특징들이 상세하게 기술되어 있다. 그 같은 상세한 기술들은 우리가 그 문제로 혼란스러워할 필요가 전혀 없음에도 불구하고 종종 혼란스러움을 야기한다. 만일 우리가 인정법들 사이에 어떤 유사한 특징들이 있는지 살피려 한다면, 먼저 법이 탄생한 경위(계보)를 소급하여 알아볼 필요가 있다. 그러니까 한걸음씩 거슬러 올라가서 그 원천에 이르기까지 되돌아보는 일 말이다. 예컨대 국가 혹은 사회 공동체, (대)자연 그리고 하느님에 대해 고려할 필요가 있다는 것이다. 각각의 의도로 마련된 법규 내용들 및 특징들은 저마다의 기원 및 탄생경위를 통해 결정되어야 바람직하기 때문이다. 달리 말하자면, 인정법은 종교나 미풍양속 혹은 자연적이든 사회적이든 그 어떤 커다란 질서 나아가 사회적인 안녕과의 조화 속에서 마련되어야 한다는 뜻이다. 혹은 더 단순하게 말해서 모든 법의 원천인 신정법 혹은 자연적인 도덕법 혹은 궁극적인 공동선과의 조화 속에서 마련되어야만 한다는 것이다.

### 3) 미풍양속 및 자연법과 조화를 이루는 법

어떤 법이 과연 인정법인지 아닌지를 가려주는 특징이 우선 중요하겠는데, 이 같은 선별을 위한 특징은 의외로 단순하다. 한 마디로 인정법은 신정법과 상반될 수 없다. 왜냐하면 자신의 원천과의 관계를 단절시키는 법이라면, 그것은 법으로서의 자격을 이미 상실한 것이라고 보아도 좋기 때문이다. 신정법과 대립하는 경우 모든 법들이 지향하는 목적과 상반된 목적을 따로 정해놓았다는 것을 뜻하기에 법으로서의 유효성은 이미 사라졌다고 말해야 할 것이다. 인정법은 법의 본질적인 의미를 따라 합리적인 성격을 띠어야 한다. 인정법의 법규내용은 당연히 이성적인 판단과 논리로 채워져야 한다는 것이다. 예컨대 그 법을 준수하는 대상자들의 능력(의무적인 수행능력)에도 부합해야 하며 시간과 장소에 적합하며 한 사회를 지탱해주는 문화적인 특성 및 미풍양속과도 반드시 어울려야만 한다. 한 마디로 인정법은 그것이 다루려는 사태나 주제 그리고 그 주변적인 여건들에 부응하여 마련되어야 한다는 것이다. 인간의 본성과 조화를 이루어야 한다는 요구는 인정법이 언제든 합리적이어야 한다는 요구와 일맥상통한다. 불합리한 인정법은 불합리한 행위를 초래하는 만큼 사회의 안정 및 평화를 유지할 수 없게 만든다. 입법자는 따라서 법안을 발의하고 확정하는 동안 마치 버스가 지나간 다음에 손을 드는 어처구니없는 처사가 아닌지 최대한 주의 깊게 살피며 불합리한 법규가 되지 않도록 신중해야 한다. 그 같은 철저한 검증은 그저 자신을 방어하거나 일방적으로 주장하거나 혹은 자족하는 자세로는 제대로 마무리될 수 없다. 그러한 검증과정이 불충분하게 이뤄질 경우 법이 개선되지도 않거니와, 그처럼 불합리한 법을 준수해야 할 사회 구성원 전체가 얼마나 당황스럽고 짜증스럽고 혼란스러운 삶을 감수해야 하는지 미리 숙고할 필요가 있다. 그것은 본시 법이 의도하는 바가 아니다.

#### 4) 안녕 및 공동선에 기여하는 법

공동선을 위해서 인정법은 악을 제거하는 소극적인 행위도 자주 활용한다. 그것은 선의 성취를 향한 적극적인 행위와 다른 것처럼 보이지만 뜻은 같다. 인정법은 자체의 법규를 통해서 예상되는 어떤 불의를 미리 경고하여 예방하려는 취지도 갖는다. 그렇듯 소극적인 행위에 관한 규정들을 적절히 배치하는 일은 인정법의 소관이다. 물론 그것은 마치 알프스 산을 안내하는 사람이 어떤 살인광과 함께 등산을 하는 것처럼 위험한 일일 수도 있다.

오늘날까지 광범위하게 발전된 인정법에 관하여 살펴보기 전에 잠깐 인정법의 원형에 대해 생각하는 것도 좋을 것 같다. 예를 들어 어떤 특수한 정부에 의해 그 기본 틀이 변형되지도 않으며 어떤 상태를 제재하는 특별한 조치로써도 결코 해소되지 않는 특징을 띠는 인정법의 원형에 대해서 생각해보자. 이 원형을 사람들은 예로부터 '만민법(jus gentium)'이라 불러 왔다. 그것은 몇몇 국가들이 뜻을 합해 만들어놓은 국제법과 같은 부류가 아니라, 언제 어디서든 온 인류에게 해당하는 만인공통법이다. 그것은 자연법이 아니다. 왜냐하면 그것은 인간의 본성에서 비롯하기보다는 일련의 우연적인 사태와의 연관 속에서 마련된 법이기 때문이다. 그것은 차라리 자연적인 도덕법의 한 가지 결정체(a determination)라고 말할 수 있겠다. 그러니까 인간의 이성을 통해서 그 어떤 특수제도를 염두에 두지 않고 마련한 순수한 법으로 기억할만하다. 이 만민법에 속하는 법규 가운데 하나가 소위 사유재산의 필요성에 관한 것이다. 이때 이 주제를 제대로 다루기 위해선 자연적인 도덕법의 한 가지 원리에서 – 그러니까 예를 들어, 인간이 원만한 사회적인 삶을 공유하기 위해선 각자가 소유한 (외적인) 재화들을 활용할 수 있어야 하며, 이때 혼돈과 무시 혹은 무질서는 피해야 한다는 원리에서 – 출발하여 한 사회가 공동으로 소유하는 재화들을 누구나 그럴 수도 그렇게 해서도 안 되는 경우를 제외하고 실제 성실하게 혹은 조화롭게 사용하지 못하고 나아가 평화롭게 사용하지도 못함으로써 부딪히게 되는 우연적인 여러 가지 상황들에 이르기까지 두루두루 살펴야 한다. 자연적인 도덕법의 보편적인 원리는 이성에 의해서 어떤 보편적인 사실이 아니라 우연적으로 벌어지는 상황들과의 유대를 따라 당장 '만민법'의 명령을 도출하도록 인간에게 영향력을 행사한다.

## 4. 인정법의 효력

### (1) 특정적이지 않고 보편적이다

우리가 일찍부터 의도했던 바와 같이 이제 인정법으로 눈길을 돌리도록 하자. 내 생각에 현대인들의 대다수가 그때마다 법에 대해 불만을 느끼고 있는 것 같다. 그러한 불만의 근원은 인간이 만든 법이 결코 각 개별적인 상황에 완벽하게 적용되지 않는 것처럼 보인다는 데에 있다. 일찍이 전문양복 재단사에 의해 손에 의한 맞춤복을 즐겨 입던 사람이 한번쯤 기성복을 입게 되면 느끼는 그런 불만과 같다고나 할까! 기성복을 대량 생산하는 사람은 그 옷을 구체적으로 어떠한 체격을 갖춘 사람이며 또 무엇을 중요하게 여기는 사람인지 고려하지 못할뿐더러 고려하려고 애쓰지도 않는다. 실제적인 팔 길이나 어깨너비 혹은 골격 등에 대해 관심을 기울일 수 없다. 그냥 그것을 구매할 사람들에 대한 대략적인 정보로 만들어진 것이다. 그래서 기성복을 만드는 사람들은 전문양복 재단사의 기본적인 재능만 평균적으로 갖추면 된다. 그와 마찬가지로 입법자는 구체적인 소송에 대해 각별히 재고하여 판결을 내려야 하는 재판관에 비해 비교적 기본적인 지식만 갖추면 된다. 만일 모두가 전문양복 재단사에 의한 맞춤복을 입을 수 있게 된다면, 그보다 이상적인 경우는 없을지 모른다. 그러나 현실적으로 그럴 수 없다. 사회에 마련된 법 역시 각 개별적인 상황에 적합하게 적용되는 것은 이상적이지만, 현실적으로는 그럴 수 없기에, 특수한 상황만을 고집할 수 없고 일반적으로 예상되는 상황에 맞춰 마련될 수밖에 없다. 그러니까 인정법은 많은 일반인들을 고려해서 만들어진 것이다. 때로는 사회전체 구성원들을 위하여, 때로는 서로 다른 시대에 살아가는 모두를 위하여 혹은 서로 다른 여건들 아래서 서로 다르게 행동하는 이들을 위하여 대략적으로 만들어진 것이다.

### (2) 악행이든 선행이든 포괄적으로 적용되지는 않는다

오늘날 어떤 사회 혹은 국가든 대다수 구성원 및 국민들이 '법'(인정법) 없이도 살 수 있을 정도의 성인(聖人)은 아니다. 그런 것을 기대하는 것조차 제정신이 아닐지 모른다. 이 같은 현실은 우리에게 인정법의 보편성을 그때마다 적절하게 해석해야 함을 말해준다. 인정법이 보편적이라는 의미는 인간이 만든 법이 모든 악을 일일이 금지시키는 것도 아니며 모든 선을 명확하게 지시하는 것도 아님을 뜻한다. 법은 그렇게 전체 구성원을 위해 기본적인 것만을 제시한다. 그래서 그때마다 구성원들의 일반적인 여건에 어울리는 수준에 그친다. 대체로 어떤 종류의 악행이 금지되어야 하고, 어떤 종류의 선행이 허용되고 또 고무되어야 하는지 정도를 밝혀준다. 확실히 그렇게 정한 것들이 직접적이든 간접적이든 공동선을 위해 효과적인 수단이 되어야 한다는 원칙만을 따른 것이다. 그렇다고 그러한 법의 목적이 모든 사람들을 성인(聖人)으로 만들려는 것은 아니다. 다만 모두의 안정과 평화를 방해하지 않는 차원에 머무른다. 나머지 완전한 인간으로 성숙한 삶을 꾸려 나가는 일을 법으로는 그 이상 제한할 수도 더 적극적으로 안내할 수도 없다. 인간 각자가 꾸려 나가야 할 성숙한 삶 혹은 거룩한 삶은 그렇게 각자의 몫이다.

### (3) 양심의 가책

#### 1) 정당한 법규들에 대해

인정법이 결국 개인의 성숙한 삶 및 완전한 자아의 실현을 각자의 몫으로 돌린다는 사실이 그렇다고 보편적인 도덕성과는 무관함을 뜻하진 않는다. 실제로 인정법을 통해 우리가 기대하는 주된 효과는 정확히 말해서 도덕적인 의무에 대한 자각에 있다. 우리는 이를 달리 '양심의 가책'이란 말로 표현하기도 한다. 법은 그렇게 각자에게서 양심(良心)을 불러 세운다. 정말이지 법은 준수해야 할 의무를 제시함으로써 각자로 하여금 법의 본질적인 의도에 부응하는 삶을 꾸려가길 촉구한다. 우리가 앞 단원에서 살폈듯이 법은 실천이성의 명령 혹은 훈계와 같아서 반드시 어떤 의무를 함축한다. 이때 의무는 법이 명령한 행위와 그 행위로 도달하게 되는 목표 사이를 잇는 필수적인 연결고리다. 이는 우리가 인정법이 자연적인 도덕법 혹은 나아가 영원법에 원천을 두고 있다고 설명한 내용과도 통한다. 법은 그렇게 존재하는 모든 것들의 본질적인 질서와 궁극적으로 하느님의 섭리를 향해 소급해서 살피도록 우리를 이끈다. 그러한 본질적인 질서와 하느님의 섭리가 모든 진리와 법의 최고 원천이기에 말이다. 토마스의 관점에 의하면, 인간의 양심을 불러 세우지 못하는 인정법은 엄격히 말해서 법이 아니다.

인정법이 보편적으로 지시하는 의무는 그 본성상 제한적인 성격을 띨 수밖에 없다. 그때마다 구체적인 상황에 적절한 행동을 일일이 지시할 수는 없기 때문이다. 의무가 법의 본질을 따라야 하므로 정당한 절차를 따라 제정되지 않은 법령은 사회 구성원들에게 의무를 부여할 수 있는 권한을 갖지 못한다. 그러면 법은 언제 정당하다고 말할 수 있을까? 한편 정당한 법이라고 선고할 수 있는 권한을 가진 자가 따로 있는 것은 아니다. 결론적으로 말해서 토마스의 대답은 정당한 법이란 법에 대한 정의(定義)에 부응해야 한다는 것이다. 그러니까 정당한 법은 우선 한 사회 전체를 책임지는 자(들)의 이성이 공동선을 위해 내린 명령과 같다고 설명할 수 있다.

### 2) 부당한 법규들, 곧 인간과 하느님의 선을 거스르는 법규들에 대해

좀 더 자세히 말하자면, 정당한 법은 합법적인 권위에 의해 사회 공동선을 위해 마련된 기본적인 행동지침의 일종인데, 이 행동지침은 사회 구성원들에게 각자의 권리에 비례하여 필수적인 의무(짐)를 부과한다. 이 같은 사실은 그와 상반된 관점에서 살필 때, 보다 더 명료하게 이해될 수 있을 것 같다. 예컨대 어떤 법은 부당하다고 하는데, 그런 경우는 인간 및 하느님의 선을 거스르는 행동을 명령하기 때문이다. 하느님의 선을 거스르는 행동은 쉽게 눈에 띄며 특정한 법에 항상 부응하는 가능성을 즉각적으로 방해한다. 한편 인간의 선을 거스르는 법은 그 목적 면에서든 법을 세운 권위 면에서든 아니면 그 형식 면에서든 눈에 거슬리기 마련이다. 예컨대 사회의 공동선을 위해서가 아니라 통치자의 영욕과 같은 이기적인 목적을 위해서 제정되든가 아니면 입법자가 권위를 남용하거나 국민들에게 부과하는 의무규정이 불평등하거나 더 나아가 아예 국민들에게든 사회의 공동선에든 전혀 기여하는 바가 없이 오히려 해를 끼치는 경우를 가리킨다. 그러한 법은 언제든 인간의 선을 거스르고, 양심을 불러 세우는 데에 무기력하다. 더욱이 그러한 법은 법으로서의 본질적인 요건을 갖추지 못한 관계로 일종의 스캔들이나 반인륜적인 장치로서 국민들에게 복종을 요구할 수 없다. 오히려 그렇듯 사회 공동선에 위배되는 법에 대해서 국민들은 거부할 수 있는 권리를 갖는다.

### (4) 법의 준수대상과 법조문

국민들이 법에 대해 존중하지 못할 때 그 통치자는 심각한 위기를 맞게 된다는 사실을 오랜 경험을 통해 우리는 잘 알고 있다. 그런데 오늘날 우리에게 잘 알려지지 않은 사실이 있는데, 그것은 법에 대해 존중하기 어려울 때 국민들의 자유 또한 심각한 어려움에 봉착한다는 점이다. 만일 사람이 정당한 법에 의해 자신의 의지가 억압을 받는다고 느낀다면, 반대로 그의 의지에 문제가 있다고 보는 것이 옳다. 그러니까 만일 정당한 법이 자신의 자유를 위협한다고 생각한다면, 그는 진정 자유가 무엇인지 재고해야 한다는 것이다. 그러나 만일 자신의 의지가 선하다면, 그 사람은 그 법에 대해 의문을 제기할 수 있다. 정당한 법의 본래적인 목표는 국민 모두로 하여금 그들의 자아실현을 위해 자유를 구가할 수 있도록 기회를 주는 것이다. 그런 의미에서 진정한 자유와 정당한 법은 서로 충돌할 수 없다. 따라서 강도나 살인자와 같은 범법자도 그런 차원에서 법이 자신의 행동을 직접 규제하는 강제력을 갖는다는 사실을 기억할 필요가 있다. 한 순간의 잘못된 판단으로 강도짓을 벌인 어리석은 범법자라고 해도 정의와 자유의 이름에 기대어 법 앞에서 자신을 변호하는 권리를 갖는 것도 바로 이 때문이다. 한편 범법자들은 법에 의해 강제로 규제를 받는 입장에서 마지못해 법을 준수해야 하는 경우라고 말할 수 있다. 법을 준수하는 나머지 국민들 대다수는 법 앞에서 범법자들처럼 부자유스러움을 느끼진 않는다. 왜냐하면 법이 요구하는 것들이 곧 자신들의 의지가 바라는 것들이라고 보기 때문이다.

## (5) 불변성

### 1) 법의 일관성과 관습

법과 선한 의지가 그렇듯 조화를 이루는 동안, 법은 국민들 개개인의 의지보다도 훨씬 더 안정된 상태를 지켜준다. 다시 말해서 모든 법은 폐지되지 않는 한 모두 일관성을 취하는 까닭에 안정을 유지시켜 준다. 나는 언젠가 어떤 건장한 낯선 사람이 집 앞에서 위협적으로 대문을 마구 흔드는 것을 지켜본 적이 있다. 그를 지켜보면서 나는 한순간 유리의 투명한 속성을 최대한 발휘하게끔 누군가가 유리로 된 현관문을 잘 닦아놔서 문 바깥의 광경을 잘 볼 수 있구나 하고 생각했다. 그 낯선 사람은 팔을 걷어붙이며 문을 밀어서라도 집안으로 들어오겠다는 심산으로 성큼성큼 현관문 쪽으로 가까이 다가와 섰다. 얼른 집안을 살피고는 냅다 유리로 된 현관문을 밀었지만, 아뿔싸 현관문에는 유리창이 없었다. 그는 마치 말 등에서 미끄러져 떨어진 밀가루 포대처럼 나둥그러졌고, 나는 그가 몹시 당황했음을 알 수 있었다. 우리는 사물들이 모두 우리가 경험해온 그대로 계속 존재할 것이라고 기대한다. 예컨대 어떤 사람이 한여름에 바깥에서 낮잠을 즐긴다고 상상해보자. 그는 커다란 나무 주변의 그늘 아래서 어떻게든 공간을 확보하든가 아니면 최소한 뜨거운 햇볕을 피해야만 하는데, 그것은 나무 그늘이든 뜨거운 햇볕이든 모두 제 본래의 특성을 계속 유지하며 그렇게 계속 존재할 것이라고 생각하기 때문이다. 우리는 어떤 것들이 항상 동일하게 머물러 있기를 은연중에 바라며 또 그렇게 믿고 살아간다. 하느님과 자연 그리고 인간성이 추구하는 목표도 그런 것들에 가운데 대표적인 것들이다. 법은 하느님과 자연에 뿌리를 두고서 모든 인간이 목표를 정하고 그에 도달하는 것을 돕기 위해 있기 때문에, 모든 법에도 그렇듯 일관성이 기대되는 것이다.

법은 절대적으로 불변하는 것이 아니다. 인간이 만든 많은 법들은 마치 1세기를 넘지 않는 과거에 뉴욕 23번가와 같이 길게 뻗은 도로에서 마차들을 단속하던 법규가 오늘날 자동차를 몰고 다니는 같은 거리의 사람들에게 별 의미도 소용도 없는 것처럼, 새로 바뀌어야 한다는 것은 너무나 분명하다. 나아가 현행 교통법규도 미래를 내다보면 머지않아 더 나은 체계를 갖춰야 한다고 능히 생각할 수 있다. 환경이나 여건은 변할 수 있고 또 실제 예상보다 빠르게 변화하는 것이 사실이다. 그만큼 현실에 부합하는 더 나은 법이 요구된다. 이 두 가지 이유에서도 법의 변화는 당연하다고 본다.

그러나 법의 경우 변화는 대개 더디고 조심스러우며 소극적으로 이뤄진다. 왜냐하면 법이 바뀜으로써 실제 우리가 느끼는 상실감이 크기 때문이다. 그것은 법의 변화가 무엇보다도 그동안 익숙해져 있던 관습과 부딪히는 데에 있다. 법이 항상 더 나은 쪽으로 발전하는 것만은 아니다. 다만 법이 바뀜으로써 더 나은 결과를 가져오는 경우는 그처럼 법의 변화로 인해 상실하게 된 것을 충분히 보상할 수 있는 경우뿐이다. 이론적으로 따지자면 그런 경우는 가능하다. 예컨대 영국의 자동차 도로교통법은 좌측통행을 원칙으로 삼는데, 이는 우측통행을 원칙으로 삼는 우리나라와 같은 그 밖의 많은 나라들(예, 미국)의 자동차 도로교통법에 비해 유리한 면이 많을 수 있다. 그러나 만일 실제적으로 그런 법규가 유리한 점이 많다고 해서, 내일 당장 자동차 도로교통법을 '좌측통행!' 으로 정하고 그렇게 적은 표지판을 뉴욕의 모든 거리마다 써 붙여 놓는다면, 걸어 다니는 뉴욕

시민 중 많은 이들이 교통사고를 당할지도 모른다.

관습에도 무시할 수 없는 큰 힘이 있다. 관습은 법을 보충함으로써 강화시킬 수도 있지만, 폐지하거나 재해석할 수도 있다. 무엇보다도 한 사회의 올바른 이성은 행동으로든 말로든 효과적으로 표현될 수 있다. 관습의 힘은 원천적으로 – 한 사회의 올바른 이성이 동의하는 데에서 비롯하겠는데 – 다양한 구성원들의 서로 다른 생각들을 명료하게 하나로 모으는 역할을 한다. 자유로운 구성원들 사이에서 서로 동의하고 같은 행동을 이끄는 관습은 어떤 통치자 혹은 그의 지시보다 훨씬 더 강력하다. 왜냐하면 통치자의 권력은 실제 국민들의 힘을 대리하는 것에 불과하기 때문이다. 반면 자유롭지 않은 구성원들 사이에서도 새로운 법에 대해 묵묵히 참는 경우가 있을 수 있는데, 그러한 태도는 통치자의 입장에 대해 함축적으로 찬성하는 것으로 볼 수도 있다. 그러나 이때에도 실제적으로는 관습을 최대한 신장시키기 위해서 묵묵히 참아내는 것이라고 보아야 할 것이다.

하지만 만일 우리가 관습과 법의 관계를 마치 권투시합을 하는 두 선수가 링위에서 서로를 날카롭게 응시하는 것처럼 생각한다면 그것은 오산이다. 종종 관습은 법에 선행하고 법은 관습을 구체화하는 수단이 된다. 대체로 관습은 법과 대립하지 않고 오히려 법의 불충분한 부분을 채워주거나 심지어 법과 충돌을 일으킬 경우 쓸모없는 법을 입증해주는 까닭에 법을 능가하거나 초월해 있다고 말할 수 있다. 만일 실제로 법의 근거가 남아있고 그래서 여전히 그 법이 공동선을 위해 유용하다고 본다면, 그와 충돌하는 관습은 법을 장악하지 못하고 차라리 법 아래에 예속되어 버릴 것이다. 그러나 만일 그렇지 않을 경우 당연히 관습은 오랫동안 계속 유지되기 때문에 법은 현실적으로 무용한 것이 될 것이다. 왜냐하면 한 사회의 오랜 관습 앞에서 법은 그리 강력한 힘을 발휘하지 못하기 때문이다. 한 사회의 구성원들의 오랜 전통 및 관습을 바꾸는 일은 결코 쉬운 일이 아니다. 과연 대단히 절실한 경우만이 관습의 변화를 정당화시킬 수 있다. 예컨대 전쟁과 같은 절박한 상황에서나 신설된 등화관제(燈火管制) 법규를 그동안의 관습과 상관없이 준수해야만 하는 것처럼 말이다.

2) 관면

법의 본성이나 그 적용범위 혹은 부과하는 의무 등에 대해서 이런저런 논의를 이어갈 때 사회의 공동선에 관한 기본적인 숙고가 빠져서는 안 될 것이다. 입법자의 권한이 합법적으로 주어져야 하는 것이 법의 요건에 있어 가장 우선적이다. 토마스가 법조문이 지금 그리고 여기서 공동선을 위협할 경우 그것을 준수해선 안 된다고 말한 것은 그리 놀라운 일이 아니다. 왜냐하면 그렇듯 공동선을 위협하는 법조문을 준수하는 행동은 앞서 입법자의 의도를 거스르는 것이기 때문이다. 그러나 만일 긴급한 상황이 갑자기 발생하지 않는다면 그리고 그런 사태가 너무 빠르게 진행됨으로써 복귀가 불가능한 경우가 아니라면, 그렇듯 특수한 경우에 시도되는 법에 대한 재해석 혹은 관면은 입법자 자신에 의해서 부여되어야 옳다. 입법자만이 공동선이란 이름으로 어떤 법이 그에 위배되거나 연관성이 없다고 공포할 수 있는 권한을 가질 뿐만 아니라 공동선과 무관한 법의 의무에 대해 관면을 줄 수 있다. 하나의 법(인정법)은 사회 구성원들 대다수의 공동선을 위해 필수적인 제반활동들을 규제하는 것이 가능하지만, 개개인의 사생활마저 일일이 규제하는 것은 곤란하다. 만일 관면을 위한 합당한 근거가 있고 또 그로 인해 공동선이 위협을 받지 않는다면, 법을 다져놓은 입법자가 그로부터 관면을 허락할 수 있다.

## 5. 구약성경이 전하는 하느님의 실정법

### (1) 전반적인 성격

오늘날 관면이 주어지는 인정법들도 적지 않다. 그러면 하느님의 실정법의 경우는 어떠할까? 먼저 성경이 전해주는 것처럼 하느님의 실정법은 구약의 법과 신약의 법으로 명료하게 구분된다. 달리 불완전한 법과 완전한 법 혹은 '준비'와 '완성'이란 용어로 상기 두 법을 구별하여 설명하기도 했다. 구약의 법은 다시 말해서 그리스도가 오시기 전까지 준비하는 의미를 띠기에 불완전하다고 말한다. 준비는 항상 그러하듯이 달리 중요한 목적을 위한 예비적인 의미를 띠기 때문이다. 여기서 준비는 하느님 곁으로 백성들(사람들)을 끌어 모으는 것을 가리킨다. 하지만 그 자체로 성화(聖化)를 완성하지는 못한다는 점에서 불완전하다. 그래서 바오로 사도가 가르치듯, 이 구약의 법에 의해서가 아니라 그 뒤에 오시는 주님에 대한 믿음, 곧 신약의 법에 의해서 우리는 성화될 수 있다.

### 1) 그 목적과 기원 그리고 준수대상

신약의 법이 하느님의 아드님에 의해서 친히 주어진 데에 반해, 구약의 법은 천사들이나 몇몇 거룩한 사람들에 의해 세상에 전해졌다. 물론 구약의 법도 하느님의 섭리에 따른 보편적인 질서에서 비롯한 것이기에, 그 질서 안에서 하위의 법은 상위의 법에 의해 완전해지기 마련이다. 한편 신약의 법과는 달리 구약의 법은 모든 사람들에게 주어진 것도 아니며 모든 사람들을 위한 것도 아니었다. 그것은 어떤 특정한 백성, 곧 유다민족에게만 주어진 것이었고, 그들의 성화를 위해서만 준비된 것이었다. 그렇다고 이것이 하느님의 유별난 취향을 대변하는 것도 아니며, 유다민족이 주장하듯이 선민사상(選民思想)의 근거가 되지도 않는다. 기호주의 및 선호사상은 정의(正義)에 상처를 준다. 더욱이 공로와 상관없이 주어지기에, 구약의 법은 그저 일방적으로 베풀어진 것이었다. 공로는 아무런 역할을 하지 못했다. 구약의 법이 그런 식으로 유다민족에게 주어졌다. 다만 그 밖의 다른 민족들보다 더 절실히 성화가 필요했다고 설명할 수 있을 뿐이다. 왜냐하면 그들에게서 하느님의 아드님이 태어나셔야 했기 때문이다. 결론적으로 구약의 법은 우리가 줄곧 거론하는 '자연적인 도덕법'의 명령을 함축하고 있다는 사실을 제외하면 유다민족 외에 다른 민족들에게는 어떠한 의무도 부과하지 못했다. 엄밀히 말해서 구약의 법은 오직 유다민족을 위한 법이었고, 그들만이 준수해야 할 의무가 있는 법이었다.

### 2) 그 교훈 : 도덕적인 측면, 전례적인 측면 그리고 재판의 측면

어떤 민족의 법이든 민족 전체를 지배하는 법은 항상 그렇듯이 단순하지 않고 여러 가지 다양한 측면에서 해결해야 할 과제를 떠안고 있다. 구약의 법도 그와 같았다. 만일 우리가 성급하게나마 구약의 첫 기록들인 모세오경을 간단히 살피더라도, 마치 현대의 큰 도서관을 찾은 서투른 방문객이 자신이 원하는 책을 찾아 이리저리 서고를 헤매듯이 당황스러운 기분을 금방 느끼게 될 것이다. 구약의 법은 저 '십계명'으로 간단히 요약되지 않는다. 십계명은 단지 구약의 법의 일부일 뿐이다. 다시 말해 십계명은 구약의 법에 대해 도덕적인 측면에서만 소개한 것이라고 말할 수 있을 것 같다. 구약의 법은 전체적으로 말해서 크게 세 가지 측면, 곧 도덕적인 측면, 전례적인 측면 그리고 재판의 측면에서 준수해야 할 규범들을 제시한다.

이러한 세 가지 측면에 대해서 일반적으로 다음과 같이 설명해도 좋을 것이다. 예컨대 도덕적인 측면에서 구약의 법은 자연적인 도덕법에 기초하여 도출한 (이차적인) 명령들을 단순히 시대어로 바꾸어 표현한 것에 지나지 않는다. 두 번째로 전례적인 측면에서 구약의 법은 자연적인 도덕법을 기초로 하느님을 경배하는 단계로까지 확장되었음을 보여준다. 세 번째로 재판의 측면에서 구약의 법은 정의(正義)의 본성적인 명령에 기초하여 그러한 정의가 실제로 어떻게 사람들 사이에서 준수되어야 하는지를 생생하게 보여준다.

### 3) 그 약속과 위협

이들 세 가지 측면에서 구약의 법은 이 세상에 살아가면서 한시적으로 경험하는 여러 가지 위협과 약속에 대해 가르쳤다. 예를 들어, 오래 산다는 것, 평화를 얻는다는 것, 많은 자녀를 둔다는 것, 가문의 명예를 더럽힌다는 것 등등의 교훈들을 전해주었다. 이 같은 사실은 한편 구약의 법이 불완전한 법이라는 것을 단적으로 보여주는 것이기도 하다. 한시적인 것들에서 정신적인, 영원한 것들로 나아가는 데에 있다. 불완전성은 한시적인 것들에 미련을 갖고 그것을 정신적인 것으로 착각하거나 거기에 머물러 버리는 데에 있다. 한시적인 것들을 정신적인 것들보다 우위에 두는 태도는 질서를 뒤집는 것이다. 구약의 법은 사람들을 불완전한 방식으로 안내했다. 한시적인 약속에 집착하는 것을 바로 잡지 못했고 실천적인 미덕을 통해 혹은 율법이 정한 것만 채움으로써 족히 인간의 삶이 완성되는 것처럼 가르쳤다. 마치 아이에게 좋은 습성을 키워주기 위해 장난감 선물을 약속하는 것처럼, 구약의 법이 의도했던 바를 너무 간단히 혹은 자의적으로 생각하게끔 이끌었다. 결국 많은 아이가 그렇듯 단지 장난감을 선물 혹은 대가로 받기 위해 참고 노력하다가 마침내 장난감을 손에 넣게 되면 너무나 쉽게 그동안 터득한 좋은 습성을 내버리는 모습을 보이듯이, 구약의 법은 유다민족을 가르치는 데에 한계를 극복하지 못했다.

## (2) 특별한 성격 : 도덕적인 교훈과 자연법

구약의 법이 제시하는 도덕적인 명령 및 교훈들에 대해 좀 더 면밀히 검토하노라면, 과연 자연적인 도덕법 자체에서 직접 유래하지는 않는 명령들을 많이 엿보게 될 것이다. 그러나 또 다른 한편 이들 명령 및 교훈들에 대해 진술하는 방식을 좀 더 예리하게 관찰함으로써 어떤 사람은 모두 다 저 '십계명'으로 환원시킬 수 있다고 말하거나 아니면 자연적인 도덕법에 기초하여 도출한 명령들로 환원시킬 수 있다고 말할지도 모른다. 예를 들어, 나이든 사람을 공경하라는 구약의 명령이 있는데, 이 명령은 자연적인 도덕법의 테두리 안에서 하나의 원리로부터 직접 도출해낼 수 있는 한 가지 당연한 결론일 수 있다. 그래서 이 같은 명령은 단순히 우리의 현명한 숙고와 연구를 통해서도, 곧 우리의 이성을 가지고서도 능히 밝혀질 수 있다고 주장한다. 하지만 자연적인 도덕법에 기초하여 도출한 명령들과의 연결 관계를 이해하기 위해서 하느님의 가르침이 따로 요구되는 명령들도 존재한다. 예를 들어, 어떤 신상(神像)도 만들지 마라는 명령은 자연적인 우상숭배 사상과는 완전히 동떨어진 삶을 위해 어떤 특별한 백성에게 주어진 명령이다. 이 같은 명령에는 하느님이 정하신 실정법의 특징적인 면모가 선명하게 드러난다. 반면 인간이 정한 실정법은 오직 정의를 취급하는 명령들로 이뤄져 있다. 그러니까 하느님의 실정법은 그렇듯 인간의 실정법이 전제로 삼는 것들이나 미덕으로 요구하는 것들과 무관하게 제시된다. 하느님의 실정법은 인간의 실정법과 다르다. 그러니까 인간의 실정법이 이성의 질서가 그것 없이는 유지될 수 없는 어떤 전제된 사실들을 명령하듯이 일련의 규정들을 의무로 지시하거나 이성과 미덕의 완전성을 위해 사람들을 다그치는 내용들로 훈계하는 방식을 취하는 데에 반해, 하느님의 실정법은 그렇게 하지 않는다는 것이다.

'십계명에 관한 해설' 중에 토마스는 매우 드물고 귀한 보석을 다루는 보석감정가처럼 십계명을 주도면밀하게 살핀다. 자신의 손으로 조심스럽고 시나브로 그것을 붙들어선 이쪽저쪽 돌려가면서 유심히 관찰하기도 하고, 햇볕을 향해 들어 올렸다가 무게를 달아보았다가 다시 어둠을 배경으로 대비시켜 보길 반복하면서 그 황홀한 멋과 탁월한 완전함을 조금도 놓치지 않으려고 집중하여 설명을 시도한다. 예를 들어, 그는 십계명 중에 앞선 세 계명은 하느님과 직결된 명령이고, 나머지 일곱 계명은 이웃과 직결된 명령이라고 설명한다. 그리고는 앞선 세 계명은 자칫 하느님 앞에서 거드름이라도 피울 요량으로 자만심을 내세우는 잘못을 경계하라는 것이고, 다음 두 계명은 육체의 욕망을 자제하고 혼인의 신성함을 보존하도록 주지시키는 것이며, 나머지 계명들은 우리의 눈이 넘보기 쉬운 남의 것에 대한 욕심을 뿌리칠 수 있도록 일깨우는 것들이다. 그렇지 않고 만일 지배자와 피지배자 사이에서 펼쳐지는 사회적인 관계를 염두에 두고 십계명을 살핀다면, 우리는 처음 세 계명이 지배자가 요구하는 충실성과 존경심 그리고 엄격히 제한적일 수밖에 없는 친근성에 기초하여 조화로운 관계를 규칙적으로 상기시키는 명령이라고 볼 수 있다. 나머지 일곱 계명은 동료시민들(피지배자들)

사이에서 질서지어져야 할 관계성에 관한 것들로서 제 부모에게 되돌려야 할 몫을 최고의 의무로 삼는다는 사실과 다른 이웃들에게 인격적으로든 물질적으로든 생각과 말 그리고 행동으로 결코 해를 끼치지 말아야 한다는 사실을 가르치고 있다고 하겠다. 또 달리 도덕적인 관점에서 십계명을 상대적으로 비중이 큰 악행을 척결하기 위한 명령이라고 볼 때, 우리는 그런 방식으로 보존하고자 하는 바로 그 질서가 사람들에게 가장 수월하면서도 가장 즉각적으로 눈치 챌 수 있을 만큼 상당한 의미와 가치를 지닌 것임을 능히 짐작할 수 있을 것이다. 예컨대, 먼저 처음의 세 계명은 사람들의 마음을 유일한 목표인 하느님에게 돌리려는 것이요, 그렇지 않으면 모두 악의 구렁텅이로 떨어질 것을 경고한 것이라고 하겠다. 그 다음 일곱 계명은 우리와 함께 살아가는 사람들과의 관계에 관한 것들로서 먼저 우리들 사이에서 반드시 지켜져야 할 의무를 중요한 순서에 따라 소개한 것이다. 그래서 자신의 부모에게 효(孝)를 다하는 의무가 무엇보다도 중요하다고 가르친 셈이다. 그러니까 행동이나 말 혹은 생각으로 저지른 잘못에 대해 용서를 청하도록 명령하되, 생명에서부터 가족 그리고 외적인 재화에 이르기까지 보호되어야 할 것들의 중차대함을 고려하여 순서별로 나열한 것이라고 하겠다. 예컨대, 가장 소중한 생명의 보호를 위해 살인하지 말아야 하고, 그 다음 중요한 가족관계를 보호하기 위해 간음하지 말아야 하며, 그 다음 재화를 통한 개인 및 사회의 살림을 보호하기 위해 도둑질하지 말아야 한다고 차례로 명령한 것이다.

신약의 법에 대해 살피기 전에 여기서 한 가지, 그것이 내포하는 자연적인 도덕법의 요소를 제외하더라도, 구약의 법이 그리스도의 출현과 함께 중지되었다는 점도 기억하는 것이 좋을 것 같다. 아우구스티누스 주교는 구원역사 안에서 이 구약의 법(명령들)의 위력에 대해 언급하면서 그 세 가지 단계를 구분하여 설명하고자 했다. 예컨대, 아우구스티누스 주교는 첫 단계에선, 곧 그리스도가 오셔서 수난을 당하시기 전까지는 그 명령들이 결코 사라지지도 않으며 그 힘 또한 잃지 않을 것이다. 그러나 두 번째 단계에선, 곧 그리스도가 수난을 당하신 후

복음이 만방에 전파되기 전에 그 명령들이 사라지겠지만 그 힘은 잃지 않을 것이다. 그러나 세 번째 단계에선, 곧 복음이 온 세상에 전파된 후에는 그 명령들이 모두 사라지고 그 힘도 잃어버릴 것이라고 한다. 다시 말해 아우구스티누스 주교는 구약의 심판과 관련된 계명들이 그리스도가 오심으로써 모두 사라졌지만, 그렇듯 메시아를 기약하거나 종말을 예고하는 계명들은 그리스도가 오신 후에도 그에 대한 준수가 잘못된 것이라고 볼만한 단서를 내포하지는 않는다고 설명한다.

## 6. 신약성경이 전하는 하느님의 실정법

### (1) 신약의 의미

그리스도가 오심으로써 구약의 법은 사라졌고 신약의 법이 탄생했다. 아니 좀 더 제대로 말하자면, 구약의 법은 신약의 법으로 완전하게 되었다. 왜냐하면 신약의 법은 이제 사라질 문자로 기록된 법이 아니라 마음속에 새겨질 영원법이기 때문이다. 어떤 것들을 믿거나 행동으로 옮기도록 사람들을 가르치기 위해선 말이나 글이 필요했다. 그러나 그러한 인간적인 행위들을 넘어서 성령의 은총이 이제 그리스도를 추종하는 이들의 마음속에 새겨지게 되었다. 이처럼 사람들을 근본적으로 의롭게 만드는 일은 구약의 법이 도저히 해낼 수 없었고, 오직 신약의 법만이 이룰 수 있다. 그것은 진정 하느님의 실정법에 의해 기대될 수 있는 결과다. 인간의 마음 깊숙이 어루만지시는 하느님만이, 이 세상이 종말을 고하는 그 순간까지 능히 참아내는 자비로우신 하느님만이, 살아가는 동안 하느님의 은총에 대해 못마땅하게 굴었던 자신을 깊이 뉘우칠 만큼 충분한 시간을 보내고서야 비로소 깨닫는 지혜의 주인이신 하느님만이 해결할 수 있기 때문이다.

## (2) 구약과의 비교

구약의 법은 마치 아이들을 위해 기본적인 것만을 가르치는 교사와 같은 역할을 했다. 그에 반해 신약의 법은 완전한 것을 가르치는 교사와 같다. 그래서 미성숙한 아이들을 상대로 하는 많은 명령들은 신약의 법에선 찾아보기 어렵다. 구약의 법은 겉보기에 잘 따르는 것으로 만족했다면, 신약의 법은 구약의 법에 비해 훨씬 더 근본적이다. 어쩌면 수많은 외적인 조건들을 철저히 채워야 하는 구약의 법보다 훨씬 더 수월할 수 있다. 달리 말하면, 신약의 법을 피상적으로 준수하는 데에 초점을 맞춘다면 구약의 법보다 훨씬 더 수월하다. 왜냐하면 신약의 법은 오직 마음에서만 우러나는 행동을 촉구하기 때문이다. 하지만 그 계명을 충실히 채워야만 하는 원칙에 초점을 맞춘다면, 신약의 법은 훨씬 더 어렵다. 예컨대 '정성을 다해' 사랑을 해야 한다거나 '수없이' 용서를 베풀어야 한다는 점에서 말이다.

## (3) 그 내용

### 1) 외적인 준수

그렇다고 신약의 법이 모든 외적인 준수(행위)에 대해 대수롭지 않게 여기거나 관심이 없는 것은 결코 아니다. 분명히 외적인 준수에 관한 명령들도 일부 존재한다. 특별히 내적으로 은총을 받거나 그렇게 받은 은총을 발휘하는 것을 거스르는 태도에 대해 엄격하게 가르치고 있다. 그 밖의 모든 것은 자유의 법에 어울리게 윗사람 및 개인의 결정에 맡겨졌다. 다시 말해 신약의 법은 성사(聖事)에 그리고 도덕적인 명령들에 초점이 맞춰져 있다. 이 두 가지 측면(성사와 도덕적인 측면)에서 지시하는 명령들로 충분했으니, 그에 대한 준수로써 은총은 보장되고 또 잘 발휘할 수 있다.

### 2) 내적인 준수

우리는 인간의 내면적인 삶에 주목하는 신약의 법에서 아주 간단하면서도 충분히 강력한 내용을 목격하게 된다. 아우구스티누스 주교는 무엇보다도 '산상수훈'에서 그 점을 충분히 엿볼 수 있다고 설명한다. 거기서 우리의 주님은 인간의 내면적인 삶, 이웃과의 진심어린 관계 그리고 행동에 관한 두 가지 측면을 모두 채우는 방식에 대해 짧고 명료하게 가르치셨다는 것이다. 왜냐하면 악을 피하라는 명령은 단순히 외적인 행위 및 표현으로만 완수되는 것이 아니라 생각이나 원의에 있어서도 악이 생겨날 수 있는 모든 경우들을 피해야 온전히 준수되는 것이라고 가르치기 때문이다. 마찬가지로 선을 행하라는 명령은 사람들의 영예를 위해서도 재화를 얻기 위해서도 아니고 다만 완전해지기 위해서 따라야 하는 것이다. 그런 태도로 명령들을 준수할 때에만 비로소 우리는 언젠가 하느님과 하나가 될 수 있기 때문이다. 이웃과의 관계에서도 판단은 조심스러울 수밖에 없다. 불의를 두고 사정없이 비판을 일삼아서도 안 되고 혹독하게 비난만해서도 안 된다. 인간에게 주어진 신약의 법은 단지 귀로 알아듣는 것만도 아니며 믿음을 단지 입으로 고백하는 것만도 아니다. 오히려 우리에게 필요한 하느님의 도우심을 청하는 행위로서 항상 겸손하고 용기를 잃지 않으며 십계명을 내외적으로 온전히 준수해야 한다.

### 3) 권고들

세상에서 흔히 성공을 거두기 위해 꼭 필요한 조건들은 영원한 행복을 목표로 삼을 경우 거기에 턱없이 모자라는 조건들이기 때문에 그런 조건들을 뛰어넘어야 한다는 교훈은 그리스도의 말씀 중에 아주 많은 사례들을 통해서 쉽게 확인할 수 있다. 인간은 물질적인 세계와 영적인(혹은 정신적인) 세계 사이에 존재한다. 하지만 어정쩡하게 중간에 머물러 있다는 의미가 아니라, 인간은 반드시 한 쪽 세계에 좀 더 많이 다가가야 하고, 다른 쪽 세계로부터는 좀 더 많이 거리를 두어야 한다. 비극적인 실패는 한시적인 것들에 집착하는 경우요, 그만큼 영원한 것과 거리를 두는 경우다. 한시적인 것들에 가까이 하면서 그런 것들에 집착하면 집착할수록 정작 자신의 정신적인 목표와는 소원하게 될 것이다. 하지만 정신적인 가치와 의미에 더 많이 정념을 품고 붙잡으려고 한다면 그의 삶은 훨씬 더 충만해지고 훨씬 더 바람직하게 하느님의 완전하심에 동참할 수 있는 기회를 많이 갖게 될 것이다. 그만큼 상대적으로 세상의 한시적인 것들에 대한 관심이나 집착도 줄어들기 마련이다. 인간이 하느님처럼 완전해지는 것이 신약의 법이 지향하는 유일한 목표다. 굳이 호되게 혹은 위협적으로 충고할 이유는 없어 보인다. 오히려 인간의 자유를 언제든 보장하고 존중하면서 다가가는 진심어린 권고로도 충분하기 때문이다. "알아들을 수 있는 자는 알아들어라!"(qui potest capere, capit)

## [결론] 하느님의 실정법

### 1. 법의 시작

아마도 하느님의 실정법에 관한 이 19장의 가장 핵심적인 부분은 우리가 모든 법의 유래에 대해서 말할 때 다뤄졌다고 본다. 모든 법은 하느님의 영원한 마음에서 비롯하였다. 혹은 이미 대자연 안에 새겨진 영원법 혹은 인간의 본성 안에 처음부터 내재하는 원리에서 비롯하였다. 그래서 이 법은 항상 변함이 없으신 하느님의 안정된 모습, 대자연 및 인간의 본성 안에 지속적으로 자리 잡고 있는 확고부동한 성격을 유사하게 보여준다. 대자연 혹은 본성에서 유래한다는 것은 그래서 그만큼 신뢰할 만하다는 것으로 풀이되어 왔다. 대자연의 법칙과 인간의 도덕적인 본성은 그렇게 하느님의 법과 원천적으로 관계를 맺고 있다. 그러므로 법의 유래를 고려할 경우 법은 그렇듯 각 개인의 삶과 행동 하나하나에 깊이 관련을 맺고 있음을 깨달을 수 있다. 일상생활 중에 매순간 정확히 어떤 여건에서든 본성이 지시하는 보편적인 명령을 따라야 하는 것처럼 말이다. 그러한 차원에서 법이 지시하는 명령은 절대적으로 준수해야 할 것들로 간주되는 것부터 그 필연성이 거의 없어 보이는 것들에 이르기까지 두루 적용된다. 따라서 법에 충실한 태도를 취하는 것이 마땅하다면, 하느님의 법이 갖는 완전성이 마침내 숨김없이 드러날 때(종말)까지 인간은 이 세상에서 살아가는 동안 법의 명령을 진심으로 완수할 수 있도록 노력해야 한다.

## 2. 법의 과정

자연적인 도덕법의 원천으로서 인간에게 처음부터 내재해온 법은 하느님의 위대한 지혜를 일부 드러내는 것이면서 인간에게는 매우 소중한 것이다. 그래서 인간이 스스로 존중하고 간직해야 할 것이라는 점에서 자신이 그 법의 입법자와 같은 생각을 불러일으키기도 한다. 하느님의 지혜와 사려 깊으신 배려는 인간이 세운 여러 제도들을 이 세상의 통치를 위해 필요한 것으로 인정하였고, 나아가 인간이 삶을 영위하기 위해 필요한 것들을 자연적인 도덕법에서 도출해내는 일도 허락하였다. 하느님이 앞서 인생의 궁극적인 방향을 틀림없이 정해놓으셨다면, 사람들의 생각과 제도들이 혹여 그 방향에서 이탈하거나 좌충우돌을 겪지 않도록 명료한 명령을 통해 사람들이 그때마다 기억하도록 섭리하신 것이 이상할 리는 없다. 당신의 외아드님을 우리 인간을 위해 기꺼이 내어주신 하느님이 그렇게 아드님의 탄생을 계획하신 바로 그 백성을 위해 특별히 준비하셨다는 것도 놀라운 일은 아니다. 더욱이 그렇게 간추린 법을 세상에 내놓으심으로써 모든 사람들을 당신께 끌어들이시기 위해 당신 친히 법을 부여하신 분으로서 공공연하게 나서신 것이, 그래서 그러한 법의 주인이자 그 법이 지향하는 최종목표인 당신 자신을 더욱 더 분명하고 정념적으로 그리고 보다 더 완전하게 알아보도록 하신 것이 납득할 수 없는 일은 아니다.

## 3. 법의 목적

하느님, 자연 그리고 인간 본성, 이 세 가지는 법의 원천이다. 따라서 이 세 가지를 지향하는 것이 곧 법의 목적이다. 법은 사람들을 이끌기 위해 존재한다. 이때 법은 그 나름대로 어떤 방향이나 목표를 임의로 정하는 것이 아니라 오롯이 하나의 목표, 곧 거기에 이르면 모두가 행복한 목표로 사람들을 이끌기 위해 존재한다. 영원법, 자연적인 도덕법, 하느님의 실정법, 이 모든 법들은 정확히 인생의 한 가지 목표를 지향한다. 그것은 모든 법이 하느님에게서 비롯했다는 사실만큼이나 정확하게 하느님을 목표로 삼는다. 하느님의 실정법은 또한 인간에게 주어진 까닭에 그 법이 의도하고 지향하는 목표에 이를 수 있다고 확신한다. 그러므로 그 밖의 빗나간 생각 없이 오롯이 그리고 겸손하게 법의 목표를 추구한다면, 거기에 이미 하느님의 은총과 거룩한 삶이 깃들어 있음을 느끼게 될 것이다. 왜냐하면 하느님의 실정법은 그렇듯 그것을 준수하는 이들에게 평화를 주고 언제든 최고의 목표인 행복한 삶을 성취할 수 있도록 기회를 주기 위해 존재하기 때문이다. 그렇게 하느님의 실정법은 '덕을 베푸는 삶'의 실현이 우리에게 언제든 가능하게끔 길을 안내한다. 법은 그렇듯 인간이 살아가는 데에 매우 친숙한 수단이자 우리의 삶을 지지해주는 도움의 손길이다. 다시 말하지만 인간만이 법을 필요로 한다. 왜냐하면 인간만이 실패할 수 있기 때문이다. 모든 피조물 가운데 인간만이 이 세상에서 법을 자기 곁에 둘 수 있다. 왜냐하면 인간만이 자신의 행동으로 성취할 수 있는 어떤 목표를 자기 곁에 둘 수 있기 때문이다. 예컨대 하느님의 지복직관이란 목표를 자기 곁에 둘 수 있다는 말이다. 그런 목표의 성취가 성공을 의미한다면, 인간은 언제든 그렇게 자신의 선택과 행동으로 성공을 거두기 위해 자신의 선택과 행동에 관한 규범 혹은 법을 마련할 수 있기 때문이다.

A Companion to the Summa

성 토마스 아퀴나스의

# 신학대전 해설서 Ⅱ

# 제20장 행복의 크기
## (제2부 제1편, 제109문제~제114문제)

1. 인생의 의미
   (1) 인간 활동의 단초 - 원의와 행복
   (2) 본성적인 것과 행복
   (3) 초본성적인 것과 행복
2. 은총과 인생의 의미
3. 은총에 관하여
   (1) 은총의 필요성
      1) 은총 없는 삶
      2) 은총 아래에서의 삶
   (2) 은총의 본성
      1) 초본성적인 성격
      2) 영혼의 본질 안에 자리하는 은총
   (3) 은총의 분류
      1) 다른 이들의 구원을 위한 은총
      2) 개인적인 성화를 위한 은총
         ① 타고난 은총
         ② "충분한 조력은총"(충족 은총)과 "효과적인 조력은총"(효능 은총)
4. 은총의 동기
   (1) 두 가지 측면
   (2) 인간 편에서
5. 은총의 효과
   (1) 의화(義化)
      1) 의화의 본래적인 의미
      2) 하느님의 선물
      3) 일상적인 탁월함
   (2) 공로
      1) 본성과 실존
      2) 공로의 원리와 조건들
      3) 공로의 목적
         ① 초본성적인 은총의 시작과는 무관함
         ② "마지막까지 지속되는 은총의 보유(final perseverance)"

---

[결론] 은총과 인간
1. 은총과 자연세계
2. 은총과 인간의 행위
3. 은총과 인간의 행복

# 제20장 행복의 크기 (제2부 제1편, 제109문제~제114문제)

## 1. 인생의 의미

### (1) 인간 활동의 단초 – 원의와 행복

어린아이가 어느덧 솜털을 벗고 자신만의 독립을 외칠 수 있는 나이가 되어 처음 어른처럼 넥타이를 매고 잘 다려진 양복을 입을 때쯤이면 그가 어릴 적에 소망했던 이런저런 목표들이 대수롭지 않아 보일 수 있다. 이제 막 죽음을 앞둔 노인이 자신의 생애를 되돌아본다면 어린 시절의 풋풋한 날들이 꿈처럼 다가왔다가 연기처럼 사라져버린 느낌에 대부분 쓴웃음을 짓고 말 것이다. 인생의 시작을 논한다면, 자연스레 행동을 통해 이뤄내는 끝(목표)이라는 것이 있을 것이다. 그러므로 만일 우리가 그 끝을 제대로 이해하겠다면, 인생의 시작을 되돌아 볼 수 있어야 할 것 같다.

이 총서의 제1권 서두에서 우리는 인생의 목표에 대해 생각해보았다. 이 총서가 기획한 종착점에 다가갈수록 그 목표가 무엇인지 이해하기 위해서는 처음으로 되돌아가야만 한다는 것을 점점 더 절실하게 느낀다. 그리 짧지 않은 이 해설서를 막 시작할 무렵 우리는 모든 사람들이 각자의 행동을 멈추지 않고 계속하는 이유가 모름지기 저마다의 원의(願意)에 있음을 보았다. 그런 원의의 대상은 성취될 수 있는 것이지만 아직 성취하지 못한 것이기에, 우리는 여전히 행동하는 것이다. 그래서 이런저런 행동을 통해 원하는 것에 더 가까이 다가가며, 언젠가 원하던 바(대상)를 손에 쥐게 될 때 마침내 행복할 것이라고 내심 기대한다. 그러므로 우리는 모든 인간이 오직 한 가지를 위해 행동한다고 보편적으로 정의할 수 있겠다. 예컨대 그렇게 수렴되는 한 가지 궁극적인 목표는 바로 자신이 원하던 바의 획득이요, 그것이 곧 행복이라고 말이다.

## (2) 본성적인 것과 행복

정확히 말해서 행복을 찾는 것이 바로 인생이다. 그러나 보통 원하는 대상들이 좀처럼 사람들에게 행복을 가져다주지 못하기 때문에, 노력은 하지만 그 행복은 이룰 수 없다는 생각에 안타까움과 함께 분노마저 느끼는 분위기가 오늘날 폭넓게 퍼져있다. 그리하여 행복이 점점 더 요원하게 느껴지면서 사람들은 차라리 행복을 찾아 길을 나서는 동안 행복하다고 생각한다. 사람들이 감각적인 쾌락이나 물질적인 재화 혹은 세상의 권력이나 명예를 붙잡는 순간 이미 불행의 늪에서 헤어 나오지 못한다는 것을 자각하고도 다른 방도를 찾지 못하기 때문이라고 할까? 왜냐하면 그렇게 손에 쥐면 행복할 것이라고 믿었던 것들이 한순간 신기루처럼 바뀌어 결국 실망과 아쉬움을 안겨주는 것은 물론 더 이상 재기할 수 있는 힘마저 상실한 채 절망의 늪에서 허우적거리는 자신을 목격하기 때문이다. 실제 오늘날 세속주의에 빠진 사람들은 성공이 아니라 실패를 위해서 친구들을 꼬드긴다. 그들도 이미 이 세상에선 오직 노력만 있을 뿐 결코 행복은 손에 넣을 수 없다는 사실을 잘 알고 있다. 거기에는 충분한 이유가 있는 듯하다. 예를 들어, 그들은 하나같이 이 세상에서만 원의의 대상을 찾는다. 눈에 보이고 귀에 들리는 것에만 관심을 갖는다. 이 세상 너머에 대해선 별 관심이 없다. 그들에게 정신은 오직 몸을 위한 것이요, 몸이 살아있는 동안만 의미가 있고 쓸모가 있다고 여긴다. 그들은 결코 세상 밖으로 나가길 원치 않는다. 보이지 않고 들리지 않는 것은 존재하지 않는 것으로 취급하기 때문에, 초본성적인 것 혹은 초월적인 것은 그저 환상에 불과하다고 생각한다. 그러므로 그 어떤 신적인 개념들이나 하느님의 완전성 혹은 영원한 존재에 대한 통찰은 단박에 불신하고 냉담한 반응으로 일관한다. 그러나 그렇게 불신하고 냉담한 반응을 하면 할수록 그들의 갈증은 더 깊어만 간다. 왜냐하면 이 세상에서 아름답고 훌륭하다고 하는 것들은 인간의 정신이 갈망하는 최고의 진리에 비해 너무도 하찮은 것에 불과하며, 보편적인 선에 관한 의지 및 참된 행복을 충족시키기에는 턱없이 모자라기 때문이다.

## (3) 초본성적인 것과 행복

이 총서의 서두에서 우리는 인간을 행복하게 해주는 유일한 목표가 무엇인지 살펴보았다. 그러니까 하느님의 지복직관 이외에 그 어떤 것도 인간의 정신 및 의지를 넉넉히 채울 수 없음을 알아보았다. 만일 우리가 인간이 지닌 본성적인 능력에만 국한하여 지복직관을 추구한다면, 그것은 분명 우리 힘으로 손에 넣을 수 없는 목표라는 사실도 알아보았다. 샌프란치스코(도시)와 같이 지구 저편에 있는 사람들의 목소리 및 모습을 전해주는 라디오나 TV를 이용하지 않는다면, 그런 도시민들에 대해 이야기하는 것은 터무니없는 일이 될 것이다. 아주 멀리 있는 사람들의 목소리는 어떤 도움이 없이는 알아들을 수 없다. 그와 마찬가지로 어떤 도움이 없이는 우리에게 행복을 가져다주시는 하느님을 알아보고 그분에게 다가가는 일은 불가능하다. 그렇다면 하느님이 베푸시는 어떤 도움을 우리의 손에 닿도록 조치하는 것이 필요하다. 그 도움으로 우리는 하느님을 알아보고 그분에게 다가갈 수 있게 될 것이니, 교회는 이를 오래 전부터 '은총(恩寵)'이라 불러왔다. 이 개념이 여기 이 20장에서 설명하고자 하는 주제다.

## 2. 은총과 인생의 의미

초본성적인 존재와 본성적인 존재 사이에 가로놓인 간격을 뛰어넘어 서로 맞닿게 해주는 것이 은총이다. 은총은 인간 각자에게도 없어서는 안될 만큼 꼭 필요한 것이다. 은총은 그래서 가톨릭교회의 가르침 안에서도 특별한 자리를 차지한다. 우리의 신앙으로 추구하는 위대한 진리들과 연결시켜주는 은총의 역할을 알게 된다면, 인생에 있어 정말 중요한 것이 무엇인지 이해할 수 있을 것이다. 원죄로 인해 잃어버린 것이 바로 은총이었다. 은총은 주님의 강생과 구원활동에 따른 즉각적인 결실이다. 은총으로써 죄를 저지른 이를 다시 의화(義化)시킬 수 있다. 주님의 구원활동을 계승한 교회가 성사(聖事)를 통해 얻어 누리는 열매인 은총은 사람들을 다시 살리는 능력을 지닌다. 사제직은 미사성제와 교회의 일곱 성사의 집행을 위해 마련되었다. 그로써 은총이 교회 안에 끊임없이 이어져 올 수 있게 되었다. 은총은 인간 영혼을 성화시키고 완전해지도록 돕는다. 이 은총으로 초본성적인 능력들이 우리에게 주어지는데, 그 모든 선물은 성령님을 통해 내려진다. 은총의 상실은 곧 이 같은 기회를 모두 잃어버리는 것을 뜻한다. 사죄와 같은 대죄는 은총을 파괴함으로써 결국 영혼을 회생하기 어렵게 만든다. 은총이란 주제는 마리아론에도 깊이 관여한다. 특히 오늘날 우리의 구원을 위해 누구보다 친근하게 우리를 위해 빌어주시는 성모님의 위상을 고려하면서 은총에 대해 소개한다. 예컨대 하느님의 은총이 모후이신 성모님을 통해 좀 더 적극적이고 안전하게 우리에게 다가온다고 확신한다. 은총은 미천하고 유한한 인간이 하느님의 영광을 누릴 수 있게 해주는 수단이다. 하느님과 같은 영광을 누린다고 하지만, 이 은총에 대한 올바른 이해가 범신론적인 어리석음에 떨어지지 않도록 도와줄 것이다. 우리를 하느님의 고상한 품위에까지 들어 올려주는 것이 바로 은총이기 때문이다. 다시 말해 우리가 하느님과 같은 영광을 누리지만, 여전히 하느님은 지엄하신 분으로서 우리는 인간의 모습으로서 그런 영광에 참여하는 것을 의미한다.

우리가 누릴 영광에 대하여 온전하게 설명할 수는 없다. 그러나 토마스는 이 점에 대해 다양한 주제를 따라 적절하게, 곧 최대한 알아들을 수 있도록 설명하려고 노력했다. 특히 그의 「신학대전」에서 가장 짧은 논리형식으로 여섯 개의 물음을 스스로 제기하면서 거기에 얽혀있는 궁금증을 차근차근 풀어내려고 애를 썼다.

## 3. 은총에 관하여

아주 건강한 사람은 자신의 건강이 얼마나 소중한지 절실히 느끼거나 충분히 알지 못하기 일쑤다. 하지만 병원을 잠깐 방문한 사람이라 하더라도 자신이 얼마나 다행스럽게 살아가고 있는지 깨달을 수 있을 것이다. 그래서 은총의 중요성에 대해 말할 경우 많은 사람들이 간단히 동의할 수는 있어도 그 중요성을 진지하게 알아듣는 일은 드물다. 다시 말해 은총 없이 사는 인생의 막연함에 대해 충분히 이해하지는 못한다는 것이다. 몸이 아픈 사람은 그렇지 않은 사람에 비해 건강의 가치에 대해 더 절실히 느끼기 마련이다. 영적으로 병든 사람 역시 그와 마찬가지로 은총의 중요성을 아주 생생하고 간절하게 느낀다고 말할 수 있다.

### (1) 은총의 필요성

#### 1) 은총 없는 삶

순수하게 가정하는 차원에서 인간 본성을 예를 들어 생각해보기로 하자. 그러니까 자연적인 본성에 해당하는 모든 재능들을 갖추었지만, 초본성적인 혹은 초월적인 재능에 관해서는 아무것도 아는 것이 없는 사람이 있다고 가정해보자! 우리의 관심은 현대인들의 처지인데, 교회는 이들이 [세례를 받기 전에는] 모두 타락한 본성을 가지고 태어난다고 가르친다. 곧 태어나는 모든 사람의 영혼과 본성이 하느님에 의해 선사되는 초월적인 재능 및 은총을 결여하기 때문에 마치 영적으로 병든 존재라고 설명한다. 이때 하느님의 은총은 인간이 나면서부터 갖게 되는 결함을 보충하는 필수적인 것임을 함의한다. 그러면 은총 없는 삶이란 좀 더 정확히 어떤 상태를 가리킬까?

그와 같은 상태에서 살아가는 사람은 구체적으로 어떤 모습일까? 만일 우리가 그런 사람에 대해 알고 싶어 한다면, 단지 외형적인 모습, 예컨대 헤어스타일이나 어떤 표정을 짓는지 등등에 초점을 맞추기보다는 어떤 행동을 통해서 자신의 삶을 실현하려고 하는지에 초점을 맞추어 알아보는 것이 훨씬 더 합리적일 것이라고 본다. 그리하여 그는 무엇을 알고 있는지? 또 무엇을 인생의 최종목적 내지 목표로 삼는지? 그가 의지적인 행동할 때마다 그 근거로 무엇을 생각하는지, 그는 실제 무엇을 할 수 있는지 등등 살펴야 한다는 것이다. 만일 우리가 상기 물음들에 대해 주목한다면, 분명히 그런 사람에 대해 좀 더 철저히 알 수 있다고 말할 수 있겠다.

앞서 제시한 이런 모든 물음들에 대해 답하는 일, 곧 소위 타락한 본성을 갖고 살아가는 사람의 모습을 진술하는 일은 매우 쉽다. 한 마디로 초월적인 도움을 제공하는 은총 없이 사는 사람은 확실히 초본성적인 진리에 대해 알 수 없다. 고양이는 정신 건강을 위한 지식이 없다. 그리고 그런 상태의 고양이를 두고 아무도 이상하게 생각하지 않는다. 고양이의 본성상 그럴 수밖에 없다고 보기 때문이다. 설령 본성적인 능력에 국한하여 살아가는 어떤 사람이 초본성적인 진리에 대해 아무것도 모른다고 하더라도, 그것이 이상할 리는 없다. 왜냐하면 초본성적인 진리는 당연히 모든 피조물의 본성은 물론 인간의 자연적인 본성을 능가하기 때문이다. 이성이 우리의 욕구에게 바람직한 길을 안내함으로써 욕구의 맹목적인 진로를 바로 잡아주기 시작한 이래로 욕구는 이성을 좇아 나아가며 마침내 초본성적인 세계 앞에서 발걸음을 멈추게 되었다. 만일 어떤 사람이 초본성적인 것에 대해서 알 수 없다면, 당연히 그것을 향해 나아갈 수도 없을뿐더러 그것을 원하는 일조차 불가하다(optat nullus incognita). 아무도 자신의 이성과 의지라고 하는 행동원리에서 벗어나 무엇을 원하거나 행동할 수는 없기 때문에, 알지 못하는 어떤 초본성적인 것을 추구한다는 일은 있을 수 없겠기 때문이다.

무엇보다도 타락한 본성을 지닌 사람에게 은총이 주어지지 않는다면, 그가 초본성적인 질서에 이를 수 있는 기회는 있을 수 없다고 본다. 그것은 마치 갓난 아이가 알지도 못하는 밤하늘의 '달'을 쥐어달라고 떼를 쓰며 다른 것으로는 만족하지 못하는 경우보다도 일어날 수 있는 확률이 더 적다. 물론 사람들은 초본성적인 것과 대동소이하게 본성적인 어떤 것으로 만족할 수 있다고 생각할 수도 있다. 그들이 초본성적인 것에 대해 제대로 알 수 없다면 말이다. 그러나 그런 사람들도 자신들의 내면으로부터 채워지지 않는 불편함과 불안함에 대해 알 수는 있다. 이 같은 사실을 좀 더 자세히 직시한다면, 인간으로서는 스스로 채울 수 없는 허망함에 대해, 자신의 힘만으로는 해소할 수 없는 무기력함에 대해 뼈저리게 느끼게 될 것이다. 인간은 제 힘으로 저 영원한 생명과 연루된 아주 간단한 것조차 일궈낼 수 없다는 것을 깨닫게 될 것이다. 왜냐하면 그의 본성적인 행동과 영원한 생명 사이에는 그 어떤 필연적인 연결고리가 발견되지 않기 때문이다. 그 둘 사이의 상관관계는 어린아이를 앉혀 놓는 높다란 의자와 마천루의 고층건물 사이의 상관관계보다도 훨씬 더 막연하다. 하느님의 초본성적인 도움 없이 인간이 손수 자신의 본성적인 행동과 영원한 생명 사이에 어떤 연결고리를 모색하기 위해 무언가를 준비한다는 것은 기대하기가 무척 힘들다. 차라리 어린아이가 마천루의 한 고층건물에 오르기 위해 무언가를 준비하는 것이 그보다 더 기대할 만하다고 하겠다.

우리가 초본성적인 질서로 나아가기에는 너무나 무기력하고 전혀 아는 것이 없다는 이유로 차라리 본성적인 질서 안에서 쉽게 만족할 수 있고 또 완전해질 수 있다고 여기며 이 세상에만 몰두할 경우, 잠시 동안은 큰 위로를 얻는다고 하더라도, 머지않아 그 위로는 커다란 재앙으로 바뀔 것이다. 그럼에도 오늘날 많은 이들이 그와 같은 논리에 현혹되어 세상 너머 인생의 궁극적인 목표를 모색하고 궁리하는 데에 회의적이다. 오히려 그렇듯 초본성적인 질서를 한낱 우리의 상상이 하릴없이 꾸며낸 것에 불과하다고 여긴다. 그로 인해 은총을 모르는 인생은 본성적인 질서 안에서조차 안타까울 정도로 향방을 잃은 채 방황하고 만다. 초본성적인 질서 및 신앙을 전제하지 않고서 저 '십계명'을 가지고 우리가 무엇을 할 수 있을까? 과연 그 가운데 우리가 준수해야 할 명령들은 무엇이고 그 근거는 어디서 확보할 수 있다는 것일까? 일부는 이해할 수 있다고 치더라도 그 계명들을 모두 준수해야 한다면, 너무 과다하다고 말해야 할까? 그러나 그 계명들은 모두 건강한 본성을 지닌 이들을 위한 명령들이다. 반면 타락한 본성은 죄라는 병으로 인해 지쳐있고 초본성적인 은총을 상실함으로써 무기력해지고 빈약해졌다. 과연 병자는 건강한 사람이 간단히 수행할 수 있는 일조차 해낼 수가 없다. 병든 사람은 전문적인 영양사가 건강한 사람들의 식욕에 맞춰 마련한 식단을 소화시킬 수 없는 것처럼 말이다. 건강한 본성을 위해 세심하게 마련된 계명들을 병든 본성이 준수하는 것은 분명히 벅찰 수밖에 없다. 한편 우리가 "피할 수 없는 대죄란 존재하지 않는다."고 보기에, 타락한 인간이 한동안 대죄를 피할 수는 있다고 내다본다. 이는 죄의 본성과 관련하여 생각해보아도 합당하게 요구되는 조건이다. 비록 충분히 긴 기간 동안 대죄를 피하는 것이 어렵다고 하더라도 말이다.

한번 냉정하게 생각해보자! 어떤 사람이 아프다. 그런데 그의 병은 은총에 의해 치유되지 않았다. 결국 그의 의지는 온전히 하느님을 따르지 않는 상태에 있다고 하자! 우리에게는 한편 이와 유사하게 이성을 온전히 따르지 않는 감각적 욕구라는 것도 있다. 우리는 과연 얼마나 오랫동안 이성을 거스르는 감각적 욕구에 휘둘리지 않고 살아갈 수 있을까? 확고하게 답할 수는 없을지언정 그처럼 감각적 욕구에 휘둘리는 사람은 자신의 마음을 하느님께 단단히 붙들어 두기보다는 자신의 변덕스런 의지에 내맡김으로써 그때마다 기분 내키는 대로 행동하는 데에 익숙하다고 말할 수 있다.

은총 없이 인간은 십계명과 같이 자연적인 도덕법이 지시하는 명령들조차 폭력적으로 생각할 수 있다. 은총이 없다면, 대죄 상태에 있는 타락한 인간은 막다른 벼랑 끝에 서거나 아예 끝없는 낭떠러지로 곤두박질치는 것과 같은 곤경에 서 있게 된다. 그는 스스로 그러한 위기에서 자신을 구할 수 없다. 오로지 하느님의 은총에 의한 도움이 없다면 영영 헤어 나올 길이 없다. 그는 대체 자신의 죄로 무엇을 했던 것일까? 그는 자신의 죄로 인해 영혼의 눈부신 광채를 가려버렸다. 하느님에게 등을 돌려버림으로써 본래적인 질서를 외면해버렸고, 하느님을 거스른 행위에 대한 대가로 씻을 수 없는 처벌을 받게 된 것이다. 자동적인 암시나 의지력, 법을 장만하는 행위나 과학적인 탐구는 더 이상 그를 도와줄 수 없다. 영혼의 눈부신 광채는 인간의 이성과 하느님의 지혜 사이에서 빛을 발한다. 그래서 영혼의 광채는 이성과 하느님의 지혜로부터 빛을 받고 또 그에 더 가까이 다가가도록 인간을 돕는다. 그러나 죄로 인해 그 광채가 희미해지거나 가려진다면, 이제 오직 은총을 통해서만 그것이 회복될 수 있다. 다시 말해 오로지 은총을 통해서만 죄로 인해 빗나간 그의 의지가 다시금 하느님께 되돌려지고 초본성적인 목표를 지향하는 자신의 위치로 되돌아갈 수 있게 된다는 것이다. 인간이 죄를 저지른 대상이 하느님이니, 그를 단죄하실 분도 같은 하느님이신 것은 당연하다. 그러므로 하느님만이 당신께 저지른 죄로 인해 내려진 처벌을 취소하거나 유보시키실 수 있다.

### 2) 은총 아래에서의 삶

우리의 들뜬 심정을 가라앉히는 영적인 병동의 무거운 분위기를 잠시 뒤로 하고, 어찌해서 하느님 및 당신의 은총 없이 인간은 제 힘으로만 살아가려고 마음먹을 수 있는지 의아스러운 것도 사실이다. 기분이 나아지거든 회복실을 한 바퀴 둘러보는 것도 은총의 중요성을 좀 더 실감하게 해줄 것이다. 회복실에는 같은 병을 앓고 있는 이들이 많다. 어떤 이들은 은총 덕분에 죄로 얼룩진 영혼이 점차 치유되어 간다. 비록 아직은 처음 인간 본성에 주어졌던 은총을 완전히 회복할 때까진 시간이 더 필요할지라도 말이다. 거기 회복실을 둘러보면서 우리는 우리의 현재 상태가 어떠한지를 반성할 수 있다. 우리는 모두 그렇듯 제대로 의식하진 못하더라도 초본성적인 삶을 영위할 수 있는 능력을 타고난 존재다. 이를 가리켜 교회는 '상존 은총(gratia habitualis)'이라고도 부른다. 다시 말해 하느님에 의해 창조된 우리는 모두 이미 주어진 영혼의 능력으로 거룩해지는 은총을 누린다. 그렇게 우리는 모두 누군가로부터 우리 자신에게 '이미 주어진' 능력으로 삶을 일구는 만큼, 초본성적인 혹은 창조 이전의 진리에 대해 전혀 모르는 것이 아니다. 그래서 경험 이전의 초본성적인 무언가를 지향하면서 우리는 초월적인 분이 존재한다는 사실을 어렴풋이 알아보고 그분에게 끌리게 된다. 우리의 원천을 무시한 채 우리 자신이 누구인지 알아내려는 시도는 어설프기 짝이 없다는 것을 알기 때문이다. 실제 우리가 초본성적인 것에 관심을 갖고 살아가는 증표로 이 밖에 또 무엇을 제시해야 할까?

## (2) 은총의 본성

### 1) 초본성적인 성격

이미 주어진 은총, 곧 상존은총이란 먼저 우리에게 주어진 생명을 가리킨다. 이는 가장 근원적인 활동의 원리요, 그 자체가 활동 자체는 아니다. 앞서 우리에게 작용한 것들을 붙드는 난관을 모두 극복하지는 못하는 것처럼, 우리는 제일원인에 꾸준히 의지해야 하는 필연성의 끈을 놓지 못한다. 생명은 우리를 살아있는 유기체의 세계로 데려왔지만, 만일 우리가 앞서 우리에게 작용한 것들을 붙들 수 있으려면 혹은 만일 우리가 영원한 행복이란 목표를 향해 발걸음을 계속 옮기려 한다면, 훨씬 더 많은 은총을 받아야 한다. 이런 도움의 은총을 가리켜 '조력 은총(gratia actualis)'이라고 부른다. 만일 우리가 선한 인간이 되려면, 곧 우리가 악을 피하겠다면 혹은 인생의 궁극목표인 하느님과의 돈독한 관계를 지속하겠다면, 우리는 하느님에게서 오는 이 초본성적인 은총의 도움을 받아야 한다.

이와 같은 이야기들은 모두 다소 난해하게 들릴 수 있고 또 못미더운 느낌을 줄 수도 있겠지만, 중요한 점은 이런 이야기들이 인간의 존엄성 및 주체적인 삶과 직결되어 있다는 것이다. 그렇게 난해하고 못미덥게 여겨지는 까닭은 우리가 인간에 대해 조금 밖에 모르고 나아가 하느님에 대해선 거의 모르기 때문이다. 아니면 우리가 깨달은 지식이 우리 자신을 전부 헤아릴 수 있는 깊이에까지 이르지 못했기 때문이다. 물론 본성적인 질서 안에서 하느님께 전적으로 의존해야 한다는 사실을 깨닫는 것만으로도 초본성적인 질서 안에서 그와 같은 의존의 필연성에 대해 설명할 수 있을지 모른다. 그러니까 상기 두 질서 모두 인간이든 그 밖의 어떤 피조물이든 살아있는 동안 혹은 최소한 활동하는 동안 제일원인과의 필연적인 유대(因果性)에서 벗어날 수 있다고 가정하는 것이 논리적으로 모순이라고 말하는 데에 어려움이 없다는 것이다.

본성적인 질서 안에서 우리는 우리 자신에게 생명을 부여하지 못한다. 오히려 생명은 모든 생명의 원천에 소급해서 이해할 수밖에 없다. 그렇게 모든 생명의 원천은 모든 존재의 원천으로서 논리적으로 제일원인을 가리킨다. 본성적인 질서 안에서 우리가 행하는 것들은 실제 앞서 가지고 있는 것들이라고 말할 수 있다. 예컨대 음식을 가지고 있으니 먹을 수 있고, 걸을 수 있는 다리를 가지고 있으니 발걸음을 뗄 수 있으며, 그밖에 생각할 수 있거나 사랑할 수 있는 것도 모두 그러한 이치에서 성립된다고 말이다. 그러나 우리가 그렇게만 행동하는 것은 아니다. 물론 그와 같은 행동들은 틀림없이 우리가 행한 것들이다. 하지만 우리는 이차적인 원인에 불과하다. 우리 곁에는 이미 제일원인이 꾸준히 작용한다. 단지 그러한 행동들만이 아니라 그러한 행동들을 야기하는 능력들에도 이미 간여함으로써 매순간 의존할 수밖에 없는 저 제일원인이 우리에게 앞서 작용한 것이다. 좀 더 간단하게 말해서, 전적으로 독립적인 존재로서 유일무이하신 분은 제일원인으로 고려되는 하느님 한 분뿐이시라는 것이다. 하느님께 의지할 수밖에 없음에도 불구하고 이 필연성을 외면하는 것은 자신의 행위를 무화(無化)시키는 것과도 같다. 왜냐하면 그분에게서만 모든 것이 각각의 존재(存在)를 취하며,

각각의 실재성을 받아 누릴 수 있기 때문이다. 그렇듯 하느님께 의지한다는 것은 인간이 자신의 존엄성을 포기하는 것이 아니며 더욱이 주체적인 삶이나 인격적인 책임을 회피하는 것도 아니다. 오히려 하느님께 의지하는 것은 인간이 자신의 존엄성을 지켜내고 주체적인 삶이나 인격적인 책임을 적극적으로 실현하는 유일한 토대가 된다.

이와 동일한 입장을 초본성적인 질서 안에서도 분명하게 설명할 수 있다. 우리는 '생명'과 마찬가지로 우리 자신에게 초본성적인 생명, 영원한 생명을 스스로 부여할 수 없다. 그와 같은 생명은 오로지 영원한 생명의 원천이신 분에 의해서만 주어질 수 있다. 우리의 초본성적인 활동 역시 본성적인 활동과 마찬가지로 오직 우리의 힘으로만 이룰 수가 없다. 본성적인 질서 안에서는 물론 더욱이 초본성적인 질서 안에서는 두말할 것도 없이 하느님께 의지해야만 한다. 은총은 초본성적인 질서 안에서 작용하는 제일원인에 기인한 효과적인 힘이다. 인간이 비로소 존재를 취하고 존재실현을 위해 행동할 수 있게 하는 힘이다. 인간은 그 힘에 기대어 하느님의 뜻을 분명하게 알아듣고 틀림없이 제 갈 길을 찾아 나아갈 수 있다.

만일 우리가 마음속에 내재하는 본성적인 질서를 계속 지켜나간다면, 은총의 본성에 대해 정확하게 통찰할 수 있을 것이다. 우리는 이미 이 총서가 구상한 체계를 따라서 인간에게 자연히 고려되는 어떤 의존성을 반드시 전제해야 함에 대해 여러 번 살펴보았다. 예를 들어, 제1권에서 하느님의 뜻(의지)에 대해, 인간의 의지에 대해 그리고 하느님이 이 세상을 다스리심에 대해 언급하면서 그리고 같은 곳에서 이성과 의지에서 비롯하는 인간의 행위들에 관하여 언급하면서 살펴보았다. 그것은 인간존재 및 인생에 가장 근본이 되는 의존성을 의미한다. 이는 자명한 진리다. 예컨대 잠재적인 것들의 실현이란 그러한 실현과는 무관한 어떤 주체에 의해 이뤄지는 것이 아니라는 자명한 진리처럼 말이다. 혹은 그보다 훨씬 더 간단히 말해서 어떤 사람도 자신이 소유하지 않는 완전한 어떤 것을 내어

줄 수 없다는 자명한 진리처럼 말이다.

은총은 사람이 자신의 인생을 꾸려나가거나 초본성적인 섭리에 맞춰 행동할 수 있는 잠재적인 능력들을 실현하게끔 이끌어주는 초본성적인 도움이다. 만일 우리가 은총을 가리켜 사람들에게 초본성적인 것을 추구하는 삶을 거침없이 일궈나가도록 도와주는 어떤 힘이라고 이해한다면, 결과적으로 하느님이 우리를 사랑하신다는 가르침과 은총은 서로 가장 밀접한 관계에 있고 또 서로 정확히 일치한다고 말할 수 있을 것이다. 인간의 사랑과 하느님의 사랑 사이에는 엄청난 차이가 있다. 우리의 경우 사랑은 우리의 마음을 단단히 사로잡는 선(善)을 발견하기 전까지 무척이나 방황하고 비틀거린다. 더욱이 우리는 사랑하려는 선을 직접 만들어내는 창조자가 아니라 그저 발견하려고 노력하는 존재에 지나지 않는다. 그에 반해 하느님의 경우 과연 당신 자신에게 뿌리를 두지 않는 그런 선을 어찌하여 당신 밖에서 발견할 필요가 있겠는가? 하느님의 사랑은 당신이 몸소 사랑하시는 그 선을 창조할 수 있어야 한다. 그리하여 본성적인 질서 안에서 우리는 하느님의 놀라운 사랑의 결과로서 어떤 적극적인 선을 이해할 수밖에 없다. 이 하느님의 놀라운 사랑의 결과는 구체적으로 모든 피조물이 저마다 고유하게 갖는 모든 특성 및 재능을 통해 다른 것들과 혼동하지 않고 그 자체로 고유하게 실존하도록 해주는 각각의 본성을 통해서 확인할 수 있다. 그와 마찬가지로 초본성적인 질서 안에서도 하느님의 동일한 사랑이 어떤 선을 발견하기보다는 오히려 만들어낸다고 하겠다. 그리하여 가장 먼저 초본성적인 생명이 생겨나고, 그 다음 소위 초본성적인 덕들과 초본성적인 삶을 온전하게 영위하게 해주는 도움들이 뒤따라 생겨난다. 초본성적인 생명은 곧 초본성적인 질서 안에서 하느님이 베푸시는 사랑의 결과를 가리키며, 이를 은총으로 부를 수도 있다. 그와 같은 결과는 마치 감정이 복받친 시인들의 황홀한 감격이나 상상의 나래로 펼쳐지는 여느 비현실주의자의 환상 같은 것이 아니요, 막연히 내일만을 기약하는 지루한 희망 같은 것도 아니다. 차라리 그것은 현실적인 것이며 적극적인 선과 직결되며 그 자체로 오롯이 긍정적인 가치를 한층 도드라지게 하는 의미에서 선한 것이다. 왜냐하면 은총은 정확하게 말해서 어떤 존재의 본질에 어울리는 바로 그것을 실현하도록 아낌없이 도와줌으로써 저 무한한 생명에 부분적으로라도 참여할 수 있게 해주기 때문이다.

### 2) 영혼의 본질 안에 자리하는 은총

하느님은 단연 초본성적인 존재라고 말할 수 있겠는데, 그것은 그분의 실체성이 전적으로 본성적인 질서 너머에, 그러니까 초월적인 성격을 지니기 때문이다. 초본성적인 것들은 모두 현대 철학자들이 "우연적인 것들"로 분류한 영역에 속한다. 돌려 말해서 은총은 굳이 무언가를 찾아 거리를 활보하지도 않거니와 무료하듯 안락의자에 축 늘어진 채 무작정 소일하지도 않는다. 차라리 씩씩한 어린 아이의 뺨에 이는 홍조같이 혹은 사람들의 얼굴에 깃드는 잠깐의 미소처럼 은총은 홀로 존재하지 않고 다른 것들과 함께 자신을 드러낸다. 그래서 그것은 "우연적인 것들"로 분류된다고 해도 잘못된 것만은 아니다. 우리 안에 내재하는 생명의 원리인 우리의 영혼을 한층 고양시키는 그런 것들에 속한다. 영혼을 한층 고양시킨다는 것은 그렇듯 우리가 하느님의 영원한 생명에 참여할 수 있도록 해준다는 것을 의미한다. 은총은 우리에게 그 어떤 재능이나 도덕적인 미덕을 심어주어 공덕(功德)을 쌓게끔 하는 것이 아니라 생명 자체에 필수적인 것들을 갖추도록 도와준다. 따라서 은총은 우리가 경험하는 어떤 재능이나 도덕적인 미덕이 아니며, 그런 것들과 아예 뒤섞여 있지도 않다. 오히려 초본성적인 질서 안에서 각자의 영혼이 꾸려가는 활동의 기초이자 원천이다. 마치 영혼 자체가 우리의 생명이나 재능 혹은 그밖에 본성적인 질서 안에서 추구하는 모든 행동들의 기초이자 원천인 것처럼 말이다.

상존은총 혹은 성화은총을 받지 못할 경우 영혼은 초본성적인 질서 안에 들어설 수도 그런 삶을 추구할 수도 없다. 이 은총 덕분에 인간은 타고나면서 어엿하게 각자의 삶을, 각자의 인생을 꾸려나갈 수 있게 되었으며, 자신을 거룩하게 가꾸어 하느님의 영원한 생명에까지 이르도록 초대받았다. 은총이 인간 각자의 삶과 어떤 상관관계를 맺는지 계속 살피기에 앞서 간단하게나마 또 다른 부류의 은총에 대해서, 그러니까 은총을 받은 당사자의 성화가 아니라 오히려 다른 이들의 성화를 위해 주어지는 은총에 대해서도 알아보는 것이 유익할 것 같다.

## (3) 은총의 분류

### 1) 다른 이들의 구원을 위한 은총

당사자의 개인적인 성화보다는 다른 이들의 성화를 위한 은총이 있다. 예를 들어 주님의 제자들, 곧 사도들의 삶을 통해서 우리가 엿볼 수 있는 것처럼 말이다. 분명히 사도들은 인간적으로는 보잘것없던 인물들이었지만, 은총으로 말미암아 놀라운 모습을 보여주었다. 모름지기 그들의 사도직을 충실히 수행하는 데 필요한 은총이었다. 그들이 죽음을 불사하고도 고수하며 선포할 수 있었던 믿음은 과연 어디서 온 것일까? 잘 배우지도 못했던 그들이 어찌 하느님과 하느님의 나라에 관하여 그처럼 당당하게 설교할 수 있었을까? 그들이 받았던 은총들 가운데는 혀에 내려진 (곧, 말을 잘하는) 은사, 예언하는 은사, 기적을 일으키는 은사 등등이 있다. 달리 말해서 사도들은 하느님의 도구처럼 뽑혀져 다른 사람들을 구원으로 인도했다. 만일 사도가 자신의 활동이 대단하다고 느끼면서 자칫 거만해진다면, 하느님은 가차 없이 다른 도구를 이용하시어 그를 되돌리실 것이다. 마치 한 대사제가 주님의 죽음에 대해 영문도 모르고 예언을 하거나[31] 과거 발라암 예언자가 타고 간 나귀의 행동과 말로 마음을 바꾸어 오로지 하느님의 말씀만을 전하는 예언자가 되었던 것처럼[32] 말이다. 그리하여 그 모든 것들이 자

---

31) [역주] 「요한 11,45-57」 카야파 대사제가 주님의 죽음을 음모할 때 "온 민족이 멸망하는 것보다 한 사람이 백성을 위하여 죽는 것이 여러분에게 더 낫다는 사실을 여러분은 헤아리지 못하고 있소."하고 말했는데, "이 말은 카야파가 자기 생각으로 한 것이 아니라, 그 해의 대사제로서 예언한 셈이다."

32) [역주] the talking ass of Balaam이라고 원문은 적고 있는데, 이는 「민수기 22,22-35」에 등장하는 '이방인 예언자 발라암'에 관한 일화를 가리킨다. 하느님의 뜻과 상관없이 이스라엘을 저주하도록 요청을 받은 이 예언자가 길을 나설 때, 천사가 나타나 나귀의 행동을 통해 그를 회개시켜 "당신의 말만 전할"

신을 통해서 하느님의 섭리가 이뤄진다는 사실을 깨닫게 될 것이다. 결코 자신의 대단한 활동이나 능력에 의해서가 아니라 오히려 모든 인간을 이끄시는 하느님의 위대하신 사랑에 의해서 구세사가 흘러간다는 사실을 말이다.

2) 개인적인 성화를 위한 은총

① **타고난 은총** : 개인적인 성화를 위한 은총으로 되돌아가자! 우리가 존재하는 것조차 우리의 능력만으로 해명하기에 모자람이 많다는 것은 분명하다. 우리에게는 해야 할 것들이 있고, 이미 해온 것들이 있으며, 앞으로도 차근차근 초본성적인 질서에서든 본성적인 질서에서든 우리 자신의 활동을 도구삼아 우리 자신의 삶을 일궈나가야만 하는 것이 있다. 본성적인 질서 안에서 하느님의 조용한 역사(役事)는 한 마리의 작은 새가 달콤하게 노래를 부르거나 제 본능에 따라 필연적으로 외치든 그렇듯 지저귀는 목청에도 작용한다. 하느님의 조용한 역사는 노래하는 가수(歌手)의 목에도 당연히 작용한다. 달콤한 목소리로 흥겹게 노래를 부르든 자신만의 자유로움을 한껏 구사하든 구사하지 않든 간에 말이다. 한마디로 하느님의 활동은 모든 실재하는 것들의 활동의 원인으로 작용한다. 초본성적인 질서 안에서도 그와 마찬가지다. 그분의 활동은 우리를 준비시키시고, 때로는 우리가 몸소 행하도록 동기와 힘을 불어 넣어주심으로써 우리와 더불어 당신의 섭리를 이루시는데, 이를 가리켜 조력은총이라고 부른다.

② **"충분한 조력은총"**(충족 은총)**과 "효과적인 조력은총"**(효능 은총) : 조력은총을 그렇다고 '내재하는 은총'인 성화 은총 혹은 상존 은총과 구별하여 마치 외재적인 도움의 일종으로 이해해서는 안 된다. 그러니까 마치 조정(배)을 좀 더 힘차게 앞으로 나아가도록 특별히 승선한 보조 조정선수처럼 아니면 혼자서 끌기 어려운 짐을 실어 나를 수 있도록 말 한 필을 더 보태듯이 조력은총을 이해해서는 안

---

수 있도록 돌려세운 일화다.

된다는 것이다. 그보다는 훨씬 더 의미심장하다. 다시 말해 조력은총 역시 제일원인에 의거한 (질서)체계 안에서 하느님의 내재적인 활동 가운데 하나다. 그러한 활동은 우리에게 우리 자신에 의해 이뤄지는 인과성을 그대로 보장할 뿐만 아니라 실로 우리의 인과성을 가능하게 만들어주면서도 그 모든 활동의 원인으로 작용한다.

그렇다면 제일원인 및 하느님의 활동은 우리의 능력 안으로 흘러 들어와 우리의 능력으로 시도하는 실제적인 행동을 통해 그 효과를 드러낸다. 만일 이러한 하느님의 활동이 우리로 하여금 실제로 행동하도록 가장 가까이서 섭리한다면 혹은 우리가 행동하기 직전까지 우리를 돕는다면, 우리는 그것을 '충분한 조력 은총(gratia actualis sufficiens)'이라고 부른다. 그것은 이 세상에 태어나는 모든 사람에게 주어질 수 있는 은총이며 모든 초본성적인 은총의 기초적인 모습을 보여준다. 그러나 이보다 탁월한 의미의 조력은총이 있다. 이 은총은 우리와 가장 가까이서 몸소 행동하도록 돕는다. 행위실천의 능력과 행위 자체 사이의 간격을 이어주는 셈이다. 이는 모든 초본성적인 은총이 이 세상에 틀림없이 효과적으로 작용하기 위한 역량이다. 하느님의 활동이 이처럼 분명하게 성사되도록 이끄는 은총을 가리켜 '효과적인 조력은총(gratia actualis efficax)'이고 부른다. 이 두 가지 조력은총 모두 본질적으로 (인간의) 능력들 자체에 영향을 미친다. 둘 다 그들 각각의 질서 안에서 완전한 효력을 갖는다. 예컨대 전자는 잠재성의 질서에서 완전한 효력을 갖고, 후자는 실현성의 질서에 완전한 효력을 갖는다. 둘 다 하느님의 모든 활동 및 은총들이 제각각 고유하게 사람들에게 영향을 미치는 것처럼 인간의 본래성을 바꾸지 않으면서 역량을 발휘한다. 그러니까 사람들이 저마다 자신의 활동을 전개하도록 보장함으로써 자신의 능력과 자유를 구사할 수 있는 원인을 제공하면서 그 결과를 이끌어낸다.

아마도 이 같은 설명은 다소 추상적으로 들릴지도 모른다. 그러나 잠깐의 간단한 사유를 통해서도 이 같은 추상적인 진리에 의거한 실천적인 결론들은 매우 의미심장하다는 사실을 분명하게 알 수 있다. 그래서 우리는 은총이란 마치 호주머니에 아직 충분한 양의 사탕이 있다고 해서 무심코 뱉어버리는 반쯤 먹다만 사탕처럼 하찮은 것이 아님을 분명하게 깨달을 수 있을 것이다. 그것은 마치 휴대폰을 꺼내 언제라도 주문할 수 있는 그런 것도 아니요, 늘 진열장에 준비되어 있는 상품처럼 내다파는 것도, 쉽게 살 수 있는 것도 아니다. 은총은 난처한 상황에서만 주어지거나 곱게 자라온 환경에서만 피어나거나 혹은 당연히 상속되는 그런 것도 아니다. 그것은 우리가 부지런하다고 해서 보장되거나 뛰어난 재치나 탁월한 말솜씨를 가졌다고 해서 얻을 수 있는 것도 아니다. 그것은 전적으로 하느님에게서 오는 것이다. 그래서 그분의 '선물'이라고 일컫는다. 우리가 일찌감치 잃어버렸던 그것을 우리는 오직 그것을 선사하시는 하느님의 관대하신 사랑에 의지해서만 다시 얻어 누릴 수 있다. 은총은 그런 의미에서도 초본성적이다. 대자연 안에 창조된 것들 가운데 가장 뛰어나다는 그 어떤 능력만이 아니라 그런 것들을 모두 합쳐 놓아도 은총을 능가할 수 없다. 본성적인 것과 초본성적인 것 모두를 만드시고 관장하시는 그분의 손에서만 은총이 피어나기 때문이다.

## 4. 은총의 동기

### (1) 두 가지 측면

은총은 분명 이 세상의 온갖 피조물보다 훨씬 탁월한 위치에다 인간을 올려놓기에 충분한 역량을 지녔으나, 다른 한편 우리 자신은 실상 하느님 곁에 가까이 서 있기엔 턱없이 비천한 존재다. 하지만 인간은 은총을 얻어 누리기 위해 자신을 가다듬을 수도 있고 영혼 안에 주어진 그 은총을 확장시킬 수도 있다. 비록 인간의 행동으로 상기 두 가지가 진행되겠지만, 조력은총의 도움이 없거나 하느님의 역사(役事)하심이 없다면 그것은 모두 불가능하다. 이때 인간의 모든 행동에서도 엿볼 수 있거나 보통 설명하는 방식도 그러하듯 두 가지 측면 혹은 양면성을 고려해야 하는데, 그 두 가지 측면 모두 매우 정확하고 참되다. 그래서 진리를 부정하거나 혼동하지 않고서는 어느 한 측면만을 유일하게 옳다고 말할 수 없다. 예컨대, 우리가 사랑하고 배우며 말하는 등 그런 행동들이 우리에게서 펼쳐진다는 것은 분명히 참이다. 그런 의미에서 그런 행동들은 모두 '우리의 행위'다. 우리의 통제 아래서 펼쳐진 행동이요, 그래서 그 모든 행동에 대해 전적으로 우리가 책임을 져야 한다. 그런데 다른 한편 하느님이 바로 우리의 사랑과 배움 그리고 언변이나 그 밖의 모든 행동들을 섭리하셨다는 것도 엄연히 참이다. 만일 우리가 우리의 입장에서만 이 모든 행동들을 설명하려 든다면, 하느님의 역사하심의 의미를 약화 내지 무시하지 않고서는 그렇게 설명하는 것을 납득하기 어려울 것이다. 그렇다고 만일 하느님의 입장에서만 이 모든 행동들을 설명하려 든다면, 우리는 진리의 절반은 포기해야만, 그러니까 우리의 주체적인 행동을 무시해야만 비로소 알아들을 수 있을지 모른다. 왜냐하면 앞서 하느님의 전적으로 완전하신 역사를 이해하는 일도 버겁지만 우리에게 여전히 적용해야 할 자유의 의미를 포기하는 것도 무척 당황스러운 일이기 때문이다.

### (2) 인간 편에서

초본성적인 질서 안에서 우리는 은총을 얻어 누리기 위해 우리를 가다듬을 수 있고, 이때 우리의 자유의지가 한 몫을 하면서 우리 자신의 통제 아래 행동을 하게 된다. 그렇게 펼쳐지는 행동들은 모두 우리의 것이다. 그러나 이는 진리의 절반만을 고려한 것에 불과하다. 왜냐하면 하느님이 우리 배후에 제일원인으로 항상 서 계시는데, 이를 간과한 것처럼 보이기 때문이다. 더욱이 제일원인은 우리가 펼치는 그 모든 행동들의 필연적인 원인으로 설명된다. 우리의 입장에서 보자면, 은총을 얻어 누리기 위해 우리 자신을 가다듬는 것이다. 하느님의 입장에서 살피자면, 하느님이 친히 은총을 얻어 누리도록 우리를 준비시키시는 것이다. 둘 다 진실이다. 어느 쪽이든 한 가지 측면 혹은 어느 한 입장만을 진술할 경우 그것은 아직 반쪽자리 진리에 불과하다.

이를 간단히 재고해본다면, 우리가 타고난 은총인 성화은총을 위해 우리 자신을 가다듬는 경우에도 우리는 우리로서 하느님은 하느님으로서 활동하신다고 확고하게 고백할 수 있다. 왜냐하면 우리는 우리일 뿐 하느님이 아닌 까닭에 그렇듯 우리 자신을 가다듬는 매순간의 행동 하나하나가 우리의 자유의지가 필요할 뿐만 아니라 조력은총으로 다가오는 하느님의 초본성적인 활동에도 의존해야만 하겠기 때문이다. 이를 좀 더 구체적으로 말해서, 어떤 사람이 사죄(대죄)를 저질러서 그만 성화은총을 상실했다면, 이제 그는 자신이 저지른 죄에 대해 가슴 아파하고 하느님께 자비를 간청하는 행동을 통해서 혹은 진심으로 뉘우치고 용서를 구하는 행동을 통해서 성화은총을 얻어 누리기 위해 자신을 가다듬어야 한다. 하지만 이렇게 자신을 가다듬는 준비는 그 자신의 자유의지뿐만 아니라 조력은총으로 다가오는 하느님의 초본성적인 활동에 의해서도 이루어져야 한다.

과격하게 말하자면, 우리는 절대적으로 은총을 필요로 한다. 은총에 의존하는 일은 모든 피조물이 그러하듯이 자유의지를 가진 우리에게도 불가피하다. 이 같은 설명은 우리가 반드시 하느님께 의존해야 한다는 사실을 함의한다. 그러한 의존성은 본성적인 질서 안에서도 멈출 수 없거니와 초본성적인 질서와 관련해서는 더더욱 절대적이다. 우리는 은총을 만들어낼 수 없기 때문이다. 이 세상에 있는 그 어떤 것도 그럴 수 없다. 은총은 항상 그리고 전적으로 관대하신 하느님의 소관으로 남아있다. 우리에 대한 하느님의 사랑만이 당신으로 하여금 그와 같은 놀라운 역사를 펼치도록 하셨다고 이해할 수 있다. 친히 인간이 되신 하느님의 죽음을 감내하신 그 무한한 공로 덕분에 우리에게는 그저 공짜로 주어진 이 선물을 달리 이해하거나 설명할 수가 없다. 그리하여 주님이 교회 안에 세우신 성사들이 계속해서 세상 끝날까지 은총이 사람들에게 주어지는 통로가 되었다고 믿는다. 주님의 죽음에 대해 선포하는 것은 그로써 더 이상 슬픈 부고(訃告)가 아니라 우리의 은총을 위한 낭보(朗報)요, 복음의 선포가 된다. 우리가 그렇듯 미사를 통해 허리를 굽혀 빵과 포도주를 받아 모실 수 있게 됨으로써 이 세상에서 빵과 포도주를 구하는 것보다 훨씬 더 쉽게 은총을 받아 누리게 되었다. 하지만 이 모든 믿음과 사실들의 배후에 자리하는 최고의 진리는 오직 한 가지 정녕 터무니없어 보이는 하느님의 사랑이다. 당신의 사랑이 그렇듯 고귀한 선물을 마련해주었고 도무지 납득할 수 없을 만큼 한없는 당신의 자비로우심이 철부지 어린아이가, 기력이 다하여 임종을 앞둔 노인이, 부자든 가난한 자든, 배운 자든 못 배운 자든, 병든 자든 건강한 자든 모두가 제 손을 뻗으면 능히 붙잡을 수 있는 거리에다 그 은총을 걸어두신 것이다.

모두는 그렇게 각자 성화은총을 받아 누리기 위해 자신을 가다듬을 수 있고 동시에 제 영혼 안에 그 은총이 확장될 수 있도록 행동할 수 있다. 하느님은 각자에게 은총을 선사하신다. 당신의 도움을 필요로 하는 준비된 마음마다 알맞게 채워주신다. 당신의 은총은 헛되이 혹은 아무 결실을 거두지 않은 채 사라지지 않는다. 어떤 사람이 스스로 최선을 다한다면, 하느님이 그에게 은총을 선사하지 않으실 리 없다. 그가 최선을 다하는 것도 사실은 이미 그의 영혼이란 비옥한 땅에 은총의 단비를 내려주셨다는 증거다. 남달리 마음을 다해 준비하는 이에게는 과연 다른 이들보다 더 큰 은총을 내려주시리라는 것도 타당하게 들린다. 그러므로 그렇듯 보다 철저히 준비하는 이의 영혼 안에 작용하는 성화은총은 다른 이들의 영혼 안에 작용하는 성화은총보다 더 크다고 말할 수 있다. 설령 모든 이들의 영혼 안에 작용하는 각각의 성화은총이 인간을 성화시키는 같은 목적을 두고 마침내 하느님과 하나가 되는 것을 지향하면서 그들로 하여금 같은 목표에 도달하도록 이끄는 것이라고 하더라도 말이다.

우리가 머리를 꼿꼿이 추켜세운 몸가짐이나 우리의 얼굴에 나타난 행복한 표정 혹은 남달리 위엄을 갖춘 걸음걸이가 바로 그러한 은총을 소유하고 있다는 표징은 아니다. 그와 같이 그럴듯한 외향은 오히려 목 디스크로 인해 혹은 누군가와의 연정에 빠짐으로써 혹은 꽉 낀 신발로 인해 그렇게 보일 수도 있다. 우리는 항상 우리의 구원을 위해 두려움과 겸손한 마음으로 행동해야 한다. 하느님의 특별한 계시(啓示)를 뒤로 한 채 성화은총을 받아 누린다고 감히 말할 수 없다. 그러나 누군가가 양자택일을 해야만 하는 순간 하느님께 속하는 영원한 것들보다도 이 세상에 속하는 한시적인 것들을 선호하는 마음을 과감히 포기하는 모습에서 우리는 그가 성화은총을 누린다고 확신할 수 있다. 혹은 대죄를 멀리하고 하느님의 뜻에 맞는 삶을 기꺼이 추구하는 모습에서 성화은총을 얻어 누린다고 확신할 수 있다.

## 5. 은총의 효과

### (1) 의화(義化)

#### 1) 의화의 본래적인 의미

우리 안에 은총의 효과가 일어난다면, 우리도 이미 드라마틱한 구원역사의 노정에 함께 하는 것이다. 인간이 오래도록 꿈꾸던 바가 채워진다는 사실, 곧 하느님과 함께 천상에서 살고자 하는 꿈이 이뤄진다는 사실은 그야말로 드라마틱한 것이 아니고 무엇이겠는가! 죄를 저지른 자의 의화가 이뤄지는 은총의 첫 번째 효과를 경험하는 순간 우리는 하느님이 계시는 곳까지 순식간에 뛰어 오르는 것이요, 하느님의 지혜의 빛을 흠뻑 받는 것이며 더 이상 죄에 머물러 있지 않고 마침내 하느님을 향해 비상하는 것이다. 하느님과 죄를 저지른 자 사이의 화해와 평화가 당장 눈앞에서 펼쳐지는 순간을 마주하게 된다면, 그 얼마나 드라마틱한 경험일까! 마치 하늘에서 별을 따듯이 불가능한 일을 실현하는 것이요, 새벽의 일출이 간밤의 어둠을 순식간에 몰아내는 장관과도 같은 경험이 아닐까? 그것은 모르긴 몰라도 마치 영겁처럼 느껴지는 긴 세월의 억압에서 마침내 해방되는 경험이요, 아니면 오랫동안 방황하던 탕자가 마침내 아버지로부터 말없이 용서를 받는 경험에 견줄 만할 것이다. 은총을 받는 것과 죄를 용서받는 것은 같은 기쁨의 다른 표현이다. 마치 차츰 날이 밝아오면 당연히 어둠이 물러나는 것처럼 말이다. 죄에서 몸을 돌리는 행위는 곧 하느님을 향해 나아가는 행위다. 같은 뜻의 서로 다른 표현은 모두 인간의 자유의지가 전제되어야 한다. 하느님 편에서 시작한다면, 은총이 주어지는 순간 우리는 죄에서 돌아서서 하느님을 향해 나아가며 죄를 용서받게 된다고 말할 수 있다. 그러나 우리 편에서 시작한다면, 죄를 뉘우치고 다시금 하느님을 향해 나아감으로써 은총을 받게 된다고 말할 수 있다. 그러나 순서가 어떻든 매한가지다. 그저 서로 다른 각도에서 본 같은 행위에 지나지 않는다. 설령 빠르거나 더디게 진행될 수 있을지언정 하나의 행위요, 같은 사건이다.

### 2) 하느님의 선물

이때 눈치를 챘겠지만, 재삼 강조해야 할 사실은 인간의 의화가 틀림없이 하느님의 가장 위대한 섭리의 하나로 이해된다는 점이다. 왜냐하면 의화는 죄를 저지른 사람이 하느님의 영원한 생명에 참여할 수 있음을 인정받는 것이기 때문이다. 이는 인간이 손수 얻을 수 있는 것이 아니라 오직 하느님에 의해 선사되는 것이다. 실제 인간이 천상에서 받게 될 상급으로서 의화보다 더 감격스러운 것이 또 있을까? 예컨대 성인들이 천상에서 받게 될 상급으로서 그들의 영광에 비할 경우, 죄인들이 의화를 통해 그들이 받게 될 상급으로서 하느님의 영원한 생명에 참여할 수 있게 되는 은총은 두말할 것 없이 훨씬 더 극적인 사건이기 때문이다. 세상의 창조 자체도 그 놀라운 과정을 고려할 때 - 무(無)로부터 빚어낸 창조활동이라는 점에서 - 하느님의 가장 위대한 섭리에 속하지만, 그것은 오직 자연세계에 국한된 효과로 그친다. 그러나 은총은 제아무리 뛰어난 자연적인 것은 물론 그 모든 것들을 합치더라도 결코 능가할 수 없는 초본성적인 효과를 낳는다. 하느님에게 고유한 것들과 당신의 창조물에 속하는 것들 사이의 메울 수 없는 간격을 감안할 때 이렇듯 죄인의 의화는 그 무엇과도 비할 수 없는 감격스럽고 엄청난 선물이다.

### 3) 일상적인 탁월함

오직 하느님의 자비에 의해서만 선사될 수 있는 이 같이 엄청난 선물로 인해 과연 부족하기 짝이 없던 인간이 가장 분에 넘치게 소망했던 바, 하느님 곁에 머무를 수 있는 저 위치에까지 높이 오르게 되었음에도 불구하고, 이 은총은 일상에서 경험하듯 아주 평범한 것이 되어버렸다. 하느님의 구원섭리가 실현되는 보편적인 방식을 따라 일상적으로 벌어지는 흔한 것들 가운데 하나가 되어, 더 이상 기적과 같은 특별한 사건으로 분류되지 않는다는 것이다. 이는 잠깐만 숙고한다면 누구나 섬뜩하게 느껴질 정도로 매우 가슴 떨리는 진실이다. 죽은 자가 다시 살아나고 아픈 사람이 회복되며 앞 못 보는 사람이 눈을 뜨는 것과 같은 모든 사건은 분명 놀라운 기적이지만, 죄를 용서받는 은총에 비하면 마치 어린아이의 장난에 지나지 않는다. 소위 기적이라고 일컫는 것들은 하느님의 섭리가 일상적으로 흔하게 벌어지는 것들과는 다른 것이요, 그래서 예외적인 것들을 가리킨다. 그런데 이 의화의 은총은 일상적인 것이 되었다. 우리가 결코 받아 누릴 수 있는 자격이 되지 못함에도 불구하고 자비로우신 하느님이 기꺼이 내어주신 선물, 가슴 떨리도록 엄청나게 큰 것이지만 아주 자주 까맣게 잊을 만큼 너무 흔하게 마주하는 선물이 되었다.

## (2) 공로

### 1) 본성과 실존

은총을 받아 누릴 때 우리가 쉽게 고려하게 되는 두 번째 조건은 인간의 공로(功勞)다. 우리는 저마다의 공로에 의해서 은총을 확장시키는 기회를 갖는다고 생각할 수 있으며, 그런 관점에서 저마다의 행동에 따른 결과로 천상의 상급이 주어진다고 믿는다. 이런 생각을 바탕으로 우리는 종종 하느님의 정의(正義)에 대해 이야기할 거리를 찾기도 한다. 그런데 그와 같은 추론은 마치 한 엄격한 아버지가 5살 밖에 되지 않은 아들에게 자신의 비서로 일을 성실히 수행하도록 하고 매월 그의 월급봉투에 수령자로서 아들의 이름을 적어서 진지하게 그것을 건네주는 모습에 비유할 수 있다. 그것은 더 이상 놀이가 아니다. 그러한 생각은 세상의 월급이 모두 그러하듯이 – 노동과 임금의 관계처럼 – 엄격하게 주고받는 관계에서 성립한다. 그러나 하느님과 우리 사이에도 그러한 관계를 적용해야 옳을까? 엄격하게 적용해야 할 '정의'는 항상 공평성(equality)을 요구한다. 그런데 하느님과 우리 사이에는 그런 정의를 적용할만한 상황이 못 된다. 예컨대, 하느님이 친히 세우신 실제적인 정의는 인간의 그 모든 행위가 이미 하느님의 은총에 의해 시작된 것일 뿐더러 유치하기 짝이 없는 인간이 기껏 이뤄낸 보잘것없는 결과에도 불구하고 하느님에 의해 차고 넘치는 보상이 주어지는 형식으로 바뀌었기 때문이다. 과연 우리는 일찍이 은총에 의해 고무되어 본성적으로 행동하게 되고 하느님은 당신의 신성에 의거하여 우리에게 보상하신다. 하느님은 이미 우리로 하여금 공로를 쌓을 수 있도록 안배하셨으니, 정의의 이름으로 요구할 수 있는 권리는 실상 하나도 남아있지 않은 셈이다. 차라리 우리가 요구할 수 있는 권리는 오직 당신이 허락하신 우정에 근거할 뿐이다. 당신의 무한한 관대하심으로 인해 우리가 청할 수 있도록 배려하신 사랑이 어느덧 우리의 권리가 되었다.

### 2) 공로의 원리와 조건들

우리가 '우리의 행위를 통해서(ex condigno[정당하게])' 공로를 세우든 아니면 '하느님의 관대하심에 의지해서(ex congruo[(하느님과) 일치하여])' 공로를 세우든 간에 상기 두 요소는 실제적으로 항상 함께 할 수밖에 없다. 하느님의 은총은 공로의 원리인 동시에 우리가 정해놓은 목표를 향해 나아갈 때마다 적용되는 행동원리이기 때문이다. 우리가 그 원리를 따라 행동하는 까닭에 하느님에게서 공로의 출발점을 삼는다고 말할지라도, 그렇듯 공로를 쌓기까지 펼치는 행동은 바로 우리 자신의 것이다. 그런 관점에서 우리가 지닌 모든 것을 투신하는 행동으로 우리의 초본성적인 운명조차 우리 스스로 빚어낸다고 말할 수 있다. 그렇게 우리가 쌓은 공로에 대한 보상은 곧 우리의 몫이 된다. 이때 우리가 지닌 모든 것을 투신하여 초본성적인 삶을 추구한다는 점에서 그것은 당연히 성화은총 혹은 상존은총과 직결된다고 말할 수 있다. 그러나 죄를 저지름으로써 이 은총을 상실하게 되었다. 따라서 이제 조력은총의 도움을 받아 기도하면서 오로지 넓은 의미에서만, 곧 전적으로 하느님의 한계를 모르시는 사랑에 의해 되돌려진 조건 아래서만 죄를 저지른 자도 공로를 쌓을 수 있게 되었다.

### 3) 공로의 목적

① **초본성적인 은총의 시작과는 무관함** : 은총은 신비로운 연금술 묘약과도 같다. 마치 우리의 행위라고 하는 쇠붙이가 그로 인해 황금으로 변하는 것처럼 말이다. 그처럼 황금으로 변한 우리의 권리 및 자격을 새로 갖추고 하늘나라에 들어서게 되는 것이다. 우리는 그런 식으로 정당하게 영원한 생명을 위해 공로를 쌓을 수 있다. 우리는 초본성적인 생명을 얻어 누릴 것을 궁극적인 목표로 정해놓고 이 세상에서 우리의 행동을 펼칠 수 있다. 그러나 우리는 그러한 초본성적인 생명을 시작하기 위해 공로를 쌓을 순 없다. 비록 한 인간의 생명이 시작하도록 힘쓸 수는 있을지라도 말이다. 왜냐하면 초본성적인 생명의 시작은 은총의 소관이자 공로를 위한 원리에 해당하기 때문이다. 우리는 조력은총에 힘입어 하느님의 자비를 마치 요구하기라도 하듯이 호소할 수 있는 권리를 갖게 되는지 모른다. 혹은 이미 소유한 상존은총을 통해서 우리는 그보다 더 주제넘게 혹은 진지하게 하느님과의 우정(관계)을 요구할 수 있을지도 모른다. 그러나 엄밀한 의미에서 우리가 생각하는 공로, 그러니까 소위 '정당하게' 보상을 요구할 수 있는 권리처럼 여기는 공로는 우리의 힘으로만 이뤄져야 하지만, 실상 그것은 아이러니하게도 우리가 공로를 쌓기 전에 상존은총을 받아야만 가능하다.

② **"마지막까지 지속되는 은총의 보유(final perseverance)"**[33] : 만일 우리가 초본성적인 생명을 목표로 공로를 쌓을 수 있다면, 그 공로는 물론 저 목표에 이르는 수단으로 이해될 수 있다. 그리고 만일 그럴 수 있다면, 그것은 은총과 사랑(자선) 그리고 덕행을 통해 우리가 공로를 계속 증가시켜 나갈 수 있음을 의미한다. 그리하여 우리가 한시적으로 좋은 것들을 확장시켜 우리의 영혼을 구원하는 데에 필요한 것들에까지 이를 수 있음을 뜻한다. 하지만 우리는 소위 "마지막까지 지속되는 은총의 보유"를 위해 공로를 쌓을 순 없다. 만일 그럴 수 있다고 가정한다면 인간이 쌓은 공로가 최종 구원에 이르기까지 지속되어야 한다는 점에서라도 불가능하고, 오직 하느님의 손에 달려있다고 보아야 하기 때문이다. 그야말로 영광의 최절정에 이르기까지 그 역량을 발휘하는 은총이라면 당연히 하느님의 수중에 있다고 말해야 옳을 것이다. 인간의 그 어떤 행위 및 공로로 저 신적인 영광을 취할 수 있다는 말인가? 그것도 구원사 전체를 포괄하여 매듭 짓는 영광이라고 한다면, 어찌 인간의 힘으로 능히 그것을 얻을 수 있다는 말인가? 그러므로 오직 구원사 전체에 대해 주관하며 책임질 수 있는 하느님에게만 전적으로 위임된 것이라고 보아야 옳을 것이다.

우리는 이 같은 사실을 세상의 자연적인 것들과 비교함으로써 훨씬 더 선명하게 알아들을 수 있을 것이다. 우리의 이성으로 다 헤아릴 수 없는 이 세상의 창조가 하느님의 뜻이었지, 인간의 공로로 이뤄진 것이 아님은 분명하다. 대자연의 물리적인 법칙에 의거해서 필연적으로 초래되는 결과들은 그 법칙의 완전성을 보여준다. 은총 없이 자연적인 도덕법을 따르는 사람은 그 어떤 보상을 받을

33) [역주] "Final perseverance"는 인생의 궁극적인 목표에 이르기까지 은총의 상태가 지속되는 것을 가리킨다. 「마태 10,22」에서 "그리고 너희는 내 이름 때문에 모든 사람에게 미움을 받을 것이다. 그러나 끝까지 견디는 이는 구원을 받을 것이다."라는 구절에서 고무된 용어다. 은총의 지속적인 상태를 죽을 때까지 유지하는 일은 원죄로 인해 상실했던 경험과는 대조적으로 매우 특별하게 여겨졌다. 이에 관한 많은 논의가 역사적으로 이어져 왔다. 인간의 순수 본성적인 능력과 자유의지에 의한 도덕적인 공로로도 확보될 수 있다고 주장한 이들이 있고, 반대로 오직 하느님에 의해서만 그런 상태가 가능하다고 주장한 이들이 있었다. 가톨릭교회는 아우구스티누스의 가르침, 곧 그의 작품 「항구함의 은사」(De dono perseverantiae)와 「훈계와 은총」(De correptione et gratia)에서 교회의 공식 가르침으로 채택했다.

만한 공로를 쌓은 것이라고 말할 수 있다. 왜냐하면 그러한 자연적인 도덕법의 준수는 오롯이 그의 자유와 인격적인 결단으로 자신이 가지고 있는 것을 통해서 실천한 것이라고 볼 수 있기 때문이다. 그런데 과연 순수 인간의 본성적인 행동으로 초본성적인 상급을 받을 만하다고 누가 장담할 수 있을까? 인간은 하느님의 뜻이 충만하게 채워지는 은총의 상태에서만 그러한 노력이 가능하고 또 그 결과에 대한 보상이 유효하다. 그것은 오직 은총과 자유의지라는 이중적인 원리로만 가능하다. 다시 말해 인간은 하느님과 함께 영원한 생명을 얻어 누릴 목적으로 공로를 쌓을 수 있다는 것이다.

## [결론] 은총과 인간

### 1. 은총과 자연세계

은총에 관한 교회의 가르침을 좀 더 간단히 요약한다면, 자연세계에 속하는 것들과 계속 대조해서 살피는 방식보다 더 나은 방식은 없을 것 같다. 은총의 가장 작은 부분도 이 자연세계의 아름답고 질서정연하고 풍요로운 가치들에 비해 훨씬 더 고귀할 뿐만 아니라 자연세계에 속하는 그런 모든 것을 다 합쳐 놓아도 비교가 되지 않는다. 왜냐하면 은총은 아무리 작더라도 이 세상의 것들을 능가하는 것이기 때문이다. 그래서 소위 초본성적인 것이라고 일컫는다. 본질적으로 이 세상의 것들을 능가할 만큼 뛰어나다는 점에서 말이다. 결론적으로 은총은 오직 하느님에 의해서 주어지는 선물이다. 받을 만해서 어떤 대가로 받는 것이 아니라 공짜로 주어지는 것이라서 선물이다. 그것은 인간이 자연세계로부터 초본성적인 세계로 넘어갈 수 있도록 그 둘을 잇는 가교(架橋)와도 같다. 이 자연세계에 머무르지 않고 영원한 세계로 나아갈 수 있게 해주는 의미에서도 인간에게는 더없이 귀한 선물이 된다. 이 은총의 빛을 받음으로써 인간은 이 자연세계를 자신에게 봉사하는 어떤 것으로, 곧 자신의 도구로 이해할 수 있다. 다시 말해 이 세상에 사로잡혀 거기에 얽매이거나 세상의 일부로서 헌신할 이유가 없으며 혹은 이 세상에서의 만족을 위해 세상에 매달리지 않을 수 있다. 자연세계는 다만 하느님의 나라, 영원한 세계로 나아가기 위한 디딤돌에 불과하다는 것이다.

## 2. 은총과 인간의 행위

이 은총의 빛 아래서 인간의 모든 행위 혹은 인생 전체가 새로운 의미를 갖게 된다. 그것도 가슴 떨리는 의미심장함을 손에 쥐게 된다. 왜냐하면 우리는 은총으로 말미암아 이 세상에서의 가난이나 단조로움, 실패나 가여움 혹은 절망으로 슬퍼했거나 마음 아파하는 그 모든 것들이 실은 하찮은 것에 지나지 않음을 깨닫게 되기 때문이다. 세상에서의 불행은 이제 뭇 사람들이 생각해온 그런 것들이 아니라 바로 죄를 저지르는 순간 은총을 상실하고 마는 데에 있음을 통감하게 된다. 오직 죄만이 정념적이고 드라마틱하며 희망할 수 있는 우리의 인생을 통째로 앗아갈 수 있다. 반대로 은총과 함께라면 대단히 하찮은 우리의 행위도 놀라운 힘을 갖게 될 것이다. 아무리 작은 은총도 저 영원한 세계를 반영하여 비추는 데에는 결코 무기력하거나 조금도 부족하지 않기 때문이다. 은총으로 말미암아 인간은 더 이상 보잘것없이 살아가지 않을 수 있다. 은총 덕분에 더 이상 덧없이 인생을 마감하지 않아도 된다.

## 3. 은총과 인간의 행복

은총과 함께라면 우리에게 더 이상 이 세상에서 노예처럼 살지 않아도 된다. 이미 우리에게 주어진 인간성의 가치를 더없이 고양시키는 은총 덕분에 세상에 대한 미련은 말끔히 사라지고 말기 때문이다. 이 세상의 그 어떤 것도 우리를 사로잡거나 쥐고 흔들 수 있을 만큼 매력적이지 못하다는 것을 알기 때문이다. 은총 덕분에 인간은 자신의 존엄성을 자각할 수 있고, 그렇게 하느님의 영원한 생명에 참여할 수 있다. 비록 그로써 하느님과 동등해질 수는 없더라도 자신의 존엄한 인격, 자신만의 고유함을 상실하지 않게 된다. 그렇듯 끝까지 남게 되는 각자의 고유한 행위, 고유한 능력으로 인해 자신이 무화되지 않기 때문에 진정한 나의 삶을 영위한다고 말할 수 있다. 이 같은 통찰은 지금 그리고 여기에서도 저 천상의 행복을 미리 맛볼 수 있게 해주는 은총 덕분에 가능하다. 은총은 그렇게 하느님의 눈으로 우리의 영광스러운 미래를 전망할 수 있도록 해주기 때문이다. 그 영광을 마침내 '얼굴과 얼굴을 맞대고 보듯' 마주보게 되는 순간이 바로 우리가 진정 염원하는 행복이라고 말할 수 있다. 이 행복이 우리의 최종목표다. 은총은 그렇듯 이미 시작된 것처럼 또 영원히 사라지지 않는 저 최고의 복된 날들이 우리를 기다린다고 늘 우리의 귓가에 속삭이고 있다.

A Companion to the Summa

성 토마스 아퀴나스의

# 신학대전 해설서 Ⅱ

[부록]

# 은총에 관한 교회의 보충적인 가르침

## I

1. "인간은 자연적인 진리를 알기 위해 은총을 필요로 하지는 않는다."(참고, 제1차 바티칸 공의회 제3회기 제2장 법규1[덴칭거 3004])
2. "그러나 초자연적인 진리를 알기 위해선 은총을 필요로 한다."(참고, 제2차 오랑주 공의회 제7조[덴칭거 77]; 제1차 바티칸 공의회 제3회기 제2장[덴칭거 3005]; 트리엔트 공의회 제6회기 제3조[덴칭거 1553])
3. "은총 없이는 구원에 기여하는 공로란 있을 수 없다."(참고, 제2차 오랑주 공의회 제7조[덴칭거 377]; 트리엔트 공의회 제6회기 제2조[덴칭거 1552])
4. "은총 없이 인간은 구원을 위해 어떤 행동도 시작할 수 없다."(참고, 제2차 오랑주 공의회 제5조와 제7조[덴칭거 375, 377])
5. "의인(義人)의 모든 행위는 죄가 아니다."(참고, 트리엔트 공의회 제6회기 제11장[덴칭거 1539]; 제31조[덴칭거 1581])
6. "인간의 행위는 비록 그것이 완전한 사랑 없이 이뤄졌다고 하더라도 항상 악한 것이 아니다."(참고, 트리엔트 공의회 제14회기 제5조[덴칭거 1705]; 제6회기 제7조[덴칭거 1557])
7. "신심이 부족한 사람의 모든 행위가 죄는 아니다."(참고, 트리엔트 공의회 제6회기 제7조[덴칭거 1557])

## II

1. "은총 없이 인간은 자신에게 주어진 초자연적인 가르침은 물론 그것을 계시하신 존재도 알아보지 못한다."(참고, 실바누스와 밀레비스 공의회 관련 서한 제5장[덴칭거 219]; 트리엔트 공의회 제6회기 제2조[덴칭거 1552])
2. "은총 없이 인간은 사랑의 방식을 좇는 자연적인 교훈도 지켜내지 못한다."(참고, 트리엔트 공의회, 제6회기 제3조[덴칭거 1553]; 제2차 오랑주 공의회 제6조와 제7조[덴칭거 376, 377])
3. "은총 없이 인간은 영원한 생명을 얻어 누리기 위해 공로를 쌓을 수 없다."(참고, 트리엔트 공의회, 제6회기 제2조[덴칭거 1552])
4. "조력은총은 상존은총을 회복하기 위해 필수적으로 요구된다."(참고, 제2차 오랑주 공의회 제3조와 제6조[덴칭거 373, 376]; 트리엔트 공의회 제6회기 제5조[덴칭거 1555]; 제3조[덴칭거 1553])
5. "인간은 은총 없이 자력으로 죄에서 벗어나지 못한다."(참고, 제2차 오랑주 공의회 제4조와 제5조[덴칭거 374, 375]; 트리엔트 공의회 제6회기 제3조[덴칭거 1553])
6. "본성이 타락한 상태에 놓여있던 인간이 상존은총 덕분에 회복되었다면, 어떤 소죄들은 피할 수 있겠지만, 특별사면을 받지 않는다면 모든 소죄를 다 피할 수 있는 것은 아니다."(참고, 실바누스와 밀레비스 공의회 관련 서한 제6장[덴칭거 228]; 트리엔트 공의회 제6회기 제23조[덴칭거 1573])
7. "본성이 타락한 상태에 놓여있으면서 상존은총에 의해 회복되지 못한 인간은 오랫동안 대죄를 저지르지 않은 채로 있을 수 없다."(참고, 실바누스와 밀레비스 공의회 관련 서한 제3장[DZ 225]; 첼레스티노 1세, Indiculus[덴칭거 238-249]).

## III

1. "인간이 초자연적인 미덕을 행하기 위해선 조력은총을 필요로 한다."(참고, 제2차

오랑주 공의회 제9조[덴칭거 379]; 트리엔트 공의회 제6회기 제16장[덴칭거 1547])

2. "마지막까지 지속되는 은총의 상태를 유지하기 위해선 인간은 온갖 유혹을 이겨내게끔 그를 보호하고 보살피시는 하느님의 특별한 도우심을 필요로 한다."(참고, 제2차 오랑주 공의회 제10조[덴칭거 380]; 트리엔트 공의회 제6회기 제6조와 제22조[덴칭거 1556, 1572])
3. "은총은 창조되었으며 인간영혼 안에 처음부터 습성(habitus)처럼 부여된 어떤 것이다."(참고, 비엔나 공의회, 페트루스 요한니스 올리비에게 해당되는 오류들 단죄함[덴칭거 904]; 트리엔트 공의회 제6회기 제11조[덴칭거 1561])
4. "하느님은 제일원인이시며 보편적으로 섭리하시니, 그분의 지성 또한 보편적이며 오류가 없고, 결코 그 누구에게든 그 무엇에든 의존하지 않으신다."(참고, 제4차 라테란 공의회 제1장[덴칭거 800-802]; 제1차 바티칸 공의회 제3회기 제1장[덴칭거 3001-3003])
5. "인간의 의지는 자연적인 행동을 위해서든 초자연적인 행동을 위해서든 항상 자유롭다."(참고, 트리엔트 공의회 제6회기 제5장[덴칭거 1525]; 제4조와 제5조와 제6조[덴칭거 1554-1556])
6. "하느님은 은총의 충분한 원인으로서 유일하시다."(참고, 제2차 오랑주 공의회 제7조와 제20조[덴칭거 377, 390]; 트리엔트 공의회 제6회기 제7장[덴칭거 1529])

# Ⅳ

1. "어떤 준비는 상존은총을 위해 필수적이다."(참고, 트리엔트 공의회 제6회기 제3조와 제9조[덴칭거 1553, 1559])
2. "인간은 자유의지를 통해 올바르게 행동함으로써 은총을 받아들일 준비를 할 수 있다."(참고, 트리엔트 공의회 제6회기 제4조와 제9조[덴칭거 1554, 1559])
3. "의인에게는 모든 계명을 지켜나갈 수 있도록 충분한 은총이 주어진다."(참고, 제2차 오랑주 공의회 제25조[덴칭거 395]; 트리엔트 공의회 제6회기 제11장[덴칭거

1539])

4. "믿음을 가진 이들 사이에서 죄를 저지르는 모든 이들에게, 설령 그들이 완고하고 분별없이 살아가더라도 하느님께서는 저지른 죄를 후회하고 새로운 죄를 경계할 수 있도록 실로 충분한 은총을 내려주신다."(참고, 제4차 라테란 공의회 제1장[덴칭거 800-802]; 트리엔트 공의회 제6회기 제17조와 제29조[덴칭거 1567, 1579])
5. "구원에 합당한 은총이 믿지 않는 모든 이들에게도 주어진다. 설령 시간과 장소에 따라 [교회에] 부정적인 불신자들에게도 말이다. 아울러 얀센주의는 교황 알렉산더 8세의 훈령(prop. 5)에 의거하여 단죄되었다."(참고, 알렉산더 8세, 얀센주의자들의 오류들을 단죄함[덴칭거 2301-2332]; 제2차 오랑주 공의회 제23조와 제25조[덴칭거 393, 395]; 첼레스티노 1세, Indiculus[덴칭거 238-249]; 트리엔트 공의회 제6회기 제3조와 제9조[덴칭거 1553, 1559])

# V

1. "성화은총은 커질 수 있고 모든 이들 곁에서 결코 동일한 크기를 유지하지 않는다."(참고, 트리엔트 공의회 제6회기 제7장과 제24조[덴칭거 1529, 1574])
2. "계시 없이 인간은 자신이 은총을 받았는지 분명하게 알 수 없다."(참고, 트리엔트 공의회 제6회기 제9장과 제13조, 제14조 그리고 제15조[덴칭거 1533-1534, 1563-1565])
3. "자유의지는 죄를 저지른 자의 성화를 위해서도 반드시 전제되어야 한다."(참고, 트리엔트 공의회, 제6회기 제6장과 제4조[덴칭거 1526-1527, 1554])
4. "죄를 저지른 자의 성화를 위해 믿음도 반드시 요구된다."(참고, 트리엔트 공의회 제6회기 제6장[덴칭거 1526-1527])
5. "죄를 저지른 자의 성화를 위해서는 죄를 끊어버리겠다는 의지도 반드시 전제되어야 한다."(참고, 트리엔트 공의회 제6회기 제6장[덴칭거 1526-1527])
6. "성화를 위해 필수적인 요건들 가운데 하나는 사죄(赦罪) 받을 것들이 일일이 열

거되어야 한다는 점이다."(참고, 트리엔트 공의회 제6회기 제7장[덴칭거 1528-1530])

# VI

1. "의인은 진실로 공로를 쌓는다."(참고, 제4차 라테란 공의회 제1장[덴칭거 800-802]; 트리엔트 공의회 제6회기 제16장과 제24조[덴칭거 1545-1549, 1574])
2. "공로의 힘은 하느님의 자비와 그리스도의 희생에서 비롯한다."(참고, 트리엔트 공의회 제6회기 제16장과 제26조Sess. VI, ch. 16 and can. 26[덴칭거 1545-1549, 1576])
3. "우리의 공로는 보상받기에 합당하다."(참고, 제2차 오랑주 공의회 제18조[덴칭거 388]; 트리엔트 공의회 제6회기 제32조[덴칭거 1582])
4. "아무도 처음부터 제 힘으로 조력은총을 취하기 위해 공로를 쌓을 수는 없다."(참고, 제2차 오랑주 공의회 제3조와 제5조[덴칭거 373, 375]; 트리엔트 공의회 제6회기 제5장과 제6장[덴칭거 1525-1527])
5. "아무도 처음부터 '정당하게'(de condigno) 상존은총을 취하기 위해 공로를 쌓을 수는 없다."(참고, 트리엔트 공의회 제6회기 제16장, 제8장과 제32조[덴칭거 1545-1549, 1532, 1582])
6. "인간은 미래의 타락에 따른 잘못을 기워 갚는 의미로 공로를 쌓을 수는 없다."(참고, 트리엔트 공의회 제6회기 제8장[덴칭거 1532])
7. "인간은 은총과 사랑을 통해 공로를 쌓을 수 있다."(참고, 트리엔트 공의회 제6회기 제24조와 제32조[덴칭거 1574, 1582])
8. "인간은 영원한 생명을 얻어 누리기 위해 공로를 쌓을 수 있다."(참고, 트리엔트 공의회 제6회기 제16장과 제32조[덴칭거 1545-1549, 1582])

A Companion to the Summa

성 토마스 아퀴나스의

# 신학대전 해설서 Ⅱ

# 제21장 현대의 윤리적인 견해에 대한 분석

# 제21장 현대의 윤리적인 견해에 대한 분석

본 서의 마지막 장(章)에서는 글쓴이의 변명과 같은 사족을 잠깐 늘어놓아야 할 것 같다. 이 책이 위대한 신학자 토마스의 「신학대전」에 대한 길잡이 혹은 안내서로 자처했음에도 불구하고, 만일 토마스가 자신의 시대에 대해 얼마나 깊이 사색하면서 당시까지 제기되어온 수많은 문제들을 얼마나 심각하게 고민했고 또 그 문제들을 해결하기 위해 그가 기초로 삼았던 원리들이 당시에는 얼마나 시기상조의 것인지 우리가 고려하지 않는다면, 분명 이 책의 본분을 망각한 것이 될 것이다. 실제 토마스가 활용한 원리들에 대해 앞서 살펴보았듯이 이런 연구들이 활발하게 진행된 이래로 현대사회가 부딪히는 문제들과 견해들을 평가하는 일이 과거에 비해 훨씬 더 정확해지고 심오해진 것 같다.

여기 21장을 준비한 또 다른 이유가 있다. 이미 보았다시피 이 책은 각 장마다 현대사상에 대한 분석도 곁들였다. 물론 그때마다 그 분석내용을 엄밀하게 소개하는 일은 적절하지 않다고 생각했다. 왜냐하면 만일 그렇게 할 경우 이미 광범위한 주제를 최대한 간결하면서도 풍부하게 요약한 「신학대전」을 다시금 더 작은 분량의 책속에 쑤셔 넣으려는 억지처럼 그로 인해 그만 균형을 잃는 책이 되고 말 것이 분명해 보였기 때문이다. 이 총서가 처음부터 경계하며 조심스레 가졌던 기본적인 구상은 토마스의 생각을 '적당히' 들추어내고 마는 것이 아니었다. 그래서 차라리 현대의 윤리사상의 정확한 고증을 위해 필요한 자료들을 최대한 확보하려는 데에 있었다. 그와 같은 의도가 토마스의 생각을 적당히 해명해보려는 욕심을 일찌감치 포기하도록 만들었다.

현대의 윤리사상은 실로 추정하기 힘들 정도로 다양하다. 비록 그 사상이 수세기를 거쳐 발전해온 사유전통들을 대부분 시대에 맞게 재해석한 것에 지나지 않는다 할지라도, '상당히 과감하고' '바벨탑의 혼돈과 같은 인상'[34]을 심어주는 것이 사실이다. 그렇듯 혼란스런 인상은 무엇보다도 "자연스레 현대사상을 대변하지 못하는 것은 그동안 이어져 온 전통과 조화를 이루지 못한 데에 있다."[35]는 생각을 낳았다. 그럼에도 다반사가 되어버린 윤리적인 견해의 변화는 어느덧 공공연하게 묵인되기에 이르렀다. 대중은 그러한 변화를 당황스러워하거나 못마땅하게 여기기보다는 오히려 노골적으로 부추겼다. 브라이트만(Brightman) 교수는 그렇듯 변화를 겪고 있는 오늘날의 윤리적인 견해는 또 계속해서 변화할 것이라고 역설한 바 있다. 과연 그러한 변화가 창조적인 의미를 함축한다면, 항상 개인의 창의력을 무기력하게 만드는 '상식적인 신념'이나 '선입견'에 파묻혀 사는 것보다 훨씬 더 가치가 높은 것이란 점에서 환영할만하다.[36]

실제로 현대의 윤리적인 견해가 매우 다양하다는 사실은 매우 고무적이면서 동시에 매우 불운한 일이다. 우리가 쉽게 경험하듯이, 그러한 다양성은 우리가 전통 윤리관을 나약하고 하찮은 것으로 여기게끔 하는 데에 일조하고, 급기야 모든 윤리이론에 비참한 결말을 피할 수 없게 만드는 합리적인 배경으로 작용할 수 있기 때문이다.

만일 우리가 윤리관(倫理觀)이란 다름 아닌 한 시대의 인간관(人間觀)과 동일시된다는 사실을 간파한다면, 현대의 윤리적인 견해가 매우 다양하다는 사실이 무엇을 내포하는지 어렵지 않게 짐작할 수 있을 것이다. 윤리관이 곧 인간관이라는 사실에는 의심의 여지가 없다. 아무튼 "우리 세대는 새로운 사건들과 마주하고 있다. 옳고 그른 것에 대한 신념을 그때마다 지지하거나 파기하거나 혹은 새

---

34) H. N. Wieman/ B. E. Meland, American Philosophies of Religion (Chicago: Willet, Clark & Co., 1936), p. 6.
35) 상게서, p. viii.
36) 상게서, p. 325.

롭게 다듬어내는 데에 골몰하는 새로운 생각들과 마주하고 있다."[37]는 의견에 동의할 만하다. 종교철학은 오늘날 문화적인 변혁의 한 측면을 대변한다. 종교철학이 살아 남아있기 위해서는 시대 전반에 대해서 이성적으로 설명할 수 있어야 한다.[38] 오늘날의 미국을 비롯한 여러 나라 안에서 종교는 아메리카 문화를 통해 물질적으로 영향을 받고 변화를 겪게 되었는데, 물질이란 요소는 아메리카 문화의 또 다른 요소들에 비해 상대적으로 더 큰 영향을 끼쳤다.[39] 만일 종교적인 신념이 한 사회의 문화에 토대가 될 수 있으려면, 종교가 관찰과 사회적인 경험의 세계 안에 꾸준히 머물러 있어야 한다.[40]

윤리관이 그 시대의 인간관과 동일시된다는 것은 보편적인 사실이다. 그래서 심지어 다시 방향을 잡아야 한다거나 시대의 흐름을 새롭게 파악해야 한다거나 혹은 변화에 편승할 필요가 있다고 우격다짐하는 주장에도 이 보편적인 사실이 적용된다.[41] 시대 변화를 당연시하는 관점은 윤리관에 대해 글을 쓰는 현대작가가 과거를 알리기는 하지만, 옛 견해를 옹호하는 데에는 별 관심이 없을 때 극단적으로 치달을 수 있다.[42] 내가 확신하여 말하건대, 실제적으로 전통적인 초자연주의조차도 자기방어에 관한 논리를 전개함으로써 현대 종교철학의 발전을 도왔다고 본다. 예컨대 전통적인 초자연주의가 설정한 전제조건들이 이미 현대인들의 생활권 안에 널리 퍼져 잘 어우러져 있는지 확인하는 작업을 통해서 말

---

37) R. C. Cabot, The Meaning of Right and Wrong (New York: Macmillan, 1936), pp. 1 and 3.

38) 참고, American Philosophies of Religion, p. 311.

39) 참고, H. B. Jefferson, "The Role of Religion in a Changing Culture", The Journal of Religion, Vol. XVI (1936), p. 57.

40) 참고, G. K. Robertson, "Ethics, Cosmology and Religious Faith", The Journal of Religion, Vol XVI (1936), p. 56.

41) 이 같은 진술을 증명하는 데에는 무수한 저자들의 글을 인용할 수 있을 정도다. 몇 가지 사례로도 충분하다고 보는데, 예컨대 W. H. Bernhardt, "The Significance of the Changing Function of Religion", The Journal of Religion, Vol XII (1932), p. 556, 558; E. E. Aubery, Present Theological Tendencies (New York: Harper & Bros., 1936), pp. 4, 28, 54, 229, etc.; Wieman and Meland, American Philosophies of Religion, p. 341.

42) 참고, John Laird, An Enquiry into Moral Notions (New York: Columbia University Press, 1936), p. 10.

이다.[43] 그리하여 전통적인 초자연주의는 동시대의 제례예식을 때로 진지하게 수용하기도 하는데, 그것은 무의식적으로 그런 제례예식의 뛰어난 요소에 대해 "민감해지도록" 일종의 책무까지 부과함으로써 그러한 종교적 입장을 지켜보는 이들에게 감동을 선사하려는 의도가 크다 하겠다.[44]

현대의 윤리에 대한 매우 다양한 견해들은 윤리가 무엇보다도 급변하는 시대상을 고스란히 반영하고 있음을 시사한다. 우리는 윤리에 대해 해명을 시도하는 현대작가들이 변화된 윤리관 안에서 그와 같은 변화의 요인(變因)들을 찾아내기를 기대해봄 직하다. 이 책도 그에 대해 알아보려고 노력했다. 사실상 발견된 변인들 대다수가 미래의 윤리에 대해 전망을 충분히 어둡게 만들고 있다. 예를 들어, 호킹(Hocking)은 오늘날 그리스도교 윤리가 '상대성 이론'이나 '새롭게 규정된 자연 개념', '구원에 대한 색다른 생각'이나 '종교의 역사적 기원에 대해 새롭게 요청되는 시각' 그리고 '그리스도인들 사이에 만연된 분리주의적인 태도나 비협조적인 태도를 수치스럽게 생각하는 경향' 등등으로부터 영향을 받았다고 본다.[45] 케이스(Case)는 어느덧 종교적인 전통이 되어버린 세 가지 의미심장한 특징들로서 '현대의 과학적인 사유', '응용과학이 낳은 사회적인 부적응' 그리고 '문화에 대한 해석'을 손꼽는다.[46] 중세사상 안에서 초자연주의에 결사적으로 반대하던 움직임이나 과학 앞에 철학이 굴복하는 것을 극구 반대하던 움직임 혹은 권위를 앞세운 종교와 영성을 강조하는 종교 사이의 갈등 그리고 종교 안의 독점적인 중재자(사제?)가 그러했듯이 합리성을 거부하는 경향과 같은 역사적인 변

43) 참고, American Philosophies of Religion, p. 62.

44) 그래서 Dr. R. C. Cabot(The Meaning of Right and Wrong)는 "현상유지의 복음"을 외치는 사람들 사이에 정신병리학자, 관료주의자들과 같이 과학적인 전문성을 갖고 위생학적인 행동에 뛰어난 사람들을 뒤에서 혹은 곁에서 든든하게 지지하는 이들을 포함시킨다.

45) 참고, W. E. Hocking, "Christianity and Intercultural Contacts", The Journal of Religion, Vol XIV (1934), pp. 127–138.

46) 참고, Shirley Jackson Case, The Journal of Religion, Vol XIV (1934), p. 2.

인들은 모두 오늘날 윤리사상에 대해 나름대로 견해를 펼치는 다양한 학파들 안에서 서로 다르게 작용하였다고 본다.[47] 우리 시대에도 문화적인 문제점들이 자리한다. 예를 들어, 부(富)와 가난은 오늘날 사회마다 어떤 명분이나 이상(理想) 중심의 이분법적인 체제를 강조함으로써 상생(相生)할 수 있는 여유를 누리지 못하고 있다. 또한 우리의 성취능력은 과거에 비해 훨씬 더 커졌음에도 그러한 능력을 봉사의 의미에서 확대시키는 데에는 쉬이 능동적이지 못하다. 또 행복을 위한 물질적인 풍요로움은 물론 그 확보 조건들은 나날이 더 좋아짐에도 불구하고 선택과 감동의 올바른 기준이 부재함으로써 불행을 자초하는 경우가 점점 늘어가고 있다. 또한 상부상조하면서 살아가야 필요성이 더 절실해져 가지만, 공통적인 의미의 명분이나 이상 혹은 공유할 만한 감정 및 연대감을 활성화시키는 노력은 하지 않는다.[48]

패턴(Patton)은 이 같은 잡다한 상황들을 다음과 같은 몇 마디 말로 정리한 바 있다. 예컨대, 케케묵은 옛 가르침들의 쇠퇴, 자연과학의 힘찬 요동, 자연주의와 현실주의의 득세(得勢) 나아가 전통적인 관념론에 대한 비판, 거듭되는 세계대전을 통해 부상한 숙명론, 부조리 및 무자비함, 성서문헌 비평학의 발전과 진화론을 기초로 성경, 하느님 그리고 도덕적인 삶이나 영성적인 삶에 대해 도전하는 양상들이 그러한 상황을 초래했다고 본 것이다.[49] 다른 한편 우리는 20세기 초에 한 가지 우세한 변인으로서 출현한 이데올로기를 지적할 수 있을 것 같다.[50] 과학은 윤리사상에 깊이 영향을 미친다.[51] 하지만 과학은 혼돈과 좌절도 함

---

47) American Philosophies of Religion, p. 12 and 13.

48) 상게서, p. 23.

49) 참고, C. S. Patton, "The American Theological Scene", The Journal of Religion, Vol XVI (1936), p. 460.

50) 참고, Present Theological Tendencies, p. 62; C. E. M. Joad, A Guide To Modern Thought (London: Faber and Faber), p. 119; American Philosophies of Religion, p. 329 (Prof. Brightman).

51) 참고, E. S. Ames, "Christianity and Scientific Thinking", The Journal of Religion, Vol XIV (1934), pp. 4–12; B. E. Meland, "A Present-Day Evaluation of Christian Ethics", The Journal of Religion, Vol X (1930), pp. 378ff.; Present Theological Tendencies, pp. 24, 13.

께 심어준다.[52] 예를 들어 심리분석이나 행동주의 및 베르그송의 이론은 특히나 운명결정론, 숙명론 혹은 비이성주의를 초래했다.[53] 집단주의 및 개인주의 모두 현대 윤리사상을 주조하는 데에 큰 역할을 하였다.[54] 그러나 실망스러운 길로 접어들지 않는 경우는 매우 드물다. 물론 이 같은 진술들은 급변하는 시대의 사회적인 변인들을 요약한 것이지만, 이는 또한 현대사회에 혼란을 야기한 요인들이라고 바꿔 말할 수도 있다.[55]

이처럼 현대윤리에 대한 매우 다양한 견해들은 이들을 분류하는 일조차 어렵게 만든다. 최근에 분류작업을 끝마친 두 번의 시도가 있었는데, 이는 학문적으로 가장 앞선 시기에 시도한 것이라고 말할 수 있지만, 그 시도들의 성공 여부는 장담하기 어렵다. 실제 우리는 처음부터 그 두 번의 시도가 모든 사람들이 관심을 집중하듯이 모두를 만족시킬 수 있을 만큼 체계적으로 동시대의 여러 입장들을 정리해서 선보일 것이라고 믿지 않았다. 다양한 모습의 윤리사상들을 어떤 엄격한 기준으로 서로 구분하여 말하기에는 너무 유기적이며 그 분류방식 또한 그리 탐탁하지 않았기 때문이다. 어떤 체계도 그런 분류방식이 유효하게 적용되기 어려웠다. 왜냐하면 현대의 다채로운 사상들은 서로 유기적이고 유연한 성격 때문에 기계적인 범주로 설명하거나 분류하는 일이 불가하기 때문이다.[56] 분류작업이 불가능하다는 사실은 「미국종교철학」(American Philosophies of Religion) 잡지의 편집위원들이 현대사상을 한 마디로 초자연주의, 관념주의, 낭만주의 그리고 자연주의라는 네 가지 뿌리가 되는 입장들로 분석 및 환원시킨 다음 현대사상의 경향이 점점 더 이 근본입장들을 이리저리 뒤섞어 놓은 혼합주의적인 형태로 흘

---

52) 참고, A Guide To Modern Thought, pp. 23, 60.

53) 참고, 상게서, pp. 26, 60, 216.

54) 참고, Present Theological Tendencies, p. 216; p. 213.

55) 참고, K. S. Latourette, "Have We Passed the Age of Religion?", The Journal of Religion, Vol XVI (1936), pp. 419ff.; Present Theological Tendencies, pp. 4–8, 13, 191, 212, 221; A Guide To Modern Thought, p. 216; American Philosophies of Religion, pp. 21, 49, 309.

56) American Philosophies of Religion and Present Theological Tendencies.

러가고 있음을 입증하려 했던 사실에서도 뚜렷이 엿볼 수 있다.[57] 그 잡지에 기고하는 약 57명의 현대작가들이 현대사상의 상기 4가지 전통적인 입장을 혼합하여 고집하는 각 학파들에 저마다 소속되어 있었다. 그래서 각 학파를 지지하는 저마다의 처지에서 윤리사상은 물론 종교철학에 대한 기본입장에 극단적인 차이를 보였다.[58]

비록 현대의 다양한 윤리적인 견해들을 분류하는 일이 매우 난감하다고 하더라도, 윤리사상에 변화를 가져온 요인들을 찾아내는 일은 어렵지 않아 보인다. 왜냐하면 윤리사상을 시대의 산물로 간주함으로써 그렇듯 시대적인 풍조에 의해 계속 타격을 받도록 그것을 시대에 종속시켜버리는 것이 가능하기 때문이다. 그와 같은 여건 아래에 있는 윤리사상이 변화하는 일은 당연할 수밖에 없다. 마치 소총이나 기관총 혹은 대포의 표적이 되는 건물은 덤으로 항공기의 폭격도 감수해야 하는 것처럼 말이다. 현대작가들은 그와 같은 변화가 이미 기대했던 바로서 오늘날 그것이 겉으로 드러난 것에 지나지 않는다고 힘주어 말한다.

우리 시대는 종교상으로 아예 종교를 포기하고 싶을 만큼 (그 정통성의 보존을 고려할 때) 근본이 되었던 것들이 거의 완전히 무시될 정도로 크게 바뀌었다. 모든 종교에는 근본주의자들, 신비주의자들, 성직주의자들, 이성(理性)주의자들, 자유주의자들 그리고 원칙주의자들이 자리한다.[59] 하느님에 대한 기본적인 믿음을 제외하고는 예수님에 대해 열정적이지만 크게 변화된 태도를 보이는 오늘날에는 과거 50년 전에 경험하였던 정통적인 모습이 거의 하나도 남지 않았다. 예컨대 삼위일체와 강생, 기적과 인간의 타락, 죄의 보속과 천국과 지옥 등에 관한 중요한 옛 교리들이 더 이상 대중 사이에서 논의되지 않은 지 오래다. 유신론, 절대

57) American Philosophies of Religion, pp. 5 and 11.

58) 참고, American Philosophies of Religion, p.136; Brightman은 관념론자로서 유한한 신에 대해 주장한다.

59) 참고, The Journal of Religion, Vol XIV (1934), p. 1(Shirley Jackson Case [편집자]).

자–신앙, 신의 특성, 신과 인간 및 세상의 관계, 절대자 개념, 신에 대한 특정한 논의 등등은 오늘날 오직 신학자들에게만 유보된 주제다.[60] 이제는 우리가 하느님 및 절대자(신)에 관하여 함께 논하면서 대화를 시작하려고 할 때 서로 공유할 만한 개념이 없어서 얼마나 궁색한지 금방 느낄 수 있다.

공유할만한 개념이 어느 정도 궁색한지는 혀를 내두를 수준이다. 그동안 절대시했던 개념들(예컨대 신, 영원한 모범, 이성, 자연 및 본성 등) 가운데 그 어느 것도 변화를 겪지 않은 것이 없으니, 아무것도 하나의 기준으로 꾸준히 서 있을 수가 없는 형편이다. 그러나 실제로 그동안 윤리사상이 안정성을 추구하는 데에 훨씬 더 열심이었고 또 익숙해 있었기 때문에, 바뀌지 않는 본질을 찾아 나서기보다는 변화하는 인간과 사회를 점차로 더 많이 요구하는 오늘날의 여건들을 찾아내는 것이 훨씬 더 유리할지도 모른다. 변화하는 세상에서 사람들에게 그때마다 하나의 기준으로 계속 남아있으려면, 정작 윤리도 그런 변화를 수용할 수 있어야 하겠기 때문이다. 다행히 이성을 앞세우는 사람들도 차츰 신학적인 결론과의 차이점들을 지적하기보다는 차라리 신학자들과 함께 학문적인 방법을 공유하려고 시도한다. 그래서 이성주의자는 자신이 내리는 결론보다도 그 방법에 대해 더 많이 주의를 기울인다.[61] 사실 우리는 이성을 앞세우는 현대의 인문주의자들을 유신론자들과 무신론자들로 크게 구분하여 그리스도교의 입장과 비교할 수 있다. 하지만 상기 두 무리 모두 그리스도교의 입장과 동일시하는 데에 어려움이 많다. 당장 그들은 모두 "종교"라는 개념이 그들의 신념 및 주장을 펴는 데에 유익하게 활용될 수 있을까 하는 의문에 대해 부정적인 반응을 보이기 때문이다.[62] 오늘날의 생활양식 및 과정이 급격하게 변화함으로써 삶에 대한 어떤 형식이나

---

60) 참고, C. S. Patton, "The American Theological Scene", The Journal of Religion, Vol XVI (1936), pp. 459 and 460.

61) 참고, Present Theological Tendencies, p. 28.

62) 참고, E. S. Ames, "Christianity and Scientific Thinking", The Journal of Religion, Vol XIV (1934), pp. 7ff.

기준, 이상적인 것과 정념적인 것, 명분이나 목적이 일정하게 유지되지 않는 것 같다.[63] 사회적인 변화가 정말이지 너무 커서 그런지 각자 정하는 인생의 목표가 살아가는 동안 자주 바뀌는 것을 아주 쉽게 목격한다. 흔히 아이들의 롤-모델이 자주 바뀌거나 아예 없는 것도 그런 현실을 대변한다고 하겠다. 심지어 어떤 사람이 일찍부터 어린 나이에 만족스러운 생활방식을 찾아 계속 그 방식대로 살아간다면, 나이가 들어서 그는 결국 고립된 세계에서 살게 될 것이라고 간단히 말할 정도다.[64]

왜 이렇게 되었을까? 그동안 우리가 중요하게 여겼던 개념들을 잠시 돌이켜 보자. 예를 들어, 인생의 목표나 절대자 혹은 인간성 및 도덕성과 같이 윤리적으로 매우 기초가 되는 개념들을 잠깐 생각해보자. 그런 도덕적인 개념들이 급변하는 이 시대에 모든 것을 쓸어버리려는 공격 앞에서 얼마나 잘 버틸 수 있을까? 인생의 목표를 두고 진지하게 숙고하는 일은 실상 각자가 재량껏 만들어 내거나 임의로 폐기해버릴 수 있는 일이 아니다. 이미 보았다시피 도덕성의 본질은 한 인간이 자신의 목표를 향해 다가가거나 물러서는 것과 직결되어 있다. 다시 말해 인생의 성패와 직결된 매우 중요한 것이다. 현대인들 중에 특히 심리분석가들은 그 어떤 지배적인 목적이 인생을 주도하지 못하는 순간 인격적인 분열이 일어난다고 경고한다.[65] 중국과 인도 그리고 러시아의 지식층은 하나이든 여럿이든 신을 숭배하는 종교를 포기했다. 무엇보다도 공산주의라는 이데올로기가 그렇게 주도했다. 하지만 각 나라마다 그렇듯 종교적인 신념만큼이나 강력하게 헌신적으로 매달리는 대상 및 행동양식은 꾸준히 남아있다. 예컨대 중국에는 그들이 존중해마지 않는 손문[66]이 있고, 인도에는 간디가, 러시아에는 레닌이

63) 참고, American Philosophies of Religion, pp. 18 and 19.

64) 참고, American Philosophies of Religion, p. 20

65) Present Theological Tendencies, p. 232.

66) [역주] 손문 선생(Sun Yat-sen: 1866~1925)은 의술에 능하였는데, 옛 중국을 개혁하여 중국인민공화국을 세운 인물이자 초대 원수로서 중국인들이 영웅으로 숭배하는 지도자다.

존재한다.[67] 인간은 누구나 자신의 행동을 통해 도달하고자 하는 목표를 가지고 있음에 틀림없다.

일반적으로 말해서, 그것은 현대의 자연주의 혹은 인문주의가 종교를 비난하면서도 다른 한편 그 대용물을 찾는 것과 같다. 더 정확히 말해서 그동안 숭배의 대상으로 삼았던 존재[神] 대신에 인간을 추앙하는 것과 같다. 이에 어떤 이들은 과거의 종교들은 진부해졌다고도 말할 수 있다. 그래서 과학과 인문주의적인 관심과 노력이 오늘날 종교의 새로운 토대가 되어야 한다고 주장한다.[68] 이처럼 종교적인 성격을 띤 현대의 인문주의 사상은 일찍이 포이어바흐(Feuerbach)의 입장, 곧 신격화된 인간에 대한 생각이나 꽁트(Comte)의 입장, 곧 과거 미몽의 초본성적인 존재에 대한 숭배에서 인간숭배로 발전해야 한다고 주장하는 실증주의적인 태도를 그 배경으로 삼고 있는데, 이는 솔직히 사회적인 관념론(a social idealism)의 일종인 셈이다. 왜냐하면 이 인문주의의 목표는 이 세상에서 인간 이하의 힘들을 통제하고 인간 자체 안에 잠재되어 있는 영적인 힘을 밖으로 드러내는 데에 있기 때문이다.[69] 그것은 공공연한 인간중심주의를 표방한다. 곧 인간성이 출발점이요 구심점이자 궁극목표다.[70]

이들 무신론적인 인문주의자들과는 다른 유신론적인 인문주의자들도 존재한다. 후자는 세상의 진행과정 및 일련의 질서를 추구하되 인간이 중심이 아니라 오히려 인간을 다스리는, 인간보다 우월한 존재를 전제하고 그로부터 원하는 것을 얻고자 한다.[71] 미학적인 관점에서 대자연을 이해하려는 자연주의는 세상에서 경험하는 것들에 대한 인간의 감정(emotion)을 중요시한다. 한편 종교는 하나

---

67) 참고, A. E. Gravie, "Religion Without God", Journal of Philosophical Studies, Vol. V (1930), p. 208.

68) 참고, A. E. Gravie, "Religion Without God", p. 208.

69) 참고, American Philosophies of Religion, p. 253.

70) 참고, American Philosophies of Religion, p. 253; Confer, "Doctrine as Social Patterns", Present Theological Tendencies, pp. 39ff., 167, 258; American Philosophies of Religion, p. 229.

71) 참고, American Philosophies of Religion, 1c.

의 전체성을 이루는 세상 안에서 우리의 원천적인 정서를 회복하는 기술이라고 말할 수 있다. 그래서 종교는 궁극적으로 도덕적인 명령과 상관없는 침묵(고요함)으로 기운다.[72] 매튜스(Shailer Matthews)와 같이 체험을 중시하는 유신론자는 도덕성의 궁극적인 토대는 모든 사람들이 그 체제 안에 머무르는 그런 전체적인 과정의 기본활동으로 대체되어야 한다고 주장한다.[73] 그래서 이들에게 이 세상에서 꾸려나가는 삶의 목적이란 무한자 혹은 절대자 속에 묻혀버리는 합일도 아니며 단순히 인간 각자의 자유를 구현하는 것에만 있는 것도 아니다. 차라리 인격이라는 포기할 수 없는 이름 아래서 절대자와의 자유롭고 도덕적으로 올바른 협력에 있다. 이는 과연 종교의 본질 및 종교적인 의미에서의 구원과 일맥상통한다. 그래서 만일 미래에 어떤 선한 것을 보장한다면, 그처럼 인격을 중시하는 입장은 도덕적이며 합리적이고 발전지향적인 만큼 의당 자신의 행위는 물론 타인을 위한 봉사에도 관심을 기울기 마련이다.[74] 한편 오늘날 신(新)-초자연주의자들이 새롭게 등장했다. 이들은 현대의 유 · 무신론적인 인문주의자들 모두를 향해 수단 및 방법에 골몰하다가 그만 목표를 상실할 정도로 어리석다고 비판한다. 더욱이 현대의 인문주의자들은 삶의 목적을 인간 자신에게서만 찾아 헤매다가 결과적으로 수단 및 방법의 본래적인 의미조차 놓치고 말았다고 일침을 가한다. 또한 그들은 인간 자신을 지나치게 추켜세움으로써 겸손은 고사하고 유머감각마저 잃어버렸다고 비판한다.[75] 신-초자연주의자들은 그래서 그들과 다른 시각을 갖고 있으니, 곧 인간의 자연적인 삶이 이미 신(神)에 의해 저주받았다고 봄으로써 자연적인 삶 자체가 이미 악(惡)이라고 주장한다.[76] 그래서 인간이 완전하게 제 인생을 마무리하겠다면 신의 의지에 절대적으로 복종해야 한다고 생각

---

72) 상게서, p. 180.

73) 참고, Shailer Matthews, "The Religious Basis of Ethics", The Journal of Religion, Vol. X (1930), pp. 222; Confer, "Doctrine as Social Patterns", Present Theological Tendencies, pp. 1ff.

74) 참고, American Philosophies of Religion, pp. 144-145.

75) 참고, Present Theological Tendencies, p. 191.

76) 참고, American Philosophies of Religion, pp. 82, 87, 89.

한다. 이 같은 복종은 그들에게서 더 이상 옳거나 그르거나 상관없이 신의 의지로 알고 준수하는 데에 의의가 있다고 한다. 실제 우리가 하느님께 순종하는 것은 이미 우리의 자유의지가 최대한 옳고 그른 것을 구별하는 것까지 포함한다는 사실을 외면한 채 말이다. 하느님이 이미 부여하신 것은 그들에게는 별 대수롭지 않아 보인다. 그런 의미에서 그들의 태도는 결과적으로 인간 개개인에게서 일어나는 사건과 [자유의지와 무관한] 세상에서 일어난 사건 사이에 아무런 차이점을 두지 않는 것 같다. 그들은 다만 복종을 통해서 인생을 완성할 수 있다고만 믿는다.[77)]

누구에게나 제 인생의 궁극적인 목적이 있다. 현대인들도 이 점에 대해선 동의한다. 하지만 현대인들에게는 앞서 보았듯이 인간성이나 어떤 사회적인 이상 혹은 이 세상의 과정 및 질서 혹은 세상에 대한 원천적인 정서를 회복하는 것이 궁극적인 목적이다. 혹은 인간과 싸움을 벌이기도 하는 그런 엉뚱한 절대자와의 꾸준한 협력이 궁극적인 목적이다. 이러한 목적의식은 현대인들 각자 자신을 위하든 타인을 위하든 그런 모든 행위에도 영향을 미칠 것이다. 혹은 신-초자연주의자들의 경우처럼 그렇듯 절대자와의 협력이 실은 숙명적인 복종을 의미할 수도 있다. 복종이 숙명적이라 함은 복종을 통해 비로소 성취했으면 하는 개인적인 목적이란 따로 없고 그저 복종만을 전부로 생각하는 것을 뜻한다. 이러한 궁극적인 목적들 가운데 어느 한 가지를 위해 현대인은 이런저런 활동을 전개한다고 결론 내릴 수 있다. 그런 것들 가운데 하나가 현대인이 살아가는 이유이자 목적으로서 그것들 가운데 어떤 것은 살아있는 동안 성취될 수 있다고도 주장한다.

오늘날 절대자[神] 개념은 훨씬 더 난해하다. 어떤 분석연구에 의하면, 절대자에 대한 견해가 전형적으로 4가지로 분류된다고 한다. 예를 들어, ⑴ 초자연

77) 상게서, pp. 78, 80, 82.

주의는 절대자를 '존재(Being)' 자체로 본다. (2) 반면 관념주의나 낭만주의는 '정신(Mind)'으로 이해한다.[78] (3) 자연주의적인 유신론은 '과정(Process)'으로 파악한다. 끝으로 (4) 인문주의적인 유신론 및 미학적인 관점에서 대자연을 바라보는 자연주의는 '상징(Symbol)'으로 이해한다. 그러나 내가 보기에 오늘날 좀 더 많은 이들이 공감하면서 점점 더 거세져 가는 견해로 주목할 것이 있다면, 그것은 '신을 거부하는 태도(a denial of God)'다. 그러한 시각에서 제대로 말하자면, 오늘날 신은 '인간이 만들어낸 우상'에 가깝다.

하지만 진정한 의미의 절대자(絕對者)는 과학을 통해 알려질 수 없고 오로지 믿음 내지 마음을 통해서만 직접 계시될 수 있다. 물론 절대자가 이성에 의해 알려질 수 없는 것이 아니다. 예컨대 세상 및 실재하는 것들의 전체성 안에서 각 단계나 부분을 설명하거나 해석하는 합리적인 추론으로 어느 정도 접근이 가능하다.[79] 또한 어떤 이들은 절대자에 대해 현대인들이 취하는 4가지 태도유형이 발견된다고 주장한다. 예를 들어, 가장 먼저 '절대자의 존재를 확신하는 태도'를 들 수 있겠는데, 이는 아직까지 강력하고 수적으로도 많은 이들이 취하는 태도다. 두 번째로는 '절대자의 존재에 대해 무지론적(無知論的)인 태도'를 들 수 있다. 이들은 첫 번째의 경우보다 상대적으로 적은 수를 이루지만 고집스러운 면이 있다. 세 번째는 '무신론적인 태도'로서 공공연하고 뚜렷하게 절대자를 거부하는 경우를 가리킨다. 유감스럽게도 시간이 갈수록 점점 더 증가하는 추세다. 마지막으로 '신에 대해 결정을 내리지 못하고 애매하게 바라보는 태도'가 있다. 이들을 대부분 일정한 종교를 갖지 않으면서도 전통적인 미신이나 종교적인 교훈들을 나름대로 새롭게 교정해서 수용하려고 한다. 이 같은 네 번째 유형에는 우리가 익히 잘 알고 있는 합리적인 이성을 통해 신앙을 재해석하는 이들이 속한다. 예컨대 화이트헤드(Whitehead), 레이크(Lake), 알렉산더(Alexander), 헉슬리(J.

78) 참고, American Philosophies of Religion, p. 10.

79) 참고, Getrude C. Bussey, "Religion and Truth", The Journal of Religion, Vol. XI (1931), p. 80.

Huxley), 드레이크(Drake), 홀메스(J. H. Holmes), 비이만(Wieman), 랜달(Randall), 에딩턴(Eddington), 진스(Jeans), 밀리컨(Millikan) 그리고 콘클린(Conklin)이 그러하다.[80)]

그렇듯 그리스도교가 다져온 신관(神觀)에서 떨어져 나가는 태도는 현대의 지성들에게도 충분히 납득할만한 것으로 알려져 있다. 사실상 자부심을 느끼는 현대의 과학자나 도덕론자는 그런 태도가 정당할 뿐만 아니라 그리스도교 외에 다른 곳에서 만족스러운 신을 찾을 수 있기 위해 그럴 수밖에 없다고 주장한다.[81)] 오늘날과 같이 자연환경을 거의 주무를 수 있다고 여기는 시대에는 더 이상 절대자가 필요하지 않은 것처럼 보인다. 그러니까 소위 삶에 필수적인 의식주를 해결할 뿐만 아니라 나아가 마음껏 호사도 누릴 수 있다고 자부하는 신세대에게는 더 이상 종교적인 가르침이 대수롭게 들릴 리가 없다는 것이다. 사람들은 점점 더 교회나 사찰을 찾기보다는 오히려 더 많이 첨단기술과 경제적인 시스템이나 정책을 더 신뢰하고 의지하려고 한다.[82)] 어느덧 절대자(신)-개념은 인간중심의 사고방식에 의해 부차적인 것으로 전락해버렸다. 인간중심의 원리들을 따라 최대한 결론을 도출해내려는 사람들 사이에서 절대자-개념은 더 이상 의미심장한 것이 되지 못한다.[83)] 그래서 오늘날 자라나는 청소년 및 대학생들 사이에 종교적인 무지론 혹은 무신론의 입장을 지지하는 이들이 점점 많아지고 있는 현상이 놀라운 일은 아닌 것 같다.[84)] 나아가 우리는 오늘날 사람들에게서 진지하게 거론되는 '역사의 발전 도상에 있는 신(God in the making)'[85)]에 대해 듣게 된다.

---

80) 참고, Corless Lamont, "Equivocation on Religious Issues", The Journal of Religion, Vol. XIV (1934), pp. 412ff.

81) 참고, A. E. Garvie, "Religion Without God", Journal of Philosophical Studies, Vol. V (1930), p. 207.

82) 참고, K. S. Latourette, "Have We Passed the Age of Religion?", The Journal of Religion, Vol XVI (1936), p. 424.

83) 참고, American Philosophies of Religion, p. 252.

84) A. C. Wakenden, "The Effect of the College Experience Upon Students' Concepts of God", Journal of Religion, Vol. XII (1932), p. 266.

85) W. M. Urban, "Modernism in Science and Philosophy", Journal of Philosophical Studies, Vol. V (1930), p. 230.

그러니까 한 마디로 숙명론이 오늘날의 인생을 대변하고 있는 것이 전혀 낯설지 가 않다.[86]

어느 학파를 막론하고 현대의 철학자들은 엇비슷하게 절대자에 대해서 이상한 논리를 끌어들여 소개한다. 모든 신비주의와 관념론을 추종하는 이들은 물론 인격을 중시하는 인문주의자들도 저마다 절대적인 존재를 상정한다. 그러나 특히 인격을 중시하는 이들이 생각하는 절대적인 존재(신)는 이상하게도 물리적인 세계와 뒤섞인 모습을 띤다. 그러니까 그들이 생각하는 신의 뜻이나 섭리란 고작 신이 자신의 경험을 체계화하고 조직화하여 그것을 우리에게 전달하는 것이 전부다. 그는 여전히 역사 속에서 발전 도상에 있는 신이요, 대자연 안에 있는 만물을 통해서만 행동하는 신이다. 곧 대자연 및 역사는 아직 신에 의해 장악되지도 통제되지도 않는다고 생각한다.[87] 한편 신(新)-초자연주의자들이 생각하는 신은 순수하게 세계-초월적인 존재이거나 전적으로 세계-내재적인 존재가 아니라, 차라리 그 중간에 위치한 존재다. 그들의 신은 세상을 심판하고 형벌을 주는 존재로서 어떻게 보면 세상과 떨어질 수 없다.[88] 하지만 그들의 신은 옳고 그름에 관한 기준을 갖고 행동하는 경우는 없으며 이성에 의해 알려질 수 없고 사람들에 의해 무엇이 이뤄지고 이뤄지지 않는지에 관심이 없다.[89] 낭만적인 자유주의는 신의 뜻(의지)을 어느 특수한 때와 장소를 지배하는 요소나 사회적인 동인(動因)과 동일하게 해석한다.[90] 인간중심주의는 인간성을 최대한 발휘하거나 사회가 이상적(理想的)으로 여길만한 인간상에다 그들이 원하는 신상(神像)을 아로새긴다.[91] 자연주의는 신을 역사의 과정과 동일시하고 신-개념에 대해 제약을

86) 참고, C. E. M. Joad, A Guide to Modern Thought, p. 220.
87) 참고, American Philosophies of Religion, pp. 115, 136, 138.
88) 참고, Present Theological Tendencies, p. 203.
89) 참고, American Philosophies of Religion, pp. 78, 80, 82, 86, 87, 89.
90) 참고, American Philosophies of Religion, p. 83.
91) 참고, 상게서, pp. 229, 258; Present Theological Tendencies, p. 167.

두지 않고 개방적인 자세를 취한다.[92)]

현대의 종교철학 이론가들은 그리스도교 사상의 신성(神性) 개념이 조금이라도 힘을 발휘할 경우 인간성 개념이 그만큼 위축된다고 생각할지도 모른다. 그래서 그들의 생각처럼 사람들은 오늘날 종교적인 행위(제례의식)를 통해서 자신이 이성적인 동물이 아니라는 생각을 하게 될지도 모른다. 한편 급진적인 성향의 인문주의자들에 의해서 오늘날 인간은 심지어 신처럼 고양되기까지 한다.[93)] 자연주의자들에게 인간은 단순히 (역사와 세상이 진행되는) 커다란 과정의 일부분이다. 그래서 그들은 인간이란 대자연으로부터 생겨났고, 그를 둘러싼 환경과의 건전한 관계 속에서 자신의 인생을 완성할 수 있다고 생각한다.[94)] 인간은 더 이상 종래에 인간의 실체성을 대신했던 영혼을 지니지 못하기에 이상적인 존재 및 정신세계와 소통할 수 없고[95)], 철저히 물질적인 세계에 매이게 된 것이다.[96)] 다른 한편 인격중심주의자들에게 인간은 오로지 인격 개념으로 요약된다. 하지만 이들도 영혼 개념을 거부한다. 다시 말해 한 인간 및 인격체의 참된 자아를 가리키며, 인간을 시공간적으로 통합하여 하나의 초월적인 실체로서 자의식을 꾸준히 지지하며 그 실현을 고무시키는 영혼에 대해 고려하지 않는다는 것이다. 그런 인격중심주의자들에게는 자아(自我)가 “의식적인 경험들을 단일하게 엮어낸다”[97)]는 것만으로 충분하고 전부인 것처럼 보인다. 반면 미학적인 관점을 중시하는 자연

---

92) 일례로 내가 보기에, 베르그송(H. Bergson), 모르간(L. Morgan), 알렉산더(S. Alexander), 비만(Wieman), 화이트헤드(Whitehead), 아메스(Ames), 듀이(Dewey), 매튜스(Matthews)가 이런 태도를 보인다. 참고, Confer, Present Theological Tendencies, pp. 174, 182; A. S. Woodburne, “The Goal of Religion”, Journal of Religion, Vol. XII (1932), p. 214; American Philosophies of Religion, p. 274, 295; Shailer Matthews (supra, note 7, p. 448) and A. E. Garvie (supra, note 3, p. 450).

93) 참고, Shailer Matthews (supra, note 8, p. 451).

94) 참고, American Philosophies of Religion, p. 272.

95) 참고, D. F. Ehlman, “Correcting Subjectivism in Religion”, The Journal of Religion, Vol XIV (1934), pp. 273ff.

96) 참고, B. E. Meland, “A Present-Day Evaluation of Christian Ethics”, The Journal of Religion, Vol X (1930), p. 384.

97) American Philosophies of Religion, p. 140.

주의자들에게 인간은 하나의 감정적인 동물이다. 그래서 인간은 자신의 감정을 소위 커다란 단일체로 간주되는 이 세상에 맞추어 조율하는 것이 무엇보다도 중요한 일이라고 생각한다.[98] 한편 신-초자연주의자들은 인간을 하나의 세계를 결코 벗어날 수 없는 존재로 규정한다. 이때 하나의 세계는 인간의 일거수일투족을 죄로 물들게 함으로써 절대자의 심판을 피할 수 없게 만들기에, 인간의 최선은 오로지 도덕적인 기준에 충실한 삶을 사는 것이라고 그들은 역설한다. 그들이 강조하는 도덕적인 기준은 물론 신에게 아무런 영향을 미칠 수 없다. 그럼에도 이성적인 방식으로 도무지 알려질 수 없는 신의 뜻에 대해 그저 잠자코 무조건적으로 복종하기만을 촉구한다.[99] 프로이트와 행동주의를 뒤따르는 심리학자들은 인간을 하나의 기계로 간주하려고 한다. 그것도 외부의 일정하지 않은 자극이나 무의식에서 비롯하는 갑작스런 충격으로 인해 작동하는 기계처럼 인간을 생각한다. 그러니까 그들에 의하면 인간은 스스로 자신의 삶을 주조할 수는 없고 그저 예민하게 반응하는 자동기계에 불과한 것이다.[100]

과거에는 인생의 궁극목표를 절대자에게서 찾거나 찾아나가는 데에 어려움이 없었다. 또한 도덕성 개념이 그런 목표와의 연관성 속에서 이해되는 데에는 어려움이 없었다. 하지만 오늘날에는 죄 혹은 악습 개념이 사라졌고, 그로써 자연스럽게 미덕이라는 개념도 사라졌다. 과거에는 무엇보다도 인간의 행동은 스스로 선택한 어떤 최고의 목표에 일정하게 질서 지워지는 한에서 '도덕적인' (바람직한) 행동으로 규정되었었다. 그러므로 최고의 목표가 규정될 수 없고 수시로 뒤바뀌는 오늘날에는 도덕성이 무의미해졌고 사라졌다고 말할 수 있다. 아마도 오늘날 도덕성 개념을 요구하는 경우가 있다고 한다면, 그것은 전통적인 의미가

---

98) 참고, 상게서, p. 180.

99) 참고, American Philosophies of Religion, pp. 87 and 89; Confer, supra, pp. 10 and 11.

100) 참고, C. E. M. Joad, A Guide to Modern Thought, pp. 60, 210, 220; Cf. J. B. Watson, "The Behaviourist Looks at Instincts", Harper's Magazine, Vol. 155 (July, 1927), p. 228; "The Myth of the Unconscious", Harper's Magazine, Vol. 157 (Sept., 1927), p. 502.

아니라 상대성의 원칙 아래서 세상의 새로운 정신 및 이념이 특징지어진다는 의미에서 지성적으로 새로운 분위기를 마련하기 위해서라고 하겠다.[101] '상대성', '다양성' 그리고 '변화'와 같이 오늘날 각광받고 있는 개념들은 어느덧 현대 윤리학자들에게는 풍부한 의미를 전해주는 보편적인 것이 되었다. 그래서 상대성, 다양성 그리고 변화 개념들은 현대의 윤리적인 견해를 이해하는 데에 가장 핵심적인 것들이다. 이들 가운데 현대인들에게 더 많이 알려진 "다양성" 개념은 현대 윤리학의 대표적인 특성을 대변하는 것으로서 마치 발병과 함께 뒤따르는 어떤 징후처럼 혹은 어떤 원리에서 당연하게 수반되는 결과처럼 이해되고 있다.

오늘날의 윤리학 및 윤리의 기본토대로서 상대적인 특성은 분명 그동안 모든 활동의 불변하는 중심이자 영원히 지속하는 원천으로 삼아온 절대자가 사라졌음을 의미한다. 그것도 기꺼이, 심지어 강렬하게 절대자를 거부한다. 이는 그러나 현대 윤리학이 자신의 기반을 포기하는 것과 다르지 않다. 그로 인해 두렵게까지 느껴지는 결론이 뒤따르겠지만, 놀랍게도 현대 윤리학자들은 만족해하는 입장에서 그런 결론에 주목하는 것 같다. 우려가 되는 현대 윤리학의 특징적인 결론에 대해 몇 가지로 요약해서 열거하자면 아래와 같다.

1. 모든 활동의 불변하는 중심이자 영원한 원천으로 이해되었던 절대자 개념의 상실로 말미암아 현대 윤리학은 당연히 신(神)과 단절되었을 뿐만 아니라 인간의 영혼이나 초본성적인 능력에 대해서 무관심하며, 오히려 물질적인 세계가 모든 변화의 중심에 있다고 확신한다.[102]

---

101) 참고, Present Theological Tendencies, pp. 9-12.

102) 참고, Confer, supra, p. 446ff. 나아가 참고로 Corliss Lamont, "Equivocation on Religious Issues", The Journal of Religion, Vol. XIV (1934), pp. 412-421; American Philosophies of Religion, pp. 62, 83, 229, 314; Present Theological Tendencies, pp. 156, 167, 174 note; E. S. Ames, "Christianity and Scientific Thinking", The Journal of Religion, Vol XIV (1934), pp. 4-12; B. E. Meland, "A Present-Day Evaluation of Christian Ethics", The Journal of Religion, Vol X (1930), pp. 378-393;

(1) 결과적으로 물질에 대한 관심이 매우 커졌다. (한때 등장했던 기계주의적인 유물론의 반복은 아니지만 자기-충족적인 의미에서의 유물론 사상이 널리 확대된 것이다.) 이로 인해 전통적인 덕, 악행(죄), 영예, 모욕, 제재 개념들이 바뀌었거나 사라졌다.[103]

(2) 또한 불확정적인 지식에 대한 예찬과 과학적인 방식에 대한 관심이 커졌다. 그러나 과학적인 방식에 의문을 제기하고 그렇듯 과학의 불만스러운 모습을 지적하며 도출한 결론은 딱히 다른 합리적인 연구방법을 제안하지는 못하더라도 그런 과학적 합리성이 우리에게 새로운 지식을 가져다줄 수 없다는 것이다.[104]

(3) 그리하여 지적인 인식과정에 대한 철저한 불신이 오히려 감정이나 직관, 신앙이나 종교적인 체험을 지식의 원천으로 삼는 기회를 가져왔다.[105]

---

D. F. Ehlman, "Correcting Subjectivism in Religion", The Journal of Religion, Vol XIV (1934), pp. 273. 285; A. E. Garvie, "Religion Without God", Journal of Philosophical Studies, Vol. V (1930), pp. 208ff.; A. E. Haydon, "Mr. Dewey On Religion and God", The Journal of Religion, Vol XV (1936), pp. 22–25; John B. Waston, Psychology from the Standpoint of a Behavourist (Philadelphia: J. B. Lippincott), p. 355.

103) 참고, Supra, p. 446ff.; C. E. M. Joad, A Guide to Modern Thought, pp. 216, 220; Present Theological Tendencies, p. 24; W. H. Bernhardt, "The Significance of the Changing Fuction of Religion", The Journal of Religion, Vol XII (1932), pp. 556ff.; American Philosophies of Religion, pp. 55, 248, 253, 312; G. K. Robertson, "Ethics, Cosmology and Religious Faith", The Journal of Religion, Vol XVI (1936), pp. 47–56.

104) 과학적인 방법과 지적인 인식과정에 대한 반응은 사람들에게 흥미로웠다. 먼저 과학적인 방법을 예찬했던 이들이 있었으니, 예컨대 Present Theological Tendencies, pp. 13, 30–33; American Philosophies of Religion, pp. 228–229를 참조할 수 있다. 그러나 시간이 흘러서 그렇듯 자연과학(학문들)의 결과로부터 어떤 난해한 상황에 부딪혔고, 그로 인해 회의주의에 빠지거나 비-과학적인 지식을 수용하는 경향을 낳았다. 이에 참고로 Present Theological Tendencies, p. 188; C. E. M. Joad, A Guide to Modern Thought, pp. 71, 86, 192, 217을 볼 수 있다. 끝으로 이들 과학적인 방법의 허술함과 한계를 알아보고 합리적인 지식의 허점에 대해 공격의 화살이 빗발쳤으니, 이에 Present Day Theological Tendencies, pp. 46–53, 73, 89ff., 158; American Philosophies of Religion, pp. 81, 314를 참고할 수 있다.

105) 지적인 인식과정에 대한 이 같은 불신은 뚜렷하게 드러났고 한편에선 탄식마저 일었다. 예컨대 W. M. Urban, "Modernism in Science and Philosophy", Journal of Philosophical Studies, Vol. V (1930), p. 230–245. 이는 오늘날 진리에 대한 새로운 정의(定義)를 살펴보더라도 명백하다. 예를 들어, E. G. Spaulding, A World of Chance (New York: Macmillan, 1936), p. 109에서 인용된 정의를 볼 수 있다. 그밖에도 공개되지 않은 진술에 관해선 American Philosophies of Religion, pp. 13, 69을 참고 바람. 또 지식의 주관적이고 감정적인 원천들에 관하여 커져가는 관심에 대해서는 역시 American

2. 불변하는 존재 및 진리를 거부하게 됨으로써 현대 윤리사상은 우리의 변화무쌍한 인생에 불가피한 요소들, 곧 과학, 정치, 경제, 사회적인 체제 등과 떼어놓을 수 없는 관계에 놓이게 되었다.[106)]

3. 그리하여 (어떤 목표로 우리를 안내해야 하는) 윤리와 도덕성의 목적은 더 이상 개인의 구원을 위한 인격적이고 절대적이며 불변하는 목표를 염두에 둘 수 없게 되었고, 다만 경제적이고 과학적이며 정치적인 이익 및 지엽적인 사회의 공동선을 위한 집단적이고 상대적이며 유동적인 목표를 설정하는 데에 그치게 되었다.[107)]

현대 윤리적인 견해를 대표하는 이들이 이처럼 때로는 모순적으로 상충하는 입장에 놓여 있는 것처럼 매우 어수선한 상황이지만, 그럼에도 이들에게서 공통적으로 발견되는 특성 4가지를 요약하면 아래와 같다.

1. 이들은 자기-충족적인 자연적인 질서를 좇는 유물론에 속한다. 그래서 이들은 과학적인 방법과 경험적인 관찰에 크게 의존한다. 다만 신-초자연주의자들만이 이 같은 유물론적인 입장과는 다른 길을 걷고 있다.

2. 이들은 전체주의 및 전체주의적인 이념을 좇기 때문에, 계속해서 개인의 중요성을 무시하는 쪽으로 기운다. 신-초자연주의자들 역시 최소한 개인의 행복에 대해 보편적으로 무시하는 경향을 지니고 있다.

3. 이들은 그로써 한 가지 불기피한 결론에 도달하는데, 그것은 허무주의다. 이를 위해 신-초자연주의가 선봉에 서있다. 물론 그밖에 다른 견해들은 유물론을 천연덕스럽게 강조하고 전체주의적인 이념에 취해있는 동안 그렇듯 외

---

Philosophies of Religion, pp. 120, 136, 175를 참고할 수 있다.

106) 참고, Supra, p. 446; American Philosophies of Religion, pp. 4, 251, 285, 309, 319; Present Theological Tendencies, pp. 24, 103, 216, 221; R. C. Cabot, The Meaning of Right and Wrong, p. 328.

107) 상게서.

부에서 그들을 향해 비판하는 허무주의에 대해 완강히 부인하려고 한다.

4. 끝으로 이들은 상대적이고 다양한 것을 원칙으로 삼는다. 이 점에는 예외가 없어 보인다.

이러한 특징들은 그때마다 굳이 분명하게 입증해야만 할 부담스러운 표지가 아니다. 마치 지붕꼭대기에 매달려 있듯이 분명하기에 누구나 쉽게 알아볼 수 있다. 그래서 실제로 현대작가들은 이러한 특징들을 아무 거리낌 없이 손에 넣어 활용한다. 예를 들어, 현대작가들 가운데 어느 누구도 현대 윤리사상의 '다양성'에 대해 단 한순간이라도 의심하려 하지 않는 것을 볼 수 있듯이 말이다. 현대 윤리사상은 그러한 다양성으로 자신이 판단받기를 원한다. 아마도 그러한 판단은 만일 우리가 토마스에 의해 정리된 그리스도교 윤리와 현대의 윤리적인 견해를 하나의 명제로 압축하여 서로 대조시켜 본다면 보다 더 선명하게 도드라질 것이다. 그러한 대조작업에 의해 내려지는 판단은 비록 내가 앞질러 시도해오는 바이지만, 어쩌면 다음과 같이 간략하게 결론지을 수 있을 것 같다. 예컨대 그리스도교 윤리가 절대적이며 가장 합리적이며 객관적이고 인격적인 존재로서 하느님에 대해 변함없는 믿음을 따라 인간의 행위를 이해하고 계도하고자 한다면, 현대의 윤리적인 견해(들)는 더 이상 불변하는 것이란 있을 수 없고 오직 상대적이며 불합리하고 주관적이며 집단적인 관점에서만 인간의 행위를 시대와 장소에 따라 규정할 수밖에 없으며 그것이 최선이라고 주장한다는 것이다.

**Walter Farrell**
*A Companion to the Summa.* **Vol 2.**

Translated by **AHN So-Guen** and **CHO Kyu-Hong**

IMPRIMATUR
Suvon, die 5. Novembris 2019
+ Matthias I. H. RI
Episcopus Suvonensis

성 토마스 아퀴나스의
신학대전 해설서 Ⅱ

**교회인가** : 2019년 11월 05일 수원교구
**인　　쇄** : 2020년 02월 20일
**발　　행** : 2020년 02월 25일

**지 은 이** : 월터 패렐
**옮 긴 이** : 안소근 · 조규홍
**감　　수** : 윤주현
**펴 낸 이** : 곽진상

**펴 낸 곳** : ©수원가톨릭대학교출판부
**등　　록** : 1990년 1월 13일 제90-1호
**주　　소** : 경기도 화성시 봉담읍 왕림1길 67
**전　　화** : 031)290-8814

**인　　쇄** : 쉐마북스
**주소** · 서울시 중구 을지로 148 중앙데코프라자
**등록** · 제 2-5005호
**전화** · 02)2274-6629 / **팩스** : 02)2274-6714

ISBN : 978-89-7396-067-5
978-89-7396-059-0(세트)

**값** : 25,000원


※이 도서의 국립중앙도서관 출판예정도서목록(CIP)은 서지정보유통지원시스템 홈페이지(http://seoji.nl.go.kr)와 국가자료종합목록시스템(http://www.nl.go.kr/kolisnet)에서 이용하실 수 있습니다.(CIP제어번호 : CIP2020005791)